다시! 역사교육(한국사 편):

한국사 교재 연구 및 지도법

김보림 김경래 윤재운 정상우
백동호 이동욱 장승민

교육과학사

한국사란 이 땅에서 살아온 사람들이 남긴 시간의 흔적이며, 그 속에 깃든 선택과 갈등, 협력과 변화를 통해 인간을 이해하는 창이다. 역사를 가르친다는 일은 단순히 과거를 전달하는 것을 넘어, 학생들이 인간의 삶과 사유를 이해하고 오늘과 미래의 삶을 성찰하도록 돕는 과정이다. 이 책은 바로 그런 '인간 이해'라는 한국사 교육의 본질에 주목하며 집필되었다.

오늘날 학생들은 스마트폰을 손에 쥔 채 세상과 끊임없이 연결된 세대다. 그들의 시야에는 교실의 칠판만이 아니라, 온라인 강의 플랫폼, 실시간 채팅방, 소셜미디어 속 무한한 정보가 펼쳐져 있다. 한류의 열풍은 그 경계를 더욱 넓혀, 한국사 속 전통문화와 현대문화가 세계 무대에서 어떻게 새롭게 해석되고 소비되는지에 대한 관심을 불러일으킨다. 역사교육의 장은 더 이상 교실 안에만 머물지 않는다. 박물관, 기념관, 사적지 등 공적 장소에서도 학생들은 과거를 보고, 듣고, 체험하며 살아있는 역사를 배운다. 이러한 변화는 역사교육이 다루는 자료, 방법, 접근 방식을 더욱 다양하게 만든다.

이처럼 최근 급격히 변화하는 역사교육 환경과 다양해진 학습 공간 속에서, 이 책은 한국사 교육의 실제와 이론을 통합하여 체계적으로 제시한 전공서적이라는 점에서 의미가 크다. 또한 이 책은 대학에서 예비교사가 들어야 할 필수과목인 '역사 교과교재연구 및 지도법' 과목의 교재로서뿐만 아니라, 예비교사와 현장 교사, 나아가 한국사 교육에 관심 있는 다양한 독자들에게 실질적인 도움과 통찰을 제공할 수 있도록 내용을 구성하였다.

무엇보다 이 책은 현장의 교사들과 내용사 전공 교수진이 함께 이뤄낸 협력의 결실이라는 점에서 큰 의미를 가진다. 현장은 교육의 생생한 맥박을, 학문은 깊이 있는 분석과 체계를 제공하며, 이 둘이 만나 보다 균형 잡힌 역사교육 실천의 방향을 모색할 수 있었다. 한국사 수업에서는 효과적인 교수 방법뿐만 아니라 교사의 충분한 내용 이해가 전제되어야 한다. 교사가 가르칠 내용, 즉 수업 자료와 주제를 심층적으로 탐구하는 교재 연구는 매우 중요하며, 소홀히 할 수 없다. 본서는 역사학자의 연구 방법을 바탕으로 교재 연구를 수행하는 체계와 실천적 지침을 제시한다.

이 책의 『다시! 역사교육』이라는 표제에는 급속히 변화하는 교육 환경 속에서, 과거의 연구 성과를 기반으로 역사교육을 새롭게 조명하고 실천하고자 하는 집필진의 집필 방향과 뜻이 담겨 있다. 또한 현장과 이론의 조화를 추구하고자 하는 논의들이 이 제목 속에 자연스럽게 녹아 있다.

이 책의 집필 과정에서 집필진은 현 한국사 교육에서 나타나는 현장과 이론의 괴리를 진단하고, 그 간극을 어떻게 좁힐 수 있을지를 핵심 과제로 삼았다. 이론은 현실과의 접점을 맺을 때 비로소 살아 움직이며, 교육 현장에서의 경험과 결합될 때 그 존재 이유를 드러낸다. 이러한 전제하에 현장과 괴리가 큰 이론과 용어는 과감히 현장 중심적으로 조정하였다. 또한 어떤 내용을 선별하여 담고, 어떠한 수업 사례를 제시할지, 그리고 최신 기술과 문화적 흐름을 한국사 교육에 어떻게 반영할지에 대해서도 심도있게 고찰하였다. 이러한 노력의 축적을 통해 이 책은 교육 현장과 학문적 탐구를 동시에 담아낼 수 있는 형태로 완성될 수 있었다.

이 글의 목차는 크게 한국사 '수업 이론'과 '수업의 실제'라는 제2부로 구성되어 있다. 각 저자별 해당 집필 목차 구성은 다음과 같다.

제2부 한국사 수업의 실제

교사 에세이: 장승민

CHAPTER 01 한국 고·중세사: 윤재운(내용이론), 백동호(수업실제)

CHAPTER 02 한국 근세사: 김경래(내용이론), 장승민(수업실제)

CHAPTER 03 한국 근·현대사: 정상우(내용이론), 이동욱(수업실제)

제1부에서는 한국사 수업의 이론적 기초를 다루며, 수업 설계, 목표 설정, 교재 활용, 수업 방법, 평가의 전 과정을 통합적으로 살펴본다. '수업 설계'에서는 교육과정과 학습자의 특성을 반영하여 목표와 내용을 체계적으로 조직하는 과정을 다루며, '수업 목표'에서는 국가 수준과 수업 수준의 목표를 함께 살펴보고 수업의 실제에서 목표를 활용하는 방안 등도 소개한다. '교재' 부분에서는 문헌 교재, 시청각 교재, 웹(Web) 기반 교재, 체험 교재, 교사 제작 교재 등 실제 수업에서 활용 가능한 다양한 최신 교재와 그 활용 방법을 제시하며, 각 시대별 영화 목록과 통계자료, 구술 자료를 활용할 수 있는 공신력 있는 웹사이트도 안내한다. '수업 방법'에서는 전통적 수업방법론뿐만 아니라 플립러닝, AI 활용 수업, 블렌디드 러닝, 프로젝트 러닝, 비주얼 씽킹 수업 등 최신 교수 방법을 살펴본다. 또한 학습지도안 작성 방법에 대해서도 구체적이고 실질적인 안내를 제공한다. '평가'에서는 평가 절차와 루브릭 작성 방법을 안내하여, 학생의 이해와 사고력, 표현 능력을 종합적으로 측정하고 수업 개선에 활용할 수 있도록 하였다.

제2부에서는 한국사를 고·중세사, 근세사, 근·현대사로 시대를 구분하여 내용 이론과 수업 실제를 함께 살펴보도록 하였다. 내용 이론에서는 각 시대의 개관과 각 시대에 학계의 연구 동향 등을 다룬다. 또한 각 시대별 참고문헌을 함께 제시하여 교사가 실제 수업에서 교재 연구와 수업 준비에 실질적인 도움을 받을 수 있도록 구성하였다. 또한 각 시대별로 논쟁적 토의, 토론 수업을 위한 주제를 각각 10가지를 제시하여 다양한 수업을 진행하는 데 효율성을 높였다. 수업 실제에서는

우선 주제별 내용에 대한 교과서의 서술 내용 분석과 주제에 대한 연구사 정리 및 가르치는 방법으로의 내용 변환을 논한다. 실제 수업의 주제는 크게 두 가지로 구분하여 첫 번째 주제는 논쟁적 수업으로 접근하고, 두 번째 주제는 학생의 학업 수준에 따라 기초와 심화로 구분하여 똑같은 주제라도 서로 다른 적용 가능한 수업 전략도 제시한다. 각 수업은 다양한 수업방법을 활용하여 시대, 주제, 학생 수준별로 설계 절차에 따라 구성되며, 학습지도안과 수행평가 등 실제 학교 현장에서 활용할 수 있는 전략을 포함한다. 특히 본서에서 제공하는 12개의 학습지도안은 경험 있는 현장 교사들이 시대사 전공 교수와 협력하여 교재 연구를 심화하고 체계화한 귀중한 사례이다. 아울러 제2부에 수록된 교사 에세이는 초임교사가 수업 현장에서 겪는 어려움을 조명하며, 예비교사들이 이러한 사례를 접함으로써 수업 운영과 문제 해결에 대한 이해와 통찰을 얻을 수 있도록 구성하였다.

교사의 체계적 계획과 전략적 수업 설계는 학습자에게 실질적 도움을 주며, 한국사 수업을 보다 흥미롭고 활기찬 학습 공간으로 만들어 가는 토대가 된다. 질적 완성도를 높일 수 있는 수업을 만들기 위해서는 교사 스스로도 지속적으로 수업의 목표와 교재 활용, 방법, 평가 등을 고민하고 성찰하는 과정이 필요할 것이다.

끝으로, 이 책이 출간될 때까지 많은 분들의 도움을 받았기에 감사한 마음을 전한다. 먼저, 집필 과정에서 아낌없는 도움과 조언을 주신 여러 동료 연구자들과 교사분들, 그리고 늘 우리에게 새로운 시각을 부여해준 학생들께 깊이 감사드린다. 또한 흔쾌히 출판을 독려해 주신 교육과학사의 한정주 대표님과 까다로운 교정 작업을 완성해 주신 편집부께 감사를 드린다. 이 책이 앞으로 한국사를 탐구하는 교사와 학생들에게, 보다 즐겁고 의미 있게 한국사 수업을 경험할 수 있는 길잡이 역할을 할 수 있기를 희망한다.

2025년 8월

대표 저자 김보림

제2부 한국사 수업의 실제

제1부

한국사 수업 이론

CHAPTER 01

한국사 수업의 설계

1. 수업설계의 의미

1) 수업설계의 개념

수업설계란 처음에 계획한 학습 목표를 달성하기 위하여 교수-학습 이론과 원리를 적용하여 효과적인 수업이나 단원을 개발하고 실행하는 체제적인 방법을 말한다.[1)]

수업설계에서 중요한 용어로 사용되는 교수(teaching)와 수업(instruction)은 같은 것이 아니다. 교수란 수업의 한 부분이기 때문이다. 교수한다(teaching)란 용어는 한 사람이 학습자에게 강의하거나 시범을 보이는 것을 연상케 한다. 보다 넓은 개념인 수업이라는 용어는 교수자가 학생을 학습시키기 위한 총괄적인 모든 활동들을 강조한다. 즉 수업은 교수(teaching)와 학습(learning)을 함께 포함한다. 수업설계 원리를 알고 있는 교사는 언제 팀활동이 필요한지, 언제 연습과 피드백이 효과적인지, 그리고 문제해결이나 고차적인 학습기능의 선수요건이 무엇인지 등에 대해 학습자를 돕기 위한 보다 폭넓은 안목을 가지게 된다.

수업체제(Instructional System)란 학습촉진을 위한 자원과 절차의 배열이라고 정의할 수 있다. 수업체제설계(Instructional System Design, ISD)는 수업체제를 만들어 내는 과정을 말한다. 기존의 수업설계는 예측 가능한 결과를 도출하기 위하여 기록을 중시하고 반복가능하다는 측면에서 체계적이며 과학적인 것이라 할 수 있지만 수업체제설계는 수업문제를 파악하고 해결하기 위해 창의성을 요구한다. 수업체제설계(ISD)는 분석, 설계, 개발, 실시, 평가의 여러 단계를 포함한다.

2) 수업설계의 과정

수업설계를 위한 하나의 최고 모델이 있을 것이라는 것은 잘못된 생각이다. 사실, 수업설계자수나 실제상황 수만큼이나 모델은 다양하다.

ADDIE 모형은 일반적인 수업체제설계 모형(ISD: Instructional Systems Design)의 기본 과정으로, 대부분의 현존하는 다른 수업설계 모형들은 ADDIE 모형에서 파생되거나 이를 변형시켰다고 볼 수 있다.

ADDIE는 분석(Analysis), 설계(Design), 개발(Development), 실시(Implementation), 평가(Evaluation) 총 다섯 단계로 구성되고, 각 단계를 나타내는 영어단어의 첫 글자를 따서 ADDIE라고 부른다.

[그림 1−1]에서 제시되는 ADDIE 모형은 수업설계의 가장 기본적인 모형이다.[2)] 그러나 중요한 것은 [그림 1−1]에서 제시되는 '분석-설계-개발-실시-평가'의 순서는 개념적인 순서일 뿐 반드시 일을 수행하는 순서가 아니라는 점이다. 이는 각 단계가 반드시 아무것도 없는 처음에서 시작되는 것이 아니라 수정하는 경우에서와 같이 특정단계에서 시작할 수 있기 때문이다.

이 다섯 단계들은 선형적으로 이루어지기도 하고 순환적으로 이루어지기도 한다. 한 사이클을 돌아 나온 평가 결과를 기반으로 다시 다음 사이클의 분석에 넣어 개선을 해보며 나선형으로 발전시킬 수도 있다. 각 단계는 피드백과 수정 과정들이 복잡하게 얽혀있다.

ADDIE 이론은 체계적이면서도 체제적이다. 일직선상으로 움직여 경직화된 움직이라 생각할 수 있지만, 상호 피드백이 주어지고 순환 구조를 만든다는 점에서 유연한 움직임을 보여주기도 한다.

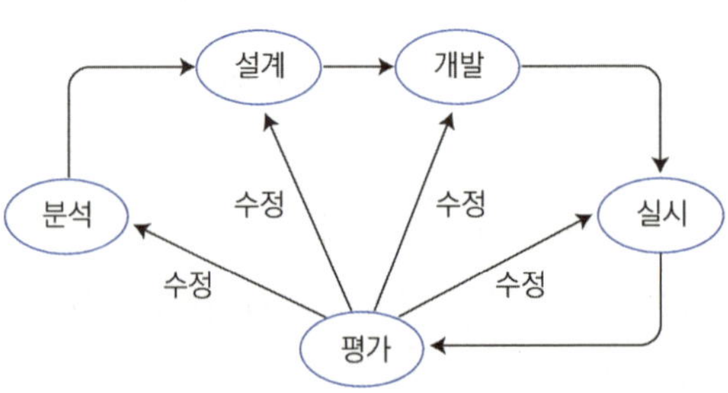

[그림 1-1] 수업설계를 위한 ADDIE 모형

'분석'의 단계에서 중요한 것은 수업이 무슨 문제 해결을 위해 필요한가 하는 질문의 단계로 요구분석의 단계이다. 요구가 파악된 후에는 학습자분석의 단계로서 학습자의 출발점 행동과 같은 선수 지식을 파악한다. 다음으로는 직무 및 과제 분석의 단계로서 학습해야 하는 내용을 파악한 후 마지막으로 시간은 충분한지, 수업 교재는 실현가능한지, 학생들은 주어진 한학기, 또는 1년 이내에 학습내용을 적절하게 배울 수 있는지 환경분석을 실시한다.

요구분석
분명한 목적, 주로 목적에서 나옴
이 교육 프로그램이 왜 필요한가? 이를 통해 기대되는 것은?
지식, 기능, 태도에 대한 기대되는 상태와 현재 상태 간의 격차 규명
최종 교수목적(instructional goal) 도출

학습자 분석
학습자가 누구이고, 어느 수준인가?
일반적 특성(성, 연령, 경험, 지능 등)
출발점 행동(선수학습능력)
학습양식
동기, 태도 등 학습자 특성 파악
이를 통한 학습자 특성에 적합한 교수전략 설계 가능

직무 및 과제 분석
과제, 즉 학습해야 하는 내용을 말한다.
필요로 하는 지식, 기능, 태도
최종 교수 목적 달성을 위해 필요한 지식, 기능, 태도 등이 무엇인지 위계적으로 분석 〉 교수목표의 유형과 그 목표의 하위기능 분석 〉 학습목표 도출
군집 분석, 위계 분석, 통합 분석, 절차 분석 등이 있다.

환경분석
교수 학습에 영향을 미치는 제반 환경 분석 및 물적 자원
학습공간, 매체, 시설 등 학습공간의 물리적 환경 분석

'설계'의 단계는 수업개발을 할 수 있는 계획이나 도면을 만들어 내는 단계이다. 분석 과정에서 나온 결과를 토대로 교육 제반 사항에 대해 설계한다. 목표를 달성했는지 확인이 필요하며, 수행목표 명세화 및 평가도구 설계, 교수전략 설계 및

매체 선정 등 키워드들이 있다. 수업설계안을 작성하는 단계라고 볼 수 있다. 설계를 할 때는 내용에 대한 숙지가 무엇보다 필요한 단계이다.

먼저 과목의 목적을 과목목표로 전환한다. 즉 과목의 학습성과로서 성취수준을 기술하는 것은 과목이 끝난 후 학습자가 무엇을 할 수 있는가에 대한 기술을 의미한다. 그 다음 수업의 주요 단원이나 주제를 결정한다. 또한 단원마다의 주요 결과와 거기에 많은 시간을 투여할지 결정한다. 그리고 각 단원의 학습성과를 구체화함으로써 단원 목표들을 세운다. 또한 단원들을 수업의 시작과 끝과 학습활동단위로 나눈다. 이러한 계획을 짠다는 것은 일정시간 동안의 수업 중에 어떠한 학습활동을 할 것인지를 결정하는 것을 의미한다. 그 다음 수업과 학습활동을 구체적으로 개발한다. 수업을 설계한다는 것은 외적인 조건들을 구체적으로 개발하는 핵심활동인데 여기에는 학습자 특성도 고려해야 하고 사용되는 매체와 전달매체도 고려돼야 한다.

가네와 브릭스(Gagne & Briggs, 1977)는 수업의 아홉 가지 사태를 정의하였다. 이러한 사태들은 학습자의 내적인 과정과 연계되어 있는데 그들에 따르면 이러한 외적 사태를 고려한 수업이 학습의 내적 조건을 촉진한다는 것이다. 물론 이러한 외적 사태들은 수업설계의 기본이지만, 수업설계자가 아홉 가지 모두를 항상 사용해야 하는 것은 아니다. 이러한 외적 조건들은 학습을 촉진한다는 것은 분명하며 사실 수업이란 학습의 과정을 촉진하기 위한 외적 사태들의 의도적인 배열이라고 할 수 있다.[3)]

〈표 1-1〉 수업의 외적 사태(Gagne & Briggs, 1977)

사태	목적
1. 주의집중과 동기 유발을 제공한다.	학습태세를 형성하고 학습자의 주의를 수업의 관련성이나 목적으로 이끈다.
2. 학습목표를 제시한다.	바람직한 수행의 기대 정도를 세운다.
3. 선수 또는 관련 지식을 회상한다.	새로운 학습을 위하여 학습자가 알고 있는 지식과 새로운 내용을 연결하여 단초를 제공한다.
4. 새 내용을 제시한다.	새로운 정보, 절차, 과정, 또는 문제해결 과제를 제시한다.
5. 학습자 안내를 제공한다.	위의 사태 4에 제시된 내용을 정교화한다. 사례, 이야기, 설명, 논의 그리고 내용을 좀 더 기억되기 좋게 하는 형태로 제시한다.

사태	목적
6. 연습을 제공한다.	학습자로부터 반응을 추출한다. 이는 단서라는 측면에서 학습된 것을 인출하는 것과 관련이 있다. 목적은 측정을 위한 것이 아니라 불확실성과 오해를 파악하기 위한 것이다.
7. 피드백을 제공한다.	학습자들에게 이해의 정확성에 관한 정보를 제공한다.
8. 수행을 평가한다.	학습된 지식이나 기능의 파지를 테스트한다.
9. 파지와 전이를 위해 제공한다.	학습된 것을 연습을 통해 강화한다. 전이는 다른 맥락이나 상황에서 학습된 것을 적용할 수 있는 것을 의미한다.

그런데 학습경험은 수업내용의 선정과 조직, 학습활동의 선정과 조직으로 나눌 수 있다.

먼저 수업내용을 선정할 때는 다음과 같은 원리를 고려해야 한다.

1) 타당성의 원리: 수업내용이 교육내용을 반영해야 함
2) 확실성의 원리: 수업내용이 믿을 수 있는 것이어야 함
3) 명확성의 원리: 수업내용이 전달하는 의미가 분명해야 함
4) 가능성의 원리: 수업내용이 학습자의 능력 수준에 알맞게 기술되어야 함
5) 균형성의 원리: 성별, 직업, 계층, 지역 등 특정 집단의 이익에 도움을 주는 내용을 담아서는 안 됨
6) 흥미의 원리: 수업자료의 내용이 학생들의 흥미를 유발할 수 있어야 함
7) 연계성의 원리: 수업내용들이 서로 관련되고 일관성을 가져야 함

다음으로 학습활동의 선정과 조직에 관한 것인데, 이에 대해 타일러(Tyler)는 교육목표에 관계없이 학습활동을 선정할 때 적용할 수 있는 원리를 다음과 같이 제시하였다.[4)]

1) 기회의 원리: 교육목표를 달성하기 위해 그 목표가 시사하고 있는 행동을 학습자 스스로 해볼 수 있는 기회를 가져야 함
2) 만족의 원리: 교육목표에 해당하는 행동을 학생들이 해보는 과정에서 만족감을 느껴야 함
3) 가능성의 원리: 학생들에게 요구하는 행동이 학생의 현재 능력, 성취, 발달수준에 적합해야 함
4) 다활동의 원리: 한 가지 교육목표를 달성하는 데 활동은 여러 가지가 있을 수도 있음
5) 다성과의 원리: 학생이 행동을 선택할 때 여러 가지 교육목표를 동시에 달성

하는 데 도움을 주는 행동을 선택함
6) 협동의 원리: 학생들에게 활동할 수 있는 기회를 주는 것이 좋음

다음으로 학습자가 학습한 것을 측정하는 명세를 구체화한다. 이를 평가계획이라고 한다. 규범지향평가에서는 상세한 기준이 실제 성적이 산출된 뒤에 설정되는 것이 원칙이지만, 준거지향평가에서는 사전에 설정된다. 여기서 중요한 것은 두 가지 형태의 평가가 서로 다른 의사결정을 하는 데 도움을 준다는 것이다. 규범지향평가에서는 학생이 다른 학생에 비해 잘했는가를 결정하지만 준거지향평가에서는 학습 목표를 어느 정도나 달성했는가에 대한 결정을 하게 된다. 물론 준거지향평가라 해도 사전에 이미 모집단의 성적을 토대로 한다는 점에서 일부 규범지향평가의 성격이 전혀 없는 것은 아니다.

'개발'은 학습환경에서 사용될 각종 자료들을 준비하는 것을 의미한다. 수업에 사용될 교수자료를 실제로 개발 및 제작, 형성평가까지 하는 단계이다. 수업설계에서 힘든 단계라고 할 수 있는데 왜냐하면 개발은 수업목표들 간의 관계, 설계의 상세화 정도, 기존 자료나 전달 체제의 적합성이나 특징 등에 따라 여러 관점에서 접근될 수 있기 때문이다. 자료를 새로이 개발할 경우도 있지만 기존자료와 함께 사용하는 경우도 있다.

'실시'란 설계되고 개발된 교육프로그램을 실제 현장에 사용, 이를 교육과정에 반영하며 지속적으로 유지 및 변화, 관리하는 활동을 이야기한다. ADDIE 모델에서는 두 가지 의미를 지닌다. 하나는 실시를 평가 이전에 개발과정 중에 실시하는 것을 의미하는 반면 또 하나는 평가까지 실제로 교육을 실시하는 것을 의미한다.

'평가'는 ADDIE 모델의 최종 단계로서 문제에 대한 해결책이 성공했는지를 결정하는 것이다. 실제로 잘 이루어졌는지, 어떤 부분이 부족했고 어떻게 개선해야 하는지 등 피드백을 평가를 통해 할 수 있다. 이에 만족도 또한 포함이 되고, 실행과정에의 모든 결과를 평가하고 마무리하는 것이 아닌 다시 설계된 프로그램을 살펴보면서 처음으로 돌아가 순환 구조를 이루는 것을 알 수 있다. 그러나 실제로 평가는 전체 과정에서 수시로 발생한다. 평가 유형은 다섯 가지로 결정된다.

1. 교육자료평가: 수업자료가 개발되고 검증되는 단계에서의 평가를 말한다. 평가는 전체학생을 대표할 수 있는 학생들이 직접 사용해 보면서 평가하기도 한다.
2. 과정평가: 과정평가는 각 단계들이 제대로 실행되는지를 평가하는 것이다. ISD 단계들이 비록 같더라도 학급에 따라 과제, 역할, 절차 등이 다를 수 있기에 수정이 불가피할 수도 있음을 알아야 한다.
3. 학습자반응: 학습자반응은 대개 자기보고 형식으로 실시된다. 주요 질문은 수업의 명료성, 수업의 구성의 논리적 연결, 수업전략의 질, 수업실시자의 효과성, 그리고 환경의 편이성 등이다.
4. 학업성취: 학업 성취는 수업의 목표를 학습자가 얼마나 성취하는지를 평가하는 것으로 테스트 도구도 설계과정에서 만들어진 것을 활용하게 된다.
5. 수업성과: 이는 학습전이와 조직적 이익이 있는가에 대한 평가이다. 학습전이란 학습자들이 학습한 것을 얼마나 적용하는가에 대한 것인데 이러한 전이는 얼마나 학습자들이 기대수준까지 잘 습득했는가와 여러 환경조건에 달려 있다. 한편 조직적 이익을 평가한다는 것은 교육에 투입된 비용 대비 산출물 증가, 에러 감소, 이익 증대, 대학입시율 향상 등을 판단하는 것이다.

평가 유형에 상관없이 두 가지 유형의 평가 결정을 해야 하는데, 형성평가와 총괄평가가 그것이다. 형성평가란 수업자료나 절차를 향상하는 데 필요한 안내를 제공하기 위한 목적으로 실시되며 총괄평가는 산출물이나 활동의 가치를 결정하기 위해 실시된다.

이를 요약하여 보면 아래 [그림 1-2]와 같다.

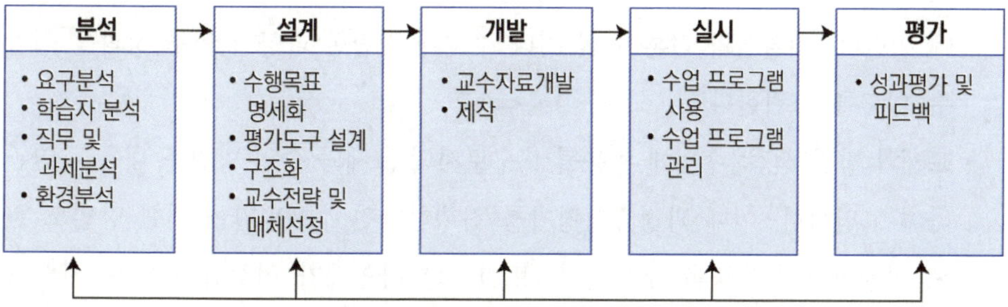

[그림 1-2] ADDIE 모형의 구성요소와 하위구성요소 요약

3) ADDIE 모형을 활용한 한국사 수업설계

ADDIE 모형에 따른 한국사 수업의 구체적인 설계과정은 아래와 같다.

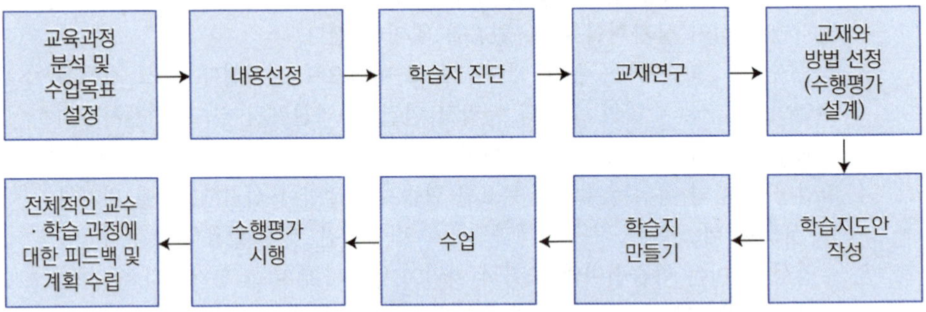

[그림 1-3] 한국사 수업설계 단계

- 교육과정 분석 및 수업목표 설정: 국가교육과정의 성취기준과 성취기준 해설을 분석하고, 성취수준을 분석한 후 수업목표를 설정한다.
- 내용선정: 교과서 또는 교과서 외의 내용이라도 교사가 수업에 다룰 수 있는 내용이라면 그 이유를 고려하면서 내용과 주제를 선정한다.
- 학습자 진단: 학습자의 발달수준, 흥미, 선행학습 정도를 파악하고 분석하여 선정된 내용을 어떻게 제시할 수 있을지 고려한다.
- 교재연구: 선정된 내용에 대한 학계의 동향, 교과서 서술의 방향 등을 고려하여 진단된 학습자의 수준에 맞추어 어떻게 가르칠 수 있을지 고려하여 내용 연구에 임한다. 개설서와 각론서 및 기타 주제에 적합한 다양한 연구 성과를 접할 수 있도록 노력한다.
- 교재와 방법 선정: 수업에 활용될 도구로서의 교재와 수업 방법을 내용과 연관하여 고민한다. 이때 과정중심평가를 진행한다면 수행평가에 대한 방법도 함께 설계하고 루브릭을 구성한다. 또한 블록타임제가 적절하다면 2~3차시를 묶어 수업을 실시하도록 한다. 블록타임제란 기존의 45분 또는 50분으로 이루어지던 단위수업을 2~3시간 연속으로 운영하거나 교과내용, 수업방법에 따라 70~100분 등 여러 형태로 수업시간을 탄력적으로 운영하는 방식이다. 현실적으로는 2차시를 묶는 방법이 가장 많이 이용된다.

• 학습지도안 작성: 학습 지도안을 작성하되, 적절한 활용방법에 따라 세안 또는 약안으로 구성한다.
• 학습지 만들기: 학습지란 학업활동 및 학습활동에 필요하거나 도움이 되는 보조교재를 의미한다. 활동지란 특별히 학생의 활동에 필요한 것으로서 학습지 안에 활동지가 포함되기도 한다. 학습지는 크게 세 가지로 구분된다. 첫째, 수업 중 또는 수업이 끝난 후 정리를 할 수 있는 괄호 쓰기, 백연표, 백지도 등으로 내용을 정리한 것, 둘째, 사료, 소설, 그림, 지도 등 읽기자료를 제공하거나 이와 함께 이를 활용한 학생 활동을 함께 제시하고 있는 것, 셋째, 학생의 활동 중심으로만 안내하고 있는 활동지 등이다.
• 수업: 학습지도안에 따라 수업을 실시한다. 수업환경에 따른 다양한 변수도 예상해서 교사는 적절하게 운영하여야 한다. 수업시 판서는 중요하다. 판서는 학생에게 강의의 내용을 일목요연하게 보여주거나 수업의 내용을 강조할 때 쓸 수 있는 좋은 방법이다. PPT, 전자 칠판 등의 다양한 기자재가 수업을 보조하고 있으나 전통적 방식인 판서의 장점 또한 많기 때문이다. 판서는 학습목표를 지속적으로 학생들이 볼 수 있도록 해 주며, 학습자가 구조화된 사고로 수업에 따라올 수 있도록 해 준다. 판서를 쓸 때는 글자 크기를 일정하게 하고, 줄을 잘 맞추어 쓰는 연습을 할 필요가 있다. 또한 특별한 사정이 없는 한 좌측 상단부터 쓰는 것이 일반적이며 구조적으로 쓰는 연습을 해야 한다. 강조하는 부분에 대해서 색깔을 정하여 나름의 규칙을 정한 색상을 활용하는 것이 좋다. 전체판서 색상, 중요한 부분에 대한 색상 등을 따로 정해 두는 것이 좋다.

판서를 할 때는 등을 보이는 자세를 지양하도록 하고, 때때로 학생들에게 글씨가 잘 보이는지를 확인해야 한다. 판서의 내용을 쓰면서 설명을 함께 하는 것이 좋다. 판서를 쓰면서 침묵이 흐르면 수업의 활기가 끊어지기 때문이다. 연표나 개념학습을 할 때 판서의 구조는 다르다. 연표에서의 판서와 개념학습에서의 판서 구조를 어떻게 할지 수업 전에 구상한다. 또한 중요한 개념이나 처음 나오는 용어를 칠판에 써서 교사의 발음 등에서 혼란이 올 수 있는 중요한 용어를 정확하게 인식할 수 있도록 하는 데 판서는 유용하다. 한편, 수업 시 학생들의 집중과 수업의 활기를 위해 교사는 순회지도를 실시한다. 주로 모둠별 학습 상황을 점검할 때 순회지도를 실시하는 데 학생들의 눈높이를 맞추며 지도하는 것이 좋고, 형식적인 순회지도가 되지 않기 위해 적절한 칭찬과 격려를 함께 언급한다. 교사의 적절한 동선의 이동은 한국사 수업에 생동감을 줄 수 있다.

- 수행평가 시행: 수업 중 수행평가 방법과 문제 등을 학생들에게 실제로 제시하고, 제시할 때는 미리 구성한 루브릭을 학생들에게 미리 안내할 수 있도록 한다. 수행평가지가 필요한 경우 이를 작성하여 학생들에게 배부할 수도 있다.
- 전체적인 교수·학습 과정에 대한 피드백 및 계획 수립: 수업이 끝난 후 또는 수업의 과정 중이라도 형성평가 등을 통한 학생의 학업 결과에 대한 피드백, 수업 과정에 대한 수정 등을 통해 다음 수업에 대한 계획을 수립한다.

이를 ADDIE 모형 단계에 적용하여 각 단계를 비교하면 아래의 표와 같다.

〈표 1-2〉 ADDIE 모형 단계와 한국사 수업설계 단계

ADDIE 모형 단계	한국사 수업설계 단계
분석	교육과정 분석, 수업목표 분석, 내용 선정과 분석, 학습자 진단
설계	교재연구-교재와 방법 선정(수행평가 설계)-학습 지도안 작성
개발	학습지 및 학습자료 만들기
실시	수업 실시
평가	수행평가 시행-전체적인 교수·학습 과정에 대한 피드백 및 계획 수립

한국사 수업을 설계할 때는 아래와 같은 몇 가지 특징에 유의해야 한다.

첫째, 내용-방법이 일관되어야 한다. 설명의 방식에 적합한 전시과 체제(내용)를 단위 수업에서 가르치면서 극화학습(방법)을 구상하는 것은 '내용-방법'의 일관성을 고려하지 않은 것이다. 교사는 가르쳐야 할 '내용'의 특성을 분석하고 다양한 수업방법을 설계하여야 한다. 역사에서 가르쳐야 할 내용의 특성은 크게 네 가지로 유형화할 수 있다. 이에 따라 효과적인 수업 방법도 다르게 제시될 수 있다.

① 지식 위주의 내용이다.

② 역사적 상상력이 필요한 내용이다.

③ 역사적 판단력이 필요한 내용이다.

④ 역사의 탐구방법이 필요한 내용이다.

역사 내용의 유형	한국사 내용 예시	효과적인 수업 방법
지식 위주	• 조선시대 토지제도 • 조선시대 과거제도의 종류	설명식 수업, 개념수업
역사적 상상력	• 병자호란 당시 백성의 삶	극화수업, 내러티브 설명 수업
역사적 판단력	• 조선후기 위정척사파와 개화파의 논쟁	논쟁식 수업, 모의재판
역사의 탐구방법	• 조선후기 실학의 근대성	탐구식 수업

그러나 다루는 내용에 따라서는 '조선후기 신분제 사회의 붕괴'라는 내용과 같이 지식 위주와 역사적 상상력이 모두 필요한 경우, 또는 '흥선대원군의 쇄국정책과 정국의 분열'과 같이 역사적 상상력과 역사적 판단력이 모두 필요한 경우도 있으므로 도식적으로 판단하기보다는 교사가 수업을 어떻게 이끌어가느냐는 목표와 방향에 맞게 결정하는 것이 무엇보다 중요하다.

한편, 역사의 탐구방법에서도 교사는 수업에서 유연성을 발휘할 수 있다. 역사수업에서 실제로 '탐구'는 정해진 과정 중에서 몇 가지를 생략하며 실시된다. 즉, 대체로 '질문 설정-자료 수집과 분석-결론 도출'의 과정을 교사가 아닌 학생이 수행한다는 점에서 보아야 한다. 이는 '질문 설정' 이전의 '문제 제기'와 결론 도출 이후의 '일반화'라는 과정이 생략되어 있다. 저학년 학생이나 선행 학습이 부족한 학생들의 경우 스스로 문제를 정의하기 힘들 때, 또는 어떠한 자료를 스스로 수집해야 할지 모를 때 교사가 보완해 줄 수 있다. 역사 수업에서는 문제 제기와 질문 설정 역시 교사가 제시해 줄 때도 많이 있다. 또한 교사가 제시하는 자료를 가지고 학생이 스스로 분석하여 결론을 내는 탐구 형식도 많다.

이러한 소위 '간이 탐구식 수업'이 아무런 효과가 없는 것은 아니다. 교사가 학생이 스스로 학습할 수 있도록 지속적으로 독려하는 것은 학생의 역사적 탐구력을 높이는 데 도움을 주기 때문이다. 역사가가 역사를 탐구하는 방식을 '그대로' 따라하는 '역사하기'는 사실 학급 학생의 수준이 다른 학교 역사 수업에서 시행하기가 어렵다. 이처럼 역사교육의 이론은 역사수업의 실제에 강력한 이정표를 마련해

주지만 역사교육이 실제 일어나는 교실과의 끊임없는 소통과 대화를 통해 이론도 때로는 수정될 수 있어야 학문이 발전할 수 있을 것이다.

둘째, 한국사는 다른 과목과 달리 시대성과 정치성에 영향을 받는 과목이다. 특히 현대사를 다룰 때 많은 교사들은 어려움을 겪는다. 따라서 현실적으로 수업설계의 과정에서 이러한 요소들을 고려하여 설계해야 한다. ADDIE 모형에 따르면 실제적인 '설계'의 단계 이전 '분석'의 단계에서 이 수업이 학습자에게 어떠한 문제를 해결하기 위한 것이며 사회적으로 어떠한 중요성을 가지고 있는지를 분석해야 하며, 이는 '설계' 단계의 '교재연구' 단계에서 심화하여 살펴보아야 한다. 이때 교사들은 편향된 연구서나 연구논문들을 배제하고 학계의 다양한 성과들과 최근 이론들을 공부하여 학생들에게 심도 있고 의미 있는 수업을 제공해야 한다.

4) 최근 백워드 설계이론과 한국사 수업에의 적용

① 백워드 설계이론의 특징

백워드 설계 모형(Backward Design Model)은 교육과정 설계의 혁신적 접근법으로, 기존의 교육과정 설계 방식을 뒤집어 목표 중심의 교육을 실현하고자 한다. 이 모형은 위긴스와 맥타이(Wiggins & McTighe, 1998)가 제안한 것으로, '목표에서 시작해 거꾸로 설계한다'는 의미를 담고 있다. 백워드 설계는 이해중심 교육과정과 거의 동의어로 쓰이고 있다.

이 수업설계 이론은 교사의 기존 수업설계에 대해 비판하면서 내용과 방법 중심의 수업관에서 목표와 평가 중심으로 수업에 접근해야 한다고 하였다. 수업을 구상하고 계획할 때 교사들은 흔히 자신이 가르쳐야 할 내용과 그 내용을 가르치는 방법에 상대적으로 많은 시간과 노력을 투자한다. 대부분의 교사는 매우 상식적으로 자신의 교과 내용과 교수 방법을 중심으로 수업을 생각하고 있다. 그러나 백워드 수업설계는 내용과 방법 위주의 수업관에서 목표와 평가 중심의 수업관으로 변화를 모색한다. 물론 목표, 내용, 방법, 평가는 모두 관련되어 있지만 그 중심 초점을 어디에 두고 수업에 접근해야 할 것인가 하는 문제이다. 수업에서 내용과 방법을 과도하게 집중하면 가르쳐야 할 내용이 점점 많아진다는 점, 가르치는 방법에 지나친 관심을 두거나 활동들이 많아져서 수업에 초점이 없어지게 된다는 등의 문제가 발생하는 것이다. 따라서 수업에서 중요하게 달성해야 할 목표가 무엇이 되어야 하며 목표의 달성 정도를 진정으로 알아보는 평가방식에 대한 숙고가 필요하다.[5)]

백워드 설계는 2015 개정 교육과정 이후 중시된 설계방법으로 내용과 방법보다는 목표와 평가를, 기계적 학습보다는 이해를 보장하는 학습을, 흥미위주의 활동보다는 탐구를, 내용과 활동 목록으로서의 교육과정이 아니라 의도하는 학습 성취기준으로서의 교육과정을 지향한다.

백워드 설계 모형은 다음과 같은 이론적 특징을 가지고 있다.[6)] 첫째, 목적지향적 교육과정의 설계를 강조하고 있다는 점이다. 교육과정의 개발에서 목표 설정을 가장 중요하게 삼았으며 교육목적과 교육평가의 일관성을 강조한다.

둘째, 이론적으로는 브루너(J. Bruner)의 '학문의 구조' 이론의 영향을 받았다. 브루너는 교육에서 지식의 구조, 즉 개념/원리를 가르쳐야 한다고 하였다. 백워드 설계 모형에서는 이러한 지식의 구조를 빅 아이디어(big idea) 또는 '영속적 이해'라고 부른다. 빅 아이디어는 교육과정, 수업, 평가의 초점으로 제공되어야 하는 핵심 개념, 원리, 이론을 의미한다. 이러한 빅 아이디어는 학습자들이 학습의 우선순위를 설정하는 것에 따라 단편적인 사실과 관련하여 결론을 도출한다. 또한 빅 아이디어는 특정한 단원을 초월하여 전이가능한 것이다. 빅 아이디어는 학생들이 습득해야 하는 것이 아니라 학생들이 탐구를 통해서 구성하고 내면화하는 것이며 교과 내 영역 간, 교과 간 아이디어를 연결하고 있다.

한편 영속적 이해란 학습자들이 비록 아주 상세한 것들을 잊어버린 이후에도 머릿속에 남아 있는 큰 개념을 가리킨다. 백워드 설계에서는 빅 아이디어에 기초한 영속적 이해에 초점을 두어 교사들이 무엇에 초점을 맞추어 수업을 설계하고 진행해야 하는지에 대한 답을 주고 있다.

위긴스와 맥타이에 따르면 영속적 이해란 학생들이 ① 습득한 지식을 서로 연관지어 맥락 속에서 의미를 파악하고, ② 새로운 상황에 유연하고 유창하게 적용시킴으로써 ③ 이해를 구성한다고 한다.

셋째, 교육과정 개발에서 평가의 기능과 역할의 중요성을 강조하고 있다는 점이다. 백워드 설계 모형에서는 학습경험 선정 전에 매우 구체적인 평가 계획을 수립한다. 목표 설정 직후 평가 계획을 수립하는데 평가에 대해 미리 계획함을 통해 교육 목표와 평가의 일관성을 확보할 수 있다. 또한 평가의 방법으로 수행평가, 프로젝트 기반 평가 등 다양한 평가 방법을 활용한다.

백워드 설계 모형은 다음 3단계로 구성된다.

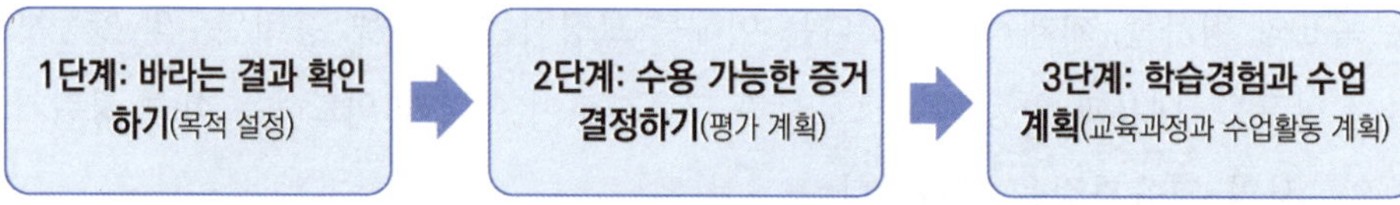

[그림 1-4] 백워드 설계 모형의 3단계

1. 학습목표 설정: 학생들이 무엇을 알고, 이해하며, 할 수 있어야 하는지 명확히 정의한다.
2. 평가 계획: 학생들이 목표를 달성했는지 어떻게 알 수 있을지 결정한다.
3. 내용 계획: 학생들이 목표를 달성하고 평가를 통과할 수 있도록 학습 경험과 수업을 설계한다.

이러한 수업방식은 전통적 수업방식에서 목표설정-교육과정과 수업활동 계획-평가라는 방식에서 목표설정-평가-교육과정과 수업활동 계획이라는 방법으로의 획기적인 전환이며 교육과정의 큰 설계방식이 아닌 단원중심 설계방식이라는 좁은 의미의 설계방식(하나의 수업을 설계하는 데 있어 유용한 설계방식)으로서 의미가 있다.

백워드 설계의 첫 번째 단계에서는 이 단원을 통해 성취해야 하는 목표는 무엇인지, 학생들이 영속적으로 이해할 만한 가치가 있는 것은 무엇인지, 학생들의 이해와 탐구를 촉진하는 핵심 질문은 무엇이며 학생들이 무엇을 알고, 할 수 있어야 하는지를 스스로에게 묻는다. 즉, 핵심 내용이 무엇인가를 구조화하여 가장 중요한 소수의 빅 아이디어 또는 일반화를 학습하기 위한 개념, 사고기능과 탐구과정, 사실적 지식과 정보들을 파악하고, 이를 학년 및 단원 수준의 내용으로 구체화(계열화)한다. 그리고 교과의 교육 내용을 수행능력과 관련짓고, 학생들의 빅아이디어, 일반화를 심층적으로 학습하는 것을 안내하고 지원하는 핵심질문을 개발해야 한다.

학생들의 사고와 탐구를 유도하기 위해 핵심질문은 미리 만들 필요가 있다. 이해를 위한 수업에서는 교과의 원리와 일반화를 암기하도록 하거나 그것을 전달식으로 가르치는 것이 아니라 학생들이 이해에 도달할 수 있도록 도와주어야 한다. 즉 학생들이 스스로 질문하고, 조사하고, 구성하고, 수정하고, 결론에 도달할 수 있도록 하는 탐구가 이루어지도록 해야 하는데 이를 가능하게 하는 요소가 바로 핵심질문이다.

핵심질문은 학생들의 사고를 촉진하고 핵심개념과 일반화에 비추어 의미 구성을 돕는다. 핵심질문은 구체적인 소재, 사건 혹은 텍스트를 넘어선 전이가 가능한 아이디어를 담은 포괄적 질문과 특정 단원 내에서 내용을 반영하는 소재적 질문(단원 수준의 핵심 질문)으로 구성된다.

첫 번째 단계에서는 내용의 우선순위를 정해야 한다. 그래서 우선 교육과정을 살펴보아야 한다. 위긴스와 맥타이는 우선순위가 가장 높은 것을 '영속적 이해'라고 이야기하며 이를 학생들이 사실들을 모두 잊어버려도 남아 있는 가장 일반적이고 포괄적인 수준의 일반화와 원리를 말한다고 하였다. 2015 개정 교육과정의 핵심개념이나 2022 개정 교육과정에서의 핵심 아이디어와 유사한 의미이다.

빅 아이디어를 중심으로 우선순위를 결정하는 데 유용한 조직자를 세 개의 동심원을 통해 제시하면 가장 바깥의 원으로서 '친숙할 필요가 있는 것'은 단원을 학습하는 동안 학생들이 읽고, 보고, 조사하기를 바라는 것과 관련된다.

[그림 1-5] 내용의 우선 순위 명료화

개념과 기능은 사고를 불러일으키며 학생들을 영속적 이해로 안내하는 역할을 한다. 사실과 정보들은 개념과 일반화의 예이며, 개념은 사실들 간의 관계를 구조화한다. 주목해야 할 점은 개념과 기능을 동시에 다루고 있다는 점이다. 즉 교사는 교과의 지식을 다루지만 다양한 사고기능과 탐구과정을 이용하여 교과의 지식을 습득하고 활용할 수 있도록 도와주어야 한다.

영속적 이해는 그 범주와 일반화의 정도에 따라서 포괄적 이해와 소재적 이해로 구분된다. 포괄적 이해는 특정 단원을 넘어서서 학생들이 도달하길 바라는 일반적이고 전이 가능한 이해를 의미하며 학교급을 관통하여 반복된다. 소재적 이해는 교과의 단원이나 소재와 관련된 이해로 특정 단원의 내용요소와 결합하여 학생들이 도달하기를 바라는 것으로 더 좁은 의미이다.

두 번째 단계에서 학생들이 바라는 결과를 성취했는지를 어떻게 알 수 있는지, 학생들의 이해와 숙달의 증거로 무엇을 받아들일 것인지를 살펴본다. 교사는 학생들이 이해에 도달하였음을 확인할 수 있는 수행평가과제를 개발해야 한다. 위긴스와 맥타이는 우리가 무엇을 제대로 이해했을 때 보이는 수행을 여섯 가지로 제시한다. 설명할 수 있고, 해석할 수 있고, 적용할 수 있고, 관점을 가질 수 있고, 공감할 수 있으며, 자신의 사고 과정을 성찰할 수 있다는 것이다. 이해의 측면을 반영한 수행평가과제 개발이 이루어져야 한다. 또 수행평가과제뿐만 아니라 그 외의 평가 방법도 고안해야 하며, 어떻게 학생들이 자기 평가와 반성을 할 수 있도록 할 것인지도 계획해야 한다.

〈표 1-3〉 백워드 설계의 두 번째 단계에서 이해의 여섯 측면

측면	정의	평가 방향	평가 수행동사
설명	사실, 사건, 행위에 대해 타당한 근거를 가지고 말할 수 있는 능력	• 오개념의 활용 • 대화 혹은 상호작용	논증한다. 도출한다. 기술한다. 표현한다. 증명한다.
해석	의미를 파악, 형성하고 이야기를 구성하며 번역하는 능력	• 글의 저변에 깔린 이야기의 이해 • 여러 각도에서 글을 해석하는 능력	유추한다. 평가한다. 판단한다. 비유한다. 대표한다. 번역한다.
적용	지식을 다양한 상황이나 실제적인 맥락에서 효과적으로 사용하는 능력	• 피드백에 대한 자기 수정 능력 • 반드시 이해하고 수행하는지 확인	적용한다. 구축한다. 창조한다. 결정한다. 발명한다. 제안한다. 해결한다. 사용한다.

측면	정의	평가 방향	평가 수행동사
관점	비판적 시각으로 대상을 조망하고 통찰할 수 있는 능력	• 비판적 관점 • 저자의 의도	분석한다. 주장한다. 비교한다. 대조한다. 비평한다. 추론한다.
공감	타인의 입장에서 감정과 세계관을 수용하는 능력	• 타인의 심정을 헤아릴 수 있는 능력	역할을 가정한다. 믿는다. 열려있다. 상상한다. 역할놀이를 한다. 관련짓는다.
자기지식	자신의 무지를 알고 자신의 사고와 행위를 반성할 수 있는 메타인지 능력	• 과거와 현재의 작품을 자기 평가	알아챈다. 파악한다. 인식한다. 반성한다. 자기평가한다.

세 번째 단계는 학생들이 바라는 결과를 성취하는 데 어떤 지식과 기능이 필요하며 이를 위해 어떤 활동을 해야 하는지 고민한다. 학생들이 수행과제를 성공적으로 수행할 수 있도록 지원하는 방식으로 학습 활동을 계획한다. 수업에서 진행될 모든 교수학습 활동은 학생들의 이해를 돕는 것이며 이때 수행과제는 최종 학습활동이면서 동시에 학생들의 이해를 확인하는 평가과제가 되어야 한다.

이 같은 백워드 설계 모형의 효과는 아래와 같다.[7)]

첫째, 목표 도달의 효율성이다. 목표와 평가를 중심으로 한 학습 활동 구성으로 효율적인 학습이 가능하여, 불필요한 내용을 줄이고 핵심에 집중할 수 있다는 것이다.

둘째, 과정 중심 평가와 연계가 가능하다. 학습 전 과정에 걸친 지속적 평가와 피드백이 가능하고, 학생들의 성장과 발전을 지속적으로 모니터링할 수 있다.

셋째, 심층적 이해를 촉진할 수 있다는 점이다. 즉, 핵심 개념과 빅 아이디어 중심의 학습으로 깊이 있는 이해를 도모하며, 단편적 지식이 아닌 통합적, 맥락적 이해를 형성할 수 있다는 점이다.

② 백워드 설계모형의 한국사 수업 적용

백워드 설계모형을 한국사 수업에 적용하면 어떨까?

다음은 성취기준에 따른 학습목표 설정 → 평가계획 수립 → 내용 계획(수행평가 토론 발문)의 형식으로 백워드 설계를 적용하여 한국사 수업을 구성한 교사[8)]의 수업 사례이다.

가. 학습목표 설정(성취기준)

'어떤 학습 요소를 중점적으로 다루고, 수업 과정을 통해 학생들에게 어떤 능력을 기를 수 있도록 할 것인가?' 이를 위해 국가수준의 성취기준을 목표화하고, 학습 요소를 수업단위에서 찾기 위해 지필평가 요소를 추출해 내도록 한다. 이 단계에서 지식·이해, 기능, 가치·태도 등의 행동영역별 목표를 제시할 수도 있으나 필요 없을 경우 생략하기도 한다.

연번	성취기준	지필평가 요소
1	[10한사1-01-02] 고려의 후삼국 통일과 통치 체제의 정비 과정에 대해 알고, 고려 성립의 역사적 의미를 파악하기 위해 설정하였다.	• 통일신라말 호족의 출현 • 통일신라말 불교계의 변화 • 후삼국 시대 특징 • 고려 성립 이후 정치, 경제, 사회적 체제정비의 특징
2	[10한사1-01-03] 조선의 성립과 유교적 통치 체제의 정비, 정치 운영의 변화를 이해하기 위해 설정하였다.	• 붕당정치의 출현 • 붕당의 특징

나. 평가계획의 설립-'교수학습 및 평가운영 계획'

백워드 설계는 다음에 제시된 것처럼 '목표의 확인-평가 계획의 수립-교육내용 재구성-수업 운영'의 순서로 진행된다. 평가 계획은 '무엇을 알게 하고, 학생으로 하여금 어떤 능력을 기르도록 할 것인가?'에 대한 로드맵이다. 따라서 평가 계획은 해당 교과의 성격과 특징, 학생들이 수업을 통해 살아가는 데 필요한 능력들을 길러줄 수 있는 방법, 국가 교육과정에서 중시하는 학습 요소와 교사가 중시하는 학습 요소를 반영하여 세운다.

매 학기 교사는 '교수학습 및 평가운영 계획'을 세워야 한다. 여기에는 매월 학습해야 할 단원별 성취기준, 수업방법, 평가방법 등을 매우 구체적으로 제시하여 매 학기 수업과 평가의 대강을 세우고 이를 학교에 제출하여야 한다. 이는 교사가 수업을 한 학기 동안 해야 할 지표가 되면서 동시에 같은 학년의 같은 교과를 2인

이상의 교사가 담당할 때 매우 중요하다.

이때 작성되는 평가 계획서에는 지필평가, 수행평가 비율 및 평가에 반영할 교과의 성취기준을 명시해야 한다. 교사는 아래와 같이 평가영역별 반영 비율 및 배점을 계획하고 이 경우 지필평가 50%, 수행평가 50%를 구상하였다. 또한 이 단계에서는 수행평가에 대한 구체적인 루브릭을 고안할 필요가 있다.

〈표 1-4〉 한국사 평가 계획서에서 평가 개요 부분 사례

평가 종류	지필평가(50%)		수행평가(50%)	계
	중간고사	기말고사	과정평가	
만점(점)	100	100	100	
내용	선택형(70점) +서답형(30점)	선택형(70점) +서답형(30점)	내가 바라본 한국 현대사	
반영 비율(%)	25%	25%	50%	100
평가 시기	9월 4주~10월 1주	12월 1주	10월 4주~11월 1주	
성취 기준	[10한사01-01]~[10한사01-04] [10한사04-01]~[10한사04-06]	[10한사01-01]~[10한사01-06] [10한사04-01]~[10한사04-08]	[10한사04-01]~[10한사04-08]	

다. 내용계획과 수업실시

내용 지식 중심의 지필 평가 요소를 수업 자료에 녹여낸 뒤에는 앞에서 제시한 교과 역량을 학생들로 하여금 기를 수 있도록 하기 위한 수행 과제(수행 평가 요소)를 선정하는 데 초점을 맞춘다. 수행 과제는 사료의 선택, 사실의 진위 여부, 해석, 이야기 구성에 이르기까지 본질적으로 논쟁적인 교과인 역사의 성격을 반영하여 '토론이 가능한 의제 또는 발문'의 형태로 제시한다. 이처럼 교과 역량 함양을 위한 수행 과제를 토론에 필요한 발문 형태로 제시하기 위해서는 교과서를 분석하면서 매우 당연하듯이 쓰이는 서술 기조를 파악한 후, 소단원별 서술 기조에 대한 비판적 접근을 통해 '이 주제가 학생들의 삶에 줄 수 있는 교육적 메시지는 무엇일까?'를 고민해야 한다.

다음으로는 학생들이 토론을 통해 수업의 메시지를 확실히 드러낼 수 있는 수업

주제와 핵심 아이디어(해당 주제 수업이 가진 문제의식)를 정하고, 토론을 위한 발문을 고민해야 한다. 발문이 잘 나오지 않을 경우, 해당 주제와 관련된 논문을 검색하는 등의 교재연구가 필요하다.

연번	성취기준	지필평가 요소	수행과제(발표, 논술)
1	[10한사1-01-02] 고려의 후삼국 통일과 통치 체제의 정비 과정에 대해 알고, 고려 성립의 역사적 의미를 파악하기 위해 설정하였다.	• 통일신라말 호족의 출현 • 통일신라말 불교계의 변화 • 후삼국 시대 특징 • 고려 성립 이후 정치, 경제, 사회적 체제정비의 특징	• 당시 일반 백성의 입장에서 보았을 때, 고려 왕조의 성립은 지배 세력의 교체에 불과한 사건이었을까? (A 입장) • 아니면 백성들의 삶이 더 나아지는 데 기여하는 사회 변화에 해당하는 사건이었을까? (B 입장)
2	[10한사1-01-03] 조선의 성립과 유교적 통치 체제의 정비, 정치 운영의 변화를 이해하기 위해 설정하였다.	• 붕당정치의 출현 • 붕당의 특징	• 붕당 정치는 긍정적으로 보아야 할까? (A 입장) • 부정적으로 보아야 할까? (B 입장)

이처럼 백워드 설계는 목표를 세워 수업의 토론을 실시하기 전 평가계획을 세우는 기존의 수업방식과 다른 관점과 접근을 제시하고 있다.

2. 학습자 진단의 의미

학습자 특성 유형은 수업설계에 대해 시사점을 갖고 있다. 학습자는 자신이 이미 알고 있는 특정교과나 주제에 대한 수업을 접하는 경우가 있다. 그렇지만 새 자료를 단지 부분적으로 알고, 지식에서의 간격이 채워져야 하는 경우가 더 자주 있다. 인지적 기능의 학습은 선수요건이 되는 다른 인지적 기능의 회상에 의해 가장 분명하게 영향을 받는다. 새 학습이 가장 효과적이려면 선수 기능이 철저하게 학습되어야 한다. 따라서 수업설계 시 학습자 진단을 위해 학습자의 발달 단계를 고려하고, 선수학습 정도를 살펴보는 것은 매우 중요하다.

1) 학습자 특성

학습자는 수업과 관련된 어떤 특질을 보유하고 있다. 예컨대 학습자는 말로 전달되는 의사 소통을 듣고 종이에 인쇄된 의사소통을 읽으며 알기를 원하는지를 결정할 수가 있다. 이러한 공통적인 특질은 학습자에 따라 그 정도에 있어 차이가 있다. 인쇄된 내용을 빨리 읽는 사람이 있는가 하면 느리게 쉬어가면서 읽는 사람이 있고, 또 심지어 시도조차 거절하는 사람이 있다. 이러한 차이점은 능력과 동기에 있어서의 개인차의 결과일 것으로 가정되기도 하지만, 한편으로는 환경적 발달적 요인들이 학습자의 수행에 영향을 끼칠 수 있다. 이러한 다양한 요인과 원리는 학습의 학습동기에 영향을 주기 때문에 수업설계를 할 때 중요하다.

학습의 양과 질에 영향을 주는 특질은 무수히 많다. 그중에 내적 동기, 발달요인, 그리고 역량에서의 개인차 등과 같은 학습자의 내적 특성이다. 자극과 주의에 대한 환경적 효과, 사회적 규준과 가치, 그리고 성취기준과 평가 등은 외적이다. APA Work Group(1997)에 의해 수립된 분류 항목들을 유지하면서 이러한 요인들을 동기와 정의적 요인, 발달적 및 사회적 요인, 그리고 개인차 요인 등으로 살펴볼 수 있다.[9)]

첫째, 동기적 요인은 수업을 설계할 때 반드시 고려되어야 할 속성이다. 학습자에게 학습행동을 보이고 특정 학습 목표에 주의를 집중하고 또는 과제물에 대해 추가로 노력하는 힘이 있다. 동기는 직접적으로 측정될 수는 없지만, 학생의 행동을 관찰함으로써 추론은 가능하다.

동기의 원인은 학습자에게 외재적 또는 내재적인 것으로 구분된다. 내재적 동기에 속하는 것으로 흥미와 호기심이 있다. 이와는 아주 상이한 내적 동기 요인으로 성취욕구가 있다. 어떤 내적 요인이 사람들을 동기화하는지를 이해하면 동기를 유발하는 수업을 설계할 수 있다. 호기심을 불러일으키는 질문을 포함시킬 수도 있고, 또 성취요구를 고려할 경우 개인적인 목표 설정과 경쟁을 위한 기회를 추가할 수도 있다.

켈러(John Keller, 1987, 1999)는 'ARCS' 모형이라고 불리는 동기 설계 모형을 개발하였다. 이것은 주의(Attention), 관련성(Relevance), 자신감(Confidence), 만족감(Satisfaction) 등의 동기 조건 항목들의 첫 글자를 따온 것이다. ARCS 모형은 두 부분으로 되어 있다. 그 첫째는 여러 개의 상이한 동기 이론들로부터 명제와 지침을 종합한 것이다. 두 번째 부분은 학생의 동기 조건을 적절한 동기전략을 처방하기 위한 토대로서 분석하는 절차 속에서 다양한 동기적 요인들을 통합시킨 동기설계과정이다. 〈표1-5〉에서 제시되어 있듯 ARCS 항목은 설계자가 학습자의 동기문제에 주의를 기울일 때 제기할 수 있는 질문들을 시사한다. 예컨대 주의 항목에서 설계자는 다채로운 그래픽을 제시함으로써 학생의 흥미를 이끌 수 있을 것이다. 수업이 관련성이 높도록 하려면 학습자에게 부여할 주제에 대한 자신의 목표를 스스로 세우도록 해볼 수 있을 것이다. ARCS 모형의 목표는 동기분야에서 이론과 실제를 실제 수업에서 보다 더 쉽게 적용하도록 만든 것이다.[10)]

〈표 1-5〉 ARCS 모형의 동기 항목

항목과 하위항목	과정질문
주의	
A.1. 감각적 환기	흥미를 끌기 위해 무엇을 할 수 있는가?
A.2. 탐구적 환기	탐구 태도를 어떻게 자극할 수 있는가?
A.3. 가변성	주의를 어떻게 유지할 수 있는가?
관련성	
R.1. 목표지향성	학습자의 요구를 가장 잘 맞추려면 어떻게 해야 하는가?(그들의 요구를 알고 있는가?)
R.2. 동인 일치	학습자에게 언제, 어떻게 적절한 선택, 책임, 영향력을 부여할 수 있는가?
R.3. 친숙함	학습자의 경험에 수업을 어떻게 맬 수 있는가?
자신감	
C.1. 학습요구사항	성공에 대한 긍정적인 기대감을 형성하는 데 어떻게 도울 수 있는가?
C.2. 성공 기회	학습경험이 어떻게 학습자의 역량에 대한 믿음을 지지하고 향상할 수 있겠는가?
C.3. 개인적 통제	학습자가 자신의 성공이 자신의 노력과 능력을 기초로 하고 있는 것을 어떻게 분명하게 알겠는가?
만족감	
S.1. 자연적 결과	학습자에게 자신의 새로 습득한 지식/기능을 사용할 유의미한 기회를 어떻게 제공할 수 있는가?
S.2. 긍정적 결과	학습자의 성공에 대한 강화로 무엇을 제공할 것인가?
S.3. 공평성	학생들이 자신의 성취에 대한 긍정적인 느낌을 갖도록 어떻게 도울 수 있는가?

교사가 지적 호기심을 불러일으키는 질문과 도전적인 문제들을 중심으로 활동을 조직하는 것은 학생들의 지속적인 참여를 불러일으키는 효과적인 방법이다. 주의할 점은 비본질적 수단에 의존하지 말아야 한다는 것이다. 이는 칭찬, 상, 상품, 특권 혹은 벌, 낮은 성적, 공개적 망신과 같은 것을 말한다. 이러한 것들을 넘어 설계에 있어 중요하고도 어려운 도전 과제는 효과적으로 본질적 동기를 유발하는 것이다. 〈표 1-6〉은 학생들의 주의를 환기시키고 흥미를 유발하는 데 사용할 수 있는 몇 가지 자료의 유형과 적용 예시다.

〈표 1-6〉 주의를 환기하고 흥미를 유발하는 자료의 유형과 적용 예시

자료의 유형	적용 예시
이상한 사실, 예외, 비직관적인 사례	(조선시대 노비 소송) 조선시대 원래 양인이었던 다물사리는 자신이 노비였다는 주장을 하면서 소송을 제기해. 조선시대는 노비보다는 양인의 처지가 더 좋았을 텐데 다물사리는 왜 굳이 자신이 노비라고 거짓 주장을 했을까.
자극적인 도입 질문	(전근대 사회의 조공에 대한 학습) "전근대 사회 동아시아 국가들은 중국에 조공을 하였고 우리나라도 예외없이 임금이 즉위할 때나 중국의 행사가 있을 때 사람을 보내 조공을 하곤 했다. 이것은 비굴한 행동이었을까?"
미스터리	(붕당 정치 관련 사실 학습) 조광조를 비롯한 신진 사림파의 등용과 중종의 지지, 궁중 동산의 나뭇잎에 나타난 '주초위왕(走肖爲王)' 글씨와 그로 인한 중종의 의심을 다룬 애니메이션을 제시한다. '조씨가 왕이 된다는 메시지는 나뭇잎에 기이하게 나타난 만큼 과연 하늘의 뜻이었을까?'라는 의문을 제기한다.
도전	(독도에 대한 학습) 일본인 친구와 만났을 때 독도가 우리 땅이라고 어떻게 주장할지 스스로 생각해 보도록 한다.
문제나 이슈	(친일파 청산 문제에 대한 학습) 해방 이후 현재까지 친일파 청산이 어느 정도 되었는지 살펴보도록 한다.
실험-결과 예측	(조선시대 생태 환경에 대한 학습) 조선시대 온돌 문화를 살펴보면서 땔감의 양 등의 자료를 보고 조선시대 홍수의 빈번함이 어느 정도였는지 예측해 본다.
역할놀이	(조선후기 신분제의 동요 이해 학습) 역할 놀이를 제시하여 조선후기 다양한 신분들의 갈등 상황을 체험하도록 한다.

둘째 발달적 및 사회적 요인이다. 발달심리학은 아동의 인지적 발달과 수업설계에서 학습 유형을 맞추는 방법에 대한 통찰을 제공하고 있다. 피아제(J.Piaget, 1963)는 유아기에서 청소년 중기에 이르기까지 네 가지로 분명하게 구분되는 발달단계를 식별하였다. 첫 단계인 감각운동기의 아동은 대상영속성(대상이 보이지 않을 때에도 존재한다는 것)을 갖는 것으로서 대상과 목표 지향적 행동(블록들을 보관함에서 꺼내는 방법과 체계적 행위가 예상 가능한 결과를 낳는다는 것)을 학습하기 시작한다. 대략적으로 두 살쯤에 아동은 전조작기 단계에 들어가며 대상과 행위를 표현하는 기호로서 언어의 개념이 발달하는 반면 피아제가 '조작'이라고 부른 것을 습득하지 않은 상태이다. 조작은 물리적인 방식으로 수행하지 않고, 정신적으로 수행하고, 그 반대 순서로 재구성할 수 있는 행위를 말한다. 그 다음 단계인 조작적 단계는 대개 7~11세에 해당된다. 이 시기에 아동은 잘 알려져 있는 보존의 원리를 습득한다. 전조작기의 아동은 길고, 똑같은 양이더라도 좁은 실험관에 들어 있는 액체가 짧고 넓은 실험관에 들어 있는 액체보다 더 많다고 대개 말한다. 조작기 아동은 한 상황에서 다른 상황으로 양에 대한 지각을 표현이 달라지더라도 보존할 수 있다. 마지막 단계인 형식적 조작기는 11살에 발생한다. 이 단계에는 추상적인 문제를 논리적인 방식으로 해결하고, 사회적인 쟁점에 관해 보다 더 관심을 갖고 '비이기주의적' 시각을 갖고 참여하는 능력을 갖는다.

피아제와는 대조적인 사람이 비고츠키(Lev Vygotsky, 1978)이며, 그의 발달적 및 학습 이론은 보다 더 사회지향적이며 그의 업적은 구성주의자의 학습이론에 강하게 영향을 끼쳤다. 피아제는 발달 과정이 학습자에게 주로 내적이며 아동은 인지 발달의 초기 단계 동안에 주로 자신에게 초점이 맞춰져 있다고 믿었다. 이와는 대조적으로 비고츠키는 아동의 행위와 인지 전략의 발달에 있어서 언어화를 자신이 속한 문화에서 보다 더 유능한 구성원과의 상호작용에 의해 직접적인 영향을 받는 것으로 식별하였다. 발달의 어느 시점에서든지 아동에게 매우 편안한 과제와 인지과정이 있는 한편으로 아동의 준비성의 외부 경계에 있는 그런 영역들도 있다. 아동은 다른 사람의 도움과 격려 또는 학습환경에서의 상응하는 지원으로 이런 도전적인 영역에서 수행과 개발을 할 수 있다. 비고츠키는 이러한 외부영역을 '근접발달영역'이라고 불렀다. 이 영역은 아동의 잠재적인 도달거리 안에 있기 때문에 잘 설계된 수업과 교수가 특히 효과적인 곳이다. 아동의 발달을 촉진하는 도움 유형을 브루너는 '비계(scaffolding)'라고 불렀다. 비계는 특히 근접발달영역 안에서 인지적 역량과 기능을 증가하기 위해 아동을 돕는 것을 지칭한다.[11]

마지막으로 개인적 요인은 유전적 특성, 선호 학습 양식, 학습 전략, 사회적 문화적 가치와 신념, 그리고 외적으로 규정된 목표에 의해 표현되는 성취기준과 학습환경에서 사용되는 평가도구 안에 정의되어 있는 기대 등이 있다. 평가의 경우 학습 수행에 대한 자기 평가 또한 학생의 동기와 수행에 영향을 미친다. 수업설계자는 자신의 설계에 자기 평가 기법을 통합할 수 있다. 이것은 학습자에게 자신의 수행에 대한 질을 평가하고 자신의 판단에 대하여 기록하도록 요구한다. 학생은 자신의 행동을 어느 정도 정확하게 판단할 수 있으며 자기 평가가 목표설정, 학습시간의 자기 기록 등과 함께 사용될 때 자기 평가는 학습에 긍정적인 효과를 가질 수 있는 것으로 보이나 학생이 성공에 대해 너무 걱정하거나 성취에 대하여 자기 개념이 부족하다면 자기평가는 부정적 효과를 가질 수도 있다.

2) 학습자의 기억조직과 선수학습

학습되어 장기기억에 저장된 단일 대상들은 명제, 이미지, 그리고 태도 등으로 간단히 분류될 수 있다. 이러한 단일 실제들은 상호 연결된 연결망으로 조직되어 학습자가 어떤 활동이나 이후 학습의 조건으로서 검색하거나 인출될 수도 있다.[12]

다양한 유형의 학습능력을 표현하는 이 연결망은 종종 아이디어들이 일반적인 주제나 사용기능의 측면에서 조직된 스키마라고 불리는 형태를 갖는 것으로 가정된다.

스키마는 일반적인 개념에 관련된 일단의 유의미한 정보들을 표현하는 기억 요소(명제, 이미지, 그리고 태도)의 조직체이다. 이 일반적인 개념은 집, 사무실, 나무, 그리고 가구와 같은 대상의 항목일 수도 있다. 또는 이 개념은 식당에 가기 또는 야구 게임 보기 등과 같은 하나의 사건으로 되어 있을 수 있다.

교과에 관계없이 스키마는 그 항목에 포하되어 있는 대상이나 사건들의 집합들에 공통적인 일정한 특색을 갖고 있다. 그리하여 집에 대한 스키마는 건축재료, 방, 벽, 창, 지붕, 그리고 거주 기능과 같은 어떤 잘 알려진 특색에 관한 정보를 담고 있다. 이러한 특색은 홈(slot)이라고 하며 그 곳에 어떤 값이 '채워지기 위해'

존재함(창의 개수, 지붕의 종류 등)을 의미한다.

사건 스키마는 홈을 포함하여 비슷한 속성을 갖는다. 그렇게 때문에 식당 스키마에서 채워져야 하는 홈에는 식당 입장, 앉을 자리 결정, 메뉴 확인, 종업원에게 주문, 식사, 계산서 받기, 계산, 팁 남기기, 그리고 식당 나가기 등이 있다. 그리하여 어떤 식당에서 식사하는 것에 대한 경험을 많이 한 사람은 누구든지 기억 속에 이와 엇비슷한 스키마를 갖고 있으며 여기에는 새 경험으로부터 얻은 사실을 채워 넣을 홈이 포함되어 있다. 분명히 사람들이 갖고 있는 '식당 스키마'는 자신의 경험에 따라 그 홈에 저장된 세부사항뿐만 아니라 포괄성에 있어서 차이가 난다. 이러한 차이는 수업의 내용이 스키마와 관련되어 있을 때 그것을 설계하는 데 특히 중요하다.

새로 제시된 수업으로 학습을 시작할 때 학습자는 자신의 기억 속의 다양한 스키마를 가지고 과제를 접한다. 그렇기 때문에 이승만의 대통령 재임기간에 해당되는 현대사에 대한 수업을 시작할 때 학습자는 대한민국임시정부, 해방직후 초대 대통령 취임, 6・25 전쟁, 4・19 혁명과 같은 상호 연계된 개념이 들어있는 스키마를 갖고 있을 것이다. 이들과 다른 특색들은 새 수업을 통해 보다 정교한 역사적 정보로 채워지게 된다.

교수자가 알아야 하는 것은 개인이 상이한 지식 및 절차 스키마를 보유하고 있다는 것이다. 그래서 대부분의 학생에게 분명할 수 있는 것이 다른 사람에게는 전혀 의미가 없는 것일 수도 있다. 특정 학생의 지식 스키마를 세심히 분석하면 현재의 자극에 의미를 부여하는 것을 어렵게 또는 불가능하게 만들 수도 있는 중요한 선수 기능이나 지식이 빠져 있음을 발견할 수도 있다. 이 경우에 수업상의 해결책은 주요 수업적 개입에 앞서 선수 기능을 가르치는 것이다.

다음으로 학습자의 저장된 가능성에 대해 일반적 용어로서 능력의 개념이다. 특히 능력은 여러 활동 영역에서 수행의 질을 예시하는 심리학적 검사에 의해 측정된다. 잘 알려져 있는 능력 영역에는 언어적, 수학적, 시각적, 공간적 영역 등이 있다. 학습자의 일반적인 특성 중에는 정의적 및 인성 영역에 속하는 것들이 또 있다. 이들은 종종 특질(trait)로 불리는데, 불안과 학습 동기 등과 특성을 말한다. 능력과 특질은 수업에서의 차이에 따라 상이하게 학습에 영향을 줄 가능성 때문에 중요하다. 그렇기 때문에 언어능력이 높은 학생은 간결하게 기술된 인쇄물로 이루어진 수업에 잘 반응하고, 불안감이 큰 학생은 오히려 잘 조직되어 구조화된 수업에서 학습을 잘 할 것이다.

3. 내용, 교재, 방법의 수준 의미

1) 학습자 문해력

얼마 전부터 역사 수업 시간에 학생들이 역사적 사실뿐 아니라 역사적 사실을 설명할 때 기본이 되는 언어에 대한 이해가 부족하여 수업을 하기 힘들다는 교사들의 목소리가 들린다. 이는 단지 역사 교과에만 해당되는 것이 아니라 모든 교과의 교사들의 한숨 섞인 목소리가 되고 있다. 우리나라 교육과정에서는 교육과정 총론 등에서 모든 교과에서 포함되는 문해력의 문제를 통합하여 살펴보고 있지 않고 있기 때문에 역사 교과에서 역사 문해력이 무엇인지 그 실체를 파악하고 이를 해결하기 위한 다양한 방법들이 모색되었다.

역사 문해력(historical literacy)은 크게 역사적 사실에 대한 지식의 보유, 역사가의 탐구 과정 수행, 역사의식 함양의 측면에서 논의되었다. 전통적 관점에서 역사 문해력은 역사적 사실을 아는 것을 의미했다. 그러나 역사 교육 연구가 진행되면서 역사 문해력을 역사 탐구 수행 과정에서 동반되는 역사적 사고나 역사의식으로 보는 새로운 관점이 주목받고 있다.

미국, 영국, 호주 등의 나라에서는 문해력을 역사 교육의 목적이나 학생들에게 가르쳐야 할 역량 중 하나로 규정하고 교육과정에서 공통적으로 문해력을 역사 탐구 과정에서 작용하는 사고나 기능으로 의미하고 있다.[13)]

현재까지 우리나라 역사교육과정에 반영된 역사 문해력은 대부분 역사 텍스트 읽고 쓰기에 집중되어 역사적 사고 및 역사의식 함양과 관련된 역사 문해력의 요소를 제시하지 못하였다. 이는 역사 문해력 개념이 추상적 성격을 가지며, 이를 보는 관점이 다양하다는 데 기인한다. 그러나 역사 문해력의 성격을 구체화하려는 지속적인 노력은 역사 문해력 학습 내용과 방법을 선정하고 제시하는 데 시사점을 줄 수 있을 것이다.

역사 텍스트에서 읽을 수 있는 실천성은 역사 행위자의 실천성, 텍스트 저자의 실천성, 역사 학습자의 실천성으로 나눌 수 있다. '역사 행위자의 실천성 읽기'는 역사적 상황에 대한 인식과 행위 분석을 통해 역사적 인물이 이루고자 했던 목적을 파악하는 것이다. '텍스트 저자의 실천성 읽기'는 저자가 어떠한 의도로 텍스트 내용을 선택했으며, 왜 그런 방식으로 텍스트를 서술하였는지 추론하는 데 중점을 둔다. '역사 학습자의 실천성 읽기'는 학습자가 해결하고자 하는 사회 문제에 비추어 텍스트를 읽는 것이다. 실천성을 중심으로 역사 문해력의 의미를 구체화해 보려는 시도는 학생들의 삶과 연결된 실제적인 활동을 중심으로 역사 문해력 교수·학습을 재구성하는 데 유의미한 시사점을 줄 수 있을 것이다.[14)]

2) 쉬운 또는 어려운 내용, 교재, 수업방법의 의미

수업 전략을 세운 후 교사는 내용에 적합한 교재, 수업 방법을 선택할 때 다양한 요인들을 고려해야 한다. 무어와 키어슬리(Moore & Kearsley, 1996)는 대부분의 교재, 즉 수업 매체 선택 모델들이 네 가지 주요 단계를 따른다는 것을 확인했다.[15)]

첫째, 수업 전략과 학습 활동에 필요한 매체 속성 확인

둘째, 학습자 특성과 학습자의 요구를 지원하기 위한 특정한 매체 능력 확인

셋째, 특별한 매체를 선호하거나 배제하는 학습 환경 특성을 확인

넷째, 특별한 매체를 사용하거나 지원하는 실행 가능성에 영향을 주는 경제적 및 조직적 요인 확인

또한 매체와 수업 방법은 학생들의 동기를 유발하는가, 학습 전에 학생의 기억에 도움을 주는가, 새로운 학습 자극을 유발하는가, 학생들의 반응을 활성화하고 적절하게 피드백을 주는가, 연습을 지원하는가와 같은 능력에 근거하여 평가되어야 할 필요가 있다.

특히 데일(Edga Dale, 1946)은 진보주의 교육이론에 바탕을 두고 현대적인 시청각 교육을 체계화시켰다. 시청각 자료는 의미를 전달하기 위해서 주로 읽기에 의존하지 않는 자료이며, 시청각교육은 세계를 교실 안으로 끌어들이는 방법이라고 하였다.[16)]

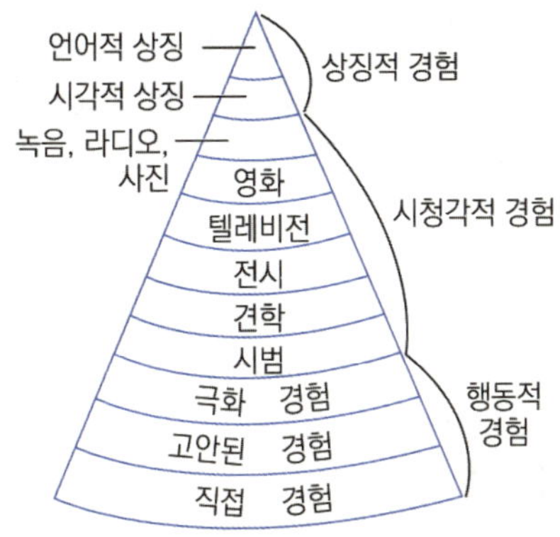

[그림 1-6] 데일의 '경험의 원추'

인간이 하게 되는 경험은 현실 그 자체와 같은 수준인 직접적인 경험에서부터 점차 간접성의 정도가 높아져 마지막에는 언어 기호와 같이 아주 추상적인 경험에 이르는 원추의 모양을 이루는 된다는 것이다. 그에 따라 매체를 구분했다.

구체성과 추상성의 관계에서 원추의 아래부터 위로 올라갈수록 추상성이 높아지며, 반대로 아래로 내려올수록 구체성을 드러내고 있다.

1) 동작적 경험
- 직접 경험: 그림을 그려보기, 교통정리를 해보기 등 직접 실험
- 고안된 경험: 모형, 견본, 실물, 모의
- 극화 경험: 극에 참여하거나 관찰하는 일

2) 시청각적 경험
- 시범: 문자나 숫자쓰기, 발음, 요리, 상품 판매기술 등
- 견학: 방송국, 공장, 법원 등의 현장 활동을 관찰한다.
- 전시: 미술, 생물, 사회과 등의 학습을 위해 학교에서 흔히 행하는 전시, 학교 밖에 고적지나 박물관 등에서 행하는 전시
- 텔레비전과 영화
- 녹음물
- 라디오
- 사진

3) 상징적 경험
- 시각적 상징: 만화, 스케치, 도표, 차트, 지도, 그래프
- 언어적 상징: 본질적으로 아무 의미 없는 부호로 경험을 압축시킨 것. 수, 문자 등

브루너는 학습경험을 모든 학생에게 이해시키기 위해서는 동작적, 영상적, 상징적 표현방법을 이용해야 한다고 주장한다. 이것은 아래와 같이 데일의 경험원추설과 그대로 일치한다.

동작적 표현방법-행동의 계열
영상적 표현방법-시청각의 계열
상징적 표현방법-상징의 계열

이 경험원추설은 학교교육에 다음과 같은 시사점을 준다.

첫째, 경험의 원추에 나타난 모든 구분이 학습자의 연령과 관련된다.

둘째, 학습자가 경험의 원추상에서 상단에 있는 매체를 통해 학습하면 학습 자료의 학습시간이 보다 짧게 압축되어 효율적이다.

셋째, 연령이나 지식의 정도가 중간정도인 학습자에게는 느리지만 확실한 학습을 보장받기 위하여 원추의 하단매체를 이용하는 것이 바람직하다.

그러나 이 경험원추설에도 다음과 같은 한계가 도출되었다.

첫째, 직접경험이 간접경험에 비해 항상 효과적이라는 실용주의적 전제에 입각함으로써 다양한 매체의 다양한 역할을 무시한다.

둘째, 매체에 담겨지는 메시지의 내용과 방식에 따라 학습자에게 주는 의미가 달라질 수 있는데 경험의 원추는 이를 무시한 교사중심적 분류방식이다.

따라서 학습적인 절약을 위해서는 가능한 한 상단의 매체를 사용한다든지, 교수하려는 수업목표 학습을 위해서는 필요한 자극과 계획되는 수업사태의 성질에 맞는 매체를 사용하도록 한다.

학생들은 수업방법에도 유의미한 수준의 차이를 드러낸다. 수업 방법은 학생의 참여에 따라 기준을 나누면 학생의 참여가 없는 수업/학생의 참여가 있는 수업으로 나뉜다. 극화학습, 토론학습, 탐구학습 등은 당연히 학생의 참여가 필요하나 설명식 수업이나 개념을 설명하는 수업에서는 학생의 참여가 비교적 없다.

그런데 과연 학생들은 학생의 참여가 있는 수업을 '쉽다'라고 느낄까?

의외로 많은 학생들은 스스로 참여하는 형태의 수업을 어렵다고 느끼고 있다.

따라서 '참여=쉬운 수업'이라는 공식은 깨져야 한다. 흥미의 경우 학생의 참여는 보편적으로 수업에 대한 관심을 일깨운다. 그러나 학생 참여의 수업이 학생 개개인에 대한 특성이 간과되거나 구조적이고 조직적인 설계 없이 이루어질 때 학생들은 오히려 더 어렵게 느끼고 흥미를 떨어트릴 수 있다. 따라서 수업설계의 과정에서 내용과 교재, 방법의 일관성을 유지하면서도 학생의 특성을 살피면서 수업의 특성을 살릴 수 있는 수업 방법을 선정해야 하는 것은 매우 중요하다.

물론 수업에서 학생들의 흥미를 고려해야 하는 것은 너무나 당연한 일이다. 흥미를 유발하기 위하여 다양한 활동을 이용하는 것도 권장할 일이다. 그러나 이 지점에서 우리가 조심해야 할 것이 있다. 교육이나 수업에서 중요한 것은 활동 그 자체가 아니라 활동을 통하여 학생들이 탐구하도록 하는 것이다. 활동에 참여하기만 하고 탐구를 하지 않는다면 아무 소용이 없게 된다. 활동을 하면서 활동 속에 들어있는 의미나 가치를 해석하고 구성하는 것이 교육의 목적이다. 이런 점에서 볼 때, 현재 우리 교실 수업은 과장해서 말하면 활동은 넘쳐나는데 탐구는 없는 기현상을 보이고 있다.

비판적 탐구능력을 갖추기 위해서는 여러 단계를 거쳐야 하는데 학생들은 쉬운 문항에서 어려운 문항으로 위계적인 탐구 질문에 반응하면서 논리적으로 사고할 수 있게 된다. 만약 하나의 교실에서 탐구 질문 방식이 단편적인 것으로만 일관된다면 학생들은 자료에 입각한 논리적 사고보다는 단편적 인식만을 한 채 역사적 맥락을 이해하기 어려울 것이다.[17)] 이러한 섬세한 교사의 준비없이 '활동'만을 강조하는 수업은 학생들을 오히려 피상적인 이해 수준에 머물게 할 것이다.

그리고 흥미란 기술적(descriptive) 개념으로 보면 학습자의 마음속에 들어있는 어떤 내적인 실체로 볼 수도 있지만 학생이 학습할 과제와의 상호작용이나 과제와의 관련성 속에서 구성되는 것이다. 따라서 흥미는 교사가 유발해야 할 그 무엇이 아니라 학습자가 좋아하고 관심 있어 하는 바와 학습과제를 연관시켜 줌으로써 학습자들이 스스로 구성해 내는 것이다. 이런 점에서 보면 교사들은 학습자들의 흥미를 유발하기 위하여 무리하게 무의미하고 무목적인 활동들을 남발하는 일에서 벗어나야 한다.

CHAPTER

02 한국사 수업의 목표

1. 국가수준의 목적

1) 국가교육과정과 역사교육의 목적

수업은 목적적인 활동이다. 즉 목적을 위한 수단이다. 목적은 일반적으로 기대하는 성과를 넓게 진술한 것이며 목표는 보다 구체적으로 진술한 것이다. 국가수준의 목적과 목표(성취기준)는 주로 교육과정에 제시되어 있다. 그러나 수업 수준은 대체적으로 단원 설계의 목표 진술에서 다루어지며 우수한 단원 설계의 주요 특징 중 하나는 일관성이다. 즉 모든 단원의 구성 요소가 완전히 연계되어 있다.

우리나라의 교육과정의 경우 역사과는 1980년대 초까지는 우리 민족의 자주성과 정통성 및 문화적 성과에 대한 긍지와 자부심을 강조하는 외재적 목표가 강조되었다. 그러나 1980년대부터는 역사적 탐구기능과 문제해결력 등 역사적 기능을 강조하는 경향도 나타나 역사 교육의 외재적 목표와 내재적 목표 간의 균형을 이루려는 노력은 더욱 다양하게 시도되었다. 2007년에 개정된 역사과 교육과정에서는 처음으로 외재적 목표보다 내재적 목표를 강조하는 경향이 나타나기도 했다. 그런데 최근 2015 및 2022 개정 교육과정에서는 민주시민교육과 생태교육 등의 외재적 목표가 강화되고 있는 추세이다. 현재적 관점이 투영되기 쉬운 역사교육의 특성에 비추어 볼 때 국가적 사회적 요구에서 나온 외재적 목표를 완전히 무시하고 내재적 목표만으로 역사교육의 목표를 구성하는 것은 현실적으로 불가능하다. 그러나 이러한 외재적 목표를 무시할 수는 없겠지만 그러한 요구들 때문에 역사교육의 내재적 목표 자체가 손상을 당하는 일이 없도록 세심한 주의를 기울일 필요가 있다.

1975년에 나온 체계적인 역사교육 이론서인 『歷史科 教育(역사과 교육)』[1)]에서는 역사교육의 목적으로 민족전통의 인식과 민족적 긍지의 육성, 국제 이해력의 배양, 역사적인 사고력과 판단력의 육성, 바람직한 인간상의 형성을 들고 있다.

한편 1994년에 나온 『歷史教育論(역사교육론)』[2)]에서는 역사교육의 목적을 역사의식의 발달, 역사적 사고와 역사적 능력, 역사적 가치관의 정립, 발전적 인간 양육 등 네 가지로 제시하기도 하였다.

2002년에 나온 『역사교육의 이해』[3)]에서는 역사교육의 목적을 '역사교육의 내재적 가치(학생들의 지적인 안목을 높여서 세계를 올바르게 볼 수 있게 하는 데 도움이 되는 역사적 사고력, 판단력, 개방적 태도와 같은 목적을 말한다), 역사적 교훈, 교양으로서의 역사, 민족공동체 의식의 고취, 역사의식의 함양 등 다섯 가지로 나누어 제시하고 있다. 그리고 2007년 『역사교육의 내용과 방법』[4)]에서는 역사교육의 목표로 역사의 교훈, 전통과 유산의 계승, 현재의 이해, 역사의식과 사고력의 배양 등 네 가지로 나누어 상세하게 설명하고 있다. 윤세철, 최상훈은 2003년도 논문에서 역사의 유용성을 교훈획득, 유산전승, 사실의 습득을 통한 현재 이해 및 교양구비 및 자기인식이라는 다섯 가지로 보았다.[5)]

역사의식은 1960년대와 1970년대 교육과정 등에서 중요한 목적으로 강조되었고 2000년대 초에도 역사교육의 4대 목적 가운데 포함될 정도로 역사교육의 핵심적 목적 가운데 하나로 중시되어 왔다.

역사의식이란 우리가 역사적 행위를 하고 역사적 인식을 할 때 근저에서 그것을 규정하는 의식을 말한다. 역사의식은 시간의 흐름에 따른 인간 사상의 변화와 시간성에 대한 의식, 역사적 변천에 대한 인과 관계와 상관 관계의 의식, 역사에 대한 흥미, 관심, 욕구의 의식, 역사적 비판의 실천에 대한 심리적 정신적 감각과 지향성, 역사적 일을 구하여 문제를 느끼게 되는 역사적 문제의식 등을 말한다. 역사의식은 일반적으로 시원의식, 고금상이의식, 변천의식, 인과관계의식, 시대의식, 발전의식 등으로 구분하기도 한다. 더 나아가서 역사 속에서 자신의 존재를 파악하려는 자아의식, 존재의식을 포함하기도 한다. 이런 의미에서 볼 때 역사의식은 역사교육의 출발점이요, 종결점이라고 말할 수 있다.

한편 역사적 사고력은 역사적 문제에 직면했을 때 이의 해결을 위해 취해지는 정신작용을 말한다. 역사적 사고력은 역사적 문제를 해결하기 위해 취해지는 정신

활동이므로 일상적인 정신 작용의 범주를 넘어서는 다양한 정신활동을 포함한다. 역사적 사고력의 하위범주가 무엇인가에 대한 논의는 역사적 사고력의 성격을 둘러싼 논의에서 가장 핵심적 위치를 차지한다고 할 수 있다. 역사적 사고력의 하위범주로 최상훈은 연대기 파악력, 역사적 탐구력, 역사적 상상력, 역사적 판단력의 네 가지를 제시하고 있다. 김한종은 논리적 사고, 조작적 사고 등으로 일컬어지는 과학적 사고와 상상, 감정이입, 추체험 등으로 불리는 상상적 이해의 측면을 구분하여 역사적 사고력의 범주를 정밀하게 분석한 바 있다.[6)]

그런데 역사의식은 제2차 세계대전 이후 패전국이었던 독일과 일본 등에서, 역사적 사고력은 영국과 미국, 캐나다 등에서 연구가 활발히 전개되었다. 따라서 지금 현재로서는 나라마다, 학자마다 역사의식 또는 역사적 사고력에 대한 개념이 서로 달라 세계의 역사교육학자들은 이에 대한 공통된 개념을 정립하고자 많은 노력을 기울이고 있다.

역사적 판단력과 통찰력은 크게 보아 역사적 사고력의 범주에 포함된다. 그러나 논리적 사고와 연합적 사고의 최종단계로 판단력을 본 와츠(D. G. Watts)의 경우나 판단력과 통찰력을 역사적 사고활동의 마지막 결과로 본 콜담 등의 경우에서 보듯 판단력이나 통찰력은 모든 사고 활동의 최종 단계에서 나타나는 가장 높은 수준의 사고라고 할 수 있다.

따라서 역사적 판단력이나 통찰력은 역사적 사고력의 하위범주들 가운데 하나로서가 아니라 그러한 범주들을 뛰어넘는 정신활동에 속한다고 볼 수 있다. 왜냐하면 역사에서 올바른 판단이나 통찰을 위해서는 역사적 자료의 분석, 비판, 감정이입, 추체험과 같은 역사적 사고력의 모든 범주들을 종합적으로 동원해야 하는 경우가 많이 있고 더 나아가 역사적 현상의 핵심이나 이면을 직관적으로 파악해야 하는 경우도 많기 때문이다.

정선영은 판단력과 통찰력의 불가분의 관계를 논하면서도 통찰력을 역사교육의 최종목표로 삼았다. 왜냐하면 역사적 사실의 분석, 비판, 해석 및 종합을 거쳐 역사교육이 도달해야 할 궁극적 목적은 역사적 사실의 의미나 사건의 본질을 꿰뚫어 보는 데 있으며 이것은 역사적 통찰력을 갖추지 않고는 불가능하기 때문이다.[7)]

우리나라 교육과정에 나타난 중학교 한국사 교육 목표의 변천을 살펴보면 아래의 표와 같다.

〈표 2-1〉 중학교 한국사 교육 목표의 변천[8]

교과/과목명	연도	목표	지도상의 유의점[9]
사회생활과/우리나라 역사	제1차 교육과정(1955)	1) 민족의 형성과 국가 생활의 발전을 이해시킴으로써 단일 민족으로서의 통일의 과업을 인식시키고 민주 국가 육성에 이바지하게 한다. 2) 조상들의 국토 방위의 정신과 국난 극복의 활동을 이해시킴으로써 애국 정신을 길러 국사의 독립 발전에 노력하고 나아가 세계 평화 건설에 이바지하게 한다. 3) 조상들의 경제 생활의 발전을 이해시킴으로써 근면 노작의 정신 길러 경제생활 향상에 이바지하게 한다. 4) 조상들의 문화 생활의 발전과 그 유산을 이해시킴으로써 민족 문화를 계승 앙양하게 하며, 세계 문화 창조 발전에 이바지하게 한다. 5) 조상들의 협동적 공동생활을 이해시킴으로써 책임을 존중하고 의무를 수행하며 신의와 협동정신으로 화락하고 건전한 민주 사회를 이루게 한다.	* 중학교 사회생활과 과정은 지리, 역사, 공민의 세 부분으로 잘라서 작성하기로 하였다. 8) 민족의 최대 과업인 남북 통일과 공산주의 극복을 학습목표 내용과 관련을 맺어 자각을 새롭게 하고 인식을 심화하게 할 것
사회과/	제2차 교육과정(1963)	1. 우리 나라의 발전 과정 속에 흐르고 있는 민족 정신을 이해시킴으로써 애향 애국 정신을 함양하고, 단일 민족으로서의 통일의 과업을 완수하려는 신념을 기른다. 2. 우리 나라의 경제 생활의 발전을 이해시켜, 자주적 생활 능력을 갖춘 건전한 생산인의 자질과 근로 노작 정신을 기르고, 경제 생활 향상에 이바지할 수 있는 능력과 태도를 기른다. 3. 우리 나라의 문화 생활의 발전과 그 유산을 이해시키고, 민족 문화를 계승 발전시켜, 문화인의 자질을 갖추도록 하여, 민족 문화 발전을 위하여 적극 노력하고 문화재를 애호, 관리하는 능력과 태도를 기른다. 4. 우리 민족의 협동적 공동 의식을 이해시킴으로써 책임을 존중하고 의무를 수행하여, 민족적 자각과 단합으로써 화락하고 건전한 민주 사회 육성에 공헌하는 능력과 태도를 기른다. 5. 세계 여러 나라의 발전을 이해시키고, 우리 나라의 세계적 지위를 인식시켜, 앞날의 발전을 위하여 노력하게 하고, 국제 협조를 더욱 두터이 하여 세계 평화 유지에 공헌하려는 의욕을 가지게 한다.	1. 중학교 사회과에서는 과목 구분을 두지 않으며, 또한 공민 부분, 역사 부분, 지리 부분과 같은 부분 구분을 하지 않는 기본 정신이 지도면에서 반영되어야 한다. 6. 각 학년에 걸쳐 우리 나라의 우수하고, 아름답고, 밝고, 건설적인 면을 특히 강조하여, 애국 애족의 민족 정신을 계발 지도하여야 한다.
국사과/국사	제3차 교육	(국사과) (가) 우리 민족의 발전 과정을 주체적인 입장에서 파악	(1) 국사과는 항상 사회과 및 도덕과

교과/과목명	연도	목표	지도상의 유의점[9]
	과정 (1973)	시키고, 민족사의 정통성에 대한 인식을 깊게 하며, 문화 민족의 후예로서의 자랑을 깊이 하게 한다. (나) 우리 민족사의 각 시대의 특성을 종합적으로 파악시키고, 현재적 관점에서 이를 살필 수 있게 하여 민족사의 특색에 대한 인식을 깊이 하게 한다. (다) 우리 민족사를 세계사적 차원에서 인식하여, 우리 민족사의 특징을 찾도록 한다. (라) 우수한 민족 문화를 창조한 우리 민족의 역량을 이해시키고, 민족 문화의 계승, 발전에 힘쓰려는 태도를 기른다. (마) 역사적 사실을 실증적으로 탐구하고, 민족적 가치관에 입각하여 체계화하는 능력을 기른다.	와 면밀한 관련 아래 지도하여야 하며, 특히 3학년의 제3단원은 세계사적 차원에서, 제8단원은 사회과 및 도덕과와 긴밀히 관련지어 지도하여야 한다. (4) 중학생의 역사 의식 발달 단계를 고려하여, 주체적인 인물을 통한 학습으로 관심과 친근감을 가지고 역사를 공부할 수 있게 배려하여야 한다.
국사과/국사	제4차 교육 과정 (1981)	(국사과) 한국사의 발전 과정을 주체적인 입장에서 파악하여, 우리 역사의 정통성을 확인하며, 새로운 민족 문화 발전에 기여하게 한다. (1) 한국사의 흐름을 체계적으로 한국사 전개를 바르게 이해하여 한국사의 특수성과 보편성을 파악하고, 문화 교류의 중요성을 인식하게 한다. (2) 세계사 속에서의 한국사 전개를 바르게 이해하여 한국사의 특수성과 보편성을 파악하고, 문화 교류의 중요성을 인식하게 한다. (3) 우리 조상의 문화 유산을 살펴 현재의 삶을 바르게 인식하고, 우리의 과제를 주체적으로 해결할 수 있는 능력을 기른다. (4) 우리 역사에 자부심을 가지고, 민족 문화의 계승과 국가 발전에 적극적으로 참여하는 태도를 가지게 한다.	가) 생활사를 중심으로 한 국민 학교에서의 학습 내용과 관련지어, 시대사를 중심으로 하여 통사적인 지식을 습득할 수 있도록 한다. 라) 세계사와 관련지어 국사 학습의 폭을 넓힐 수 있도록 지도한다.
국사과/국사	제5차 교육 과정 (1987)	(국사과) 우리 나라 역사의 흐름을 발전적인 시각에서 파악하여, 민족의 정통성을 확인하고, 자주적 역사에 대한 긍지를 지니며, 새로운 역사 창조에 기여하게 한다.	가) 생활사를 중심으로 한 국민 학교에서의 국사 이해를 바탕으로 하

교과/과목명	연도	목표	지도상의 유의점[9]
		1) 우리 나라 역사의 흐름을 체계적으로 파악하는 가운데 각 시대의 특색과 변천을 이해하게 한다. 2) 우리 나라 역사의 전통과 문화의 특수성을 이해하고, 이를 세계사의 보편성과 관련하여 인식하게 한다. 3) 다양한 학습 자료를 활용한 탐구 활동을 통하여 역사적 사고력과 문제 해결력을 기르게 한다. 4) 향토의 문화 유산을 통하여 역사에 대한 관심을 고취하고, 향토 애호 및 문화 존중의 태도를 가지게 한다. 5) 우리 나라 역사에 대한 자부심을 가지고, 민족 문화 창달과 국가 발전 및 민족 통일에 이바지하려는 태도를 가지게 한다.	여, 우리 나라 역사의 전개를 사건・주제 중심의 시대사로서 체계 있게 파악할 수 있도록 지도한다.
사회과/국사 영역	제6차 교육 과정 (1992)	(사회과)[10] 사회의 여러 현상을 통합적 시각으로 이해하게 하고, 우리 사회의 문제점들을 합리적으로 해결하는 데 필요한 기능을 길러, 개인과 국가 및 인류의 발전에 기여할 수 있는 민주 시민으로서의 기본적 자질을 기르게 한다. 가. 사회의 여러 현상과 특성을 그 사회의 지리적 환경, 역사적 발전, 정치・경제・사회적 제도 등과 상호 관련시켜 이해하게 한다. 나. 정치・경제・사회 현상에 대한 기본적인 원리를 이해하게 하고, 현대 사회의 성격 및 민주적 사회 생활을 위하여 해결해야 할 여러 문제를 파악하게 한다. 다. 각 지역의 특성을 인간과 환경과의 관련 속에서 이해하게 하고, 인류 생활의 발달 과정과 각 시대의 문화적 특색을 파악하게 한다. 라. 각 시대의 특색을 중심으로 우리 나라의 역사적 전통과 문화의 특수성을 파악하게 하여, 우리 문화와 민족사의 발전상을 체계적으로 이해하게 한다. 마. 사회 현상과 문제를 파악하는 데 필요한 지식과 정보를 획득, 조직, 활용하는 능력을 기르며, 사회 생활에서 나타나는 여러 문제를 합리적으로 해결하기 위한 탐구 능력, 의사 결정 능력 및 사회 참여 능력을 지니게 한다. 바. 우리 사회가 당면한 문제들에 관심을 가지고 민족 문화 및 민주 국가 발전에 적극적으로 이바지하려는 태도와 실천 의지를 가지게 한다.	카. 역사적 주요 사건, 제도, 현상들이 현재의 사회 발전에 끼친 영향을 인식하도록 지도한다. 타. 각 시대의 정치적, 경제적, 사회적, 문화적 측면을 지리적 환경과 밀접히 관련시켜 학습하도록 한다. 파. 역사의 흐름 속에서 우리 민족의 발전 과정 및 미래의 과제를 파악할 수 있도록 지도한다.

교과/과목명	연도	목표	지도상의 유의점[9]
사회과/국사	제7차 교육 과정 (1997)	〈국사과목 목표〉 가. 우리 역사는 우리 자신의 모습이고 민족 정체성의 근원이기 때문에 이를 주체적으로 이해한다. 나. 우리 역사는 현재의 뿌리이며 미래를 전망하는 단서이기 때문에 이를 발전적으로 파악한다. 다. 우리 역사는 우리 민족의 삶의 총체이기 때문에 이를 종합적으로 파악한다. 라. 역사 자료를 분석, 비판, 종합하는 능력을 길러 문제를 해결하는 능력을 키운다. 마. 우리 역사를 삶의 과정으로 이해하여 새 문화 창조와 사회 발전에 능동적으로 참여하는 태도를 가진다. 〈한국근현대사 과목 목표〉 가. 10학년의 우리 역사 이해를 토대로 근·현대사의 전개 과정을 다각적으로 분석하고 해석하여 종합적으로 인식한다. 나. 학습 내용을 구조화하여 주제 중심의 시대사로 파악함으로써 우리의 근·현대사를 체계적으로 이해한다. 다. 우리 역사에 대한 자긍심을 바탕으로 근·현대사에 나타난 특성을 세계사적 보편성과 관련하여 이해한다. 라. 역사 의식을 가지고 우리 민족의 현실을 인식하여 당면 문제를 해결하는 데 적극적으로 참여하는 자세를 가진다. 마. 우리 근·현대사의 흐름을 객관적으로 해석하고, 이를 세계사적 관점에서 비교, 평가할 수 있는 능력을 기른다. 바. 역사 자료를 조사, 분석, 종합하는 기능과 역사 인식을 토대로 문제를 해결하는 능력을 기른다.	* 지도상 유의점, 즉 교수·학습방법은 기능적인 면만 제시
역사과/역사	2007	가. 우리나라와 세계 역사를 체계적이고 종합적으로 파악한다. 나. 현대와 가까운 과거에 대한 이해를 심화함으로써 현대 세계와 우리 국가와 사회에 대한 통찰력을 확대한다. 다. 다양한 역사적 자료를 탐구하고 해석하는 과정을 통해 스스로 문제의식을 가지고 비판적으로 사고하는 능력을 기른다. 라. 현대사회가 직면한 문제들에 대한 역사적 배경과 상호관련성을 파악하여 그 의미와 가치를 평가할	상동

교과/과목명	연도	목표	지도상의 유의점[9]
		수 있도록 한다. 마. 다양한 삶의 방식에 대한 이해를 기초로 다른 문화와 전통을 존중하는 태도를 기른다.	
역사과/역사	2010	가. 우리나라와 세계의 역사를 체계적이고 종합적으로 파악한다. 나. 우리나라와 세계 여러 나라의 역사에 대한 이해를 심화함으로써 한국사뿐만 아니라 세계사에 대한 통찰력을 기른다. 다. 다양한 역사적 자료를 탐구하고 해석하는 과정을 통해 스스로 문제의식을 가지고 비판적으로 사고하는 능력을 기른다. 라. 현대 사회가 직면한 문제들에 대한 역사적 배경과 상호 관련성을 파악하여 그 의미와 가치를 평가할 수 있도록 한다. 마. 다양한 삶의 방식에 대한 이해를 기초로 다른 문화와 전통을 존중하는 태도를 기른다.	상동
역사과/역사	2015	(구체적 목표) 가. 우리나라와 세계 역사의 주요 사실과 개념을 이해하고 상호 연관성을 파악한다. 나. 주제를 중심으로 한국사와 세계사의 정치적 흐름을 이해한다. 다. 오늘날의 사회가 직면한 문제의 역사적 배경과 상호 관련성을 파악하여 현대 세계와 우리나라에 대한 이해를 확대한다. 라. 다양한 역사 자료를 비교, 분석하고 유추하여 역사적 사실을 종합적, 맥락적으로 이해하는 역사적 사고력을 기른다. 마. 스스로 문제의식을 가지고 다양한 역사 자료를 검토하는 비판적 사고와 문제 해결 능력을 기른다. 바. 시간과 공간 속에서 서로 다르게 나타나는 문화와 전통, 가치를 존중하고, 민주적이고 평화적인 가치를 존중하는 자세를 기른다.	상동
역사과/역사	2022	(구체적 목표) (1) 한국과 세계의 형성 및 변천 과정을 체계적・종합적으로 이해한다. (2) 자료에 대한 분석・해석 과정을 통해 역사적 탐구력과 역사적 판단력을 기른다. (3) 다양한 정체성과 가치를 존중하는 포용적 태도를	상동

교과/과목명	연도	목표	지도상의 유의점[9]
		갖는다. (4) 역사적 주체로서 공동체에 참여하는 시민성을 함양한다.	

먼저 1차 교육과정(1955)에서는 사회생활과에서 '우리나라 역사' 과목의 목표 중 '통일의 과업'과 '국토방위의 정신' 등이 중요시되었다. 또한 지도상 유의할 점으로 사회생활과를 지리, 역사, 공민의 세 부분으로 잘라서 작성한다고 할 정도로 통합의 불완전성을 인정하고 있으며 민족 최대의 과업이 남북통일과 공산주의 극복임을 인식시킬 것을 강조하고 있다.

제2차 교육과정(1963)에서는 제1차 교육과정과 같이 한국사 교육과 경제생활 향상을 연결시키며 '자주적 생활 능력을 갖춘 건전한 생산인의 자질'을 기르는 것을 강조하고 있는데, 지금 생각하면 다소 무리함이 있는 목표라고 판단된다. 경제 향상 부분은 제3차 교육과정부터는 사라진다. 사회과 속에서 한국사 과목을 둔 이 시기에는 공민, 역사, 지리 부분을 구분하지 않겠다고 하며 우리나라의 우수한 면을 강조해야 한다는 점을 지도상의 유의할 점으로 들고 있는 점이 특징적이다.

제3차 교육과정은 국사과를 따로 사회과로부터 독립시켜 두었고 '민족'과 '민족사'를 전면으로 국사과 목표로 삼고 있는 것이 특징적이다. 또한 국사과를 사회과와 도덕과와 연계하여 지도하여야 하며, 인물을 통한 학습을 강조하고 있다.

제4차 교육과정(1981) 역시 국사과 안에서 한국사를 가르치고 있으며 '한국사의 특수성과 보편성'을 목표에서 강조하고 생활사-초등학교, 시대사적 통사-중학교라는 계열성이 드러나고 있다.

제5차 교육과정(1987)에서도 국사과는 그대로 존치되고 '향토의 문화유산'에 대한 관심을 중요하게 판단하였다. 우리나라 역사전개를 사건과 주제 중심의 시대사로 파악하도록 하였다.

제6차 교육과정(1992)부터 국사과는 사회과로 바뀌었다. '우리나라의 역사적 전통과 문화의 특수성'을 파악하도록 하고 사회과에서의 목표진술이긴 하지만 지식과 정보를 활용하는 능력을 기른다와 같은 기능적 측면의 목표가 처음으로 나타났다. 사회과의 목표진술은 행동영역별 목표진술에 따라 (가)는 공민, (나)와 (다)는 세계사와 지리, (라)는 한국사와 관련한 지식 · 이해영역의 목표였으며 (마)는 기능 영역, (바)는 가치 · 태도 영역에 해당되었다. 또한 역사와 지리, 공민 등을 연결시키는 것을 강조하였다.

한편 제7차 교육과정(1997)에서 국사과목의 목표는 우리의 역사를 주체적, 발전적, 종합적으로 파악하는 것이 중요하다는 것을 강조하고, '역사 자료를 분석, 비판, 종합하는 능력'과 '문제를 해결하는 능력'과 같은 기능 목표를 두었다. 또한 마지막으로는 '새 문화 창조와 사회발전에 능동적으로 참여'한다는 가치 · 태도 영역을 진술하였다. 이러한 진술방식은 제5차 교육과정부터 유지되었다.

2007 개정 교육과정과 2010년도의 2009 개정 교육과정의 부분 개정에서는 당시 일본 역사교과서 왜곡 문제와 관련하여 5개 목표 중 한 개의 목표에 대한 수정이 일어났다. 즉 '현대와 가까운 과거에 대한 이해를 심화함으로써 현대세계와 우리 국가와 사회에 대한 통찰력을 확대한다'(2007)라는 목표를 '우리나라와 세계 여러 나라의 역사에 대한 이해를 심화함으로써 한국사뿐만 아니라 세계사에 대한 통찰력을 기른다'(2010)로 수정된 것이다.

2015 개정 교육과정에서는 지식 · 이해와 기능, 가치 · 태도에 대한 영역을 보다 확실히 하여 5개의 구체적 목표 중 가, 나, 다 세 가지는 지식 · 이해로, 라와 마는 기능으로, 바는 가치 · 태도로 분류하여 진술하였다.

2022 개정 교육과정에서는 (1)은 지식 · 이해 영역으로, (2)는 기능 영역으로 (3)과 (4)는 가치 · 태도 영역으로 구분될 수 있는데 가치 · 태도 영역이 처음으로 가장 많은 비중을 차지하는 교육과정이다.

2) 국가교육과정에서의 핵심역량[11)]

경제협력개발기구(Organization for Economic Cooperation and Development, OECD)가 1997년부터 2003년까지 수행한 DeSeCo(Definition and Selection of Competencies) 프로젝트가 제안한 핵심역량(Key competency)은 기존의 개인적 지식 성취와 관련된 일반적 기능적 요소보다는 함께 살아가는 공동체적 능력을 키우려는 목적이 반영된 것이다. 또한 성인이 된 이후에도 마주하는 문제들을 해결할 수 있는 방법적 능력, 다원화 사회를 살아가는 사회생활 능력까지 포함하고 있다.

우리나라도 2015 개정 교육과정과 2022 개정 교육과정은 모두 '핵심역량'을 제시하였다.

국가교육과정에 핵심역량이 도입됨에 따라 역사교육에도 역량이 반영되었다. 2015 개정 교육과정총론의 핵심역량은 자기관리 역량, 지식 정보처리 역량, 창의적 사고 역량, 심미적 감성 역량, 의사소통 역량, 공동체 역량이다.

2015 개정 교육과정에서 제시한 사회과와 역사과의 중요한 핵심역량은 〈표 2-2〉와 같다.

〈표 2-2〉 2015 개정 사회과 교육과정과 역사교육과정에서의 핵심역량 비교

2015 개정 사회과 교육과정	2015 개정 역사과 교육과정
사회과는 민주 시민으로서 갖추어야 할 자질을 함양하는 데 필요한 창의적 사고력, 비판적 사고력, 문제 해결력 및 의사 결정력, 의사소통 및 협업 능력, 정보 활용 능력 등의 교과 역량을 육성하는 데 중점을 둔다. **창의적 사고력**은 새롭고 가치 있는 아이디어를 생성하는 능력을 의미하며, **비판적 사고력**은 사태를 분석적으로 평가하는 능력을 의미한다. **문제 해결력 및 의사 결정력**은 다양한 사회적 문제를 해결하기 위해 합리적으로 결정하는 능력을 의미하며, **의사소통 및 협업 능력**은 자신의 견해를 분명하게 표현하고 타인과 효과적으로 상호작용하는 능력을 의미한다. 또한 **정보 활용 능력**은 다양한 자료와 테크놀로지를 활용하여 정보를 수집, 해석, 활용, 창조할 수 있는 능력을 의미한다.	'역사' 과목은 역사 사실 이해, 역사 자료 분석과 해석, 역사 정보 활용 및 의사소통, 역사적 판단력과 문제 해결 능력, 정체성과 상호 존중을 중요한 역량으로 삼고 있다. **역사 사실 이해**는 과거의 사건, 인물, 구조, 변화 등에 대한 지식을 습득하고 중요한 역사 용어나 개념을 이해하는 능력을 의미한다. **역사 자료 분석과 해석**은 역사 자료를 읽고 이를 비판적으로 검토하여 역사 지식을 구성하는 능력을 의미한다. **역사 정보 활용 및 의사소통**은 다양한 매체를 통해 얻은 역사 정보를 분석, 토론, 종합, 평가하는 능력을 의미한다. **역사적 판단력과 문제 해결 능력**은 과거 사례에 비추어 오늘날의 문제를 해결하는 능력을 의미한다. **정체성과 상호 존중**은 우리 역사와 세계 역사에 대한 이해를 바탕으로, 우리의 관점에서 오늘날 요구되는 역사 의식을 함양하고 타인을 이해하고 존중하는 태도를 갖는 능력을 의미한다.

사회과 역량은 학생들이 민주 시민으로서의 자질을 함양하는 것을 목표로 하는 사회과 역량은 창의적 사고력, 비판적 사고력, 문제 해결력 및 의사 결정력, 의사소통 및 협업 능력, 정보 활용 능력이다. 역사를 제외한 다른 과목은 사회과의 교과 역량을 적용하되 학교급 간의 차이를 고려하거나, 각 과목의 학습 내용과 활동에

중점을 두어 역량을 개발하였다. 사회과 과목들 간의 역량에는 차이가 있으나, 대부분 사회과 전체 역량을 바탕으로 추가하거나 재조정하였다. 고등학교 통합사회의 경우 사회과 역량 중 정보활용 능력을 제외하는 대신, 공동체적 역량과 통합적 사고력을 추가하였다. 이는 통합사회라는 과목의 성격을 고려한 것으로 보인다.

그러나 역사의 경우는 이와는 달리 사회과 교과 역량을 적용하되 역사개념으로 변환하였다. 역사가 사회과 속에 함께 제시되어 있는 초등학교 교육과정을 제외하고, 중학교와 고등학교에서 역사 과목은 사회과의 교과 역량과는 다른 개념을 사용하였다. 중학교의 역사와 고등학교의 한국사, 세계사, 동아시아의 역량은 동일하다.

2015 개정 교육과정 역사 과목의 핵심역량은 학교급 간의 차이에도 불구하고 동일한 역량을 제시하고 있으며, 역사 과목의 고유성이 반영되지 않았다는 비판을 받았다.

이처럼 역사과 핵심역량은 총론에서 제시한 범교과적 일반역량 중 사회과·역사와 관련된 역량을 추출하고 이를 역사과의 특성에 맞추어 수정·보완하는 방식으로 선정되었다. 역사과 핵심역량은 전반적으로 구체성을 결여한 채 추상적으로 진술되어 있으며, 교과 목표와의 차별성이 드러나지 않는다.

한편 아래의 〈표 2-3〉에서처럼 〈표 2-3〉에서 교육과정 총론의 '핵심역량'은 2022 개정 교육과정에서 밑줄 친 부분이 추가된 것을 빼고는 크게 달라지지 않음을 알 수 있다.

〈표 2-3〉 교육과정 개정의 방향(총론)[12]

2015 개정 교육과정	2022 개정 교육과정
가. 자아정체성과 자신감을 가지고 자신의 삶과 진로에 필요한 기초 능력과 자질을 갖추어 자기주도적으로 살아갈 수 있는 자기관리 역량 나. 문제를 합리적으로 해결하기 위하여 다양한 영역의 지식과 정보를 처리하고 활용할 수 있는 지식정보처리 역량 다. 폭넓은 기초 지식을 바탕으로 다양한 전문 분야의 지식, 기술, 경험을 융합적으로 활	가. 자아정체성과 자신감을 가지고 자신의 삶과 진로를 스스로 설계하며 이에 필요한 기초 능력과 자질을 갖추어 자기주도적으로 살아갈 수 있는 자기관리 역량 나. 문제를 합리적으로 해결하기 위하여 다양한 영역의 지식과 정보를 깊이 있게 이해하고 비판적으로 탐구하며 활용할 수 있는 지식정보처리 역량 다. 폭넓은 기초 지식을 바탕으로 다양한 전문

2015 개정 교육과정	2022 개정 교육과정
용하여 새로운 것을 창출하는 창의적 사고 역량	분야의 지식, 기술, 경험을 융합적으로 활용하여 새로운 것을 창출하는 창의적 사고 역량
라. 인간에 대한 공감적 이해와 문화적 감수성을 바탕으로 삶의 의미와 가치를 발견하고 향유하는 심미적 감성 역량	라. 인간에 대한 공감적 이해와 문화적 감수성을 바탕으로 삶의 의미와 가치를 성찰하고 향유하는 심미적 감성 역량
마. 다양한 상황에서 자신의 생각과 감정을 효과적으로 표현하고 다른 사람의 의견을 경청하며 존중하는 의사소통 역량	마. 다른 사람의 관점을 존중하고 경청하는 가운데 자신의 생각과 감정을 효과적으로 표현하며 상호협력적인 관계에서 공동의 목적을 구현하는 협력적 소통 역량
바. 지역·국가·세계 공동체의 구성원에게 요구되는 가치와 태도를 가지고 공동체 발전에 적극적으로 참여하는 공동체 역량	바. 지역·국가·세계 공동체의 구성원에게 요구되는 개방적·포용적 가치와 태도로 지속 가능한 인류 공동체 발전에 적극적이고 책임감 있게 참여하는 공동체 역량

그러나 2022 개정 역사 교육과정에서 2015 개정 역사 교육과정에서 6개의 핵심역량으로 제시되었던 핵심역량에 대한 표현이 구체적으로 제시되지 않은 것은 큰 차이점이라 할 수 있다.[13] 이처럼 핵심역량은 수업의 목표, 방법, 평가의 일관성과 구체성을 결여함으로써 보다 더 큰 논란의 중심에 서버리고 말았다. 역사과 핵심역량을 개선하기 위해 차후 교육과정 개정 시 교과역량에 대한 충분한 연구 성과의 축적 없이 이루어진 교육과정 개발 방식에 대한 반성, 핵심역량을 교육과정에 구현하는 방식에서의 변화와 개선이 필요하며, 범교과적 일반역량을 역사과의 관점과 시각에서 재정의하고자 하는 노력이 보다 확대되어야 한다는 비판이 일어났다.

3) 국가교육과정에서의 성취기준[14]

2015 개정 교육과정에서 목표는 교과 교육과정이 지향해야 할 방향과 학생이 달성해야 할 학습의 도달점이라고 정의하고 교과의 총괄목표, 세부목표, 학교급 및 학년군별 목표 등을 진술하였다. 반면, 성취기준은 학생들이 교과를 통해 배워야 할 내용과 이를 통해 수업 후 할 수 있거나 할 수 있기를 기대하는 능력을 결합하여 나타낸 수업 활동의 기준이라고 하였다. 성취기준에서 학생들이 배워야 할 학습 내용을 핵심어로 제시한 것을 학습요소라고 하였고, 성취기준해설은 제시

한 성취기준 중 자세한 해설이 필요한 성취기준에 대한 부연 설명으로, 특별히 강조되어야 할 성취기준을 의미하는 것은 아니라고 하였다.

2022 개정 교육과정에서는 '성취기준'은 지식·이해, 과정·기능, 가치·태도를 통합적으로 학습한 도달점으로 구체적인 성취 내용을 제시하였고, '성취기준 해설'은 성취기준의 설정 이유와 중점적으로 학습할 내용을 설명하였으며, '성취기준 적용 시 고려사항'은 해당 영역 전체의 성취기준을 적용할 때 참고할 교수·학습과 평가 방법과 유의점을 서술하였다.

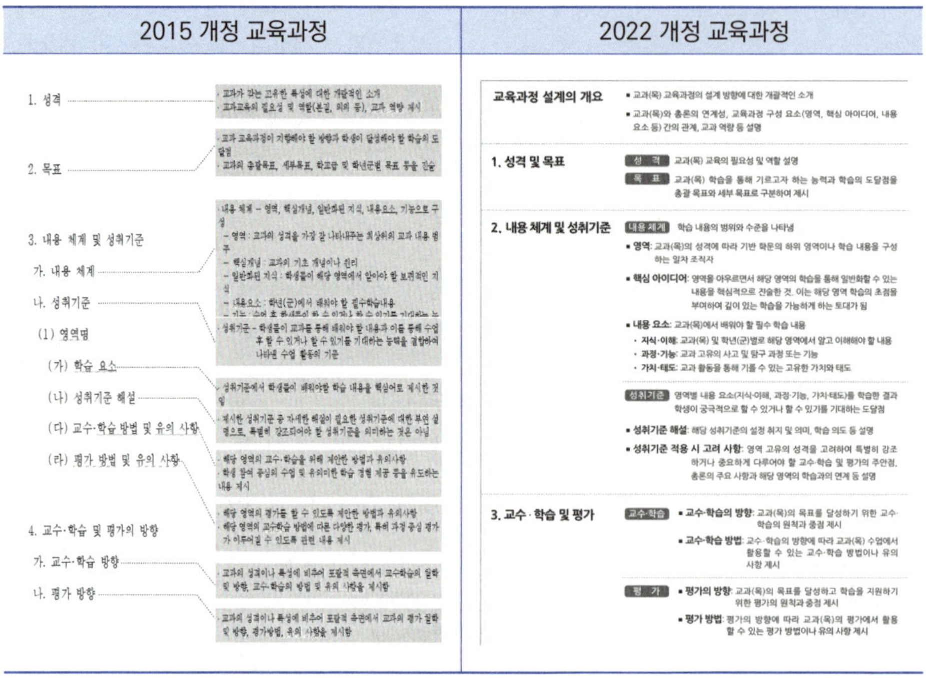

[그림 2-1] 2015 개정 교육과정(사회과)과 2022 개정 교육과정(사회과)의 목차 구성 비교

여기에서 살펴보면 2015 개정 교육과정과 2022 개정 교육과정에서 다루는 목표, 성취기준, 성취기준해설의 개념이 사뭇 달라졌다는 점이다.

〈표 2-4〉 2015 개정 교육과정과 2022 개정 교육과정의 목표, 성취기준 용어 비교

용어	2015 개정 교육과정	2022 개정 교육과정
목표	교과교육과정이 지향해야 할 방향과 학생이 달성해야 할 학습의 도달점 교과의 총괄목표, 세부목표, 학년군별 목표 등을 진술	교과(목) 학습을 통해 기르고자 하는 능력과 학습의 도달점을 총괄목표와 세부목표로 제시
성취기준	학생들이 교과를 통해 배워야 할 내용과 이를 통해 수업 후 할 수 있거나 할 수 있기를 기대하는 능력을 결합하여 나타낸 수업활동의 기준	영역별 내용 요소(지식・이해, 과정・기능, 가치・태도)를 학습한 결과 학생이 궁극적으로 할 수 있거나 할 수 있기를 기대하는 도달점

이처럼 목표와 성취기준은 서로 다른 개념으로 사용되고 있는데, 2015와 2022에서 나타난 '목표'의 공통점은 교과(목)를 통해, 그리고 학습의 결과 도달해야 하는 지향점을 나타낸다는 점이다. 이에 반해 성취기준은 모두 배워야 할 내용의 학습 결과 학생이 실제로 '할 수 있거나 할 수 있기를 기대하는' 능력, 또는 도달점을 나타내고 있다. 성취기준에는 학습할 구체적인 내용과 이에 대응하는 결과(2015에는 능력, 2022에는 도달점으로 표현)가 함께 고려된다.

한편, 2015에는 성취기준을 '수업활동의 기준'으로 정의하였으나 2022에는 개념을 확대하여 '영역별 내용 요소' 모두를 학습한 결과 할 수 있거나 할 수 있기를 기대하는 도달점으로 정의하였다. 이는 성취기준의 개념이 확정적이지 않고 유동적이며 목표를 대체하기에 아직 연구할 부분이 많다는 것을 말해준다.

2022 개정 교육과정에서 교과(목)에서 배워야 할 필수 학습 내용을 아래와 같은 세 가지로 구분하였다.

- 지식 · 이해: 교과(목) 및 학년(군)별로 해당 영역에서 알고 이해해야 할 내용
- 과정 · 기능: 교과 고유의 사고 및 탐구 과정 또는 기능
- 가치 · 태도: 교과 활동을 통해 기를 수 있는 고유한 가치와 태도

이러한 세 가지 영역별 내용 요소를 학습한 결과 학생이 궁극적으로 할 수 있거나 할 수 있기를 기대하는 도달점을 '성취기준'이라고 정의하고 있는 점에서 교과의 내용과 성취기준은 상호 연결된다고 할 수 있을 것이다.

예를 들어 '(10) 고려의 성립과 변천'이라는 단원에서 네모박스된 총 4개의 성취기준을 세울 수 있으며 이에 대해 설정 취지 및 의미, 학습의도를 설명하는 것이 '(가) 성취기준 해설'이다. '성취기준 적용 시 고려사항'은 특별히 강조되거나 중요하게 다루어야 할 교수・학습 방법의 주안점, 총론과 해당 영역 학습과의 연계 등을 설명하고 있다.

> (10) 고려의 성립과 변천
>
> [9역10-01] 후삼국 통일과 체제 정비 과정을 통해 고려 성립의 역사적 의미를 탐색한다.
> [9역10-02] 고려의 정치적 변동을 파악하고 주변국과의 관계를 이해한다.
> [9역10-03] 원 간섭기 고려 사회에 나타난 변화를 파악하고 개혁의 영향을 탐구한다.
> [9역10-04] 고려의 문화유산과 대외 교류의 사례를 조사하여 그 특징을 파악한다.
>
> (가) 성취기준 해설
> [9역10-04] 다양한 자료를 활용하여 고려의 문화가 가진 특징을 파악하고, 고려 시대 사람들의 삶을 종합적으로 이해한다. 송, 원을 비롯한 주변 세력과의 경제・문화적 대외 교류가 문화의 형성에 미친 영향을 파악한다.
> (나) 성취기준 적용 시 고려 사항
> 역사적 사실이나 문화유산을 나열하는 방식으로 학습이 이루어지지 않도록 유의한다. 다양한 자료를 활용하여 고려 시대 사람들의 일상생활과 문화를 역사적 맥락에서 이해한다.

그런데 국가수준에서 제시하고 있는 성취기준을 분석해 보면 교과나 단원에 따라 다르겠지만, 성취기준의 수가 지나치게 많은 경우, 성취기준에서 제시하고 있는 범위가 너무 넓거나 좁은 경우, 성취기준으로 진술된 문장의 의미가 너무 모호한 경우가 있다는 것을 발견할 수 있다. 즉 현재 우리나라 국가수준 교육과정에 제시된 성취기준을 무조건 그대로 활용하여 단원을 설계하는 것은 부적절하다. 따라서 '목표풀이' 과정을 통해 학습으로부터 가져오게 되는 특정한 이해를 확인하고 목표를 구체적이고 일반화된 명제 형태로 구조화해야 한다. 즉 '목표풀이' 하기는 성취기준을 풀어서 자세히 밝히는 과정으로 성취기준이 가지고 있는 문제를 해결해야 한다. 즉 성취기준에 의해 확인된 구체적인 사실, 개념, 기능들은 보다 더 큰 아이디어와 능력을 탐구하는 맥락에서 가르칠 수 있다.

2. 수업수준의 목표

1) 수업목표의 분류

수업활동을 효과적으로 이끌어가려면 수업목표를 행동적 용어로 진술할 필요성이 있으며 또한 행동적 수업목표를 어떻게 진술하여야 하는가에 대한 것은 타일러(R. Tyler, 1934)의 학업성취도 평가기법에 관한 논문에서 비롯되었다. 그는 각 교과영역에서 달성해야 할 수업목표를 행동적 용어로 명세화하기 위한 프로그램을 개발하였다. 행동적 수업목표의 특성은 첫째, 교사가 아닌 학습자의 행위에 초점을 맞추고 있다는 것이고, 둘째 정신적 과정보다는 학습자의 외형적 행동에 강조를 두고 있다는 점이다. 마지막으로 교과내용 지향적이라는 점 등이다. 이러한 행동적 수업목표는 이후 비판에 직면하게 되는데 그 비판의 이유는 첫째, 목표를 명세화할수록 목표 추출의 근원을 파악하는 데 교사들간의 의견 일치를 보기 힘들다는 점, 둘째, 수업목표를 미리 세목화하면 수업운영과정의 융통성이 제한된다는 점, 셋째, 기대하지 않은 학습자의 반응양식에 대해서는 처방방안을 제시하지 못한다는 점, 마지막으로 수업목표를 행동적 용어로 진술했다고 하더라도 평가문항의 타당도를 밝혀주지 못한다는 점이다.[15)]

한편, 많은 교육자들은 1956년에 발표된 블룸(B. S. Bloom)의 세 가지 학습결과를 분류하는 영역분류에 익숙하다. 그는 인지적 영역, 정의적 영역, 그리고 심체적 영역으로 이를 분류하고 인지적 영역은 다시 지식, 이해, 적용, 분석, 종합, 평가의 6가지로 세분화하였다. 블룸은 이 분류가 위계적인 것으로 보고 지식이 가장 낮은 복잡한 형태이고 평가가 가장 높은 복잡성을 가진다고 하였다. 지식, 이해, 적용은 저차학습기능이고 분석, 종합, 평가는 고차학습기능이라고 본 것이다.

그러나 블룸의 분류법은 구분이 명확하지 않고 '이해'란 과연 무엇이며 분석, 적용과 어떻게 구분되는지 명확히 설명하지 못하고 있는 점은 비판을 받고 있다. 샘 와인버그는 이러한 비판과 함께 지식은 비판적 사고의 전제조건이자 가장 높은 목표를 나타낸다고 보았다.[16)]

그렇다면 왜 학습의 목표 유형을 이렇게 분류하는 것일까. 이는 우리들의 사고를 분명하게 하고 학습 결과 진술과정을 향상시키기 위함이다.

학생들에게 단순히 '전시과 체제를 이해하라'고 말하는 것으로는 충분하지 않다. 만약 학생들이 규칙을 적용할 수 있기를 원한다면, 단순히 회상하는 것이 아니라 누군가 분명하게 이해할 수 있도록 학습목표를 진술할 필요가 있다. 블룸에 의하면 분류체제를 개발하는 목적은 교육과정개발자들에게 학습경험과 평가도구를 도와주고, 학습 목표의 의미를 분명하게 하며, 기억과 사고, 문제해결이라는 관점에서 교수와 학습에 대한 연구 체계를 제공하기 위함이다.

2) 수업목표의 구성과 활용: 지식, 이해/기능/태도

지식에 관한 연구에서 자료, 정보, 지식 간의 관계에 대해 많은 설명이 이루어졌다. 자료는 단일 숫자와 같은 자극 또는 실체이다. 예컨대 온도계가 섭씨 5도를 가리키고 있다-이것은 자료이다. 이 자료가 사용될 맥락 안에서 처리되면 정보가 된다. 예컨대, 바깥의 온도가 섭씨 5도라는 자료와 물이 섭씨 0도 이하에서 언다는 정보를 통해 바깥이 얼 정도로 춥지는 않다는 명제를 이끌어 낼 수가 있다. 기억되는 언어 정보가 기억되어 있지 않은 일련의 반응들을 사실로 받아들이게 한다. 학생들은 2, 3, 4, 5 등의 온도에서는 얼지 않는다는 것을 일일이 기억할 필요가 없다. 온도가 0도 이하로 내려갈 때에만 언다는 선언적 지식은 0도가 넘는 온도에서는 얼지 않는다는 규칙을 적용하도록 한다. 학습자가 언어정보를 적용할 수 있을 때 대개 그 사람이 지식을 갖고 있는 것으로 간주한다. 지식은 정보의 확장이다. 지식은 정보와는 달리 상황, 경험, 통찰, 그리고 가치 등에 정보가 역동적으로 엮여 있는 것을 말한다. 지식은 블룸의 분류학에서 최하위 단계에 제시되어 있으며 다른 학습 유형의 최하위 단계에 제시되어 있으며 다른 학습의 토대가 된다.

오늘날 디지털 시대에 사람들은 정보를 찾는 것과 그것을 사용하는 것을 혼동한다. 예컨대 인터넷은 사람들에게 수많은 정보를 빠르게 접근할 수 있는 환경을 제공한다. 그러나 대부분 사람들은 이 정보를 찾고 생성하고 수정하고 관리하고 분석하고 비판하고 분류하고 상호참조하는 것을 통해 정보를 활용가능한 지식으로 전환하지 못한다. 정보는 유의미한 맥락에서 자주 사용되지 않으면 쉽게 잊혀지는 반면 지식으로 전환된 정보는 이보다는 더 오랫동안 기억된다.

지식 목표는 우리가 학생들이 알았으면 하는 것-사실 주요 어휘, 그리고 기본 개념-을 명시한다. 기능 목표는 사실상 절차-'학생들이…할 수 있을 것이다.'-로 진술한다. 기능의 예로 '고부민란 상황' 그리기 등을 포함한다. 가끔 교사들은 지식목표를 기능으로 잘못 이해한다. 이 문제는 어떤 단원에 대한 지식 목표가 동사가 먼저 나와서 기능에 포함될 때 명백하다. 여기 기능으로 열거된 지식 목표의 예가 있다.

- 학생들은 중요한 역사적 인물들의 업적을 설명하는 데 능숙해질 수 있다.
- 학생들은 실학자의 유형을 분류하는 데 능숙해질 수 있다.
- 학생들은 사료 분석 절차의 오류를 찾아내는 데 익숙해질 수 있다.

이 세 가지 예시는 사실 지식 목표를 알아보는 것이다. 학생들은 중요한 역사적 인물의 업적, 실학자의 유형, 사료분석의 절차를 알아야 한다. 동사는 이 지식을 평가하는 방법을 제시한다. 하지만 실제 학습 결과는 지식 기반이다.

왜 이 구별이 중요한가? 단원 결과에 대한 명료성은 교수와 평가에 영향을 준다. 지식 목표와 기능 목표는 다르게 가르쳐지고 평가된다. 예를 들면 학생들이 사실적 정보를 배우고 기억하기를 원할 때, 교사들은 강의나 프레젠테이션을 이용해 정보를 제시하고 그것을 읽거나 보라고 유용한 연상 기호를 제시하며 그 지식을 기억할 수 있도록 복습하게 한다.

기능 교육은 다르다. 기능을 가르칠 때 교사들은 전형적으로 기능을 시범적으로 보여주고 학생들로 하여금 그 기능을 연습하고 개선하게 한다. 그 과정에서 피드백을 주고 좀 더 복잡하거나 새로운 상황에서 연습을 계속하도록 해서 자동적으로 이루어지도록 한다.

따라서 지식과 기능의 적절한 평가는 서로 다르다. 사실적 지식은 객관적 질문이나 검사를 통해 손쉽게 정확한 답으로 평가될 수 있다. 결국 지식은 학생들이 그것을 '안다, 모른다'와 같이 이분법적이다. 대조적으로 기능은 대부분 수행을 통해 적절하게 평가된다. 즉 학생이 그 기능을 수행하는 것을 '보거나' 수행의 결과물을 '평가한다.' 기능수행은 '맞다', '틀리다'로 판단되기보다 '결점이 있는/ 숙련되지 않은'에서 '전문가' 수행까지 연속적으로 이어진 능숙도 등급으로 판단된다.

한편 태도는 지식을 넘어서서 감정 또는 행위와 관련된 아주 상이한 유형의 학습 결과이다. 태도는 신념으로부터 솟아나며 감정이 동반되어 개인의 행위에 있어서 선택에 직접적으로 영향을 끼친다. 태도에 대한 전형적인 정의에는 '어떤 사물, 사람, 사건에 대한 개인적 행위의 선택에 영향을 주는 내적 상태'가 있다. 이러한 관점은 태도의 인지적 측면을 보여준다. 정의적 요소-사람들이 불러일으키는 또는 선호 및 혐오에서 동반되는 감정으로 언급하는 사람들도 있다.

태도는 개인의 개인적 행위에 대한 비간섭적 관찰에 의해 가장 잘 측정된다. 어떤 경우에는 측정이 어느 정도의 기간에 걸쳐서 선택 빈도를 관찰하는 것으로 이루어지기도 한다. 따라서 태도측정은 종종 설문지에 기술된 상황에서의 선택으로 이루어진 자기보고를 바탕으로 한다.

학교 학습에서 태도가 갖는 중요성은 크다. 태도의 의미는 첫째 학생의 출석, 교사와 동료학생과의 협조, 교사에 대한 주의집중, 그리고 학습 그 자체에 대한 태도 등이 학습과정에서 의미 있게 영향을 끼친다. 두 번째 의미로는 학교의 수업의 결과로 형성하고자 하는 것들이다. 관용과 다른 사람에 대한 공손한 태도는 정규 교육의 목표로 종종 언급된다. 다양한 교과의 수업에 대한 구체적인 흥미도 중요하다. 또한 사회적 행동과 관련된 공정함, 관대함, 도덕성과 같은 것도 포함된다. 태도의 학습은 직접적 방법과 간접적 방법이 있다.

직접적 방법은 학교상황에서 매우 유용한데 강화의 우연성을 조직한 아이디어에 근거하고 있다. 스키너에 의하면 학습하는 동안 보상(강화)을 좋아하기 시작하는 학생은 새 기술 또는 지식도 좋아하게 된다. 강화우연성의 학습원리를 일반화하게 되면 활동을 학습하는 데 있어서 성공이 그 활동에 대한 긍정적 태도로 이끌 가능성이 높은 것으로 보인다.

간접적 방법은 '본받기'가 가장 유명하다. 이 방법은 학습의 과정이 직접적 방법보다는 더 오래 걸리기 때문에 간접적 방법으로 여겨진다. 학생은 여러 유형의 본이 되는 사람들로부터 태도를 관찰하고 배울 수 있다.

3) 수업의 재구성

교사는 수업을 재구성해야 하는데 재구성은 '목표 재구성', '내용 재구성', '교과서 재구성', '수업 방식 재구성'으로 구분된다. 국가교육과정의 성취기준을 단위 수업의 목표(학습목표)로 구성하는 것을 목표 재구성이라고 하는데, 이는 교사가 자신의 역사관, 역사교육관 등을 활용하여 국가수준의 성취기준을 기반으로 자기 수업의 목표를 구성하는 능력이 목표 재구성에 해당된다.

국가교육과정의 성취기준은 아래와 같이 수업에서 구체화된 성취수준으로 제시될 수 있다.

〈성취기준〉 [10한사1-03-02] 여러 세력이 추진한 근대 국가 수립의 다양한 노력을 이해한다.	
〈성취수준〉	
상	열강의 침략과 이에 대응한 정치변동을 설명하고 이에 맞서 주권을 수호하고자 한 각계각층의 노력을 말할 수 있다.
중	열강의 침략 내용과 이에 대응한 개화파 등의 노력을 말할 수 있다.
하	열강의 침략에 맞선 개화파의 노력에 대해 사례를 들어 말할 수 있다.

성취수준은 성취기준에 대해 학생들이 도달하기를 원하는 구체적인 수준을 단계를 나누어 진술한 것이다. 단위 수업에서의 학습목표는 성취기준과 성취수준에 입각하여 세울 필요가 있다. 교육과정은 가르쳐야 할 내용 목록이 아니라 우리가 의도하는 학습 성과라는 점에 주목할 필요가 있다. 전통적으로 보면 교육과정은 내용의 목록이다. 그러나 이제 교육과정은 내용과 활동의 목록이 아니라 바라는 결과(의도된 학습 성과, 성취 목표, 수행 기준 등)와 그것을 성취하는 데 필요한 수단을 상세히 제시해야 한다.

한편, 교사가 교과서의 내용을 단위 수업의 내용으로 구성하는 것을 '내용 재구성'이라고 할 수 있다. '내용 재구성'은 교과서에 제시된 내용을 새로운 관점과 지평에서 재구성하여 제시하는 것이다. 예를 들어 '내용 재구성'은 임진왜란의 발단을 도요토미 히데요시의 '세계 정복 야망' 등으로만 보지 않고, 일본이 16세기 중반 포르투갈 상인에게서 조총을 접한 것으로 삼아 임진왜란을 '동아시아의 국제정치 충돌'인 동시에 '유럽-아시아 무역 네트워크 속에 들어온 신기술, 즉 조총이 촉발한 전쟁으로 관점을 새롭게 하여 내용을 재구성하는 것이다.

반면 '교과서 재구성'은 교과서에 제시된 형식을 조정하는 것으로 단원의 순서를 바꾸거나 제시된 자료를 삭제·추가·대체하는 것이다. 중학교 역사 과목의 국가교육과정 순은 서양사를 먼저 가르치고 한국사를 이후에 가르치는 것이지만 교사가 '교과서 재구성'을 통해 한국사를 먼저 가르치고 서양사를 이후에 가르칠 수 있다.

마지막으로 '수업 방식 재구성'은 블록 타임제(Block Time)와 같이 수업의 실제 시간을 재구성하여 운영하는 것이 대표적이다. 2009 개정 교육과정부터 집중이수제의 실시로 블록타임제를 활용하는 것이 가능해졌다. 집중이수제란 기존에 몇 개의 과목을 한 학기에 나누어 몇 년에 걸쳐 공부하던 것을 한학기에 몰아서 한 과목을 공부할 수 있도록 한 것인데 예를 들면 1학년 1학기와 2학기에 역사, 음악 과목을 각각 개설하였던 것을 1학년 1년 동안 역사만 공부하고 2학년이 되는 다음 해에 음악만 공부할 수 있도록 한 것이다. 집중이수제를 통해 토론, 작품활동 등 시간부족으로 피상적 수업에 그칠 수 있는 수업을 내실있게 집중적으로 할 수 있게 해 주었다는 장점도 있으나, 반면 집중이수제로 국・영・수 이외의 교과 학습 기회가 현저하게 부실화되어 도덕, 사회, 역사, 한문, 음악, 미술 과목 등을 중학교 3년 과정 중 한 학년에서만 배우는 학교가 많아졌다는 비판도 크다.[17)]

집중이수제의 일환으로 단위수업을 2~3시간 연속하거나 70~80분 등 탄력적으로 운영하는 블록타임제는 수업의 흐름을 끊지 않고 연속적으로 진행할 수 있으며, 심층적인 수업으로 교육의 질을 높일 수 있다는 장점이 있다. 또한 기존의 짧은 수업에서 실시하기 어려웠던 탐구, 토론, 실험 활동 등을 편성할 수 있고, 교과교실제를 시행하는 학교라면 학생들의 이동시간을 줄일 수 있다. 반면 전통적인 수업시간은 짧은 시간 탓에 학생 개개인의 특성을 고려하기 어렵고, 수업의 흐름을 끊어 수업 효율이 떨어지는 단점이 있었다. 그러나 블록타임제가 긴 시간 연속수업을 진행하는 만큼 학생들의 집중도가 떨어지고, 활동 중심의 수업이 많이 이루어져 입시과목 수업 시에는 효율이 떨어진다는 지적도 있다.

한편, '목표 재구성', '내용 재구성', '교과서 재구성', '수업 방식 재구성'이 모두 수업의 재구성 방식인 반면, '교육과정 재구성'의 경우에는 예를 들어 국어과목과 역사과목을 융합하는 방식 등을 통해 과목의 경계를 넘어 교육과정 자체를 변형시키는 경우도 있다.

4) 수업목표와 평가와의 관계

학생들이 정말로 이해했는지를 판단하는 데 필요한 평가의 종류가 무엇이어야 하는지 아래의 표에 나타나 있다.[18)]

〈표 2-5〉 수업목표로서 '이해' 영역에 대한 평가 질문

이해의 측면	가능한 질문들
설명	• 누가, 무엇을, 언제, 어떻게, 왜 • _____에 있어 주요 개념/아이디어는 무엇인가? • _____의 예들은 무엇인가? • _____의 특징과 주요 요소는 무엇인가? 이것은 왜 그러한가? • _____이 어떻게 _____과 연결되어 있는가?
해석	• _____의 의미는 무엇인가? • _____에 관해 _____이 가리키는 것은 무엇인가? • _____은 _____에 비유할 수 있는가? • _____은 나/우리와 어떻게 관련되어 있는가?
적용	• 우리는 이 지식과 기능을 언제, 어떻게 이용할 수 있는가? • _____은 보다 넓은 세계에서 어떻게 적용되는가? • 우리는 _____을 극복하기 위하여 _____을 어떻게 이용할 수 있는가?
관점	• _____에 대해 다른 관점은 어떤 것이 있을 수 있는가? • _____의 관점에서 이것은 어떻게 보일 수 있는가? • _____의 한계는 무엇인가? • _____의 증거는 무엇인가? 그 증거는 믿을 만한가?
공감	• _____의 입장이라면 어떤 생각이 들까? • _____은 _____에 관해 어떻게 느끼고 있는가? • 우리는 _____에 관한 이해에 어떻게 도달할 수 있는가? • _____은 우리가 느끼고 볼 수 있도록 하였는가?
자기 지식	• _____나는 _____을 어떻게 아는가? • _____에 관한 나의 지식의 한계는 무엇인가? • _____에 대해 내가 맹신하고 있는 것은 무엇인가? • _____에 대한 나의 관점들은 _____에 의해 어떻게 형성되는가? • _____에 대한 나의 강점과 약점은 무엇인가?

학생들의 활동에 대한 평가는 준거에 기초해야 한다. 분명하고 적합한 준거는 우리가 이해의 정도를 결정하기 위해서 무엇을 살펴보아야 하는지 구체적으로 기술하고, 판단에 기초한 과정에 일치하고 정당성을 부여한다. 적합한 준거란 단순히 관찰되기 쉽고 점수 받기 쉬운 활동의 일부가 아니라 그 활동이 주어진 목적들의

가장 중요한 측면을 강조하는 것이다. 많은 교사가 수행과 의도에 중심을 두지 않고 단순히 쉽게 관찰되는 준거에 의존하는 실수를 저지르게 된다. 일반적으로 학교 현장에서 수행평가 기준표를 작성한 사례를 보면, 이러한 경향 및 평가 준거가 분명하지 않음을 쉽게 파악할 수 있다.

〈표 2-6〉 역사과 수행평가 평가 기준표 사례

평가 항목	만점	반영 비율	평가 기준		배점
정의적 평가	100	10%	1. 역사 신문 만들기 및 과제 수행하기 2. 수업 내용을 성실하게 기록하고 관리하기 3. 보고서 작성이 잘됨 4. 동료평가에서 좋은 평가를 받음 5. 수업시간에 적극적으로 참여하기	90% 이상이 수행됨	100점
				80% 이상이 수행됨	90점
				70% 이상이 수행됨	80점
				60% 이상이 수행됨	70점
				50% 이상이 수행됨	60점
				50% 미만으로 수행됨	50점

〈표 2-6〉의 사례는 평가 기준이 명확하지 않음을 보여주고 있다. 평가요소가 다섯 가지이나 각 요소별 기준이 명확하게 제시되어 있지 않다. 따라서 평가 기준 각각의 수행 정도를 반영하는 것인지, 다섯 가지 요소를 종합하여 수행 정도를 판단하는 것인지 모호하다. 이렇게 단순히 관찰하기 쉬운 평가요소와 준거의 설정, 목표와 일치도가 낮은 평가 요소를 평가하는 현상을 방지하기 위해 우리는 목표와 이해로부터 평가를 도출할 필요가 있고, 목표로부터 준거를 끌어내야 한다.

이처럼 평가 기준, 즉 루브릭(rubric)은 산출물이나 수행을 평가하기 위한 도구로 교사들 사이에서 평가의 일관성을 증가시키기 위한 도구로서 활용된다. 또한 루브릭은 학생들에게 분명한 수행의 대상들, 가장 중요한 것에 관한 기대, 그리고 그들 자신의 활동을 평가하고 향상시키기 위한 준거를 제공한다. 이러한 루브릭은 이해, 숙달 혹은 특성의 상이한 정도 사이를 구별하기 위한 평가준거(평가요소), 상·중·하, A·B·C·D와 같은 일정한 등급(배점), 해당 등급의 특성을 기술한 서술적인 용어(수행수준)들로 구성된다. 그 외에 평가 준거(평가요소)의 비중(가중치) 등이 포함되기도 한다.

〈표 2-7〉 루브릭의 구성요소(전시회 프로젝트 수업 사례)

	등급 / 항목	자료조사의 정확성	전시물 제작의 유의미성	전시회 제목의 명료성	평가준거 (평가요소)
	비중	40%	40%	20%	
등급 (배점)	상	주제에 매우 적합한 자료를 수집함	조사한 자료가 내포하고 있는 중요한 의미를 도출하여 설명하는 글을 작성함	전시회의 의도가 명확히 드러나도록 제목을 작성함	서술적 용어 (수행 수준)
	중	주제에 알맞은 자료를 수집한	조사한 자료가 내포하고 있는 의미를 찾아 설명하는 글을 작성함	전시회의 주제만을 활용하여 제목을 작성함	
	하	수집한 자료가 주제에 맞지 않음	조사한 자료가 겉으로 드러내는 현상 그대로 설명하는 글을 작성함	전시물의 종류를 나열하는 정도로 제목을 작성함	

루브릭은 총체적 루브릭과 분석적 루브릭의 두 가지 유형이 있다. 총체적 루브릭은 전체적인 인상으로서 학생의 활동을 평가하는 기준을 제공한다. 이는 단 하나의 점수나 평점으로 산출된다. 총체적 루브릭은 평가 결과의 상세한 분석을 제공하지 못한다는 단점을 가지고 있다. 다음은 조사한 자료를 그래프로 나타내는 수행과제에 대한 총체적 루브릭의 사례이다.

〈표 2-8〉 총체적 루브릭 사례

등급	내용
3	모든 자료가 그래프로 정확히 표현된다. 이 그래프의 모든 부분(측정 단위나 열)은 정확히 표시된다. 이 그래프는 자료가 보여주는 것을 알려주는 제목을 포함한다. 이 그래프는 매우 간결하고 읽기가 쉽다.
2	자료가 그래프로 정확히 표현되거나 그래프에 사소한 과실이 있다. 이 그래프의 모든 부분은 정확히 표시되거나 그래프에 사소한 부정확함이 있다. 이 그래프는 자료가 보여주는 것을 일반적으로 알려주는 제목을 포함한다. 이 그래프는 일반적으로 간결하고 읽을 수 있다.
1	자료가 부정확하게 표현되고 다수의 과실이나 실수를 포함하고 있다. 단지 이 그래프의 일부분이 정확하게 표시되어 있거나 표시가 잘못된 것도 있다. 제목은 이 자료가 보여주고자 하는 것을 반영하지 못하거나 그 제목이 잘못되어 있다. 이 그래프는 조잡하고 읽기가 어렵다.

한편, 분석적 루브릭은 하나의 산출물이나 수행을 뚜렷한 특성이나 차원으로 나누고 각각을 분리하여 판단한다. 분석적 루브릭은 몇 가지 중요한 차원을 포함하는 복잡한 수행을 판단하는 데 더 적합하며 학생들이 과업 특성의 본질을 더 잘 이해하도록 돕는다. 반면에 분석적 루브릭은 총체적 루브릭보다 적용하는 데 많은 시간이 소비된다는 단점이 있다.

분석적 루브릭은 ① 요건만족형 루브릭, ② 점수형 루브릭, ③ 점수-비중형 루브릭의 세 가지의 형태로 구분된다. 요건만족형 루브릭은 평가요소, 수행수준, 배점으로 구성이 되고 각각의 수행수준에 여러 요건(정답 개수) 등의 만족도를 매칭하여 점수를 준다. 점수형 루브릭은 요건만족형보다 간단한 형태로 각 평가요소마다 수행수준의 척도(점수)를 매칭하여 점수를 준다. 점수-비중형 루브릭은 평가요소에 가중치, 즉 비중을 달리 두어 각 평가요소마다 수행수준의 척도(점수)를 매칭하여 점수를 두는 가장 이상적인 형태이나 점수 계산에 다소 시간이 걸린다는 단점이 있다.

① 요건만족형 루브릭: 과정 중심 쟁점 기반 역사하기(논술형)

수행과제	한국사1 국가 교육과정에 담긴 서사를 분석하고, 쟁점에 대해 자신의 생각을 논리적이고 창의적으로 표현함.
교육과정 성취기준	[10한사1-01-01] 고대 국가의 형성과 성장 과정을 파악한다.

<table>
<tr><th>평가요소</th><th colspan="2">수행 수준</th><th>배점</th></tr>
<tr><td rowspan="7">자기 생각을 체계적으로 논술하기</td><td rowspan="6">1. 논제에 대한 자신의 입장을 밝혔는가?
2. 주장과 근거가 유기적으로 연결되었는가?
3. 역사적 사실 관계에 오류가 없는가?
4. 출처가 명확하고 구체적인 사례를 제시하였는가?
5. 논리적으로 일관성이 있고 설득력이 있는가?
6. 평가자가 요구하는 형식적 요건을 갖추었는가?</td><td>6개 요소를 모두 만족하는 경우</td><td>20</td></tr>
<tr><td>5개 요소를 만족하는 경우</td><td>18</td></tr>
<tr><td>4개 요소를 만족하는 경우</td><td>16</td></tr>
<tr><td>3개 요소를 만족하는 경우</td><td>14</td></tr>
<tr><td>2개 요소를 만족하는 경우</td><td>12</td></tr>
<tr><td>1개 요소를 만족하는 경우</td><td>10</td></tr>
<tr><td colspan="2">※ 수행활동에는 참여하였지만 과제를 수행하지 못한 경우 (기본점수)</td><td>8</td></tr>
</table>

② 점수형 루브릭: 질문 중심 자율 주제 탐구 프로젝트(논술형)

수행과제	근대 이전 한국사에 대한 이해를 바탕으로 자율적으로 주제를 선정하여 프로젝트를 수행하고 논술문을 작성함.
교육과정 성취기준	[10한사1-02-05] 근대 이전 한국사 주제를 설정하여 탐구하고, 그 결과를 다양한 방법으로 표현한다.

<table>
<tr><th rowspan="2">평가 요소</th><th colspan="4">수행 수준</th><th colspan="2" rowspan="2">배점</th></tr>
<tr><th>5점</th><th>4점</th><th>3점</th><th>2점</th></tr>
<tr><td>1. 주제의 타당성</td><td>주제가 제시된 성취기준 안에서 적절하게 선정되고, 선정 이유가 타당하고 설득력이 있음.</td><td>주제가 제시된 성취기준 안에서 선정되고, 선정 이유가 타당함.</td><td>주제가 제시된 성취기준 안에서 선정됨.</td><td>주제가 제시된 성취기준에서 벗어남.</td><td rowspan="4">각 평가 요소의 점수를 합산하여 부여함</td><td>20
19
18</td></tr>
<tr><td>2. 역사 사실 이해 및 논거 연결</td><td>주장과 근거가 논리적이고 유기적으로 연결되고, 역사적 오류가 없으며, 근거를 뒷받침하는 사례의 출처가 명확하고 상세하게 제시됨.</td><td>주장과 근거가 통일성 있게 구성되고, 근거를 뒷받침하는 역사적 사례가 제시됨.</td><td>주장, 근거 등이 제시됨.</td><td>주장, 근거 등이 제시되지 않음.</td><td>17
16
15</td></tr>
<tr><td>3. 비판적 사고력 및 창의성</td><td>역사적 맥락에서 자료를 비판적으로 분석·해석하고, 새롭고 가치 있는 아이디어를 생성해 냄.</td><td>해당 주제와 관련하여 문제의식을 드러내고 역사적 서사에 대한 성찰을 표현함.</td><td>주제에 대한 문제의식과 역사적 서사에 대한 성찰이 부족함.</td><td>비판적 사고력과 창의성이 드러나지 않음.</td><td>14
13
12</td></tr>
<tr><td>4. 탐구 과정 및 성찰</td><td>탐구 과정에서 느꼈던 어려움과 극복 과정을 구체적으로 표현하고, 해당 탐구가 자신과 공동체의 삶에 주는 의미를 적극적으로 탐색함.</td><td>탐구 과정에서 느꼈던 어려움과 극복 과정을 서술하고 해당 탐구의 의미를 표현함.</td><td>탐구 과정에 대한 성찰과 탐구의 의미에 대한 성찰이 부족함.</td><td>탐구 과정에 대한 성찰과 탐구의 의미에 대한 성찰이 드러나지 않음.</td><td>11
10
9
8</td></tr>
<tr><td colspan="6">※ 수행활동에 참여하였지만 수행과제를 미제출(백지활동 제출 포함)한 경우: 기본점수</td><td>7</td></tr>
</table>

③ 점수-비중형 루브릭: 질문 중심 자율 주제 탐구 프로젝트(논술형)

수행과제	독립국가건설 운동에 대한 이해를 바탕으로 자율적으로 주제를 선정하여 프로젝트를 수행하고 논술문을 작성함.
교육과정 성취기준	[10한사2-01-05] 일제의 침략 전쟁에 맞서 전개된 독립 국가 건설 운동의 양상을 분석한다.

평가요소	비중	수행 수준				배점	
		5점	4점	3점	2점		
1. 주제의 타당성	50%	주제가 제시된 성취기준 안에서 적절하게 선정되고, 선정 이유가 타당하고 설득력이 있음.	주제가 제시된 성취기준 안에서 선정되고, 선정 이유가 타당함.	주제가 제시된 성취기준 안에서 선정됨.	주제가 제시된 성취기준에서 벗어남.	각 평가요소의 점수를 합산하여 부여함	20 19 18
2. 역사 사실 이해 및 논거 연결	30%	주장과 근거가 논리적이고 유기적으로 연결되고, 역사적 오류가 없으며, 근거를 뒷받침하는 사례의 출처가 명확하고 상세하게 제시됨.	주장과 근거가 통일성 있게 구성되고, 근거를 뒷받침하는 역사적 사례가 제시됨.	주장, 근거 등이 제시됨.	주장, 근거 등이 제시되지 않음.		17 16 15
3. 비판적 사고력 및 창의성	10%	역사적 맥락에서 자료를 비판적으로 분석·해석하고, 새롭고 가치 있는 아이디어를 생성해 냄.	해당 주제와 관련하여 문제의식을 드러내고 역사적 서사에 대한 성찰을 표현함.	주제에 대한 문제의식과 역사적 서사에 대한 성찰이 부족함.	비판적 사고력과 창의성이 드러나지 않음.		14 13 12
4. 탐구 과정 및 성찰	10%	탐구 과정에서 느꼈던 어려움과 극복 과정을 구체적으로 표현하고, 해당 탐구가 자신과 공동체의 삶에 주는 의미를 적극적으로 탐색함.	탐구 과정에서 느꼈던 어려움과 극복 과정을 서술하고 해당 탐구의 의미를 표현함.	탐구 과정에 대한 성찰과 탐구의 의미에 대한 성찰이 부족함.	탐구 과정에 대한 성찰과 탐구의 의미에 대한 성찰이 드러나지 않음.		11 10 9 8
※ 수행활동에 참여하였지만 수행과제를 미제출(백지활동 제출 포함)한 경우: 기본점수							7

3. 나이스(NEIS)의 이원목적 분류표와 '과목별 세부능력 및 특기사항'(세특) 작성

나이스(NEIS, National Education Information System)란 2002년부터 사용된 전자정부 시스템, 즉 교육정보 시스템으로 교육부와 17개 시·도교육청, 전국의 초·중·고등·특수학교를 아우르는 대형 네트워크를 말한다. 교사용 나이스는 정식으로 발령된 교사와 공무원만 이용할 수 있다.

교사용 나이스는 교사 개인을 위한 기능부터 학생의 입·전학, 졸업, 학적, 시간표, 교육과정, 출결, 성적, 행동특성, 과목별 세부 능력 및 특기사항, 생활기록부와 같은 학생부 기록은 물론, 입학전형을 위한 원서접수와 시험 출제부터 통지표 출력까지 학교와 학생에 대한 모든 업무를 총괄한다.

교사는 지필고사를 출제할 때 시험 원안지를 만들고, 나이스에 문항 정보표(Item Information Table)를 작성해야 한다. 문항 정보표는 개별 평가 문항에 대한 상세한 정보를 기술한 표로 교수-학습-평가의 연계성을 강화하고 평가 도구의 신뢰성을 높이기 위해 작성된다. 이 문항 정보표에는 문항 번호 문항 유형(선택형/서답형), 배점, 난이도, 정답, 평가 요소 및 성취기준, 출제 의도 등의 내용이 포함된다.

〈표 2-9〉 나이스(NEIS)에 기재된 한국사 지필고사 이원 목적 분류표 예시

과목점수	선택형 만점/배점합	70 / 70	서답형 만점/배점합	30 / 30	과목만점

선택형(진위형, 배합형, 선다형)	서답형(완성형, 단답형, 서술형, 논술형)

☐	문항	내용영역	성취기준	난이도			배점
				어려움	보통	쉬움	
☐	1	박정희 정부	1	○	●	○	3.7
☐	2	여운형의 활동	1	○	○	●	3.4
☐	3	통일 정부 수립을 위한 노력	1	○	●	○	4.1
☐	4	발해	1	○	○	●	3.5
☐	5	신군부 세력의 정권 장악	1	○	●	○	4.3
☐	6	삼국의 역사적 사실	2	●	○	○	4.6
☐	7	1950년대 역사적 사실	2	●	○	○	4.7

한편 학생부종합전형 등 대학입학 시험의 전형이 다양화되면서 교사들은 학교생활기록부 작성에 많은 시간을 할애한다. 교육부는 매년 학년 초에 학교급별로 『학생생활기록부 기재요령』을 배부한다. 여기에서 소위 '세특'이라 불리는 '세부능력 및 특기 사항'은 과목 담당 교사가 한 학기 동안 수업시간을 관찰한 학생의 성장과정과 탐구 모습을 기록하는 항목이다. 단순한 성취 결과보다 과목별 성취기준에 따른 성취수준의 특성 및 학습활동 참여도 등을 작성한다. 이를 통해 교수·학습 과정에서 교사가 직접 관찰한 내용을 바탕으로 학생의 성장이 드러나게 기재한다. 교육과정 성취기준에 기반한 학생의 성취수준, 교과와 관련된 학생의 흥미, 관심분야, 적성이나 학생이 보여 준 강점과 노력 등이 드러나도록 한다.[19] 이때 교사는 지필평가와 수행평가 결과를 토대로 과목별 성취기준에 따른 성취수준의 특성 및 참여도·태도 등 특기할 만한 사항을 구체적이고 객관적으로 입력한다.

〈표 2-10〉 과목별 세부능력 및 특기사항의 구성요소

〈수행평가 참여도·태도〉 일제 강점과 민족 운동 단원을 배우며, 수업 시간이 부족해 다루지 못한 단원은 스스로 관련 내용을 심화조사해 발표하는 열정이 있는 학생으로, **〈교과관련 활동〉**일제의 식민지배가 한반도 근대화에 기여하였다는 식민지근대화론에 주목하여 근대화론을 둘러싼 찬반 양측의 칼럼과 식민지 근대화론을 비판하는 보고서를 작성하여 제출함 **〈탐구과정〉**. '일본과 관련된 과거사 청산에 관심이 많고, 이를 위한 학생의 역할은 무엇인지 고민하였음. 국가총동원법을 학습하며 가미카제 특공대에 대해 호기심을 느낌. 여러 매체의 기사, 관련 서적, 역사채널 수편, 다큐멘터리 시청 등 다양한 자료를 조사하고 일본인뿐만 아니라 10~20세 조선인 소년 또한 전쟁에 필요한 인원을 충족하기 위해 동원되었음을 알게 됨 **〈성취의 결과/개인의 우수성〉**. 수업이 끝난 후 교과서에 수업내용과 교과서 주요사항을 보기 좋게 필기정리하고, 한국사의 중요한 사건이 발생한 원인과 과정 및 결과를 스토리로 정리하고, 동시대 동양과 서양에서 발생한 사건들과의 비교표를 스스로 만들어 친구들 앞에서 발표를 하는 등 창의적이며 자기주도적인 학생임.

〈한국사 과목별 세부능력 및 특기사항 작성 예시〉

1	학생 주도형 토론으로 운영된 한국사 수업에서 토론자를 맡아 모둠별 발표 및 질의 응답, 모둠 토론, 전체 토론 과정에 참여함. 역사 학습의 목적을 묻는 질문에 대해 우리가 현재 당연하다고 여기는 삶의 모습들이 대부분 과거 역사의 선배들이 다양한 문제의식 위에서 힘겹게 길어 올린 인생의 결과물임을 피력함. 자기 삶에 녹아든 수많은 선조들의 삶을 느끼고 깨달으며 더 나은 삶을 만들어가는 것에 대한 책무성을 배우는 것이 역사 학습의 주요 목적임을 밝힘. 개항기 신문물의 역사적 의미를 다룬 토론에서는 기차, 철도, 전신, 우편 등의 신문물이 근대와 침략의 두 얼굴로 다가왔음을 강조하며, 현재의 우리가 경험하는 많은 사회 현상들이 빛과 그림자를 모두 품고 있음을 깨닫는 것이 매우 중요함을 밝힘.

	의병 활동을 논제로 한 수업에서는 신돌석, 안규홍 등 하층민 출신 의병장들의 활약에 주목하며 그들이 추구했던 인류 보편의 가치에 대해 논의하는 모습을 보여줌. 전반적으로 한국사 수업을 통해 과거와 현재를 비교하며 삶을 통찰하는 역량, 타인의 의견에 귀를 기울이고 협력적으로 소통하는 역량, 서로 다른 입장과 상황을 상상하며 공감대를 형성하는 역량 등이 눈에 띄게 향상됨.
2	학생 진행팀이 교수학습 과정 전반을 이끈 한국사 수업에서 학생 주도형 한국사 토론 프로젝트, 놀이로 배우는 한국사, 퀴즈 골든벨 한국사 등 다양한 수업 방식에 참여함. 이를 통해 대전회통 편찬, 사창제와 호포제의 실시, 삼군부의 부활, 서원 철폐, 경복궁 중건, 당백전 발행, 통상 수교 거부 정책 등 흥선 대원군 집권 시기의 빛과 그림자를 다채롭게 이해하는 학습 기회를 가졌으며, 프랑스 · 미국 · 독일 · 영국 · 러시아 · 일본 등 제국주의 열강의 침략이 가속화되는 가운데 추진된 근대 국가 수립 노력 등을 학생 진행팀의 프레젠테이션을 통해 배움. 일제 강점기 민족 운동, 사회 운동의 저수지로 평가받는 3 · 1 운동에 대해서는 파리 강화 회의를 통한 새로운 국제 질서의 모색, 민족 자결주의의 대두, 고종 독살설, 2 · 8 독립 선언의 발표 등 입체적이면서도 다채로운 배경을 중심으로 학습할 수 있는 소통의 장을 체험함. 이외에도 국가주의, 민족주의의 틀에 갇힌 역사 서술의 문제점에 대해 자각하고, 대안을 모색할 수 있는 학습을 경험하였으며, 역사를 트랜스 내셔널 히스토리 측면에서 접근함으로써 인류가 추구해야 할 보편적 가치를 체화하고 실천할 수 있는 인지적, 정의적 학습 기회를 제공받음.

4. 수업에서 목표 활용의 실제

1) 수업계획의 시작 단계

단원을 설계할 때 국가수준 교육과정 문서를 통해 해당 단원의 성취기준을 확인하고 성취기준이 의미하는 바가 무엇인지 확인하는 것이 가장 선행되어야 하는 절차지만, 교사는 이를 확인하여 수업계획을 세우지 않는 것이 일반적이다.

〈표 2-11〉 중학교 국가교육과정 문서에 제시된 성취기준 사례

(12) 조선 사회의 변동

[9역12-01] 왜란과 호란 이후 체제 재정비의 노력과 정치 변동의 모습을 파악한다.
[9역12-02] 조선 후기 문화에서 나타난 변화를 분석한다.
[9역12-03] 조선 후기 사회적 모순에 대한 여러 세력의 대응을 탐구한다.

(가) 성취기준 해설
[9역12-03] 조선 후기 변동에 따른 사회적 모순을 살펴보고 이에 대한 여러 세력의 대응을 파악하도록 설정하였다. 세도정치의 폐단, 삼정의 문란 등으로 인한 농민 봉기, 흥선 대원군의 정책

등을 파악하는 데 초점을 맞춘다.
(나) 성취기준 적용 시 고려 사항
조선 후기의 사회상을 보여주는 문학, 그림, 판소리 등의 자료를 폭넓게 활용하여, 학습자가 자료에 나타난 당시의 모습을 역사적 맥락에서 이해하고 있는지 평가할 수 있다.
조선 후기 사회・문화적 변화를 동아시아를 포함한 세계적인 관점에서 파악하도록 지도한다.

상기 표에서 국가수준에서 조선사회의 변동 단원에서 성취기준의 하나로 '[9역12-03] 조선 후기 사회적 모순에 대한 여러 세력의 대응을 탐구한다.'를 들고 있다. 이에 대한 성취기준 해설에서 '조선 후기 변동에 따른 사회적 모순을 살펴보고 이에 대한 여러 세력의 대응을 파악하도록 설정하였다'면서 성취기준 설치 의도를 제시하고 있다. 또한 수업의 주안점으로 '세도정치의 폐단, 삼정의 문란 등으로 인한 농민 봉기, 흥선 대원군의 정책 등을 파악하는 데 초점을 맞춘다'고 하여 핵심적으로 살펴볼 내용을 목표와 연관하여 성취기준으로서 제시하고 있는 것이다. 교사는 성취기준에 자신의 역량을 발휘하여 단위 수업목표, 즉 지식・이해, 기능, 가치・태도에 적합한 수업목표를 작성한다. 이렇게 성취기준에 따라 교사가 작성한 수업목표를 '학습 목표'라 한다.

수업을 설계할 때 교사는 학습자 진단 후 수업목표를 설립하고 학습지도안을 구상한다. 대체적으로 학습지도안에는 아래와 같은 도식으로 수업목표가 제안된다.

〈표 2-12〉 학습지도안 설계 사례

<table>
<tr><th>시간, 장소</th><th>학반</th><th>학생</th><th>교사</th><th>단원(차시)</th><th>주제</th><th>수업모형</th></tr>
<tr><td>00중학교
(수) 0교시</td><td>3-1</td><td>23명
(남12, 여11)</td><td>000</td><td>흥선대원군의
정책(3/15)</td><td>흥선대원군
의 쇄국정책</td><td>사료수업,
토론식
수업</td></tr>
<tr><td>수업목표</td><td colspan="6">성취기준: [9역12-03] 조선 후기 사회적 모순에 대한 여러 세력의 대응을 탐구한다.
지식・이해: 흥선대원군의 쇄국정책이 무엇이었는지 이해할 수 있다.
기능: 사료를 찾아 쇄국정책에 대한 자신의 의견을 근거를 들어 토론할 수 있다.
가치・태도: 사회의 모순을 헤쳐나가기 위한 다양한 정책들을 당시인의 입장에서 생각하는 태도를 기를 수 있다.</td></tr>
</table>

〈표 2－12〉는 〈표 2－11〉에서 나타난 국가수준의 성취기준을 수업설계 단계의 학습지도안에서 실현한 상황을 나타낸다. 이론적으로는 국가교육과정에 나타나 있는 '사회적 모순에 대한 여러 세력(흥선대원군 포함)의 대응'이라는 내용, 즉 지식적 측면을 '탐구한다'라는 성취기준에 따라 '사료학습'과 '토론식 수업'이라는 수업방법을 구상하면서 행동영역별 수업목표를 세우고 있다. 그러나 실제로 교사는 설명식 수업으로만 수업계획을 설계할 수도 있고, 흥선대원군과 관련된 현장답사 수업을 설계할 수도 있다. 다만, '탐구한다'라는 성취기준이 매우 넓은 개념이므로, 교사가 학생참여 중심의 수업을 구상하면서, 현장답사 수업을 통해 학생들이 흥선대원군의 정책들을 '탐구'한다는 목표에 근접할 수 있다. 아이러니하게도 교사가 실제로 성취기준을 염두에 두고 수업을 실시하지 않는다 하더라도 대부분의 수업이 국가수준의 성취기준을 따라가고 있는 것이다.

교사가 수업목표를 행동영역별로 진술하는 과정은 교사의 개입이 강하게 작용한다. 이는 구체적인 수업방법을 교사가 결정하게 되며, 그에 따라 수업목표가 진술되는 경우가 많기 때문이다. 따라서 이론적으로는 수업목표를 먼저 설정한 뒤 내용, 교재, 방법을 선정한다는 순서가 제시되지만, 실제 상황—그리고 이는 매우 일반적인 경우이기도 하다—에서는 이러한 순서가 무너진다. 현실적으로는 목표 설정과 내용·교재·방법의 선정이 거의 동시에 이루어지며, 결과적으로 내용·교재·방법이 목표 설정에 중요한 영향을 미치고 있는 것이다.

예전에는 수업목표의 무용론이 주목을 받았으나, 곧 반론에 부딪히게 되었다. 실제로 수업에서 내용, 교재, 방법이 목표 설정에 큰 영향을 미치는 상황에서 목표 자체를 무의미하다고 보는 주장은 오히려 '무용'한 것이었다. 따라서 목표와 평가의 중요성을 강조하는 백워드 수업설계가 주목을 받게 되었다.

2) 수업의 마지막 단계

수업의 마지막 단계에서 목표가 과연 활용될 수 있을까 하는 부분에서는 실제로 수업을 진행하는 교사의 입장에서는 반론이 많다. 왜냐하면 학생을 중간에 평가하고, 수업에 대한 피드백을 받는 형성평가를 하면서 수업의 목표를 진단하는 교사는 실제적으로 많지 않기 때문이다. 그러나 이론적으로 목표를 상정하지 않고 진행되는 평가는 타당성을 의심받을 수 있다.

예를 들어 〈표 2-12〉에서 나타난 '흥선대원군의 쇄국정책'을 중심으로 살펴보도록 하자.

교사는 수업 행동영역별 목표로서 아래와 같은 목표를 세웠다.

〈표 2-13〉 행동영역별 목표 사례

지식 · 이해	흥선대원군의 쇄국정책이 무엇이었는지 이해할 수 있다.
기능	사료를 찾아 쇄국정책에 대한 자신의 의견을 근거를 들어 토론할 수 있다.
가치 · 태도	사회의 모순을 헤쳐나가기 위한 다양한 정책들을 당시인의 입장에서 생각하는 태도를 기를 수 있다.

공교롭게도 A교사와 B교사는 상기와 같은 목표를 세웠고, 수업에서 '사료수업'과 '토론식 수업'을 진행하였는데, A교사와 B교사가 진행한 형성평가의 차이를 살펴보도록 하자.

〈표 2-14〉 A교사와 B교사의 형성평가 비교

A교사		B교사	
사료수업	토론식 수업	사료수업	토론식 수업
• 사료에서 흥선대원군의 쇄국정책을 찾아보고 보고서 쓰기	• 당시인이었다면 쇄국정책의 긍정적, 부정적 측면이 무엇이었을까 토론하고 발표하기	• 사료에서 나타난 개화와 위정척사운동의 특징을 비교하여 보고서 쓰기	• 쇄국정책이 현재에 불러온 부정적인 영향은 무엇이었는지 발표하기

B교사는 지식 · 이해 측면에 나타나지도 않은 '개화와 위정척사운동의 특징 비교'를 평가문제로 냄으로써 내용타당도가 맞지 않는 실수를 저질렀다. 또한 가치 · 태도면에서 '사회의 모순을 헤쳐나가기 위한 다양한 정책들을 당시인의 입장에서 생각하는 태도를 기를 수 있다.'라고 하여 '당시인의 입장에서 쇄국정책을 판단해야 하는 태도를 기를 것'을 목표로 세우고 있음에도 '쇄국정책이 현재에 불러온 부정적 영향'만을 발표하도록 하여 목표에 맞지 않은 평가를 시행하였음을 알 수

있다. 이에 반해 A교사는 '사료에서 쇄국정책을 찾고'라고 하여 기능 영역의 '사료를 찾아 쇄국정책에 대한 자신의 의견을 근거를 들어 토론할 수 있다.'에 적합한 평가를 시행하였고 '당시인이었다면 쇄국정책의 긍정적, 부정적 측면'이 무엇이었을지를 토론하고 발표하자고 하여 기능영역뿐 아니라 가치·태도면의 목표를 모두 충족하고 있다.

따라서 수업의 구조화를 위해서는 수업의 마지막 단계에서 목표를 다시 한번 살펴보는 것은 중요하다.

3) 수업목표 무용론과 한계

교육목표의 의미를 파악하는 방식에는 두 가지가 있다. 우선 목표와 내용과의 관계에 비추어 목표의 의미를 파악할 수 있다. 교육과정의 두 모형인 목표모형과 내용모형은 양자의 관계를 서로 다르게 규정한다. 목표모형에 의하면 목표는 내용에 사실상 우선하는 것으로서 학생의 행동의 변화를 가리키는 것이며 따라서 그 변화를 확인하는 것이 수업의 성공을 위하여 무엇보다 중요한 것으로 간주된다. 그런데 행동적 수업목표는 수업의 외적 요인에 해당하는 평가의 기준에 부합하는 것만을 부각시킴으로써 다른 요인의 중요성을 상대적으로 과소 평가하는 결과를 낳게 된다.[20)]

반면에 내용모형은 수업에서 우리가 가르쳐야 하는 것은 결국 하나의 행동으로 떼어내어 표현할 수 없는 교육내용, 즉 교과 안에 들어있는 지식의 구조를 가르쳐야 한다는 입장이다. 그러므로 수업목표를 따로 제시하는 것은 어려운 일이 된다.

그러나 교육을 하는 데 교사와 학생이 공동의 기준으로 삼을 방향 제시를 수업목표의 형태로 해 주어야 할 필요성이 있다. 목표의 의미를 파악하는 또 다른 방식은 교과의 가치를 규정하는 두 가지 관점, 즉 외재적 가치와 내재적 가치의 관점으로 구분하여 각각 파악하는 것이다.

교과는 외재적 목표 달성의 수단으로서 그 가치를 가진다는 견해에 따르면 필요에 의해 선정된 수업목표는 교육의 최종적인 목표가 되고 교육내용은 다만 그 수업목표를 달성하기 위한 수단으로 보아야 하는 것이다. 그러나 외재적 필요에 의한 교육은 교과의 고유의 가치를 부정한 것이 되고, 목표모형과 마찬가지로 교육의 주된 관심이 마음에 있다는 점을 올바로 나타내고 있지 못하다.

이와는 달리 교육이 실현하고자 하는 가치를 교과 그 자체의 가치에서 찾고자 하는 견해가 있다. 이 견해에 따르면 수업에서 달성하고자 하는 목표는 교과를 배운결과일 뿐 교과를 가르치는 목적은 아니다. 이 견해는 내용모형에서 의미하는 목표를 보다 분명히 하는 것이다. 내용모형에서 부르너는 교과의 가치가 무엇인가 하는 문제보다는 교과의 성격을 지식의 구조라는 개념으로 설명하는 데 관심을 기울였고, 그 결과 지식의 구조는 외재적 가치에 의하여 설명될 수 있다는 가능성을 열어놓고 있기 때문이다.

그러나 교과를 내재적 가치에 의하여 정당화한 피터스(R. S. Peters)는 교육받는 사람은 자신이 교과를 공부한다는 사실과 자신이 공부하는 내용의 가치에 관하여 최소한의 의식이 있어야 한다고 함으로써 수업목표 제시의 필요성을 언급하였다.

이 경우의 수업목표는 교과의 내재적 가치에 접근할 수 있는 기반 또는 추진력으로서의 위치에 있는 것이라고 할 수 있다. 이상의 논의는 교육목표가 이중적 성격-평가의 기준과 수업의 기준, 또는 교육의 외재적 목표와 내재적 목표-을 가진다는 점을 드러내기 위한 것이다. 그렇다면 목표의 이 이중적 성격은 실지 교육 현장에서 어떻게 나타나며 수업목표는 실지로 어떤 역할을 하는가? 이 문제를 해결하기 위하여 몇 가지 수업사례를 분석한 결과에 의하면 교육목표의 의미에 대하여 올바르게 인식하고 있는 교사에 의하여 이론적으로는 양립 불가능한 그 이중성의 난점들이 실지 수업에서 잘 해소되고 있음을 알 수 있었다. 현재 수업에서 제시되고 있는 목표의 외적인 형태는 목표모형과 외재적 가치에 영향을 많이 받은 것이지만, 교사들은 실지 수업에서 그러한 형태의 목표를 끊임없이 마음에 접근하기 위한 중간 통로로, 교과 이해의 출발점으로, 그리고 수업의 기초가 되는 기본적인 개념이나 원리를 나타내는 것으로 역할 지움으로써 수업에서의 목표의 역할과 관련된 이론적 난점을 해소하고 있다.[21]

CHAPTER 03 한국사 수업의 교재

1. 한국사 수업에서 교재란 무엇인가

1) 한국사 수업에서 교재의 개념

한국사 수업에서 교재를 정의할 때 우선 교재의 범주(Category)를 생각해야 할 것이다. 일반적으로 '교재'라는 말은 학습 내용을 담고 있는 텍스트를 가리킨다.[1) 학교 교육에서 전통적으로 한국사 수업 교재는 교과서, 역사부도, 학습지 등이 주로 사용되어 왔다. 그러나 최근 점차 AI 교과서가 등장할 만큼 정보 통신 기술의 발전이 고도화되고 있고, 학교 현장에서 다양한 역사교육 방법이 실현되고 있다. 점차 수업에서 다양한 형태의 자료들이 활용되고 있으며, 학습 내용 자체도 교과서 외의 자료를 통해 전달되는 경우도 늘어났다. 따라서 한국사 수업의 교재는 그 범주를 확대하여 고려해야 한다. 교육공학에서는 교수 매체의 의미를 규정할 때 '교수자가 교수 활동을 목적으로 사용하는 매체'라고 설명한다. 과거에는 매체의 개념을 주로 교육활동 보조 자료로서 시청각 자료를 지칭하는 좁은 의미였지만 최근에는 인적요소, 환경, 시설, 학습 내용까지 포함하는 넓은 의미로 사용되고 있다. 이러한 개념을 '교재'에 대한 의미 규정에 적용해 본다면, 보다 넓은 의미에서 한국사 수업의 교재는 한국사 학습 내용을 담은 텍스트뿐만 아니라, 수업에 도움을 줄 수 있는 매체도 포함시킬 수 있다. 즉 역사부도, 연표, 사진 등의 수업 자료, 수업을 목적으로 하는 시청각 기자재, 신문, 방송, 영화, 출판, 그림, 음성, 동영상 등이 포함될 수 있다.

다음으로 교재의 의미를 규정할 때에는 수업에서의 그 기능을 고려해야 한다. 교재는 한국사 수업의 학습 내용을 담은 콘텐츠(Contents)이자 수업 방법을 전개하기 위한 수단이다. 따라서 내용과 방법을 통합적으로 보려고 하는 관점이 최근 대두되고 있다. 가령 교사가 조선 후기 김홍도와 신윤복의 풍속화, 민화 등의 그림을 한국사 교재로서 준비하였다면 수업 시간에서 이 교재는 '조선 후기의 문화적 경향'을 자세히 설명해 주는 콘텐츠가 될 수 있다. 또한 교재는 수업 방법과도 밀접하게 관련되어 있다. 예를 들어, 교사가 조선의 역사를 가르치기 위해 『조선왕조실록』의 일부를 교재로 선택하여 학생들에게 제시하였다면, 한국사 교재로서 활용되는 이 사료에 따라 학습 목표를 효과적으로 이룰 수 있는 수업 방법이 정해질 수 있다. 학생의 수준에서 의미 파악이 어려운 용어나 복잡한 사건과 관련한 사료는 교사가 사료의 내용을 설명하는 강의식 수업이 효과적일 수 있고, 조선 후기에 시행된 대동법과 같은 제도와 관련한 사료가 제시된 경우는 하나의 제도가 시간순을 두고 사회에 적용되어 나가는 과정을 학생들에게 탐구하도록 기회를 주는 것도 적절할 수 있다. 또한 임진왜란이나 병자호란과 관련된 사료의 경우는 왕과 관료들 사이의 대화를 주고받는 형식이기 때문에 극화 학습으로 이어져도 좋은 수업이 될 수 있다.

마지막으로 학생의 입장에서 한국사 교재는 역사와 관련한 주제와 관련한 다양한 지식을 습득할 수 있는 매개체인 동시에 수업에 능동적으로 참여할 수 있는 수단으로 활용될 수 있다. 또한 교재에 있는 자료를 이해하고 분석하는 가운데 학생의 탐구력과 사고력을 향상시킬 수 있다.

2) 한국사 교재 선정의 유의점

교사가 수업에 많은 학습 자료를 활용한다고 학습 목표를 효과적으로 달성할 수 있는 것은 아니다. 위에서 언급했듯이 수업을 통해 활용될 수 있는 역사 교재는 매우 다양하고 광범위하다. 교사는 수업에서 설정한 학습 목표를 충족하기 위해 적절한 한국사 교재를 선정하고 재구성해야 한다. 한국사 교재를 선정하는 데 고려해야 할 사항은 다음과 같다.[2)]

첫째, 목표의 타당성을 고려해야 한다. 즉 교재는 역사 학습 목표를 달성하는 데 부합되어야 한다. 가령 수업에서 '학생은 발해가 고구려를 계승한 국가였음을 이해한다.'라는 수업목표가 제시된 경우 한국사 교재에 포함되는 발해와 관련한 사료, 문화유산 자료에는 발해의 고구려 계승성을 확인할 수 있는 내용이 있어야 한다.

둘째, 내용의 타당성을 고려해야 한다. 즉 교재가 수업 내용에 적합한 자료인지 판단해야 한다. 학습 주제와 관련한 내용이 포함되어야 하는 것은 물론이고 이 학습 내용이 역사적으로 오류가 있는 자료인지, 편향적 의도가 반영된 자료인지를 검토해야 한다. 현재 중・고등학교의 역사 교과서의 경우는 검정 교과서 제도에 따라 오류나 편향성에 대한 심사 여부를 거쳐 발간되고 있다. 그러나 교사가 다양한 학습 자료를 제공하기 위하여 교과서 외에 일반 서적, 논문, 인터넷상의 자료 등을 학생에게 필터링(Filtering) 없이 제공하였을 경우 문제가 생길 수 있다. 또한 최근에는 미디어 매체가 다양화되면서 역사 주제를 다룬 유튜브(Youtube) 등의 영상, 역사 사건이나 인물을 다룬 역사 드라마 등이 점차 많아지고 있다. 기본적으로 역사 드라마나 영화는 스토리 전개를 위해 허구의 사실이나 장치를 동원하기 때문에 내용상 역사적 오류가 있는 것인지 꼼꼼하게 살펴보아야 하며, 인터넷의 동영상을 활용할 때에는 편향성 여부를 검토해야 할 것이다.

셋째, 학습자와의 소통성을 고려해야 한다. 교재는 교사와 학생 간 원만한 상호작용이 매우 중요하다. 교육학자 힐(Hill, J.)은 효과적인 의사소통을 촉진하기 위해서는 신뢰감(credibility), 자료(data), 느낌(feeling)의 세 가지 요소가 서로 유기적인 관계를 가질 때 최적의 의사소통이 이루어질 수 있다고 말하였다. 신뢰감이란 믿을 수 있는 확신이며, 자료란 의사소통을 위한 정보, 느낌은 학습자 간의 연결을 각각 뜻한다.[3] 따라서 교재는 학습자에게 신뢰감을 줄 수 있는 내용으로 구성되어야 하며, 학습자의 선수학습 정도 등 교재가 학생에게 적합한가가 고려되어야 한다. 아무리 훌륭한 교재라 할지라도 학습자의 동기를 유발하거나 지속할 수 없다면 학습 목표를 달성하는 데는 실패할 수밖에 없다. 따라서 교재를 선정할 때에는 교사 혼자보다는 학습자를 참여시켜 교사와 학생 간에 상호작용을 유발할 수 있도록 해야 한다. 가령 사료를 활용하여 수업을 한다고 가정하였을 때 학습자의 사료 판독 능력을 고려하지 않고 난도가 높은 사료만을 제시하였을 경우 충분한 학습 효과를 기대하기 어려워진다. 학생들의 입장에서는 어려운 자료를 계속 접하게 되면 학습 주제에 대한 흥미를 잃을 수 있으며, 수업 중 학생 간 학업 편차가 크게 나타날 수 있다. 학습자의 능력치를 고려하지 않는 경우 수업목표를 달성하지 못하는 것은 물론 결과적으로 학습자의 흥미도를 떨어뜨리게 될 것이다.

넷째, 계열성을 고려해야 한다. 교재 선정 시에는 구체성이 있는 학습 자료에서 추상성이 있는 학습 자료까지 계열성을 고려해 보는 것도 좋다. 경험의 원추(The Cone of Experience)라는 원리를 제시한 데일(Edgar Dale)은 성공적인 학습을 위해서 학습자는 실제적이고 구체적인 경험이나 시범, 또는 현장 견학을 통해 학습을 하고 난 후, 보다 추상적인 매체를 활용하여 학습하는 것이 훨씬 학습 효과가 크다고 하였다. 이 원리를 한국사 수업에 적용해 본다면, A교사는 현대사 수업 시간에 '1970년대 한국 사회'와 관련된 내용을 학생들과 학습하는 시간을 가지게 되었다. 학생들이 1970년대 한국의 상황과 사회적 특징을 교과서에 제시된 텍스트로 그 내용을 접하기 전에 1970년대와 관련된 영상, 구술 자료, 당시 사람이 남긴 일기, 1970년대의 삶을 느낄 수 있는 생활사 박물관 견학이 이루어진다면 역사 학습의 수업목표를 보다 효과적으로 달성할 수 있다.

다섯째, 수업 방법과의 연계성을 고려해야 한다. 교재 선정은 수업 방법에 따라 달라질 수 있다. 위에서 언급했듯이 교재는 수업 방법을 실현시키는 수단이자 도구이다. 교사는 '조선 광해군의 정책'에 대해 토론 수업을 설정한 경우, 교과서에 수록된 자료만으로 학생들이 토론을 준비하기에는 광해군에 대한 정보가 제한적일 수밖에 없다. 따라서 교사는 광해군의 구체적인 정책에 대한 정보를 담은 일반 서적의 내용을 발췌하거나, 논문 등의 내용을 가져와 교재를 재구성하고 학생들에게 제공할 수 있다. 탐구 학습의 경우, 교사가 수업목표에 따라 교재를 재구성하여 일방적으로 제시하는 방법이 아닌 다른 방법도 있을 수 있다. 즉 수업 활동에서 교재가 될 수 있는 학습 자료를 교사의 지도 속에서 학생이 스스로 찾아가도록 하는 형태가 있다.

[탐구 학습에서 학생들이 교재를 직접 찾아가도록 하는 수업 예시]

1. 교사는 탐구활동을 위한 주제를 제시한다.(주제: 한국의 독립운동과 외국의 사례 비교)
2. 학생들의 탐구활동(학생들이 영화를 직접 선택하여 비교, 교사는 학생들의 활동을 관찰)
   - 한국의 독립운동을 담은 영화 '밀정', '암살' 등을 선정, 아일랜드의 독립운동을 담은 영화 '보리밭을 흔드는 바람'을 선정
   - 영화를 각각 시청하고 한국의 독립운동과 외국의 독립운동을 비교사적 관점에서 탐구활동을 하고 발표
3. 교사는 학생의 탐구활동을 평가하고, 피드백(Feedback)한다.

2. 한국사 교재의 종류

교재를 분류하는 방법은 학자마다 다르다.[4] 본고에서는 교재의 형태에 따라 문헌 교재와 시청각 교재, 웹(Web) 기반 교재, 체험 교재, 자체 제작 교재로 크게 구분하고, 문헌 교재를 다시 교과서, 문헌 사료, 신문 기사 및 잡지, 문학 작품으로, 시청각 교재를 연표, 통계 자료, 역사 지도, 사진 및 그림, 노래, 영화로 구분하였다. 또한 웹(Web) 기반 교재를 디지털 교과서, 디지털 역사자료, 유튜브, 역사 체험 메타버스, 사이버 박물관, 생성형 AI, 교육용 애플리케이션으로, 체험 교재를 현장 체험 학습 교재, 박물관 교재, 지역사 교재로, 자체 제작 교재를 학습지로 구분하였다. 역사 수업에서 활용되는 이들 교재들의 특성과 활용 방법은 다음과 같다.

1) 문헌 교재

① 교과서

가. 교과서의 성격

교과서는 역사 수업에서 가장 기본적인 교재라고 할 수 있다. 그런데 이 교과서가 일반 서적이나 논문과 다른 것은 국가가 정한 교육과정에 입각하여 만들어진다는 것이다. 해당 교육과정에는 교과서의 단원별 성취 목표가 설정되어 있고, 교과서 집필자는 이 성취 목표를 근거로 내용을 구성하게 된다. 이를 바탕으로 교과서의 성격을 두 가지로 정리한다면 첫째, 교과서에는 사회가 추구하는 교육 목적과 가치가 반영된다. 물론 이 과정에서 교과서가 특정 집단이 추구하는 이익과 이데올로기를 반영하여 균형을 잃었을 경우 사회적으로 큰 문제가 될 수 있으며, 그에 따른 사회 갈등과 파장이 발생한다. 둘째, 교과서는 교육제도의 틀 속에서 규제를 받는다. 위에서 언급했듯이 교과서는 교육과정의 틀 안에서 집필된다. 물론 검인정 교과서가 대부분을 차지하고 있기는 하지만 교육과정에서 규정한 성취기준과 교육 목표를 달성할 수 있도록 교과서를 제작해야만 한다.

나. 한국사 교과서의 특성

한국사 교과서의 특성은 다음과 같이 몇 가지로 정리해 볼 수 있다.

첫째, 한국사 교과서의 내용이 가장 설득력 있고 타당하다고 생각되는 해석의 집합이라는 것이다. 한국사 교과서의 방향은 교육의 흐름과 깊은 연관이 있다. 대입 학력고사가 존재했던 시기[5]의 학습은 얼마나 많은 양의 지식을 암기하는가에 달려 있었다. 이 당시의 역사 학습에서는 교과서의 내용을 중심으로 전개될 수밖에 없었고, 교과서의 내용을 얼마나 많이 암기하는가가 역사 교과를 잘하는 가의 기준이 되어 왔다고 해도 과언이 아니다. 즉 한국사 교과서의 내용은 학습자에게 절대적인 것이었다. 그러나 우리 교육의 방향이 창의적이고 능동적인 인재들을 양성하는 흐름으로 전개되는 가운데, 교과서를 보는 관점이 변화되고 있다. 즉 교과서의 내용이 불변의 사실이 아니며 의심이 대상이 될 수 있다는 것이며, 교과서의 내용은 지금까지 가장 설득력 있는 해석으로 보는 것이다.

둘째, 한국사 교과서는 발행 체제와 깊은 연관성을 가지고 있다. 우리나라에서 사용되는 교과서는 제작 방식과 심의 절차에 따라 크게 국정 교과서, 검정 교과서, 인정 교과서로 나뉜다. 이 세 가지 유형은 교과서의 개발 주체, 심의 권한, 사용 방식, 저작권 귀속 등에서 뚜렷한 차이를 보인다. 먼저 국정 교과서는 국가가 직접 제작하고 저작권을 가지는 교과서다. 이는 교육부 장관이 주관하여 심의위원회를 구성하고, 해당 위원회가 교과서를 심의함으로써 결정된다. 교과서 내용의 편찬과 심의가 국가 주도로 이루어지기 때문에, 전국의 모든 학교에서는 해당 과목에 대해 동일한 교과서를 사용하게 되며, 이 때문에 '1종 1책' 체제를 갖추고 있다. 이에 반해 검정 교과서는 민간 출판사가 자체적으로 교과서를 개발한 뒤, 교육부 장관의 검정을 거쳐 승인받은 교과서를 말한다. 이때 교육부 장관은 전문 검정 기관에 심의를 위탁하여 해당 교과서가 국가 교육과정과 기준에 부합하는지를 검토하게 한다. 검정을 통과한 교과서는 '1종 다책'으로, 동일 과목 내에서도 여러 출판사에서 발행한 교과서 중 학교나 교육청이 선택하여 사용할 수 있다. 인정 교과서는 교육부 장관이 정한 기준에 따라 '인정'을 받은 교과서로, 주로 특수학교, 직업계 고등학교, 대안교육기관, 또는 일반 교과 외의 교육을 위한 용도로 사용된다. 이 교과서는 지방 교육청 또는 관련 기관이 개발한 후, 시・도 교육감의 심의를 거쳐 교육부 장관의 인정을 받아야 한다. 우리나라 한국사 교과서는 1973년까지 검정 교과서를 사용하였다. 당시 '국사' 교과서는 중학교 11종, 고등학교 11종 등 모두 22종에 달했다. 그러나 1974년 2월 박정희 정부는 국사 교과서를 1종의 국정 교과서로 전환하였다. 2002년에는 국사에서 '한국 근현대사'가 분리되어 국사는 국정, 한국 근현대사는 검정으로 바뀌게 되었다. 2010년 기존 국정인 국사와 검정인 한국 근현대사가 다시 합쳐져 '한국사'가 되면서 검정 체제로 일원화되었다.[6] 국정 교과서는 자칫 국가가 정한 획일된 역사의식을 주입하여 역사에 대한 다양한 해석을 차단할 수 있다. 위에서 언급했듯이 국가가 편찬한 한국사 교과서의 내용이 교실에서 학습하는 절대적인 기준이 된다고 한다면, 오히려 편향적이고 잘못된 역사를 학생들이 공부하는 셈이 될 수 있을 것이다.

셋째, 한국사 교과서의 단원 구성 및 서술은 대체로 연대기적 편성을 기본으로 하고 있기에 고대에서 현대까지 시간순으로 편제되어 있다. 다만 제7차 교육과정에서 고등학교 한국사 교과서의 경우는 예외적으로 분야사와 연대기를 혼합하여 서술하는 방식을 취했다. 제7차 교육과정 시기에는 역사의 중복 교육을 피하고 역사교육을 계열화한다는 취지에서 중학교 국사를 정치사 중심의 통사, 고등학교 국사를 분야사 체제로 편성하였다. 따라서 제7차 교육과정의 고등학교 국사 교과서 단원 편제는 크게 정치·경제·사회·문화 분야로 구성되었고, 당시 고등학교 교과서의 단원명[7]을 보면 그 특징을 쉽게 파악할 수 있다.

넷째, 한국사 교과서의 내용 요소가 점차 다양화되고 있다는 특징이 있다. 이는 역사적 사실을 암기하는 것을 중시하기보다는 역사에 대한 탐구력 향상을 중요시하는 교육의 흐름이 반영되었기 때문이다. 학생의 입장에서도 한국사의 여러 사건, 인물 등에 대해 스스로 평가하고 해석하는 기회를 가질 수 있도록 학습 활동이 반드시 교과서에 포함되어야 한다. 따라서 학습자가 수동적으로 글을 읽어가는 형태의 공부에서 벗어나, 사료, 그림, 사진 등을 제시함으로써 텍스트에 이어 학생들의 탐구 학습을 할 수 있도록 설계되는 추세이다. 또한 더 다양한 자료를 경험할 수 있도록 동영상 QR 코드, 박물관 방문이나 역사적 사건이 벌어진 현장을 소재로 한 체험 관련 학습 자료를 병행하여 제시하고 있다. 또한 역사 교과서는 그 과목과 종수가 점차 늘어나고 구성과 내용도 다양해지고 있다. 이는 고교 학점제의 도입, 교육과정의 개정 등 다양한 이유가 작동된 것이다. 2022 개정 교육과정에서 고등학교의 경우는 공통과목으로 한국사, 일반 선택과목으로 세계사를 필두로 진로 선택과목으로 동아시아 역사 기행, 융합 선택 과목으로 역사로 탐구하는 현대 세계 등 교과목 수가 다양화되었다.

다섯째, 한국사 교과서는 교사가 처음부터 끝까지 읽고 설명하고 학생들에게 주입하여야 할 절대적인 수업 도구가 아니라 역사적 사고와 역사의식 형성에 도움을 주는 학습안내서이다.[8)] 학습자가 이해하는 내용은 교과서 서술 내용 자체라기보다는 교과서에 서술되어 있다고 학습자가 생각하는 내용이라고 볼 수 있다. 이른바 교과서 서술자의 의도나 텍스트의 의미 자체보다도 이를 수용하는 학생의 인식 수준에 따라 그 서술 내용이 재구성되는 것이다. 문학교육에서는 기존의 문학교육이 수동적인 학생을 길러내고 있음을 반성하며, 그 대안으로서 독자를 문학 이해의 주체로 생각하는 독자 반응 이론이 활발하게 논의되고 있다. 로젠블랫(Louise Michelle Rosenblatt)은 거래 이론(Transaction Theory)에 기초하여 문학이 텍스트와 독자의 거래에서 존재한다고 생각하였다. 그는 "한 텍스트와 한 개별 독자가 있고, 이 둘 사이의 거래가 시(詩)를 생산한다."라고 거래의 개념을 설명하였다. 이러한 로젠블랫의 생각을 한국사 교과서에 대한 인식에 적용해 볼 필요성이 있다. 독서의 과정에서 학생은 부단히 교과서 내용과 상호작용을 함으로써 새로운 의미를 생성해 나간다는 사실을 주목해야 한다. 독자로서의 학생의 역할을 고려하지 않는 교과서 서술은 무의미하다. 교사와 학생은 비판적 독자로서 교과서의 또 다른 저자의 역할을 맡는 존재가 되어야 한다.[9)] 한국사 교과서를 하나의 절대적 진리를 담고 있다고 생각하고 학생을 지도하는 것은 역사라는 학문이 과거를 이해하는 관점과 방법을 탐구하는 성격을 가지고 있음을 고려할 때 적합하지 않은 것이다.

다. 한국사 교과서와 교육과정

한국사 교과서는 한국사 과목에 대한 국가 수준의 평가, 학교 단위의 평가에서 가장 중요한 평가 기준이 된다. 한국사 교과서는 국가의 교육과정을 고려하여 기술되었으며, 교육과정에 제시된 성취기준에 따라 학생의 학업 역량을 평가하게 된다. 따라서 한국사 교과서는 기존의 역사 수업에서는 매우 중요한 존재였고, 그 의존도가 매우 높았다.

그러나 교육학자 브루너(J. Bruner)가 "교사는 교육과정의 전달자가 아니라 재구성자이다."라고 말한 것처럼 사회적 변화와 함께 교육 현장에서 교사는 더 이상 국가의 교육과정과 그에 따르는 교과서를 그대로 전달하는 사람이 아니라 교육과정과 교과 내용의 개발과 운영의 주체가 되어가고 있다. 또한 점차 중등 역사 교사들에 대한 교육과정 자율권이 강화되고 있으며, 성취기준을 중심으로 교과 학습 과정을 점검하고 학습 결과를 평가할 수 있게 되면서 평가 방식에도 변화를 가져오게 되었다. 각 학교마다 차이는 있겠지만 과정 중심 평가인 수행평가 비율이 50% 이상 차지하고 있는 학교가 늘어나는 추세이다. 한편, 교사가 교육과정과 교과서를 나름의 방법으로 활용하는 방식은 교과서의 단원을 주제 중심 등으로 변환하여 가르치는 방법, 교과서 내용을 토대로 배움책을 만들어 운영하는 방법, '교육과정 재구성' 방법으로서 역사 교과를 바탕으로 다양한 교과의 교육과정을 융합하는 방법 등 다양하다.

[역사 수업에서 교사의 교과서 활용 사례]

① 주제 중심으로의 단원 전환

한국사 교과서의 '1. 고대 국가의 성장'이라는 단원을 분석하여 주제 중심의 인물사로 재구성해 볼 수 있다. 예를 들어 고대 삼국을 학습하는 단원의 내용을 재구성하여 주몽, 광개토대왕, 장수왕, 근초고왕, 무령왕, 진흥왕, 법흥왕, 선덕여왕 등 국왕을 중심으로 학습할 수 있도록 재구성하는 것이다. 이를 통해 연대기적 구성 방식에서 벗어나 주제 중심의 인물사 학습이 가능할 수 있다.

② 배움책을 만들어 활용하는 방식

배움책(Learning Book)은 국가 교육과정과 성취기준을 기반으로 하되, 교사가 정규 교과서의 내용을 재구성하여 학습자의 수준과 수업의 맥락에 맞게 재해석하고, 다양한 활동과 탐구 과제를 포함하여 자체 제작한 수업 중심 학습 자료집이다. 배움책은 학생 중심의 자기 주도적 학습을 지원하기도 하며, 수업 전·중·후의 교수-학습 과정을 통합적으로 설계하고, 학습의 흐름과 평가까지 아우르는 통합적 도구로 활용될 수도 있다.

③ 타 교과와 융합하는 방식

가령 '내가 만드는 조선 박물관'이라는 주제를 중심으로 미술 교과, 기술·가정 교과를 융합하여 조선시대 건축물에 대한 내용을 정리하면서도, 박물관 큐레이터가 되어 가상의 조선 박물관을 발표하는 방식의 교과 융합 수업을 진행해 볼 수 있다. 이를 위해 미술 교과, 기술·가정 교과, 한국사 교과의 내용을 융합하여 융합 수업을 위해 교과서를 재구성할 수 있다.

② 문헌 사료

가. 역사 교재로서 사료의 특성

역사에서 사실을 탐구하는 것은 사료의 조사와 연구에 기반한 것이다. 역사가에 있어 사료 없는 사실이라는 것은 없다고 볼 수 있다. 그렇다면 사료라는 것은 무엇일까? 사료는 과거의 인간 행위와 사고를 담은 흔적의 총체이며 역사가와 사실을 매개하여 주는 자료이다. 그러므로 사료는 역사 연구와 수업의 가장 기본이 되는 교재이다. 사료가 과거를 알기 위한 흔적의 총체인 만큼 그 범위를 명확하게 한정하기 어렵다. 즉 사료라고 하면 좁게는 흔히 문자로 남겨진 기록을 의미하기도 하지만 넓게는 궁전, 성곽, 가옥 등의 건축물은 물론이고 과거 사람들이 사용했던 전쟁 도구, 농사 도구, 생활 도구 등도 포함될 수 있다.

또한 사료는 만들어진 시기에 따라 분류될 수 있다. 즉 사료는 거기에 담겨 있는 역사적 사실이 일어나던 때와 같은 시대에 만들어졌는가의 여부에 따라 1차 사료(Primary Sources)와 2차 사료(Secondary Sources)로 구분된다. 1차 사료는 그 안에 담겨진 역사적 사실이 일어난 것과 같은 시기에 제작된 유물이나 쓰여진 저작물을 가리킨다. 2차 사료는 담고 있는 역사적 사실이 일어났던 시기보다 나중에 만들어진 자료이다. 1차 사료에 대한 설명이나 판단, 견해, 의견 등이 담겨 있는 자료(사적, 논평, 해석, 해설 등)가 2차 사료이다.[10)] 교사가 조선사를 학습하면서 1차 사료를 교재로 활용하고 싶다면 『조선왕조실록』, 『승정원일기』 등을 고려해 볼 수 있다. 이 사료들은 위에서 언급했듯이 동시성과 직접성이라는 특징을 갖추고 있어 1차 사료로 분류할 수 있다. 한국사 수업에서 2차 사료도 종종 사용되는데, 박은식이 집필한 『한국통사』, 『한국독립운동지혈사』, 신채호의 「독사신론」 등이 대표적인 2차 사료에 해당한다. 교사가 수업의 학습 주제로 '갑신정변'을 다룰 때 2차 사료로 『한국통사』를 참고한다면, 갑신정변에 대한 다양한 평가를 학생들이 접해볼 수 있다.

이러한 사료의 내용은 과거에 일어난 일을 그대로 반영한 것이 아니라 편집되고 해석된 것이다. 그러므로 사료에는 기록자의 해석과 관점이 스며들어 있을 수밖에 없다. 그 해석과 관점이 때로는 편향된 것일 수도 있고 의도적인 조작에 사용될 수 있다. 따라서 역사가는 엄정한 사실의 추구를 위해서 사료의 진위와 신뢰성을 가리는 사료 비판 과정을 거쳐야 한다. 한국사 교재로 사료를 활용할 때도 사료의 이와 같은 성격을 고려해야 한다. 가령 수업 시간에 광해군과 관련한 주제로 수업을 한다고 가정하였을 때 사료 수업에서 『광해군일기』를 활용할 수 있을 것이다. 『광해군일기』는 조선의 제15대 국왕인 광해군(재위 1608~1623년)의 국정 전반에 관한 역사가 기록된 것으로, 그가 폐위되었기 때문에 다른 국왕과는 달리 실록이 아닌 『광해군일기』로 명명되었다. 『광해군일기』 중초본(태백산본)은 1624년(인조 2년) 2월 29일부터 편찬을 시작하여 1627년 정묘호란의 발발로 잠시 작업이 중단되었다가 1633년(인조 11년) 12월에 최종 완성하였다. 따라서 『광해군일기』에서 광해군에 대한 평가는 인조반정을 일으켜 정권을 장악한 서인들의 입장이 반영되었을 가능성이 있기 때문에 공정성 부분에 대한 고민이 필요할 수 있다.

나. 사료의 대표적 유형

형태를 중심으로 사료를 문헌 및 문서 자료, 유물 및 유적 자료, 구비 전승 자료, 언어 및 문학적 자료로 구분할 수도 있다.[11] 이를 기준으로 사료를 역사가의 '인식 대상'이라는 측면에서 다시 분류해 본다면 문헌 사료, 유물 사료, 구술 사료로 구분해 볼 수 있다.

우선 역사 수업에서 활용할 수 있는 대표적인 문헌 사료로 첫째, 전통적 국가 사료를 들 수 있는데, 국가가 주도하여 편찬한 역사서라는 특징을 갖추고 있다. 고려시대에 편찬된 『삼국사기』, 조선시대에 편찬된 『조선왕조실록』 등이 대표적인 국가 사료로 볼 수 있다. 또한 국가 사료는 더 세부적으로 『고려사』처럼 왕조사를 다룬 사료, 『비변사등록』과 같이 국가 기관에서 작성한 사료, 허준의 『동의보감』처럼 왕명을 받아 개인이 편찬한 사료로 분류해 볼 수 있다. 이러한 사료들은 국가의 주도로 서술되었다는 점에서 과거의 역사를 편찬자들이 자세하게 기록하였다는 점에서 많은 정보와 기록들을 안정적으로 획득할 있다는 점이 장점이다. 그러나 전근대 시기의 국가에서는 왕권 강화의 차원에서 왕조의 정통성을 정당화하기 위하여 역사서가 작성된 경우가 많기 때문에 집권 세력의 역사적 관점과 해석이 역사서에 가미될 수 있다는 점을 고려하여야 한다.

둘째, 고문서, 일기, 편지 등 생활사 자료들을 들 수 있다. 임진왜란에서 많은 해전의 승리를 이끈 이순신이 7년간의 전란 동안 쓴 『난중일기』, 임오군란 시기 민씨 왕후의 피란을 담은 『임오유월일기』 등이 대표적인 경우다. 개인이 작성한 일기, 편지 등의 생활사 자료가 계속 연구되고 있다. 이러한 자료들의 특징인 국가 사료에서 확인할 수 있었던 거대한 제도사적인 것은 아니겠지만 당대의 삶을 살아가던 사람의 생생한 삶의 모습을 볼 수 있는 기회를 얻을 수 있다는 것이다. 편지나 일기에 있는 필자의 행동 양식이나 사고관은 개별적인 것일 수 있지만 당시의 사람들이 흔히 가졌던 보편적 의식의 산물의 일부로 여겨질 수 있다.

셋째, 재판 기록을 담은 공판 자료도 사료 수업에서 많이 활용된다. 재판의 기록을 통해 당시 사회의 법률적 구조, 사회에서 이루어지는 분쟁 요소 등이 무엇인지 인지할 수 있으며, 특히 현대사와 관련된 재판 자료들은 국가 권력이 사회를 어떻게 장악하고자 했고, 국민은 민주주의 발전을 위해 어떤 노력을 했는지를 엿볼 수 있는 중요한 자료가 된다. 가령 일제강점기 105인 사건의 재판 자료를 살펴봄으로써 신민회의 활동을 보다 잘 이해할 수 있다. 또한 안중근 의사의 공판 자료를 살펴봄으로써 당시 재판의 문제점을 사회상을 통해 파악할 수 있다. 그리고 1970년대 유신 체제에 대한 학습을 한다고 가정하였을 때 반유신운동을 주도한 사람들의 공판 자료를 통해 학습한다면 학생들이 당시 사회에 대한 이해를 심화시킬 수 있을 것이다.

문헌 사료 이외에 비문헌 사료로 유물 사료와 구술 사료가 있다. 우선 유물이라는 용어는 영어로 번역하면 'Artifact'로 여겨지고 있는데, 인간이 만들거나 사용한(Made or Used) 모든 것을 지칭하는 용어이다. 즉, 인공물을 뜻한다. 과거 특정 시기에 문자는 일부 지식을 향유할 수 있는 계층이 주로 사용할 수 있는 것이었다. 이러한 문자 기록 자료의 제약성을 보완할 수 있는 것이 유물이다. 유물은 '기록되지 않은 것들'에 대해 알 수 있는 중요한 단서가 될 수 있다. 다음으로 구술 사료란 "구술의 방법에 의해 생산된 자료"로 정의할 수 있으며 구술자가 말로 이야기한 내용이 소리나 문자의 형태로 기록되어 있는 자료는 모두 구술 자료의 범위에 들어갈 수 있다.[12] 구술 자료는 그 성격에 따라 구전, 구술 증언, 구술 생애사로 구분할 수 있다. 또한 어떻게 기록되었는지에 따라 녹취 자료, 녹음 자료, 녹화 자료로 구분할 수 있다. 다만 구술과 면담을 통해 재현되는 경험과 기억이 주관성이 강하다는 특성을 비판하는 시각이있다. 그러나 문헌 자료는 현실에 관련된 사실들을 있는 그대로 드러내는 단순한 사료가 아니고 현실을 보충하고 가공한 '텍스트'에 해당한다. 그러므로 객관성이나 중립성은 문자로 기록되었다는 이유로 확보될 수는 없다.[13] 국내에서 채록 작업을 통해 생성된 구술 자료는 일종의 '2차 자료'라고 할 수 있는 구술 자료집이나 구술사 연구자들의 논저에 포함되어 공개되고 있다. 그런데 2010년대 이후 구술 채록 기관들이 아카이브를 운영하기 시작하면서 부분적이긴 하지만 일반 연구자들이나 대중들도 '1차 자료'에 해당하는 구술 녹취·녹음·녹화 자료에도 접근하는 것이 가능해졌다.

▲ 4 · 3 항쟁의 구술 기록을 탑재한 아카이브 화면 예시[14]

다. 사료 활용의 유의점

사료 활용에 있어서 유의할 사항은 다음과 같이 몇 가지로 정리해 볼 수 있다.

첫째, 한국사 수업에 활용할 사료의 성격을 이해해야만 한다. 대부분의 사료의 내용은 과거에 일어난 일을 있는 그대로 담은 것이 아니라 작성자의 해석과 편집이 가미된 것이다. 따라서 사료에는 편찬자의 주관과 해석이 개입될 수밖에 없다. 따라서 교재로 이를 활용할 때에 사료의 이와 같은 성격을 염두에 두어야 한다.

둘째, 상반되는 관점이 있거나 논쟁의 대상이 되는 사건에 대해 사료 학습을 할 때 교사가 자신의 역사관과 맞는 자료를 취사선택하거나 미리 정해놓은 수업목표를 달성하는 데 적합한 사료만을 선택하는 경향이 있다. 동일한 역사적 사건이나 인물을 다루더라도 사료에 따라 표현의 수위나 평가 정도가 다르다. 특히 역사서에 따라 서술의 차이가 극단적으로 다른 경우는 대부분 평가와 관련되는 경우일 수 있다. 가령 임진왜란이라는 국가적 위기에서 조선을 구한 영웅으로 알려져 있는 이순신에 대한 평가는 당시 사료인 『선조실록』과 유성룡의 『징비록』 사이에 상당히 많은 차이가 난다.[15] 따라서 교사는 사료를 한국사 수업에 사용하기에 앞서 내용의 진위는 물론 사료를 통해 역사적 사실들이 어떻게 해석되는지 확인할 필요가 있다.

셋째, 효과적인 학습을 위해서는 한국사 수업과 관련성이 높은 사료를 선택해야 한다. 즉 사료가 학습 내용과 긴밀히 연관되어 학습 목표를 달성하거나 문제 해결에 있어 도움을 줄 수 있어야 한다.

넷째, 사료는 학습자의 이해 수준을 고려하여 선정해야 한다. 한국사의 경우 전근대 시기의 사료가 대부분 한문으로 이루어져 있어 학생들이 접근하는 데 많은 제약이 있을 수밖에 없다. 따라서 교사는 학습자의 흥미와 능력을 고려하여 원사료를 번역 및 재편집함으로써 학생의 사료 접근성을 높여야 한다.

다섯째, 사료를 단순히 제시하는 것에 그치지 않고 학습자가 사료를 통해 당시의 역사상에 대해 사고하고 판단할 수 있도록 함으로써 학생의 역사적 사고력을 신장시킬 수 있도록 해야 한다. 현재 교과서에 실려 있는 사료들은 주요 사건을 다시 한번 확인해 볼 수 있는 정도에 그치는 경우가 많다. 사료를 통해 역사적 사실을 재구성하고, 그 과정에서 역사학의 성격을 이해하고 학생들 스스로 역사의 의미를 찾아야 한다면, '조각난 사료'보다는 '역사적 사건의 흐름을 담고 있는 사료'를 이용한 수업이 필요할 수 있다.[16] 또한 '질문을 활용한 사료 활용 수업'을 진행해 보는 것도 가능하다. 질문을 활용한 사료 활용 수업이란 사료를 탐구하는 과정에서 학습자가 능동적인 질문 제기를 통해 사료를 맥락적 이해, 감정이입적 이해를 해보는 것이고, 이 과정을 통해 사료의 '빈 부분'을 상상하며 채워보거나 사료에 대한 대안적 해석을 시도해 볼 수 있다.

[질문을 활용한 사료 활용 수업 사례][17)]

1. 주제: 사료로 '만적의 난' 재구성하기
2. 사료 출처: 『고려사』 권 129, 「최충헌 전」
3. 수업 전개
   1) 교사가 학생들과 함께 사료에 등장하는 한자 단어, 은유적 표현 등을 풀어가면서 사료의 내용을 전반적으로 이해할 수 있도록 지도
   2) 질문을 중심으로 '만적의 난'의 흐름을 알 수 있는 여러 사료를 제시
      ① 왜 북산을 반란의 모의 장소로 삼았을까?(반란 가담자들의 상황 감정이입적으로 이해하기)
      ② 만적이 직접 연설(문)을 지어냈을까?('만적'의 신분에 대한 대안적인 해석, 질문 세워보기)
      ③ 황지(黃紙)에 정(丁)자를 새겨 나눠준 이유는 무엇일까?(반란의 상징물을 당시 상황에서 해석하기)
      ④ 만적이 계획한 거사의 구체적 내용은 무엇일까?(사건의 진행 과정 재구성하기)
      ⑤ 최충헌을 어떻게 제거하려고 했을까?(사료의 빈 부분 상상하여 추론하기)
      ⑥ 만적의 난은 어떻게 끝났을까?(봉기 가담자들의 엇갈린 운명 추적하기)
      ⑦ 만적과 노비들이 이루고자 했던 것은 무엇일까?(만적의 난에 역사적 의미 부여하기)
4. 수업의 특징: 단순히 사료만을 제시하는 것이 아니라, 교사는 '만적의 난'이라는 역사적 사건의 흐름을 이해할 수 있는 여러 사료를 학생들에게 제공한다. 또한 학습자는 사료를 수동적으로 해석하는 것이 아니라 능동적인 질문을 통해 역사적 사건을 이해하려고 노력한다.

그러나 비문헌 사료의 활용은 문헌 사료와 다를 수 있다. 비문헌 사료로 대표적인 유물 사료의 경우, 문헌 사료와는 달리 그 의미를 직접적으로 드러내지 않기 때문에 교사의 전략적인 수업 지도가 반드시 필요하다. 유물에 접근하는 방법으로 후퍼 그린힐(Hooper-Greenhill)은 생산의 관점, 소재의 관점, 디자인의 관점, 사용의 관점, 의미의 관점, 연상의 관점, 다른 정보와의 비교적 관점이라는 7개 요소별 통합적 접근방법을 제시하였다.[18)] 그의 접근법을 바탕으로 유물 사료를 읽기 위한 4가지 단계를 정리하면 다음과 같다. 1단계는 관찰을 통해 유물로부터 최대한의 정보를 획득하는 단계이다. 2단계는 관찰을 통해 획득한 정보와 유물 설명문 혹은 교과서 등 기초자료에서 얻어진 정보를 결합하여 추론하는 단계이다. 3단계는 2단계까지 얻어진 정보를 기초로 여타의 정보를 더욱 수집하여 유물에 대한 이해를 완성하는 단계이다. 4단계는 앞의 세 단계를 통하여 파악된 개별 유물 중 서로

연관되는 유물과 유물의 관계 파악을 통해 유물의 시대적 맥락 혹은 역사적 맥락에 대한 이해를 확장하는 단계이다.[19)]

③ 신문 기사 및 잡지

가. 기본 성격과 특징

신문, 잡지 등의 대중 매체도 역사 학습의 교재가 될 수 있다. 신문이나 잡지에서는 사회에서 일어나는 정치・경제・사회・문화 등 다양한 영역의 일들을 다루기 때문에 이를 통해 학습자가 역사 학습을 한다면 과거에 대한 종합적인 이해가 가능할 수 있다.

신문 자료를 활용하여 수업에 활용하는 대표적 사례가 NIE(Newspaper in education)이다. NIE란 수업에 있어서 우리 사회의 모습을 생생하게 보여주는 신문을 교수매체로 활용하여 교육적 효과를 높이기 위한 교수 방법이라 할 수 있다. 또한 현재 이러한 NIE는 사회 현상을 직접적으로 다루는 사회과는 물론 모든 교과목에 걸쳐 높은 효과와 적용성을 보여주고 있다. 특히 오늘날과 같은 정보화 사회가 학생들에게 개방적이고 열린 교육의 틀을 마련해 줄 것을 요구하고 있다는 점에서 볼 때, NIE는 이러한 시대적 요구에 맞게 학생들에게 정보습득에 대한 즐거움을 주고, 적극적인 학습 활동을 유도할 수 있는 교육 프로그램이라 할 수 있다. 시사 자료를 역사 수업에 활용하는 방안으로는 ⓐ 수업의 보조자료로 활용하는 방법 ⓑ 학습 과제 해결을 위한 자료로 활용하는 방법 ⓒ 계기 교육의 자료로 활용하는 방법 ⓓ 과거의 신문 광고, 만평 등을 활용하는 방법 ⓔ 토론 수업, 융합 수업 등에 활용하는 방법 등이 있다. ⓐ의 방안에서 교사는 수업 시간에 학습 주제와 관련된 신문 자료를 미리 준비하고 이를 학생들에게 제시하는 방안이다. 가령 독도와 관련된 수업을 한다고 가정하였을 때, 각 신문에서 독도와 관련된 기사, 칼럼, 논설 등 다양한 자료들을 학생들에게 제시하여 수업을 이끄는 방식이다. ⓑ에서는 수업 시간에 교사가 학습 과제를 설정하고, 학생들이 주어진 과제를 신문을 통해서 해결하는 방안이다. 최근에는 신문 데이터베이스들이 구축이 잘되어 있어 기존의 종이 신문을 활용하기보다는 인터넷을 활용하여 다양한 신문들을 활용하는 것이 더 효과적일 수 있다. ⓒ의 방안은 역사와 관련하여 이슈화되고 쟁점이 되는 특정 주제를 학생들과 학습하기에 효율적일 수 있다. 계기 교육은 학교 교육과정에 제시되지 않은 특정 주제에 대해 이루어지는 교육이다. 삼일절을 맞아 3·1 운동에 대해 교사가 수업하는 것, 6·25 전쟁 기념일을 맞이하여 해당 전쟁에 대해 학생들에게 가르치는 것 등이 대표적인 계기교육이다. 계기교육에서는 특정 기념일 또는 시사적인 의미를 가진 주제를 다루는 경우가 많기 때문에 신문이 중요한 교재로 활용될 수 있다. 가령 '우여곡절 끝에 돌아온 우리 문화재 돌려주어야 할까?'라는 주제로 수업을 실시한다고 하였을 때, 학생들은 해당 주제와 관련한 신문 자료를 수집하고 발표 및 토론 과정에서 문화재와 관련한 내용을 공부할 수 있다. 또한 문화재 반환과 관련한 쟁점에 대한 핵심을 파악하고 자신의 주장을 논리적으로 전개하는 토론 능력을 높이는 동시에 문화재 관련한 사회 문제에 대한 관심도를 높일 수 있다. 신문에 나와 있는 기사나 칼럼 등 문자 텍스트로 된 자료만이 수업 자료가 되는 것은 아니다. 신문에 제시된 광고나 삽화도 중요한 수업 자료로 사용될 수 있다. ⓓ의 방안은 학생들에게 신문 광고나 시사만화 또는 신문만평을 제시하여 당시 사회상에 대해 이해하고 추론할 수 있도록 하는데 효과적이다. 시사만화는 연재 형식이 많으며 고정된 인물 캐릭터를 통한 현실을 풍자하는 데 반해 신문만평은 보통 1컷 또는 소수컷으로 이루어진 풍자화로 직접적이고 압축적인 메시지를 전달하는 것이 특징이다. 모두 풍자화의 일종이다. 다음에 제시된 〈표 3-1〉은 국권 피탈기인 1930년대의 신문 광고이다. 일제는 대륙 침략을 본격적으로 추진하면서 조선에서도 전시 동원 체제를 갖추어나갔다. 1938년 국가 총동원법을 제정하여 전쟁에 필요한 인적 및 물적 자원을 수탈하였으며, 국민정신 총동원 조선 연맹을 조직하여 한국인의 사상을 철저히 통제하고 일제의 침략 정책에 적극 협력하게 하였다. 이러한 사회적 분위기는 당시 광고에서도 나타난다. 광고에는 약의 효능·효과에 대한 설명보다 전시체제 분위기를 상징하는 그림과 활자들로 구성되어 있다. 위장약 '전공환' 광고에는 사람의 소화 활동과 관련이 없지만 광고 속에는 대공포를 조준하는 일본군 병사와 공습을 연상케 하는 전투기 그림이 삽입되었다. 모든 제품을 군국주의적 가치와 연관시키던 무렵에 어린이 간식인 캐러멜 광고에는 '캐러멜도 싸우고 있다'라는 광고 문구까지 제시되었다. 이런 광고들은 전쟁과 직접 관련 없는 일상용품에 마치 전쟁 용품 같은 분위기를 애써 덧붙인 것이 대부분이다. 이 자료를 학생들에게 제시할 경우, 학습자는 1930~40년대 사회 분위기가 어떠하였는지 추론할 수 있다.

〈표 3-1〉 국권 피탈기 신문의 광고 예시

▲ 위장약 전공환 광고
(「조선일보」, 1938. 5. 10.)

▲ 캐러멜 광고
(『매일신보』, 1939. 12. 3.)

시사만화의 경우 우리나라에서 처음 등장한 것은 1909년 대한협회가 창간한 『대한민보』에서였다. 이 신문은 창간호부터 신문만평을 게재하였고 민족정신 고취와 일제 침략에 대한 저항을 담은 내용이 만화에 반영되었다. 시사만화를 수업에 활용하기 위해서는 당대에 제작되고 시대 상황과 역사적 사실들이 구체적으로 잘 드러난 것을 선정하는 것이 중요하다.

다음과 같이 시사만화를 제시하고 그 만화와 관련된 다양한 질문과 탐구 수행을 통해 1960년대의 정치적 상황을 학생들에게 이해해 보도록 할 수 있다.

[시사만화를 활용한 수업 사례]

1. 역사적 사건과 관련한 시사만화를 제시한다.

[그림 3-1] 4월 혁명의 진행과정은?[20]

2. 위 시사만화를 바탕으로 학습지를 제시하고 학생들에게 탐구 활동을 수행토록 한다.

〈학습지 질문 예시〉

- 4월 26일 만화[21]에서 '폭풍'과 '꽃봉오리'는 무엇을 의미하는지 4월 혁명을 주도했던 사람들을 떠올리며 추론해 보세요.
- 4 · 19 혁명 이후 3 · 15 부정선거의 책임자와 발표명령을 했던 사람들에 대한 처벌이 제대로 이루어졌나요?
- 4 · 19 혁명에 대한 평가들, '좌절된 혁명', '미완의 혁명' 등에 대한 자신의 생각을 이야기해 보세요.

ⓔ의 방안은 토론 수업, 교과 통합 수업 등 다양한 수업 방법에 신문을 활용하는 것이다. 가령 독도를 주제로 사회 교과와 한국사 교과를 연결하여 교과 통합 수업을 설계해 본다면, 통합사회 또는 한국 지리 교과에서 독도의 지리적 특징, 경제적 가치, 생태적 가치 등을 한 차시 준비하고, 한국사 수업 시간에는 일본의 독도 영유권 분쟁과 관련된 역사적 흐름을 학생들과 한 차시 정도 준비하여 교과 통합 수업을 설계해 볼 수 있다. 특히 매체를 통해 보도된 신문 기사를 활용한다면 독도와 관련된 분쟁이 어떻게 연결되고 있는지, 또는 독도와 관련된 다양한 정보를 학생들이 습득하도록 할 수 있다.

나. 신문을 활용한 역사 수업의 유의점

신문을 역사 교재로 사용할 경우 몇 가지 유의할 점이 있다.

첫째, 신문 자료에 대한 내용적 검증이 이루어져야 한다. 신문 기사의 경우는 공공성을 전제로 하고 있음을 인정받고 있다. 그러나 종종 신문사의 주장이나 기사 작성자 개인의 견해나 의도를 독자로 하여금 받아들이도록 설득하기 위하여 사진과 통계를 사용하고 설문조사 결과를 제시할 수 있다. 신문들은 특히 '칼럼'이나 '시론' 또는 '오피니언' 등과 같은 논설을 통해 역사적인 의미나 요소들을 활용하여 신문이 내세우고자 하는 주장이나 의도를 스스로 또는 외부 인사들의 힘을 빌어 독자에게 설득하려 들기도 한다.[22] 따라서 일정한 검증과 교차 확인 없이 무분별하게 신문 자료를 활용한다면 왜곡된 내용을 실제 사실로 학습자가 수용할 수 있는 문제가 생기게 된다.

둘째, 신문 자료들은 최근 데이터베이스 등이 잘 구축되어 자료가 방대함에도 불구하고 특정 역사적 사건이나 인물에 대한 자료가 현저히 적을 수 있어 학습 문제를 해결하기 위한 만능 자료라고 볼 수 없다.

셋째, 계기 교육의 경우 특수한 주제를 추구함으로써 정규 수업의 진도 계획에서 연속성을 확보하기 쉽지 않을 수 있다. 따라서 학기별 수업 계획을 작성할 때 이를 충분히 고려하고 수립하여야 하며, 계기 수업의 주제가 현대사라면 현대사를 공부하는 시기에 관련 계기 수업을 배치하는 것도 좋은 방법이 될 수 있다.

④ 문학 작품

가. 기본 성격과 특징

역사는 과학적 성격과 문학적 성격을 모두 갖추고 있다. 그래서 나이(Russel Blain Nye)[23]는 역사와 문학을 '같은 나무의 두 가지'라고 표현하기도 하였다. 문학 작품을 역사에 비추어서 설명하지 않고 독단적으로 쓰기가 어려우며, 역사도 문학적 서술 형태를 빌지 않고서는 역사의 구실을 제대로 할 수가 없다. 때로는 역사소설이나 소설이 더 선명히 과거를 재구성할 수도 있으며, 사료만으로는 재생되기 어려운 진실을 담아낼 수도 있다. 문학 작품 속에서 펼쳐진 역사상은 '역사의 진실, 현실과는 합치될 수 없는 독특한 진실과 현실'이지만, 실제로 많은 문학 작품은 역사에 대한 깊이 있는 인식과 역사 자체에 대한 해석을 보여주고 있다.[24] 따라서 문학 작품을 활용한 역사 수업은 상당히 유의미할 수 있다.

이를 바탕으로 문학 작품을 활용한 한국사 수업의 유용성은 다음과 같이 정리할 수 있다. 첫째, 문학의 시대성은 한국사 수업에 도움을 줄 수 있다. 문학 작품에 반영된 시대나 인물의 사고관과 행동 양식은 당대의 시대상을 충분히 반영하기 때문에 학습자로서는 당시의 시대를 이해함은 물론, 작가의 상상력으로 재현된 과거를 경험할 수 있다. 물론 허구적 요소가 들어가긴 하겠지만 문학가가 아무런 근거 없이 허구만을 가지고만 문학 작품을 구성하지는 않는다. 이는 역사가가 불완전한 사료를 바탕으로 풍부한 상상력을 가미하여 자신의 언어로 역사를 서술하는 방식과 흡사하다.

둘째, 문학의 표현성 역시 한국사 수업에 유용할 수 있다. 문학 작품을 통해서 학습자는 역사를 보다 재미있고 쉽게 이해할 수 있게 된다. 역사적 사실이 문학 작품에 반영되어 재구성되면 문학은 과거에 대한 생생한 전달 수단이 된다. 또한 1차 사료와 달리 학습자는 감정 이입과 공감적 이해를 더욱 구체적으로 할 수 있다.

셋째, 문학의 주관성은 역사 수업에 있어 유용함을 갖게 하지만, 교사와 학생은 이를 활용할 때 유의해야 한다. 문학 작품을 통해 학습자는 과거 사실을 해석하고 사고하는 경험을 하게 된다. 문학 작품은 작가의 주관적 눈으로 해석되어 재구성된 상황을 제시한다. 학생은 이를 통해 작가가 문학에서 복원한 과거의 상황을 이해하면서, 역사를 해석하는 경험을 하는 동시에 작가의 해석이 옳았는지에 대한 평가를 해야만 한다.

넷째, 문학의 교훈성을 지적할 수 있다. 역사와 문학은 그 속에 내포하고 있는 해석이나 관점에 따라 우리들에게 지혜를 일깨워주는 교훈적 측면이 강하다. 문학 작품 속에 나타나는 역사는 단순한 과거의 이야기가 아니라, 살아있는 과거로서 역사적 교훈과 감동을 준다. 문학 작품 자체가 현실에 대한 충실한 묘사이며, 과거의 삶을 자연스러운 이야기로 구체화하여 현재화함으로써 현재를 더 잘 이해하게 한다. 역사에 대한 깊이 있는 통찰을 통해 평범한 작품 속의 개별 인간들과 일상 속에서 삶의 지혜와 도덕적 교훈을 얻을 수 있을 것이다.

[문학 작품을 활용한 한국사 수업 사례]

1. 수업 형태: 국어 + 한국사 + 창의적 체험 활동 융합 수업
2. 수업 개요
   1) 1차시: 역사과 수업 – 제주 4 · 3 사건 이해하기
   2) 2차시: 국어과 수업 - 소설 『순이 삼촌』(현기영 作) 수업
   (작품 이해와 관련한 활동지 제출, 소설에 나온 역사적 상황에 대해 역사 교사가 보충 설명)
   3) 3차시: 제주 지역 현장 체험학습 - 제주 4 · 3 평화 공원 방문
   (공원 전시물을 활용한 체험학습 실시)
   4) 수행평가 시행:
   국어과 - 소설 『순이 삼촌』 감상문 쓰기
   역사과 – 4 · 3 사건과 관련한 주제 탐구 활동, 보고서 제출

나. 문학 작품을 한국사 교재로 활용 시 유의점

교사들이 현장에서 보다 손쉽게 사용할 수 있는 문학 작품으로는 역사를 소재로 한 소설을 대표적으로 들 수 있다. 그런데 문학이 사실만이 아닌 허구를 기반으로 하였다는 점을 감안하고 역사 수업에 활용해야 한다. 문학 작품을 교재로 사용하여 역사 수업을 할 때 유의 사항은 다음과 같다.

첫째, 문학 작품 중 시의 경우는 은유적이고 상징적인 표현이 많아 학습자에게 어렵게 느껴질 수 있으며, 소설은 복잡한 인물 설정이 주어질 수 있어 교사는 학습자의 수준을 고려하여 문학 작품을 교재화해야 한다. 가령 A교사가 중학교 1학년 학생을 대상으로 한국의 1960년대 정치적 상황을 수업하기 위하여 시인 김수영의 작품을 소개한다고 가정해 보자. 앞서 언급했듯이 시의 경우는 압축된 표현, 상징들이 많이 담겨 있어 중학교 학생들이 한국사 교재로 공부하기에는 효과적이지 못할 경우도 있다. 또한 김수영 시인의 작품들은 국어과에서 고등학교 교육과정에 많이 소개되었기 때문에 아직 중학교 1학년이 문학적으로 이해하기에는 부담스러울 수 있다.

둘째, 문학 작품과 관련하여 교사가 자의적 해석을 하는 것은 유의할 필요가 있다. 작품에 대한 해석은 다양할 수 있기에, 문학 작품에 관한 일반적 이해와 해석이 무엇인지 고려하여 수업에 반영할 필요가 있다.

셋째, 작품 선택에 대한 문제를 고려해야 한다. 시대 상황과 역사적 사실들이 구체적으로 잘 드러나면서 문학성을 동시에 갖추고 있는 작품을 선택하도록 한다. 또한 교사는 교육과정에서 제시한 성취기준을 학생들이 효과적으로 달성할 수 있는 작품을 선정할 수 있어야 한다.

넷째, 문학 작품에 나타난 허구와 사실을 구분해서 작품의 배경을 함께 학습할 수 있도록 해야 한다. 가령 교사가 학생들과 조선 후기 정치사를 학습한다고 했을 때, 고전소설을 활용해 볼 수 있을 것이다. 그중 『박씨전』은 허구적 요소가 포함된 고전소설이지만, 작품 속에는 병자호란, 조선 후기 여성상, 왕권과 정치체제, 조선과 외세와의 관계 등 당시의 역사적 맥락이 잘 반영되어 있다. 소설 속에서 병자호란의 상황이라는 역사적 상황과 작품 속 허구(박씨의 활약상, 박씨의 신통력 등)를 구분해 본다면 학생들에게 유의미한 역사 학습이 가능할 수 있다.

다섯째, 분량이 많은 문학 작품을 교재로 선택한 경우 시간이 한정적인 한국사 수업에서 이것을 소화하기는 힘들 수 있다. 따라서 비교적 짧은 분량을 가지고 있는 문학 작품을 선택하거나 분량이 긴 경우에는 중요한 부분을 선정하는 발췌법을 사용해 볼 수 있다. 예를 들어 박경리의 『토지』는 굉장히 긴 장편 소설이지만, 교사는 일제강점기 시대의 수탈을 학습하기 위해 박경리 소설 중 일부 파트를 편집·발췌 제시하여 1차시 분량의 수업을 구성해 볼 수 있다.

〈문학 작품을 한국사 교재로 활용 시 발췌법 적용 예시〉

1. 작품명: 『토지』(박경리)
2. 발췌의 기준
   1) 역사적으로 중요한 배경이 등장하는 장면
   2) 인물의 삶을 통해 시대상이 드러나는 부분
   3) 작품의 전개에서 중요하거나 학생들의 흥미를 끌 수 있는 대사나 서술 위주 장면
3. 발췌법의 중요 팁(Tip)
   1) 한 회당 약 1~2쪽 분량을 목표로 함 (수업 시간과 읽기 분량 고려)
   2) 해당 장면 전후 간단한 줄거리 요약 제공 → 문맥 이해 도움
   3) 등장인물 소개 및 상황 정리 → 인물관계 혼란 방지
4. 문학 작품 발췌를 활용한 수업 예시
   1) 질문: "일제강점기 때 조선 농민들은 왜 자기 땅을 빼앗겼을까?"
      - 토지 조사 사업(1910~1918) 내용을 강의
   2) 문학 작품 읽기: 『토지』 발췌문 제공

> 외지인들이 하나둘 들어와 땅을 사들였다. 그것도 땅 주인이 모르는 사이에. 이윤택이란 자가 앞장섰고, 그의 등 뒤에는 일본인 관리의 손이 있었다. 순진한 농민들은 도장을 찍었다. 그러나 그게 땅을 빼앗기는 줄은 몰랐다. …(중략)… 산천초목은 그대로인데 땅 주인이 바뀌고 있었다.
>
> -『토지』 1부 中 -

① 비판적 독해 및 역사 분석 활동
"이윤택은 어떤 방식으로 농민들의 땅을 빼앗았는가?"
"작품 속 농민들의 반응은 어땠는가? 당시 조선인의 현실을 어떻게 보여주는가?"
"문학 작품이 전달하는 역사적 메시지는 어떤가?"
→ 학생 스스로 작품 속 '허구'와 '사실'의 경계를 짚어보게 함

② 실제 역사 자료와 비교하기

2) 시청각 교재

① 연표

가. 연표의 종류

역사 연표란 역사적 사실과 사상을 시간의 흐름에 따라 연대순으로 배열하고 체계화하여 역사 사실의 전후 관계와 상호 간의 관계를 대비하여 이해할 수 있도록 만든 자료이다. 연표의 종류는 연표의 형태와 내용, 제작 기법과 제작자 등의 분류 기준에 따라서 나눠지며 각각의 특성을 지니고 있다. 따라서 효과적인 연표 학습을 위해서는 유형별 연표의 내용과 성격을 이해하고 수업의 목적에 맞는 연표를 활용하는 것이 필요하다.

우선 연표는 형태에 따라 접음연표, 게시연표, 줄자연표, 원반형연표 등으로 구분된다. 접음연표는 보관과 휴대상의 편의를 고려하여 가로로 길게 제작된 연표로서 보통 교과서나 참고서 등에 접어 끼워있는 경우가 많다. 게시연표는 접음 연표의 형식으로 대형화하여 제작한 것으로 교실이나 복도의 벽면에 부착하여 학습에 도움을 주는 연표이다. 줄자연표는 접음 연표와 같은 형태의 것을 줄자 모양으로 제작한 것이며, 원반형 연표는 시간의 흐름을 잘 이해할 수 있도록 원판 형태로 만든 연표이다. 사진연표는 해당 연도에 적합한 사진을 함께 제시하고, 사진에 대한 설명을 함께 덧붙이는 형태이다.

〈표 3-2〉 형태에 따른 연표

접음연표 사례[25]	게시연표 사례[26]
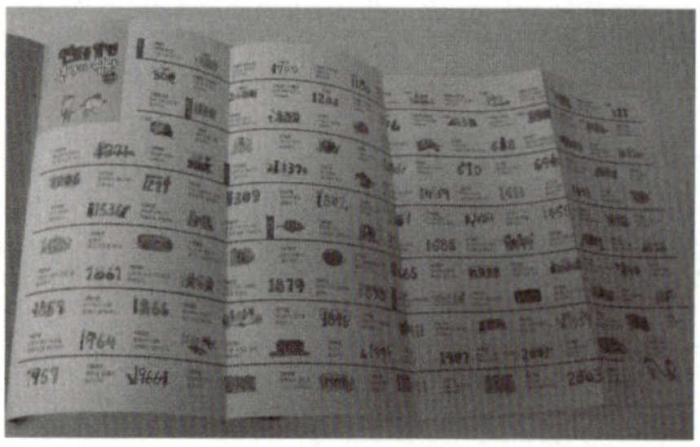	

내용의 성격에 따라 연표는 종합연표, 분야사 연표, 주제 정리 연표, 사회 기능 연표, 백연표 등으로 구분된다. 종합연표의 가장 대표적인 유형은 교과서나 역사 부도의 뒤편에서 주로 찾아볼 수 있다. 종합연표는 중요한 모든 역사적 사실을 총망라하여 연대순으로 기록한다. 종합연표는 용어처럼 종합성을 특징으로 하고 있기에 역사적 사실의 전후 관계 파악과 세계사와의 연관성 파악에 편리하다. 반면에 지나치게 많은 내용이 영역별 구분이 없이 기술되어 있어 그 내용과 구성이 치밀하지 않다면 학습자의 부담을 가중할 수 있는 단순 암기자료가 될 수 있다는 점을 경계해야 한다. 분야사 연표는 종합 연표와 달리 역사적 사실을 정치, 경제, 사회, 문화별로 구분하여 작성된 연표이다. 정치사 연표, 경제사 연표, 문화사 연표 들이 해당된다. 특정 분야의 역사적 사실과 사항을 상세하게 기록하고 있기 때문에 비교적 전문성이 있는 연표라는 장점이 있다. 사회 기능 연표는 특정 시기의 역사적 사실의 흐름을 정치, 경제, 사회, 문화 등으로 나누어 기재한 연표이다. 주제 정리 연표란 제도・군사・외교・교통・산업 등 특정 주제의 변화 과정을 순서대로 정리하고 그 의미를 생각해 보는 연표이다. 인물 연표는 인물의 출생과 성장 및 죽음 그리고 그 이후에 인물에 대한 평가의 과정을 살펴보는 것이다. 이때 선정 인물과 그 시대의 대표적 사안 또는 경쟁 상대였던 인물의 연표를 함께 다루면 당사의 역사적 흐름을 한눈에 들여다볼 수 있는 장점이 있다.

〈표 3-3〉 내용에 따른 연표

종합 연표 사례[27)]

우리나라	동아시아		유럽・아메리카	서아시아・인도・아프리카
70만 년경 구석기 문화 등장	8000년경 중국, 신석기 시대 시작	기원전	3000년경 마야인, 중앙아메리카로 남하	3500년경 메소포타미아 문명 시작
8000년경 신석기 문화 등장	2500년경 중국 문명 시작		1400년경 에게 문명의 전성기	3000년경 이집트 문명 시작
2333 고조선 건국(『동국통감』)	1600년경 상 왕조 성립		10세기경 폴리스 성립	2500년경 인더스 문명 시작
20~15세기경 청동기 문화 보급	11세기경 상 멸망, 주의 건국		492 그리스・페르시아 전쟁 (~기원전 479)	1750년경 바빌로니아, 「함무라비 법전」 편찬
5세기경 철기 문화 보급	770 주의 동천, 춘추 시대 시작		431 펠로폰네소스 전쟁 (~기원전 404)	671년경 아시리아, 서아시아 통일
194 위만, 고조선의 왕이 됨.	403 중국, 전국 시대 (~기원전 221)		334 알렉산드로스의 동방 원정 시작	525 아케메네스 왕조, 오리엔트 통일
108 고조선 멸망, 한 군현 설치	3세기경 일본, 야요이 시대 시작		264 포에니 전쟁 시작 (~기원전 146)	317년경 마우리아 왕조, 북인도 통일
57 신라 건국(『삼국사기』)	221 진(秦), 중국 통일		73 로마, 스파르타쿠스의 난	247년경 파르티아 건국
37 고구려 건국(『삼국사기』)	202 한 건국		27 로마, 제정 시작	
18 백제 건국(『삼국사기』)	141 한, 무제 즉위			
	139 장건의 서역 파견			

주제 정리 연표 사례(주제: 의열단의 주요 의거 활동)[28]

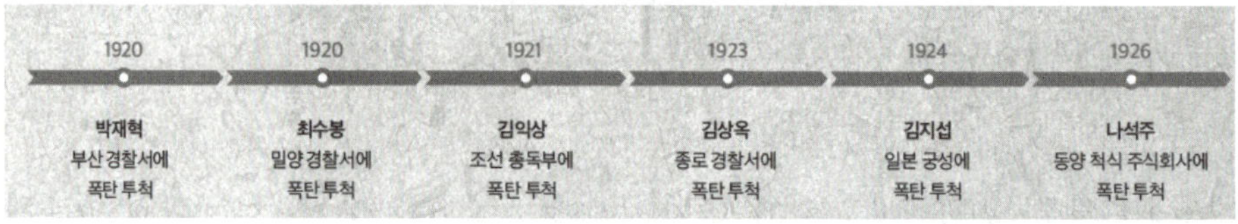

인물 연표 사례(인물: 이순신)[29]

백연표는 공백의 연표이다. 학습의 전개 과정에서의 편의와 수월성을 위해 연표에서 취급하는 시간의 범위, 종류, 형식 등이 제공되었을 뿐, 일반적으로 내용이 없다. 때문에 학습자는 연표의 완성을 위해 학습 내용을 스스로 학습하고 탐구해야 하며, 수많은 역사적 사실 가운데 연표에 기재해야 하는 중요한 사건을 직접 선정해야 한다. 또한 선정된 역사적 사실을 연표에 기재할 때, 인과 관계와 상호관계 등을 고려하여 유기적으로 구성해야 한다. 백연표를 제작하는 과정에서 학습자는 어떤 역사적 사실이 중요한지 판단하고 그 이유를 생각함으로써 역사적 사고력을 기를 수 있다. 수업에서 백연표는 투입 시기에 따라 수업 중에 학생이 작성하게 하는 방법과 수업 후 형성평가용으로 크게 두 가지로 구분되어 활용된다. 첫 번째 방법으로는 수업이 시작되기 전 교사는 백연표를 배부한 후 수업 중 연표의 공란을 선생님의 설명에 따라 작성할 것을 요구한다. 학생들은 교사의 설명을 스스로 정리하면서 중요한 역사적 사실을 판단한다. 두 번째 형성평가용으로는 학습이 끝난 후 실시하여 교사로 하여금 학생들이 중요하게 생각한 것을 확인하게 할 수 있다.

한편 백연표는 대단원과 같은 일정한 단위의 학습을 끝낸 다음 정리용으로 활용할 수도 있다. 특히 단원의 서술 내용이 주제별로 되어 있어 역사의 전체적인 흐름이나 사건 사이의 선후관계를 파악하기 힘든 경우에 역사적 사실의 관련성을 정리하는 데 효과적이다.[30)]

〈표 3-4〉 백연표 사례

구분	정치	경제	사회	문화
1910년대				
1920년대				
1930년대				
1940년대				

나. 교과서 연표를 활용한 수업 형태

교과서 연표를 활용한 수업 형태는 연표를 제시하는 투입 시기에 따라 나뉠 수 있다.

첫째, 단원 및 학습 내용의 개관을 위해 활용되는 수업 형태가 있다. 이 유형에서는 연표에 단원 또는 학습 내용을 대표하는 몇 개의 중요 사건들만 표시하여 학습 내용을 소개하고 환기하는 것을 목적으로 한다. 〈표 3-5〉의 연표가 제시된 해당 단원은 8·15 광복 이후 현재까지의 역사를 다루는데, 통일 정부 수립을 위한 노력, 대한민국 정부 수립 과정, 6·25 전쟁과 남북 분단의 고착화, 민주화를 위한 노력과 경제 성장 등을 중점적으로 다루고 있다. 이를 위해 단원의 개관에서 각각을 대표하는 중요한 역사적 사실을 연표에 표시하여 학습 내용을 환기하고 시대의 전개 과정을 파악하게 할 수 있다.

둘째, 수업 전개 과정에서 유용하게 연표를 활용하는 형태가 있다. 〈표 3-6〉에서 제시된 것처럼 스토리텔링 기법과 연표 학습을 결합하여 학습해 볼 수 있다. 스토리텔링 기법으로 시대적 상황, 사건 등의 역사적 흐름을 이해하면서 연표를 통해 시간성을 부여하는 공부를 해본다면 학생들에게도 효과적일 수 있다.

〈표 3-5〉 교과서의 단원 개관 연표[31)]

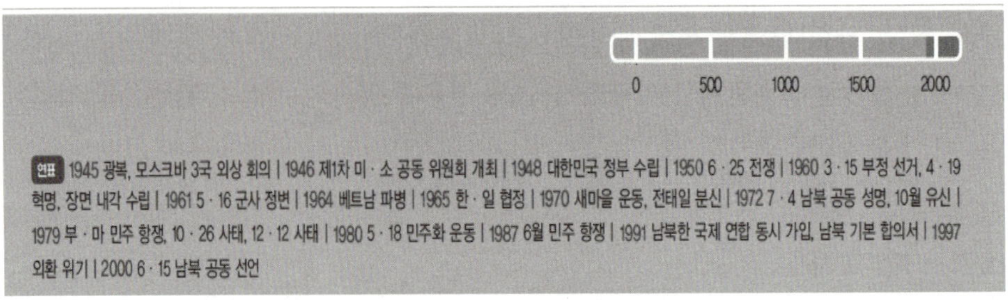

〈표 3-6〉 교과서에서 수업 과정 중 제시되는 연표[32)]

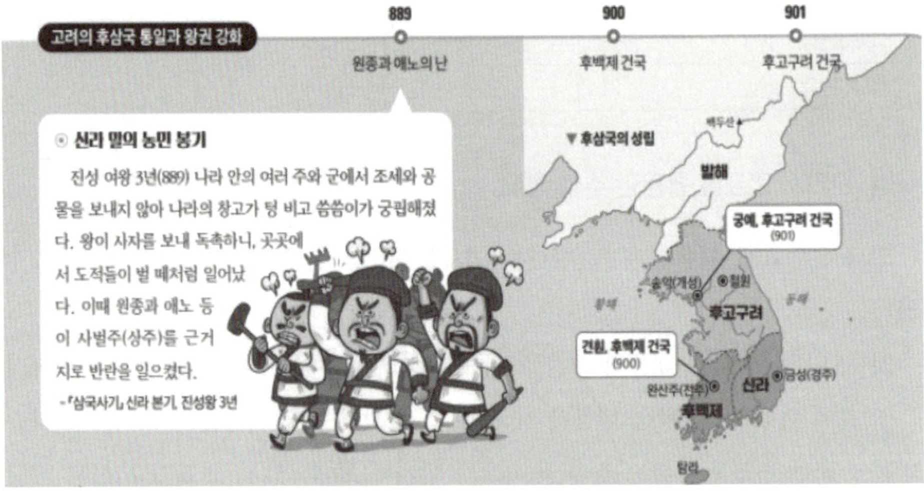

다음으로 나의 연표, 가계 연표, 학교 연표와 같이 제한된 소재의 연표를 제작할 수도 있다. '나의 연표'를 작성할 때에는 나와 우리 집 또는 나와 우리 학교 등과 같이 나와 또 다른 개체를 복합하여 연표를 작성해 볼 수 있다. 이 과정에서 학습자는 나 자신의 성장, 나 자신이 속해 있는 집단의 과거를 정리하면서 가족애, 애교심 등을 향상시킬 수 있으며, 커다란 역사적 변동을 확인해 볼 수 있다.

[나의 가족 연표 작성하기 사례]

1. 아래의 과정을 바탕으로 연표를 작성하도록 한다.
   1) 왼쪽의 내용 정리를 참고하여 한국 현대사에서 중요한 사건을 선정한다.
   2) 한국 현대사의 중요한 사건이 전개된 시기에 조부모님, 부모님 등 우리 가족에게 어떤 일이 있었는지 조사한다.
   3) 한국 현대사와 가족사를 대비하는 연표를 작성하고 가족사 연표에는 사진을 첨부한다.
   4) 현대사와 얽힌 가족의 이야기를 간략하게 서술한다.
2. 평가: 동료 평가, 교사 평가를 통해 가족사와 현대사의 흐름이 잘 어우러졌는지 점검해 본다.
3. 작성 예시[33]

1960~1970년 1961 5 · 16 군사 정변 1962 제1차 경제 개발 5개년 계획 1963 박정희 정부 수립 1965 한일 협정 조인 1970 경부 고속 도로 개통	1969 아버지 태어남. 1970 어머니 태어남. 	할아버지와 할머니는 부산에서 가내 수공업을 하시며 억척스럽게 일하셨다. 경부 고속 도로를 통해 서울의 시장에 물건을 보내셨다. 할아버지 공장에서 만든 물건이 큰 회사를 통해 해외로 수출되기도 하였다. 몇 명 안 되는 직원을 위해 화로 불고기 파티를 할 때는 온 동네에 냄새가 퍼져 나갔다고 한다.
1971~1980년		
1981~1990년		
1991~2000년		
2001~현재		

[백연표 제작 학습 사례(수업 중)]

1. 수업 과정
   1) 6월 민주 항쟁 이후의 한국 사회의 발전에 대한 강의를 진행 후 학생 활동으로 1987년 6월 민주 항쟁 이후 자신이 중요하다고 생각하는 역사적 사건을 분야별로 정리하도록 한다.
   2) 역사적 사건을 정리한 것 중 한 분야를 선택하고, 교사가 제공한 활동지의 예시를 참고하여 자신만의 연표를 만들어 보도록 한다.
   (접음연표, 게시연표, 원반형연표, 사진연표 등 다양한 연표 사례를 보여주고 학생들

에게 발표할 때 쉽게 사건을 파악할 수 있는 형태를 골라 작성하도록 한다.)

3) 활동지 예시:

학습 활동지: 백연표 제작(주제: 민주화의 진전)

▣ 수업 주제

민주화의 진전: 1980년대~2000년대의 민주주의 발전과 사회 변화

▣ 학습 목표

민주주의 발전 과정을 시대별로 이해한다.

역사적 사건과 사진 자료를 연결하여 연표 형태로 정리할 수 있다.

사진 연표를 통해 시대별 변화의 흐름을 시각적으로 표현할 수 있다.

▣ 활동 안내

아래의 시대 구분에 따라 주요 민주화 사건을 조사하고, 각 시기를 대표하는 사진 또는 이미지를 선택하세요.

각 사진에는 사건명, 연도, 설명을 덧붙여 연표 형식으로 정리합니다.

A3 크기 용지 또는 포스터 용지에 연도순으로 정리하고 꾸며주세요.

▣ 사진 연표 구성표

시대	사진(붙이기)	사건명 및 연도	설명
1980년대	사진 첨부		
1990년대	사진 첨부		
2000년대	사진 첨부		

4) 결과물: 사진 연표 (주제 - 민주화의 진전)[34]

1980년대	1990년대	2000년대
 민주정의당 총재 노태우는 6·29 선언을 통해 대통령 직선제 개헌을 약속함.	 지방 자치제 전면 실시로 도지사, 시장, 군수 등 지방 자치 단체장을 국민이 선출함.	 인권의 보호와 향상을 목적으로 하는 합의제 행정 기관으로 국가 인권 위원회가 설립됨.

다. 연표 학습의 유용성

버스톤(W. H. Burston)은 역사교육에서 연표(chronology)의 중요성을 강조하며, 연표 학습이 학생의 역사적 사고력과 시간 개념 형성에 핵심적인 역할을 한다고 보았다. 그는 연표 학습의 유용성으로 첫째, 시간 개념의 구조화(Structuring the Sense of Time)를 들었다. 그는 연표가 사건 간의 선후관계, 지속성, 단절성을 파악하는 기초 도구로 작용하여 학습자의 머리에 시간의 뼈대를 형성해 준다고 생각하였다.

둘째, 역사적 맥락의 인식(Understanding Historical Context)을 들었다. 버스톤은 "역사적 사건을 맥락 없이 이해하는 것은, 숲을 보지 못한 채 나무만 보는 것과 같다."라고 말했듯 역사의 이해에 있어 맥락을 매우 중요하게 생각하였다.[35] 연표 학습을 통해 학생들이 동시대 다른 사건들과의 관련성을 인식할 수 있게 된다고 여겼고, 하나의 역사적 사건을 연표를 통해 시대 전체의 흐름과 어떻게 연결되는지 파악하는 것이 역사를 이해하는 중요한 틀인 맥락화(Contextualization)라고 말하였다.

셋째, 연표 학습은 역사적 사건의 인과관계(Cause and Effect) 파악의 증진에 도움이 된다고 보았다. 그는 "연표는 역사적 추론의 뼈대다. 그것 없이는 '왜'라는 질문도 성립할 수 없다."라고 말하였다.[36] 즉 그는 학생들이 사건의 시간적 위치와 그 전후 관계를 알아야, 사건의 원인과 결과를 파악할 수 있다고 봅니다. 연표는 바로 이런 질문을 하도록 도와주는 구조적 틀이 될 수 있다는 것이다.

넷째, 연표 학습은 역사 이해의 토대(Foundation for Narrative)가 될 수 있다. 그는 연표는 역사의 이야기 구조를 형성하는 뼈대이며, 그 위에 모든 세부 정보가 얹힌다고 보았다.[37] 버스톤은 역사를 서사(Narrative)로 이해할 수 있도록 하려면, 먼저 사건들의 순서와 구조를 아는 것, 즉 연표가 전제되어야 한다고 생각하였다.

위의 버스톤의 이론을 바탕으로 연표 학습의 유용성을 정리하면 연표 학습을 통해 역사 사건의 연대적 위치와 사건 간 인과관계를 파악할 수 있으며, 역사의 흐름 속에서 여러 역사적 사실 간의 관계를 관찰할 수 있도록 해줌으로써 역사의 맥락적 이해가 가능해진다. 또한 연표를 통해 탐구력이 증진될 수 있으며, 연표를 통해 역사적 사실을 재구성해 봄으로써 종합적인 역사 이해에 도달할 수 있다.

② 통계자료

가. 역사학과 통계학

통계자료는 여러 사실과 사회 현상을 수치로 정리하여 나타낸 것이다. 통계자료는 역사적 현상에 대한 수량화된 정보를 통해 사건의 성격과 특징 등을 이해할 수 있도록 돕는다. 통계는 고대부터 국가 운영에도 유용한 수단이었다. 통치자들은 세금을 부과하고 수취하고, 국가 예산을 운용하기 위한 수단으로 통계를 활용해 왔다. 여러 토목 사업과 전쟁 등 국가적 사업을 제어하고 유지하는 데 통계는 필수적인 정보였다.

역사학에서도 20세기 무렵부터 계량사학이라는 이름으로 통계를 활용해 역사 문제를 좀 더 과학적으로 이해하고자 하는 흐름이 있어 왔다. 국가 총생산량, 경제 성장률 등의 경제적 지표를 비롯해 사망률, 평균 신장 등 각종 다양한 통계지표들은 각 시대와 사회적 상황을 이해하는 데 필수적인 자료가 되었다. 이를 통해 특정한 역사적 주제에 대해 명료성과 정확성을 기할 수 있으며, 역사 연구에서 추상적인 판단이나 모호성을 극복할 수 있다.[38] 한국사의 경우 식민지 시기의 경제 변화 연구에서 여러 통계자료와 통계기법이 활용되고 있다. 물론 역사학에서 통계 수치가 모든 것을 말해 주지는 않는다. 그러나 통계를 역사학에 적용할 때 얻을 수 있는 유익함과 함께 그것이 야기하는 문제점을 파악하고 그 범위 내에서 적절하게 활용할 수만 있다면, 통계는 한 시대의 특정 역사상을 읽어내고 역사가가 자신의 논지를 풀어가는 데 유용한 도구가 될 수 있다.[39]

나. 한국사 학습에서 통계자료의 활용

통계자료를 수업에서 활용하기 위해서는 적절한 통계자료가 필요하다. 통계자료를 제시하는 방식은 표를 이용하거나 그래프로 나타낼 수도 있는데, 꺾은선 그래프, 원 그래프, 막대 그래프 등 여러 시각화된 방식은 학생들의 흥미를 유발함과 동시에 통계자료를 쉽게 이해할 수 있도록 돕는다. 컴퓨터로 통계자료의 형태를 쉽게 만들 수 있기 때문에 중요한 문제는 주제에 적절하고 정확한 통계수치를 확보하는 것이다.[40]

통계자료는 1차 통계자료와 2차 통계자료로 나뉠 수 있다. 사회과학 방법론에서 1차 자료(Primary data)는 조사 목적을 달성하기 위하여 조사자가 직접 수집한 자료를 말한다. 한국사에서 1차 통계자료로 언급될 수 있는 것이, 통일신라 때 작성되었던 신라 촌락 문서를 들 수 있으며, 조선사에서는 『조선왕조실록』에 실린 호구 통계를 꼽아볼 수 있다. 근대 이후의 1차 통계자료는 통계청 홈페이지, 국사편찬위원회 등을 통해 데이터베이스로 검색해 볼 수 있다. 사회과학 연구에서 2차 자료(Second data)는 이미 존재하는 자료에 해당한다. 따라서 2차 통계자료는 실험, 검증, 연구 등을 통해 생성된 이미 존재하는 통계자료라고 볼 수 있다. 학자의 논문에서 필요한 통계자료를 인용하여 한국사 수업에 활용한다면 그것은 2차 통계자료를 사용하는 것이 되는 것이다.

[1차 · 2차 통계자료 예시]

1. 1차 통계자료
   1) 조선총독부 편, 『조선총독부통계연보』 각 연도판, 『조선제학교 일람』 1943년판을 활용하여 공립보통학교 수와 학생 현황의 통계 수치를 파악한다.
   2) 위 수치를 이용하여 공립보통학교 학교 수 및 학생 현황에 대한 통계표를 작성하여 수업에 활용한다.

〈표 3-7〉 공립보통학교 학교 수 및 학생 현황[41]

연도	학교 수(개)	남학생 수(명)	여학생 수(명)	인구대비 학생비율(%)
1919	535	68,628	8,290	0.46
1929	1,620	356,643	66,157	2.25
1942	3,110	1,205,041	505,907	6.70

2. 2차 통계자료

개항기 청과 일본의 상권 침투에 관하여 학생들과 수업을 하면서, 청과 일본의 조선 상권에 대한 점유율을 그래프로 보여줄 수 있다. 이 통계 그래프는 하원호의 『한국근대경제사연구』에 근거하여 제시되었고, 이 그래프를 통해 조 · 청 상민 수륙 무역 장정 체결 이후 청 상인들은 조선 시장 각지에 침투하여 일본 상인과 경쟁하여 청 · 일 전쟁 직전에는 청으로부터의 수입액이 일본으로부터의 수입액과 거의 비슷해졌음을 학습자들에게 이해시킬 수 있다.

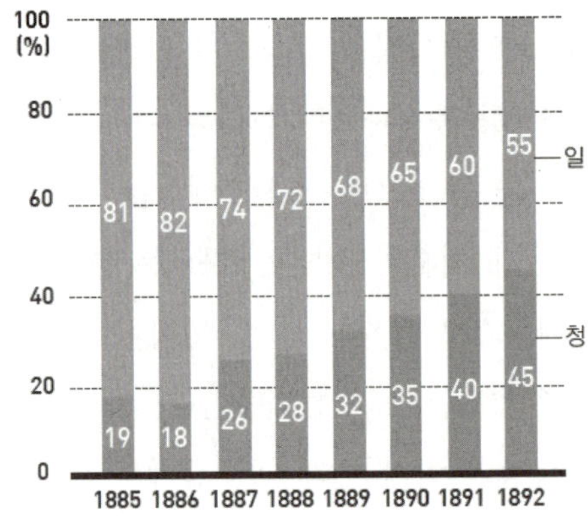

▲ 청과 일본으로부터의 수입 비중[42)]

통계자료를 수업에 활용하면서 유의할 점은 통계 역시 다른 사료와 마찬가지로 작성한 목적과 주체에 따라 강한 주관이 개입되어 있다는 점을 고려해야 한다는 점이다. 수치를 바탕으로 작성된 통계는 자칫 학생들에게 객관적이고 실증적이며, 신뢰도 높은 자료라는 인상을 주기 쉽다. 하지만 통계는 그것이 작성된 상황, 작성한 집단 또는 개인의 관점이 강하게 작용하며, 수치의 산출 방식에 따라, 통계를 가공하고 설명하는 방식에 따라 굉장히 상이한 해석을 도출할 수 있다. 때로 통계자료에서 생략된 내용이 중요한 경우도 있다. 따라서 교사는 통계자료의 신뢰도와 정확성을 검증하는 것은 물론 주제와 목적을 검토하고 해석한 내용이 적절한지, 편향된 내용은 없는지 검토한 이후에 수업에 활용해야 한다. 또한 통계자료에 대해 다양한 해석이 존재할 수 있음을 이해하고 학생들이 다양한 의견을 제시할 수 있도록 지도해야 한다.

[통계자료 활용의 잘못된 사례]

1. 상황: A교사는 역사를 학생들에게 지도하면서 식민지 근대화론과 식민지 수탈론에 대하여 학생들과 공부하는 시간을 갖고자 하였다. 그리하여 식민지 근대화론에 대해서 설명하면서 식민지 근대화론에서 주장하는 근거로서 교과서에 제시된 자료를 활용하고자 하였다. 교과서에는 "1912~1939년 한국의 1인당 소득 증가율은 약 2.3%였다." 라는 통계치가 나와 있었고 이를 학생들에게 전달하였다.
2. 활용의 문제점
   1) 한국의 1인당 소득 증가율이 약 2.3% 증가했다는 내용의 정확한 출처를 제시하고, 명확한 산출 근거를 파악해야 한다.[43]
   2) 1인당 소득 증가율 추계에는 조선의 1인당 GDP의 수치가 산정되었는데, 이 수치에는 조선인보다 월등히 높은 평균소득을 가진 일본인이 포함되기 때문에, 조선인의 1인당 GDP에 대해서는 아무런 정보도 제공해 주지 않는다는 문제가 있다.
   3) 위 소득 증가 추계에 사용된 원자료는 대부분 조선총독부 『통계연보』를 토대로 하고 있는데, 이 자료는 일제시대 초기에는 신뢰성이 특히 떨어진다는 문제점을 가지고 있다는 지적이 있다.[44]
   4) 1인당 소득을 산출하기 위해서는 GDP, 인구 집계가 이루어져야 하는데 일부 학자에 따르면 식민지 시기 인구 집계 방식을 조선총독부 방식이 아닌 다른 산출 방식으로 고려했을 때 1인당 GDP 성장은 정체되는 결과를 가져온다는 지적이 있다.[45]
   5) 1942년 하반기에서 1945년 해방에 이르는 기간은 전선에서 일본의 패색이 완연해지는 기간이었고, 노동력 부족, 생산 자재의 결핍, 일기 불순 등의 갖가지 요인이 겹쳐 생산이 급격히 붕괴하는 시기였다.[46] 식민지 시기의 소득 증가를 논할 때 1940년대를 고려하지 않고 그 근거를 제시하는 것은 적절하지 못할 수 있다.

③ 역사지도

가. 역사지도의 개념과 교육적 기능

역사지도란 역사 인식의 한 방법으로 과거 인간 생활의 변화, 즉 역사의 변천·발전을 공간적으로 축소·묘사하여 인간 생활의 시간적, 장소적 변천을 구조적으로 파악하고자 만든 특수지도이다.[47] 역사지도는 한국사 수업의 중요한 자료이며, 역사를 이해하는 데 효과적일 수 있다. 그 이유는 역사지도 〈표 3-8〉과 같이 정리한 것처럼 의미 있는 교육적 기능을 가지고 있기 때문이다.[48]

〈표 3-8〉 역사지도의 교육적 기능과 예시

<table>
<tr><th>❶ 역사적 사실의 지리적 위치 이해</th><th>❷ 역사의 시간적 · 계통적 변화 양상 파악</th></tr>
<tr><td>

▲ 조선의 지방 행정과 군사 조직49)
</td><td>

▲ 대한민국 임시 정부 이동로50)
</td></tr>
<tr><td>위 지도를 통해 조선의 8도, 부, 목 등 행정구역과 군사 조직 위치에 대한 공간적 이해가 가능하다.</td><td>위 지도를 통해 대한민국 임시 정부의 독립운동 상황을 시기적으로 파악하기에 용이하다.</td></tr>
<tr><th colspan="2">❸ 역사 해석 능력 향상</th></tr>
<tr><td>
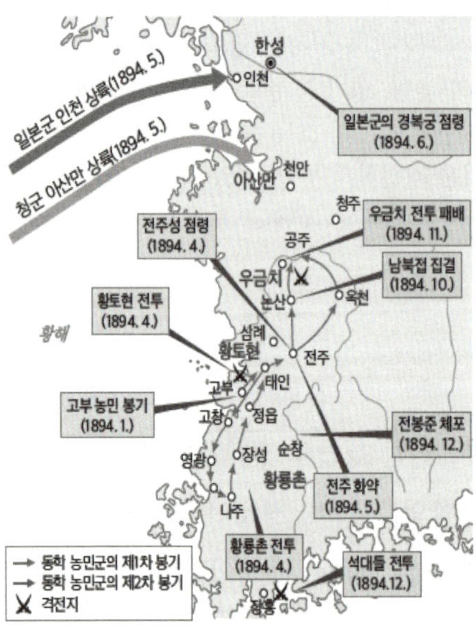

▲ 동학 농민 운동의 전개도51)
</td><td>
[추론해 볼 수 있는 사항]

• 전주성 점령 상황, 청군의 상륙을 통해 동학 농민 운동으로 인한 정부의 위기 인식과 대응 방식에 대해 유추할 수 있다.
• 청군의 상륙과 가까운 시기에 일본군이 상륙했음을 통해 청과 일본 사이에 톈진 조약이 체결된 내용을 이해할 수 있으며, 이후 청일 전쟁과 연결 지을 수 있다.
• 제1차 동학 농민 운동의 전개와 제2차 동학 농민 운동의 전개도, 지도 내에 '남북접 집결'이라는 용어, 우금치 전투의 장소 등을 통해 제1차 · 제2차 동학 농민 운동 간 차이점에 대해 비교해 볼 수 있다.
• 일본군의 경복궁 점령 사건이 동학 농민 운동에 미친 영향에 대해 유추해 볼 수 있다.
• 동학 농민 운동이 일어난 주요 지역의 사회적 · 경제적 상황에 대해 유추해 볼 수 있다.
</td></tr>
</table>

역사 수업에 활용할 수 있는 역사지도는 여러 경로를 통해 구할 수 있다. 교과용 도서나 일반 역사 서적에 수록된 것도 있으며, 인터넷을 통해 다양한 지도를 검색

해 볼 수 있다. 교재용으로 별도 제작된 것도 있다.

우선 교사나 학생들이 가장 많이 역사지도를 접할 수 있는 것은 교과서와 역사부도이다. 학습에 도움을 줄 수 있는 다양한 자료들이 개발되는 가운데 교과서에 수록된 지도의 수도 점차 많아지고 다양해지고 있다. 한국사 교과서에 실린 지도에는 본문 내용과 관련한 역사적 사실을 추론하고 해석하는 데 이용할 수 있다. 역사부도에는 교과서보다 더 많은 지도, 도표, 사진, 그림들이 수록되어 있다. 물론 역사부도에서 가장 많은 양을 차지하는 것은 지도이다. 교사는 수업을 전개해 나가면서 교과서의 지도로만은 한계가 있을 수 있는데, 역사부도에 수록된 다양한 내용을 참고해 보는 것도 좋은 방법이다.

다음으로 시판 역사지도가 있다. 이것은 시중에서 제작·판매하는 역사지도로서 상업상의 목적으로 제작된 것이다. 그러나 최근에 학교 현장에는 전자칠판, 빔 프로젝터 등 스마트 기기가 갖추어진 교실로 변모하고 있다. 시판되는 역사지도는 대부분 칠판이나 벽에 거는 형태로 되어 있었지만 현재의 교실의 형태와는 거리가 멀다. 따라서 파일 형태로 저장된 지도가 걸이용 지도를 대체하고 있는 실정이다.

셋째, 칠판 역사지도가 있다. 이 역사지도는 교실의 칠판에 그린 역사지도로 학습에 유용하게 사용될 수 있다. 교사가 설명을 해나가는 과정에서 필요한 정보만을 칠판에 있는 지도를 그리며 설명하기 때문에 설명과의 연관 관계가 매우 높다고 볼 수 있다.

다음으로 백지도가 있다. 이것은 역사적 사상의 위치나 장소라든가 변천상 또는 역사적 사실을 설명하는 데 도움을 줄 자연적·인문적 조건을 표시하지 않은 백지도를 말한다. 학습자로 하여금 직접 역사적 사실의 위치 및 분포와 장소적 변동상을 그려 넣게 하는 과정에서 학생의 독사(讀史) 능력과 작도 능력을 향상시킬 수 있다.

나. 역사지도의 활용

한국사 수업에서 역사지도를 활용할 때에는 다음 3가지 사항을 중점적으로 고려하는 것이 좋다.

첫째, 역사지도를 활용할 때에는 단순히 역사 지도를 제시하고 관련 사항을 암기하는 것에 집중하기보다는 학생들이 역사적 사실을 지리적 요인을 포함한 여러 요소와 종합하여 파악하도록 지도하여 역사적 사고력을 높일 수 있어야 한다. 로카

(Rocca, A. M)는 지리학을 역사 교과 과정에 통합시키는 방법으로 모든 역사 단위에서 적용될 수 있는 5가지 지리학적 주제를 제시하였다. 그 주제는 ⓐ 장소에 대한 인지 발달(Develop an Awareness of Place) ⓑ 공간 탐구·이해력 발달(Develop Locational skill & understanding) ⓒ 인간과 환경의 상호 작용 이해(Understand human & environment interaction) ⓓ 인류의 이동 이해(Understand human movement) ⓔ 세계 각 지역, 역사, 문화, 경제, 정치적 특징에 대한 이해(Understand World Regions and their Historical, Cultural, Economic and Political Characteristics)[52] 정도로 정리해 볼 수 있다. 로카의 이론을 한국사 수업에 적용해 본다면, 역사적 사실과 현상의 시간적·공간적 변천과 역사적 사실의 현상과 지리적 요인과의 관련성을 파악할 수 있고, 지도를 통해 역사적 사실을 지리적 장소로 파악하여 그에 담긴 역사적 사실의 의미를 사고하고 해석할 수 있다. 또한 학생은 활동을 통해 과거와 현재의 인과 관계, 인간과 환경의 상호작용, 사건의 원인 등을 파악하여 역사적 사고를 발달시킬 수 있다.

둘째, 역사지도를 교사가 일방적으로 보여주는 방식보다는 수업에서 백지도를 사용하는 방안을 모색해 보아야 한다. 역사 수업에서 백지도는 투입 시기에 따라 수업 중에 학생이 작성하게 하는 방법과 수업 후 형성평가용 또는 정리용으로 크게 두 가지로 구분되어 활용된다. 첫 번째 방법으로는 교사는 백지도를 배부한 후 수업 중 지도의 공란을 선생님의 설명에 따라 작성하도록 한다. 두 번째 형성평가용 또는 정리용으로는 학습이 끝난 후 실시하여 학생이 수업의 내용을 정리하면서 지도를 제작할 수 있도록 한다. 백지도는 한국사 수업 시간에 다뤄지는 내용을 교사와 학생이 직접 지도화함으로써 학생들을 능동적으로 수업에 참여시키는 동시에 학습 내용을 체계화할 수 있는 좋은 학습 효과를 가지고 있다. 물론 백지도는 잘못 활용하면 역사에 대한 오개념이 형성되기 때문에 학생 활동 후 백지도가 제대로 제작되었는지에 대한 확인이 필요하다.

셋째, 동적 고찰이 이루어져야 한다.[53] 댄저(Gerald A. Danzer)는 역사지도를 활용한 수업에서 필요한 7가지를 주장하였다.[54] 특히 그는 연속성과 변동성(Sequence and change), 이동성(Movement), 역사적 경로(Routes: the pathways of history)라는 요소를 제시하였다. 연속성과 변동성이란 역사지도를 활용한 수업에서 한 장소의 일어난 연속적인 사건을 통해 시간의 흐름에 따른 변화 모습을 제시하여 주는 것이 필요하다는 것이다. 이동성은 화살표나 다른 기호를 사용하여 민족, 물품, 사상, 역사적 발전이 한 장소에서 다른 장소로 이동하는 흐름을 나타내어 주는 것이며, 역사적 경로란 지도 위에 그려진 선이 이동이나 교환이 일어난 경로를 표시하여 주는 것이다. 댄저가 제시한 위 개념은 동적 고찰과 관련된 것인데, 이는 역사지도를 활용한 수업에서는 정적 고찰보다 더 효과적일 수 있다.

한국사 수업 시간에 역사지도를 활용하는 방법은 분산적 접근법과 주제 접근법이 있다. 분산적 접근법은 본시 수업을 진행하여 나가면서 수업 내용과 연관된 역사지도를 일정한 시간 동안 제시하고 설명하는 방법이다. 하지만 역사지도가 갖는 교육적 기능을 가장 효과적으로 달성하기 위해서는 주제 접근법이 필요하다. 주제 접근법은 특정한 주제를 정하여 집중적으로 역사지도를 활용하여 역사적 사실을 탐구하는 방법이다. 물론 역사지도 외에 사료, 사진 등의 다양한 자료를 활용하는 것이 좋다.[55)]

[역사지도를 활용한 수업 지도안 예시]

1. 주제: 임진왜란의 전개와 영향
2. 학습 목표
   1) 역사지도를 보고 임진왜란의 전개 과정을 설명할 수 있다.
   2) 임진왜란의 주요 전투 지역, 의병장의 활동 지역을 정리할 수 있다.
   3) 임진왜란에서 조선군, 왜군, 명군의 움직임을 지도에 그릴 수 있는 능력을 기른다.
3. 학습의 주안점
   1) 임진왜란 발발 배경과 조선의 상황을 조사하여 알아본다.
   2) 임진왜란 전개 상황을 설명하도록 한다.
   3) 백지도를 나누어주고 임진왜란의 주요 전투지, 조선군, 일본군, 명군의 주요 진격로를 그려 넣도록 한다.
   4) 백지도에 그려진 내용을 토대로 조별 발표를 하고, 조원들은 백지도에 나온 내용이 잘못된 것이 없는지 살펴본다.
4. 수업 과정
   1) 전개 과정에서 백지도를 투입하여 학생들에게 역사지도를 제작하도록 하되, 사료, 사진 등 다양한 자료를 활용
   2) 백지도 활용 후 백지도에서 발생할 수 있는 오개념이 없는지 조별 발표, 검증의 시간을 가짐. 활동한 역사지도는 교사가 수업과 평가에 활용할 수 있음

④ 사진 및 그림

가. 사진

텍스트 중심의 역사 수업은 학생들에게 지루함을 줄 수 있다. 최근 교과서, 역사부도에서는 텍스트와 함께 다양한 사진과 그림이 제공되고 있다.

사진을 활용한 역사 수업을 통해 학습자는 당시 역사적 상황에 대한 이해력을 높일 수 있으며, 학습자의 감정이입 효과를 불러일으킬 수 있다. 하지만 사진의 경우 조작, 오류, 재해석의 여지가 있기 때문에 교사는 자료를 제시함에 있어서 유의해야 한다.

〈표 3-9〉 사진의 조작, 오류, 재해석 사례

① 조작 사례	② 오류 사례	③ 재해석 사례
고종의 가족 사진[56]	전봉준 이송 관련 사진[57]	놋그릇 강제 공출[58]

위 사진이 조작이라는 주장의 근거는 다음과 같다. 첫째, 상단 왼쪽 세 번째가 영친왕의 사진인데, 영친왕은 다른 인물의 시선과 달리 시선이 사진기를 향해 있지 않을뿐더러 그 위치도 다른 인물들의 간격과 달리 매우 좁은 사이에 있다. 둘째, 사진에 보이는 덕혜옹주가 1912년생이고 영친왕이 1897년생 15살 차이인데 당시 사진을 찍은 해가 1915년인 것이므로 영친왕은 당시 18살이었지만 사진에 보이는 얼굴은 매우 어려 보인다. 이는 당시 국	위 사진은 1894년 12월 2일 순창에서 전봉준이 체포되어 이송되는 장면으로 여겨졌다. 그러나 실제로는 체포장소에서 찍힌 것이 아니라 1895년 2월 27일 일본인 사진사 무라카미 텐신이 한성 일본영사관으로 압송된 전봉준이 재판소(법무아문)로 이송되기 직전의 모습을 찍은 것이다.	사진 속의 사람들은 가득 쌓인 놋그릇을 보며 웃고 있다. 그러나 이러한 기념사진은 사진 속 인물들의 모습을 그대로 받아들이지 않고 일제강점기 물자와 자원을 착취당하던 사회적 맥락을 함께 살펴보아야 한다.

① 조작 사례	② 오류 사례	③ 재해석 사례
내에 있지 않았던 영친왕의 사진을 합성한 것이다.		
질문이 있는 탐구) 왜 일제는 이처럼 사진을 조작해야 했을까?	질문이 있는 탐구) 왜 전봉준의 이 사진이 교과서에서는 오랫동안 전봉준이 체포되어 이송되는 장면으로 여겨졌을까? 우리 교과서에서는 이 사진이 어떻게 서술되고 있을까?	질문이 있는 탐구) 사진 속 인물들의 웃음은 어떤 의미가 있을까?

사진 중에는 촬영자나 지시자의 정치적 의도에 맞추어 조작되는 일이 있고, 의도적이든 의도적이지 않은 오류도 있다. 또한 사진에 나와 있는 사실들을 있는 그대로 받아들이는 것이 아니라 상황의 맥락을 살펴보고 재해석해야 할 필요도 있다. 이러한 사진들을 수업에 활용할 때는 '질문이 있는 탐구' 활동을 통해 사진에 숨겨져 있는 맥락을 살펴볼 필요가 있다.

첫째, 〈표 3-9〉에서 보듯이 '고종의 가족사진'을 일제가 조작한 경우에는 학생들로 하여금 '조작의 증거'를 살펴보게 해야 한다. 그 다음 '질문이 있는 탐구' 과정에서 '왜 일제는 이처럼 사진을 조작해야 했을까?'라는 질문을 던진 후 이에 대해 사회적 배경을 살펴보게 할 수 있다. 일제가 사진을 조작한 이유는 당시 국제정세에서 유추해 볼 수 있다. 1910년대 일제는 대한제국 강점 이후 미국, 러시아 등과 중국 등의 문제를 둘러싸고 불편해하기 시작하였다. 일제로서는 구미 열강의 한반도 인식에 신경을 곤두세우는 가운데, 구미 열강이 일제의 조선 통치에 간섭할 여지를 줄이기 위해 조선 황실 가족의 단란한 모습을 보여줄 필요가 있었다. 따라서 당시 볼모로 일본에 끌려가 있었던 영친왕의 사진을 조작하여 가족사진에 끼워 넣어 홍보사진으로 활용했던 것이다.

둘째, 사진의 오류 사례로서 〈표 3-9〉에 제시된 '전봉준 이송 관련 사진'의 경우 사진 속의 전봉준이 어떤 상황에 놓여 있었는지 살펴보도록 해야 한다. 그다음 '질문이 있는 탐구' 과정에서 '왜 전봉준의 이 사진이 교과서에서는 오랫동안 전봉준이 체포되어 이송되는 장면으로 여겨졌을까?'에 대한 질문을 던진 후 전봉준의 체포와 관련된 역사적 의미를 생각해 볼 수 있다. 체포 장면은 전봉준의 저항이 좌절되는 역사적 순간을 드라마틱하게 상징한다고 볼 수 있기 때문에. 위 사진이 '농민의 항쟁이 좌절되었음을 보여주는 시각 자료'라는 의미가 교과서에서 부각되어 온 것일 수 있다. 또한 교과서에 나오는 사진의 경우는 이미지 검증보다 '기존 서술 구조에 부합하는지' 여부를 우선시하는 경향이 있을 수도 있다.

셋째, 사진의 재해석 사례로서 〈표 3-9〉에 제시된 '놋그릇 강제 공출 사진'의 경우 사진 속의 인물이 처한 역사적 상황을 살펴보아야 한다. 일제강점기 놋그릇 공출 사진 속 인물들이 웃는 표정을 짓고 있는 것처럼 보이는 장면은, '왜 웃고 있을까?'라는 질문과 함께 사진이라는 사료의 해석, 당시 피식민자의 감정 표현, 그리고 권력관계 속에서 만들어진 시선을 함께 재해석되어야 한다. 즉 사진은 '사실'이 아니라 '연출된 현실'일 수 있다는 점을 고려해야 한다. 일제 강점기 대부분의 공식 사진은 조선 총독부, 일제 언론이 촬영한 것이기 때문에 놋그릇 공출이 수탈임에도 불구하고 조선인의 자발적 헌납처럼 연출되도록 기획된 것일 가능성이 크다. 또한 일반적으로 식민지에 대한 수탈에 대해 한국인이 울거나 분노하는 모습은 당시 촬영의 대상이 되지 못하였다. 따라서 학생들은 사진이라는 사료를 읽으면서 '겉으로 드러난 것'과 '감춰진 것'을 구분해야 하며, 식민지의 권력관계의 기반 위에서 사진의 촬영자와 배포자를 고려하여 사진을 재해석해 보아야 할 것이다.

나. 그림(회화, 풍자화)

회화에서 보이는 실제 과거 장면 묘사는 그 자체로 역사이며, 역사적 설명이 된다. 더불어 회화는 짧은 시간에 많은 역사적 장면을 재현할 수 있다. 또한 학습자 입장에서는 흥미를 돋울 수 있으며, 역사적 사실의 기억을 용이하게 한다.[59)]

다만 회화는 해석이 가미된 것으로 인식해야 한다. 즉 그림에는 화가 또는 그림을 부탁한 의뢰인의 의도가 반영될 수 있다. 화가의 세계관, 의뢰인의 의도 등이 어떤 것인지를 고려해야 하며, 역사적 사건을 담은 그림의 경우 해당 사건의 목격 여부와 제작 시기도 생각해야 한다. 〈표 3-10〉은 임진왜란을 수업 시간에 학습하면서 제시할 수 있는 그림 중 하나인 「동래부순절도」이다. 이 그림이 그려진 시기는 18세기 후반으로 전쟁이 종료된 1598년과 큰 시간적 차이를 보여주고 있으며, 조선 정부가 주도하여 제작했다는 특징을 가진다. 교사가 이 그림을 제시하여 수업에 활용할 때에는 이 그림이 제작된 시기와 의뢰 주체, 작품 제작의 목적 등을 충분히 학습자에게 제공할 필요성이 있다.

〈표 3-10〉 전쟁기록화 「동래부순절도」60)와 자료 활용 시 고려 사항

	[자료 활용 시 고려 사항]
	1. 제작 시기는 조선 영조 36년인 1760년임 2. 제작을 의뢰한 주체는 조선 정부임 3. 그림 활용 시 고려할 핵심 요소 1) 그림은 '사실의 재현'이 아닌 '의미의 구성': 그림이 임진왜란 이후의 후대에 제작된 것으로, 그림 제작을 주도한 정부의 의도와 사회적 분위기가 반영됨. 일부 장면은 상징적 장면을 보여주는 것으로 역사 기록과 다소 차이가 있을 수 있음. (예: 송상현 부사가 관복을 입고 단정히 앉아 순절하는 모습, 혼란스러운 당시의 전투 상황을 고려할 때는 비현실적임. 유교적 품위와 의식을 강조하는 장면으로 이해할 필요성) 2) 후대 가치관이 반영된 역사화: 유교적 충절 이데올로기, 성리학의 대의 명분론이 투영됨. 역사 기록이라기보다는 도덕적 교훈을 주려는 목적이 다분함

다. 포스터

역사 수업에 활용할 수 있는 시각 자료는 회화나 풍자화와 같은 그림과 사진 외에도 포스터 등이 포함될 수 있다.

다음의 시각 자료는 고등학교 한국사 교과서에 제시된 포스터이다. 이 포스터를 학생들에게 제공하여 1960~70년대 경제 상황을 유추해 볼 수 있도록 해볼 수 있다. 당시 박정희 정부는 미국의 잉여 농산물 원조로 대량 유입된 밀가루의 소비를 촉진하고, 부족한 쌀 대신 보리 소비를 확대하기 위해 혼분식 장려 운동을 강력하게 추진하였다. 쌀을 원료로 하는 술이나 과자의 생산을 금지한 반면, 대표적인 밀가루 음식인 라면의 소비를 적극적으로 권장하였다. 학생들이 단순한 텍스트로 당시 상황을 이해하는 것이 아니라 포스터를 통해 역사를 이해한다면 역사적 사고력을 높일 수 있는 동시에 학습자의 흥미도를 높일 수 있는 기회를 가질 수 있다.

▲ 1960~1970년대 혼분식 장려 포스터[61)]

⑤ 노래

음악은 인류에게 가장 친숙한 예술 장르 중 하나다. 인류는 감정을 표현하고, 혹은 공동체의 유대를 도모하고, 메시지를 전달하기 위해 일찍부터 노래를 부르고 악기를 연주하며 음악을 해왔다. 지배층 사이에서 유행한 음악 장르는 물론 민중의 노동요를 통해 그들의 삶을 느낄 수 있다. 다만 녹음 기술이 없었던 전근대 시기 노래를 원형 그대로 접할 수 있는 방법은 없다. 전근대 시기 노래는 가사를 통해서만 추측해 볼 수 있다. 당대에 많은 사람의 공감대를 얻은 노래의 가사에는 그 시절의 사람들의 관심사와 시대상을 알 수 있는 내용이 담겨 있다. 노래 가사는 문학 작품에 비해 대체로 내용이 짧고, 대중성 있는 노래의 경우 내용도 쉬운 경우가 많아 학생들이 접하기에 용이하여 교재로서의 가치도 높다.

노래는 주로 근현대사 수업에서 많이 활용될 수 있다. 가령 '6 · 25 전쟁'을 주제로 학습한다면 해당 전쟁과 관련한 노래 가사를 제시하고, 자료를 통해 추론할 수 있는 시대적 상황을 탐구하도록 할 수 있다. 그리고 단순히 노래 가사를 제시하는 것에 그치는 것이 아니라 실제 음원을 학습자에게 들려준다면 전쟁의 비극적 상황, 당시 사람들의 마음을 생생하게 감정 이입해 볼 수 있다.

굳세어라 금순아(강해인 작사)	이별의 부산 정거장(유호 작사)
눈보라가 휘날리는 바람찬 흥남부두에 목을놓아 불러봤다 찾아를 봤다 금순아 어디로 가고 길을 잃고 헤매였더냐 피눈물을 흘리면서 일사이후 나홀로 왔다 일가친척 없는 몸이 지금은 무엇을 하나 이 내몸은 국제시장 장사치기다 금순아 보고 싶구나 고향꿈도 그리워진다 영도다리 난간위에 초생달만 외로이 떴다	보슬비가 소리도 없이 이별 슬픈 부산 정거장 잘 가세요 잘 있어요 눈물의 기적이 운다 한 많은 피난살이 설움도 많아 그래도 잊지 못할 판자집이여 경상도 사투리의 아가씨가 슬피 우네 이별의 부산 정거장 서울 가는 십이열차에 기대앉은 젊은 나그네 시름 없이 내다보는 창 밖의 등불이 존다 쓰라린 피난살이 지나고 보니

▲ 6 · 25 전쟁을 배경으로 한 노래 가사의 일부

⑥ 영화

역사영화에 대한 정의는 학자나 관점에 따라 다양하게 논의된다. 넓은 의미에서는 시간적 흐름을 다루는 모든 영화를 역사영화로 볼 수도 있으며, 이러한 관점에서는 SF 작품이나 공룡 시대를 배경으로 한 영화도 포함될 수 있다. 그러나 보다 보수적인 관점에서, 역사교육 또는 역사 수업에서 활용될 수 있는 역사영화는 역사적 사건이나 시대를 소재로 한 영화로 정의하는 것이 적절하다. 이는 '영화 역사(film history)'를 연구하는 개념과는 달리, 영화의 역사적 맥락 자체가 아닌 영화 속 서사적 역사성에 초점을 두는 구분이라 할 수 있다.

역사영화는 역사적 사실을 어떻게 다루는가에 따라 다양한 스펙트럼을 가진다. 첫째, 주인공과 시대적 배경이 실제 역사적 인물과 일치하는 경우에는 역사적 고증이 충실할 가능성이 높다. 예를 들어, 안중근 의사를 다룬 영화에서는 주인공과 시대적 배경이 실제 역사와 일치하며, 사건 재현과 역사적 맥락에 중점을 둔다. 둘째, 역사적 배경은 실제 시대를 반영하되, 주인공은 창작된 인물인 경우에는 역사적 사실과 픽션이 혼합된 형태로 나타난다. 예컨대 '태극기 휘날리며'(2004)에서는 주인공 진태와 진석 형제가 가상의 인물이지만, 이들이 경험하는 6 · 25전쟁 시기의 사회적 · 정치적 배경은 상당한 고증을 거쳐 재현되었다. 이러한 구분은 역사영화를 교육적 자료로 활용할 때, 역사적 사실과 창작적 서사의 차이를 명확히 이해하는 데 중요한 기준이 된다.

그러나 이러한 역사영화의 유형 분류와 관계없이, 교사가 역사수업에서 영화를 활용하는 방식에 따라서도 역사영화의 교육적 성격은 달라질 수 있다. 첫째, 하나의 역사영화를 처음부터 끝까지 전체적으로 활용하는 경우이다. 이러한 활용은 수행평가, 블록타임제 수업, 혹은 플립러닝과 같은 학습 설계에서 적용될 수 있으며, 학생들은 영화의 기승전결을 모두 경험한 후, 토의, 감상문 작성, 혹은 프로젝트 기반 활동 등을 수행할 수 있다. 둘째, 교사가 역사영화를 편집하여 특정 장면만을 활용하는 경우이다. 이 경우에는 교사가 수업의 목표와 학습 주제에 맞춰 편집한 짧은 영상 자료를 제시함으로써, 특정 역사적 사건이나 현상을 집중적으로 학습하도록 지도할 수 있다. 이러한 활용 방식은 수업의 시간적 제약을 고려하면서도 학습 목표에 맞는 핵심적인 역사적 이해를 도모하는 데 유용하다.

역사영화를 수업에 활용하는 목적은 크게 두 가지로 구분할 수 있다. 첫째, 지식을 시청각적으로 생생하게 전달하기 위함이다. 수업에서 활용되는 영화 속 지식은 개별 장면이나 시각적 예시를 그대로 제시하는 방식과, 사건의 전개 과정을 시간 흐름에 따라 보여주는 방식으로 구분될 수 있다. 예컨대, 교사가 영화를 활용하는 목적이 일제강점기 경성의 도시적 모습을 시각적으로 보여주기 위한 것인지, 아니면 동학농민운동과 같은 역사적 사건의 진행 과정을 이해시키기 위한 것인지에 따라 편집 및 활용 방식이 달라진다.

둘째, 역사적 궁금증과 사고를 확장시키기 위함이다. 이 경우, 영화 속 내용이 사실인지 허구인지를 분석하고 평가하는 활동을 포함한 수업 설계가 필요하다. 교사는 영화뿐만 아니라 다양한 보조 자료를 학생들에게 제공하고, 이를 바탕으로 탐구 활동을 병행함으로써 학생들의 비판적 사고와 역사 이해를 심화시킬 수 있다. 이러한 접근은 단순한 영화 감상을 넘어, 역사적 사실과 허구를 구별하고 역사적 의미를 성찰하는 교육적 경험을 제공한다.

위의 논의를 바탕으로 역사영화를 수업에 사용할 때의 교수학습 전략을 정리하면 다음과 같다.[62] 첫째, 재미에만 지나치게 빠져서 보고 즐기는 것으로 끝나지 않도록 해야 한다. 둘째, 영화의 역사 해석이나 표현이 시대적 배경과 사회적 맥락 속에서 제작진의 주관적인 의도에 의해 창조된 것이라는 사실을 학생들에게 주지시킨다. 셋째, 영화를 본 후 작품에 내재된 관점을 정리하고 그 안에 표현된 내용이 역사적으로 신뢰할 수 있는 것인지 평가하고 토론을 통해 상반된 역사 해석의 가능성을 검토한다. 넷째, 학생들이 영화자료에 무비판적으로 몰입하지 않도록 하는 한편, 가상으로 재현한 내용과 역사적 사실 간의 차이에 유의하면서 비판적으로 시청하도록 돕는다. 영화도 교과서와 같이 하나의 역사 텍스트라는 사실을 고려하도록 한다. 다섯째, 교수자는 영화자료를 활용하기 전에 자료 특성, 내용 성격을 자세히 파악하고 어떤 목적으로 사용할 것인지를 분명히 결정해야 한다. 여섯째, 하나의 사건, 주제를 다룬 다양한 영화들이 감독에 따라 다양한 관점으로 나타나는 사실을 비교해 보도록 한다. 광주 민주화 운동을 다룬 '화려한 휴가'(2007)의 경우 가족애 등 시민의 희생에 초점을 맞춘 것에 비해 '택시 운전사'(2017)는 독일 기자와 택시 기사의 시선을 통한 국제적 시각과 사실 전달에 초점을 맞추고 있다.

수업에 활용할 역사영화를 선정한 후, 교사는 이 영화를 역사학습에 적용하기 위해서 다음과 같은 요소를 고려해야 한다.

첫째, 학습자로 하여금 역사 사실과 허구를 구분하도록 해야 한다. 영화는 허구가 가미된 창작물이며, 상업적 목적으로 제작되기 때문에 역사적 사실을 왜곡할 소지가 있다. 따라서 역사영화에서 사실과 허구를 구별해 내는 것이 중요하다.

둘째, 수업을 통해 역사영화에 담겨 있는 메시지와 이데올로기를 파악해야 한다. 역사영화를 대하는 학습자는 감독이 전하는 역사 해석을 무비판적으로 수용할 가능성이 있기 때문에 위험할 수 있다. 따라서 역사영화가 전하는 정치적·이념적 시각이 무엇인지를 되짚어 보아야 한다.

셋째, 역사영화 속 등장인물의 행위를 해석하고 판단해 보아야 한다. 영화에 제시된 인물들의 행위, 상황, 관점 등을 복합적으로 해석하고 판단하는 과정에서 학습자는 영화를 그대로 수용하는 존재가 아니라 능동적인 해석의 주체로 자리잡을 수 있다.[63)]

역사영화를 활용한 수업은 다음과 같은 효과를 가져온다. 첫째, 영화를 통해 과거의 상황을 생동감 있는 영상으로 제시함으로써 학습자의 역사 이해를 증진시킬 수 있다. 둘째, 영화는 대중성, 상업성 등을 대체적으로 지니고 있기 때문에 학습자가 흥미와 재미를 가지고 학습할 수 있다는 장점을 가지고 있다. 셋째, 역사영화를 통해 학습자는 역사적 상황 속에서 여러 인물의 행위과 생각, 감정 등에 대해 고민할 수 있는 기회를 제공한다. 사건 자체를 강조하는 역사 수업에서는 역사적 인물들이 처한 상황, 고민 등의 요소를 소홀히 생각하기 쉽다.[64)] 넷째, 영화는 영상 내러티브로 역사적 이해를 돕는다. 내러티브는 하나의 중심 주제를 둘러싸고 시작, 전개, 반전, 결말 등의 일정한 구성 양식을 갖춘 일련의 이야기를 의미하는 것으로, 영화도 주인공을 비롯한 등장인물의 의도, 의미가 전달된 사건과 행위를 일정한 줄거리를 가지고 시간순에 따라 시각적으로 보여주는 것이라 할 수 있다. 영상 내러티브인 영화는 학생들의 역사 이해와 함께 역사적 사고력 향상에 도움을 줄 수 있다.[65)]

⑦ 다큐멘터리

다큐멘터리는 영상자료 중 하나로 오락이 목적이 아니라 어떤 주제의 탐구를 목적으로 하는 프로그램으로 허구를 사용하지 않고 어떤 사건이나 인물에 관한 사실을 보여주는 영상물을 의미한다. 다큐멘터리를 진실성을 바탕으로 주제와 관련하여 사실을 해석 기록하고 지식과 정보를 제공함으로써 보는 사람으로 하여금 그 주제에 대한 특정한 판단과 태도를 결정하게 한다. 다큐멘터리가 표현하는 주제는 사실적이며 대개 사회적인 문제와 연결되어 있다. 즉 다큐멘터리는 다른 영상자료에 비하여 사실과 공정성에 기초를 두어 메시지를 전달하기 위한 사회적이고 교육적인 기능에 더 큰 비중을 두고 있는 것이다.

다큐멘터리는 추상적인 상상에 기초할 수밖에 없었던 과거 시간에 대한 실제 모습을 직접 영상으로 보여줌으로써 역사 상황에 대한 학생들의 몰입과 공감을 적극적으로 돕는다. 다큐멘터리에는 역사적 사건에 대한 영상 자료를 비롯하여 사진과 관련 인물의 인터뷰 자료 등 다양한 형태의 자료들이 포함되어 구성될 수 있다.

하지만 유의할 점은 학생들이 다큐멘터리가 실제 사실에 기초한 영상물을 담고 있다는 점에 집중하여 해당 내용을 무비판적으로 받아들이는 위험이 있다는 것이다. 다큐멘터리는 실제 기록이나 영상을 바탕으로 하되 사건에 대한 제작자의 판단이 개입된다. 다큐멘터리에 포함될 사진과 영상물의 선택과 배제, 관련 자료의 배치 순서 등 제작자는 강한 목적을 띠고 다큐멘터리를 구성한다. 교사는 학생들이 다큐멘터리의 제작 의도와 목적, 내용이 던지는 메시지들을 비판적으로 파악할 수 있도록 지도해야 한다.

〈표 3-11〉 한국사 주제를 다룬 다큐멘터리

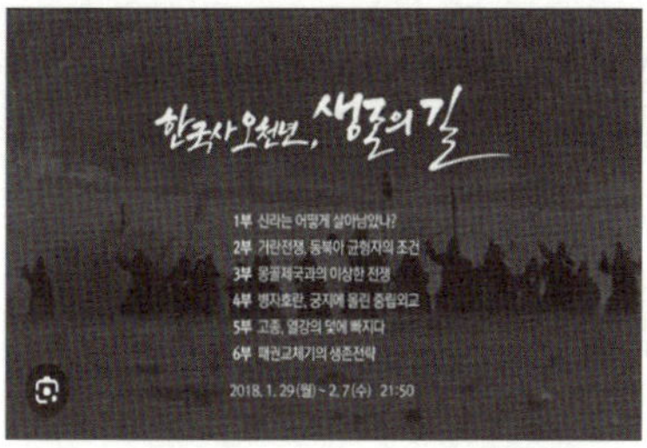 ▲ EBS 방영 "한국사 오천년, 생존의 길"66)	 ▲ KBS 방영 "한국사傳"67)

3) 웹(Web) 기반 교재

① 디지털 교과서

디지털 교과서는 기존의 서책형 교과서 내용에 용어사전, 멀티미디어 자료, 실감형 콘텐츠, 평가문항, 보충·심화 학습 자료 등 풍부한 학습 자료와 학습 지원 및 관리 기능을 추가한 디지털화된 학생용 교과서를 말한다. 교육부는 디지털 교과서를 기존의 서책형 교과를 보완하고 교실 수업 개선 및 학생의 자기주도 학습 지원을 목표로 개발해 왔다. 디지털 교과서는 학생들이 컴퓨터나 스마트폰에 적절한 뷰어 프로그램을 설치하여 전자기기를 통해 활용하게 된다.

디지털 교과서에서는 아래의 그림 자료와 같이 교과서 메뉴의 다양한 기능을 활용하여 확대 또는 축소, 노트, 펜쓰기, 검색, 페이지 이동 등이 가능하다. 또한 디지털 교과서와 함께 실감형 콘텐츠가 학습자에게 제공되고 있다. 실감형 콘텐츠란 교과서에서 담고 있는 교과 학습 내용을 바탕으로 입체적인 시·청각적인 효과와 기술을 활용하여 실제와 같은 경험 및 감성을 느낄 수 있게 해주는 유형의 콘텐츠를 말한다. 이는 입체적인 공간과 사물을 시각적으로 관찰하고 학습자가 직접 조작하면서 내용 이해를 심층적으로 할 수 있고 체험 중심의 학습 활동이 가능하다는 점에서 교육적 의미가 있다. 이는 학습이해도를 증가시키며 학습 성취도 달성에 도움을 줄 수 있고 자기 주도형 학습을 증진하며 학습에 대한 흥미가 일어나도록 하여 학생 활동 중심으로 수업에 참여하는 교육적 효과를 기대할 수 있다.

〈표 3-12〉 디지털 교과서의 메뉴와 기능[68]

01 교과서 메뉴의 기능

내서재
교과서 본문에서 내 서재로 돌아갑니다.

차례
교과서, 표, 멀티미디어, 실감형 자료의 차례를 보여줍니다.

내 자료함
교과서에 기록한 모든 정보를 내 단말기에 저장합니다.

동기화
교과서에 기록한 모든 정보를 클라우드 서버에 저장하거나 저장된 정보를 가져옵니다.

확대
보고 있는 페이지를 다시 확대할 수 있습니다.

축소
보고 있는 페이지를 다시 축소할 수 있습니다.

노트
학습 내용에 대해 테스트 및 이미지를 추가하여 나만의 노트를 작성할 수 있습니다.

펜쓰기
디지털교과서 본문에 필기하거나 그림을 그릴 수 있습니다.

단면/양면
디지털교과서의 화면을 단면 보기, 양면 보기로 설정할 수 있습니다.

검색
에듀넷·티-클리어/교과서 본문/지식백과/e학습터 검색엔진을 통해 검색하여 관련 결과를 보여줍니다.

커뮤니티
학습 커뮤니티로 이동합니다.

인쇄
디지털교과서 본문 내용을 인쇄합니다.

도움말
디지털교과서 뷰어 도움말을 볼 수 있습니다.

페이지 이동
교과서의 페이지별 미리보기를 제공하여 가고자 하는 페이지를 누르면 바로 이동할 수 있습니다.

가상현실 (VR: Virtual Reality)
컴퓨터로 만들어 놓은 가상의 세계에서 사람이 실제와 비슷한 체험을 할 수 있도록 구현된 첨단 기술을 의미합니다.

증강현실 (AR: Augmented Reality)
우리가 직접 보는 현실세계의 모습에 3차원 가상 이미지를 겹쳐서 하나의 영상으로 보여주는 첨단 기술을 말합니다.

360° 사진 및 영상
키보드나 마우스, 디지털 기기의 화면을 직접 이동하면서 사용자가 보고 싶은 방향이나 지점을 선택하여 감상할 수 있는 사진이나 영상을 의미합니다.

서책형 교과서가 아닌 디지털 역사 교과서를 활용하였을 때 장점은 몇 가지로 정리할 수 있다.[69] 첫째, 역사교육에서 디지털 교과서를 활용한다면 학습자에게 풍부한 사료 및 자료를 제공할 수 있다. 일반적으로 사용되는 서책형 교과서는 지면의 한계로 인해 사료나 자료를 충분히 제공하지 못하는 경우가 많다. 이에 반해 디지털 교과서는 텍스트, 사운드, 동영상 등 다양한 형태의 자료를 제공하며, 용어 사전, 국어사전과 같은 검색 기능을 통해 학생들이 어려운 용어의 의미를 찾을 수 있게 한다. 또한 다양한 사료를 제시함으로써 교과서의 내용을 무비판적으로 받아들이는 것에서 벗어나 비판적으로 사유하는 능력을 갖추게 할 수 있다.

둘째, 디지털 교과서 활용으로 탐구 활동이 유의미하고 다양해질 수 있다. 탐구 활동은 학생들의 역사적 사고력 제고를 위해 제시되는데 서책형 교과서에서는 지면의 한계 때문에 단순한 지식을 확인하는 수준에 그칠 수 있다. 최근 다양한 학습 자료가 개발되어 인터넷을 통해 접근이 가능하며 디지털 교과서를 활용한다면 이러한 자료들을 담아내고 학생들이 손쉽게 접근할 수 있다.

셋째, 디지털 교과서는 학습 환경을 혁신적으로 도와주는 역할을 한다. 이를 통해 시간과 공간의 한계를 극복하고 다양한 이점을 제공한다. 학생들이 시간과 공간에 대한 제약을 크게 받지 않고 필요한 정보와 데이터에 접근할 수 있다.

넷째, 디지털 교과서의 빠르고 편한 검색 기능을 활용하여 역사적 문해력을 증진시킬 수 있다. 학교 현장에서는 최근 학생들의 어휘력이 부족하다고 호소하고 있다. 이러한 어휘력의 저하로 인하여 기존 교과서 및 관련 도서에 대한 문해력이 떨어지고 이것이 학습 결손으로 이어졌다. 디지털 교과서의 중요한 이점은 학생들이 이해할 수 없는 뜻을 쉽게 알 수 있다는 것이다. 교과서를 읽다가 모르는 어휘가 있을 경우 정확한 검색이 가능하다.

다섯째, 학습자의 개별적인 수준에 맞춘 학습이 가능해진다. 디지털 교과서를 역사 수업에 사용할 경우 개인 학습자에 따라 개별적인 맞춤형 학습 과정을 제공할 수 있다. 학습자의 역사 이해도에 따라서 사료 및 자료들을 수준별로 제공할 수도 있고, 문장에서 사용되는 역사용어 및 어휘를 다르게 할 수도 있다.

그러나 디지털 교과서도 여전히 한계점이 발견된다. 먼저 디지털 교과서 활용 수업을 위해서는 적절한 시설 기반이 마련되어 있어야 한다. 디지털 교과서를 교수자와 학습자가 모두 활용하기 위해서는 이를 활용하기 위한 디지털 기기가 보급되어야 하며 교실 환경도 이에 맞게 변화해야 한다. 또한 수업 내용을 디지털 교과서로 진행할 경우 아직까지는 외부 콘텐츠 사용이 자유롭지 못하다. 양질의 외부 콘텐츠 사용을 위하여 저작권 및 기술적 활용을 자유롭게 할 수 있어야 디지털 교과서 사용에 의미가 있을 수 있다.

② 디지털 역사자료

디지털 역사자료는 역사 연구에 필요한 원전류 및 간행자료 등의 전자적 형태이다. 다시 말해서 디지털 기술에 기반하여 제작된 부호·문자·이미지 등의 자료 또는 정보 중에서 역사 연구의 대상이 될 수 있는 부분을 지칭하는 말이다. 디지털 자료의 장점은 이용의 효율을 높일 수 있는 전자적 형태로 변환된 것이기 때문에, 디지털 역사자료 역시 종이책과 같은 원자료보다는 이용의 편리성이 보장된다.

디지털 역사자료의 대표적 형태를 3가지로 나누어 보면, 먼저 기존의 전통적 텍스트 사료를 데이터 베이스로 구축한 경우가 있다. 가령 가장 오래된 역사서인 『삼국사기』의 경우 아래의 표와 같이 다양한 사이트에서 제공하고 있다. 국사편찬위원회의 『삼국사기』는 국역, 원문, 원본이미지 모두 제공하고 있다.

〈표 3-13〉『삼국사기』 제공 사료 데이터베이스

자료명	제공기관 및 사이트명	URL	제공형태 및 비고
삼국사기	국사편찬위원회 한국사DB	https://db.history.go.kr/id/sg	국역/원문/원본
	문화재청 국가기록유산	https://www.memorykoea.go.kr/	원문/원본
	네이버 지식백과 (한국인문고전연구소)	https://terms.naver.com/list.nhn?cid=49615&categoryId=49615	국역/원문/원본
	누리미디어 KRpia (허성도 역주)	https://www.krpia.co.kr/product/main?plctId=PLCT00004754	국역/원문/원본
	누리미디어 KRpia (이병도 역주)	https://www.krpia.co.kr/product/main?plctId=PLCT00004486	국역/원문/원본

두 번째로는 구술사 자료를 데이터베이스화하여 제공하는 경우이다. 구술 사료는 텍스트, 음성, 동영상 등의 다양한 형태로 데이터베이스에서 제공된다.

〈표 3-14〉 현대 한국 구술자료관[70)]

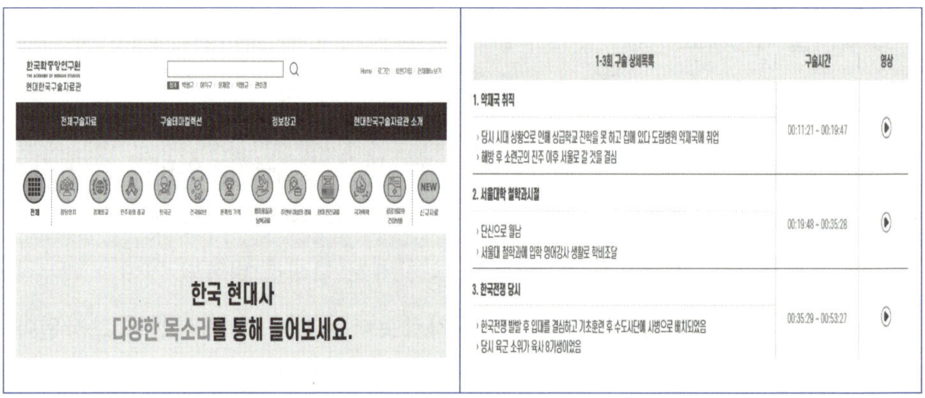

셋째, 관련 사진과 영상을 데이터베이스로 구축하여 제공하는 경우이다. 가령 대한민국 역사박물관에서 운영하는 근현대사 아카이브(https://archive.much.go.kr/index.do)에 접속하여 들어가면 여러 역사 사건에 대해 이미지, 영상, 음원 등의 자료를 접해볼 수 있다.[71)]

이러한 디지털 역사자료는 한국사 수업에서 다양하게 사용될 수 있다. 사료 수업에 활용할 수도 있고, 학생들이 주도하는 탐구 활동의 자료 기반으로 사용해 볼 수 있다. 디지털 역사자료를 학습자가 활용하게 됨으로써 대개 교사들에 의해 제공되어 오던 역사 자료의 질과 양이 비교할 수 없을 정도로 확대되었으며, 접근이 매우 용이하게 되었다. 그러나 디지털 역사자료의 양이 방대한 만큼 어떻게 이 자료들을 활용할 것인가에 대해 학생들에 대한 교사의 지도가 필요하며, 사료 데이터베이스의 경우 상당히 어려운 용어와 개념이 혼재해 있기 때문에 그에 대한 교사의 도움이 필요하다.

③ 유튜브(Youtube)

유튜브는 개방형 디지털 플랫폼으로서 누구나 손쉽게 접근할 수 있으며, 다양한 형식의 영상 콘텐츠를 통해 복잡한 역사적 주제도 대중에게 쉽게 전달할 수 있는 특징을 가지고 있다. 유튜브의 알고리즘은 사용자의 관심사에 맞춘 콘텐츠를 추천함으로써, 특정 역사적 주제나 인물에 대한 관심을 증대시키고, 이를 통해 역사 지식이 광범위하게 확산시킨다.

유튜브를 한국사 수업에 활용하기 위해서는 유튜브 콘텐츠가 가지고 있는 특징을 파악할 필요가 있는데, 그 특징을 정리하면 다음과 같다.[72)]

첫째, 유튜브에서는 역사를 탈시간적인 에피소드의 모음처럼 생각하도록 역사 콘텐츠를 제공한다. 유튜브에서는 시청자와 알고리즘이 상호작용하면서 역사 서사 혹은 개별 역사 콘텐츠 스토리의 순서를 정한다. 유튜브의 개별 역사 콘텐츠에서는 전통적인 의미의 '이야기하기'와 다른 스토리텔링 방식을 보인다.

둘째, 유튜브 역사 콘텐츠에서는 크리에이터(Creator)와 텔링(Telling) 참여자 사이, 그리고 텔링 참여자들 사이에서 다양한 스토리 교환과 의미 해석이 일어나며 이 과정에서 시각이 다중화된다. 가령 '운요호 사건과 조선의 개항'을 다룬 유튜브 영상이 업로드되었다고 가정해 보면, 댓글 창에서는 크리에이터 또는 텔링 참여자가 자신의 생각을 올려볼 수 있을 것이다. 어떤 이는 흥선대원군의 통상 거부 정책이 결국 조선의 약화를 불러왔다고 생각하는 사람도 있을 것이고, 또 어떤 이는 민씨 정권의 부정부패와 강화도 방비 실패를 지적할 것이며, 메이지 유신을 통해 개혁에 성공한 일본의 국력이 강했다고 이야기할 수 있다.

셋째, 유튜브의 역사 콘텐츠는 현재 사회의 쟁점이나 관심과 관련된 스토리를 제시하여 시청자로 하여금 과거와 친숙하게 만드는 경향이 있다. 또한 크리에이터는 지금의 친숙한 표현 방식으로 과거를 설명하는 '현재주의 전략(Presentism Strategy)'을 사용한다. 이러한 현재주의 전략으로 과거인이 현재와 다른 시간대에 살았음에도 현재인의 경험, 가치, 표현 방식 등을 공유하는 것처럼 인식하게 한다.

넷째, 유튜브의 역사 콘텐츠는 역사적 사실의 고증을 중시하지만 텔링 방식에서는 상상력과 창의성을 존중한다.

수업에서 교사는 위와 같은 유튜브 역사 콘텐츠의 특징을 고려하면서 유튜브 콘텐츠를 한국사 교재로서 사용할 필요가 있다. 다만 일부 유튜브 역사 콘텐츠는 재미와 흥미를 추구하며, 역사적 사실을 과장하고 왜곡하거나, 혹은 한쪽으로 치우진 관점으로 일관할 수 있는 가능성이 존재한다. 따라서 학생들은 이에 대한 주의가 필요하다. 덧붙여 유튜브는 개인 맞춤형 알고리즘을 도입하여 개인의 시청 기록을 바탕으로 흥미를 느낄 만한 콘텐츠를 계속해서 추천한다. 유사한 유형의 콘텐츠를 추천하는 경향이 있기에, 편향된 역사 관점이나 정확하지 않은 역사적 사실의 콘텐츠를 의심 없이 계속해서 시청하게 된다면, 이와 유사한 콘텐츠가 계속해서 추천될 가능성이 있다. 그러므로 유튜브 콘텐츠의 내용만을 신뢰할 것이 아니라 신뢰성 있는 역사학적 자료를 통해 역사적 사실에 대한 정확한 정보를 확보해야 한다. 또한 유튜브 역사 콘텐츠에 활용된 자료들에 대한 꼼꼼한 출처 확인이 필요하다. 콘텐츠의 참고 자료 출처를 확인하는 동시에 출처의 내용과 콘텐츠 내용을 교차 검토하는 작업을 반드시 거쳐야만 한다.

[유튜브 콘텐츠를 활용한 수업 방법][73)]

1. 유튜브 콘텐츠에 나오는 어려운 역사 용어를 학습
2. 하나의 콘텐츠를 시청 후 콘텐츠에서 다루는 역사적 사건이 언제 일어난 것인지, 해당 사건이 일어나기 전에 어떤 일이 있었으며, 이 사건 이후 어떤 스토리가 이어질지 상상해 보기(연대기적 사고와 인과적 사고 향상)
3. 콘텐츠의 크리에이터와 다른 시각으로 설명, 평가하는 댓글 달기
4. 사료와 같은 증거에 기초하여 자신의 주장을 정립하고 역사 콘텐츠의 스토리텔링을 이어서 만들어 보기
5. 역사 콘텐츠에서 역사적 사실로 보이는 부분과 크리에이터의 상상이나 창작으로 보이는 부분에 대해 토론하기

④ 역사 체험 메타버스

메타버스는 가상 현실과 현실 세계를 결합한 디지털 공간으로, 학습자들에게 새로운 시각과 경험을 제공하며 지식 습득의 방식을 혁신하고 있다. 역사교육은 학문적 지식 전달은 물론, 문화와 사회 이해에 있어 중요한 역할을 수행한다. 그러나 과거 사건을 체험하고 이해하는 것은 쉽지 않은 도전이다. 이에 메타버스를 활용한 역사교육은 이러한 도전에 대한 해결책을 제시하며, 가상 현실의 특성을 이용해 역사적 장면을 재현하고 학습자들에게 그 시대의 맥락을 체험할 수 있는 기회를 제공한다. 이는 학습자들이 교과서나 강의만으로는 이해하기 어려운 추상적 개념을 실제 상황에서 체험하고 이해하는 데 도움을 준다.

메타버스는의 4대 핵심 요소는 ⓐ 증강현실 ⓑ 라이프로깅(lifelogging) ⓒ 거울세계 ⓓ 가상 세계이다. 증강현실은 실제 현실 세계의 확장이고, 라이프로깅은 사물과 사람에 대한 일상적 경험과 정보를 저장하고 묘사하는 것을 의미한다. 가상세계는 내재적 특성을 가진 시뮬레이션 환경이며, 거울 세계는 정보상 확장된 가상세계이며 실제 세계의 반영을 의미한다.[74] 역사학은 과거를 대상으로 한다. 그것은 곧 현실 세계상에서 존재할 수 없는 것을 대상으로 함을 의미한다. 따라서 기존의 이야기 중심, 그리고 정보 중심의 역사 지식은 과거의 시대상을 제대로 인지시키기 어려운 것이 현실이다. 따라서 현재의 사람들에게 과거의 시대상을 제대로 확인시키기 위해서는 메타버스의 요소들을 활용하는 것이 적절하다고 할 수 있다.

먼저 과거 시대 특정 공간 사회의 가상 세계 구현을 통해서 신분사회의 특징을 체험하고 그 역사적 의미를 파악할 수 있다. 이는 신분별 아바타를 생성하고 각 신분이 가지는 행동 특성들을 구축함으로써 가능하다. 증강현실을 통해서는 현재 남아있지 않은 공간의 사물이나 인물을 통해 역사적 사건 현장이나 문화유산 현장을 경험함으로써 그 시대인들이 느꼈을 감정을 이입할 수 있다. 거울 세계의 구축을 통해서 현재와 과거를 비교한다든지, 아니면 동일한 캐릭터가 서로 다른 사회에서 어떤 생활을 했는지에 대한 비교사적 체험이 가능하다. 라이프로깅을 통해서 사물의 용도와 주사용자 등 다양한 삶의 방식들을 이해할 수 있을 것이다. 메타버스 유형과 역사 지식 내용을 표로 정리하면 다음과 같다.

〈표 3-15〉 메타버스의 유형과 역사지식 내용[75]

메타버스 유형	역사지식 내용	고대사 체험콘텐츠 예시	체험요소
가상세계	특정시대 특정공간 생활 환경 복원 및 캐릭터 삽입	신라 헌강왕대 왕경 모습과 신분별 캐릭터 활동 복원 영상	신분별 역할체험, 왕경 구성 및 영역별 기능 체험
거울세계	시대별 공간 변천사 반영한 다중 레이어 세계관 반영	신라 초기 왕경 6부 ~ 통일신라 왕경에 이르는 변화 과정 구축	시대별 공간구성 및 도시의 변화상 체험
증강현실	특정장소 디지털 복원 및 사물 사용	황룡사 터와 디지털 복원 황룡사 모습의 중첩	현재는 확인할 수 없는 요소들에 대한 가시적 체험
라이프로깅	인물 및 사물의 하루 일과 및 용도별 활용	화랑도 또는 국학생의 하루 일과	특정신분의 일상체험을 통해 해당 조직, 기관의 기능 및 역할 이해

이러한 4가지 유형의 메타버스 요소들은 역사 지식의 내용에 따라서 상호결합해서 적용할 수 있다. 예를 들면 역사적으로 특정 공간, 예를 들어 한국사가 펼쳐진 한반도나 아니면 신라의 왕경인 경주라는 공간을 대상으로 디지털맵을 구축하고 그 위에 캐릭터들을 신분별로 창출하여 황룡사 9층 목탑을 건축하고 참배하는 장면을 연출하게 되면 신라시대 수도 경주의 모습과 불교의 융성, 신분별로 황룡사를 바라보면 느꼈을 신앙체계와 국가에 대한 의미 등을 체험함으로써 역사 지식을 효율적으로 전달하는 데 더욱 근접할 수 있을 것으로 생각된다.

⑤ 사이버 박물관

학교 현장과 사이버 박물관을 연계하여 교육을 진행할 때 사이버 박물관은 다양한 의미로 쓰일 수 있다. 사이버 박물관이란 IT기술이 발전하면서 그 개념도 변해왔지만 일반적으로 좁은 의미의 사이버 박물관과 넓은 의미의 사이버 박물관으로 나눌 수 있다. 좁은 의미의 사이버 박물관은 인터넷 환경을 통해 접속할 수 있는 기존 박물관의 인터넷 홈페이지를 지칭한다. 이러한 좁은 의미의 사이버 박물관은 박물관에 전시되어 있는 실제 소장품에 직접적으로 의존한다. 반면, 넓은 의미의 사이버 박물관은 온라인상에 존재하는 정보 제공과 교육에 목적을 둔 모든 종류의 디지털 전시관을 의미한다. 최근에는 현실 세계에 존재하지 않고 사이버상에만 존재하는 사이버 박물관도 만들어지고 있다. 또한 PC 환경이 아니더라도 스마트 기기를 통해 접속할 수 있는 박물관 애플리케이션도 이용할 수 있고 박물관 전문가가 구축한 사이버 박물관 외에도 일반인들이 자신의 블로그나 온라인 카페에 특정한 주제의 유물 이미지나 정보를 업로드하여 방문객들과 상호작용할 수 있는 사이버 공간을 구축해 놓기도 한다.

이 사이버 박물관에는 AR, VR, 3D 등 다양한 기술이 가미되어 관람자가 직접 가지 않아도 박물관의 전시를 생생하게 체험할 수 있도록 하고 있다. 증강현실(AR)은 사용자가 눈으로 보는 실제 이미지에 가상의 이미지를 겹쳐서 보여주는 컴퓨터 그래픽 기술이다. 사이버 박물관에서는 증강현실(AR)을 제공하여 단순히 눈으로 바라보는 전시가 아닌 관람객이 직접 참여하는 체험을 통해 역사와 유물에 담긴 의미를 자연스럽게 습득할 수 있도록 구성하고 있다. 또한 전시를 관람하고 전시 유물에 대한 설명도 들을 수 있는 'VR 전시관람', 박물관 소장품을 음성 해설과 3D 유물, 디지털북(e-book)으로 확인할 수 있는 소장품 더 알아보기 메뉴를 통해 유물에 대한 더 자세한 내용을 확인할 수 있도록 하고 있다.

그러나 사이버 박물관을 활용한 역사학습에서 주의해야 할 점이 있다. 첫째, 사이버 박물관을 활용한 역사학습은 다양한 영상 체험이나 정보 습득을 위해 많은 시간이 요구될 수 있기 때문에 교사는 시수 배정에 유의해야 한다. 둘째, 교사는 유물에 대한 전문성뿐만 아니라 사이버 박물관의 자료 활용에서의 전문성을 보다 심화시켜야 한다. 사이버 박물관 접속 시 학습자는 많은 정보량과 사이버 박물관 이용 방법과 관련하여 여러 문제에 봉착할 수 있기 때문에 교사는 이에 잘 대처할 수 있어야 한다. 셋째, 학교 현장에서 온라인 학습 환경이 충분히 갖추어져야 한다. 마지막으로 사이버 박물관을 활용한 수업에 대한 적절한 평가 도구가 잘 준비되어야 한다. 아직은 이러한 형태의 수업에 대한 연구가 많이 축적되지 않았기 때문에 충분한 평가 방식들이 개발되었다고 보기 어렵다.

〈표 3-16〉 국립 경주 박물관 VR 체험

▲ 국립 경주 박물관 홈페이지 VR 체험관[76)]

▲ 국립 경주 박물관 VR 체험 장면[77)]

〈표 3-17〉 증강현실 체험

▲ 5 · 18 광주 민주화 운동 증강현실 AR 체험
(5 · 18 광주 민주화 운동 기록관)[78)]

▲ 경천사지 10층 석탑 증강현실 AR 체험
(국립 중앙 박물관)[79)]

⑥ 생성형 AI

생성형 AI(generative artificial intelligence)는 인공 지능이 기존의 데이터를 학습하여 텍스트, 이미지, 오디오 등의 여러 콘텐츠를 만들어낼 수 있도록 한 시스템이다. 생성형 AI는 ChatGPT나 Gemini 등의 프로그램이 대표적이다.

생성형 AI는 교육 분야에서 다양한 용도로 활용할 수 있다. 자료를 요약하거나, 입력한 자료를 활용하여 새로운 글을 작성할 수도 있다. 이는 텍스트뿐 아니라 음악, 미술 등 무궁무진한 영역으로 가능성이 열려있다. 수업 교재로서 생성형 AI는 학습 내용을 질문하거나, 학습 내용을 요약하는 방식 등 교수학습 활동의 보조 도구로 활용할 수 있다. 글쓰기 수업의 도구로 활용하거나 교정하는 등의 보조 도구로서 도움을 받기도 한다. 혹은 삽화를 그려주는 생성형 AI 프로그램이나 스토리보드 댓,[80] 오토드로우[81] 등의 플랫폼을 활용하여 역사 만화를 그려보는 등의 제작 활동에 도움을 받을 수도 있다.

생성형 AI 교재를 활용한 한국사 수업의 장점은 접근성, 확장성, 참여성에 있다. 즉 생성형 AI를 활용하면 교사와 학습자로 하여금 한국사 수업 활동에 필요한 자료를 쉽게 접근할 수 있도록 해준다. 또한 개별, 모둠별 활동 모두에 활용할 수 있는 확장성을 가지고 있으며, AI 특유의 상호작용을 통해 학생들의 관심을 끌게 하여 수업 참여도를 높일 수 있다.

그러나 AI가 교육분야에 적용하는 데 한계도 있다. 첫 번째, '교육 자동화' 이슈이다. AI를 활용한 교육자동화는 시간과 노력을 절약할 수 있으나 과도한 의존은 교육의 질을 저하시킬 수 있다. 또한 개별 학습자의 독특한 필요나 상황을 완벽하게 파악하고 대응하기 어려울 수 있다. 이는 표준화된 교육내용이 학습자 개인의 필요나 관심을 충분히 반영하지 못하는 문제를 일으킬 수 있다.

둘째 학습자의 창의적 사고 능력 저하이다. AI가 제공하는 정보와 해결책에 지나치게 의존하면 학습자의 창의적 사고 능력이 저하될 수 있다. AI의 답변이나 해결책은 종종 최적화되어 효율적이지만 이는 학습자가 스스로 문제를 탐구하고 해결하는 과정을 경험하는 기회를 제한할 수 있다.

셋째, '평가 오류 또는 악용 사례'이다. AI 기반 평가 시스템은 객관성과 효율성을 제공하지만 오류가 발생하거나 악용될 위험이 있다. 예를 들어 AI가 특정 패턴이나 데이터에 기반한 평가를 수행할 때 이는 학습자의 다양한 표현방식이나 창의적인 답변을 적절히 평가하지 못할 수 있다. 역사적 사실과 관련된 내용이 다뤄지게 되는 한국사 수업의 경우 그 사실의 양이 방대하여 학생은 물론이고, 교사조차도 AI의 거짓말을 구분할 수 없는 상황이 발생할 수 있다.

넷째, AI 평가 시스템이 부정행위에 취약하거나 표절 등의 윤리적 문제를 명백하게 해결하지 못하거나 개인의 데이터를 부적절하게 사용하는 예도 발생할 수 있다. 생성형 AI는 특정인이나 특정 국가 등에 의해 의도성이 있는 설계가 되었을 경우, 일부 정치적 사건이나 사건에 대한 역사적 평가에 대해 물었을 경우 편향성이 나타날 수 있다.

마지막은 인간적인 상호작용 부족이다. 교육은 단순히 지식 전달 이상의 것이다. 인간적인 상호작용과 사회적 학습은 학습자의 정서적, 사회적 발달에 중요한 역할을 한다. 그러나 AI만으로는 학습경험의 모든 측면을 충족시킬 수 없다.

또한 생성형 AI를 수업에 효과적으로 활용하기 위해서는 오류가 있는 결과가 되도록 나오지 않게 하거나 이러한 결과가 나오더라도 이를 다시 정정할 수 있는 '질문을 잘 하는' 방법을 가르쳐야 한다.

따라서 교사는 생성형 AI를 사용함에 있어 다음의 사항을 유의할 필요가 있다. 첫째, 정확성의 문제이다. 생성형 AI는 종종 잘못된 정보를 제공하기 때문에, 이를 통해 확보한 자료의 정확한 출처와 내용 검증이 필요하다. 둘째, 의존성의 문제이다. AI에 대한 과도한 의존으로 인해 학생의 역사 사고력을 저해하고 비판적 사고 능력 발달에 방해가 될 수 있다. 셋째, 도덕성의 문제이다. 생성형 AI를 통해 쉽게 생성된 자료를 보고서와 같은 수업 활동 결과물로 제출할 경우 윤리적인 문제가 생길 수 있으며, 저작권 보호를 받는 많은 자료들이 무분별하게 악용될 수 있는 여지가 있다. 출처를 밝히는 연습과 표절 등에 대한 교육을 반드시 해야 한다.

[챗GPT를 활용한 역사 수업 방법]

1. 역사 지식 탐구에 활용하는 방법:
   사건, 인물 등에 대한 정보를 획득, 관련된 사료 정보를 얻고 수업에 활용하는 방법
2. 역사 인물 인터뷰 & 가상 대화:
   챗GPT를 통해 그 인물이 실제로 대화하듯 답하도록 인터뷰 & 가상 대화를 진행
   [예] 조선 광해군 - 신하 이원익과의 대화 구성하기
   관련 자료 찾기 → 신하 이원익에게 광해군의 입장에서 질문할 내용 작성하기
   → 챗GPT를 통해 대화하기 → 대화 내용 검증하기
3. 역사 속 '무엇이 달랐다면?' 가상 시나리오 작성하기:
   중요한 역사적 순간에 다시 돌아가 다른 선택, 다른 결정이 있었다면 어떤 역사가 전개될 것인지 상상하는 수업
   [예] 주제: 내가 백제 의자왕이었다면?
   관련 내용 학습하기 → 의자왕으로서 다른 가정법에 의거하여 백제를 다른 방식으로 통치한다는 전제 조건에서 챗GPT와 상호작용하면서 어떤 역사가 전개될 것인지 탐구
   → 결과 정리(실제 역사와 비교해 보기, 자신의 선택이 어떠했는지 평가해 보기 등)

⑦ 교육용 애플리케이션(Application for education)

애플리케이션(Application)이란 애플리케이션 프로그램, 즉 응용 프로그램의 줄임말이다. 애플리케이션은 애플리케이션 스토어 등을 통해 설치가 가능하며, 사용자 스스로 자신의 기호와 필요에 따라 다운받아 사용이 가능하다. 교육 애플리케이션은 그 종류와 수가 정말 많다. 퀴즈나 토론, 워크시트를 제공할 수 있는 Thinkerbell 앱, 찬반 토론 앱 등 수업 시간에 활용하면 유용한 앱이 상당히 많다. 이러한 교육 애플리케이션도 역사 수업에서 다양하게 활용할 수 있다. 이러한 교육 애플리케이션은 수업전반의 보조도구로서 학생 활동에 도움을 주는 앱이며 한국사 수업에서만 활용이 한정되는 것은 아니다.

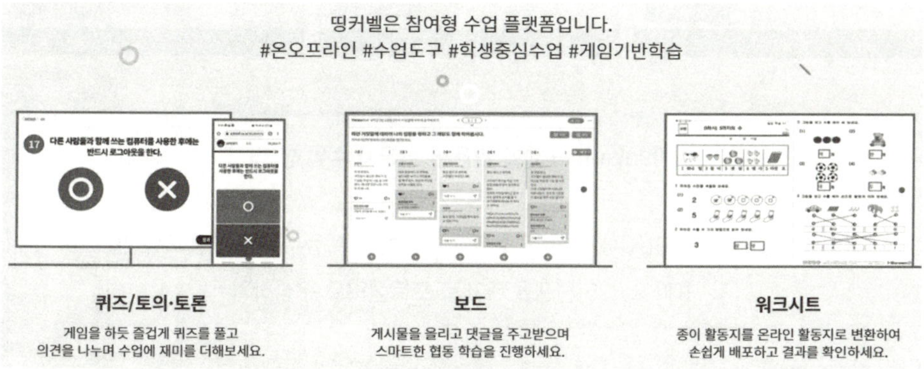

▲ Thinkerbell 앱 제공 수업 활용 기능

이와 달리 특별히 역사 수업에서 유용하게 참고할 만한 애플리케이션으로는 역사박물관 앱, 선사시대 앱, 문화유산 학습 앱 등이 있다. 국립 중앙 박물관의 경우는 박물관의 전시 및 해설 등을 앱을 활용하여 안내받을 수 있다. 역사학습에 있어서 유물과 유적을 통한 접근은 꼭 필요한 부분이다. 대부분의 시대가 유물·유적을 통해 역사적인 의미, 정보, 지식 등을 얻을 수 있지만, 특히 선사시대는 타 시대에 비해 유물·유적에 대한 이해가 가장 많이 필요한 시대이다. 그 이유는 선사시대는 문자가 없었던 시대였기 때문에 당시의 생활상을 유물·유적을 통해서 유추해야 하기 때문이다. 수업 시간에 교과서나 역사부도에 나와 있는 자료로는 당시의 상황을 충분히 살펴보지 못할 경우 이러한 애플리케이션을 이용해 본다면 좀 더 생생하고 흥미로운 역사 수업이 가능할 것이다. 또한 퀴즈, 게임 형식의 앱을 이용하여 수업을 전개한다면 학생들의 역사에 대한 흥미도는 더욱 높아질 수 있다.

〈표 3-18〉 앱을 활용한 돈화문 현장 체험 학습[82]

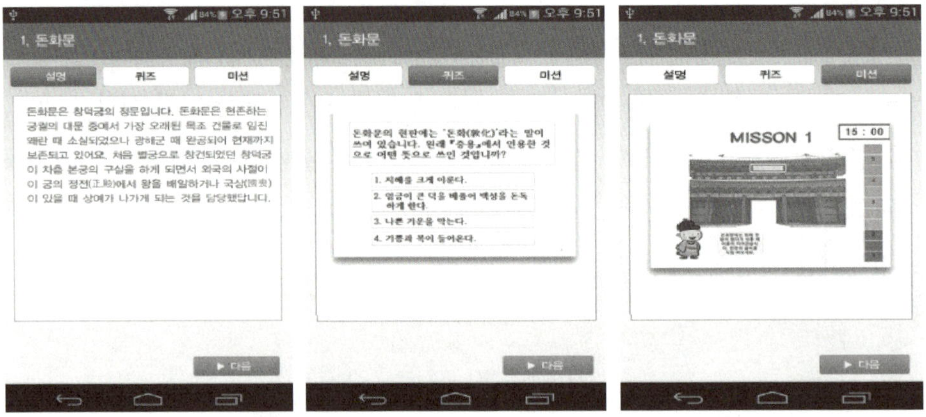

[Thinkerbell 앱을 활용한 한국사 수업 방법]

1. 포트폴리오 제작 수업
   학생에게 Thinkerbell 앱에서 탐구 주제와 관련한 포트폴리오를 만들도록 한다.

[예] 6 · 25 전쟁을 주제로 포트폴리오 구성하기

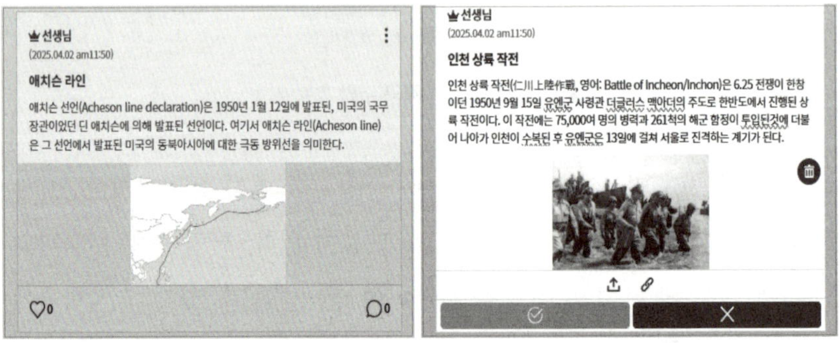

2. 연표 제작 수업: Thinkerbell 앱의 타임라인형 보드를 이용하여 연표 수업을 진행

[예] 국권 피탈 과정 연표 제작

3. 협업 수업 또는 토론 수업: Thinkerbell 앱에 팀별 보드를 만들어 협업 수업 또는 토론 수업 등을 진행할 수 있다. 팀원이 업로드한 자료라든가 의견에 대한 생각을 교환하는 데 용이하다.

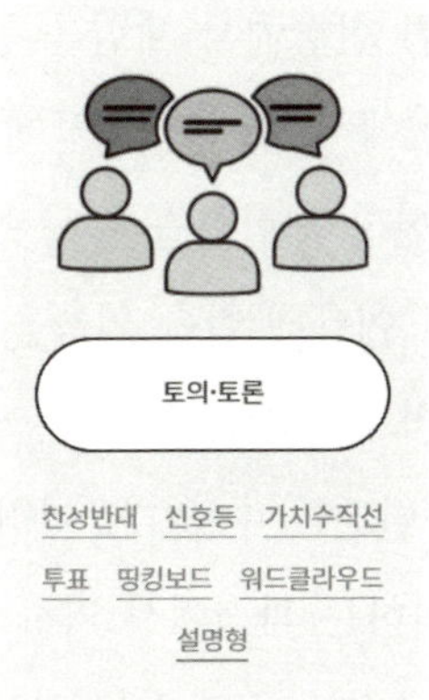

▲ 토의 · 토론형 보드

4. 퀴즈 · 게임 형식의 수업 진행
앱에서의 퀴즈와 게임 형식을 이용하여 수업을 진행하며, 형성평가로 활용하는 것도 좋은 방법이다.

그러나 애플리케이션을 활용한 교육에는 유의할 점이 있다. 애플리케이션에서 제공하는 게임이나 퀴즈 등의 형태로 구성된 학습 활동은 단순한 역사 사실이나 개념의 암기나 형성평가를 돕는 데에는 유용하지만, 그 이상의 고차원적인 사고력을 자극하는 활동으로 이어지기 어려운 면이 있다. 자칫 적절히 교사가 제어하지 않는 경우 학생들은 역사적 사실의 단순 암기가 역사 공부라고 오해할 수 있고, 단순하고 흥미로운 방식에 익숙해져 그 이상의 고등 사고능력을 학습하는 학습 활동으로 유연하게 이어지기 힘들 수 있다. 따라서 교사는 학생의 수준과 성향을 고려하여 적절하게 애플리케이션을 활용할 수 있어야 하며 때로는 애플리케이션을 자체 개발하여 수업에 적용해 볼 수 있어야 한다.

4) 체험 교재

① 현장 체험학습 교재

현장 체험학습은 학생이 직접 현장에서 체험을 통해 학습하는 것이다. 교실 내 교과서로 진행되는 강의식 수업에서 벗어나 현장에서 직접적인 경험을 통하여 구체적으로 이해하는 방법이다. 현장 체험학습은 학생이 사고력을 신장시키고, 동시에 연구심을 배양하며 호기심을 이용해 학습 의욕을 지속시키는 장점이 있다. 특히 현장 체험학습을 통해 그 역사적 장소가 품고 있는 역사적 인물들과의 대화를 통해 현재 나와 다른 인간의 모습을 발견할 수 있다. 이러한 인물들과 그 장소에서 대화를 하기 위해 준비하고, 또 대화하는 과정에서 역사적으로 사고하는 경험에 지속적으로 노출될 수 있다. 또한 그 장소가 품고 있는 역사적 사건과 인물에 대해 조사하는 과정에서 역사 자료를 수집 및 분석하고 자료를 증거 삼아 역사적 상황과 과거 인물의 사유 세계를 파악해 볼 수 있다.[83] 이 역사적 장소에서 현재 나와는 전혀 다른 정치·경제적, 사회·문화적 조건 및 상황과 상호작용함으로써 역사적 사고력을 향상시킬 수 있다.

교사가 학생과 현장 체험학습을 진행할 때, 학생들의 동기부여와 스스로 체험하는 활동을 위해 활동지와 같은 교재는 필수적이다. 학생들에게 현장 체험학습에 맞는 교재가 없다면 그저 눈으로만 둘러보는 관광에 가까운 답사가 될 수 있다. 따라서 교사가 학생들에게 유의미한 학습이라고 생각되는 것들로 교재를 제공하는 것이 필요하다.

현장 체험을 위한 교재는 학교 자체적으로 제작할 수도 있지만 박물관이나 해당 역사적 장소를 관리하는 기관에서 작성된 교재를 활용할 수도 있다. 또는 해당 유적이나 유물이 있는 지자체 기관의 홈페이지 등을 참고할 수 있다. 이를 통해 박물관, 궁궐 등 체험학습 장소에서 관련된 인물, 사건에 대한 정보를 제공받을 수 있으며, 코스별 미션과 퀴즈를 제공받아 활용해 볼 수 있다.

〈표 3-19〉 국립중앙박물관 교육 통합 플랫폼 '모두(MODU)' 제공 교재[84)]

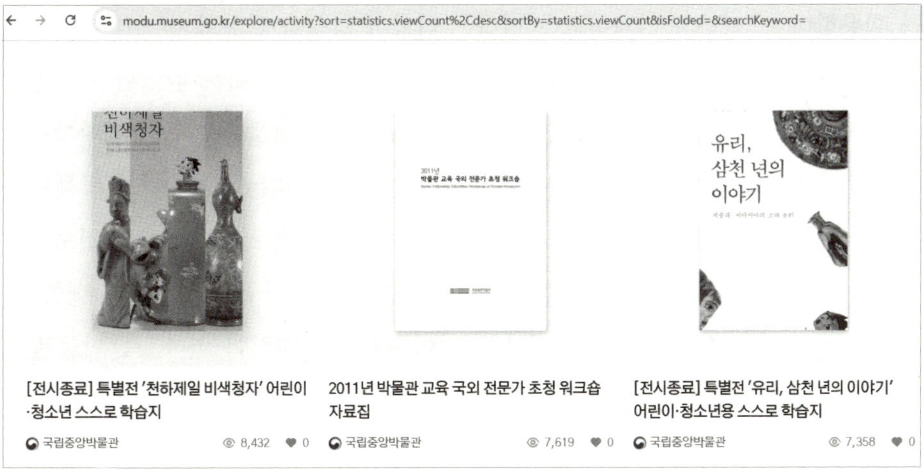

학생의 능력과 흥미도 등 여러 고려 사안에 따라 현장 체험 학습 교재를 교사 중심으로 개발할 수도 있고, 학생들에게 모둠별로 관련 자료집을 작성하도록 할 수 있다. 가령 개항 이후 급진개화파의 활동을 중심으로 장소를 탐방하는 계획을 세웠다고 한다면 주로 교과서에서 확인할 수 있는 내용을 중심으로 관련된 사건과 인물을 조사하게 한다. 이러한 기초 조사를 마치면 다음으로 심층 탐구를 해보고 이러한 결과물을 바탕으로 자료집을 개발할 수 있다. 자료집에는 활동지를 포함시킬 수 있으며, 심층적으로 학습한 내용 모두 담기보다는 가서 보아야 할 것들에 대한 간단한 설명과 이미지 자료, 그리고 생각하도록 유도할 수 있는 질문을 넣는 방식으로 구성시킬 수 있다.

② 박물관 교재

박물관은 좋은 한국사 수업 자료의 하나라고 볼 수 있다. 종래 박물관은 학교에서 학습한 역사를 확인하거나 보완하는 장소로 여겨졌다. 그에 따라 기존의 우리나라 박물관 교육은 대체로 학생들로 하여금 박물관에 전시된 유물들에 대한 정보를 기록하는 수준이며, 무비판적으로 민족 정체성을 확인하고 민족 문화의 우수성을 확인하는 역할에 그쳐왔다.[85)] 그러나 최근 교육에서 현장 체험 학습이 강조되면서 학교 단위 또는 학생 개별의 자발적 박물관 전시 관람도 증가하고 있다. 정부가 고시한 역사과 교육과정에서도 "유형의 문화유산뿐 아니라 무형의 문화유산도 적극 활용한다.", "역사를 기억하고 기념하는 다양한 방식을 활용할 수 있다. 기념관이나 박물관은 방문 견학뿐 아니라 누리집에서 온라인 전시로 감상할 수 있고, 전시의 맥락과 강조점을 분석할 수 있다."라고 언급하며 박물관을 통한 역사학습의 중요성을 언급하였다. 그 활용도와 중요성이 점차 높아지는 만큼, 이제 박물관을 통한 역사교육은 박물관의 전시 의도를 관람객에게 효과적으로 전달하는 것보다는 관람자가 박물관으로부터 얻은 경험과 역사학습을 어떻게 주체적으로 수행할 수 있게 만드느냐에 주목해야 하는 단계에 접어들었다는 지적이 있다. 즉 박물관을 통한 역사교육의 핵심 문제는 사실, 지식, 가치관과 같은 것들을 단순히 주입하는 기존의 피동적인 상태를 극복하고, 학습자가 박물관을 통해 스스로 지식을 생성해 나가는 '생생한 경험의 장'이 되어야 한다는 것이다.[86] 이는 박물관은 결코 '중립적인 공간'이 아닐 수 있다는 다음과 같은 비판적 인식에서 출발한다. 박물관에서 전시물에 대한 해설을 제시하는 방식은 마치 매우 객관적이고 중립적인 '사실'만을 제시하는 것처럼 인식될 수 있으며, 박물관의 해설을 절대적이고 가장 권위 있는 지식으로 인식하게 하여 다른 해설의 가능성을 생각하지 못하게 할 수 있다.[87] 또한 사회적으로 공인된 제도로서의 박물관은 또 하나의 권력의 장으로, 제도로서의 박물관은 국가적 이데올로기는 물론 지역사회의 지배계층의 정치적 함의와 관련을 가지기도 한다.[88]

마커스(Marcus) 등은 역사 수업에서 박물관을 활용할 때 학생들이 여러 탐구 및 사고능력을 개발할 수 있다고 주장하였다. 그는 박물관을 활용한 역사 수업에서 이러한 능력을 개발하기 위한 과정으로 7가지를 제시하였는데, ⓐ 역사적 증거를 분석, 종합, 평가하기 ⓑ 역사적 감정이입 ⓒ 역사적 내러티브(Narative)를 검토하고, 의미를 탐구하기 ⓓ 원인과 결과 이해 등과 같은 역사적 사고 기능에 대해 알고, 연습하고, 향상시키기 ⓔ 과거와 현재 연결하기 ⓕ 현재주의를 인식하고 설명하기 ⓖ 논쟁적인 쟁점에 대해 토론하기 등을 거론하였다.[89]

위에 마커스가 제시한 과정 중에서 특히 역사 내러티브에 주목할 필요가 있다. 내러티브는 학습자가 능동적인 활동을 이끌어내는 중요한 교육 방법이기 때문이다.[90] 또한 박물관에서의 전시물은 그 자체로 존재하는 것이 아니라 여러 전시물과 함께 하나의 내러티브를 구성한다. 그 전시물에 주어진 해설도 그러한 내러티브의

연장선상에 있다.[91)]

'내러티브'의 유형은 '있는 내러티브'와 '만든 내러티브'로 제시할 수 있다. '있는 내러티브'는 박물관에서 전시하고 있는 유물과 관련된 사실적인 내러티브를 말한다. '만든 내러티브'는 유물이나 작품을 감상하면서 관람자가 상상력을 발휘하여 '있는 내러티브'와 상관없이 학습자가 창작한 내러티브를 말한다.[92)] 〈표 3-20〉처럼 박물관을 활용한 수업의 내러티브 만들기의 유형은 3가지로 제시할 수 있다. 〈유형 1〉은 박물관의 전시물을 이해하고 내면화하는 데 도움이 된다. 〈유형 2〉, 〈유형 3〉은 박물관 전시물 읽기에서 알게 된 정보를 맥락적으로 연결해 보는 데 유용하다.

〈표 3-20〉 박물관을 활용한 한국사 수업에서 내러티브 전략[93)]

유형	1단계	2단계	3단계
유형 1	유물 읽기 →	'있는 내러티브' 알아보기	
유형 2	유물 읽기 →	내러티브 만들기	
유형 3	1차 내러티브 만들기 →	유물 읽기 →	2차 내러티브 만들기

[내러티브 전략에 따른 박물관 학습 사례]

1. 박물관에 전시된 고려 상감청자 학습하기(위 〈표 3 - 21〉 적용)
   1) 1차 내러티브 만들기: 고려 상감청자와 관련하여 상상하여 이야기 만들기
   2) 고려 상감청자를 기호학적 관점, 미학적 관점, 역사적 관점에서 읽기
   3) 2차 내러티브 만들기: 고려 상감청자에 대해 알게 된 내용을 활용하여 이야기 제작

2. 내러티브 설명 방식 활용하여 학습하기[94)]
   1) 교과서 내용, 박물관 제공 정보를 참고하고 학습자의 수준을 고려하여 내러티브 시나리오를 작성
   2) 위에 작성된 시나리오 설명에 의거하여 박물관 수업을 진행함. 이때 내러티브 시나리오에는 역사 사고력을 향상시킬 수 있도록 시간변화, 역사적 상상, 인과관계, 가치판단의 요소를 반영함.

(가령 선사 시대의 토기에 관련하여 수업한다고 가정하였을 때, 내러티브 시나리오에는 시간변화의 부분으로 빗살무늬 토기를 사용했던 신석기시대 모습과 청동기로의 변화가 포함된다. 인과관계로서 빗살무늬 토기가 붉은색인 이유와 반달갈 모양인 이유를 설명한

다. 역사적 상상의 요소로 빗살무늬 토기에 구멍이 뚫려있는 이유를 당시의 생활 모습에서 추정해 볼 수 있다는 점을 설명한다. 가치판단의 요소로 신석기시대에 농사가 시작되기는 했지만 농사가 많은 비중을 차지하지 못했던 내용을 포함한다.)

일반적으로 교사는 박물관 수업을 하기 전에 충분히 학생들에게 '관람 매너'에 대해 안내하고, 과제를 미리 제시해 주는 것이 좋다. 또한 관람 이후 학교 수업으로 돌아와 전체 학생들의 발표와 소감문 등을 통해 피드백과 토의하는 시간을 가지도록 한다.

③ 지역사 교재

향토사 교육은 지역사 교육이라는 개념보다 먼저 사용되었다. 그러나 향토사 교육이 향토애와 국가·민족애를 강조한 것에 대한 반성이 있었고, 이후 지역사 교육이라는 개념이 서서히 정착되었다. 지역사 교육은 학생들의 경험과 거리가 먼 중앙의 시각으로 구성된 역사가 아닌 경험할 수 있는 지역사를 다룬다.[95] 지역사는 생활공간으로서의 지역을 대상으로 한다. 지역은 국가나 행정구역을 넘어 탄력적으로 재구성할 수 있는 역사와 문화를 포함하는 개념이다. 국가보다 하위 단위인 지방도 지역이며, 여러 국가를 포함하는 동아시아도 지역이란 개념에 포함된다. 그런 의미에서 지역사는 혼종적인 시공간에 대해 주민이 공유하는 집합 기억 또는 대항 기억으로 쓰는 역사의 의미가 강하다. 지역민의 삶이 전개된 장소를 중심으로 다원적이고 주체적으로 역사를 구성할 수 있다. 지역사는 국가사를 비판적으로 인식하고 지역민의 관점으로 역사를 인식한다는 점에서 주목받고 있다.[96]

지역사 연구와 관련된 자료는 각 지자체나 시도별 교육청, 단체에서 개발한 교재들을 참고할 필요가 있다. 대표적인 경우로 중학교 교육과정으로 개발된 교과서 『부산의 재발견』, 부마 민주 항쟁 기념재단에서 만든 『우리들의 부마』를 들 수 있다. 교사는 지역사 수업을 준비하기 위하여 지역사 연구 사례를 꼼꼼히 찾아볼 필요가 있으며, 최근 발간되는 검인정 한국사 교과서에서도 지역사와 관련한 내용을 찾아볼 수 있다. 또한 지역의 문화유산, 박물관 등과 연계하여 지역사 수업을 펼쳐볼 수도 있다.

〈표 3-21〉『부산의 재발견』 & 『우리들의 부마』

 ▲『부산의 재발견』 표지	 ▲『우리들의 부마』 표지
『부산의 재발견』 교과의 목표는 부산의 중학생들로 하여금 부산 지역의 정치, 경제, 사회, 문화 등 다양한 영역에 대한 식견을 키우고, 이를 바탕으로 문화적 다양성과 독특성을 이해하고, 보다 살기 좋은 부산을 만드는 데 요구되는 공동체 의식을 갖도록 하는 데 있다.	1970년대 부산 및 마산의 경제。사회적 상황, 지역 노동자의 일기 등의 자료를 제시함으로써 부산 · 마산 지역의 사람들이 이 시기에 어떤 상황에 놓여 있는가를 구체적으로 이해할 수 있다. 또한 더 나아가 부마 민주 항쟁이 지역의 관점에서 유신 체제를 몰락시킨 아주 중요한 민주화 운동으로 평가될 수 있다는 점을 강조하고 있다.

이러한 지역사 교육의 방향은 중앙 중심의 추상적인 역사에서 벗어나 학생들이 스스로 학습의 주체가 되고, 주체적 입장에서 역사를 인식하는 것이다. 그러나 나와 가족, 그리고 지역이 역사학습의 소재가 된다고 해서 지역사를 온전히 학습했다고 보기는 어렵다. 지역사 학습에서 중요한 것은 지배적인 역사 인식과 상충되는 관점을 제시하여 학생들이 다층적, 다원적 역사 해석을 배울 수 있게 해야 한다.[97]

[4 · 3 사건을 주제로 한 지역사 학습 사례]

1. 4 · 3 사건과 관련하여 교과서 서술 확인하기
   교과서 내용을 확인하면서 질문 만들기
   [예] 왜 제주 지역에서 일어났는가?
2. 지역사 학습하기
   1) 나로부터 출발하기
      ① 나와 관련된 가족, 지역 주민 등으로부터 역사적 사건과 관련된 경험 듣기
      ② 구술사 아카이브, 4 · 3 사건과 관련한 디지털 자료 검색 등을 통해 자료 수집
   2) 지역의 관점에서 바라보기

① 국가적 시각에서 4 · 3 사건을 바라보던 관점을 정리하고, 이와는 다른 제주 지역의 시각을 학습

② 광복 이후부터 4 · 3 사건 발발 전까지 제주 지역의 정치 · 사회 · 경제 등 다양한 측면에서 역사적 상황을 분석

③ 4 · 3 평화 공원, 사건과 관련한 장소를 답사

3) 토론, 글쓰기 등의 학습으로 전개

학습한 내용을 바탕으로 역사 논술, 역사 신문 만들기, 토론 등을 통해 자신만의 역사관을 구축하고 제주 4 · 3 사건에 대한 의미 규정을 해보는 시간을 가짐

5) 교사 제작 교재

① 학습지 제작 방법

가. 학습지 제작의 필요성과 제작 방법

학교 현장에서 교사는 자신이 생각하는 수업 진행을 위해 교재를 제작하는 경우가 많다. 교육 전반이나 교실 수업을 보면 교사의 관점, 수업을 통해 학생들에게 성취시켜야 할 목적이 무엇인지에 대한 생각이 반드시 같은 것은 아니다. 학교나 교실의 여건, 학생들의 상황에 맞추어 교재의 내용이 바뀔 필요성이 있다. 그러나 교과서와 같이 전체 학생들을 대상으로 만든 교재는 교실이나 학생의 상황을 모두 세심하게 반영할 수는 없다. 또한 역사라는 학문의 특성상 수업을 지도하는 교사마다 역사관이 상이하기 때문에, 역사적 사실에 대한 관점과 해석이 다를 수밖에 없다. 교사가 역사 교재를 직접 만들어 사용하는 것은 이러한 문제들에 대한 고민 속에서 나온 것이다. 교재 제작은 교사가 생각하는 다양하고 유연한 학습 형태를 실현하는 방안이다. 또한 수업에 가장 적절한 교재를 제작함으로써 학습의 효과를 증대시키며, 학생들의 흥미도와 사고력을 향상시킬 수 있다.

학습지를 제작하기 위한 절차는 아래 표와 같이 기획, 설계, 제작의 단계를 거친다.[98] 그리고 이렇게 만든 교재를 실제 수업에 적용하여 평가하고 수정하는 단계가 이어진다. 교사가 제작한 교재는 사용 과정에서 나타난 문제점을 확인하고 보완해야 한다. 교육과정상 타당성, 수업 목적 달성 여부, 수업 후 학생들의 사고력 향상 등이 주된 검토 대상이다.

기획	설계	제작
① 학습자 진단 (학생의 흥미도, 수준 고려) ② 교재 제작에 소요되는 시간, 비용 등 고려	① 수업목표 설정 ② 학습 내용 선정 ③ 수업 형태, 학습활동 선정 ④ 학습 지도안 작성	① 관련 자료 수집, 검토 ② 교재 내용 구성 ③ 평가 내용 수록 (형성평가, 수행평가 등)

나. 제작 교재의 형태

제작 교재의 형태에는 학습 자료형 교재와 학습 정리형 교재로 나누어 볼 수 있다. 우선 학습 자료형 교재는 학생들에게 학습자료를 보충하여 제시하고자 하는 목적으로 제작된 학습지 유형이다. 주로 교과서의 보조 자료로 활용되며 교과서에 제시된 자료 외에 해당 주제와 관련된 다양한 문헌 자료, 사진, 그래프, 통계자료 등이 보충되어 있다. 학습 자료용으로 학습지를 제작하는 경우 교사는 단순하게 자료만 나열하여 배치하기보다 학생들이 이를 활용한 학습 활동을 함께 구상하여 제시하는 것이 좋다. 즉 역사적 쟁점에 대한 상반된 두 입장을 함께 제시할 경우, 학생들이 각각의 입장을 읽고 글로 정리해 보는 활동, 이어 그중 한 가지 입장을 정해 자신의 글을 써보게 하는 활동을 할 수 있는 공간을 함께 마련하는 것이다.

[논쟁형 학습지 사례]

1. 1876년 강화도 조약 체결 과정 정리
2. 강화도 조약 각 내용과 일본의 의도 정리
3. 조일 수호 조규 부록, 조일 무역 규칙 내용과 영향 정리
4. 강화도 조약 평가하기 (모둠 학습 + 역사 신문 사설 쓰기)
   1) 강화도 조약이 역사 발전에 긍정적이었는지 부정적이었는지 자신의 의견 작성하기 (긍정인지, 부정인지를 명확하게 입장을 정하고, 그에 대한 근거를 2개 이상 쓰기)
   2) 모둠원과 이야기하고 모둠원의 생각을 정리하기
   3) 모둠원의 의견과 자신의 의견을 비교하고, 강화도 조약에 대한 평가에 관한 개인의 입장 정리하기
   4) 강화도 조약 평가에 대한 최종적 입장에 따라 역사 신문 사설 작성하기

다음으로 학습 정리형 교재는 교과서 내용 등 학습 내용을 쉽게 정리하도록 돕기 위해 개조식으로 정리한 형태의 교재이다. 학습 정리용 학습지는 실제 현장에서 가장 흔히 쓰이는 형태이기도 하다. 많은 교과서 출판사 사이트에서는 이러한 유형

의 학습지를 자체적으로 제작하여 교사들이 활용할 수 있도록 제공하고 있기도 하며, 여러 학습용 참고서들이 이러한 형태로 내용 정리를 하고 있기도 하다. 하지만 이러한 유형의 학습지는 학습 내용을 단순 암기의 대상으로 인식하게 한다는 지적을 받아 왔다. 여러 맥락과 가능성, 추론의 틈을 지우고 내용 요소만 나열하여 제시하는 학습 정리 형태는 학생들의 깊이 있는 사고 과정을 제한한다. 또한 학생들은 제시된 내용을 습득하는 수동적인 학습자로 제한할 수 있다. 그럼에도 불구하고 학습 정리용 학습지는 각종 시험을 대비해야 하는 학생의 입장에서는 효과적인 교재일 수 있다.

② 학습지 제작 시 유의 사항

학습지를 제작은 위에서 언급했듯이 반드시 평가와 검토, 수정이 필요하다. 교사는 종종 잘못된 학습지를 제작하는 경우가 몇 가지 있다.

첫째, 학습자의 수준을 고려하지 않은 학습지의 사례이다. 학생의 역사 사고력과 문해력을 생각하지 않고 원사료를 학습지에 배치한다면 학생들이 흥미도를 잃고 교과에 대한 자신감을 상실할 수 있다. 고대사 수업 시간에 『삼국사기』, 『삼국유사』 등의 자료를 참고하여 학습지를 구성한다고 하였을 때, 국역이 되었다 하더라도 사료에는 이해하기 어려운 고문 표현과 단어들이 많을 수 있고, 역사적 정황에 대한 지식이 부족할 때 글을 파악할 수 없게 된다.

둘째, 교사의 지나친 편향된 주관이 개입된 학습지는 잘못된 사례 중 하나일 수 있다. 가령 조선 광해군의 정책을 평가하는 수업을 구성하였을 때 읽기 자료로 제시된 글들이 광해군의 정책을 높이 평가하는 글들로만 채워졌을 경우에는 학생들이 균형 잡힌 판단을 하지 못할 수 있다.

셋째, 학생의 사고력 향상에 큰 도움이 되지 못하는 학습지를 만드는 경우가 있다. 전술했듯이 학습 정리용 교재는 학생들이 파악한 내용 지식이 무엇인가를 확인하는 경우가 많아 학생들의 역사 사고력 신장에 효과적이지 못한 경우가 있다. 학습을 정리하는 활동을 하더라도 학생들이 지식의 단순 암기 여부만을 묻기보다는 논술형 글쓰기 등 다양한 활동을 통해 학습을 정리하는 방안을 학습지에 반영할 필요가 있다.

한국사 교재 참고 자료

1. 한국사 관련 사료 번역서 및 사료 사이트

구분	내용
사료 번역서	서의식 외, 『뿌리 깊은 한국사 샘이 깊은 이야기』, 가람기획, 2016 박재우 외, 『사료로 보는 한국사의 변동』, 성균관대학교출판부, 2019 신주백 외, 『40 주제로 이해하는 한국사』 사료 독해, 씨마스, 2019 이정복, 『논점 한국사 사료집성』, 국학연구원, 2000 전국역사교사모임 편, 『심마니 한국사』, 역사넷, 2000 홍성화 외, 『사료로 읽는 우리 역사』, 건국대학교출판부, 2023 강종훈, 『사료로 본 한국고대사』, 지성과 인성, 2021 윤유숙, 『근세 한일 관계 사료집』, 동북아 역사재단, 2024 김삼웅, 『사료로 보는 20세기 한국사』, 가람기획, 1997 이연복, 『사료 한국사』, 신서원, 1998 윤용혁, 『사료 한국문화사』, 공주대학교출판부, 2006
사료 사이트	한국종합고전DB(https://db.itkc.or.kr) 국가기록원(http://www.archives.go.kr) 국가법령정보센터(http://www.law.go.kr) 국립중앙박물관(http://www.museum.go.kr) 국사편찬위원회 우리역사넷(http://contents.history.go.kr) 국사편찬위원회 한국사 데이터베이스(http://db.history.go.kr) 동북아역사재단 동북아역사넷(http://contents.nahf.or.kr) 국가유산청 국가문화유산포털(http://www.heritage.go.kr) 오픈아카이브(http://archives.kdemo.or.kr) 한국교육개발원 교육통계서비스(http://kess.kedi.re.kr) 5 · 18기념재단(http://www.518.org)

2. 한국사 수업 관련 지도 정보

구글 어스	https://www.google.com/intl/ko_ALL/earth
백지도 다운로드 사이트	국토지리정보원 https://www.ngii.go.kr/child/content.do?sq=149
한국사 역사지도 관련 서적	김용만 · 김준수, 『지도로 보는 한국사』, 수막새, 2004 한국교원대학교 역사교육과 교수진, 『아틀라스 한국사(개정판)』, 사계절, 2022 존 레니 쇼트, 『지도 밖으로 꺼낸 한국사』, 서해문집, 2015 타블라라사 편집부, 『에이든 우리나라 역사지도』, 타블라라사, 2020

3. 한국사 관련 그림 및 사진 자료 참고 단행본

단행본	손영옥, 『한 폭의 한국사』, 창비, 2012 서중석, 『사진과 그림으로 보는 한국현대사』, 웅진지식하우스, 2005 이병호, 『미술 시간에 한국사 공부하기』, 웅진지식하우스, 2019 이규헌, 『사진으로 보는 근대 한국』 上, 서문당, 1986 박찬영 외, 『한국사를 보다』 1~5, 리베르스쿨, 2011 차경호 외, 『한 컷 한국사』, 해냄에듀, 2022 심상섭, 『역사의 흐름을 담은 사진: 한국사 길잡이를 위한 사진집』, 책과 나무, 2018 석화정, 『풍자화로 보는 러일전쟁』, 지식산업사, 2007 홍순대, 『그림 속에 숨겨진 조선 역사』, 인문서원, 2020 윤진영, 『조선 시대의 삶 풍속화로 만나다』, 다섯수레, 2015 장혜숙, 『조선과 서양의 풍속화』, 동연, 2024 윌리엄 그리피스, 양상현 · 유영미 편, 『그리피스 컬렉션의 한국사진』, 눈빛출판사, 2020 권혁희, 『조선에서 온 사진엽서』, 민음사, 2005

4. 한국사 수업에 활용될 수 있는 역사 영화 목록[99)]

시대	역사배경	영화명	제작연도
고대	삼국시대	천년호	2003
	삼국시대	황산벌	2003
	발해말기	무영검	2005
	삼국시대	평양성	2011
	삼국시대	안시성	2018
고려	고려말기	비천무	2000
	고려말기	무사	2000
	고려 무신시대	협녀, 칼의 기억	2015
조선	조선 정조	영원한 제국	1994
	조선 정조	귀천도	1996
	조선 철종	취화선	2002
	조선 인조	청풍명월	2003
	조선 고종	혈의 누	2004
	조선 연산군	왕의 남자	2005
	조선 세종	신기전	2008
	조선 인조	최종병기 활	2012
	조선 광해군	광해, 왕이 된 남자	2012
	조선 철종	군도: 민란의 시대	2014

시대	역사배경	영화명	제작연도
	조선 영조	사도	2015
	조선 선조	명량	2016
	조선 인조	남한산성	2017
	조선 선조	한산: 용의 출현	2022
	조선 선조	노량: 죽음의 바다	2023
구한말	동학농민운동	개벽	1991
	1901년	이재수의 난	1998
	대한제국	가비	2012
	대한제국	덕혜옹주	2016
일제강점기	1920년대	아나키스트	2000
	1910년대	YMCA 야구단	2002
	1900년대	도마 안중근	2004
	1940-60년대	바람이 파이터	2004
	1920년대	청연	2005
	1930년대	기담	2007
	1930년대	라디오 데이즈	2008
	1940년대	원스어폰어타임	2008
	1930년대	모던보이	2008
	1900년대	하얼빈	2024
한국전쟁	한국전쟁	아름다운 시절	1998
	한국전쟁	흑수선	2001
	한국전쟁	태극기 휘날리며	2003
	한국전쟁	웰컴 투 동막골	2005
베트남전	베트남전쟁	님은 먼곳에	2008
현대	1979년	아름다운 청년 전태일	1995
	1976-96년	친구	2001
	1980년대	이중간첩	2003
	1986년	살인의 추억	2003
	1968-71년	실미도	2003
	1978년	말죽거리 잔혹사	2004
	1950-60년대	역도산	2004
	1950-70년대	하류인생	2004

시대	역사배경	영화명	제작연도
	1960-70년대	효자동 이발사	2004
	1979년	그대 그사람들	2005
	1988년	홀리데이	2005
	1986년	극락도 살인사건	2007
	1960-70년대	천년학	2007
	1991년	그놈 목소리	2007
광주민주화 운동	광주민주화	꽃잎	1996
	광주민주화	박하사탕	1999
	광주민주화	오래된 정원	2006
	광주민주화	화려한 휴가	2007
포스트 모던	포스트 모던	2009 로스트메모리즈	2002
	포스트 모던	천군	2005
	포스트 모던	한반도	2006
분단한국	분단한국	쉬리	1998
	분단한국	간첩 리철진	1999
	분단한국	공동경비구역 JSA	2000
	분단한국	태풍	2005
	분단한국	국경의 남쪽	2006

5. 구술 사료 제공 사이트

기관명	홈페이지/메뉴
5 · 18기념재단	https://518memory.org
국가기록원	https://www.archives.go.kr (기록물 열람)
공훈전자 자료관	https://e-gonghun.mpva.go.kr/diquest/Search.do
한국문화예술위원회 아르코예술기록원(DA-Arts)	https://www.daarts.or.kr (기획컬렉션)
전자사료관	https://archive.history.go.kr/search/searchResult.do
한국독립운동정보시스템	https://search.i815.or.kr/main.do
민주화운동기념사업회	https://www.kdemo.or.kr/data/exhibit/gnrlDataList.do (open아카이브, 일반 자료실)

기관명	홈페이지/메뉴
부산촛불아카이브	http://iiiarchives.org
국립여성사전시관	https://eherstory.mogef.go.kr (온라인 박물관)
제주4 · 3연구소	https://www.jeju43.org (4 · 3관)
국립 스포츠 박물관	https://kspo.or.kr/sportsmuseum (온라인 자료실)
태평양전쟁희생자 유족회	http://www.victims.co.kr
한국구술사연구소	https://www.oralhistory.kr
한국영상자료원	https://www.koreafilm.or.kr (컬렉션 - 구술 컬렉션)
한국학자료 통합 플랫폼	https://kdp.aks.ac.kr
KBS 현대사 아카이브	https://archives.kbs.co.kr
근현대사 아카이브	https://archive.much.go.kr/index.do

6. 통계 자료 사이트

기관명	사이트 주소
국가 기록원	www.archives.go.kr
국립중앙도서관	www.nl.go.kr
전쟁 피해 통계	https://www.archives.go.kr/next/newsearch/listSubjectDescription.do?id=006351&sitePage=
한국사 데이터베이스	https://db.history.go.kr
국가 통계 포털	https://kosis.kr/index/index.do
해외 통계 포털	https://www.kostat.go.kr/foreignStatistics/frgnStatIntegrate.jsp
분야별 통계사이트	https://www.motie.go.kr/kor/contents/108
한국은행 경제 통계	https://ecos.bok.or.kr/#
대통령 기록관	https://pa.go.kr/index.jsp

CHAPTER

04 한국사 수업의 방법

1. 수업 방법론의 필요성

수업은 교사가 교직 생활을 하면서 중요하게 여겨야 할 필수 요소이다. 수업 준비가 잘 되어 있지 않으면 교사는 교실에 들어가 학생 앞에 서기에 불안한 마음이 앞선다. 학생이 생각하는 '좋은 교사'나 '능력 있는 교사'는 수업을 잘 하는 교사가 제일 일반적이다.

신규교사나 저(低) 경력 교사는 자신의 학창시절 한국사 선생님의 수업 방법을 막연하게 떠올리며 수업 방법에 대해 고민할 수도 있고, 교생 실습을 하면서 참관했던 수업을 떠올리며 수업을 설계해 볼 수도 있을 것이다. 그러나 이렇게 개인의 경험에 의존한 수업 방법에 대한 고민은 체계적이지 않고 각각의 경험차이로 인해 고안한 수업 방법도 한정적일 수밖에 없다. 또 신규교사만 수업 방법에 대해 고민해야 하는 것이 아니라 경력이 더해질수록 더욱 다양한 고민이 필요할 수 있다. 체계적인 수업 방법론에 대한 인식이 필요한 이유이다. 처음 역사교사를 준비할 때부터 수업 방법론에 대해 체계적으로 구분해 보고, 자신만의 수업 방법을 고민하면서 발전시켜 나가려는 노력이 '수업을 잘하는 선생님'이 되는 데 꼭 필요한 요소라고 할 수 있겠다.

2. 수업 방법론의 다양한 구분

역사 수업의 방법은 다양한 기준에 따라 구분된다. 먼저 내용구성에 따라 사건학습, 인물학습, 개념학습, 주제학습, 시기학습, 비교학습 등으로 구분하고, 교수-학습활동에 따라 설명식 수업, 이야기식 수업, 탐구식 수업, 문답식 수업, 글쓰기 수업, 극화수업, 토론식 수업, 만들기 수업, 역사 신문 만들기 등으로 구분하는 방법이 일반적으로 활용된다.[1] 또한 역사 교재의 종류를 교과서, 시각자료, 사료, 문학작품과 시사자료, 박물관자료, 영상자료, 컴퓨터자료 등으로 구분하기도 한다.[2] 이러한 구분은 그동안의 연구 성과 및 다양한 수업 방법론의 발전에 따라 나뉘게 된 것이지만, 실제 학교 현장에서 교사가 이 중 한 가지 수업 방법만을 선택하여 수업하는 일은 드물다.

〈표 4-1〉 서로 다른 기준들이 섞여 있는 수업 유형 사례

내용구성에 따른 구분 + 교수-학습활동에 따른 구분	교수-학습활동에 따른 구분 + 역사 교재의 종류에 따른 구분	역사 교재의 종류에 따른 구분 + 내용구성에 따른 구분
• 주제 탐구학습 • 역사 인물과 관련한 글쓰기 수업	• 영화를 활용한 토론식 수업 • 두 가지 사료를 비교 탐구하는 학습	• 사료를 활용한 인물 학습 • 영화 비교학습

다음은 실제 수업의 사례에서 다양한 수업방식이 어떻게 하나의 수업에서 활용되고 있는지 그 중첩성을 살펴보고자 한다.

〈다양한 수업방식을 활용한 사례〉

고등학교 신규교사 A씨는 1학년 교과 담임을 하면서 국어 교과 선배교사에게 한국사·국어 융합 수업을 제안받았다. 이는 1학년이 가는 제주도 현장체험학습 직전에 학생들에게 의미 있는 현장체험학습이 되었으면 좋겠다는 전체 교사들의 논의에서 비롯된 것이었다. 소설 '순이 삼촌'을 읽고 제주 4·3 사건과 관련한 역사 수업을 통해 교과 간 상호 작용을 기대하고, 현장체험학습 일정에서 학생들이 제주 4·3 평화 공원을 방문했을 때, 의미 있는 체험학습이 될 수 있도록 한다는 것이었다. 이를 위해 국어 교과 선배교사와 A씨는 크게 4차시의 수업을 준비하였다.

• 1차시: 한국사 수업 중심으로 한국사 교사가 교과서를 활용하여 제주 4·3 사건에 대해 개략적으로 설명한다. 국어교사가 보조하여 소설 '순이 삼촌'을 읽을 때 역사적 사실의 어느 부분을 중요하게 인지하고 독서하면 좋은지 안내한다.
• 2차시: 국어 수업 중심으로 학생이 책을 읽고, 느낀 점, 어려운 내용, 궁금한 점 등을 사전에 작성하여 활동지를 제출하도록 한다. 역사교사가 보조하여 어려운 내용이나 궁금한 점 등에서 추가적으로 설명하여야 할 유의미한 역사 내용지식이 있다면 보충한다.
• 3차시: 현장체험학습 일정의 4·3 평화 공원 방문으로, 한국사 교사와 국어 교사가 함

께 학생들을 인솔하여 기념관 안의 내용을 설명하고, 이후 학생들이 공원 곳곳의 상징적 의미가 있는 조형물을 찾아보도록 한다.
- 4차시: 현장체험학습에 다녀온 이후 제주 4·3 사건과 관련한 활동을 정리하며 문학작품으로서의 '순이 삼촌'을 읽은 감상문과 현대사 사건으로서의 4·3 사건을 정리한 보고서를 작성하도록 하고 이를 수행 평가에 반영한다.

역사수업 교재의 경우 교육과정을 가장 충실히 반영한 교과서가 수업의 기본 교재가 되겠지만, 학생의 동기유발과 다양한 자료 제시, 학생 활동 자료 등을 목적으로 다양한 교재를 내용과 방법에 맞추어 활용한 수업을 구상하는 것이 바람직하다고 할 수 있다. '교과서와 보조 시각 자료(사진, 그림)를 활용한 수업', '교과서와 문학작품, 영상자료를 활용한 수업' 등 교재에 중점을 두고 수업 방법을 구상해 볼 수도 있다. 더구나 온라인 학습 환경이 기본적으로 갖춰지고, AI 기술이 역사교육에서도 본격적으로 활용되어 가는 큰 변화의 흐름에서 교사는 이러한 여러 요소를 고려하여 내용에 따른 교재와 수업방식을 적절히 선택해야 한다.

위 사례1에 등장하는 역사 수업의 방법을 살펴보자. 우선 내용 구성에 따른 구분을 기준으로 하면 '제주 4·3 사건'이라는 사건을 단위로 역사를 이해하는 사건학습이 주 수업방법이 되고 있다. 교수-학습 활동에 따라서는 1차시에 설명식 수업을, 4차시에 글쓰기 수업을 특징으로 하고 있다. 또 교재를 기준으로 살펴보면 제주 4·3 사건에 대한 기본적인 내용을 한국사 교과서를 중심으로 준비하였다. 그리고 국어과와의 융합 수업을 하였으므로 문학작품이 역시 수업교재로 활용되었고, 학생들은 4·3 평화공원을 견학하면서 사진, 지도 등 다양한 시각자료를 접하였다. 이렇듯 실제 학교 현장에서는 다양한 수업 방법을 접목하여 수업이 이루어지지만, 교사가 수업방법론을 구분하고 인식하는 것은 자신의 수업설계에 대해 고민하는 첫 단추이자 수업의 방향을 잡아주는 역할을 한다는 점에서 의미가 있다.

본고에서는 '전통적 수업방법론'과 '최근 수업방법론'으로 크게 구분하고자 한다. 단순한 이분법으로 나눈 이유는 수업방법의 다양화와 중첩성으로 인해 실제 수업에서는 편의를 위한 구분방법이 무의미해졌기 때문이다. 이에 기존의 수업방법론을 정리하고, 새로운 수업방법론을 소개하는 것이 장기적으로 유의미한 작업이 될 것이다.

3. 전통적 수업방법론

1) 강의식 수업

강의식 수업은 교사가 학습 내용을 학생들에게 설명하는 수업 방식이다. 기존의 개론서[3]에서는 '설명식 수업'과 '이야기식 수업'을 구분하여 서술하고 있다. 또, '문답식 수업'[4]을 따로 두고 이들 모두 교사의 설명 비중이 높은 수업으로 설명하고 있으나 이들 수업 방식은 모두 강의식 수업의 일종이라고 할 수 있다. 교사 주도로 수업을 전개할 경우 전달하는 학습내용이 단순 지식이나 개념만 설명하는 수업과 이야기만 전달하는 수업 또는 실제 교실 상황에서는 교사의 질문이 주로 이루어지는 소위 문답식 수업으로 명확하게 구분될 수 없고, 또한 이들 방식들이 하나의 수업에서는 혼재되는 경우가 일반적이기 때문에 강의식 수업으로 포괄하는 것이 좀 더 실제적인 구분이라고 할 수 있다.

즉 교사주도의 수업인가 학생중심의 수업인가가 강의식 수업이냐 아니냐의 기준이 되어야 할 것이다. 강의식 수업은 가장 오래 전부터 활용되어 온 전통적인 수업 방법이다 보니 그만큼 비판도 많이 받아왔다. 가장 대표적으로 비판받는 부분 중 첫째, 지식전달 위주의 수업이라는 점이 있다. 그런데 역사라는 학문의 성격상 암기와 지식전달을 제외하고는 온전한 수업이 진행될 수 없는 것이 사실이다. 탐구가 중요시된다고 해서 지식 전달을 등한시할 수 없는 부분이라는 점은 분명하기 때문에, 이 비판에는 역사 과목의 특성을 고려하지 않은 과한 부분이 있다. 둘째, 강의식 수업은 지나치게 교사 주도의 수업이라는 점도 비판받아 왔다. 그러나 강의식 수업은 교사가 구체적으로 수업을 어떻게 계획하느냐에 따라서 얼마든지 학습자가 적극적으로 참여하는 수업으로 진행될 수 있다. 예를 들어 적절한 질문을 통해 학생과 상호작용하는 수업을 설계하고 그 비중 또한 크게 둔다면 이를 교사 주도의 수업이라고만 비판할 수는 없을 것이다. 질문과 답 사이에는 적절한 '쉼'을 가지도록 하며 학생의 오답에 대해 학생의 수업 적극성과 사전 지식에 따라 다른 학생들에게 질문을 한다든가 또는 질문을 바꾸는 전략을 적절히 활용하도록 해야 한다. 적절한 칭찬과 보상을 하되 오답에 대해 아쉬운 부분을 적절히 지적해 주는 것이 좋다.

강의식 수업의 가장 큰 장점은 효율성이다. 짧은 시간 안에 특정 지식이나 학습 내용을 전달하고자 할 때 강의식 수업보다 효율적인 방식은 찾기 힘들다.[5] 그리고 또 다른 장점이 있다면 학업능력이 하향평준화 되어있는 학급에 효과적일 수 있다는 점이다. 학업 능력이 하향평준화되어 있는 학급에서는 학생들이 학업에 대한 자신감이 떨어져 있는 경우가 대부분이라서 학생들이 발표를 준비하는 등 능동적인 활동을 요구하는 수업은 부담을 가지는 경우가 많다. 즉, 학생 주도의 수업이 오히려 자신감이 결여된 학생으로 하여금 수업을 더욱 기피하게 하는 요인이 될 수 있는데, 잘 계획된 강의식 수업은 이러한 학생들이 설명의 전부를 이해하지는 못하더라도 다른 학생들과 비교당하지 않고, 평등하게 수업을 듣는 느낌을 받게 할 수 있어 긍정적인 측면이 있는 것이다.

강의식 수업은 모든 수업의 기본이다. 강의식 수업을 잘 하지 않고는 어떤 수업도 성공적으로 할 수 없다. 강의식 수업에서 가장 유의해야 할 점은 교사가 재미있게 지식을 전달하는 방식에 대해 고민해야 한다는 점이다. 자칫 흥미롭다거나 재미있다거나 하는 요소들이 간과되기 쉽지만, 결국 수업에서 중요한 것은 학생들이 자지 않고 다른 것을 하지 않고 수업에 집중하여 교사가 원하고자 하는 목표를 달성하는 것이다. 학생들을 '재미있게'하는 것이야말로 수업의 가장 중요한 요소이다.

〈강의식 수업의 실패 사례〉

고등학교 신규교사 A는 한국사 시간에 삼국시대 수업 준비를 하면서 수업 방법을 강의식 수업으로 결정하였다. 자신이 고등학교 때에도 외워야 할 삼국시대 왕이 너무 많아 힘들었던 기억을 떠올리며, 이를 다른 수업 방법으로 전달하는 데는 수업 진도 및 학습 목표 달성이 어려울 것이라는 판단에서였다.

고구려는 졸본에서 국내성으로 수도를 옮긴 후 나라의 기틀을 다졌다. 태조왕은 옥저를 복속하여 동해안으로 진출하였고, 한의 군현을 공격하여 영토를 넓혔다. 이에 따라 왕권이 강화되어 계루부 고씨가 왕위를 독점적으로 세습하였다. 2세기 후반 고국천왕 때부터 5부의 지배 세력을 중앙 귀족으로 편입하여 수도의 방위별 행정 구역에 거주하게 하였다. 4세기 초 미천왕 때에는 낙랑군을 완전히 몰아내고 대동강 유역을 확보하여 대외 진출의 발판을 마련하였다. 그러나 고구려는 백제 근초고왕의 공격으로 고국원왕이 전사하는 등 위기를 맞기도 하였다. 4세기 후반 이러한 상황에서 즉위한 소수림왕은 전진과 수교하여 대외 관계를 안정시키는 한편, 태학 설립, 율령 반포, 불교 수용 등을 통해 국가 통치 조직을 정비하였다.

- 최병철 외, 〈고등학교 한국사〉, 천재교육, 2020, p. 18. -

위 교과서 내용을 학생들이 설명을 알아듣기 쉽도록 칠판 판서 내용을 준비하여 재구성하였다. 판서 내용 준비의 아이디어는 왕들의 업적을 시간 순서로 나열하여 학생들의 이해를 돕는다는 것으로, A 교사 자신의 고등학교 때 수업 경험을 떠올리고 시중의 한국사 주요 참고서 등을 토대로 준비하였다.

동명왕: 고구려 건국
유리왕: 졸본에서 국내성으로 천도
태조왕: 옥저 복속, 한의 군현 공격, 계루부 고씨 왕위 독점 세습
고국천왕: 5부의 지배 세력을 중앙 귀족으로 편입
미천왕: 낙랑군 축출
고국원왕: 백제 근초고왕에게 전사
소수림왕: 태학 설립, 율령 반포, 불교 수용

위와 같이 판서한 후 A 교사는 학생들에게 졸본과 국내성의 위치를 교과서 지도를 활용하여 설명하였고, 교과서에 직접적으로 언급되지 않은 동명왕과 유리왕을 간략히 소개하였다. 또 한의 군현, 낙랑군 등에 대해 학생들에게 질문하며 고조선 멸망 후 한 군현의 설치에 대해 복습하였다. 계루부 고씨를 설명하면서 고구려의 5부 체제를 복습하였고, 고국원왕을 설명하기 위해 잠시 백제의 역사를 간략히 정리하면서 근초고왕의 업적을 예습 삼아 설명하였다. 마지막으로 소수림왕에게 중요 표시를 하면서 태학 설립, 율령 반포, 불교 수용의 의미에 대해 설명하였다. A 교사는 수업 시간에 여기까지 판서하고 설명한 후 속으로 매우 당황하였다. 사실 이 내용은 교과서 한 페이지의 절반 정도밖에 되지 않았다. 그런데 여기까지 자세히 설명하고 나니 이미 수업 시간의 절반 이상이 지나 있었다. 계획했던 진도의 5분의 1 정도를 나간 셈인데, 학생들은 열심히 판서하면서 왕 이름이 헷갈리고 너무 많아 어렵다며 아우성이었다. A 교사는 마음을 다잡으려 했으나 쉽지 않았다. 삼국시대 왕 이름들의 등장은 이제 시작이었고, 아직 수십 명의 왕들이 설명을 기다리고 있었다.

위 사례에서 A 교사는 강의식 수업을 주요 수업 방법으로 선택하였다. A교사는 나름대로 교과서를 재구성하고 판서를 준비하였지만, 몇 가지 미흡했던 점이 있다. 첫째, 스스로 강의식 수업의 장점을 많은 학습 내용을 학생들에게 효율적으로 전달할 수 있다고 인식하여 준비한 것인데, 오히려 단어 하나하나에 집착하여 수업 진도를 많이 나가지 못해 효율성이 떨어지고 있는 것을 볼 수 있다. 강의식 수업을 준비하면서 교과서 내용을 재구성할 때 단순히 교과서를 요약하는 형식이 되면 장점인 효율성이 나타나지 않게 된다. 둘째, 판서의 구조화 아이디어가 시간 순서대로 왕의 업적을 나열하는 것이었는데, 단순 암기를 필요로 하는 고유명사에 해당

하는 왕 이름을 판서의 앞부분에 배치함으로써 학생들이 단순 나열식의 판서를 지루하고 어렵게 받아들일 가능성이 크다. 마지막으로 강의식 수업이 교사의 일방적인 수업이 될 수 있다는 단점을 극복하기 위해 학생들에게 배운 내용을 확인하는 문답법을 일부 활용하였는데, 이 역시 전 시간의 학습 내용을 기억하고 있지 못하는 학생들에게는 더욱 수업이 어렵게 느껴지고 위화감이 조성될 수 있다.

A 교사가 미흡했던 점들이 바로 강의식 수업이 전통적으로 비판받아 왔던 부분이라고 할 수 있다. 교사의 일방적인 설명 위주의 수업으로 인한 학생 참여 배제, 지속적인 지식 전달 위주 수업으로 인한 학습자의 의욕 저하 및 위화감 조성 등으로 요약할 수 있는데, 이러한 부분을 극복하고 강의식 수업의 장점을 극대화하기 위해 가장 중요한 부분이 바로 교사의 숙련도이다. 한 차시의 강의식 수업을 준비하면서 어떤 개념을 어느 정도 깊이로 설명해야 할지, 학습자의 동기 유발은 어떤 방법을 통해 할지, 학생들이 이해를 쉽게 할 수 있는 유추, 비교 등의 전달 기법을 어떻게 적절하게 사용할지 등 많은 요소들을 종합적으로 고려할 필요가 있다.

강의식 수업의 단점을 보완해 주는 다양한 장치들이 필요하다. 적절한 문답법의 활용은 학습자의 참여를 유도할 수 있는데, A 교사처럼 지식 확인을 위한 질문만 준비하지 말고, 학생들의 호기심을 자극할 만한 질문을 수업 적재적소에 배치하여 학생의 참여를 유도하는 것이 좋다. 또한 영상 및 시각자료를 활용하여 딱딱한 수업 패턴을 부드럽게 해주는 것도 필요하다.

강의식 수업에서 가장 중요한 부분은 교사의 '강의 숙련도'이다. 강의 숙련도란 교사가 강의식 수업 준비와 실제 수업을 하는 데 필요한 능력의 정도로 ① 교과내용 지식 숙련도, ② 교수내용 지식 숙련도, ③ 표현 능력 숙련도로 세분화할 수 있다.

교과내용 지식 숙련도는 말 그대로 교과내용 지식을 풍부하게 갖추고 있는 능력이다. 학교 현장에는 역사 과목을 좋아하는 학생들 중 소위 '역사 덕후(역덕)'라고 불리는 학생들이 존재한다. 이들은 어렸을 때부터 역사책이나 사극 영화, 영상 등을 통해 역사에 빠져 교과서 지식을 넘어서서 상당히 깊이 있는 지식을 가지고 있는 학생들이다. 교사는 교육과정에 준하는 교과서 내용지식을 완벽하게 숙지하고 있어야 할 뿐만 아니라 강의식 수업에서 '역덕' 학생을 포함한 학생들의 지적 호기심을 충족시켜 주는 측면이나 잘못된 선행지식을 바로잡아 주는 측면에서도 교과내용 지식을 깊이 있고 풍부하게 알고 있어야 한다.

'교수내용 지식 숙련도'는 역사교사에게 필요한 '교수내용지식'의 숙련도이다. 즉, 역사를 이해하기 쉽고 재미있게 가르칠 수 있는 예시, 비교, 감정이입 등의 수업 기법에 관한 숙련도이다. 이러한 수업 기법은 교사의 설명이 주가 되는 강의식 수업에서는 핵심적으로 고민하고 계획해야 할 요소이다. 역사 교사는 교수내용 지식 숙련도 측면에서 역사를 '이해하기 쉽게' 가르치는 교사와 '재미있게' 가르치는 교사로 구분된다. '이해하기 쉽게' 가르치는 부분에 대해서만 고민하고 수업을 준비한다면 공부에 의욕이 있고, 학업 능력이 우수한 학생들은 수업에 만족할 수 있을지 모르지만, 반면 공부에 의욕이 없고, 학업 능력이 부족한 학생들은 수업이 지루하다고 느낄 가능성이 크다. 따라서 교사는 '재미있게' 가르칠 수 있는 부분에 대해서 함께 고민해야 학급 내에서 다양한 특성을 가진 학생들을 모두 포용할 수 있다.

마지막으로 '표현 능력 숙련도'는 준비한 수업 내용을 어떻게 학생들에게 전달할지 교사가 가지고 있는 말하기 위주의 전달 능력을 의미한다. 강의식 수업은 교사의 '말', '목소리'가 주가 될 수밖에 없기 때문에 같은 교과내용, 같은 표현 기법을 사용하더라도, 이를 교사가 어떤 말 빠르기, 목소리의 높낮이 등을 활용하여 전달할 것인지는 학생들이 수업 내용을 받아들이는 데 있어서 무엇보다 결정적인 영향을 미칠 수 있다. 연극과 뮤지컬에서는 발성법에 관한 책이 따로 나와 있을 정도로 전달의 핵심인 목소리의 활용법에 주목하는데, 사실 강의식 수업을 하는 교사에게도 이는 마찬가지다. 대학교 때 연극을 전공한 뒤, 역사를 함께 전공하여 강의하는 사교육계의 학원 강사나 인터넷 강사는 이러한 극적인 표현 능력에 큰 강점을 가지고 있기 때문에 대중적이고 인기가 많아 '좋은 강사'라는 평가를 받는 사례가 있다. 그만큼 표현 능력은 강의식 수업의 성패를 가르는 능력이라고 할 수 있다. 자신이 평소 목소리가 작은 편이고, 친구들과 얘기할 때에도 재미있게 말하는 편이 아니라고 해서 학생들 앞에 나설 때 자신은 원래 그 정도의 표현 능력을 가지고 있으니, 교과내용만 열심히 정리하고 교수 기법을 잘 준비하면 강의식 수업이 잘 이루어질 수 있을까? 이 부분이 부족하다고 느끼는 교사는 분명 개선시키려는 지속적 노력이 필요하다. 한 강의법과 관련한 책에서는 유명 역사 강사의 강점을 다음과 같이 분석하고 있다.[6]

보통의 역사 강의가 서술과 기록에 대한 것이 주류였는데 ○○○ 강사가 등장하면서 역사 강의도 충분히 재미가 있을 수 있다는 것을 보여주고 있다. ○○○ 강사의 가장 큰 재미와 강점은 그의 역동적인 비언어에 있다. 마치 영화를 보는 듯한 생생한 상황 설명과 묘사력, 그리고 재연에 매우 능숙하다. …… 특히, 그는 감정을 매우 잘 활용한다. 슬픈 장면에서는 호흡과 표정을 활용해서 더욱 극대화하고, 역동적인 장면에서는 쉴 새 없이 말을 몰아치며 감정을 끌어올린다. …… 리듬, 템포와 더불어 감정의 귀재이다.

위 분석에 나와 있는 내용 중, 비언어, 묘사력, 재연, 감정 활용, 리듬, 템포 등이 표현 능력 숙련도와 관련한 핵심 기술이라고 할 수 있다. 강의식 수업에 필요한 표현 능력을 5가지로 정리해 보면 아래와 같다.[7]

1. 명확한 내용 전달력(음성, 발음)
2. 생동감 있는 화술(음의 강약, 고저, 강조)
3. 시선 처리와 제스처(시선, 정적 · 동적 움직임)
4. 리듬감 있는 강의(청중을 긴장시키거나 이완시킴)
5. 비언어적 설득과 논리적 설득

PPT 학습 자료, 학습지를 활용한 학생 활동, 영상 및 시각자료 활용 등을 통해 강의식 수업에서 말을 적게 할 수는 있겠지만, 수업을 시작하고 결정적인 부분을 강조하고 안내하는 것은 결국 교사의 말이다. 이 부분의 숙련도까지 올라갔을 때 역사 교사는 '수업 잘 하는 선생님'으로 학생에게 각인될 수 있을 것이다.

〈강의 숙련도 향상 사례〉

어느 고등학교의 2년차 교사 A교사는 한국사 시간에 삼국시대 수업 준비를 하면서 작년의 시행착오를 교훈삼아 좀 더 나은 수업을 만들고 싶다는 욕심에 한 번 더 수업 방법으로 강의식 수업을 선택하고 본격적인 수업 준비에 들어갔다.

- 세기별 핵심사건: A교사는 세기별 핵심사건을 통해 이야기식으로 왕들의 업적을 설명하는 수업을 준비하였다. 4세기 핵심 사건을 미천왕의 낙랑 축출로 설명하고, 교과서에는 나오지 않지만 낙랑 축출로 인해 고구려와 백제 사이의 완충지대가 사라져 양국 간의 본격적인 대립이 시작된다는 연관성을 설명하였다. 이후 백제 근초고왕 시기를 겪은 고구려의 위기와 소수림왕을 통한 고구려의 체제 정비, 광개토왕의 시기 고구려의 성장 등을 이야기로 엮어 왕 이름에 초점을 맞추지 않고 4세기 삼국의 주요

사건을 흐름 위주로 설명하였다.

- 영상 준비: 광개토왕을 다룬 사극을 보여주며, 4세기 말 고구려의 성장 과정을 설명한다.
- 질문 준비: 미천왕의 낙랑 축출 과정을 전자 칠판의 지도를 통해 시각적으로 설명하고, 당시 한반도 상황에서 낙랑이 없어질 경우 생겨날 수 있는 변화를 학생에게 자유롭게 이야기해 보도록 한다.
- 표현 준비: 전체 수업 흐름에서 미천왕의 낙랑 축출을 설명할 때, 미천왕이 학생들에게 생소한 왕일 것이라 예상하고 이 때 조금 더 큰 소리로 학생들의 반응을 살펴가며 설명한다. 낙랑을 생소하게 받아들이는 학급의 경우, 고조선 멸망 이후 한사군 설치에 대해 짧게 상기시킨다. 백제 근초고왕 시기 고구려의 위기를 설명할 때에는 학생들이 몰입할 수 있도록 감정적인 목소리톤을 동원하여 고국원왕의 전사 과정을 이야기한다.

위와 같은 큰 틀에서 수업을 진행한 A 교사는 작년에 비해 학생들이 수업을 쉽게 이해한다는 느낌을 받았고, 재미있다는 반응 또한 여러 번 직접적으로 체감하였다. 또 학급별로 다르게 들어오는 질문에 고민하고 대처하는 경험도 해보게 된다. 1반에서는 다른 과목은 못하지만 중학교 때부터 역사 과목만 좋아하고 잘하기로 유명한 학생 하나가 광개토왕의 이름이 담덕으로 알고 있는데, 광개토왕과 담덕의 차이가 무엇이냐고 질문하였다. A 교사는 묘호의 개념에 대해 간략한 판서와 함께 설명하였는데, 다른 반에서도 묘호의 개념은 수업 계획에 정식으로 포함하여 설명해야겠다고 생각했다. 앞으로 삼국뿐 아니라 왕의 이름들이 교과서에 많이 나올 텐데 배우는 왕의 이름 대부분이 묘호이기 때문에 그 개념을 알아두면 교육적으로 유의미할 것이라는 판단에서였다. 학생들이 신기하다며 호기심을 가지고 설명을 들었으며, A씨는 질문한 학생을 칭찬하였다. 2반에서는 수업 말미에 그 반의 소위 '역덕'이라 불리는 학생 하나가 자신이 삼국시대 관련 인터넷 동영상을 정말 많이 찾아보는 편인데 조다라는 인물이 이 시기쯤 나오는 것 같은데 맞는지, 조다가 속어인 '쪼다'의 기원이라는데 맞는지 등등을 물어보았다. A 교사는 교과서에는 나오지 않지만 조다에 관한 이야기를 짧은 시간에 언급하며, 질문한 학생을 칭찬하였다. 다만, 모든 반이 알아야 할 내용은 아니라고 판단하여, 그 반에서만 추가 설명하는 것으로 마무리 지었다.

위 사례에서 A 교사는 당연히 초임교사 시절에 비해 강의 숙련도가 올라간 상황이다.

우선 교과서 내용을 재구조화할 때 단순히 교과서를 요약하는 형식이 아니라 4세기 고구려를 중심으로 한 이야기식 설명을 준비하면서 그 출발점이 되는 사건을 미천왕의 낙랑 축출로 설정하였다. 또한 수업을 준비하면서 교과서에 직접적으로 나오지 않았던 완충지대에 대한 설명 같은 교과내용 지식을 활용하여 학생들의 이야기식 이해를 돕는다거나, 학생들이 담덕, 조다에 대해 질문할 때 이를 판단하고 대처했던 부분은 '교과내용 지식 숙련도'가 올라가 이로 인해 수업이 훨씬 입체적이고 생동감 있게 진행되고 있음을 보여준다.

그리고 A 교사는 위화감이 들게 하는 질문이 아닌 현재 수업에 집중하고 있으면 자유롭게 말할 수 있는 질문을 준비하여 학생들의 원활한 참여를 유도하였다. 이렇게 수업을 전개하는 모습은 '교수내용 지식 숙련도'가 올라간 것으로 볼 수 있다.

학생들에게 인지도가 높은 광개토왕과 관련한 시각 자료를 준비하여 학생들의 동기 부여를 높였으며, 수업할 때 자신의 목소리 크기, 톤까지도 고민하며 학생들이 교사의 강의를 어떻게 하면 잘 들을 수 있을지 고려하였다는 점에서 A 교사는 '표현능력 숙련도'도 좋아졌다. 따라서 전반적으로 A 교사는 초임교사 때에 비해 강의 숙련도가 매우 향상되었다고 할 수 있을 것이다.

2) 질문이 살아있는 역사수업

실제 학교 현장에서 오로지 질문으로만 이루어지는 수업은 있다고 보기 어렵다. 그래서 기존의 문답식 수업은 이 책에서 따로 구분하지 않고 강의식 수업의 범주에 포함하였다. 그렇지만 역사 수업을 계획할 때 적절한 질문에 대한 고민과 준비는 좋은 수업을 위한 하나의 방향을 제시해 줄 수 있다. 유명한 소크라테스 문답법은 소크라테스가 사용한 철학적 토론 방식으로, 질문과 답변을 통해 상대방의 생각을 파악하고 비판적으로 사고하도록 유도하는 방법이다. 끊임없는 질문과 답변을 통해 상대방의 생각의 꼬리를 잡고 더 깊이 생각하도록 하는 것이 특징인데, 역사 수업에서도 좋은 질문이 학습자의 깊이 있는 성찰과 비판적 사고를 유도할 수 있는 것이다.

이렇게 어떻게 하면 질문을 잘 할 수 있을까를 고민하는 수업을 '질문이 살아있는 역사수업'이라 한다. 질문이 살아있는 역사수업에서는 핵심 질문을 만드는 것이 중요하다. 핵심질문이란 교사가 수업을 통해 나누고자 하는 핵심 메시지를 담은 질문이다. 이는 학습 목표와 관련된 교사의 깊이 있는 고민이 담긴 질문으로 기존 학습 목표를 단순히 의문문으로 만드는 것이 아니라 전체 학습 내용을 관통할 수 있는 중요 질문을 말한다.[8)] 질문의 유형은 수업 전체를 설계하면서 주도면밀하게 설계해야 하는데, 핵심 질문을 토대로 수업의 맥락에 따라 출발 질문, 전개 질문, 도착 질문을 구상해야 한다. 이를 표로 정리하면 다음과 같다.[9]

〈표 4-2〉 수업의 맥락에 따른 질문의 유형과 특징

질문	수업 단계		특징	한국사 수업 예시 (주제: 조선 후기 신분제 사회와 공명첩)
핵심 질문	수업 전 구상		• 학습 목표와 관련된 질문	• 공명첩을 통해 알 수 있는 조선 후기 신분제 사회 변화의 특징은 구체적으로 무엇인가?
출발 질문	도입	마음 열기	• 학습 흥미 유발 • 학생들의 지적 호기심 유발 (열린/발산적 질문)	• 타임머신을 타고 조선 시대로 갔는데, 사람들이 나를 천민 취급을 한다면?
전개 질문	전개	생각 키우기	• 학습 내용과 관련된 질문 • 지식, 이해와 관련된 질문 (닫힌/수렴적 질문)	• 공명첩이란 무엇인가? • 공명첩이 조선 후기 신분제 사회에 끼친 영향은 무엇인가?
도착 질문	정리	생각 넓히기 삶에 반응하기	• 지식과 삶을 연결하기 • 적용, 분석, 종합, 비판과 관련된 질문 (열린/발산적 질문)	• 만약 서울 시장을 돈으로 사고 팔 수 있다면?

다음과 같은 사례는 '질문'의 역효과가 난 한국사 수업 사례이다.

① 전시과에 관련된 주제 탐구 발표 수업 후 다른 조의 발표 내용이 어려워 이후 선생님의 보충 설명도 어려운 상황에서 교사가 '수업내용과 관련하여 질문 있는 사람들은 무엇이든 해주세요'라고 하였을 때 학생들은 '수업내용이 이해가 가지 않는다'는 질문을 하기 어려운 경우

② 교사가 이전 시간 수업 내용을 확인하는 질문을 하였는데, 대답을 하지 못하면 혼나고 잘 대답하는 일부 학생들만 항상 칭찬을 받아 나머지 다수의 학생들이 한국사 과목에 대한 흥미를 잃는 경우

③ '고구려에서 율령을 반포한 왕은?', '고려에서 훈요십조를 남긴 왕은?'처럼 정확하게 암기하고 있어야 대답할 수 있는 질문들에 한국사를 더욱 암기과목처럼 느끼게 되는 경우

①과 같은 형태의 문답 시간은 수업을 어느 정도 이해한 학생이 질문할 수밖에 없는 환경이 되어 학생들의 어려움을 해결해 주지는 못한다. ②의 해당 역사교사가 질문을 하면서 간과한 점은 지난 시간에 배운 내용을 기억하지 못하는 학생이 소외감이나 위화감을 느낄 수 있다는 점이다. 즉, 지식을 기억하고 암기해야 하는 질문은 그것이 지난 시간에 배운 내용이든 학생이 미리 선행 학습으로 알고 있었던 내용이든 사전지식을 확인하는 형태이기 때문에 한국사 교과의 학업 능력이 우수한 학생들은 질문에 대답한 성취감에 더욱 학업 동기가 높아지는 반면, 한국사 교과의 학업 능력이 부족한 학생들은 더욱 교과에 대한 호감도가 낮아질 수 있다. 그러므로 지식을 기억해야 하는 질문을 할 때는 학업 능력이 부족한 학생들에게도 적절한 질문을 통해 칭찬을 받고 성취감을 얻을 수 있게 하는 경험을 하게 하는 것이 무엇보다 중요하다. ③의 경우는 암기를 요하는 인지기억 질문으로 인해 사고를 요하는 확산적 질문이 수업에서 결여될 때이다. 학생들은 한국사를 재미없는 암기과목으로 인식하기 쉽다. 따라서 질문 전략을 바꾸어 보다 사고를 요하는 다양한 질문으로 수정해야 할 것이다.

다음은 교사들이 자주 범하는 잘못된 질문의 사례들이다.

〈표 4-3〉 한국사 수업에서 질문의 오류 사례와 수정안

질문원안	오류 이유	수정안
지난 시간에 배운 거란족에 대해 말해 볼까?	모호한 질문으로 학생들이 너무 다양한 대답을 할 수 있어서 훨씬 더 구체적인 질문이 필요하다.	지난 시간에 발해의 멸망에 거란족이 끼친 영향은 무엇일까?
한국사의 전투 중에 강감찬의 귀주대첩처럼 우리가 크게 승리한 전투여서 대첩으로 불리는 전투가 있으면 말해볼까?	우수학생만을 위한 어려운 질문으로 교육과정상 귀주대첩 이전에 '살수대첩' 하나 정도를 배우기 때문에, 선행지식이 있는 학생들만 다양한 답을 얘기할 가능성이 높다.	우리가 배운 내용 중에서 귀주대첩처럼 우리가 외세와 싸워 크게 승리한 전투는 무엇이 있을까?
만적의 난의 역사적 의의 및 성격은 무엇일까?	전문 역사 용어에 관한 질문으로 학생들이 '신분 해방 운동'이라는 용어를 말하기에는 용어 자체가 일상적인 용어가 아니어서 학생들이 질문에 혼란스러워할 수 있다.	만적의 난이 일어난 원인은 무엇일까? 만적의 난이 일어난 결과 어떤 변화가 있었을까?

한편, 질문의 유형을 그 활용에 따라 구분하면 '개념 도출 질문'과 '탐구 질문'으로 구분될 수 있다. 개념 도출 질문은 학생들의 배경 지식이나 생각, 경험 등을 수업에서 다루는 개념과 연결하여 이끌어내는 질문이다. 탐구 질문은 수업에서 배운 지식이나 학생들의 배경 지식을 지적 호기심으로 연결시키는 질문이다.[10)]

〈개념 도출 질문 활용 사례〉

교 사: 원 간섭기에는 고려에서 어떤 사람들이 권력을 잡을 수 있었을까?
학생1: 몽골 말을 잘하는 사람들이요. 요즘에도 미국이 힘이 세니까 영어 잘 하는 게 중요하잖아요.
교 사: 다른 사람은 어떻게 생각하니?
학생2: 몽골 사람들 중에 왕이나 귀족 같은 사람들과 결혼한 사람들이요. 가족 중에 몽골 사람이 있으면 그 사람이 도와줘서 성공하는 게 쉬울 것 같아요.
교 사: 두 사람 모두 너무 잘 말해줘서 고맙구나. 원 간섭기에는 몽골 말을 잘하거나 몽골 사람과 결혼하는 등 원과 특별한 관계를 가진 사람들이 아무래도 권력을 잡고 지배세력이 되었겠지? 이런 사람들을 묶어서 '친원파'라고 표현하기도 한다. 그리고 원과 특별한 관계를 맺은 사람들 중 일부가 그 지위를 세습한 탓에 이들을 '권문세족'이라고 불렀어. 이들을 원 간섭기 지배 세력이라고 말할 수 있단다.

위 사례에서 교사는 원 간섭기에 고려에서 어떤 사람들이 권력을 잡을 수 있을지 학생들의 생각을 말하도록 질문하였고, 이를 권문세족이라는 교과서 용어로 연결지어 설명하였다. 이때 교사는 개념 도출 질문을 한 것으로 볼 수 있다. 한국사 수업에서 개념 도출 질문은 학생들은 일상적인 언어를 통해 질문에 부담 없이 대답하게 하고 교사가 이를 역사 용어로 정리해 준다는 점에서 교사와 학생과의 소통을 원활하게 하고 학생들이 역사 개념을 쉽게 이해할 수 있다는 장점이 있다.

〈탐구 질문 사례〉

교 사: 우리가 개경 환도 이후의 고려 시대를 '원 간섭기'라고 부르듯이 후대의 사람들이 지금 시대를 어떤 시대라고 이름 지어 부를지 생각해 보고 그렇게 생각한 이유를 이야기해 보자.
학생1: 저는 통일신라와 발해가 있던 시대를 남북국 시대라고 부르는 것처럼 '남북한 시대'라고 부를 것 같아요.

교 사: 흥미로운 접근이구나. 분단되어 있는 상황을 지금 시대의 가장 큰 특징으로 본 것 같다. 다른 친구도 한번 말해볼까?

학생2: 저는 우리나라가 원 간섭기처럼 누구의 간섭을 받고 있지는 않다고 생각해서 지금 시대 이름을 짓기가 어려운 것 같아요. 전에 문벌귀족 배웠었는데, 지금 좋은 대학 나온 사람들이 잘 산다고 생각해서 학벌귀족 시대라고 이름 지어 봤어요.

교 사: 고려 시대 문벌귀족에서 아이디어를 얻었다니 대단한걸. 학벌귀족이라는 말에 선생님도 씁쓸하기는 하지만 동의하는 부분도 있다. 두 친구 다 역사가로서의 소질이 보인다.

사례7에서 교사는 원 간섭기의 특징에 대해 학생들이 수업 시간에 배웠고, 자신이 역사가가 되어 본인이 살고 있는 시대의 이름을 생각해 보게 함으로써 학생들의 원 간섭기에 대한 배경 지식을 지적 호기심으로 연결시키고 있다. 이때 교사는 탐구 질문을 한 것으로 볼 수 있다. 한국사 수업에서 탐구 질문은 수업을 어려워할 만한 학생들도 배운 내용을 활용하여 역사에 호기심을 가질 수 있게 해준다는 점에서 긍정적인 수업 분위기 조성에도 도움을 준다고 할 수 있다.

질문이 살아있는 역사 수업은 전체적인 수업설계를 하면서 흐름에 맞는 적절한 질문을 구상하고 배치하는 것이 무엇보다 중요하다. 그리고 일방적으로 교사가 질문하는 수업보다는 학생과 교사가 서로 질문을 통해 이야기를 주고받는 대화형, 쌍방형 질문식 수업이 한국사 수업에서도 적절한 방향성이라고 할 수 있다. 특히 학생이 자발적으로 교사에게 먼저 질문을 하는 경우는 수업에 대한 이해, 관심, 지적 호기심이 동반되어야 가능한 것이기 때문에 수업이 좋은 방향으로 가고 있다는 징후가 될 것이다. 교사가 학생에게 대화를 시도하는 기회, 학생도 교사에게 대화를 시도하는 장이 마련된다면 어떤 수업 방법보다 소통이 원활한 수업이 될 수 있을 것이다.

3) 탐구식 수업

탐구식 수업은 학습자가 특정 주제에 대해 질문을 만들고 자료를 통해 질문을 검증해 가는 학습활동을 말하는데, 학습자 스스로 학습해 간다는 점이 가장 특징적인 수업 방법이다. 한국사 수업에서 탐구식 수업은 대체로 ① 문제 정의(문제 인식), ② 질문 설정, ③ 자료 수집, ④ 검증 및 보완, ⑤ 결론 도출 및 적용의 단계를 거친다. 여기에서 '질문 설정'의 단계는 사회과학이나 사회과 탐구에서 말하는 '가설 설정'의 단계에 해당된다. 역사 탐구에서 가설은 '추정'일 뿐이며 일반화는 잠정적 결론에 해당된다. 역사 수업에서 탐구 자료로 이용되는 것은 주로 1, 2차 사료이다. 그래서 역사 탐구식 수업은 사료학습의 형태를 띠는 것이 일반적이다.[11)]

탐구식 수업의 각 단계에 '조선 후기 신분 질서의 변화'라는 주제를 적용해 보면 다음과 같다.

탐구식 수업의 단계	특징	예시
① 문제 정의 (문제 인식)	• 학습자가 학습과제에 대하여 문제 인지 • 학습동기의 내재적 형성	• 조선 후기 신분 질서가 변화하게 된 배경은 무엇일까?
② 질문 설정	• 논리적으로 타당한 질문을 검증 대상의 질문으로 선정 • 기본적인 역사 개념이나 용어 등을 정의	• 질문: 임진왜란의 영향으로 신분제가 동요하였을까? • 납속: 기존의 세금 외의 곡식을 국가에 바치는 사람에게 포상하는 정책 • 공명첩: 조선 시대에 발행된, 수취자의 이름이 기재되지 않은 백지 임명장
③ 자료 수집	• 자료 수집 및 분석 이후 필요한 정보 추출	• 임진왜란 이후 조선 정부가 재정난 해소를 위해 납속과 공명첩 발행을 했던 사실 추출 • 임진왜란을 전후한 조선의 신분별 인구 비율 사료 수집
④ 검증 및 보완	• 필요 정보를 근거로 설정된 질문 검증 • 일부 질문이 수정되거나 폐기, 추가 질문 설정	• 임진왜란 이후 조선 정부의 납속과 공명첩 발행으로 면천이 되거나 관직을 얻는 자가 많아 실제 신분제가 동요하였음을 확인
⑤ 결론 도출 및 적용	• 같은 속성을 가진 다른 과제에 적용	• 과거 신분제 사회에 전쟁 등으로 국가가 재정난이 생기면 이를 타개하기 위해 '신분 상승' 등의 조건을 걸어 자금 확보를 시도하기도 한다.

실제 학교 현장에서 탐구식 수업은 교사가 학생 활동 중심의 수업을 계획할 때 기본적으로 고려하는 수업 방법이다. 그런데 학생이 능동적으로 주제를 탐구해

가야 한다는 점이 학업 능력이 부족한 학생들에게 매우 부담을 줄 수 있기 때문에 조별 발표수업 형태로 진행되는 경우가 많다. 조를 편성하여 서로의 부족한 점을 보완하면서 탐구 과제를 수행하게 하는 것이다.

탐구식 수업의 장점은 첫째, 자발적 학습 동기를 훈련시킨다. 즉, 학생들이 스스로 주제를 탐색하고 학습을 주도할 수 있도록 함으로써 높은 수준의 수업 참여를 유도할 수 있다. 둘째 이러한 학생 주도의 과정 때문에 학생들이 흥미와 재미를 느끼기 쉽다. 그러나 이 부분은 동시에 단점으로 볼 수도 있는데, 흔히 탐구식 수업이 재미있을 것이라고 하지만 실제로 학생들은 탐구주제가 무엇이냐에 따라 어려워하기도 하고 사전지식이 부족한 저학년 학생들에게는 어려울 수 있다. 따라서 학생의 발달단계, 흥미정도에 적합한 주제의 설정이 중요하다.

4) 역사 글쓰기 수업

역사 글쓰기 수업은 학생들이 글을 쓰면서 역사학습을 하게 되는 형식의 수업이다.

역사 글쓰기 수업의 장점은 첫째, 자신의 생각을 차분하게 글로 표현하는 학습 경험은 학습자로 하여금 주체적인 가치관을 정립할 수 있게 도와줄 뿐 아니라 역사적 사고력을 함양하는 데 도움이 된다. 둘째, 학생이 글을 직접 써보는 과정에서 자기 주도적이고 능동적인 학습 경험을 할 수 있다. 셋째, 글쓰기 과정에서 역사 자료를 활용하는 경험이 축적되어 지속적으로 역사과목에 대한 흥미와 자신감이 높아질 수 있다.

물론 역사 글쓰기 수업의 단점도 존재한다. 첫째, 기본적인 글쓰기 능력을 필요로 하기 때문에 학생들이 가장 어려워하는 수업 방법 중 하나이다. 둘째, 학생 간에 역사 내용지식의 편차뿐 아니라 글쓰기 능력과 관련한 편차까지 존재하기 때문에 교실 안에서 수업을 받아들이고 이해하는 학생들의 편차가 매우 클 수 있다. 그렇기 때문에 교사의 충분한 수업 준비가 많은 학생들이 흥미로운 글쓰기를 경험하는 필수 조건이 될 것이다. 또 사전에 학급별 학생들의 특징을 충분히 파악하여 편차가 심하다고 생각되는 학급에는 글쓰기 형식을 가르치는 시간에 비중을 늘리는 등의 편차를 줄이려는 노력에 대한 고민도 필요하다.

이러한 역사 글쓰기 수업을 역사가가 되어 글쓰기, 역사적 인물이 되어 글쓰기,

역사가나 역사적 인물이 아닌 제3의 인물이 되어 글쓰기 등 크게 세 가지로 구분하기도 한다.[12] 그런데 이러한 구분은 글을 읽는 독자를 서로 다르게 상정하여 구분하는 것을 전제로 하여 글을 쓰는 주체나 글의 성격과 특징에 집중하기가 어렵다. 따라서 역사글쓰기의 성격을 기준으로 첫째, 논리적 역사 글쓰기와 둘째, 상상적 역사 글쓰기로 구분하도록 한다.

먼저 논리적 역사 글쓰기는 사료나 자료를 활용하여 역사가의 전문적인 지식을 바탕으로 이루어지는 글쓰기로 역사 논술, 보고서 작성 등의 형식이 일반적이다. 일반적으로 ① 준비하기, ② 초안 잡기, ③ 수정하기, ④ 완성하여 제출하기의 과정을 거친다. 역사가로서의 일정한 글쓰기 형식이 존재하기 때문에 교사는 글쓰기 형식을 가르친 이후 본격적으로 수업을 진행해야 해서 계획을 최소 2차시 이상 잡아야 하는 수업 방법이다. 리처드 마리우스(Richard Marius)와 멜빈 E 페이지(Melvin E. Page)는 올바른 역사 글쓰기의 5가지 기본 원칙을 제시하였다.[13]

1. 주제를 명확히 제한하라
2. 논지를 분명하게 진술하라
3. 엄정하게 공인된 증거에 따라 단계적으로 글을 전개하라
4. 공정한 태도를 유지하라
5. 마음속에 독자를 정확하게 상정하고 글을 써라

위 5가지 원칙을 학생들에게 설명하고, 교사는 수업시간에 작성할 글의 형식에 대해 안내하는 과정이 필요하다. 또한 구체적인 글쓰기 방법으로 역사 문제를 제기하는 방법, 문제 제기의 타당성을 설명하는 방법, 제기한 문제의 해결방법이나 자료들에 대한 설명 방법, 제기한 문제를 해결하여 서술하는 방법 등을 가르치는 과정이 필요하다.[14] 학생들이 이러한 형식을 익히는 데 대부분 어려움을 느끼기 때문에, 교사가 학급의 평균적인 수준을 고려하여 어떠한 역사 글쓰기 수업을 진행할 것인지 판단하는 것이 무엇보다 중요하다. 논리적 역사 글쓰기는 역사에 정말 흥미가 있고, 기본적으로 사료나 자료를 접하고 분석하는 작업에 익숙한 학생들을 대상으로 하거나 역사 동아리 활동 시간에 진행해 보는 것도 하나의 방법이 될 수 있다.

둘째, 상상적 역사 글쓰기는 과거의 어떤 인물이 되었다고 상상하고 그 인물에

감정이입하여 쓰는 글로 가상 일기 쓰기, 가상 편지 쓰기 등이 많이 활용되는 형식이다. 이러한 글쓰기 수업을 준비할 때 교사는 학생들이 역사적 상상력을 발휘하여 글을 쓸 수 있도록 인물이 살았던 시대 배경이나, 인물과 관련한 기록을 학생들에게 충분하게 단서로 제공해야 한다.

아래의 가상 일기는 신돌석의 입장에서 학생이 쓴 가상 일기의 사례이다.

> ...... 아침부터 몇몇 부하들이 다섯 명이나 되는 군인들을 끌고 왔다. 왜놈들의 첩자인 줄 알고 잡아온 모양인데 알고 보니까 지난 8월에 군대 해산 때 흩어진 군인들인 듯 했다. 왜놈들이 군대를 해산시키고 나서도 군복을 입고 다니는 것을 보면 왜놈들에 대한 앙심이 우리 못지 않은 것 같았다. 결국 그들도 우리 의병 대열에 참여하였다. 이로서 우리는 이곳 태백산 주변에서 가장 세력이 큰 의병 부대가 되었다. 나는 양반이 아닌 농민 출신이지만 수많은 조선인들의 힘을 모아 왜놈을 물리치는 의병대장이 되었고 우리 부대는 유생과 농민, 강제 해산을 당했던 군인, 스님, 심지어 도둑들까지도 모두 한 마음으로 왜놈과 싸울 각오가 되어 있다. 12월에 유생 의병장들은 연합 의병을 결성해서 서울로 진격할 생각이라고 한다. 그러나 평민 의병장인 나는 그들 무리에 낄 수 없어 안타깝다. 나라를 지키는 데 마음을 모아야 할 판에 여기서도 신분의 높고 낮음을 가리다니 ...... 그러나 나를 비롯한 우리 부대의 모든 의병들은 한 마음으로 이곳 강원도와 경북의 접경 지대에서 일제 침략군의 발목을 잡아 그들의 욕망을 잠재울 것이다. ......[15]

상기의 상상적 역사글쓰기를 평가하기 위해서 교사는 그 평가 기준으로 첫째, 역사적 허구와 상상을 구분하고 있는가와 둘째, 글에 드러난 사건이나 상황에 역사적 배경이 잘 드러나 있는가, 셋째, 상상한 인물에 시대성과 공감성을 고려하여 적절하게 감정이입하고 있는가, 넷째, 역사적 상상이 역사적 사실에 충분히 기반하고 있는가 등을 기준 삼아 글을 살펴보아야 한다.

상기의 글은 평민 의병장인 신돌석의 입장에서 1907년 8월의 군대 해산으로 인해 갈 곳을 잃은 수많은 군인들이 의병에 합류한 과정을 삽입함으로써 역사적 상황에 대한 높은 맥락적 이해 수준을 반영하고 있다는 점에서 장점이 있다.[16] 그러나 신분의 한계로 13도 창의군에 합류하지 못했는지에 대한 부분은 이설이 있기 때문에 시대성과 공감성을 고려했지만, 역사적 사실에 기반하고 있는지에 대해서는 보완해야 할 필요가 있음을 알려주도록 한다.

5) 역사 극화수업

역할극과 극화수업은 그 개념의 범주가 달라 역할극이 극화수업을 포괄하는 더 큰 개념이라고 할 수 있다. 극화수업은 수업의 한 종류이지만 역할극은 심리극 등 다양한 분야에서 활용되는 방식을 말하기 때문이다. 역할극, 극화수업, 시뮬레이션은 그 특징을 아래의 표와 같이 구분할 필요가 있다.

〈표 4-4〉 역할극, 극화수업, 시뮬레이션의 특징 비교

	역할극	극화수업	시뮬레이션
정의	각자 설정된 역할을 연기하는 극	다른 사람의 입장이 되어 그 사람의 처한 상황과 조건 속에서 행동 결정을 추체험하는 학습의 과정	복잡한 문제나 사회 현상을 해석하고 해결하기 위하여 실제와 비슷한 모형을 만들어 모의적으로 실험하여 그 특성을 파악하는 일
특징	인물 = 각자 설정된 역할을 연기하는 것	극의 형태에 따라 연극식 수업, 모의재판식 수업, 마당극식 수업등 다양한 형태로 수업을 진행	인물 = 있을 법한 모의상황에서 '선택'하는 입장을 대변

극화수업에서 극(劇)의 사전적 정의는 '문학 작가의 개입이 없이 등장인물들의 대화 형식으로 이루어진 예술 작품을 이르는 말'(국립국어원 표준국어대사전)이다. 즉, 극화수업의 핵심은 등장인물들의 대화 형식으로 이루어지는 이야기인 극의 형식을 학생들이 만들어간다는 것인데, 이는 다른 과목에서도 과목적 특성에 맞게 개발되어 발전해 왔다. 그렇기 때문에 '글쓰기 수업'보다 '역사 글쓰기 수업'으로 구분하여 수업 방법을 말하듯이 역사수업에서의 극화수업 또한 '역사 극화수업'으로 명명하는 것이 더 타당해 보이며, 역사 극화수업을 '역사적 사건 등 역사와 관련 있는 소재를 등장인물들의 대화로 이루어진 극의 형식으로 만들어가는 수업'으로 정의할 수 있을 것이다. 따라서 역사 극화수업은 역사 수업에서 역사 시뮬레이션, 연극식, 다큐멘터리식, 뉴스보도식, 시사토론식, 모의 재판형식, 모의국회 형식, 마당극 형식 등을 포함하는 가장 넓은 개념으로서 활용될 수 있다.

이러한 관점에서 역사 수업에서 활용하는 '역사 시뮬레이션'은 실제 역사적 상황과 유사한 상황을 설정하여 학생들이 선택과 결정을 내리게 하는 학습의 과정이다.

역사 극화수업의 특징은 주제, 극 형식 결정 및 역할 배분, 대본 및 극 준비, 극 공연, 공연 후 토의 및 평가 등의 과정이 이루어진다는 점이다. 이로 인해 수업 계획을 세울 때 여러 차시가 소요되기 때문에 역사 극화수업을 활용한 수업은 현실적으로 제한적일 수밖에 없다. 교과진도를 나가는 데 난항을 겪을 수 있기 때문이다. 그러므로 교사는 극화수업으로 다루기에 적절한 주제를 신중하게 선택하여 학생들에게 유의미한 경험을 제공해 주어야 한다. 주제, 극 형식 결정 및 역할 배분 단계에서는 극의 주제를 교사가 선정할 수도 있지만 몇 가지 후보 주제를 학생들에게 소개하여 학생들이 호기심을 가지고 최종적으로 극 주제를 선정하는 방식을 사용해도 좋다. 또한 극의 형식을 일부 연기자를 뽑아 준비할 수도 있고, 모둠으로 나누어 준비할 수도 있는데 어떤 형식이냐에 따라 학생들의 역할을 배분해야 한다. 이 단계는 교사가 판단하여 미리 결정한다면 생략할 수도 있는 단계지만, 학생들과 함께 만들어나갈 수도 있는 단계이다. 차시 및 진도에 여유가 있고, 참여도 및 적극성이 높은 학생들이 많은 학급이라면 함께 준비하는 것이 좋다. 대본 및 극 준비 단계에서 유의할 점은 대본 제작에는 학생들이 반드시 참여해야 한다는 점이다. '조선 후기 신해통공'을 연극식 역사 극화수업으로 만들고자 할 때 이미 이와 관련한 만들어진 전문적 연극 대본을 학생들이 연기한다고 할 때, 대본의 전문성은 높을 수 있겠지만 학생들은 대사를 외우고 연기를 하는 데만 집중하여 역사적으로 학습하는 부분은 등한시할 수 있다. 대본이 너무 형식을 갖추지 못했을 경우 교사가 조력자 역할을 수행할 수는 있겠지만 기본적으로 학생들이 대본을 쓰는 과정에서 당시 역사적 상황이나 배경을 조사하고 이해하는 과정이 동반되기 때문에 역사 극화수업의 핵심은 학생들이 대본 작성에 참여해야 하는 부분이라고 할 수 있다. 대본이 완성되면 극 공연에 필요한 소품이나 음향 등을 준비하고 연기자들의 대본을 숙지하는 연기 연습과정이 이어진다. 극 공연 단계에서 교사는 학생들이 극에 몰입할 수 있도록 분위기를 조성하고, 이후 피드백해야 할 부분을 기록해 두는 정도의 주의가 필요하다. 마지막으로 공연 후 토의 및 평가 단계에서는 체크리스트법(동료평가)을 활용하여 역사 극화수업이 역사 이해에 도움이 되었는지를 참여한 학생들이 평가해야 한다. 또 이 과정에서 자연스럽게 역사적 인물이나 사건과 관련한 논쟁에 대해 토의가 이어질 수도 있는데, 이때 교사가 적절히 토의를 진행하면서 설명을 덧붙이며 수업을 마무리하면 된다.

〈역사 극화학습의 사례〉

한국사 교사 A는 조선 후기 경제 단원을 설명하면서 총 3차시의 역사 극화수업을 시도해 보게 되었다.

- 1차시: A 교사는 1학년 학급에 들어가 역사 극화수업에 대해 안내한 뒤, 조선 후기 경제와 관련된 주제 3가지(이앙법, 신해통공, 상평통보)를 간략히 설명하고 이 중에서 역사 극화학습에 적합한 주제 한 가지를 선택하도록 하였는데, 학생들은 신해통공을 선택하였다. 역사 극화수업의 형식은 연기에 부담을 느낄 만한 학생들이 많다고 판단하여, 학급별로 연기자를 뽑아 하나의 연극을 올리는 방식을 선정하였다. 연기자 학생들은 각각 정조, 채제공, 시전상인, 사상 등의 역할을 분배하였다. 비연기자 학생들은 대본 작가, 소품 준비, 음향 담당, 분장 담당, 촬영 감독 등 극에 필요한 여러 가지 역할을 분배하였다.
- 2차시: 본격적으로 극을 준비하는 과정에서 A 교사는 조선 후기 정조시기 경제 상황과 관련한 역사적 배경을 간략히 설명하였고, 교과서에 직접적으로 나오지 않는 채제공과 관련한 사료를 제공하며 학생들이 대본을 작성하는 데 조력하였다. 학생들 중 일부는 역사와 관련한 내용보다는 연극 준비를 하는 데 더 몰두하는 듯했지만, 활동 중심의 수업을 진행하고 한 사람마다 역할이 주어지니, 아무도 졸거나 자는 학생이 없었다.
- 3차시: 공연이 이루어졌고, 어설픈 장면도 많았지만 무사히 마무리되었다. A 교사는 학생들에게 체크리스트를 나눠주면서 수업을 통해 알게 된 점이나 느낀 점을 말하도록 하였다. 시전 상인을 연기했던 학생이 육의전을 제외하고 금난전권을 폐지하였는데, 시전 상인의 입장에서 육의전이라도 금난전권을 보전 받았기 때문에 신해통공을 받아들일 수 있었다고 이야기하였다. 이에 반박하여 진짜 상업이 발달하려면 육의전에 대한 금난전권까지도 폐지해야 했었다고 말하는 학생도 있었다. A 교사는 한 주제를 가지고 4차시까지 준비하는 것은 너무 부담이었기 때문에 3차시에 공연과 토의 및 평가를 합쳤는데, 역시 시간이 모자라서 마치는 종이 치고서야 쫓기듯 설명하고서 수업을 마칠 수 있었다. 그래도 학생들이 재밌어하고, 역사 내용 자체에도 관심을 가졌다는 생각이 들어서 뿌듯함이 큰 수업이었다.

위 역사 극화수업의 사례는 비교적 잘 진행된 역사 극화수업의 과정을 보여주고 있다. 어느 수업방법이나 마찬가지겠지만 특히 역사 극화수업에서는 교사가 학생들을 잘 파악하고 있어야 한다. 위 사례에서 교사가 학생들의 성향을 잘 파악하지 못해서 모둠을 나눠서 각각 다른 극을 만들어 참여하는 역사 극화수업을 진행했다면 학생들이 참여를 꺼려 이러한 분위기가 역사 내용 학습에도 부정적 영향을 미쳤을 것이다. 학생을 잘 파악한 후 수업의 주제, 극의 형식 등의 방향을 잡아가는 것이 성공적인 역사 극화수업의 첫걸음이었다. 마지막 공연 후에 토의 및 평가, 체크리스트 등을 통해 수업을 마무리한 것도 학생들의 마무리 단계 또는 정리 단계에서 매우 중요하다. 흥미위주로만 끝나지 않고 금난전권 폐지에 대한 역사적 의미를 돌아보게 한 점도 잘한 부분이다. 또한 교사는 총3차시의 수업을 통해 극화수업의 장점을 최대화하였다. 그러나 현실적으로 이러한 수업이 매우 어려운 점은 한가지의 주제와 수업 방법을 위해 총 3차시의 수업 시간도 실제로 부족하다는 점이다.

한편, 이러한 역사 극화수업의 장점은 첫째, 학생들이 평소 어려워하는 주제에 대해서도 역사적 흥미를 불러일으킬 수 있다. 둘째, 학생들이 역사적 인물의 내면과 상황에 감정이입하거나 역사적 사실에 근거하여 역사적 상상력을 발휘하는 데 효과적이다. 셋째, 학생들의 경직되어 있는 역사적 상상력을 깨어주어 생동감 있게 역사를 이해할 수 있도록 도와준다.

반면 역사 극화수업은 단점 역시 존재한다. 첫째, 연극에 너무 초점을 맞추다 역사수업의 본연의 목적을 잊을 수 있다. 어디까지나 주 목적은 항상 역사를 학습하는 데 있다는 것을 교사가 유념해야 하는 이유이다. 둘째, 학생들이 역사적 사실을 파악하는 데 아직 미숙하기 때문에 역사를 왜곡하여 대본을 작성할 수 있다는 우려가 있다. 그리고 학생들이 연극의 흥미를 유발하기 위해 역사를 왜곡해 버릴 수 있는 가능성도 있다. 그래서 교사는 대본을 꼼꼼하게 점검하여 역사 왜곡이 발생하지 않도록 수업을 이끌어가야 한다. 셋째, 시간이 생각보다 많이 소요되어 전체적인 교육과정상에서의 교과 진도에 지장을 초래할 수 있다. 극을 준비하는 과정은 학생들이 주가 된 상황에서 그 어떤 수업 방법보다 돌발 상황이 많이 발생할 수 있는 수업이다. 위 사례와 같이 3차시로 계획했다 하더라도 매 차시마다 수업 시간을 초과할 수도 있고, 아예 너무 과정이 밀려서 1~2차시를 더 잡게 되는 상황도 발생할 수 있다. 그렇기 때문에 교사는 너무 많은 시간을 극화 수업에 할애하지 않도록 철저한 수업 준비를 할 필요가 있다.[17]

6) 토론식 수업

토론식 수업은 역사적 사건 등 특정 문제를 놓고 서로 다른 의견을 가지고 논쟁(debate)을 하는 수업을 말한다. 모둠별 토론의 경우 제한된 교실 안에서 모둠별로 모두 팀이 나뉘어 토론이 진행되기 때문에 학급 인원수가 많은 교실일수록 많은 소음을 발생시킬 수 있고, 이는 학생 전체의 수업 집중도를 떨어뜨릴 수 있다. 그러므로 모둠별 토론의 경우 학급 인원수가 적은 학급에서 소규모 모둠을 조직하면서 진행되는 데 적합하고, 모둠별 거리를 어느 정도 확보한 상태에서 진행하여야 최소한의 수업환경이 조성된 것이라고 할 수 있다.

학급 전체 토론은 학급 인원수가 많을 때 임의로 팀을 나누고 빠르게 수업을 진행할 수 있다는 장점은 있겠지만, 실제 학생들의 말하기 능력 등 기본적인 토론 능력에는 큰 차이가 있어서 학급 인원 전원이 토론에 적극적으로 자신의 의견을 표현하는 것은 어느 정도 훈련을 하더라도 어려운 것이 사실이다. 그래서 전체 학급 인원의 토론 진행시 역할배분을 어느 정도 교사가 개입하여 중재해 주는 것이 중요하다. 실제 학교 현장에서는 학급 전체가 두 팀으로 나뉘어 토론에 참여하는 경우는 흔하지 않다. 그러므로 교사는 실제 학교 현장에서 활용할 수 있는 세부적인 토론 유형을 숙지하고 자신이 전개해 갈 수업에 적합한 토론식 수업 모형을 선정하는 것이 중요하다.

토론식 수업의 절차는 단순히 학생들의 논쟁에만 중점을 맞출 것이 아니라 학습자가 토론의 과정을 습득하는 과정에 주목해야 한다. 토론의 일반적 단계는 아래와 같다.

〈표 4-5〉 토론의 일반적 단계와 내용[18)]

단계	내용	
준비하기	• 토론의 주제 결정 및 조의 편성 • 예비 토론 • 문제의 분석과 주장 및 논박 자료 준비	• 사고 거리의 제공 • 전략의 수립
논쟁하기	• 주장과 논박	
분석하기	• 토론 과정에 대한 화법적인 분석	• 주장과 논박에 대한 검증
정리하기	• 상대의 주장과 논박 정리	• 자기주장 정리

앞의 표에서 주목해야 할 단계는 준비하기 단계이다. 학생들은 토론의 형식을 통해 역사 학습을 하는 것이기 때문에 원활한 토론을 위한 사전 준비단계가 매우 중요하다.

토론식 수업의 장점은 첫째, 학생들의 문제해결 능력과 합리적으로 사고하는 능력을 기르는 데 도움이 된다. 둘째, 학생들의 논리적인 표현 능력 향상에 도움이 된다. 셋째, 구성원들이 토론 과정에서 다른 사람의 의견이나 가치를 존중하는 태도를 함양할 수 있다.[19] 그러나 토론식 수업의 단점 또한 명확하다. 첫째, 토론은 역사 수업에서 중요한 비중을 차지하는 요소라고 할 수 있는 정보나 지식을 전달하는 데는 비효율적이다. 둘째, 토론을 진행하는 데 기본적으로 필요한 능력은 말하기 능력과 경청 능력인데, 학생들이 이 능력을 단기간에 향상시키기 어렵기 때문에 교사의 인내가 요구된다. 셋째, 좀 더 지식이 많은 학생 몇 명이 주도하여 토론의 결말을 내버리거나 토론에 소극적인 학습자들은 참여를 하지 않는 경우가 발생할 수 있다.[20]

토론식 수업을 준비할 때 교사는 학급 인원수, 학생들의 학업 능력, 교실 환경 등을 고려하여 적합한 토론식 수업을 설계해야 한다.

〈한국사 수업에서 토론식 수업의 사례〉

한국사 교사 A는 토론 수업을 준비하였다. 학급 인원은 25명이었다. 주제는 '개항 이후 당시 조선에 적합했던 개화 정책은 온건개화파의 정책과 급진개화파의 정책 중 어느 것이었나.'였다.

- 1차시: A교사는 토론식 수업의 전체적인 방향을 학생들에게 안내하고 팀을 조직하였다. 토론 방식은 학급 전체 토론으로 정하되, 학급 인원수를 고려하여 팀은 학급 인원수를 고려하여 4개 팀으로 정하여 6명, 6명, 6명, 7명 등으로 편성하였다. 한국사 시간에 팀장으로 적합한 친구를 무기명 투표하게 하여 많은 표가 나온 상위 4명의 학생이 팀장 역할을 수행하게 하였다. 이외의 팀원은 뽑기 등 무작위 배치하였다. 팀원들 간의 협의를 통해 어느 한 쪽 주장을 희망하도록 하였고, 2 대 2로 의견이 갈려서 온건개화파팀 2팀, 급진개화파팀 2팀을 무난하게 구성하였다. (다른 학급에서 팀이 2 대 2로 무난하게 구성되지 않을 경우, 서로 팀장이 협의하게 하거나 모두 입장을 굽히지 않았을 때는 뽑기나 가위바위보 등으로 정하게 하였다.) 그리고 팀장으로 하여금 조원들의 역할배분을 하도록 유도하였다.
  - 토론자(2명): 논리적인 말하기 능력이 뛰어난 학생이 적합. 꼭 팀장일 필요는 없음
  - 조력자(2명): 토론을 사전에 준비할 때 모둠의 논리를 마련하기 위해 근거 자료를 주

도하여 찾고, 모두 발언 원고 등을 작성하며, 상대편을 반박할 수 있는 논리 등을 개발하는 역할

- 관찰자(2명): 체크리스트를 통해 자신의 모둠을 제외한 나머지 세 모둠의 토론 준비 및 본 토론을 관찰하며 잘한 점과 아쉬운 점 등을 기록하고 토론 후 이를 발표하는 역할

A교사는 팀원이 7명인 조에 대해 형평성을 고려하여 관찰자를 3명 두도록 안내하였고, 각 역할은 어디까지나 그 역할을 주도한다는 개념일 뿐, 기본적으로 모든 인원이 토론에서 발언할 수 있고, 토론자도 조력자 역할을 수행해도 되고 조력자가 상대편 토론 능력에 대해 관찰자와 의견을 교환할 수도 있다는 등 예를 들며 융통성을 발휘할 것 또한 안내하였다.

- 2차시: 본격적으로 토론을 진행하였고, A씨는 원활하게 토론이 진행되지 않는다고 판단될 때만 최소한으로 토론에 개입하였다. 토론 이후 관찰자 학생들을 중심으로 모둠별로 잘한 점과 아쉬운 점 등을 피드백 받는 시간을 가졌다.

토론식 수업은 교사가 학급별 분위기나 학생들의 특징을 충분히 파악하고 있을 때 시도해 보는 것이 좋다. 실제로 토론 능력이 뛰어나거나 팀을 이끌 리더십이 뛰어날 것으로 판단되는 학생을 팀장으로 삼는다든가, 각자의 역할을 담당할 학생들을 역할 배분하기 위해서는 학생들도 각자의 성향과 특성을 알 필요가 있다. 이런 세세한 부분부터 조별 인원 수, 역할 배분 등 A교사는 시행착오를 겪으면서 조금씩 절차와 규칙을 보완하여 상기의 사례와 같은 토론식 수업 형태로 정착하였을 가능성이 크다. 물론 변화 없는 정착이 아니라 환경이 계속 바뀌기 때문에 교사는 자신의 수업 경험을 축적하여 학급마다, 해마다 계속 토론 수업의 형식을 부분적으로 수정, 보완해 나가야 한다.

최근 토론식 수업은 '말을 잘 하는 것'보다 '말을 잘 듣는 것'에 초점을 맞추고 있다. 자신의 주장을 말하는 것도 중요하지만, 타인의 말을 듣고 나의 생각을 수정하는 것도 무엇보다 중요하다. 한국사 수업에서 여러 가지 역사적 상황에 대해 토론하면서 역사적 사실과 근거를 가지고 설득하고, 이에 설득당하는 것도 의사소통의 중요한 목적이며 생각의 수정을 통한 사고의 발전과 확산의 과정을 자연스럽게 습득하면서 타인의 말을 인정하는 연습을 도와주는 것이 토론식 수업이어야 한다.

7) 토의식 수업

토론과 토의가 그 의미나 절차 면에서 유사한 점이 많아 완전히 구분되는 개념으로 보기는 어렵다. 한국사 교과에서의 토론식 수업은 논쟁적인 한국사 사건, 인물 등에 주제에 대해 타인을 설득하여 자신의 주장을 관철시키는 것을 목적으로 하는 수업이라면, 토의식 수업은 논쟁적인 주제를 포함한 한국사 주제에 대해 자유롭게 의사를 개진하여 집단적 사고와 의사결정을 통해 답을 찾아가는 수업 정도로 비교할 수 있다. 학교 현장에서는 학생들에게 과제를 제시하고 모둠별로 문제를 해결하는 형태가 기본 형태라고 할 수 있다. 토의식 수업의 유형은 여러 교과를 막론하고 다양한 방식으로 발전해 왔다. 이 중 한국사 수업에 적합한 토의 유형 두 가지를 소개하자면 피시볼(Fish Bowl) 그룹 토의, 일대일 그룹 토의 등이 있다. 먼저 피시볼 그룹 토의는 어항의 밖에서 안을 들여다볼 수 있는 것과 같이 밖의 집단이 안쪽 집단의 토의과정을 관찰할 수 있도록 하는 토의 방법이다.

① 전체 학급을 크게 두 집단으로 나눈다.
② 한 집단이 안에, 다른 집단은 그 밖에 동그랗게 원으로 앉게 한다.
③ 먼저 안쪽의 집단이 한국사 주제에 대해 토의를 한다. 그리고 바깥쪽 집단은 안쪽 집단의 토의를 관찰하면서 간단하게 요약한다.
④ 얼마 후 서로의 자리를 바꾸어 토의한다.

위 절차대로 진행되는 피시볼 그룹 토의는 실제 학교 현장에서 학급 인원수에 능동적으로 대처할 수 있다는 장점이 있다. 한 학급 인원이 10명인 경우 5명씩 두 집단을 나눠서 서로 번갈아서 위치를 바꿔가며 토의를 진행하면 되고, 20명인 경우 5명씩 네 집단을 나눠서 토의를 진행하는 한 집단은 원 안에, 나머지 세 집단은 원 밖에 위치하면서 네 번의 토의를 진행하면 된다. 그런데 토의의 효율성을 높이기 위해서는 모든 토의를 한 차시에 끝내는 것보다 여러 차시에 걸쳐 수업의 한 부분으로 토의를 진행하는 것이 더 좋다. 학급 인원이 20명이라고 했을 때, 안에서 5명이 토의를 진행하는 동안 아직 토의를 진행하지 않은 15명의 학생은 안쪽 집단의 토의를 관찰하면서 내용을 요약해야 하지만 대체로 다음 차례에 자신들에 진행해야 할 토의 내용을 숙지하고 연습하는 데 더 집중할 가능성이 크다.

교사는 한 차시에 한 집단이 어항 안의 역할과 바깥의 역할 중 한 역할만 맡게 해주는 것이 학생들이 그 역할에만 더 집중할 수 있게 해주는 효과가 있는 것이다. 한국사 수업에서 차시별로 한 역할만 부여되는 피시볼 그룹 토의가 효율적일 수 있는 이유는 학생들이 한국사 토의 주제를 받아들일 때 가지게 되는 어렵다는 부담을 어느 정도 덜어줄 수 있기 때문이다. 토의를 진행하기 위해서는 주제 자체를 심도 있게 이해하고 자신의 논리를 펴야 하는데, 한국사 토의 주제는 학생들이 받아들이기에 기본적으로 어렵다. '동학 농민 운동을 성공한 농민 운동으로 평가할 수 있을까?'와 같은 역사 토의 주제는 과거의 사건을 학생들이 숙지하고 토의 방향을 정해야 하기 때문에 자신이 맡은 토론자로서의 역할만으로도 부담이 된다. 피시볼 그룹 토의는 토론자 역할을 하는 학생과 청중 역할을 하는 학생을 확실하게 구분함으로써 학생들이 현재 자신의 역할에만 몰입하게 되고, 한 차시에 하나의 역할만 부여되면 어항 밖의 청중은 자신의 토의 주제는 잠시 잊고 다른 학생의 토론을 몰입하여 지켜볼 수 있고, 어항 안의 토론자는 오로지 토의에만 집중할 수 있는 것이다.

일대일 그룹 토의는 크기가 작은 그룹에서 효율적으로 사용할 수 있는 토의 유형이다. 우선 토의의 절차를 보자.

① 그룹 구성원들은 조를 이루어 각각을 A 또는 B라 한다.
② A가 B와 한국사 주제에 대해 연속해서 3~5분 정도 토론한다.
③ B는 듣기만 하고, 흥분하거나 따지는 것을 피해야 한다.
④ 순서를 바꿔 A는 듣기만 하고 B가 얘기하도록 한다.
⑤ 두 사람의 얘기를 종합해 결론을 내린다.
⑥ 각자 차례대로 전체에게 자신과 상대방을 소개하고, 상대방이 말했던 것이 무엇인지 간략히 설명한다.

위와 같은 과정으로 진행되는 일대일 그룹 토의는 쟁점이 되거나 윤리적인 문제를 토의하는 데 유용하게 쓰일 수 있고, ③, ④에서 모든 인원에게 말할 기회가 주어지기 때문에 강한 의견을 가진 한두 사람이 토의를 주도하는 것을 막을 수 있다. 또한 듣기 능력이 매우 강조되는 토의 유형인데, 마지막 절차에 상대방의 의견을 전체 그룹에게 표현할 수 있어야 하기 때문에 자신의 주장 못지않게 상대방의 주장을 경청하고 이해하는 것이 중요한 요소가 된다. 한국사 수업에서 일대일 그룹 토의가 효율적인 이유는 다양한 토의주제를 학생의 수준에 맞게 선정할 수 있기 때문이다. 교사가 학생들의 한국사 교과 관련 학업 능력과 토론 능력을 어느 정도 파악하는 것을 전제로 교사는 수준이 비슷한 학생끼리 조를 편성하고 각 조에게 난도를 조절하여 토의 주제를 제시할 수 있다. 이는 많은 학생들이 주제를 이해하고 원활하게 토의가 진행될 수 있게 하는 윤활유 역할을 할 수 있는 작업이다.

토의식 수업의 장점은 첫째, 학생의 자기주도적인 문제해결능력을 기를 수 있다. 둘째, 주로 소모둠 별로 과제를 해결해 가는 토의식 수업의 특성상 학생들이 협동심과 사회성을 기를 수 있다. 그러나 토의식 수업 또한 단점이 존재하는데, 토론식 수업과 마찬가지로 토의의 주도권을 잡고 말을 많이 하는 학생과 토의에 전혀 참여하지 못하는 학생이 발생할 수 있다는 점이다. 그래서 교사는 항상 모둠을 관찰하면서 토의에 참여하는 학생 간의 편차를 줄이기 위해 돌아가면서 발표하는 룰을 정해주는 등 모든 학생들이 토의에 참여하게 하도록 힘써야 한다. 또한 자료 준비에 어려움을 겪는 모둠을 위해 토의에 필요한 문헌, 동영상 자료 등 다양한 자료를 준비하여 토의 준비단계에서 포기하는 모둠이 없도록 조력해야 한다.

8) 협동식 수업

협동 학습에 기반한 수업을 협동식 수업으로 부를 수 있다. 학습 능력이 서로 다른 학생들로 소집단(이질집단)을 구성하여 동일한 목표를 달성하기 위해 진행하는 활동 중심 수업 방법이다. 협동학습의 유형은 기본적으로 과제 중심, 보상 중심, 교과 중심, 구조 중심으로 구분한다. 과제 중심 협동학습은 학습 활동의 목표를 명확히 설정하고 학생들이 과제를 수행하면서 지식을 습득하는 방식이다. 보상 중심 협동학습은 학습 과정에서 보상을 제공하여 학생들의 동기를 부여하는 방식이다. 교과 중심 협동 학습은 특정 교과목에 대한 지식을 체계적으로 학습하는 방식이다. 구조 중심 협동학습은 지식의 기본 구조를 이해하고 이를 바탕으로 지식을 연결하고 확장하는 방식이다. 이 중 한국사 수업에서 실제 활용도가 높은 유형은 구조 중심 협동학습이다. 구조는 학생들끼리 상호작용할 수 있도록 조직화된 방법으로 작은 협동학습 모형이라고 할 수 있다. 구조 중심 협동 학습은 절차가 단순하고 짧은 시간에도 협동 학습을 진행할 수 있어서 전체 수업의 일부 계획으로도 삽입할 수 있기 때문이다. 구조중심 협동학습을 주장한 케이건(Kagan)은 구조를 모둠 세우기, 학급세우기, 암기 숙달 구조, 사고력 신장 구조, 정보 교환 구조, 의사소통 기술 구조 등으로 구분하였다. 각 구조별로 수많은 하위구조들이 존재하는데, 이 하위구조가 실제 수업 준비를 할 때 고려하는 구체적인 틀에 해당한다.

〈표 4-6〉 구조의 6가지 분류 유형 및 구조명[21)]

구조의 분류 유형	개념	구조명
모둠 세우기 (teambuilding)	많은 활동들이 학습 내용과 연계되어 모둠을 단결시키고 수업이 원활하게 이루어질 수 있도록 이끄는 구조	역할별 브레인스토밍, 플래시카드게임(flashcard game), 하얀 거짓말 찾기, 돌아가면서 쓰기(roundtable), 돌아가면서 말하기(roundrobin), 모둠 인터뷰, 모둠 과제
학급세우기 (classbuilding)	같은 반의 모든 학생들 간에 연관 관계를 돈독하게 하고 모둠 활동을 통해 긍정적인 환경을 창조해 주는 활동	사실 빙고, 이 사람을 찾아라, 동심원, 차례차례, 팔짱 끼기, 짝 활동, 비슷한 친구들끼리, 돌기-얼음-짝
암기 숙달 (mastary)	학습 내용의 연습과 복습에 매우 유익한 구조	번호순으로(numbered heads together), 짝 점검(pair check), 플래시카드게임(flashcard game), 문제 보내기(send-a-problem), 돌아가면서 쓰기(roundtable), 4단계 복습(turn-4-review), 순환 복습(rotating review)
사고력 신장 (thinking skills)	정보의 연구 및 분류, 적용 능력 같은 사고력 신장을 위한 학습 구조	생각-짝-나누기(think-pair-share), 모둠 문장 만들기(teamstatements), 역할별브레인스토밍(brainstorming), 이야기엮기(sequencing), 모양만들기(formations)
정보교환 (information sharing)	모둠 내에서 정보를 교환하고 모둠 간의 정보를 교환하는 구조	돌아가며 말하기(roundrobin), 셋 가고 하나 남기(3 stray, 1 stay), 모둠 인터뷰, 3단계 인터뷰
의사소통하기 (communication skills)	모둠 구성원들의 동등한 발언과 참여를 증진시키는 데 도움을 주는 의사소통조절기능구조와 개인의 의견을 존중하면서 모둠 전체의 의사 결정을 내릴 수 있도록 돕는 의사결정기능구조,	발표 카드 · 칭찬 카드 · 이끔말 카드(gambit chips), 다시말하기 카드(paraphrase passport), 동전 내놓기(spend-a-buck), 만장일치 의사결정(consensus seeking), 가치 수직선(valuelines), 읽고 그리기 · 읽고 찾기 · 읽고 움직이기

구조의 분류 유형	개념	구조명
	특별히 의사소통기술들을 발달시키는 데 사용되는 의사소통기능구조로 구성	

다음은 구조 중심 협동학습을 실제 구현한 수업 사례이다.

〈한국사 수업에서 구조 중심 협동학습 사례〉

한국사 교사 A씨는 유독 암기를 어려워하는 학년(학급당 정원 20명)을 만나 다양한 수업 방법에 대해 고민하던 중 일정 진도를 나갈 때마다 모둠을 나누어 간단한 보상을 걸고 빙고게임을 진행하였다.

- 모둠 편성: 학생들의 학업 능력을 어느 정도 파악한 후, 다양한 수준의 학생들이 같은 모둠에 들어갈 수 있도록 고려하여 5개의 모둠을 구성한다.
- 각 모둠에 5×5 빙고판을 배부하고 교과서에 나오는 삼국시대 왕들을 모둠별로 고민하여 적도록 한다.
- 빙고판이 준비되면 모둠별로 순서를 정하고 돌아가면서 삼국 시대 왕 이름을 말하며 빙고판을 지워간다.
- 단, 반드시 왕 이름을 말하면서 그 왕에 대한 간략한 설명을 덧붙여야 하고, 설명이 합당할 경우 빙고판 지우는 것을 인정한다. 설명의 합당성 여부는 교사가 판단한다. 제대로 설명하지 못할 경우 빙고판을 지울 수 없고 다음 모둠으로 기회가 넘어가는데, 실패한 모둠은 다음 차례에 다른 모둠원이 지우지 못했던 왕에 대한 설명을 다시 도전하여 지울 수 있다.
- 왕을 설명할 때, 모둠 내에서 모둠원별로 반드시 돌아가면서 설명해야 하며, 한 명의 모둠원이 연속해서 설명할 수 없다.
- 게임을 시작할 때 정한 숫자만큼 줄을 완성한 모둠은 먼저 단체로 모둠 이름을 외치고 교사에게 확인받으면 게임은 종료된다.
- 빙고를 가장 먼저 완성한 모둠에게는 교사가 적절한 보상을 제공한다.

수업을 진행하자 학생들은 협동하며 먼저 빙고판을 달성하기 위해 재미있게 경쟁하였고, 학생 한 명은 수업이 끝난 후 다음 빙고는 어느 단원 끝나고 하는지 물어볼 정도로 수업에 관심을 보였다. A교사는 남북국 시대 부분까지 끝난 이후에 교과서에 나와 있는 고대의 문화유산에 대해 빙고 대결을 할 것이라고 학생들에게 안내하였다. A교사는 빙고게임 첫 시간이라서 룰을 설명하고 모둠을 조직하는 데 한 차시를 다 사용하였지만, 앞으로 간헐적으로 진행될 빙고게임의 룰을 학생들이 숙지하고 있을 것이기 때문에 소요 시간도 20~25분 정도 걸릴 것으로 예상하였다.

위 사례에서 교사는 구조중심 협동학습의 암기 숙달 구조를 통해 수업 준비를 하였고, 그 하위구조로서 '빙고 게임'을 선택하였다. 빙고 게임의 룰을 세우고 진행하면서 보상까지 해주는 일련의 과정이 하나의 암기 숙달 구조가 되는 것이다. 이 과정 중에서 모둠원이 왕 이름만 말하면 말 그대로 '단순 암기'가 되므로 이를 간략히 설명해야 한다는 규칙을 만들었고, 모둠원 전체가 돌아가면서 설명해야 한다는 룰을 통해 모둠 내에서 한국사 학업 능력이나 암기력이 뛰어난 학생이 부족한 학생을 가르쳐야 하는 협동 학습이 발생하게 된다. 학생들이 한국사를 비롯한 역사 과목에서 가장 어려워하는 부분 중에 하나가 왕 이름 등 고유명사를 암기하는 것인데, 이를 빙고게임이라는 구조를 통하여 수업시간 일부를 할애해서 재미있게 풀어가는 것은 이처럼 한국사 교과에 윤활유 역할을 해줄 수 있다. 물론 위 사례에서 '학생들의 학업 능력을 어느 정도 파악한 후'라고 전제했듯이 협동식 수업 역시 가장 중요한 부분은 학생들이 전반적인 학업능력과 태도 등에 대한 파악이다. 학생들 간에 학업 능력에 있어서의 차이는 협동식 수업에서는 오히려 서로 부족한 점을 도와주면서 협력하는 관계를 제공해 줄 수 있지만 원만한 서로 간의 대인관계는 중요한 전제조건이다. 기본적인 학생들 간의 인간관계가 어색하거나 사이가 좋지 않은 학생들이 한 학급에 많을 경우, 협동식 수업은 이 부분에 대한 교사의 사전노력이 어느 정도 진행되어 협력할 만한 분위기가 조성되었다고 판단될 때 진행하는 것이 좋다. 협동학습의 방법들은 다양하게 발전해 왔는데 대표적인 방법은 아래의 표와 같다.

〈표 4-7〉 협동학습의 방법[22)]

협동학습 방법	개념	특징
STAD	학생들을 팀으로 구성하여 서로 협력하여 학습하고, 팀의 성과를 바탕으로 개별 성취도를 평가	• 4~5명의 학생들로 구성된 팀을 만들어 학습 • 각 팀원들은 주제를 분담하여 학습하고, 서로 공유 • 팀 성과와 함께 개별 학생의 성취도도 평가
TGT	STAD와 마찬가지로 교사가 수업을 하고 그룹 활동 진행	• 마지막에 형성평가 대신 조별 토너먼트 진행
직소 I	교사가 하나의 학습 자료를 여러 개로 나누어 전문가 집단에서 주	1. 모집단 형성 및 전문가 학습지 배부 2. 전문가 집단 학습

협동학습 방법	개념	특징
	제별 학습 진행	3. 모집단 복귀 후 학습 4. 전체 학습지 작성 및 정답 확인 5. 개별 평가 및 개별 보상
직소 II	직소 I에 비해 처음에 공통된 학습자료를 읽고 나서, 이를 다시 하위주제로 나누어 전문적으로 공부	1. 모집단 형성 및 학습 단원 전체 복습 2. 개인별 전문과제 부과 3. 전문가 집단 학습 4. 모집단 복귀 후 학습 5. 개별 평가 6. 정답지 확인 7. 향상점수에 따른 소집단 보상
직소 III	수업한 내용을 전체 학급에서 토의하고 휴식기를 통하여 정리기간을 둠으로써 평가를 대비한 학습 시간 부여	1. 모집단 형성 및 개인별 전문과제 부과 2. 전문가 집단 학습 3. 모집단 복귀 후 학습 4. 평가 유예 5. 모집단 내 평가 준비 6. 개별 평가 7. 개별 보상 및 향상점수에 따른 소집단 보상
직소 IV	학생들이 학습한 내용의 정확성을 평가하기 위해 2가지 유형의 평가를 제공하며, 학습하지 않는 내용에 대해 재교수	1. 모집단 형성 및 개인별 전문과제 부과 2. 전문가 집단 학습 3. 전문과제에 대한 평가 4. 모집단 복귀 후 학습 5. 전체 학습 과제에 대한 평가 6. 개별 평가 7. 개별 보상 및 향상점수에 따른 소집단 보상 8. 재교수
Pro-Con	협동학습을 통한 논쟁학습	• 소집단끼리 마주 볼 수 있도록 자리를 배치하여 집단 간 토론
GI	하나의 학급조직 방법으로서 학생들이 소집단 활동을 하며 토의 및 과제 수행	• 2~6명으로 팀 구성 • 소주제를 고른 뒤, 다시 그 소주제를 개인별 과제로 나누어 그룹보고서를 작성하는 데 필요한 여러 활동 전개 • Kegan이 GI 모형을 발전시켜 Co-opCo-op 모형 제시
TAI	협력 학습과 개별 학습이 혼합된 형태	• 동료와의 상호 작용을 통해 개별화 수업의 부작용 해소 • 동료와 팀 경쟁을 통해 학습동기를 유발 • 능력 수준에 맞는 학습 기회를 제공

9) 제작 수업

제작 수업은 '만들기 수업'이라고도 하는데, 말 그대로 학생들의 다양한 제작 활동을 통해 역사를 이해하는 수업이다. 제작의 형태는 기본적인 만들기와 그리기의 범주에서 다양한 도구들이 활용되기도 하며 갈수록 그 종류가 무궁무진하게 늘어나고 있다.

〈한국사 수업에서 자주 활용되는 제작 수업 형식 및 주제〉

구분(시기별)	제작 수업 형식	주제
선사 시대	유물 만들기	구석기를 대표한 뗀석기와 신석기를 대표하는 빗살무늬 토기 만들어보기
삼국, 남북국 시대	탁본 만들기	박물관 탁본 만들기 체험에 참여하여 삼국 시대 비석의 비문 연구과정 이해하기
고려 시대	목판 만들기	고려를 대표하는 대장경 제작 과정을 알아보고 목판에 일부 새겨보기
조선 시대	그리기(스케치)	조선 후기를 대표하는 민화를 찾아보고 스케치해 보기
개항기	사발통문 제작하기	동학 농민 운동 당시 제작된 사발통문에 대해 알아보고, 그 형식에 맞춰서 제작해 보기
일제강점기	노래 개사하기	일제강점기 독립운동가 20명을 조사하고 그들의 이름과 주요 활동을 가사로 만들어 기존의 어울릴 만한 노래를 선정하여 개사해 보기
일제강점기 · 현대사	역사 신문 만들기	'1945년 연말 특집'을 주제로 1945년의 정치, 경제, 사회, 문화의 대표 사건을 선정하고 이를 신문으로 제작해 보기
현대사	사진 스크랩북 만들기	이승만 정부에서 김대중 정부까지의 주요 사건과 인물을 찍은 사진을 조사해 보고, 각 정부를 상징하는 사진을 정부별로 1장씩 선정하여 스크랩하기

제작 수업의 장점은 첫째, 학생들이 역사와 관련한 주제로 다양한 형태의 제작을 해나가는 과정에서 과거 그 시대 사람의 생활방식, 사고를 추체험의 방식을 통해 이해할 수 있다는 점이다. 둘째, 학생이 직접 활동적으로 결과물을 제작해 가는 방식이므로 만들어진 결과물에 성취감을 느낄 수 있고, 그 성취감으로 인한 좋은 기억은 역사 과목에 대한 호감과 관심으로 이어질 수 있다는 점이다. 그렇지만

제작 수업을 하면서 가장 유의해야 할 점은 이 수업은 엄연히 '역사 수업'의 종류라는 것이다. 지나치게 제작 수업의 형식이 어려워 다수의 학생들이 어려움을 느낄 때는 더 잘 만드는 방법과 더 잘 그리는 방법에 대해 교사가 조력을 해줄 수밖에 없는데, 이는 역사 수업에서 교사의 역할이라고 보기는 힘들다. 제작 수업 형식은 분명 학생이 쉽게 제작 방법을 숙지할 수 있는 것으로 선정해야 한다. 그래서 대부분의 학생들이 원만하게 결과물을 만들어갈 때 교사는 학생들이 추체험을 통해 그 시대를 이해하는 과정을 돕는다거나, 학생들이 제작 과정에서 특정 인물이나 역사 사건에 관심이 생겨서 질문을 해온다면 이를 잘 답변하여 학생들의 지적 호기심을 충족시켜 주는 등 역사교사로서의 역할에 충실해야 한다.

제작 수업을 설명하면서 역사 신문 만들기는 따로 정리할 필요성이 있다. 역사 신문 만들기는 중요한 시대나 주제를 선정하여 이와 관련한 내용을 학생들이 신문의 형식으로 제작하여 역사를 이해하는 수업이다. 역사 신문 만들기를 제작 수업(제작 학습)의 대표적인 형식 중 하나로 비중 있게 소개하는 책도 있고,[23)] 아예 역사 신문 만들기를 제작 수업(만들기 수업)의 범주에 두지 않고 따로 분리하여 수업 방법의 한 형태로 소개하는 책도 있다.[24)] 역사 신문 만들기는 학생 활동 중심 수업에서 오랫동안 교사들이 선호하는 수업 방법 중에 하나였음은 부정할 수 없다. 그러나 앞서 역사 글쓰기 수업 설명에서 요즘 학생들이 받아들이는 신문 형식의 낯선 느낌에 대해 이야기했듯이, 역사 신문 만들기는 그 익숙하지 않은 형식에서 학생들이 어려워할 수 있는 우려가 있다. 학생들 대부분이 신문 형식을 숙지하고 있지 않은 상황에서 역사 신문 만들기는 신문이라는 과거 대중 종이 매체의 형식을 학생들이 공부하면서 제작해야 하기 때문에 '지금의 학생'보다 '과거의 학생'에게 적합한 수업 방법일 수 있는 것이다. 그러므로 역사 신문 만들기 형식을 어느 정도 변형하여 '지금의 학생'이 익숙하게 느끼는 매체를 제작해 가는 수업이 다양하게 개발되어야 할 것이다. 예를 들어 인터넷 역사 신문 만들기, 역사 블로그 만들기, 특정 역사 인물·사건을 주제로 한 SNS 홍보 계정 만들기, 문화재 소개 앱 만들기 등이 그 대안이 될 수 있을 것이다.

4. 최근 수업방법론

1) 플립러닝(Flipped Learning)

플립러닝은 flipped가 의미하는 '뒤집힌'이라는 뜻에 수업 방법의 핵심이 있다고 할 수 있는데, '거꾸로 수업', '역진행 수업'이라고도 한다. 우선 학습자가 교실 수업에 들어오기 전, 교사가 학습자에게 수업목표와 관련된 사전에 제공한 학습 자료를 다양한 매체를 이용하여 온라인상에서 기본 학습 내용을 미리 학습하는 것이 특징이다. 즉, 전통적인 교육 방법의 방향을 '뒤집어서' 온라인 환경을 활용하여 미리 학습하고 이후 교실수업에서 토론, 토의, 질의응답 등 학습한 내용에 대해 심화 이해할 수 있는 다양한 활동이 진행된다. 또 교사의 피드백 등 상호작용을 통해 주어진 문제를 해결하는 학습자 중심의 수업방식이라고 할 수 있다. 미국의 과학교사였던 조나단 버그만(Jonathan Bergman)과 아론 샘(Aron Sam)은 F-L-I-P 모형을 통해 플립러닝의 특징을 네 가지로 정리하였다.[25] 첫 번째 특징은 유연한 환경(Flexible Environment)으로, 학습이 시간이나 장소, 내용 등에 영향을 받지 않고 다양한 형태로 일어날 수 있음을 의미하며 IT 기술의 발달이 이러한 환경을 조성하는 데 결정적인 역할을 하였다. 두 번째 특징은 학습 문화(Learning Culture)로, 교사 중심에서 학습자 중심의 학습으로 학습문화가 변화하는 것을 가리킨다. 이를 위해 교사는 학습자 중심의 의미 있는 과제 및 활동을 고민해야 하며, 학습자가 동료학습자와 활발한 상호작용을 할 수 있도록 조력해야 한다. 세 번째 특징은 의도된 학습내용(Intentional Content)으로, 교사는 분명한 의도를 바탕으로 정교한 수업설계를 해야 함을 의미한다. 그렇지 않으면 학습자 중심의 학습은 의도하지 않은 방향으로 학습자가 내용을 학습해 갈 우려가 있기 때문에 교사는 학습내용과 방법, 전략 등에 대해 지속적으로 고민해야 한다. 네 번째 특징은 전문적인 교수자(Professional Educators)로, 교사의 전문성에 관한 것이다. 기존 강의식 수업에 비해 플립 러닝에서 교사는 지속적이고 즉각적인 피드백을 제공하는 역할을 수행해야 하며, 교과내용뿐만 아니라 환경을 조성하는 측면에서의 테크놀로지에 대한 전문성도 요구된다.

플립러닝을 위한 교수학습 설계 모형은 수업 요소 분석, 수업 설계, 수업 개발, 수업 실행, 그리고 수업 평가 및 성찰의 다섯 단계로 구성된다.[26] '수업 요소 분석'

에서는 수업의 주체인 교사와 학습자의 특성을 분석하고, 수업의 목표와 내용을 분석하며, 수업 환경 또한 고려한다. 교사와 학습자의 디지털 사용 능력, 학습자·교실의 ICT 환경 등이 중요한 고려 요소이다. '수업 설계'는 본 수업에서 할 내용을 선정하고 재구성한다. 또한 본 수업뿐 아니라 플립 러닝의 특징적인 학습방식인 선행 학습에서 다룰 교수학습의 내용 및 활동을 선정하고, 교실수업에서 다룰 교수학습 활동의 내용 및 활동을 선정하는 작업을 해야 한다. '수업 개발'은 선행학습 및 교실수업을 위한 수업자료 및 도구를 개발하는 단계이다. '수업 실행'에서는 실제 수업을 실행하기 위해 준비하는 단계와 실제 수업을 실행하는 단계로 구분된다. 실제 수업을 실행하기 위해 준비하는 단계에서는 수업 자료의 구비 여부 및 의도된 수업을 진행하기 위한 교수학습 환경이 설정되었는지를 고려해야 하며, 수업 실행 단계에서는 수업 전략의 실천 및 개별화된 학습을 위한 적절한 피드백 제공 등이 고려되어야 한다. '수업 평가 및 성찰' 단계에서는 수업을 실행하는 과정 및 결과에 대해 평가한다. 이를 바탕으로 플립 러닝 전반에 걸친 교수학습 설계모형에 대한 평가 및 성찰을 수행한다.[27)]

플립러닝의 장점은 첫째, 교실이라는 공간의 제약과 수업시간이라는 시간의 제약에서 벗어나 학습자에게 밀착된 환경에서 교육이 이루어진다는 점이 있다. 둘째, 교사는 강의에 소요되는 시간을 최대한으로 줄여 학습자 중심의 다양한 교수법을 활용할 수 있다. 그러나 플립러닝은 단점 또한 존재하는데, 첫째는 매체를 활용할 도구가 없는 학생의 경우 교육 기회의 불평등을 야기할 수 있다. 둘째로 학습자가 각자의 집에서 사전에 동영상 강의를 시청하지 않을 경우 문제가 발생한다. 즉, 선행학습에 성실하게 참여하지 않는 학습자가 있을 경우에 본 수업에서 학습자가 느끼게 되는 학업적인 어려움이 커진다는 단점이 있다.

한국사 수업 방법을 플립러닝으로 진행할 때 유의할 점은 적절한 단원 선정과 학습 전 자료 선정이다. 우선 한국사를 비롯한 역사 과목은 교사 주도의 전통적인 수업 방법이 큰 변화 없이 진행되어 온 과목 중에 하나라고 할 수 있는데, 그 이유는 인명, 지명, 문화재명, 한자어 등 어려운 고유 명사들의 분포가 가장 많은 과목이어서 분명 학생들이 교사의 설명을 듣고 이후 학습이 전개되는 것이 효율적이었기 때문이다. 그렇기 때문에 교육과정상에서 한국사 교과서의 모든 단원이 플립러닝에 적합하다고 말하기는 어렵다. 교사가 학생들이 교실 수업 전 학습할 만한 적절한 단원을 선정하는 것이 무엇보다 중요한 이유다. 단원의 선정은 학생이 사건의 흐름 위주로 이해할 수 있고, 생각할 거리를 제공해 주는 단원이 적합하다. 예를 들어 대한민국 임시 정부의 성립 과정, 이후 국민 대표 회의 과정과 창조파 개조파의 분화, 외교독립론, 무장 독립 투쟁론, 실력양성론 같은 독립운동의 방향에 대한 주제와 단원이 적합하다. 이 주제들을 적절한 동영상이나 학습지를 통해 학생들이 미리 학습하고 온다면, 임시 정부의 성립 장소가 상하이가 최선이었는지, 국민 대표 회의 당시 창조파와 개조파 중 좀 더 설득력이 있는 집단은 어느 쪽인지, 자신이라면 독립운동의 방향을 어떤 쪽으로 선택했을지 등 학습하면서 자연스럽게 생각할 거리가 제공된다고 할 수 있다. 반면, 고유명사가 나열식으로 되어있는 '삼국의 발전(왕 이름)', '실학의 발달(실학자 이름, 저서)' 같은 단원은 학생들이 미리 학습하더라도 오히려 그 고유명사들을 다 숙지할 수 없을 뿐 아니라 생각할 거리를 제공할 만한 주제라고 보기는 힘들어서 교실 수업에서도 원활한 상호작용이 이루어지기 힘들기 때문에 지양해야 할 주제이다. 둘째로 적합한 학습 전 자료 선정 역시 중요하다. 만약 병자호란을 주제로 한 수업에서 교사가 학습 전 자료로 병자호란을 다룬 영화를 선정하여 학생들이 보고 오도록 할 때, 영화를 한국사 수업에 맞춰 이해하게 하기 위한 충분한 안내가 필요하다. 그리고 교사는 학생들이 사전 학습을 하고 나서 교실 수업에서 하게 될 상호 작용에 대해 수업 전 학습 자료와 철저하게 연계하여 고민해야 한다.

〈플립러닝을 적용한 한국사 수업 사례〉

한국사 교사 A는 온라인 학습 환경이 잘 갖춰진 학교 수업 환경을 고려하여 한국사 수업 일부 단원에 대해 플립 러닝 수업 방법을 시도하였다.

- 주제 선정: A교사는 플립 러닝 주제로 병자호란을 선정하고 수업 전 학습 자료를 준비하였다. 유튜브에서 무료로 볼 수 있는 '최종병기 활'이라는 병자호란 관련 영화를 소개하였고, 학생들이 영화를 볼 때 꼭 봐야 할 시간대를 학습지로 만들어 안내 자료와 함께 영화를 보도록 하였다.
- 수업 전: 학생들은 안내 자료와 함께 영화를 보면서 과제를 수행하였고, A교사는 학생들과 교실 수업에서 영화를 보고 나서 나눌 수 있는 대화를 예상하며 수업을 준비하였다.
- 수업 도입: 학생들은 사전 학습 때 학습지를 제출하였고, A 교사는 학습지에 나와 있는 유의미한 질문 몇 가지를 골라 대답하였다. 그중 '영화 초반 자막으로 나왔던 1623년, 광해군 축출, 인조반정 직후라는 배경이 의미하는 것이 주인공을 광해군 정

권 때 권력을 잡았던 북인의 자식으로 보면 되는 거예요?'라고 질문한 학생을 칭찬하며 병자호란 직전 정치상황을 간략히 설명하였다.

- 수업 전개: A교사는 모둠별 활동을 안내하며 진행한다. 모둠별로 교과서에서 병자호란의 배경, 전개, 결과와 관련한 사건을 한 줄로 정리하여 문장 카드를 작성하게 한다. 이후 모둠원들이 서로 문장카드를 펼쳐놓고 시간 순으로 배열해 보며, 병자호란과 관련이 없는 내용은 삭제하고, 시간 순서가 맞는지를 검토하며 마지막에 B4용지 한 장에 시간순으로 문장 카드를 붙인다.
- 수업 정리: A씨는 모둠별 결과물을 앞에서 소개하며, 간략한 피드백을 해주고 수업을 마무리한다.
- 수업 후: A교사는 병자호란과 관련한 사료와 추가 영상을 구글 클래스룸에 제공하며 학생들이 수업 후 심화 학습과 자기주도학습을 할 수 있도록 도왔다.

A교사는 자신이 수업에 들어가는 5개 반 중 3개 반 정도는 굉장히 수업에 대한 만족도가 높다는 것을 느꼈다. 그런데, 자기주도성이 부족하고 학업의욕이 떨어지는 학생이 많은 2개 반은 수업 전 학습 자료로 선호도가 높은 영화를 활용했음에도 제대로 공부해 오지 않은 학생이 많아, 교실 수업에서도 그 학생들은 제대로 수업에 참여하지 못하는 것이 느껴져서 한편으로 고민이 되기도 하였다.

위 사례와 같이 플립러닝 수업을 한국사 수업에 적용해 본 경우 교사 A는 플립러닝 수업을 하면서 학생들에게 질문을 준비하도록 하여 학생이 질문하고 교사가 답하는 형식의 문답 수업을 진행했다고도 볼 수 있다. 플립 러닝을 활용한 문답 수업은 교사와 학생의 상호작용을 활발하게 하는 수업 방법으로 주목할 만하다. 그리고 마지막에 수업이 잘 되지 않았다고 느낀 반들에 대한 A 교사의 고민에서 알 수 있듯이 학습의욕이 떨어지는 학생들이 수업 전에 어떻게 하면 제공받은 자료를 토대로 조금이라도 학습해 올 수 있을지 고민하는 부분이 플립 러닝 수업의 현실적인 고민이기도 하다. 수업 준비 단계에서 적절한 단원 선택과 함께 최대한 많은 학생이 흥미를 느끼며 학습할 수 있는 수업 전 자료를 고민하고 개발하여 제공하는 것이 중요한 과제가 될 것이다.

2) 온라인 박물관 교육

박물관 교육은 역사박물관의 소장품과 전시물을 교육의 주제와 소재로 삼으면서 학생이 직접 체험하고 이를 바탕으로 학습이 이루어지도록 하는 수업 방법이다.

실제 학교 현장에서는 현장 체험 학습이나. 동아리 활동 때 해당 학생들을 데리고 박물관에 가서 체험하게 하는 경우가 많고, 일반 수업 때에도 블록타임제 수업이 가능하고, 비교적 가까운 곳에 체험할 박물관이 있는 경우 활용할 수 있기도 하다. 박물관 교육의 장점은 첫째, 실물 기반 학습을 할 수 있다는 점에서 교실 수업의 한계를 여러모로 보완해 줄 수 있다는 점에 있다. 이 때문에 역사 교사들은 생동감 있는 역사수업을 고민할 때 박물관 수업이 꾸준히 활용되어 왔다. 둘째, 최근 디지털 기술의 발달로 이를 활용한 박물관 교육의 변화 및 발전이 괄목할 만한 수준이어서 미래교육에서 더욱 활용가치가 높아진 수업 방법이라는 점이다. 대표적으로 가상현실(VR)과 증강현실(AR) 기술을 이용한 박물관 교육을 예로 들 수 있는데, 가상 현실은 기술이 현실 세계의 감각으로부터 사용자를 완전히 차단하고 컴퓨터가 생성한 가상의 공간에 완전히 몰입하도록 유도해 현실 세계를 완전히 차단하는 형태의 기술이라면, 증강 현실은 사용자가 현실 세계를 그대로 경험하는 가운데, 컴퓨터가 재현해 내는 가상의 정보공간을 현실 상황에 맞추어 부가적으로 보고 체험할 수 있는 기술이다.[28] 또 최근 VR과 AR이 합쳐진 개념으로서 혼합현실(MR)도 주목받고 있는데, MR은 가상의 컴퓨터 그래픽을 실제 3차원 장면에 투영한다. 여러 카메라와 센서를 활용해 현실 세계를 포착한 뒤 그것을 눈앞의 화면에 투사하는 방식으로 AR과 VR의 장점을 한데 모은 기술이라고 할 수 있다. MR 기반의 학습 콘텐츠는 구성 측면에서 VR, AR 기반 학습의 특징과 유사하지만 학습자가 몰입하고 인지하는 과정에서 차이가 있다.

〈표 4-8〉 VR, AR, MR의 비교[29]

	VR (Virtual Reality)	AR (Augmented Reality)	MR (Mixed Reality)
환경	완전히 인공적인 디지털 환경	가상의 대상물을 실제 공간에 표시	가상의 환경이 실제 공간과 혼합
이미지 소스	컴퓨터 그래픽, 컴퓨터로 만든 실제 이미지	컴퓨터 이미지와 실제 생활 대상물 혼합	컴퓨터 이미지와 실제 생활 대상물 혼합
시각	가상의 대상이 가상공간에서 움직임	가상의 대상이 실제공간에서 움직임	가상의 대상이 실제공간에서 움직임
현장감	현실 세계와 분리된 가상의 공간	새로운 요소와 대상이 추가된 실제 공간	새로운 요소와 대상이 추가된 실제 공간

	VR (Virtual Reality)	AR (Augmented Reality)	MR (Mixed Reality)
몰입	가상 환경에 완전한 몰입	디지털 대상물에 의해 강화된 현실 공간	실제 공간과 가상 환경이 상호작용
지각	가상의 대상이 실제처럼 느껴짐	가상의 대상을 구분 가능	가상의 대상이 실제처럼 느껴짐

요즘 대부분의 국립박물관 홈페이지에서는 VR 전시관, VR 체험관 등을 운영하고 있는데, 이는 실제 박물관의 전시관을 가상현실기술로 완벽하게 재현해 사용자가 실제 박물관에서 전시를 관람하는 듯한 느낌을 받게 한다.

〈국립경주박물관 홈페이지의 VR 체험관〉

가상현실 기술은 특히 박물관과의 접근성이 떨어지는 학생들에게 실제 박물관에 온 것과 똑같은 체험을 할 수 있는 기회를 제공해 준다는 점에서, 기존의 박물관 교육이 가지고 있던 한계를 극복하여 접근성에 상관없이 학생들이 체험할 수 있는 기반을 마련하는 데 크게 기여하였다고 할 수 있다.

〈국립중앙박물관 홈페이지의 AR 체험 안내〉

위 국립중앙박물관 AR 체험 안내 사진에서 볼 수 있듯이 학생들이 박물관에 갔을 때, 문화재를 스마트폰 화면 안에 담으면 증강 현실 앱(App)과 연동되어 스마트폰 화면에 문화재와 관련한 3D 동영상이 재생된다. 또 퀴즈나 미션 형식의 학생 활동도 앱에서 구현할 수 있기 때문에 이와 함께 문화재에 대한 설명이 음성이나 자막으로 덧붙여져서 학생들이 생생하게 문화재를 체험할 수 있게 도와준다. 박물관에서 볼 수 있는 유물의 앞면뿐 아니라 옆면과 뒷면까지도 마치 손으로 돌려 보는 것과 같이 유물을 볼 수 있는 점도 AR의 장점이라고 할 수 있다.

이러한 디지털 기술과 함께 박물관 교육이 하나 더 변화하고 있는 점은 전시하는 유물, 문화재 등이 시대별, 유형별로 단순하게 나열되는 것이 아니라 역사 스토리텔링을 활용하여 하나의 큰 이야기를 만들어 전시하고 있다는 점이다. 박물관 역사 스토리텔링이란 박물관에 역사와 관련한 스토리텔링을 적용해서 관람객(학생)에게 흥미와 함께 적극적인 관심을 유도하는 것이라고 할 수 있다.

〈대한민국 역사박물관 스토리텔링 교육 프로그램〉

위 박물관의 교육프로그램은 고등학생을 대상으로 진행하는 박물관의 학교연계 교육 프로그램이다. 이 프로그램은 상설전시 연계활동으로 한 가족의 일대기로 보는 근현대 교육이다. 대한민국의 100년을 '광복씨네 가족의 100년사'로 설정하여 친근한 소재를 통해 대한민국의 근현대사를 설명하였다. 이는 역사 스토리텔링을 활용하여 학생들의 박물관 전시 주제에 대한 관심과 교육적 효과를 높이는 사례라고 할 수 있다.

이렇게 디지털 기술을 활용하여 변화하는 박물관 교육은 고등학교 교육과정상 연계 과목을 고려한다면 한국사 교육에서 특히 유용하다. 물론 VR 기술의 발달로 세계 박물관의 접근성이 쉬워지고 자동번역기술 역시 발전해 있어 설명 또한 학생들이 쉽게 이해할 수 있는 점이 있어서 세계사 교육에 있어서도 박물관 교육은 그 중요성이 높아졌다고 할 수 있다. 그러나 한국사 교육은 AR 기술을 활용한 박물관에서의 직접체험의 극적 효과를 학생들이 경험할 수 있다는 점, 그리고 역사 스토리텔링 역시 박물관에서 쉽게 교육 받고 전시된 유물이나 문화재를 이해할 수 있다는 점 등에서 한국사 교육에 있어서의 박물관 교육과의 연계 중요성은 어느 과목 보다 높다고 할 수 있다. 한국사 교사는 이러한 디지털 시대의 변화에 맞춰 현장 체험학습이나 동아리 시간이 아닌 일반 수업 시간에 박물관과의 연계를 통해 교실에서 VR, AR 기술을 활용한 학생들의 체험 활동에 대해 관심을 가지고 준비할 필요가 있다.

물론 박물관 교육이 장점만 있는 것은 아니다. 첫째, 서두에 언급했듯이 박물관 교육은 블록타임제, 박물관과의 접근성 등 수업이 이루지기 위해 갖춰져야 할 교육 조건이 까다로운 편이다. 교과 진도 운영 계획을 고려해 볼 때에도 한 가지 주제나 특정 시대에 많은 수업 시간을 할애하기 어렵기 때문에 수업을 계획할 때 교사의 철저한 구상이 필요하다. 둘째, 디지털기술의 발달로 공간적 제약 문제가 어느 정도 해결되는 등 박물관교육이 주목받고 있는 것은 사실이지만 디지털 환경에 문제가 생겨서 돌발 상황이 발생하였을 때, 가장 대처하기 어려운 수업 중 하나도 박물관교육인 것이 사실이다. 교사가 사전에 특정 박물관의 VR 프로그램을 주요 수업 과정으로 준비하였는데, 인터넷 연결이나 학생들의 개인 기자재 고장 등 체험하기 힘든 상황이 발생하였을 때 대안을 마련하기 힘들다.

위 상황에서 알 수 있듯이 박물관 교육에서 가장 유의해야 할 점은 교사의 교과 진도 운영 계획하에서의 적절한 시수 배정, 적합한 주제 선정 등 철저한 사전 준비와 기자재 점검(디지털 환경)이다. 그럼에도 불구하고 변화하는 디지털 교육 환경에서 박물관 수업이 매우 주목받는 수업 방법인 것은 분명하다.

3) AI 활용 수업

생성형 AI의 핵심적인 구성요소는 딥러닝 알고리즘과 빅데이터이다. 여기서 딥러닝 알고리즘은 대량의 데이터에서 복잡한 패턴을 학습하고 이를 새로운 데이터 생성에 적용한다. 예를 들어 텍스트 생성 AI는 주어진 텍스트 데이터를 기반으로 새로운 문장이나 문단을 작성한다. 이러한 서비스는 사용자의 지시에 따라 정교하고 매력적인 텍스트, 이미지, 영상을 생성하며 이는 여러 분야에서 다양하게 활용될 수 있다. 이 기술의 큰 특징 중 하나는 그것이 제공하는 창의적 가능성이다. 이 기술은 단순한 데이터 복제를 넘어서 새로운 아이디어나 개념을 창조할 수 있는 능력을 갖추고 있다. 이러한 창의적 측면은 예술, 디자인, 콘텐츠 제작, 교육 등 다양한 분야에서 혁신적인 가능성을 제공하고 있다. 이러한 발전은 AI가 인간의 창의력을 모방하고 때로는 뛰어넘을 가능성을 제시한다.

인공지능(AI)의 발달에 의한 인류 사회 전체의 변화는 교육 분야에도 예외는 없고, 그중 역사 교육에 있어서도 AI를 접목하여 교육하는 방법에 대해 많은 논의가 이루어지고 있다. 현재 주목할 만한 AI 기술은 AI 챗봇이다. 챗봇이란 채팅(Chatting)과 로봇(Robot)이 결합되어 만들어진 용어로서, 인간의 자연언어를 이해하고 대화가 가능한 채팅로봇을 말한다. 생성형 AI의 대명사가 되어버린 '챗GPT'가 대표적인 AI 챗봇이라 할 수 있다. AI 활용 수업은 이러한 생성 기반 AI 챗봇을 수업에 녹여내는 고민부터 출발하게 된다.

역사 AI 챗봇의 개발과 발전에 대해서도 주목해 볼 만하다. 역사 AI 챗봇은 특히 역사 분야를 주제로 학습자의 언어 및 질문을 이해하고 답변하며 대화가 가능한 채팅로봇을 말한다고 할 수 있다. 한 교실 안에 있는 학생들의 역사 과목의 학업 능력은 천차만별이고, 실제 모든 학생들이 다양한 질문을 해온다면, 애초에 문답의 비중을 높여서 수업을 설계하지 않는 이상 교사가 수업을 계획대로 진행하는 데 어려움을 겪을 수도 있다. 학생들이 개별적으로 역사 AI 챗봇을 통해 기본적인 의문점을 해결한다면 이는 확실히 기본 개념 숙지에 취약해서 학업의지는 있으나, 수업이 어렵고 자신감이 없어서 질문하지 못하는 성향의 학생들에게는 큰 도움이 될 수 있다.[30)]

AI 기술을 활용한 한국사 콘텐츠는 학생 개별적으로 배운 내용을 확인하는 퀴즈 및 평가 AI 형태가 유용할 수 있다. AI에게 고등학교 한국사 교과서를 학습시키고, 이에 대해 다양한 형식으로 학생에게 퀴즈를 내면서 학생이 틀린 답을 말했을 경우 이에 대한 오답 풀이까지 하도록 설계된다면 일종의 '과외 선생님' 역할을 할 수 있는 것이다. 한국사 과목의 특성을 반영할 수 있는 AI 기술을 하나 소개하자면 'AI 디지털 휴먼'이 있다. 인공지능으로 AI 디지털 휴먼을 제작하는 데 있어 첫 시작은 과거 인물의 CG 재현이다. 요즘에는 전통적인 3D 프로그램을 통해 과거 인물을 재현하지 않고 거대생성 AI를 통해 과거 인물의 3D 모델링이 가능한 수준으로 기술이 발전해 왔다. 특히 근현대 인물의 경우 사진, 저서 등 AI가 학습할 수 있는 다양한 자료가 남아있기 때문에 안중근이나 김구 같은 근현대 인물을 AI가 디지털휴먼으로 복원하여 미리 역사 인물에 대해 공부하고 질문을 준비해 온 학생들과 대화를 나누는 형태로 수업이 진행되는 것을 계획해 볼 수 있다. 이는 한국사 과목의 특징인 많은 양의 과거 자료, 사료를 AI가 학습하여 학생들이 역사 인물과의 대화가 가능한 새로운 형태로의 수업이 진행되는 것이라고 할 수 있다.

인공지능 전문기업 아크릴이 광복 80주년을 기념하여 독립기념관에 디지털 휴먼 전시관을 지난 17일 개관했다. 이때 전시된 디지털 휴먼 (왼쪽부터) 안중근, 김구, 윤봉길[31]

생성형 AI 서비스는 교육분야에서 중요한 역할을 할 수 있는 잠재력을 가지고 있다. 첫째, 개인 맞춤형 교육에서 AI는 학생들의 학습 데이터를 분석하여 각 학생의 학습 성향과 수준을 파악해 이를 기반으로 학생에게 맞는 학습 콘텐츠를 추천하거나 학습과정을 관찰하면서 피드백을 제공할 수 있다. 예를 들어 ChatGPT와 같은 서비스를 사용해 학생이 제출한 과제를 분석하고 틀린 부분에 대한 강조와 보완방안을 제시할 수 있다.

둘째, 교육보조 지원에서 AI는 학생들의 어려움을 파악하고 이에 맞는 설명이나 예시를 제공하여 학습 이해도를 높일 수 있다. 예를 들어 ChatGPT가 수업에서 이해하기 어려운 부분에 대해 추가 설명을 제공하거나 학생의 질문에 실시간으로 응답하며 개별화된 학습 계획을 제안할 수 있다.

셋째, 수업자료 제작에서는 교사가 원하는 형식의 자료를 AI가 자동으로 생성해 줄 수 있다. 예를 들어, ChatGPT를 활용해 수업에 필요한 학습자료, 중간고사 문항, 퀴즈 등을 만들 수 있으며 교사의 수업 준비 시간을 단축시킬 수 있다. 예를 들어 ChatGPT를 활용하여 "전시과의 종류에 대한 내용을 바탕으로 오지선다형, 단답형, 서술형 문항을 8개 출제해 주세요."와 같은 요청을 AI에 할 수 있다.

특히 AI 활용 역사 수업의 장점은 학생의 측면에서 유용성이 크다. 첫째, 학생들이 역사 학습에 대한 자기주도성과 개별성을 얻을 수 있게 된다는 점이다. 필요 기자재가 갖춰져 있다는 전제하에 수업 중 의문이 생긴 학생들이 노트북으로 이동하여 AI 챗봇에게 질문을 하고 대답을 얻을 수 있는 과정이 수업에 포함되었을 때, 학생들이 자신이 궁금한 부분에 대해 개별적으로 만족도가 높은 답을 들을 수 있을 것이고 이는 역사 과목에 대한 지적 호기심으로 이어질 수 있다. 둘째, 학생들이 사료를 비롯한 역사 자료를 분석하는 데 접근성이 용이해진다. 역사적 사건과 관련된 내용을 번역할 때 기존의 번역기(번역 앱)를 사용하면, 해당 내용이 어떤 역사적 사건과 관련된 내용이라는 점은 그다지 고려하지 않고 문장을 곧이곧대로 번역하는 경우가 많다. 이에 비해 생성형 AI는 문장에 들어있는 내용이 어떤 역사적 사건을 다루고 있는지를 고려하여 적절하게 번역해 주고, 관련 역사적 사실을 자세히 설명해 주기도 한다.[32] 셋째, 역사적 상상력을 키우는 데 도움을 줄 수 있다. 과거에 관해 많은 정보를 학습한 생성형 AI는 과거를 생생하게 묘사할 수 있기 때문에 '시간여행'을 테마로 학생들이 역사상의 여러 시기와 장소, 사건을 경험할 수 있도록 수업계획을 해볼 수도 있을 것이다. 또 역사 인물과 만났다고 생각하고 시나리오를 써보는 가상 인터뷰 활동이나 역사적인 인물이나 건축물, 사건 등을 이미지로 만드는 역사 이미지 그리기 활동 또한 역사적 상상력 함양을 위해 계획해 볼 만한 수업이다.[33]

생성형 AI를 수업에 활용할 때의 문제점에 대해 우려하는 사람들의 생각은 첫째,

생성형 AI의 사용이 학습자의 기초지식 이해와 암기과정을 불필요하게 만든다는 점이다. 그러나 실제로 인공지능은 보조적인 수단에 불과하며 학습자가 지식을 습득하고 기억하는 행위는 여전히 중요하다.

둘째, 학습자의 지식을 평가할 필요가 없다는 점이다. 그러나 실제로 시험은 학습자가 노력을 기울이게 하는 중요한 동기부여 요소이다. 학습과정에서 제공되는 피드백은 학습자의 학습능력을 개선하는 데 도움을 준다.

셋째, 생성형 AI의 도입으로 교사의 역할이 축소된다는 점이다. 그러나 AI의 사용은 교사의 역할을 변경시키기는 하나 그 중요성을 감소시키지는 않는다. AI는 학습자료의 제작이나 학습자의 진도관리 등에서 교사를 보조할 수 있지만, 교사의 전문성, 경험, 인간적인 상호작용은 AI가 대체할 수 없다.

새로운 기술이 도입되어 하루가 다르게 변해가는 미디어 환경변화에서 우리가 경쟁 우위를 지니기 위해서는 빠른 대응이 필수적으로 요구된다. 새로운 기술을 빠르게 습득하고 미디어 영역에 활용하기 위해 경쟁 우위를 가질 수 있는 역사수업에서도 다음과 같은 3I(질문Inquiry-점검Inspection-사고Idea)의 세 가지 방법이 제안된다.

첫 번째, '질문Inquiry-잘 질문하는 방법'을 익히는 것이다. 이를 프롬프트라고 부른다. 생성형 AI는 질문방식에 따라 결과물이 천차만별로 나타난다. 따라서 적절한 프롬프트를 선택하고 질문하는 방법을 익히는 것이 중요하며 이를 통해 원하는 결과물을 더욱 빠르게 얻을 수 있다.

두 번째는 '점검Inspection-생성형 AI 생성 결과에 대해서 확인하는 과정'이 필요하다. 생성형 AI는 언어모델 특성상 기존 사람이 만든 데이터를 가지고 그럴싸한 결과를 내기 때문에 그 결과에 대한 책임은 온전히 질문하는 사람이 가진다. 예를 들어 ChatGPT에 '세종대왕이 거북선을 만든 이유는 무엇인가'라고 물어보면 거짓 답변을 작성한다. 그러므로 사용자는 반드시 생성형 AI가 만들어낸 결과가 실제 의도와 맞는지 그리고 사실인지 확인해야 한다.

마지막으로 '아이디어Idea-생성형 AI 결과물에 자신의 생각인 전문성과 창의성'을 더해야 한다. 생성형 AI의 결과물에 자신의 전문 지식을 활용하여 새로운 아이디어를 추가하는 것이 중요하다. 결국 생성형 AI는 보조적인 역할을 수행하며 자신의 전문성이 더했을 때 궁극적인 경쟁 우위를 이끌어 낼 수 있다. 예를 들어 같은

[그림 4-1] 생성형 AI로 출제한 역사 퀴즈 문항 사례[34)]

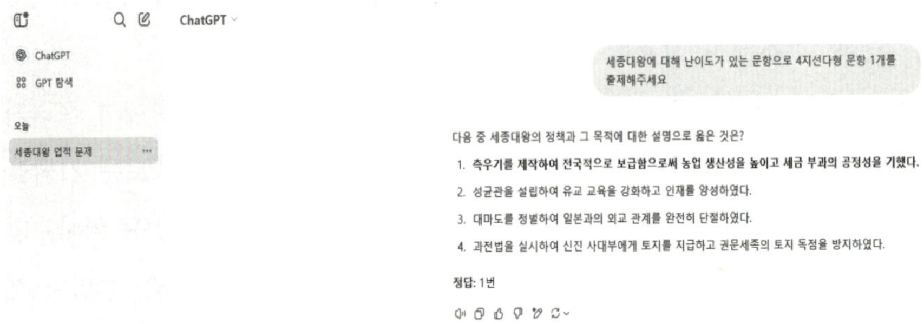

[그림 4-2] 생성형 AI로 출제한 역사 퀴즈 문항 사례2

이미지 생성 모델을 활용하더라도 인간의 수정 작업을 거쳐 더욱 완성도 높은 작품을 만들어 낼 수 있다.

[그림 4-1]과 [그림 4-2]는 생성형 AI로 역사수업에서 활용할 퀴즈문항을 만든 사례이다. [그림 4-1]의 사례는 프롬프트가 정교하지 못해 너무나 쉬운 문항이 결과치로 나왔기 때문에 이를 확인하고 다시 질문을 보다 정교하게 '난이도가 있는 문항으로'라는 질문으로 수정하였다. 그 결과 답지가 조선시대로 한정되어 여러 시대를 함께 다루어 상대적으로 쉬운 문항이었던 [그림 4-2]보다 난이도가 있는 문항이 되었다. 그러나 AI의 결과물을 교사는 그대로 사용하는 것이 아니라 자신의 전문성을 더해서 출제해야 한다. 교사는 전문성을 발휘하여 1번 답지가 사실과 부합하는지 2~3번 답지가 오답으로 기능하는지에 대해 확인하는 과정을 거쳐야 한다.

ChatGPT가 생성한 역사 정보는 파편화된 정보가 아니라 자료를 검색·가공하여 완성된 형태로 제공되는 이야기나 글이라는 점에서, 그리고 AI 환각에 의해 만들어진 다양한 층위의 거짓 정보를 포함한다는 점에서 학생들이 접하는 역사 정보와 유사한 측면이 있다. 그러나 ChatGPT가 생성하는 정보는 출처가 제시되지 않고, '작성자의 의도'가 개입하지 않는다는 점에서 기존의 역사 정보와는 차이점을 지닌다.

역사수업에서 활용되는 생성형 AI는 형태적으로 텍스트를 활용한 형태, 이미지를 활용한 형태, 동영상을 활용한 형태로 구분된다.

텍스트를 활용한 형태는 질문 프롬프트를 통해 역사적 사실과 견해 묻기, 역사대본 쓰기, 역사 보고서 쓰기, PPT 등의 결과물을 예측한다. 물론 결과치는 역사적 사실을 묻더라도 역사적 사실과 견해를 함께 쓰기도 하고 어떻게 질문을 하는가 하는 질문의 내용에 따라 정보의 오류가 있는 결과치가 나오기도 한다.

이미지를 활용한 형태는 질문 프롬프트를 통해 당시의 인물, 사물 등의 모습을 질문할 수 있으며 어떠한 사건의 과정을 질문할 수도 있다. 이러한 질문은 실제 당시의 모습을 시각 사료 등을 통해 확인한 것과의 공통점과 차이점을 밝히는 탐구 과정을 통해 학생들의 역사적 사고를 증진시킬 수 있다.

<table>
<tr><th colspan="2">이미지를 활용한 질문 프롬프트</th></tr>
<tr><th>이미지</th><th>예시 질문(사실 확인)</th></tr>
<tr><td>
</td><td>1. 양반과 하인의 의상은 실제 조선시대의 것과 다른 점이 있는가
2. 조선시대의 저잣거리를 그림은 반영하고 있는가</td></tr>
</table>

마지막으로 동영상의 경우 당시 사건의 개요를 영상으로 만들 수 있으나 아직 생성형 AI의 단계가 정밀하지 못하여 역사적 사건의 개요을 입력하여도 만족할 만한 결과치가 나오지 않는 경우가 많다. 그럼에도 불구하고 질문을 계속 수정해 나가면서 결과치와 실제 역사적 사건의 구성을 비교해 보는 수업도 학생의 흥미를 이끌 수 있을 것이다.

교사들 역시 학생들의 학습 교재로서뿐 아니라 교사가 제작한 학습지, PPT, 평가 출제 등에 생성형 AI를 교과교수의 과정에서 활용할 수 있다.

지금까지의 내용을 토대로 ChatGPT를 비롯한 인공지능 도구를 역사 수업에 활용할 수 있는 방안을 개략적으로 소개하고자 한다.[35)]

첫째, ChatGPT를 통해 생성된 정보에서 역사적 사실 자체를 점검하는 활동을 하는 것이다. ChatGPT에 역사적 사실을 물어보는 데 그치지 않고, 생성된 정보의 진위와 오류 등을 파악하게 하는 활동이다.

학생이 역사에 관한 물음을 던진 뒤, 그 결과로 생성된 정보에서 수치·연도, 인명·지명 등 기초적인 개념과 용어를 확인하는 것부터 새롭게 창조된 허구의 개념, 사건의 선후 관계 및 인과관계, 인물이나 사건에 대한 정보 등을 검토·확인하게 하는 것이다.

둘째, ChatGPT가 생성한 정보에 담긴 사실과 견해를 구분하고 지식의 구성·형성과정을 체험해 보는 것이다. ChatGPT가 생성한 정보에는 ChatGPT가 학습한 데이터가 지닌 모순과 왜곡, 의도 등이 반영되었을 수 있으므로, 글의 문맥과 논리 구조를 점검하는 작업을 하게 하는 활동이다. 주어와 서술어의 관계, 주장과 근거의 타당성, 문장의 인과 등을 따져 보고, 글 속에서 사용된 일반명사나 동사 등이 어떤 의미로 사용되었는지, 그리고 다른 용어로 대체 시 의미의 변화가 발생하는지 등을 살펴보게 하는 것이다. 또한 '지시문의 의도'에 따라 자료를 선택·수집하여 글 전체의 논리 구조가 형성되었을 수 있으므로, 학생이 ChatGPT에서 생성한 정보의 지시문을 확인하고 지시문을 약간씩 바꾸어 가면서 생성된 정보의 변화와 차이를 비교해 보는 활동도 할 수 있다. 이러한 과정을 거치며 학생은 지식의 구성·형성에 대한 이해를 심화할 수 있다. 나아가 개념과 용어, 인물과 사건에 관한 정보의 형성과정을 탐색하게 하거나, 시간적·공간적 차원에서 지식의 구성 과정과 변화를 확인해 보게 할 수 있다. 이러한 사실 확인 및 점검을 통한 교정 과정을 거치며 학생은 애초에 던진 물음을 중심으로 엄밀하고 깊이 있는 답변을 찾아갈 수 있다.

학습자의 측면에서 생성형 AI를 포함한 인터넷, 스마트폰, 소셜 미디어, 클라우드 컴퓨팅, 빅데이터 등 다양한 디지털 기술과 도구를 이해하고 활용할 수 있는 능력뿐 아니라 디지털 기술과 미디어를 비판적으로 접근하는 것 모두를 의미하는 디지털 리터러시가 더욱 필요하다. 디지털 매체를 통해 생성되는 정보에 대해 와인버그의 '수평적 읽기' 또는 '팩트체크' 기법을 적용하는 것과 유사한 맥락이라고 할 수 있다. 샘 와인버그는 역사가들도 구글의 가짜정보를 밝혀내지 못하는 사례들을 제시하면서 '팩트체커'처럼 역사 읽기를 제시한다. 연구자들 대부분이 디지털 콘텐츠를 마치 인쇄된 문서를 읽듯 화면을 '수직'으로 읽는다는 것과 대조적으로 전문적 팩트체커들은 화면을 '수평'으로 읽는다는 것이다. 낯선 웹사이트를 만나면 바로 다른 창을 열어 관련 내용을 검색한다. 이처럼 여러 웹사이트를 수평적으로 읽으면 그들이 처음 보았던 웹사이트 내용에서 오류를 찾을 수 있게 된다.

디지털 리터러시는 개인이나 조직이 디지털 세계에서 생활하고 일하는 데 필요한 능력을 갖추는 것으로, 이를 통해 정보 검색과 분석, 문제 해결, 창의적인 생각, 협력 등을 포함한 다양한 활동을 수행할 수 있다. 이는 또한 디지털 기술을 통해 정보를 전달하고 공유하며, 다른 사람들과 소통하는 데 필수적인 능력이기도 하다. 또한 역사글쓰기, 탐구학습 등의 수업 장면에서 AI를 활용한 학생들의 학습결과물에 대한 평가를 어떻게 할 것인지, AI 참고자료의 표절 구분 등에 대한 다양한 논의들이 이루어져야 할 것이다.

이러한 단점들을 극복하기 위해 AI 활용 수업에 꼭 필요한 것이 역사 교사의 역할이다. AI 활용 수업에서의 유의점은 첫째, 생성형 AI가 제공하는 지식 및 정보를 철저하게 검증하고, 이를 바로잡아야 한다. 둘째, 검증한 정보를 바탕으로 학생들 스스로 신뢰할 만한 지식 및 정보를 생성해 낼 수 있도록 지도해야 한다. 이로 인해 학생들의 비판적 사고가 촉진되도록 교사의 역할이 필요하다.[36] 셋째, 역사 인물에 대한 감정이입적 이해가 필요한 주제의 경우 AI에게 맡기기보다 교사가 주도하여 수업을 진행해야 한다. 넷째, 학생들이 질문을 스스로 만들고 이를 교정해 가는 훈련을 기르도록 해야 한다. 올바른 질문을 하고 올바른 답을 찾아가는 법이 생성형 AI 활용의 관건이기 때문이다.

4) 문화감응교수법

문화감응교수법은 미국에서 주류 백인 학생들과 소수 학생들의 학업 성취 격차를 해소하기 위해 교사를 대상으로 연구하는 과정에서 출발하였으나 인종, 문화, 언어적 배경이 다양한 학생들이 평등한 교육을 받을 수 있도록 문화적 특성과 경험을 고려하여 고안한 수업 방법이다. 한국 사회가 급속하게 다문화 사회가 되어간다는 것은 자명한 사실이고, 세계화 속에서 자연스러운 현상이기 때문에 특히 한국사 과목은 다문화 사회의 한국사 교육에 대해 고민해 볼 필요가 있다. 대표 학자인 게이(Geneva Gay)는 문화감응교수법을 다양한 문화적 배경의 학생들이 훨씬 적절하고 효과적으로 학습에 임할 수 있도록 문화 지식, 선행 경험, 참조의 틀 그리고 다양한 민족으로 구성된 학생들의 수행 양식을 사용하는 것이라고 정의하였다. 한국사 교과에 있어서 문화감응교수법은 문화적으로 주류에 해당하는 한국인 학생들과 다문화 학생 간의 성취격차를 줄이고 모두에게 평등한 교육이 이루어질 수 있도록 다문화 학생들의 특성을 고려하는 수업 방법이라고 할 수 있다.

〈문화감응교수법 사례〉

고등학교 한국사 교사 A는 새로 들어온 1학년 중에 다문화 학생이 있는 두 학급을 접하게 되었다. 한 학급에는 아버지가 한국인이고 어머니가 베트남인인 학생 B가 있었다. 다른 한 학급에는 아버지가 일본인이고 어머니가 한국인인 학생 C가 있었다. A 교사는 두 학생 또한 다른 학생들에 비해 차별받거나 어려움을 느끼지 않고 자신의 한국사 수업을 듣기를 원했기 때문에 먼저 두 학생과 개별 상담을 통해 학생에 대한 정보를 자세하게 파악하였다. B가 한국에 온 것은 초등학교 때로 일상적인 회화는 알아듣고 자신도 기본적인 한국말은 할 수 있지만, 한국사 수업 때 나오는 역사 용어나 인물 같은 것은 매우 어렵다고 말하였다. C는 한국에 들어온 지 1년밖에 안 돼서 열심히 한국어를 배우는 중인데 아직은 의사소통이 어렵고 모든 수업이 잘 이해되지 않는다고 말하였다.

A 교사는 자신의 기본적인 수업 내용을 대본으로 만들고 자동 번역앱을 통해 베트남어와 일본어로 각각 번역하여 B와 C에게 나눠주었다. 그리고 특히 C의 경우에는 아직 B에 비해 한국어가 서툰 편이고, 일본에서 중학교 때 한국 역사와 관련한 교육을 간접적으로 일본사를 공부할 때 배웠을 것이기 때문에 추가적인 도움에 대해 고민하였다. 결국 백강전투, 임진왜란, 통신사 파견, 강화도 조약 등 일본과 관련 있는 한국사 수업을 할 때는 C에게 시간을 할애하여 일본에서 어떻게 배웠는지를 물어보고, 한국의 관점을 비교하여 설명하는 식으로 추가적인 도움을 주었다.

위 사례에서 A교사는 다문화 학생의 한국사 교육에 대해 고민하면서 문화감응교수법을 활용하였다. 가장 큰 특징은 학생들의 개별적 특징을 파악하려고 노력하였다는 점과 모국어 및 모국 문화를 사용하여 학생들에게 추가적인 도움을 주려고 했다는 점인데 이 두 가지가 한국사 수업에 문화감응교수법을 적용할 때 유의점이라고 할 수 있겠다. A 교사는 B의 경우 베트남 전쟁과 같은 한국과 관련이 있는 역사 내용, C의 경우 '일본군 위안부' 문제나 안중근의 이토 히로부미 암살과 같은 사건을 어떻게 가르쳐야 할지 고민이 클 것이다. 이러한 다중시각적 관점이 필요할 때 다원적 방법과 통합적 방법을 활용할 수 있을 것이다. 서로 다른 국가의 관점에서 살펴보는 다원적 방법은 결국 가치, 윤리적 판단을 하지 못한 채 누가 옳은가에 대한 해답을 줄 수 없다는 단점이 있다. 반면, 평화, 민주주의 등의 통합적 관점에서 사건을 살펴보는 통합적 방법은 개별 국가, 민족을 간과하는 단점이 있다. 따라서 다원적 방법과 통합적 방법의 장단점을 고려하고, 비판적인 역사적 사고를 키울 수 있는 사실 중심의 학문적 방법을 고려해 볼 수 있을 것이다.

5) 블렌디드 러닝

블렌디드 러닝이란 다양한 학습 요소들의 복합적 활용을 통해 최적의 학습 효과를 창출해 내기 위한 설계 전략이다. 블렌디드 러닝의 주요 영역 요소는 학습 환경, 학습 목표, 학습 내용, 학습 시간, 학습 장소, 학습 매체, 학습 형태, 상호작용 유형 등이 있는데, 이 중 학교 현장에서 많이 도입하는 요소는 학습 환경이다. 학습 환경은 온라인 사이버 학습과 오프라인 교실 학습의 혼합을 얘기한다. 블렌디드 러닝은 주로 온라인 학습 전략과 오프라인 학습 전략을 적절히 결합, 활용함으로써 학습 성과를 극대화하기 위한 학습 설계전략이라고 할 수 있다. 앞서 언급한 플립 러닝도 온라인상에서 학생이 사전에 학습을 진행하고 오프라인 교실 수업에서 그 내용이 이어지는 방식일 경우 두 학습 환경이 결합된 블렌디드 러닝이라고 할 수 있다. 그러나 온라인 수업이 반드시 필요한 블렌디드 러닝에 비해 플립 러닝의 경우 반드시 온라인상에서 학생이 사전에 학습을 할 필요는 없다. 온라인상이 아닌 형태의 읽기 자료 등을 사전 학습으로 제시할 수도 있기 때문이다.

2020년부터 시작된 전 세계적인 팬데믹 코로나 시국에서 온라인 수업이 상용화되면서 온라인 수업은 학교 수업에서 결코 어색한 것이 아닌 것이 되었다. 한국사 수업에서 블렌디드 러닝을 활용할 때는 기본적으로 오프라인 교실 수업과 함께 온라인상에서 웹 게시판, 웹 디스크 등을 활용할 수 있다. 정규 교육과정 중에 일부분을 학생이 집에서 온라인으로 학습한 후, 학교 또는 정해진 공간에 출석하여 교사의 가르침을 받고 학습 내용을 심화시키는 활동을 하는 것이 블렌디드 러닝에서 필수적이다. 위 내용을 바탕으로 블렌디드 러닝의 핵심조건 5가지를 정리해 보면 아래의 표와 같다.

〈표 4-9〉 블렌디드 러닝의 핵심조건과 내용[37)]

블렌디드 러닝의 핵심 조건	내용
① 학생 개별 맞춤 학습	학생이 시간과 장소의 제약 없이 학습의 순서와 속도를 조절하여 온라인으로 학습하는 것을 포함하는 정규 교육의 프로그램
② 학생 주도 학습	
③ 공식적 교육 과정	
④ 교사의 관리와 지도	학생이 온라인으로 학습한 것에 대하여 교실이나 정해진 공간에서 교사가 지도하고 관리
⑤ 교실(대면) 수업과 연계	온라인 학습의 내용이 교실 수업의 내용과 서로 통합되어 작동

블렌디드 러닝의 기본 절차는 아래와 같다.

〈표 4-10〉 블렌디드 러닝의 기본 절차[38)]

사전 영상 시청		수업 전개		수업 정리
교사는 수업과 연관 있는 다큐멘터리, 영화, 만화 등의 멀티미디어자료들을 탐색하여 학생들에게 제공	➡	교사는 학생 중심 수업이 이루어지도록 수업 사전 영상과 관련된 다양한 활동들을 준비(역할극, 신문 만들기, 토론하기 등)	➡	수업내용을 확인할 수 있는 문제들을 '웹드라이브'의 설문지 기능을 이용하여 문제를 만들고 'QR코드'와 '클라우드콘텐츠와 학습공간'으로 제공

블렌디드 러닝은 사전영상을 시청하고 본격적인 수업을 전개한 후 수업을 정리하는 단계를 거친다.

블렌디드 러닝을 적용한 수업 사례를 살펴보면 다음과 같다.

〈블렌디드 러닝 수업 사례〉

고등학교 한국사 교사 A는 자주는 아니더라도 학급에서 모둠을 나누어 역사 토론 수업을 진행하는데, 여러 해 수업을 진행하면서 같은 부분에서 고민에 빠졌다. 토론 수업 이후에 나중에 피드백을 받아보았는데, '주제에 대해 생각하고 제 의견 말하는 것을 정리할 시간이 너무 부족해요. 시간이 좀 더 주어진다면 좋았을 것 같습니다.', '제가 주제에 대한 생각은 있었는데, 근거를 찾을 시간이 부족해서 제 주장이 약하게 들렸던 것 같습니다.' 등 주로 시간 부족에 대한 이야기였다. A 교사는 교실에서 토론 수업을 진행할 때 아무래도 정해진 시간이 있다 보니, 항상 빠르게 판단하고 말을 잘하는 학생, 어떻게 보면 임기응변과 순발력이 뛰어난 학생이 항상 토론을 주도하는 것 같은 생각이 들었다. 그래서 올해는 역사 토론 수업 방법에 온라인 학습 방법을 함께 접목시켰다. 주제는 '광해군의 중립외교는 긍정적으로 평가할 수 있는가 부정적으로 평가할 수 있는가'로 정하고 4개의 모둠을 짜고 추첨으로 부정과 긍정 입장을 정하고 토론하게 하였다. 그리고 모둠별로 대표 학생 1~2명이 주장을 주고받으며 토론하였다. A씨는 수업을 마무리하면서 웹 게시판에 오늘 교실에서의 토론 이후 자신의 생각을 적어 올릴 수 있고, 다시 그 올린 글에 댓글로 토론을 할 수 있다며 학생들을 독려하였다. 또 광해군의 중립외교와 관련한 당시 사료, 후대 광해군의 평가에 대한 자료 등을 웹 디스크에 업로드할 예정이니 이를 참고해서 웹 게시판에 글을 올리면 좋겠다는 생각을 덧붙였다. 그날 늦은 밤 웹 게시판을 확인한 A 교사는 이러한 수업 방법에 보람을 느꼈다. 교실 수업에서 보이지 않던 비교적 차분하고 여유로운 성향의 학생들이 교실 수업 때 주로 발언했던 학생들보다 훨씬 더 논리적이고 설득력 있는 주장을 게시하고 또 이에 대한 반박 토론도 활발하게 이루어졌기 때문이다. A 교사는 자신도 댓글로 참여한 학생들의 이름을 일일이 언급하며 칭찬하였다.

위 사례에서 알 수 있듯이 블렌디드 러닝은 분명히 교실 수업의 단점을 보완해 줄 수 있는 장점이 있다. 한국사 토론 수업은 형식도 그렇지만 토론할 한국사 주제 자체가 학생들이 어려워할 만한 주제가 많기 때문에 충분히 생각하고 자신의 생각을 정리하는 성향의 학생들이나 다른 사람 앞에서 직접적인 음성으로 말하기 부끄러워하는 학생들에게는 굉장히 부담이 될 수 있다. 그런데 이후 블렌디드 러닝으로 인해 이러한 성향의 학생들은 새롭게 흥미를 가지고 한국사 수업에 참여할 수 있었다. 이렇게 학생 개별 맞춤 학습의 특징을 가지고 있는 것이 블렌디드 러닝의 장점이라고 할 수 있다.

블렌디드 러닝의 단점은 첫째, 온라인 수업이 이루어질 때 학생 개개인의 집중력 저하 문제가 발생할 수 있다. 둘째, 학생이 온라인 수업의 사전 학습 내용을 제대로 학습해 오지 않는 경우가 나타날 수 있다. 이는 교실 수업에서 학습이 이루어진 학생과 이후 학습 내용의 이해도 면에서 큰 차이를 보일 우려가 있다. 셋째, 온라인 학습 시 교사의 피드백이 부족하거나 동료 학습자들 간에 의사소통과 협력이 잘 이루어지지 않는 상황이 발생할 수 있다. 결국 블렌디드 러닝에서 유의해야 할 점은 첫째, 교사가 학습자의 성향을 충분히 파악하여 온라인 수업이 이루어질 때의 돌발 상황에 적절하게 대처해서 사전 학습이 원활하게 이루어질 수 있게 해야 한다는 점이 있을 것이다. 둘째, 사전 영상을 시청하고 온 학생들이 교실 수업에서 충분히 사전 학습과의 연계성을 느낄 수 있도록 적절한 수업설계를 하는 것이 필요하다. 결국 교사의 치밀한 계획과 구상이 블렌디드 러닝의 장점을 극대화해 줄 수 있는 핵심적인 요소일 것이다.

6) 프로젝트 수업

프로젝트 수업이란 프로젝트 학습에 기반한 수업이다. 프로젝트 학습이란 학습자가 주어진 문제나 특정 주제를 해결하기 위해 학습 전 과정에 참여하여 의사결정과 성찰과정 속에서 결과를 표현해 가는 학습 활동이다. 인터넷 환경이 발달한 요즘의 환경에서 프로젝트 수업은 인터넷이 제공하는 다양한 자원을 활용하여 학습자 주도하에 스스로 정보를 찾고 활용하는 능력을 통해 사고력을 키우게 하는 활동이라고 할 수 있다. 프로젝트 학습 과정은 모둠구성, 역할분담 → 주제선정 → 연구 질문 작성 → 자료 조사 → 보고서 작성 → 발표 → 질의응답 → 평가(자기평가, 동료평가, 교사평가) → 총평 → 최종보고서 제출의 순으로 진행된다. 이를 기준으로 한국의 지역 답사 프로젝트를 예로 들어 단계별 표를 만들어 보면 다음과 같다. 그리고 인터넷 환경의 발달로 한국사 수업을 프로젝트 수업으로 진행할 때 온라인과 오프라인을 혼합한 수업을 진행하는 것이 좋다. 교사는 시간을 고려하여 교실 수업을 준비했더라도, 학생들이 기본적으로 한국사 교과와 관련한 내용지식은 외울 게 많고 어렵다고 인식하고 있기 때문에 주어진 시간만으로 프로젝트를 진행하는 데 어려움을 느끼는 경우가 많은 이유에서다. 더구나 인터넷이 발달한 환경에서는 학생들이 프로젝트 관련 자료나 정보를 검색하는 데 매우 용이하기 때문에 적절한 수준에서 온라인 프로젝트 수업을 혼합하는 것이 바람직하다. 즉 이러한 형태는 혼합의 측면에서 블렌디드 러닝으로 분류될 수도 있다. '한국의 주제별 지역 답사 프로젝트 - 답사계획서 작성해 보기'를 예시로 각 단계를 표로 구성해 보면 다음과 같다.

〈표 4-11〉 프로젝트 수업의 단계

프로젝트 수업의 단계	단계별 특징	예시
모둠 구성, 역할 분담	• 모둠은 4~5명 정도로 구성 • 모둠이 구성되면 모둠 장을 선출하고, 역할을 분담 • 교사가 주도하는 사전 준비 활동 단계로 오프라인으로 진행	• 교사: '한국의 주제별 답사 프로젝트 답사계획서 작성해 보기'라는 주제 제시
주제 선정	• 모둠에 따라 관심 있는 토의 주제를 선정	• 학생: 모둠별로 협의하여 답사 지역 선정
연구 질문 작성	• 구체적인 질문들을 작성	• 모둠별로 선정한 지역에 대한 구체적인 질문 작성
자료 조사	• 학습자들이 중심이 되어 전개하는 실제 학습 활동의 단계 • 각 모둠별로 선정한 주제와 관련된 자료들을 수집, 공유하고 분석하는 활동 • 학생들은 역할에 따라 자료를 수집	• 교사: 온라인을 통해 각 모둠의 활동 진행을 모니터링하게 되며 안내 및 조언 활동 • 학생: 주로 온라인에서 개인별 · 모둠별로 활동을 수행하되 모둠의 필요에 따라 오프라인으로 교실에서 보완 활동
보고서 작성	• 학습자들이 정리한 자료들을 토대로 하여 프로젝트 활동의 결과물을 제작 • 조사한 내용을 분석 · 정리하여 보고서를 작성	• 교사: 온 · 오프라인에서 모둠의 결과물 제작 모니터링 및 조언 • 학생: 온라인에서 결과물 제작 및 발표 모둠별로 준비
발표	• 모둠 대표가 탐구 주제, 탐구한 내용과 결과를 정리하여 발표	• 학생: 오프라인에서 제작물 발표
질의응답	• 모둠 간 자유로운 질의응답을 통해 보완점을 정리	• 성찰: 지금까지의 프로젝트 활동 진행 과정 속에서 자신의 활동 내용을 모니터링하고 분석
평가	• 교사의 평가와 피드백 진행 • 자기평가와 동료평가를 함께 진행 • 프로젝트 활동의 결과물이 프로젝트의 주제 및 목표를 어느 정도 달성하였는가에 대한 타당도를 측정	• 온 · 오프라인 병행 가능 • 1모둠: '동학 농민 운동'을 주제로 선정하여 정읍, 전주, 공주의 답사계획을 적절한 동선과 함께 잘 계획함 • 1모둠 A학생: '정읍'을 맡아 고부농민봉기와 관련한 말목장터, 동학농민혁명 기념관 등에 대해 조사하고 답사계획서에 잘 정리함

프로젝트 수업의 단계	단계별 특징	예시
총평	• 수업 과정 전반에 대한 교사의 평가	• 결과물뿐 아니라 프로젝트 수업의 과정 전체를 모둠별로 피드백
최종보고서 제출	• 질의 응답, 평가, 총평의 내용을 토대로 내용을 수정하여 최종보고서 제출 • 학습자 주도의 프로젝트 학습 활동의 결과 산출된 결과물을 교사나 학생이 교실 수업 환경에서 교재로 활용하는 단계	• 동학 농민 운동 수업을 할 때 1모둠의 프로젝트 결과물을 온라인 보조 교재로 활용

위 표의 내용에서 알 수 있듯이 한국사 프로젝트 수업의 핵심은 온라인 수업과 오프라인 수업의 병행에 있다. 학생들이 프로젝트를 위해 온라인상에서 협력하고 의견을 교환하며, 인터넷이라는 환경을 이용하여 방대한 자료를 검색하고 활용할 수 있다는 부분이 기존의 프로젝트 수업에 비해 발전적인 방향으로 변화한 점이라고 할 수 있다.

프로젝트 수업의 장점은 첫째, 학습 과정에서 학생들의 자기주도성이 발현될 가능성이 크다. 둘째, 학생들이 주제를 정하고 전반적인 내용을 준비하다 보니 학습 활동에 대한 확실한 동기부여가 일어날 수 있다. 셋째, 확실한 결과물이 도출되는 수업이기 때문에 학생들의 만족감과 성취감이 큰 편이다. 그러나 프로젝트 수업은 단점 또한 존재한다. 첫째, 학생들이 주도하는 과정이 중심이기 때문에 학습 과정에서 다소 무질서함과 시행착오를 거칠 수 있다. 둘째, 모둠이 프로젝트를 진행하는 과정에서 우수한 학생과 능력이 부족한 학생 간의 참여 비중의 차이가 클 수 있다. 셋째, 특정 주제를 선정하여 프로젝트 학습 형태로 진행하다 보면 교육과정상에서의 체계적인 학습이 어려울 수 있다. 그렇기 때문에 프로젝트 학습에서 교사의 유의점 또한 중요하다. 첫째, 적합한 주제를 선정해야 한다. 교육과정의 성취기준을 분석하고, 그 틀 안에서 학생들이 흥미를 가질 만한 주제를 선정하는 것이 우선적으로 중요하다. 둘째, 교육과정의 재구성 또한 고민해야 한다. 특정 주제를 선정하고 프로젝트 학습이 진행되는 특성상 여러 분야의 학습이 필요할 수 있으므로 교과 내용 조정 등에 대해 사전에 충분히 고민하고 계획해야 한다. 셋째, 적절한 모둠을 조직해야 한다. 교사는 충분히 학습자 한 명 한 명의 능력과 특징을 파악하여 프로젝트 수업이 진행되는 데 지장이 없을 정도의 균형 있는 모둠 구성에 관심을 가져야 한다.

7) 북큐레이션 수업

북큐레이션이란 북(Book)과 큐레이션(Curation)의 합성어로 책 과잉시대에 책 선택에 어려움을 느끼는 독자들을 위해 사서가 주제를 선정하여 독자와 책을 연결해 주는 서비스를 말한다. 북큐레이션 수업의 장점은 첫째, 서가 구성 등과 같은 북큐레이션은 책을 시각적으로도 흥미롭게 접근할 수 있게 만들어서 학생들의 흥미를 유발할 수 있다. 둘째, 학생들이 책을 찾는 활동에 포함되기 때문에 독서효능감이 향상될 수 있다. 셋째, 책을 찾고 서가를 구성하는 과정에서 학생들의 자기주도성 또한 향상될 수 있다. 그러나 북큐레이션 수업은 단점 또한 존재한다. 첫째, 교육과정과 연계된 북큐레이션의 주제를 정하는 것이 제한적이어서 주제 선정 단계에서부터 어려움을 겪을 수 있다. 둘째, 실제 학교 도서관은 활발하게 도서 대출이 이루어지는 곳이기 때문에 수업 진행에 필요한 책이 부재한 상황이 발생할 수 있다. 셋째, 환경적으로 서가 전시를 하기 위한 공간이 부족할 수 있다.[39)]

한국사 수업에서 북큐레이션을 활용하여 서가를 구성하는 모둠별 활동 수업을 계획해 볼 수 있다. 기본적으로 학교 도서관과의 협업이 필요한 수업 형태로서 한국사 수업에서는 사서의 역할을 한국사 교사와 학생이 하는 것인데 교사가 주제를 선정하면 학생들이 주제에 맞게 도서관에서 책을 찾아 서가를 구성하는 것이다. 북큐레이션 수업을 진행할 때 유의할 점은 학교 도서관이 보유하고 있는 책의 상태에 따라 실제 북큐레이션이 잘 진행되지 않을 수 있기 때문에, 교사가 정한 주제에 맞춰 도서관에 그 주제에 대한 책이 충분히 구비되어 있는지 조사하고, 수업 과정대로 미리 북큐레이션을 해보는 작업이 중요하다. 물론 학생들의 학업 능력이 대체로 우수한 편이고 학교 도서관의 책 구비량도 방대하다고 판단된다면 북큐레이션의 주제 자체를 모둠별로 학생들이 토의하여 선정하게 할 수도 있다. 실제 수업에서는 모둠별로 북큐레이션 주제에 맞춰 서가 구성을 하게 된다. 예를 들어 한 모둠의 주제가 '일제 강점기 문학'일 경우, 모둠원들은 다시 일제강점기 문학을 저항문학, 신경향파 문학 등으로 구부하여 북큐레이션할 수 있다. 또 주제가 '6·25

전쟁'이라면 모둠원들은 다시 6·25 전쟁을 배경, 전개, 결과와 관련한 책으로 분류하여 북큐레이션하거나, 한국 입장의 6·25 서술, 미국 입장의 6·25 서술, 중국 입장의 6·25 서술 등으로 분류하여 북큐레이션할 수도 있다. 학생들은 역사 북큐레이션 수업을 통해 책을 검색하고 분류하는 과정만으로도 머릿속에 역사 개념과 관련한 뚜렷한 주제별 분류를 경험하게 된다. 학교 도서관 환경에 따라서 교사가 충분히 계획해 볼 만한 수업이다.

8) 비주얼 씽킹 수업

비주얼 씽킹은 생각이나 정보를 한눈에 알아볼 수 있도록 핵심 내용을 단순화한 이미지, 기호, 텍스트 등으로 조직화 및 표현하는 과정을 의미한다. 비주얼 씽킹을 '마인드맵'과 구분하여 이해하려는 노력이 필요하다. 마인드맵 역시 글과 그림을 이용하여 표현하는 방식이기 때문에 비주얼 씽킹의 정의와 비슷한 측면이 있기 때문이다. 그러나 마인드맵과 비주얼 씽킹은 엄연한 차이점이 존재한다. 마인드맵은 형식이 존재하지만 비주얼 씽킹에는 형식이 존재하지 않는다. 마인드맵의 특징은 키워드 중심으로 상위 개념에서 하위 개념으로 가지형태로 뻗어나가는 구조를 취하게 되는데, 비주얼 씽킹은 받아들인 정보를 자유롭게 이미지로 표현하는 것이기 때문에 특정 형식이 존재하지 않는다. 또한 마인드맵은 이미지보다는 키워드에 중점을 두고 있지만 비주얼 씽킹은 이미지, 즉 그림으로 정보를 함축하여 표현하는데 중점을 두고 있다.[40)]

비주얼 씽킹의 수업 과정은 학습 주제(내용) 제시하기 → 핵심어 표시하기 → 레이아웃 생각하기 → 시각적으로 표현하기 → 활동을 공감, 나누기 순으로 진행된다.[41)] 이때 레이아웃은 학습 정보나 내용을 표현·정리하기 위해 텍스트 혹은 비주얼 씽킹 시각언어를 한눈에 들어오도록 배치하는 것을 말한다. 비주얼 씽킹은 여러 가지 종류가 있는데, 대표적인 종류를 소개하면 다음과 같다.

〈표 4-12〉 비주얼 씽킹의 종류와 특징

종류	특징	한국사 수업 적용 및 활용
스케치북에 자유롭게 그리기	비주얼 씽킹의 가장 기본적인 형태로, 생각을 자유롭게 그림으로 표현하는 방식	• '고구려'에 대한 생각을 자유롭게 그림으로 표현해 보기
버블맵	중앙의 주제에 관련된 핵심적인 개념이나 아이디어를 연결하여 표현하는 방식	• '조선의 과학기술'에 버블맵 만들어 보기
더블버블맵	두 가지 개념이나 사물의 공통점과 차이점을 비교하여 시각적으로 표현하는 데 유용	• '의천'과 '지눌'에 관해 버블맵 만들어보기
서클맵	중앙에 주제를 놓고, 주위의 원에 관련된 내용을 표현하는 방식	• '3 · 1 운동'과 관련된 서클맵 만들어보기
핑거형 비주얼 씽킹	손가락 하나하나에 의미를 부여하여 생각을 표현하는 방법	• 학습지에 손을 대고 그대로 그린 후 각 손가락에 대표적인 독립운동가를 적고 특징을 시각화해 보기
인포그래픽	정보를 시각적으로 표현하여 전달하는 방식	• '고려의 대외 관계와 관련한 주요 사건'을 인포그래픽으로 표현해 보기
픽토그램	간단한 아이콘이나 기호로 정보를 전달하는 방식	• '조선 선비' 하면 떠오르는 이미지를 픽토그램으로 표현해 보기

한국사 수업에서도 비주얼 씽킹이 유용한 이유는 학생 활동 중심의 수업 중에서 많은 학생들이 비교적 의욕을 가지고 쉽게 참여할 수 있기 때문이다. 앞서 언급한 역사 토론식 수업의 경우 학생 활동 중심의 수업이기는 하지만 토론은 근거를 준비할 때 높은 역사 과목의 학업 능력을 필요로 하기도 하지만 초기 발문을 쓸 때는 글쓰기 능력, 실제 토론을 진행할 때는 말하기 능력이 필요하기 때문에 전반적으로 학업 능력이 뛰어난 학생이 기본적으로 주도할 수밖에 없다는 특징이 있다. 그런데 비주얼 씽킹의 경우 그림이나 간단한 글처럼 표현 방법이 시각적이면서 다채롭기 때문에 기본적인 역사적 사고력뿐 아니라 학생들의 창의적인 면과 다양한 표현력을 확인할 수 있다는 장점이 있다. 비주얼 씽킹 수업의 두 번째 장점은 빠르게 표현 · 저장 · 공유를 할 수 있다는 점이다. 많은 양의 정보를 빠르게 표현할 수 있게 되고 빠르게 표현한 것이 바로 저장이 되기 때문에 역사과 수업에 매우 효과적이라고 할 수 있다. 세 번째로 비주얼 씽킹은 많은 양의 정보를 오랫동안 기억할 수 있게 된다는 장점이 있다. 우리의 뇌는 우뇌 중심으로 학습하도록 되어 있고

규칙이나 논리로 배우는 것보다 이미지나 패턴을 통해 받아들이는 것을 좋아한다. 또한 우리의 뇌는 텍스트보다 이미지를 더 오래 기억하게 된다는 특성이 있어서 이미지, 패턴과 관련이 깊은 비주얼 씽킹 수업에서 그러한 특성이 발현된다고 기대할 수 있다. 마지막으로 비주얼 씽킹은 학습자 중심의 수업 방법으로 학생들의 흥미와 관심 그리고 참여도를 이끌어낼 수 있다는 장점이 있다.[42)]

비주얼 씽킹 수업을 하면서 유의할 점은 다른 수업 방법과 병행해서 역사 교과의 성격을 분명히 해야 한다는 점이다. 아니면 주객이 전도되어 한국사 수업이 아닌 미술 수업으로 학생들이 느낄 위험이 있다. 그림 그리는 수준을 평가하는 것이 아니라 역사 교과와 관련한 내용을 학습하는 것이라는 것을 교사도 유의하면서 수업을 준비해야 한다.

9) 교육용 앱을 활용한 스마트 수업

스마트폰을 거의 모든 학생들이 가지고 있는 시대가 되었고, 일부 학생들이 없다 하더라도 교육용 기자재로서 학교에서 보급할 수 있는 환경이 조성되어 있기 때문에 앱을 활용한 스마트 수업을 진행할 수 있다.

수업에 활용할 수 있는 교육용 앱은 크게 교육용 앱과 역사교육용 앱으로 구분할 수 있다. 교육용 앱은 여러 교과에서 활용할 수 있는 앱 플랫폼으로 많은 개발이 이루어지고 있으며, 이미 광범위하게 상용화되어 있는 앱들이 많다.

〈표 4-13〉 대표적인 교육용 앱의 종류와 특징

앱 종류	특징	수업 적용 및 활용
패들렛 (Padlet)	사용자가 "패들렛"이라는 가상 게시판에 콘텐츠를 업로드, 구성 및 공유할 수 있는 실시간 협업 웹 플랫폼	• 교사가 한국사 수업을 진행하면서 학생들은 동시에 패들렛에 스마트폰으로 접속해 질문을 남길 수도 있고, 나중에 교사가 이 질문을 모아서 답하는 수업설계가 가능 • 역사 토론식 수업을 진행할 때도 이와 관련한 자료나 학생들이 쓴 글을 시각적으로 한번에 보여주기에 적합

앱 종류	특징	수업 적용 및 활용
띵커벨 (Thinkerbell)	"띵커벨"에서 만든 문제(퀴즈, 토의, 토론)를 학생들이 스마트폰으로 참여하는 실시간 수업도구	• 적정 수준의 난도에 보상이 더해진 퀴즈를 한국사 수업 시간에 활용, 학생의 수업에 대한 호감도와 관심도 향상 • 한국사 수업에서 왕 이름이나 책이름처럼 외우기 어려운 고유명사를 개수를 한정지어 설명한 뒤 띵커벨을 활용한 시각적으로 재미있는 퀴즈를 진행
구글 클래스룸 (Google Classroom)	교사와 학생이 효율적으로 학습 자료를 공유하고 과제를 관리할 수 있는 온라인 학습 플랫폼(과제 및 자료 공유, 실시간 피드백 제공, 공지사항 및 알림기능, 학급관리 및 출석체크 등 간편한 기능을 제공)	• 원격 학습과 과제 제출, 학급 관리 등에 유용하게 활용 • 한국사 수업에서 블렌디드 러닝을 할 때 많이 활용
줌(Zoom)	팀 채팅, 회의, 전화, 화이트보드, 캘린더, 메일, 메모 등을 결합한 올인원 AI 기반 협업 플랫폼	• 한국사 수업에서 블렌디드 러닝을 할 때 많이 활용
다했니- 다했어요	현직 교사가 직접 만든 학급, 학생, 학습 관리 플랫폼. 학생이 1:1로 소통할 수 있는 구조로 교사는 다했니(웹)를 학생은 다했어요(웹, 앱)를 사용(기능이 심플하고 학생-교사 사이의 직관적인 상호작용에 초점이 맞춰져 있어 사용이 쉬운 편)	• 학생 과제 생성 및 과제 제출, 알림장 생성 및 확인, 체크리스트, 학급 및 학생 보상 기능, 누가기록 및 AI쫑알이 생성 등의 기능을 제공 • 한국사 수업에서 블렌디드 러닝, 프로젝트 수업을 온라인을 활용하여 함께 진행할 때 매우 유용
자작자작 (JAJAK)	인공지능(AI) 기반의 글쓰기 교육 플랫폼(글쓰기 수업을 위한 A부터 Z까지 모든 기능을 유기적으로 연결해 시스템을 제공), 생성형 AI 기술을 활용한 작문 평가 및 피드백 시스템이 자동 첨삭뿐만 아니라 교사가 설정한 평가항목, 어휘 적합성, 문법 적절성, 맥락 일관성, 시각과 태도 영역에서 글에 대한 종합적인 평가와 점수 범위를 제시	• 역사 글쓰기를 비롯하여 토론식 수업의 초안 작성 등 한국사 과목에서 학생들의 글쓰기 능력을 필요로 하는 수업에서 활용 • 역사적인 내용지식 분야 이외에 글쓰기 형식에 관해 교사를 보조

이에 비해 역사교육용 앱은 역사 수업을 목적으로 개발된 앱으로 활용 영역이 한정적인 만큼 개발된 앱의 수가 일반 교육용 앱이 비해 많거나 상용화 정도가 높지는 않지만 역사 교과에 특화되어 교과 내용지식 면에서도 앱의 도움을 받을

수 있다는 점에서 주목할 만하다. 역사교육용 앱은 대표적으로 역사 퀴즈앱과 역사 AR 활용 앱 정도로 구분해 볼 수 있다. 역사 퀴즈 앱은 역사 내용지식을 다양한 인물 맞추기, 틀린 역사적 사실 찾기, 시대순으로 배열하기 등 다양한 형태의 퀴즈로 만들어서 학습하게 하는 앱이다. AR 활용 앱은 AR 기술을 활용하여 만들어진 역사교육 콘텐츠로 볼 수 있다.

〈순천시에서 개발한
순천근대문화유산 AR 투어 앱〉

〈영주시에서 개발한
광복로 AR 투어 앱〉

위 두 가지 AR 활용 앱은 시에서 제작한 앱으로, 교실 속의 한국사 수업 때에도 지역사 탐구 주제나 근현대사 주제를 학습하기 위한 역사교육용 앱으로 충분히 활용할 수 있다.

교육용 앱을 활용한 스마트 수업의 장점은 첫째, 학생들이 익숙하고 이미 일상적으로 사용하는 장치를 통해 학생들에게 수업을 하는 것이므로, 친밀도와 접근성이 뛰어나다. 둘째, 학생들이 흥미를 가질만한 퀴즈나 AR 기술 등이 동원된 앱은 학생들의 학업 동기유발에 효과적일 수 있다. 셋째, 이러한 교육용 앱은 수업 시간에만 국한되지 않고 학생들의 자기 주도 학습을 할 수 있는 환경을 마련해 줄 수 있다. 그러나 교육용 앱을 활용한 수업은 단점 또한 존재한다. 첫째, 스마트폰, 패드 등 앱을 활용할 수 있는 스마트 교육 환경이 전제되어야 진행할 수 있는 수업이기 때문에, 기기 미비나 고장 등 환경의 변동이 수업에 지장을 초래할 수 있다. 둘째, 교육용 앱에 나와 있는 역사 내용지식 또한 오류가 있거나 교육과정과 충돌하는 내용이 있을 수 있어서 학생이 자기 주도 학습을 하면서 자칫 왜곡된 지식을 학습할 우려가 있다. 그래서 교사는 교육용 앱을 활용한 수업을 할 때 첫째, 수업이 원활하게 진행될 수 있도록 사전에 학습자의 스마트 학습 환경을 점검하고 정비해야 한다. 둘째, 교사는 교육용 앱의 기능을 충분히 숙지하고 앱 안의 역사 내용지식 또한 오류나 교육과정에 위배되는 내용이 없는지 철저하게 점검하고, 사전에 학생들에게 유의할 점으로 안내해야 한다.

10) 소셜 미디어 활용 수업

소셜 미디어는 소셜 네트워크의 기반 위에서 개인의 생각이나 의견, 경험, 정보 등을 서로 공유하고 타인과의 관계를 생성 또는 확장시킬 수 있는 개방화된 온라인 플랫폼을 의미한다. 일반적으로 사람과 사람, 또는 사람과 정보를 연결하고 상호작용할 수 있는 서비스를 제공하는 웹 기반의 플랫폼을 소셜 미디어의 범주에 포함시킬 수 있다. 대부분 학생들에게 익숙한 플랫폼이기 때문에 이를 활용하여 한국사 수업을 진행할 수 있다.

〈표 4-14〉 수업에서 활용되는 대표 소셜 미디어

소셜 미디어 종류	특징	수업 적용 및 활용
유튜브 (YouTube)	• 동영상 공유 플랫폼 • 이전 동영상 활용 수업에 비해 편의성, 다양성이 비약적으로 증대	• 교사 주도: 학생들의 흥미를 유발하기 위해 역사 영화, 드라마, 다큐멘터리 등 동영상을 수업 도입부에 보여주거나 중간에 주의 환기를 위해 활용 • 학생 중심: 교사가 수업과 관련한 영상을 추천하면 학생이 자기 주도 학습에 활용

소셜 미디어 종류	특징	수업 적용 및 활용
카카오톡 오픈채팅	• '학급 단톡방'이라는 용어가 하나의 일반명사로 인식될 정도로 대중화된 소셜 미디어 • 학급 담임교사가 공지용이나 행사 안내용으로 널리 이용 • 한국사 교과 교사 역시 '학급별 한국사 단톡방'을 만들어서 학생들과 수업 시간에 상호작용 가능	• 교사 주도: 수업 중 돌발 퀴즈를 내고, 이를 선착순으로 학급 단톡방에서 맞추도록 하여 학생들의 흥미를 유발할 수도 있고, 수업 이후 보면 좋은 영상이나 홈페이지 링크 등을 학급 단톡방에 공유하여 수업을 보조 • 학생 중심: 오픈 채팅방 내에서 수업에 대한 질문이나 건의 사항에 대해 교사와 1 대 1 채팅방을 개설하여 학생이 개별적으로 질문하며 맞춤형 학습 가능
네이버 밴드	• 그룹 커뮤니케이션을 용이하게 하는 모바일 커뮤니티 애플리케이션 • 교육용 앱으로 분류했던 구글 클래스룸과 유사한 측면이 있는데, 네이버 밴드는 교육용 앱으로 만들어진 것은 아니기 때문에 소셜 미디어를 활용한 수업으로 분류 • 웹 URL, 텍스트, 사진, 동영상, PDF, 위치, 스티커, 문서, Dropbox 파일 공유 및 투표 등 다양한 기능을 이용	• 교사가 학생들과 소통하기 위해 학급별 공간을 만든다거나, 학급 내에서도 모둠 활동을 진행할 때 모둠별 공간을 만들어서 운영하는 것이 용이 • 모둠 과제, 자료 공유 등 블렌디드 러닝 형식으로 수업 진행

소셜 미디어 활용 수업의 가장 큰 장점은 접근성이다. 소셜 미디어에 익숙한 대부분의 학생들이 어려워하지 않고 사용법을 빨리 습득할 수 있다. 또 실시간으로 학생들이 교사의 안내를 빨리 확인하거나 댓글 등을 통해 쌍방향으로 소통이 원활하다는 점도 장점이라고 할 수 있다. 마지막으로 정해진 수업 시간에 구애받지 않고, 자기 주도 학습이 가능하다는 점 또한 소셜 미디어 활용 수업의 장점이다. 그러나 소셜 미디어 활용 수업의 단점 역시 존재한다. 첫째, 대부분의 학생들이 소셜 미디어에 능숙하다 보니 활용에 익숙하지 않은 소수의 학생이 오히려 소외감을 느끼고 수업에 관심도 자체가 떨어질 우려가 있다. 둘째, 온라인상에서 학생들의 적극적이 참여와 소통으로 인해 학생들 간에 갈등이 발생하였을 때 오프라인상인 교실에 비해 교사가 대처하기 어려울 수 있다. 셋째, 대부분의 온라인상의 자유도를 포함한 수업 방식이 그렇듯이 확실하지 않고 왜곡된 교과 관련 정보에 학생들

이 쉽게 노출될 수 있어 자기 주도 학습에 어려움이 발생할 수 있다.

위의 장단점을 고려하여 교사는 소셜 미디어 활용 수업에서 유의해야 할 점이 있다. 첫째, 워낙 다양한 역사 관련 영상 콘텐츠가 존재하기 때문에 수업 전에 교사가 동영상의 내용에 대해 실질적인 오류는 없는지, 교육과정에 어긋나는 내용은 없는지 철저한 검증이 필요하다. 둘째, 시간 때우기식으로 영상을 준비하는 것이 아니라 영상을 보기 전 어느 부분을 유념하면서 봐야 하는지 충분히 안내하고, 영상을 본 이후 영상과 관련하여 학생들에게 질문하면서 상호작용하는 수업으로 만들어야 동영상 플랫폼의 학습 효과를 유의미하게 볼 수 있을 것이다. 셋째, 오픈 채팅이나 댓글 등 학생들이 서로 소통하는 환경에서 지켜야 하는 온라인 예절에 대해 학생들에게 충분히 설명하고 갈등 상황이 발생하지 않도록 모니터링하는 노력이 필요하다.

5. 학습지도안 작성하기

1) 학습지도안의 중요성

학습지도안은 교사가 단위 수업을 원만하게 진행하기 위해 세우는 계획안이다. 학습지도안은 수업지도안, 교수-학습 지도안 등 다양한 용어로 활용된다. 학생의 활동이 중점이 될 경우에는 학습지도안, 교사의 수업에 중점을 둘 경우에는 수업지도안, 교사와 학생의 활동이 중점이 될 경우 교수-학습 지도안 등으로 불리지만, 이러한 혼용에 대해 일률적으로 하나의 용어만을 활용하라고 하기는 어렵다.

일반적으로 학교 교사는 학년 초, '연간학습 지도 계획'을 세운다. 학교의 학사 일정을 고려하여 대략적으로 교과서의 진도와 수행평가 시행 일정 등을 계획하는 것인데, 이 계획에 맞춰서 지필 평가 시험도 출제해야 한다. 학습지도안을 설명하면서 연간학습 지도 계획을 언급한 이유는 학교 교육이 가지고 있는 계획성 때문이다. 교사의 교과에 대한 수업의 자율성 또한 보장되어야 하지만, 학교 교육하에서 교사는 교육과정이 목표로 하는 내용을 연간학습 지도 계획을 세워 체계적으로 가르쳐야 한다. 그리고 수업 시간 또한 학교급별로 정해져 있기 때문에 교사는 주어진 단위 시간마다 수업을 계획하여야 하고 그 기본적인 계획안이 바로 학습지도안인 것이다. 실제 학교 현장에서 매시간 모든 수업에서 학습지도안을 구상하여 수업을 진행하기는 매우 어렵다. 학교 자체 일정으로 인한 변수나 수업시간 자체에서 각 교실마다 학생들의 행동으로 인해 생기는 돌발변수가 너무 많기 때문이다. 그렇지만 오히려 이 돌발변수가 많기 때문에라도 학습지도안 작성은 수업을 준비하는 데 있어서 꼭 필요하다. 돌발 상황이 생겼을 때 교사의 머릿속에 학습지도안으로 인한 수업의 흐름이 계획되어 있을 경우 오히려 부분적으로 수정하면서 변수에 유연하게 대처하는 것이 가능하지만, 이러한 수업 흐름이 사전에 계획되지 않은 교사는 변수에 취약하여 이후에는 적당히 진도를 나가며 하루하루 버텨가는 '주먹구구식 수업'을 진행하는 경우도 많기 때문이다. 앞서 언급한 연간학습 지도 계획은 매 수업 시간의 학습지도안이 모여 만들어진 계획으로 볼 수도 있다. 이렇듯 학습지도안은 학교 교육이 가지고 있는 계획성의 특징에 부합하기도 하고, 계획이 틀어지더라도 부분 수정을 통한 변수에 대처하기 용이하다는 점에서도 그 중요성이 크다고 할 수 있다. 또 학습지도안은 교사가 지도안을 작성하면서 교사가 자신의 수업에 대해 직면하는 효과가 있다. 이로 인해 잘 안 됐던 부분에 대해 고민해 보고 발전적인 방향으로 수업을 개선할 기회를 제공하기도 한다.

2) 학습지도안의 활용

학교 현장에서는 1년 동안 진행되는 모든 수업에 대한 학습지도안을 세부적으로 작성하는 경우는 드물다. 그러나 수업 경험이 적은 초임교사 등 저 경력 교사는 학습지도안을 작성하면서 자신의 수업방향에 대한 감각을 익힐 수 있기 때문에 되도록 많은 학습지도안을 작성해 보는 것이 좋다.

또한 학습지도안은 교사가 학교를 옮겼는데, 그 학교가 기존에 익숙하게 근무했던 학교에 비해 학업 능력이나 평균 학급 인원 등이 다를 때, 교사는 사실상 그 학교의 특수성에 맞게 수업을 새로 준비할 수밖에 없다. 이럴 때 역시 학습지도안을 통해 체계적으로 단위 수업을 설계하는 과정이 필요한 것이다. 또 같은 학교에서 근무하더라도 특정 학급에서 지나치게 활동적인 학생들이 많다거나, 모둠별 활동을 해야 하는데, 출결 상황이 너무 좋지 않아 결석하는 학생이 많을 때, 교사는 그 학급의 특수성에 맞게 수업을 재구성할 수밖에 없다. 이러한 상황에서 역시 학습지도안을 작성하는 것이 큰 도움이 된다. 단, 학급별 특수성을 고려하여 특정 학급에서만 학습지도안을 다시 작성하여 수업을 재구성하는 경우 다른 학급과의 형평성 문제를 꼭 고려해야 한다. 지필평가는 학급 단위로 이루어지는 것이 아니라 학년 단위로 이루어지기 때문에 다른 학급과의 지필평가를 위한 내용지식 설명에 있어서는 형평성을 무너뜨리지 않는 선에서 학습지도안을 다시 구상해야 한다. 마지막으로 학습지도안은 학생 활동 기록을 위한 기초자료가 될 수 있다. 교사가 '어떤 의도로 수업을 계획했고, 어떤 과정에서 학생들의 이러한 참여를 기대하고 학습활동을 계획했다'는 스토리가 학습지도안에는 들어있다. 결국 그에 맞게 활동한 학생은 교사가 칭찬할 점이나 성장한 부분 등을 학습지도안을 고려하여 명확하게 기록할 수 있는 것이다. 이러한 기록은 학교생활기록부의 과목별 세부능력 특기사항에 연결되어 기록해 줄 수 있다는 측면에서 학습지도안의 활용 가능성을 확인할 수 있다.

3) 학습지도안의 구성

학습지도안은 크게 세안과 약안으로 구성된다. 경력이 쌓이더라도 학교 학사일정에는 항상 '수업공개의 날'이 있고 자신의 수업에 대해 조언 받을 수 있는 '동료장학'도 제도적으로 존재한다. 이런 경우 수업을 학부모나 동료 교사가 참관하는 것이기 때문에 학습지도안 세안을 필수로 작성해야 하며, 학습지도안과 수업 자료를 참관하기 위해 온 사람들과 공유하게 된다.

학습지도안 세안은 다음과 같은 구성형식을 가진다.

표지

Ⅰ. 교재 및 단원명
  1. 교재
  2. 단원명
Ⅱ. 단원설정의 이유
  1. 학습자 측면
  2. 학문적 측면
  3. 사회적 측면
Ⅲ. 단원의 개관
Ⅳ. 단원의 학습 목표

1. 지식 · 이해
2. 기능
3. 가치 · 태도
V. 단원의 구조
VI. 지도상의 유의점
1. 준비
2. 내용
3. 마무리
4. 수업방법 소개
VII. 교수-학습 계획
VIII. 본시 교수-학습 지도안(약안에 해당)
IX. 참고 자료 별첨

'I. 교재 및 단원명'에는 한국사 교재의 저자명, 교과서명, 출판사, 출판년도를 밝히고 본 수업에 해당되는 대단원과 중단원 목차를 제시하도록 한다.

'II. 단원설정의 이유'에는 학습지도안의 단원 설정 이유를 크게 학생 심리의 측면인 학습자 측면, 학습 교재를 고려한 학문적 측면, 사회적 요구상을 반영한 사회적 측면에서 각각 서술하도록 한다.

'III. 단원의 개관'에는 본시학습에서 다룰 단원에 대해 개략적으로 소개하며, 학생들의 학습 과정에 대해 개괄적으로 서술하도록 한다.

'IV. 단원의 학습 목표'에는 학생들이 본시 학습을 통해 달성해야 할 목표를 크게 지식 · 이해의 측면, 기능적 측면, 가치 · 태도의 측면으로 나누어 개조식으로 서술하도록 한다.

'V. 단원의 구조'에는 교과서의 본시 학습 주제에 해당하는 대단원, 중단원, 소단원을 하나의 표로 구성하여 한눈에 볼 수 있도록 한다.

'VI. 지도상의 유의점'에는 본격적인 수업에 들어가기 전 전시학습 확인과 수업 활동 준비 사항 등을 서술하도록 하는 '준비'와 수업이 진행되면서 교사가 담당하는 역할, 전반적인 수업 구성 등에 대해 서술하도록 하는 '내용', 활동이 끝난 이후 피드백, 형성 평가 등에 관련된 내용을 서술하도록 하는 '마무리' 등으로 구성하도록 한다. 또한 본시학습 수업 방법에 대한 안내를 첨가하기도 한다.

'VII. 교수-학습 계획'에는 중단원명과 차시, 수업 내용, 수업 시간 등을 표로 구성하여 한눈에 볼 수 있도록 한다.

'Ⅷ. 본시 교수-학습 지도안'에는 수업의 전체적인 흐름을 하나의 표로 알 수 있게 단원, 학습 주제, 학습 목표, 학습 자료, 학습 과정(도입-전개-마무리)을 체계적으로 서술하도록 한다.

'Ⅸ. 참고 자료 별첨'에는 수업을 진행하는 데 필요한 학습지, 활동지, 수행평가 자료 등 보조 자료 내용을 작성하여 첨부하도록 한다.

한편, 약안은 다음과 같은 구성 형식을 가진다. 학습지도안(약안)은 수업개관부와 교수·학습 활동부로 크게 구분된다. 특히 교수·학습 활동부는 도입(인사(환경조성)-전시학습확인-동기(흥미) 유발-본시 학습목표 확인(본시학습 소개)), 전개(학습 안내, 학습 활동), 정리(내용 정리-형성평가-차시예고-인사)의 단계로 구성되어 있다. 교수·학습 활동부의 교사와 학생의 활동은 약안의 형식에 따라 칸을 둘로 나누어 제시되기도 하고, 칸이 없이 함께 제시되어 교사 또는 학생으로 표시한 후 줄을 구분하여 서술하는 방식을 취하기도 한다.

〈표 4-15〉 학습지도안(약안)의 구성

학습지도안(세안)의 구성		특징	유의 사항
수업 개관부		• 교육과정과 관련된 교과서의 단원명, 국가교육과정의 성취기준, 학습 목표, 수업대상 등을 작성	• 학습 목표는 학습자가 학습 과정을 통해 달성해야 할 구체적인 성과나 지식, 태도를 서술해야 하며, 이후 학습 활동은 학습 목표를 달성하기 위해 구성되어야 함.
교수·학습 활동부	도입	• 인사 및 환경 조성, 전시학습 확인과 이번 시간에 배울 수업의 동기 유발과 관련한 내용, 학습목표와 수업안내 등을 작성	• 수업개관부에서 결정한 학습 목표에 따라 교수·학습 활동부의 구체적인 수업 내용 및 학습 내용 구성이 변화함. • 교수·학습 활동 작성 시 칸을 나누어 교사와 학생의 활동을 따로 작성할 수도 있고 따로 칸을 두지 않고 (교사)/(학생) 활동으로 분류하여 작성할 수도 있다. • '전개'에 가장 많은 시간을 배분하고, 도입과 정리는 교사의 구체적인 수업 계획에 따라 비중이 상대적으로 늘어나거나 줄어들 수 있음.
	전개	• 계획한 수업 방법에 맞게 수업이 진행되며 학생과의 상호작용을 중요 요소로 고려하여 지도안 내용을 작성	
	정리	• 학습 내용에 대한 정리, 형성 평가, 다음 차시 예고, 인사 등을 작성	

■ (역사)과 학습지도안(약안 예시)

단원	Ⅲ. 근대 국가 수립의 노력 1. 국제질서의 변동과 개항	지도 대상	2학년 3반 총 23명
국가교육 과정성취 기준	[10한사1-03-01] 조선의 개항을 국제 질서의 변동과 연관하여 분석한다.		
학습 목표	• 교사가 재구성한 학습 목표를 세가지 정도 제시한다.		

학습 단계	학습 요소	교수 · 학습 활동 (교사)	교수 · 학습 활동 (학생)	시간	자료 및 지도상 유의점
도입	인사	• 인사하고 출석을 확인한다. • 수업 환경 조성한다.	• 인사하고 자리를 정돈하여 수업을 준비한다.	5분	
	전시 확인	【전시학습 확인】 • 배운 내용을 확인한다.	• 배운 내용을 떠올리며 질문에 답해 본다.		
	동기 유발	【동기유발】 • 영상을 제시한다.	• 영상을 시청한다.		허용적인 분위기 조성
	학습 목표	【학습목표 제시】 • 학습목표를 제시하고, 배울 내용에 대해서 간략하게 설명한다. 【수업 안내】 • 수업의 진행과정과 수업방법을 소개한다.	• 학습목표를 보고, 이번 시간에 배울 내용에 대해서 떠올려 본다.		학습목표는 칠판에 판서
전개	전개1	【학습활동】 • 짝학습 활동을 안내한다. • 개별학습 활동을 안내한다.	[짝학습] • 짝과 공유한 내용을 발표한다. [개별학습] • 개별학습을 실시한다.	20분	짝과 함께 적극적으로 참여할 수 있는 분위기 조성
	전개2	【학습활동】 • 모둠학습 활동을 안내한다. • 전체학습 활동을 안내한다.	[모둠 학습] • 모둠으로 활동한다. [전체 학습] • 모둠 발표를 경청한다.	20분	학습지 배부
정리	내용 정리	【요약정리】 • 내용을 요약 정리한다.	• 배운 내용을 정리해 본다.	5분	PPT 제시
	형성 평가	【형성평가】 • 퀴즈 문제를 제시한다.	• 배운 내용을 토대로 문제를 풀어본다.		PPT 제시
	차시 예고	【차시예고】 • 다음 시간 배울 내용을 예고한다.	• 다음 시간에 배울 내용에 대해 생각해 본다.		
	인사	【인사】 인사한다.	• 인사한다.		

6. 교사의 효과적인 수업 전략

지금까지 다양한 수업 방법론을 언급하였는데, 중요한 것은 실제 수업에서 한 가지 수업 방법론만 활용되는 경우는 거의 없다는 것이다. 그렇기 때문에 여러 가지 수업 방법론을 숙지한 상황에서 교사 본인의 강의 숙련도, 학급의 학생 수, 학생들의 대체적인 학업 능력, 수업 기자재 등의 학습 환경을 고려하여 최적의 수업 방법을 찾아내야 한다.

교사 주도 수업 방법이 적합한 주제는 정치사 분야에서 학생들이 큰 흐름을 알아야 할 때나 분야를 막론하고 너무 어려운 역사 용어나 고유 명사가 많아 교사의 설명을 필요로 할 때이다. 그리고 교사 본인의 강의 숙련도가 높고, 학급의 학생 수가 많은데, 아직 학기 초의 시기여서 교사가 학생들의 성향을 충분히 파악하지 못했을 때는 교사 주도의 수업 방법이 적합하다.

학생 활동 중심 수업 방법이 적합한 주제는 학생들이 흥미를 가질 만한 인물사 중심 주제사 수업이나, 문화유산 등 문화사 분야이다. 또 교사가 학생들의 성향이나 학업 능력을 충분히 파악하여 이에 맞는 학생 활동 중심 수업을 설계할 수 있고, 활동 중심 수업을 위한 예산, 기자재가 충분히 갖춰져 있을 때 학생 활동 중심 수업을 하기에 적합하다. 중요한 것은 학생의 '활동'만이 주요한 것이 아닌 진정한 '배움'이 있는 수업을 항상 고려해야 한다는 점이다.

수업 경험이 적을 경우 다양한 이유로 수업 주제에 적합한 수업 방법을 적용하지 못하는 경우가 발생한다. 첫째, 내용과 교재, 수업 방법의 일관성이 결여될 때 오류가 발생한다. 만약 수업 주제를 조선시대 붕당 정치의 전개로 정하였는데, 교사가 수업 방법으로 학생들의 붕당에 대한 흥미 유발을 위해서 '만들기 수업(노래 개사하기)'을 선택했다고 한다면 오히려 학생들에게 독이 될 수 있다. 붕당의 특징을 모둠별로 노래를 개사하여 부르게 한다면 우선 학생들이 붕당의 특징이나 전개 과정에 대해 확실하게 학습해야 하는데, 이 부분이 선행되지 않고 바로 학생 활동 중심의 만들기 수업을 적용해 버리면 학생들은 붕당의 특징을 정확하게 알지 못한 채 노래 개사하기에 돌입하게 된다. 붕당은 학생들이 교과서를 찾아보고 인터넷 검색을 하는 것만으로 쉽게 이해되는 개념이 아니기 때문에 분명 교사의 설명이 선행되어야 했다. 이렇게 흥미유발을 위한 학생 활동 중심 수업이라는 교사의 의도는 좋았으나, 주제에 따라 항상 좋은 수업 형태가 되는 것은 아닌 것이다.

둘째, 학습자 진단이 잘못되었을 때 역시 오류가 발생한다. 고등학생을 예로 들면 분명 같은 나이라고 하더라도 학습자의 발달 단계가 학생별로, 평균적인 발달 단계가 반별로, 학교별로 분명히 다를 수 있다. 단지 발달 단계를 학업 능력만으로 이야기할 수는 없지만, 교사가 어떤 학급의 발달 단계를 높이 평가하여 역사 글쓰기 수업이나 역사 토론 수업 같은 학생들의 역사적 사고력과 논리적인 글쓰기 및 말하기 능력을 필요로 하는 수업을 준비한다면 학생들은 수업에 빨리 어려움을 느끼게 된다. 또 학기 초 수업에서 어떤 학급이 선사 시대에 굉장히 관심을 많이 갖고 질문도 많이 해서 교사가 그 학급에 대해서는 학생들이 한국사 과목에 대체로 흥미가 있고, 어느 정도 중학교 때 한국사 선행 학습이 되어 있는 학급으로 판단한 상황이 있다고 하자. 이후 교사는 그 학급의 수준에 맞춰서 모둠별 프로젝트 수업이나 블렌디드 러닝 등 학생들의 적극적인 참여와 학업 능력이 필요한 수업 방법을 선택하여 수업을 진행하였는데, 의외로 학생들이 너무 어려워하고 듣지 않을 수 있다. 그 학급의 몇몇 학생들이 선사 시대와 관련한 문화 콘텐츠를 자신들이 좋아하는 유튜버를 통해 유튜브에서 최근에 접해서 그 부분만 흥미를 가졌지, 사실 그 학급 전체의 평균적인 한국사 과목에 대한 흥미와 선행 학습은 좋은 편이 아니었던 것이다. 이처럼 학교 현장에서 여러 가지 요인에 의해 잘못된 수업 방법을 적용할 경우, 교사는 무기력한 학생들이나 어려워서 적극적이지 못한 학생들을 보며 좌절감을 느낄 수 있고, 학생들 입장에서는 한국사 과목이 어렵게 느껴지고 과목 자체에 대한 흥미가 급격히 떨어질 수밖에 없는 것이다. 그러므로 교사가 자신이 있는 학교 현장을 분석하여 가장 적합한 수업 방법에 대해 고민 해보는 것이 '좋은 수업'을 좌우하는 결정적인 요인일 수 있다.

CHAPTER

05 한국사 평가의 이론과 실제

1. 교육 환경의 변화와 평가의 방향

1) 한국사 교육 환경의 변화

오늘날 중고등학교 한국사 교육 환경은 여러 측면에서 변화하고 있다. 첫째, 디지털 기술은 학생 개별 맞춤형 평가를 가능하게 해주었다. 디지털과 인터넷 기술이 날이 갈수록 고도화하면서 다양한 온라인 한국사 자료가 보급되고 있다. 학교 수업뿐 아니라 교육방송 온라인 강의, 국사편찬위원회의 디지털 한국사 자료실 등을 통해 학생들이 학습할 수 있다. 가상현실(VR)과 증강현실(AR)을 통해서는 역사적 장소나 사건을 간접 체험할 수 있는 교육 콘텐츠가 제공되고 있다. 예를 들어, VR을 통해 경복궁, 독립기념관 등 역사적 유적지를 가상으로 탐방하며 학습하는 방식이 있다. 또한, 스마트 교실 구축이 확산되면서 역사 교사들은 전자 칠판과 학생들의 스마트 기기를 통해 교재 외의 다양한 시청각 자료를 활용하여 수업을 진행할 수 있다. 이러한 상황은 디지털 기술을 활용하여 학습자의 내용 지식 이해 정도를 확인하고 수업 주제에 대한 자신의 생각을 자유롭게 표출하며, 교사가 부여한 과제를 수행하여 평가받을 수 있는 환경을 만들었다.

둘째, 대학수학능력시험에서 한국사가 필수과목이 되어 절대 평가를 지향하였다. 고등학교 '한국사'는 2012년부터 학교에서 필수적으로 배워야 할 과목이 되었으며, 2017학년도부터는 수능 필수 과목이 되어 별도의 영역으로 편제될 정도의 위상을 갖게 되었다. 수능 시험의 다른 영역들(국어, 수학, 영어, 과학 등)이 '교과'인 데 비해, 한국사만이 유일하게 역사 교과 또는 사회 교과 안에 속한 '과목'으로서 별도의 영역을 구성한 것이었다. 특히, 수능의 경우 한국사 영역에 응시하지 않으면 수능 응시 자체가 무효 처리되고 성적표도 나오지 않게 됨에 따라 한국사 과목이 지닌 위상은 더욱 높아졌다. 수능에서 한국사는 국민으로서 필수적으로 갖춰야 할 역사적 기본 소양을 확인하는 수준의 절대 평가를 지향하였으며, 필수 과목이므로 변별력을 낮추고 매우 기본적인 내용을 중심으로 출제되었다. 평소 한국사 내용 지식이 깊지 않은 학생들도 충분히 이해하고 해결할 수 있도록 문제가 구성되었으며, 특정 연도 등을 암기하는 방식보다는 역사적 맥락을 이해하는 데 초점을 두었다.[1)]

10. 다음 주장을 활용한 탐구 주제로 가장 적절한 것은? [3점]

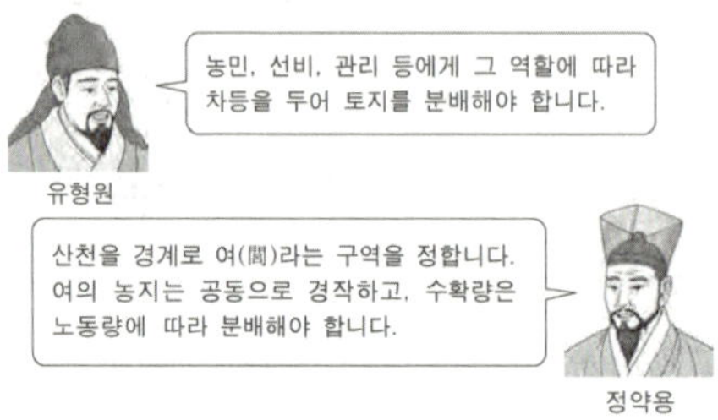

① 서인과 남인의 예송
② 6두품 세력의 골품제 비판
③ 관민 공동회의 헌의 6조 채택
④ 실학자의 토지 제도 개혁 방안
⑤ 개경 세력과 서경 세력의 갈등

이 문항은 한국사 과목이 수능 필수 과목으로 지정된 첫해에 수능 한국사 영역에서 출제된 것이다. 제시문은 조선 후기 '실학자'로 알려진 이들의 주장 일부를 삽화로 구현하였고, 주장한 인물의 이름을 명시하였다. 유형원, 정약용은 중고등학교에서 조선 후기 '실학'을 학습할 때 필수적으로 다뤄지는 인물들로, 이들의 이름만으로도 이 문항에서 다루는 탐구 요소 또는 평가 요소 중 하나가 '실학자'임을 능히 짐작할 수 있도록 제시문이 설계되었음을 알 수 있다.

이처럼 한국사가 수능 필수 영역으로 지정됨과 동시에 '쉬운 문항'들로 구성됨에 따라 현장에서는 새로운 평가 방향에 대한 논의가 활발하게 이뤄졌다. 특정 시대 여러 사건들의 발생 시기를 촘촘하게 엮어 연대기 파악 능력을 묻거나, 역사적 인물 또는 사건에 대해 지나치게 자세한 내용 지식을 묻는 문항의 가치와 의미에 대해 되돌아보게 된 것이다.

범교과적인 차원에서 국가 수준 교육과정에도 큰 변화가 일어났다. 2015 개정 교육과정에서는 '역량 중심 교육과정'을 표방하며 평가를 비롯한 교과 교육의 모든 측면에서 내용 지식의 전달보다 학생의 문제 해결 역량 함양을 내세웠으며, 2022 개정 교육과정에서는 '포용성과 창의성을 갖춘 주도적인 사람'을 지향하는 인간상으로 제시하며 '학습자 주도성(student agency)'을 강조하였다.[2)] 이러한 국가・사회적 맥락 속에서 역사과 또한 기존의 내용 전달 중심의 교육에서 벗어나, 비판적 사고와 역사적 사고력 함양에 주안점을 두어야 함을 천명하였다. 역량 중심 교육과정(competency-based curriculum)은 학생들이 실제 삶과 사회에서 문제를 해결할 수 있는 역량을 기를 수 있도록 교육 내용을 구성하고 교수학습 및 평가를 설계하는 접근 방식으로, 무엇을 아는가보다 무엇을 할 수 있는가에 초점을 맞추었다.[3)] 따라서 내용 지식에 대한 이해 여부를 측정하는 선다형・서답형 서술형 평가보다 학생이 과제를 수행하는 과정에서 나타나는 기능・태도 등을 통해 학습자의 역량를 판단하는 논술형 평가, 수행 평가가 강조되었다. 이로 인해 전국적으로 모든 과목에서 논술형 평가, 논술형을 포함한 수행 평가의 비율은 상향 조정되었고, 학기 평가를 선다형 평가 형태로만 구성하는 경우는 사라지다시피 하게 되었다. 한국사 과목을 예로 들자면, 연대기를 파악하고 역사 내용 지식을 이해하는 능력을 측정하는 평가와 함께 사건의 배경과 결과, 사회적 의미를 분석하고 이해하면서 오늘날 사회와 연결 지어 생각하는 능력을 기르는 것을 지향하는 평가도 함께 중시하게 된 것이다.

성취기준이 '(일제 강점기) 국내외에서 전개된 민족 운동의 흐름을 이해한다.'인 학습 과정을 사례로 들어보자. 현장에서는 3・1 운동, 의열단, 대한민국 임시정부, 한국광복군 등의 평가 요소와 이를 떠올릴 수 있는 핵심 단서(용어, 문구 등)를 학습자가 알고 있는지를 측정하는 데 주안점을 두는 선다형 평가 문항을 출제할 것이다. 이와 동시에 일제 강점기 다양한 민족 운동의 배경과 목표, 방식의 차이를 분석하고 언론 자료, 선언문, 사진 등을 활용하여 각 운동의 의의와 한계를 비판적으로 검토하는 논술형 평가 또는 논술형을 포함한 수행평가를 진행할 것이다. 역량 중심 교육과정이 본격적으로 적용되기 이전에는 내용 지식 이해 여부를 묻는 평가가 우선시되었다면, 학습 주제에 대한 문제의식에 기반한 질문과 과제를 제시하는 평가와 채점 기준의 개발이 매우 중요해진 것이다.

2) 평가의 역할

'평가하다'의 영어 표현 'assess'의 원래 뜻은 '무언가의 양이나 비율을 판단하다'

로, 중세 라틴어 assidēre에서 비롯되었다. assidēre에는 '(옆에) 앉다', '(옆에 앉아) 돕다'라는 의미가 담겨 있다. 결국 평가란 '학생 옆에서 약점을 보완해 주고 강점을 키워주는 행위'로, 그 자체에 교육의 본질이 새겨져 있다고 할 수 있다.

이러한 평가는 역사교사의 수업설계와 운영에서 매우 중요한 역할을 한다. 중고등학교 현장에서 역사교사가 새로운 학년도를 시작할 때 가장 먼저 제출해야 하는 문서가 1학기 평가 계획이라는 사실은 시사하는 바가 크다.

평가는 학습 결과를 확인하는 도구로서 기능할 뿐 아니라, 수업의 방향을 설정하고 학습 과정 전반에 걸쳐 학습을 강화하는 역할까지 수행한다.[4] 구체적으로 살펴보면 다음과 같다.

첫째, 평가는 수업설계 단계에서 학습의 목표가 구체적으로 설정되도록 돕는다. 교사는 수업목표를 설정할 때 평가 방법을 미리 고려해야 한다. 어떤 평가를 통해 학습 목표 달성 여부와 정도를 측정할지 결정하는 과정에서 수업의 초점이 명확해지기 때문이다. 일제 강점기 독립운동을 다루는 주제에서 교사가 단순 암기형 평가보다는 비교와 분석을 요구하는 서술형 평가나 프로젝트 평가를 운영하고자 한다면, 학습의 목표는 '일제 강점기 독립운동의 다양성을 이해하고 분석하는 것'으로 설정될 수 있다. 이를 통해 수업은 암기보다는 분석과 비판적 사고에 초점을 맞추게 된다.

둘째, 평가는 수업 중간중간에 학생의 이해도를 확인하고, 즉각적인 피드백을 제공하여 학습의 방향을 조정할 수 있게 한다. 특히, 형성 평가는 학습자의 능력을 형성하는 과정에서 성장을 도우려는 목적에서 실시하는 것으로, 교사가 학생들이 특정 개념을 충분히 이해했는지, 아니면 추가 설명이 필요한지 판단하는 데 유용하다. 고구려, 백제, 신라, 가야 등 고대 국가의 문화를 배우는 수업에서 교사는 퀴즈나 간단한 묻고 답하기 활동을 통해 학생들이 각 국가 간의 문화적 공통점과 차이점을 이해했는지 파악할 수 있다. 만약 학생들이 개념을 어려워한다면, 추가 사례나 시각 자료를 활용하여 설명을 보완하는 방식으로 수업을 조정할 수 있다.

셋째, 평가는 수업 방법을 결정한다. 프로젝트 평가나 수행 평가를 계획할 경우, 학생들이 토론, 연구, 발표 등 다양한 활동을 통해 학습 내용을 준비하게 된다. 교사가 '6·25 전쟁의 원인과 결과를 분석하고 이를 시각 자료로 표현하는 것'을 평가하기로 결정했다면, 수업에서도 자료 조사, 시각 자료 제작법 등을 학습할 수 있도록 기회를 제공해야 한다. 교사는 이를 통해 학생들이 평가를 위해 필요한 자료 수집, 요약, 시각화 능력을 수업에서 직접 연습하게끔 유도하는 것이다.

넷째, 평가 과정에서 제공하는 피드백은 학생들의 학습을 강화하는 데 중요한 역할을 한다. 학생들은 자신의 학습 성과와 부족한 점을 피드백을 통해 확인하고, 이를 바탕으로 더 깊이 학습할 수 있다. 학생들이 '임진왜란과 정유재란이 조선 사회에 미친 영향'에 대해 작성한 에세이를 평가하면서 교사가 '조선의 경제적 피해와 사회적 변화 측면을 좀 더 구체적으로 서술해 볼까요?'라는 피드백을 제공한다면, 학생들은 해당 주제를 다시 조사하고 깊이 있게 분석하는 기회를 가질 수 있다.

마지막으로, 평가는 학생들이 스스로 자신의 성취도와 학습 과정을 돌아보게 함으로써, 개선 방안을 모색할 수 있는 기회를 제공한다. 이는 특히 자기평가와 동료 평가 방식을 도입할 때 효과적이다. '조선 후기 실학자들의 사상'을 비교 분석하는 과제에서, 학생들이 자신의 학습 결과를 스스로 평가하고 동료의 과제에 대해 피드백을 주고받는 과정을 통해, 자신의 학습 과정과 결과를 스스로 개선하고 학습에 대한 주도성을 키울 수 있다.

이처럼 평가는 단순히 성적을 산출하는 도구가 아니라 수업의 방향을 정하고 학생의 학습을 강화하며, 교수학습 과정에 대한 교사의 기획·설계·운영을 개선하는 중요한 기준이 된다. 교사는 평가를 통해 수업의 목표와 내용을 일관성 있게 조율하고, 학생들에게 학습 경험을 효과적으로 제공할 수 있다.

3) 한국사 평가의 방향

한국사 교육은 단순한 지식 전달에서 벗어나, 학생이 역사적 사고를 통해 과거를 해석하고, 오늘을 성찰하며, 미래를 전망할 수 있는 능력을 기르는 것에 중점을 두고 있다. 평가 또한 단순한 암기 위주의 선다형 평가에서 벗어나, 복합적 사고력과 비판적 사고 능력을 측정할 수 있는 방향으로 나아가야 한다. 이는 다음과 같은 세 가지 방향으로 구체화될 수 있다.

첫째, 역사적 사고력을 종합적으로 판단할 수 있는 평가이다. 역사적 사고력은 학습자가 사료를 분석하고 맥락을 이해하며, 원인과 결과를 설명하고 다양한 시각을 고려하여 역사를 통찰하는 힘을 말한다. 이는 크게 다섯 가지 유형으로 구분할 수 있는데, 역사적 자료를 접할 때 누가, 왜, 어떤 관점에서 남긴 것이며 신뢰할 수 있는 사료인지 비판적으로 분석하는 사료에 대한 해석 능력(사료 해석 능력), 사건이나 인물을 당시의 시대적 상황 속에서 맥락화하여 이해하는 능력(역사적 맥락화), 어떤 사건의 원인과 결과를 논리적으로 연결 짓는 능력(역사적 인과관계 구성 능력), 역사 속에서 어떤 요소는 지속되고 어떤 것은 변화되었는지 식별하는 능력(역사적 통찰력), 역사적 행위자들의 다양한 입장을 고려하여 역사적 사건을 입체적으로 분석하는 능력(다중적 시각 이해) 등이 대표적인 유형이다.

다음은 '임진왜란'을 주제로 논술형 평가 또는 수행 평가를 실시할 때 역사적 사고력 기반 평가를 다섯 가지 유형별로 설계한 것이다.

유형 1. 사료 해석 능력

<table>
<tr><th>유형</th><th colspan="2">내용</th></tr>
<tr><td>논술형 평가 문항</td><td colspan="2">다음은 류성룡의 『징비록』과 선조의 교서 일부이다.
(사료 생략)
• 두 사료에서 드러나는 임진왜란 초기 조선 정부의 대응 방식과 문제점을 비교 분석하시오.
• 두 사료의 성격과 작성 배경에 따라 해석 시 주의해야 할 점을 설명하시오.</td></tr>
<tr><td rowspan="4">수행 평가 과제</td><td>과제명</td><td>『징비록』을 통해 본 임진왜란의 교훈</td></tr>
<tr><td>활동</td><td>• 『징비록』에서 임진왜란 당시 조선 정부의 대응 실패와 원인을 지적한 대목 2~3개 발췌하기
• 사료의 핵심 내용을 요약하고, 류성룡의 입장에서 쓴 것임을 감안해 관점과 목적을 분석하기
• '오늘날 우리가 얻을 수 있는 교훈' 한 가지를 도출하여 해설 작성하기</td></tr>
<tr><td>제출물</td><td>사료 분석 보고서 (A4 2쪽 이내)</td></tr>
<tr><td>평가 요소</td><td>사료 요약, 출처 비판, 현대적 적용</td></tr>
</table>

유형 2. 역사적 맥락화

유형	내용
논술형 평가 문항	• 임진왜란은 조선과 일본 양국 간의 전쟁이 아니라, 명-청 교체기의 국제 정세 속에서 발생한 국제전이다. 당시 동아시아의 국제 정세와 조선의 외교 관계를 고려하여 임진왜란 발발의 배경을 설명하시오.

유형		내용
수행 평가 과제	과제명	임진왜란, 국제전이 된 까닭은?
	활동	• 전쟁 발발 이전 조선, 일본, 명나라의 외교 · 내정 상황을 조사하기 • 도요토미 히데요시의 정명가도(征明假道) 논리와 명나라의 대응을 비교하기 • 조선의 입장에서 외교 전략의 한계를 분석하기
	제출물	동아시아 정세 변화 흐름도 + 5분 발표 자료
	평가 요소	맥락적 배경 분석, 시각자료 구성, 설명력

유형 3. 역사적 인과관계 구성 능력

유형		내용
논술형 평가 문항	• 조선 수군이 명량 해전에서 승리하게 된 원인을 복합적으로 분석하고, 이 승리가 전쟁의 향방에 어떤 영향을 미쳤는지 논하시오.	
수행 평가 과제	과제명	명량해전, 역사의 물줄기를 바꾸다
	활동	• 명량해전 당시 조선 수군과 일본 수군의 병력, 전략, 지형 등을 조사하기 • 이순신의 전략과 지휘 방식이 성공에 어떤 영향을 미쳤는지 분석하기 • 명량 승리가 조선 내부와 명-일 관계에 끼친 영향을 정리하기
	제출물	원인-결과 구조도, 해설 리포트
	평가 요소	인과 연결성, 분석력, 역사적 파급 효과 이해

유형 4. 역사적 통찰

유형		내용
논술형 평가 문항	• 임진왜란 이후 조선의 군사 제도와 외교 정책에는 어떤 변화가 있었는가? • 전쟁 이전과 이후의 체계를 비교하여 설명하시오.	
수행 평가 과제	과제명	임진왜란 전후 조선의 변화
	활동	• 전쟁 이전의 군사 제도(진관 체제), 외교 정책(사대 외교) 조사하기 • 전쟁 후 속오군 체제, 훈련도감 설치, 일본과의 통신사 외교 등 변화된 양상 정리하기 • '지속된 것'과 '변화된 것'을 각각 도표로 정리하기
	제출물	지속-변화 비교표, 분석 에세이
	평가 요소	분석, 자료 활용, 지속과 변화에 대한 통찰

유형 5. 다중적 시각 이해

<table>
<tr><th>유형</th><th colspan="2">내용</th></tr>
<tr><td>논술형 평가 문항</td><td colspan="2">• 조선의 백성, 일본 병사, 명나라 군인 각각의 입장에서 임진왜란 당시 전쟁을 어떻게 인식했을지를 서술하시오.</td></tr>
<tr><td rowspan="4">수행 평가 과제</td><td>과제명</td><td>전쟁 속 세 사람 - 가상 인터뷰 만들기</td></tr>
<tr><td>활동</td><td>• 조선 농민, 일본 병사, 명나라 장수 등 3명의 인물 설정하기
• 각자의 시선에서 전쟁의 원인, 피해, 기대와 두려움을 담은 인터뷰 질문 · 답변 구성하기
• 가상 인터뷰 형태로 재현</td></tr>
<tr><td>제출물</td><td>인터뷰 대본, 인터뷰 영상</td></tr>
<tr><td>평가 요소</td><td>역사적 관점 구성, 상상력, 표현력</td></tr>
</table>

둘째, 역사 탐구 기반 수행평가 확대이다. 학습자 스스로 문제를 제기하고, 질문을 설정하며 역사적 해석을 구성하는 역사 탐구 과정 자체를 평가의 핵심으로 삼을 필요가 있다. 임진왜란을 주제로 역사 탐구 기반 수행평가를 설계한다면 다음과 같이 할 수 있다.

먼저, 학생이 임진왜란과 관련된 역사적 질문을 스스로 설정하고, 이에 적절한 사료를 수집·분석, 그리고 자신만의 해석과 결론을 구성하는 일련의 탐구 과정을 수행하도록 한다. 하지만 학습자가 직접 질문을 구성하는 방식이므로, 평가 틀은 과정 중심으로 설계하고, 아래와 같이 예시 형태로 안내할 수 있다.

〈표 5-1〉 '임진왜란' 역사 탐구 기반 수행평가 절차

<table>
<tr><th>단계</th><th colspan="3">수행 활동</th></tr>
<tr><td rowspan="3">1</td><td rowspan="3">역사적 질문 설정</td><td>활동</td><td>"임진왜란이 조선 사회에 끼친 영향 중 가장 중요한 변화는 무엇인가?"와 같은 탐구 질문을 스스로 설정</td></tr>
<tr><td>도움 질문 예시</td><td>• 임진왜란은 왜 일어났는가?
• 조선과 일본, 명나라는 각각 어떤 전략을 가지고 있었는가?
• 백성들의 삶은 어떻게 달라졌는가?
• 임진왜란 이후 조선의 군사 체제는 어떻게 바뀌었는가?</td></tr>
<tr><td>결과물</td><td>탐구 주제와 질문을 정리한 탐구 계획서</td></tr>
</table>

단계	수행 활동		
2	사료 수집 및 정리	활동	다양한 1차 사료(예: 『징비록』, 『난중일기』, 『선조수정실록』, 일본 측 사료 등)를 통해 관련 정보를 정리
		교사 역할	• 사료 해석을 도와줄 수 있도록 사료집을 제공하되, 일부는 학생이 직접 탐색하도록 유도 • 시각 자료(지도, 그림, 병법서 등)도 포함
		결과물	사료 요약 정리(내용 요약, 출처, 해석 등)
3	사료 분석 및 해석	활동	사료 간 비교, 신뢰도 평가, 역사적 맥락 파악 등을 통해 해석 시도
		과제 예시	• 이순신의 『난중일기』와 선조의 기록을 비교해 서로 다른 관점을 분석 • 명나라와 일본 사료에서 드러나는 전쟁에 대한 인식 차이 비교
		결과물	사료 분석 내용(학습자 본인의 주장과 근거)
4	역사적 해석 구성 및 발표	활동	분석한 내용을 바탕으로 역사적 결론을 도출하고 자신의 해석을 정리
		결과물	• 탐구 보고서(질문-사료-분석-결론) • 구술 발표

셋째, 역사적 사고의 실천성을 살피는 수행평가이다. 역사는 과거의 이야기일 뿐 아니라, 오늘날 사회 문제의 연원을 분석하고 해결 방안을 모색할 수 있는 기반이며, 현재의 관점에서 끊임없이 재해석하고 논쟁할 수 있는 실천의 장이다. 실천성에는 가치 판단이 따른다. 가치 판단을 할 때에는 실천의 문제를 당대의 역사적 맥락에서 판단하고, 사회 구조와 개인 기억 간의 차이를 드러내면서 토론과 대화를 통해 객관성을 구축하는 것이 중요하다. 또한 오늘날의 사회적 문제의식에 기초하여 과거 사건과 관련된 규범적, 윤리적 질문을 하는 개념어로, 대표 저자이신 김보림 선생님의 검토 및 감수가 필요하다. 역사도 중요한 평가의 내용에 해당된다.

〈표 5-2〉 '임진왜란' 역사적 사고의 실천성을 살피는 수행평가 유형

유형	내용	
실천적 과제 수행 평가	주제	임진왜란 속 백성의 힘, 오늘날 우리는 무엇을 할 수 있을까?
	활동	• 임진왜란 당시 의병이나 민중의 자발적 참여 사례(고경명, 김천일 등) 조사하기 • 임진왜란 당시 의병이 자발적으로 참여한 이유에 대해 자료를 조사하

<table>
<tr><th>유형</th><th colspan="2">내용</th></tr>
<tr><td rowspan="2"></td><td></td><td>고 나라면 어떠했을지 에세이 작성하기
• 한국사에서 임진왜란 당시의 의병 정신을 계승한 사례를 주제로 카드뉴스, 에세이, 영상 제작하기</td></tr>
<tr><td>평가 요소</td><td>사료 기반 역사 탐구, 역사적 통찰력</td></tr>
<tr><td rowspan="3">역사적 쟁점 토론 및 모의 의회 활동</td><td>주제</td><td>전쟁 중 정부는 백성을 얼마나 보호했는가?</td></tr>
<tr><td>활동</td><td>• 임진왜란 당시 선조의 피난, 조선 조정의 대응, 민중의 피해 등을 학습하기
• 모의 조정 회의: 전시 상황에서 왕과 대신들이 내놓은 정책을 놓고 찬반 토론하기
(예: 명에 대한 파병 요청, 의병 동원 문제 등)
→ 학생들이 조선의 관료 또는 백성 대표로 참여하여 정책 제안 또는 비판문 작성하기</td></tr>
<tr><td>평가 요소</td><td>비판적 사고력, 공적 의제에 대한 협력적 소통 능력</td></tr>
<tr><td rowspan="3">지역사와 연계한 프로젝트</td><td>주제</td><td>우리 지역의 임진왜란 흔적, 어떻게 기억하고 보존할까?</td></tr>
<tr><td>활동</td><td>• 지역 내 임진왜란 관련 유적(진주성, 행주산성, 해전 관련지 등)을 조사하기
• 유적의 현재 상태, 관리 실태, 지역 사회의 기억 방식을 분석하기
• 보존 또는 교육 활용 방안을 담은 제안서 작성하기 및 주민 대상 캠페인 기획하기</td></tr>
<tr><td>평가 요소</td><td>지역 역사에 대한 주체적 인식, 문제 해결력, 기획력</td></tr>
<tr><td rowspan="3">시사 연계 역사 해석</td><td>주제</td><td>임진왜란과 전쟁의 기억 – 전쟁을 어떻게 기억하고 가르쳐야 하는가?</td></tr>
<tr><td>활동</td><td>• 임진왜란을 다룬 사료(쇄미록, 난중일기 등), 다큐멘터리, 드라마, 영화(예: 〈명량〉)의 서술 방식 비교하기
• 오늘날 동아시아의 역사 인식 갈등(한 · 일 관계 등)과 연결하기
• '전쟁의 기억은 평화를 위한 도구가 될 수 있는가?'에 대해 역사적 관점에서 비판적 글쓰기</td></tr>
<tr><td>평가 요소</td><td>역사 서술의 관점 이해, 현재 이슈에 대한 역사적 해석 능력</td></tr>
</table>

종합하면, 한국사 평가는 지식의 측정을 넘어서, 사고의 깊이와 참여의 실천을 평가하는 방향으로 전환되어야 한다. 교육과정-수업-평가의 일체화를 지향하면서, 학생이 살아 있는 역사와 만날 수 있도록 돕는 평가 설계가 필요하다. 교사는 수업 속에서 학생의 사고, 감정, 표현, 토론, 탐구를 면밀히 관찰하고 평가할 수 있는 다양한 도구와 방식들을 지속적으로 개발해 나가야 한다.

2. 평가의 절차

1) 평가 계획의 수립

중고등학교에서 평가 계획을 세울 때에는 교육 목표와 평가 방식, 학습자의 발달 단계에 맞는 다양한 평가 방법을 종합적으로 고려해야 한다. 평가 계획을 세우는 과정은 교육 목표 설정, 평가 방식 선정, 평가 도구 설계, 피드백 및 반영 계획 수립의 단계로 구분할 수 있다.[5)]

① 교육목표 설정

우선, 중학교와 고등학교 한국사 수업에서 설정한 학기별 학습 목표를 명확히 기술해야 한다. 예를 들어, 중학교에서 주요 사건과 그 내용을 이해하는 것이 핵심 목표라면, 고등학교에서는 사건의 인과 관계와 역사적 평가에 초점을 맞출 수 있다. 다음으로, 국가 교육과정에서 제시하는 성취기준을 기반으로 한국사 수업의 주요 목표를 설정한다.

② 평가 방식 선정

지필평가와 수행평가의 비율을 결정해야 한다. 지필평가란 결과 중심의 평가로 학기별로 1~2회 정도 실시하는 총괄 평가를 말한다. 평가 범위를 미리 공지하고 그 안에서 선다형, 서술형, 논술형 등의 형태로 문항을 출제하여 그동안 이뤄진 학습의 결과를 측정한다. 수행평가란 과정 중심의 평가로 구술, 논술, 발표, 토의·토론, 프로젝트, 포트폴리오 등 과제 수행이나 학습 과정에 기반한 평가를 말한다. 교사들은 새 학기를 맞이할 때마다 해당 학기에서 지필평가와 수행평가 결과를 반영하는 비율을 배분한다. 수행평가 비율이 높다면 수업이 학생 활동 중심으로, 지필평가 비율이 높다면 수업이 내용 지식에 대한 학생의 이해를 돕는 방향으로 운영될 가능성이 크다고 볼 수 있다.

③ 평가 도구 설계

평가 유형별로 평가 도구와 채점 기준을 마련한다. 지필평가의 경우, 선다형,

서술형, 논술형 문항을 함께 사용하여 역사적 사실에 대한 이해 능력뿐 아니라 연대기 파악력과 분석력, 논리적 사고력 등을 평가한다.

조선 후기 실학을 평가 요소로 선정할 경우, 지필평가에서는 선다형 문항을 통해 조선 후기 실학자의 사상을 이해했는지를 확인하고, 서술형 문항을 통해서는 특정 사건이 현대에 미친 영향을 분석하도록 한다. 수행평가에서는 학생 스스로 선정한 역사 인물에 대한 조사, 주제 선택 및 탐구, 모둠별 문화유산 답사 계획 수립처럼 자기 주도적 학습 능력, 협업 능력 등 학습자의 다양한 역량을 평가할 수 있는 도구로 설계한다. 자신의 생각을 표현한다는 점에서 논술형 평가로 간주될 수 있다. 수행평가에서는 평가 항목별로 구체적인 성취 수준을 설정하여 채점 기준을 작성하는 것이 중요하다. 만약 조선 후기 사회 분석 프로젝트를 진행한다면, 주제 이해, 자료 분석, 정확한 정보 사용, 역사적 맥락의 설명, 비교와 대조, 창의적 사고, 표현력 등의 성취 수준을 설정하여 채점 기준을 마련한다.

④ 피드백 및 반영 계획 수립

피드백은 일반적으로 교사의 피드백과 동료 및 자기 피드백을 모두 포함한다. 피드백의 본질은 학습 과정의 개선 및 학습자의 성장에 있으므로, 학생 개개인의 학습 상태를 진단하여 개별 피드백을 제공할 방안을 수립하는 것이 중요하다. 지필평가 후에는 단순한 점수 확인보다는 학생별로 이해가 부족한 부분들을 중심으로 비대면 온라인 상담을 포함한 피드백을 제공하는 것이 필요하다. 프로젝트형으로 수행평가를 진행한다면 자료 활용, 조사 과정 등에서 개선이 필요한 부분들에 대해 조언할 수 있다.

다음으로, 재평가 및 보완 학습 기회를 마련한다. 일정한 성취 수준에 도달하지 못한 학생에게는 보충 학습이나 재평가 기회를 제공한다. 이때, 학생이 추가 학습을 통해 스스로 보완할 수 있도록 자료를 제공하거나 소규모 학습 지도를 계획한다.

⑤ 평가 결과 활용 및 개선

평가 결과를 토대로 학생들의 전반적인 성취도와 이해 수준을 파악하여 차기

학기 수업 계획에 반영한다. 예를 들어, 특정 시기의 역사적 사건에 대한 이해가 부족한 경우, 다음 학기에 관련 주제를 보충할 수 있는 활동을 추가한다.

하나의 과목을 두 명 이상의 교사가 공동으로 운영하는 경우, 교사 간에 평가 결과와 피드백 사례를 공유하여 평가 방법 개선 방안을 논의하는 것이 중요하다. 예를 들어, 고등학교 한국사 과목에서 해당 학년의 학급 수가 많아 두 명 이상의 교사가 담당해야 한다면 학기별로 동일한 평가 계획 아래 지필평가와 수행평가를 모두 동일하게 운영해야 하기 때문에 학급 간 편차가 최소화될 수 있도록 해당 교사 간의 긴밀한 협업이 요구된다. 따라서 특정 주제에 대한 효과적인 평가 방식이나 피드백 사례를 도출하고 공동의 평가 기준을 정교화하는 것은 교사 간 협업의 질을 제고할 뿐 아니라, 평가의 타당도, 객관도, 신뢰도를 높여준다.

이와 같은 평가 계획 수립 과정은 학생들의 한국사 학습을 전반적으로 지원할 수 있으며, 역사적 사고력, 비판적 사고, 창의적 문제 해결 능력을 키울 수 있는 방향으로 평가를 운영할 수 있게 해준다.

다음은 전국에서 공식적으로 고교학점제가 본격적으로 적용된 상황에서 어느 고등학교 한국사 과목에서 실제로 사용된 평가계획의 개요이다. 참고로 고교학점제는 모든 과목이 학기제로 운영되는 제도로, 한국사를 예로 들면 1학기는 '한국사1', 2학기는 '한국사2'라는 과목명으로 편제된다. 과목명이 다르기 때문에 학교생활기록부의 과목별 세부능력 및 특기사항 또한 서로 다르게 별도로 기재해야 한다.

OOOO학년도

(1) 학년 (1) 학기 (한국사1)과 교수학습 및 평가 운영 계획서(사례)

[담당교사: OOO, OOO, OOO]

1 (한국사1)과 교수학습 운영 계획

■ 3월

월	주	단원명 (영역명)	교육과정 성취기준	탐구-실행-성찰과정				학생상에 따른 구체적 실천 계획
				탐구과정(기능)	수업방법	평가방법	수업-평가 연계 주안점	
3	1	Ⅰ. 근대 이전 한국사의 이해 1. 고대 국가의 성장	[10한사1-01-01] 고대 국가의 형성과 성장 과정을 파악한다.	• 선사 문화의 전개와 고대 국가의 형성 과정 이해하기 • 삼국과 가야의 성장과 경쟁에 대해 이해하기 • 통일 신라와 발해의 발전에 대해 이해하기	강의법 협동학습 탐구학습 문답법 ★에듀테크 활용수업	토의·토론 포트폴리오 구술·발표 형성평가	• 고대 국가의 성립과 성장 과정을 유물과 유적을 통해 이해하도록 하기 • 고대 국가의 형성과 성장의 의미 및 특성을 파악하여 토론하고 서술하도록 하기 • 신라 통일에 대한 의의에 대해 이해하여 말하도록 하기 • 다양한 사료와 유물을 비판적으로 해석하고 분석하도록 하기	• 타인에 대한 이해, 나눔경험하기 • 학습역량 갖추기
	2	Ⅰ. 근대 이전 한국사의 이해 2. 고려의 통치 체제와 정치 변동	[10한사1-01-02] 고려의 통치 체제와 지배 세력의 변화를 이해한다.	• 고려의 후삼국 통일과 통치 체제의 정비 과정을 이해하기 • 고려 전기와 후기의 통치 체제와 지배 세력의 변화 과정에 관한 자료를 비판 적으로 분석하고 해석하기	강의법 협동학습 탐구학습 문답법 협력학습 ★에듀테크 활용수업	토의·토론 포트폴리오 논술 형성평가	• 고려 성립의 의의에 대해서 토의하고 논술하도록 하기 • 고려 전기와 후기의 지배 세력의 특징을 탐구하고 서술하도록 하기 • 고려의 정치 변동 상황에 대한 역사적 지식을 충분히 습득하게 하고 이를 기반으로 하여 고려의 정치 세력의 특징을 파악하도록 하기	• 타인에 대한 이해, 나눔경험하기 • 자발적 호기심을 기반으로 사고를 확장하기
	3	Ⅰ. 근대 이전 한국사의 이해 3. 조선 사회의 성립과 발전	[10한사1-01-03] 조선의 성립과 정치 운영의 변화를 파악	• 조선의 건국과 통치 체제 정비 과정을 이해하기 • 조선의 정치 운영의 변화와 양난이 끼친 영향에 대해 이	강의법 문답법 협력학습 ★에듀테크 활용수업	토의·토론 포트폴리오 논술 형성평가	• 학생들에게 익숙한 미디어 소재를 활용(영화, 역사 예능 등)하여 조선의 건국, 정치 운영, 양난에 대해 구체적으로 이해하게 하기 • 조선 전기 유교적 통치 체제의 정비와 지	• 자발적 호기심을 기반으로 사고를 확장하기 • 비판적 사고능력 키우기

월	주	단원명 (영역명)	교육과정 성취기준	탐구-실행-성찰과정				학생상에 따른 구체적 실천 계획
				탐구과정(기능)	수업방법	평가방법	수업-평가 연계 주안점	
			한다.	해하기			배 세력의 변화를 열거식이 아닌 맥락적으로 제시하기	• 학습역량 갖추기
	4	Ⅰ. 근대 이전 한국사의 이해 4. 조선 후기의 새로운 흐름	[10한사1-01-04] 조선 후기에 등장한 새로운 변화 양상을 이해한다.	• 양난 이후 통치 체제의 변화와 붕당 정치에 대해 이해하기 • 세도 정치와 흥선 대원군의 통치에 대해 이해하기	강의법 협동학습 탐구학습 협력학습 ★에듀테크 활용수업	토의·토론 포트폴리오 논술 형성평가 ★수행평가 연계	(수행평가) • 근대 이전 한국사의 이해(논술형) • 흥선 대원군의 집권기까지 조선 후기에 나타난 새로운 변화의 양상을 이해하도록 하기 • 세도 정치기의 문제점을 파악하고 흥선 대원군의 통치에 대해 평가하는 토론 진행하기	• 타인에 대한 이해, 나눔 경험하기 • 갈등 관리 및 해결을 위해 노력하기 • 비판적 사고능력 키우기

■ 4월

월	주	단원명	교육과정 성취기준	탐구-실행-성찰과정				학생상에 따른 구체적 실천 계획
				탐구과정(기능)	수업방법	평가방법	수업-평가 연계 주안점	
4	1	Ⅱ. 근대 이전 한국사의 탐구 1. 국제 관계와 대외 교류 (폭력예방 및 신변보호 교육-학교 폭력예방 교육)	[10한사1-02-01] 근대 이전 국제 관계와 대외 교류의 시대적 특징을 비교한다.	• 근대 이전 국제 관계와 대외 교류 이해하기 • 고려 시대 국제 질서의 변화와 고려의 대응	강의법 협동학습 탐구학습 문답법 협력학습 ★에듀테크 활용수업	토의·토론 포트폴리오 논술 형성평가	• 근대 이전 시기 시대별로 다양한 형태의 외교적 갈등과 대립, 대외 교류가 이루어졌음을 이해하도록 하기 • 대외 인식의 변화를 세계사적인 흐름과 연관지어 파악하도록 하기	• 타인에 대한 이해, 나눔 경험하기 • 학습역량 갖추기
	2	Ⅱ. 근대 이전 한국사의 탐구 2. 수취 체제와 경제생활	[10한사1-02-02] 근대 이전의 수취 체제 변화를 농업 중심의 경제생활과 관련하여 탐구 한다.	• 고대의 수취 체제와 경제 생활 이해하기 • 고려의 수취 체제와 경제 생활 이해하기	강의법 협동학습 탐구학습 문답법 협력학습 ★에듀테크 활용수업	토의·토론 포트폴리오 논술 형성평가 구술·발표	• 근대 이전 수취 체제의 변화를 농업 중심의 경제 생활과 연관하여 이해할 수 있도록 하기 • 각 국가의 수취 제도의 운영이 사람들의 삶에 끼친 영향을 이해하도록 하기	• 타인에 대한 이해, 나눔 경험하기 • 자발적 호기심을 기반으로 사고를 확장하기
	3	Ⅱ. 근대 이전	[10한사1-02-03]	• 신분제 변화와 사회 구조의	강의법 협동학습	토의·토론 포트폴리오	• 근대 이전의 사회가 신분제에 기반하여	• 자발적 호기심을 기

월	주	단원명	교육과정 성취기준	탐구-실행-성찰과정				학생상에 따른 구체적 실천 계획
				탐구과정(기능)	수업방법	평가방법	수업-평가 연계 주안점	
		한국사의 탐구 3. 신분제와 사회 구조	근대 이전 사회 구조를 신분제를 중심으로 분석한다.	변동 사례 분석하기 • 조선 전기의 신분 제와 사회 구조 이해하기 • 조선 후기의 신분제와 사회 구조 이해하기 • 신분제 변화와 사회 구조의 변동 사례 분석하기	탐구학습 문답법 협력학습	논술	운영되었음을 자료를 통해 이해하도록 하기 • 양천제 등 신분제의 특징을 이해하고 신분제에 기반한 사회 구조를 파악할 수 있도록 학생들에게 친숙한 자료를 활용하여 제시하기	반으로 사고를 확장하기 • 비판적 사고능력 키우기 • 학습역량 갖추기
	4~5주	Ⅱ. 근대 이전 한국사의 탐구 4. 사상과 문화	[10한사1-02-04] 근대 이전의 사상과 문화를 국제 교류와 관련하여 탐구한다.	• 조선 후기의 사상과 문화 이해하기	강의법 협동학습 탐구학습 문답법 협력학습	(1차 지필 평가)	• 국제 교류를 통한 사상과 문화의 확산 과정을 분석할 수 있도록 하기 • 불교와 유교를 중심으로 사상과 문화의 성격을 이해할수 있도록 하기 • 불교와 유교에서 강조하는 사상과 실천 사례, 오늘날 지켜야 하는 윤리적 가치 생각해 보도록 하기	• 타인에 대한 이해, 나눔 경험하기 • 갈등 관리 및 해결을 위해 노력하기 • 비판적 사고능력 키우기

■ 5월

월	주	단원명	교육과정 성취기준	탐구-실행-성찰과정				학생상에 따른 구체적 실천 계획
				탐구과정(기능)	수업방법	평가방법	수업-평가 연계 주안점	
5	1	Ⅱ. 근대 이전 한국사의 탐구 5. 근대 이전 한국사 주제 탐구	[10한사1-02-05] 근대 이전 한국사 주제를 설정하여 탐구하고, 그 결과를 다양한 방법으로 표현한다.	• 조선 왕조 실록을 활용하여 사료 탐구 실시하기	탐구학습 사료학습 ★에듀테크 활용수업	논술 ★수행평가	(수행평가) • 근대 이전 한국사의 탐구(논술형) • 탐구 결과를 패들렛 등에 게시하여 탐구 결과를 공유하기	• 타인에 대한 이해, 나눔 경험하기 • 학습역량 갖추기
	2	Ⅲ. 근대국가 수립의 노력	[10한사1-03-01] 조선의 개항을	• 19세기 동아시아 질서의 변화와 양요에 대해 이해하기	강의법 협동학습 탐구학습 문답법	토의·토론 포트폴리오 논술 형성평가	• 근대 이전 조공과 책봉 관계와 근대적 조약 체제에 입각한 국제 질서의 차이를 외	• 타인에 대한 이해, 나눔 경험하기

월	주	단원명	교육과정 성취기준	탐구-실행-성찰과정				학생상에 따른 구체적 실천 계획
				탐구과정(기능)	수업방법	평가방법	수업-평가 연계 주안점	
	3	1. 국제 질서의 변동과 개항	국제 질서의 변동과 연관하여 분석한다.	• 개항과 불평등 조약 체제 이해하기	협력학습 ★에듀테크 활용수업		교 관련 자료를 활용하여 분석할 수 있도록 하기 • 강화도 조약 및 그 이후 체결된 조약에 대해 분석하면서 조약의 불평등성에 대해 토론하도록 하기	• 자발적 호기심을 기반으로 사고를 확장하기
	3	Ⅲ. 근대국가 수립의 노력 2. 근대 국가 수립을 위한 노력 (폭력예방 및 신변보호교육-민주시민교육)	[10한사1-03-02] 여러 세력이 추진한 근대 국가 수립의 다양한 노력을 이해한다.	• 개화 정책의 추진과 반발에 대해 이해하기 • 갑신정변과 열강의 각축에 대해 이해하기	강의법 협동학습 탐구학습 문답법 협력학습 ★에듀테크 활용수업	토의·토론 포트폴리오 논술 형성평가	• 근대 사회로의 전환을 둘러싼 여러 세력의 대응을 이해할 수 있도록 그들의 생각을 알 수 있는 다양한 사료 제시하기 • 개항 이후 우리가 나아가야 할 방향은 무엇이었는지 역사적 사실에 근거하여 서술하고 친구들과 토론할 수 있도록 하기	• 자발적 호기심을 기반으로 사고를 확장하기 • 비판적 사고능력 키우기 • 학습역량 갖추기
	4	Ⅲ. 근대국가 수립의 노력 2. 근대 국가 수립을 위한 노력	[10한사1-03-02] 여러 세력이 추진한 근대 국가 수립의 다양한 노력을 이해한다.	• 동학 농민 운동의 전개 과정과 의의에 대해 이해하기 • 갑오 개혁의 추진 내용과 의의에 대해 이해하기	강의법 협동학습 탐구학습 문답법 협력학습 ★에듀테크 활용수업	토의·토론 포트폴리오 논술 형성평가	• 동학 농민운동의 전개 과정을 학생들에게 친숙한 영상(드라마 등)을 통해 이해할 수 있도록 하고 동학농민운동의 현재적 의미를 성찰하도록 하고 토론하도록 하기 • 1~3차 갑오개혁의 내용을 살펴보고 각각의 개혁 요강의 역사적 내용 분석할 수있도록 하기	• 타인에 대한 이해, 나눔 경험하기 • 갈등 관리 및 해결을 위해 노력하기 • 비판적 사고능력 키우기

■ 6월

월	주	단원명	교육과정 성취기준	탐구-실행-성찰과정				학생상에 따른 구체적 실천 계획
				탐구과정(기능)	수업방법	평가방법	수업-평가 연계 주안점	
6	1	Ⅲ. 근대국가 수립의 노력 2. 근대 국가 수립을	[10한사1-03-02] 여러 세력이 추진한 근대 국가 수립의	• 독립 협회의 창립 배경과 활동 내용 이해하기 • 대한 제국의 수립과 광무개혁 이해하기	강의법 협동학습 탐구학습 문답법 협력학습 ★에듀테크 활용수업	토의·토론 포트폴리오 논술 형성평가 발표	• 독립협회의 만민 공동회의 활동 내용을 이해하고 가상 만민 공동회를 열어 오늘날 필요한 사회적 개혁에 대해 건의하는 활동을 해볼 수 있도록 하여 역	• 타인에 대한 이해, 나눔 경험하기 • 학습역량 갖추기

월	주	단원명	교육과정 성취기준	탐구-실행-성찰과정				학생상에 따른 구체적 실천 계획
				탐구과정(기능)	수업방법	평가방법	수업-평가 연계 주안점	
		위한 노력	다양한 노력을 이해한다.				사적 사실의 현재적 의미를 성찰하도록 하기 • 고종의 개혁 노력에 대한 평가문을 작성하여 토의 진행하고 모둠에서 나온 의견을 발표하도록 하기	
	2	Ⅲ. 근대국가 수립의 노력 3. 사회 · 경제 변화와 문화 변동	[10한사1-03-03] 개항 이후 사회 · 경제 변화를 파악하고, 서구 문물의 도입이 문화에 미친 영향을 탐구한다.	• 열강의 이권 침탈에 대해 이해하기 • 열강의 이권침탈에 맞선 경제 자주권 수호 운동에 대해 이해하기	강의법 협동학습 탐구학습 문답법 협력학습 ★에듀테크 활용수업	토의 · 토론 포트폴리오 논술 형성평가	• 개항 이후 열강의 침략에 맞서 경제 자주권을 지키려고 한 노력을 다양한 자료를 바탕으로 이해할 수 있도록 하기 • 개항 이후 나타난 경제적 개혁 운동의 양상을 파악하여 서술하고 친구들과 토의하게 하기	• 타인에 대한 이해, 나눔 경험하기 • 자발적 호기심을 기반으로 사고를 확장하기
	3	Ⅲ. 근대국가 수립의 노력 3. 사회 · 경제 변화와 문화 변동	[10한사1-03-03] 개항 이후 사회 · 경제 변화를 파악하고, 서구 문물의 도입이 문화에 미친 영향을 탐구한다.	• 서구 문물의 도입과 사회 변화상을 이해하기 • 근대 의식의 성장과 문화의 새 경향을 알아보고 이해하기	강의법 협동학습 탐구학습 문답법 협력학습 ★에듀테크 활용수업	토의 · 토론 포트폴리오 논술 형성평가	• 학생들에게 친숙한 영상(드라마 등)을 통해 서구 문물의 도입과 사회 변화상을 구체적으로 이해할 수 있도록 하기 • 근대의식의 성장을 구체적인 사료를 통해 이해하고 서구 문물의 수용 과정에서 나타난 문화 변동의 양상을 친구 들과 의견을 나누며 토의하게 하기	• 자발적 호기심을 기반으로 사고를 확장하기 • 비판적 사고능력 키우기 • 학습역량 갖추기
	4	Ⅲ. 근대국가 수립의 노력 4. 국권 침탈과 국권 수호 운동	[10한사1-03-04] 일제의 국권 침탈 과정을 조사하고, 이에 맞선 국권 수호 운동의 흐름을 파악한다.	• 일제의 국권 침탈 과정을 이해하기 • 항일의병 운동 과정 알아보고 이해하기 • 애국 계몽 운동의 의의와 한계 이해하기	강의법 협동학습 탐구학습 문답법 협력학습 ★에듀테크 활용수업	토의 · 토론 포트폴리오 논술 형성평가 ★ 수행평가 연계	(수행평가) • 근대 국가 수립의 노력 • 일제의 국권 침탈의 과정을 세계사적인 맥락과 함께 이해할 수 있도록 제시하기 • 항일 의병 운동의 과정을 시기별로 이해할 수 있도록 하고 학생들에게 친숙한 소재(드라마 등)를 활용하여 의병 운동의 의미를 이해할 수 있도록 하기	• 타인에 대한 이해, 나눔 경험하기 • 갈등 관리 및 해결을 위해 노력하기 • 비판적 사고능력 키우기

■ 7월

월	주	단원명	교육과정 성취기준	탐구-실행-성찰과정				학생상에 따른 구체적 실천 계획
				탐구과정(기능)	수업방법	평가방법	수업-평가 연계 주안점	
7	1	Ⅲ. 근대국가 수립의 노력 4. 국권 침탈과 국권 수호 운동	[10한사1-03-04] 일제의 국권 침탈 과정을 조사하고, 이에 맞선 국권 수호 운동의 흐름을 파악한다.	• 일제의 국권 침탈 과정을 이해하기 • 항일의병 운동 과정 알아보고 이해하기 • 애국 계몽 운동의 의의와 한계 이해하기	강의법 협동학습 탐구학습 문답법 협력학습	(2차 지필 평가)	• 애국 계몽 운동의 흐름과 의의를 이해하도록 하고 그 한계점을 사료를 통해 분석하고 친구들과 토론할 수 있도록 하기	• 타인에 대한 이해, 나눔 경험하기 • 학습역량 갖추기
	2	교육과정 재구성 융합	[10한사1-02-05] 근대 이전 한국사 주제를 설정하여 탐구하고, 그 결과를 다양한 방법으로 표현한다.	• 한국사 쟁점 파헤치기 -고려 말 사회 문제, 어떻게 개혁할 것인가? -청을 정벌할 것인가? 청을 배울 것인가? -통상 수교 거부 정책에 대한 나의 평가는?	프로젝트 수업 ★학교 자율교육 과정	프로젝트	• 학교자율과정 주제로 한국사 주제 탐구 프로젝트 실시	• 타인에 대한 이해, 나눔 경험하기 • 자발적 호기심을 기반으로 사고를 확장하기
	3~4	교육과정 재구성 융합	[10한사1-02-05] 근대 이전 한국사 주제를 설정하여 탐구하고, 그 결과를 다양한 방법으로 표현한다.	• 한국사 쟁점 파헤치기 -근대 개혁 운동을 펼친 인물들은 어떤 세상을 꿈꾸었을까? -일본의 침략에 맞선 국권 수호 운동의 방향은?	강의법 협동학습 탐구학습 문답법 협력학습 ★에듀테크 활용수업	토의·토론 포트폴리오 논술 형성평가	• 탐구 결과를 패들렛 등에 게시하여 탐구 결과를 공유하기	• 자발적 호기심을 기반으로 사고를 확장하기 • 비판적 사고능력 키우기 • 학습역량 갖추기

2 (한국사1)과 평가 운영 계획

1 평가 목적

가. 전근대 한국사의 전개 과정을 종합적·체계적으로 파악하고, 자기 정체성과 전통을 이해하는 토대로 삼는다.

나. 한국 근현대사에 대한 심도 깊은 이해를 통해 현대 한국 사회가 지닌 역사적 문제에 대해 통찰하는 능력을 기른다.

다. 다양한 역사 자료를 탐구하고 해석하는 과정을 통해 스스로 문제의식을 가지고 비판적으로 사고하는 능력을 기른다.

라. 현대 한국 사회가 직면한 문제들의 역사적 연원과 세계와의 관련성을 파악하고, 학습자 수준에서 실현 가능한 문제 해결 방안을 공동으로 모색한다.

마. 역사적 이해를 바탕으로 나와 다른 삶의 방식을 존중하고, 역사적 주체로서 현대 한국 사회의 발전에 참여하는 자질과 태도를 기른다.

2 평가의 기본 방향

가. 평가는 교육과정의 한 부분으로서 평가를 통해 학습자의 학습 과정을 이해하고 성취수준을 높이며 교육내용과 교수·학습 방법의 적절성을 진단하는 마무리 과정이므로 교육과정에 제시된 목표, 내용, 교수·학습 방법과 일관성을 유지하도록 실시한다.

나. 학생 개인의 인지 수준과 기능의 발달, 가치·태도 함양을 위한 정의적 영역도 균형 있게 평가할 수 있도록 한다.

다. 평가 시에는 평가 상황, 평가 방법, 평가 기준을 학습자에게 미리 알려 주어 평가가 역사 학습을 적극적으로 도와줄 수 있도록 하며, 진단 평가, 형성 평가, 총괄 평가, 수행 평가를 적절하게 활용하여 학습 의욕을 자극하고 성취도를 높이며 학습 과정과 평가의 연계성을 높일 수 있도록 한다.

라. 역사적 사실뿐만 아니라 역사적 흐름, 인과 관계, 역사적 의미를 알고 있는지를 측정할 수 있는 다양한 평가 문항을 개발한다.

마. 평가는 설정된 명확한 평가 기준에 근거하여 실시하고, 평가의 신뢰도, 공정성을 확보한다. 평가 결과의 해석 및 분석을 통해 수업의 질을 개선할 수 있도록 학습지도의 계획 수립과 지도 방법 개선에 활용하며 학습자가 학습 과정과 결과에 대해 스스로 점검하여 부족한 점을 개선할 수 있도록 한다.

3 평가 방침

가. 지필평가(40%)는 학기당 2회(1차 지필평가, 2차 지필평가) 실시하고 선택형 문항으로 타당도, 신뢰도, 객관도 등의 평가 문항 요건을 준수해서 평가를 실시한다.

나. 수행평가(60%)는 과정 중심의 평가로 교과 지식을 바탕으로 종합적 사고력을 측정할 수 있는 평가를 실시하며 지필평가 준비 기간과 시기가 겹치지 않게 적절히 조정하여 시행한다.

다. 수행평가는 평가 척도안을 만들어 평가하고 수행평가 계획은 미리 공고하여 준비에 차질이 없도록 하며, 평가 후 결과를 즉시 학생 본인에게 공개하여 점수에 대한 이의 신청이 발생하지 않도록 한다.

라. 정의적 능력 평가는 수업 과정 중에 다양하게 평가하되, 내신 점수에는 미반영 원칙으로 하며 학교생활기록부 교과 '세부능력 및 특기사항'란에 평가 결과를 서술식으로 기록한다.

마. 지필평가 및 수행평가에 참여하지 못한 결시생의 성적 처리는 본교 학업성적관리규정에 따라 결시 이전·이후의 성적 또는 기타 성적의 일정 비율로 환산한 인정점을 부여한다. 규정에 없는 사항은 본교의 학업성적관리위원회에서 정한다.

바. 수행평가의 미응시자는 추가로 평가를 실시하여 성적을 산출함을 원칙으로 하고, 장기 미인정 결시자의 처리기준은 학업성적관리규정 제10조 12항에 의거 교과협의회를 거쳐 학기 초 평가 계획에 반영한다.

사. 재취학, 재·전·편입학, 퇴학(자퇴·제적·휴학·유학)생은 본교 학업성적관리규정 제11조(학업성적 평가 결과 처리)에 준하여 처리한다.

아. 신체장애 학생은 본교 학업성적관리규정에 준하여 처리한다.

4 교육 내용 체계

핵심 아이디어		• 한국사는 국제 질서의 변동과 맞물려 변화하였다. • 제국주의 열강의 침략에 대응하며 근대 국가로의 전환을 모색하였다. • 역사 자료를 분석하고 해석할 때에는 역사적 맥락을 고려해야 한다. • 역사 학습은 인간의 삶을 이해하고 나의 삶을 성찰하는 과정이다.
범주 \ 구분		내용 요소
지식·이해	근대 이전 한국사의 이해	• 고대 국가의 성장 • 고려의 통치 체제와 정치 변동 • 조선 사회의 성립과 발전 • 조선 후기의 새로운 흐름

	근대 이전 한국사의 탐구	• 국제 관계와 대외 교류 • 수취 체제와 경제생활 • 신분제와 사회 구조 • 사상과 문화 • 근대 이전 한국사 주제 탐구
	근대 국가 수립의 노력	• 국제 질서의 변동과 개항 • 근대 국가 수립을 위한 노력 • 사회 · 경제 변화와 문화 변동 • 국권 침탈과 국권 수호 운동
과정 · 기능		• 한국사의 다양한 자료를 바탕으로 탐구 주제 설정하기 • 신뢰할 수 있는 자료를 증거로 선택하기 • 역사적 맥락에서 자료를 비판적으로 분석하고 해석하기 • 한국사 탐구 주제의 결론을 다양한 방식으로 표현하기
가치 · 태도		• 역사에 성찰적으로 접근하는 태도 • 타인의 역사적 해석을 존중하는 태도 • 한국 사회 발전에 참여하는 자질과 태도 • 한국 사회 당면 문제의 해결 방안을 모색하는 자질과 태도

5 성취기준 및 성취수준

가. 성취기준별 성취수준

(1) 근대 이전 한국사의 이해

성취기준	성취기준별 성취수준 진술	
[10한사1-01-01] 고대 국가의 형성과 성장 과정을 파악한다.	A	고대 국가의 형성과 성장 과정을 역사적 맥락에서 종합적으로 파악할 수 있다.
	B	고대 국가의 형성과 성장 과정을 종합적으로 파악할 수 있다.
	C	고대 국가의 형성과 성장 과정에서 발생한 사건을 설명할 수 있다.
	D	고대 국가의 형성과 성장 과정에서 발생한 사건을 말할 수 있다.
	E	고대 국가가 형성되고 성장하였음을 말할 수 있다.
[10한사1-01-02] 고려의 통치 체제와 지배 세력의 변화를 이해한다.	A	고려의 통치 체제와 지배 세력의 변화를 역사적 맥락에서 설명할 수 있다.
	B	고려의 통치 체제와 지배 세력의 변화를 설명할 수 있다.
	C	고려의 통치 체제와 지배 세력의 시기별 특징을 설명할 수 있다.
	D	고려의 통치 체제와 지배 세력의 시기별 특징을 말할 수 있다.
	E	고려의 통치 체제와 지배 세력이 변화하였음을 말할 수 있다.
[10한사1-01-03] 조선의 성립과 정치 운영의 변화를	A	조선의 성립과 정치 운영의 변화를 역사적 맥락에서 파악할 수 있다.
	B	조선의 성립과 정치 운영의 변화를 설명할 수 있다.
	C	조선의 성립과 정치 운영의 시기별 특징을 설명할 수 있다.

성취기준		성취기준별 성취수준 진술
파악한다.	D	조선의 성립과 정치 운영의 시기별 특징을 말할 수 있다.
	E	조선의 성립과 정치 운영의 사례를 말할 수 있다.
[10한사1-01-04] 조선 후기에 등장한 새로운 변화 양상을 이해한다.	A	조선 후기에 등장한 새로운 변화의 양상을 역사적 맥락에서 종합적으로 파악할 수 있다.
	B	조선 후기에 등장한 새로운 변화의 양상을 종합적으로 파악할 수 있다.
	C	조선 후기에 등장한 새로운 변화의 내용을 파악할 수 있다.
	D	조선 후기에 등장한 새로운 변화의 내용을 말할 수 있다.
	E	조선 후기에 등장한 새로운 변화의 사례를 말할 수 있다.

(2) 근대 이전 한국사의 탐구

성취기준		성취기준별 성취수준 진술
[10한사1-02-01] 근대 이전 국제 관계와 대외 교류의 시대적 특징을 비교한다.	A	근대 이전 국제 관계와 대외 교류의 시대적 특징에 관한 자료를 선택하고 역사적 맥락에서 비교할 수 있다.
	B	근대 이전 국제 관계와 대외 교류의 시대적 특징에 관한 자료를 선택 · 비교할 수 있다.
	C	근대 이전 국제 관계와 대외 교류의 시대적 특징에 관한 자료를 선택 · 정리할 수 있다.
	D	근대 이전 국제 관계와 대외 교류의 사례에 관한 자료를 읽고 내용을 요약할 수 있다.
	E	근대 이전 국제 관계와 대외 교류의 사례에 관한 자료를 읽고 내용을 말할 수 있다.
[10한사1-02-02] 근대 이전의 수취 체제 변화를 농업 중심의 경제생활과 관련하여 탐구한다.	A	근대 이전의 수취 체제 변화에 대해 농업 중심의 경제생활과 관련지어 자료를 선택 · 분석 · 해석할 수 있다.
	B	근대 이전의 수취 체제 변화에 대해 농업 중심의 경제생활과 관련지어 자료를 선택 · 분석할 수 있다.
	C	근대 이전의 수취 체제 변화와 농업 중심의 경제생활에 관한 자료를 선택 · 정리할 수 있다.
	D	근대 이전의 수취 체제 변화와 농업 중심의 경제생활에 관한 자료를 읽고 내용을 요약할 수 있다.
	E	근대 이전의 수취 체제 변화와 농업 중심의 경제생활에 관한 자료를 읽고 내용을 말할 수 있다.
[10한사1-02-03] 근대 이전 사회 구조를 신분제를 중심으로 분석한다.	A	신분제에 기반한 근대 이전 사회 구조에 관한 자료를 역사적 맥락에서 선택 · 분석할 수 있다.
	B	신분제에 기반한 근대 이전 사회 구조에 관한 자료를 선택 · 분석할 수 있다.
	C	신분제에 기반한 근대 이전 사회 구조에 관한 자료를 선택 · 정리할 수 있다.
	D	근대 이전 신분제에 관한 자료를 읽고 내용을 요약할 수 있다.
	E	근대 이전 신분제에 관한 자료를 읽고 내용을 말할 수 있다.
[10한사1-02-04] 근대 이전의	A	근대 이전의 사상과 문화에 대해 국제 교류와 관련지어 자료를 선택 · 분석 · 해석할 수 있다.

성취기준	성취기준별 성취수준 진술	
사상과 문화를 국제 교류와 관련하여 탐구한다.	B	근대 이전의 사상과 문화에 대해 국제 교류와 관련지어 자료를 선택 · 분석할 수 있다.
	C	근대 이전의 사상과 문화 및 국제 교류에 관한 자료를 선택 · 정리할 수 있다.
	D	근대 이전의 사상과 문화 및 국제 교류에 관한 자료를 읽고 내용을 요약할 수 있다.
	E	근대 이전의 사상과 문화 및 국제 교류에 관한 자료를 읽고 내용을 말할 수 있다.
[10한사1-02-05] 근대 이전 한국사 주제를 설정하여 탐구하고, 그 결과를 다양한 방법으로 표현한다.	A	근대 이전 한국사 주제를 설정하여 그에 적합한 자료를 역사적 맥락에서 선택 · 분석 · 해석하고, 탐구 결과를 다양한 방법으로 표현할 수 있다.
	B	근대 이전 한국사 주제를 설정하여 그에 적합한 자료를 선택 · 분석 · 해석하고, 탐구 결과를 다양한 방법으로 표현할 수 있다.
	C	근대 이전 한국사 주제를 설정하여 그에 적합한 자료를 선택 · 분석 · 정리하고, 그 결과를 표현할 수 있다.
	D	근대 이전 한국사 주제를 선택하여 관련 자료를 찾아 정리하고, 그 결과를 표현할 수 있다.
	E	근대 이전 한국사 주제를 선택하여 관련 자료를 찾고 그 내용을 말할 수 있다.

(3) 근대 국가 수립의 노력

성취기준	성취기준별 성취수준 진술	
[10한사1-03-01] 조선의 개항을 국제 질서의 변동과 연관하여 분석한다.	A	조선의 개항에 대해 국제 질서의 변동과 연관하여 역사적 맥락에서 자료를 선택 · 분석할 수 있다.
	B	조선의 개항에 대해 국제 질서의 변동과 연관하여 자료를 선택 · 분석할 수 있다.
	C	국제 질서의 변동과 연관하여 조선의 개항에 관한 자료를 선택 · 정리할 수 있다.
	D	국제 질서의 변동과 연관하여 조선의 개항에 관한 자료를 읽고 내용을 요약할 수 있다.
	E	국제 질서의 변동과 연관하여 조선의 개항에 관한 자료를 읽고 내용을 말할 수 있다.
[10한사1-03-02] 여러 세력이 추진한 근대 국가 수립의 다양한 노력을 이해한다.	A	여러 세력이 추진한 근대 국가 수립의 다양한 노력을 역사적 맥락에서 종합적으로 설명할 수 있다.
	B	여러 세력이 추진한 근대 국가 수립의 다양한 노력을 종합적으로 설명할 수 있다.
	C	여러 세력이 추진한 근대 국가 수립의 노력을 설명할 수 있다.
	D	여러 세력이 추진한 근대 국가 수립을 위한 노력의 사례를 말할 수 있다.
	E	여러 세력이 근대 국가 수립을 위해 노력하였음을 말할 수 있다.
[10한사1-03-03] 개항 이후 사회 · 경제 변화를 파악하고 서구 문물의 도입이 문화에 미친	A	개항 이후 사회 · 경제 변화를 역사적 맥락에서 종합적으로 파악하고, 서구 문물의 도입이 문화에 미친 영향에 관한 자료를 선택 · 분석 · 해석할 수 있다.
	B	개항 이후 사회 · 경제 변화를 종합적으로 파악하고, 서구 문물의 도입이 문화에 미친 영향에 관한 자료를 선택 · 분석할 수 있다.
	C	개항 이후 사회 · 경제 변화를 설명하고, 서구 문물의 도입이 문화에 미친 영향에 관한 자료를 선택 · 정리할 수 있다.

성취기준	성취기준별 성취수준 진술	
영향을 탐구한다.	D	개항 이후 사회 · 경제 변화의 사례를 말하고, 서구 문물의 도입이 문화에 미친 영향에 관한 자료를 읽고 내용을 요약할 수 있다.
	E	개항 이후 사회 · 경제 변화의 사례를 말하고, 서구 문물의 도입이 문화에 미친 영향에 관한 자료를 읽고 내용을 말할 수 있다.
[10한사1-03-04] 일제의 국권 침탈 과정을 조사하고, 이에 맞선 국권 수호 운동의 흐름을 파악한다.	A	일제의 국권 침탈 과정을 조사하고, 이에 맞선 국권 수호 운동의 흐름을 역사적 맥락에서 종합적으로 파악할 수 있다.
	B	일제의 국권 침탈 과정을 조사하고, 이에 맞선 국권 수호 운동의 흐름을 종합적으로 파악할 수 있다.
	C	일제의 국권 침탈 과정을 파악하고, 이에 맞선 국권 수호 운동의 흐름을 설명할 수 있다.
	D	일제의 국권 침탈 과정과 이에 맞선 국권 수호 운동의 흐름을 말할 수 있다.
	E	일제의 국권 침탈과 이에 맞선 국권 수호 운동의 사례를 말할 수 있다.

나. 학기단위 성취수준

학기단위 성취수준	
A	고대 국가의 형성과 성장 과정을 역사적 맥락에서 종합적으로 파악할 수 있다. 고려의 통치 체제와 지배 세력의 변화를 역사적 맥락에서 설명할 수 있다. 조선의 성립과 정치 운영의 변화를 역사적 맥락에서 파악할 수 있다. 조선 후기에 등장한 새로운 변화의 양상을 역사적 맥락에서 종합적으로 파악할 수 있다. 근대 이전 국제 관계와 대외 교류의 시대적 특징에 관한 자료를 선택하고 역사적 맥락에서 비교할 수 있다. 근대 이전의 수취 체제 변화에 대해 농업 중심의 경제생활과 관련지어 자료를 선택 · 분석 · 해석할 수 있다. 신분제에 기반한 근대 이전 사회 구조에 관한 자료를 역사적 맥락에서 선택 · 분석할 수 있다. 근대 이전의 사상과 문화에 대해 국제 교류와 관련지어 자료를 선택 · 분석 · 해석할 수 있다. 근대 이전 한국사 주제를 설정하여 그에 적합한 자료를 역사적 맥락에서 선택 · 분석 · 해석하고, 탐구 결과를 다양한 방법으로 표현할 수 있다. 조선의 개항에 대해 국제 질서의 변동과 연관하여 역사적 맥락에서 자료를 선택 · 분석할 수 있다. 여러 세력이 추진한 근대 국가 수립의 다양한 노력을 역사적 맥락에서 종합적으로 설명할 수 있다. 개항 이후 사회 · 경제 변화를 역사적 맥락에서 종합적으로 파악하고, 서구 문물의 도입이 문화에 미친 영향에 관한 자료를 선택 · 분석 · 해석할 수 있다. 일제의 국권 침탈 과정을 조사하고, 이에 맞선 국권 수호 운동의 흐름을 역사적 맥락에서 종합적으로 파악할 수 있다.
B	고대 국가의 형성과 성장 과정을 종합적으로 파악할 수 있다. 고려의 통치 체제와 지배 세력의 변화를 설명할 수 있다. 조선의 성립과 정치 운영의 변화를 설명할 수 있다. 조선 후기에 등장한 새로운 변화의 양상을 종합적으로 파악할 수 있다. 근대 이전 국제 관계와 대외 교류의 시대적 특징에 관한 자료를 선택 · 비교할 수 있다. 근대 이전의 수취 체제 변화에 대해 농업 중심의 경제생활과 관련지어 자료를 선택 · 분석할 수 있다. 신분제에 기반한 근대 이전 사회 구조에 관한 자료를 선택 · 분석할 수 있다. 근대 이전의 사상과 문화에 대해 국제 교류와 관련지어 자료를 선택 · 분석할 수 있다. 근대 이전 한국사 주제를 설정하여 그에 적합한 자료를 선택 · 분석 · 해석하고, 탐구 결과를 다양한 방법으로 표현할 수 있다. 조선의 개항에 대해 국제 질서의 변동과 연관하여 자료를 선택 · 분석할 수 있다. 여러 세력이 추진한 근대 국가 수립의 다양한 노력을 종합적으로 설명할 수 있다. 개항 이후 사회 · 경제 변화를 종합적으로 파악하고, 서구 문물의 도입이 문화에 미친 영향에 관한 자료를 선택 · 분석할 수 있다. 일제의 국권 침탈 과정을 조사하고, 이에 맞선 국권 수호 운동의 흐름을 종합적으로 파악할 수 있다.

C	고대 국가의 형성과 성장 과정에서 발생한 사건을 설명할 수 있다. 고려의 통치 체제와 지배 세력의 시기별 특징을 설명할 수 있다. 조선의 성립과 정치 운영의 시기별 특징을 설명할 수 있다. 조선 후기에 등장한 새로운 변화의 내용을 파악할 수 있다. 근대 이전 국제 관계와 대외 교류의 시대적 특징에 관한 자료를 선택 · 정리할 수 있다. 근대 이전의 수취 체제 변화와 농업 중심의 경제생활에 관한 자료를 선택 · 정리할 수 있다. 신분제에 기반한 근대 이전 사회 구조에 관한 자료를 선택 · 정리할 수 있다. 근대 이전의 사상과 문화 및 국제 교류에 관한 자료를 선택 · 정리할 수 있다. 근대 이전 한국사 주제를 설정하여 그에 적합한 자료를 선택 · 분석 · 정리하고, 그 결과를 표현할 수 있다. 국제 질서의 변동과 연관하여 조선의 개항에 관한 자료를 선택 · 정리할 수 있다. 여러 세력이 추진한 근대 국가 수립의 노력을 설명할 수 있다. 개항 이후 사회 · 경제 변화를 설명하고, 서구 문물의 도입이 문화에 미친 영향에 관한 자료를 선택 · 정리할 수 있다. 일제의 국권 침탈 과정을 파악하고, 이에 맞선 국권 수호 운동의 흐름을 설명할 수 있다.
D	고대 국가의 형성과 성장 과정에서 발생한 사건을 말할 수 있다. 고려의 통치 체제와 지배 세력의 시기별 특징을 말할 수 있다. 조선의 성립과 정치 운영의 시기별 특징을 말할 수 있다. 조선 후기에 등장한 새로운 변화의 내용을 말할 수 있다. 근대 이전 국제 관계와 대외 교류의 사례에 관한 자료를 읽고 내용을 요약할 수 있다. 근대 이전의 수취 체제 변화와 농업 중심의 경제생활에 관한 자료를 읽고 내용을 요약할 수 있다. 근대 이전 신분제에 관한 자료를 읽고 내용을 요약할 수 있다. 근대 이전의 사상과 문화 및 국제 교류에 관한 자료를 읽고 내용을 요약할 수 있다. 근대 이전 한국사 주제를 선택하여 관련 자료를 찾아 정리하고, 그 결과를 표현할 수 있다. 국제 질서의 변동과 연관하여 조선의 개항에 관한 자료를 읽고 내용을 요약할 수 있다. 여러 세력이 추진한 근대 국가 수립을 위한 노력의 사례를 말할 수 있다. 개항 이후 사회 · 경제 변화의 사례를 말하고, 서구 문물의 도입이 문화에 미친 영향에 관한 자료를 읽고 내용을 요약할 수 있다. 일제의 국권 침탈 과정과 이에 맞선 국권 수호 운동의 흐름을 말할 수 있다.
E	고대 국가가 형성되고 성장하였음을 말할 수 있다. 고려의 통치 체제와 지배 세력이 변화하였음을 말할 수 있다. 조선의 성립과 정치 운영의 사례를 말할 수 있다. 조선 후기에 등장한 새로운 변화의 사례를 말할 수 있다. 근대 이전 국제 관계와 대외 교류의 사례에 관한 자료를 읽고 내용을 말할 수 있다. 근대 이전의 수취 체제 변화와 농업 중심의 경제생활에 관한 자료를 읽고 내용을 말할 수 있다. 근대 이전 신분제에 관한 자료를 읽고 내용을 말할 수 있다. 근대 이전의 사상과 문화 및 국제 교류에 관한 자료를 읽고 내용을 말할 수 있다. 근대 이전 한국사 주제를 선택하여 관련 자료를 찾고 그 내용을 말할 수 있다. 국제 질서의 변동과 연관하여 조선의 개항에 관한 자료를 읽고 내용을 말할 수 있다. 여러 세력이 근대 국가 수립을 위해 노력하였음을 말할 수 있다. 개항 이후 사회 · 경제 변화의 사례를 말하고, 서구 문물의 도입이 문화에 미친 영향에 관한 자료를 읽고 내용을 말할 수 있다. 일제의 국권 침탈과 이에 맞선 국권 수호 운동의 사례를 말할 수 있다.

6 평가의 종류와 반영 비율

가. 1학기 평가 총괄

(1) 평가 개요

평가 종류	지필 평가 (40%)		수행 평가 (60%)			총점
횟수/영역	1차(20%)	2차(20%)	근대 이전 한국사의 이해 (논술형)	근대 이전 한국사의 탐구 (논술형)	근대 국가 수립의 노력	
	선택형	선택형				
만점	100	100	20	20	20	100
반영 비율	20%	20%	20%	20%	20%	100%
논술형 평가 반영비율	·	·	20%	20%	·	40%
교육과정 성취기준	[10한사1-01-01] ~ [10한사1-02-04]	[10한사1-02-05] ~ [10한사1-03-04]	[10한사1-01-01] ~ [10한사1-01-04]	[10한사1-02-01] ~[10한사1-02-05]	[10한사1-03-01] ~ [10한사1-03-04]	
평가요소	• 고대 국가의 성장 • 고려의 통치 체제와 정치 변동 • 조선 사회의 성립과 발전 • 조선 후기의 새로운 흐름 • 국제 관계와 대외 교류 • 수취 체제와 경제생활 • 신분제와 사회 구조 • 사상과 문화 • 근대 이전 한국사 주제 탐구	• 국제 질서의 변동과 개항 • 근대 국가 수립을 위한 노력 • 사회 · 경제 변화와 문화 변동 • 국권 침탈과 국권 수호 운동	• 고대 국가의 성립과 발전 과정을 정확히 서술하고 특징을 비교하기 • 고려의 정치 구조와 지배층의 변화를 논리적으로 분석하기 • 조선의 건국 배경과 정치 체제의 특징을 시대적 흐름 속에서 설명하기 • 조선 후기의 사회 · 경제적 변화를 구체적인 사례를 들어 설명하기	• 근대 이전 국제 관계와 대외 교류의 시대적 특징을 분석하기 • 근대 이전 수취 체제 변화를 농업 중심 경제생활과 연관 지어 해석하기 • 근대 이전 신분제 사회 구조의 특징을 탐구하고 역사적 맥락에서 분석하기 • 근대 이전의 사상과 문화를 국제 교류와 연관하여 이해하고 자료를 분석하기 • 근대 이전 한국사 주제를 설정하고 자료를 탐색하여 탐구 결과를 논리적으로 표현하기	• 조선의 개항과 국제 질서의 변동을 연관 지어 분석하기 • 근대 국가 수립을 위한 여러 세력의 노력을 분석하기 • 개항 이후 정치 · 경제 변화를 파악하고 서구 문물 도입의 영향을 분석하기 • 일제의 국권 침탈 과정과 이에 맞선 국권 수호 운동의 흐름을 탐구하기	
평가 시기	4월 4~5주	7월 1주	3월 4주	5월 1주	6월 4주	
동점자 석차부여 순서			1	2	3	

(2) 기준 성취율과 성취도

-기준 성취율은 학생들의 성취 정도를 백분율(%)로 나타낸 것임

기준 성취율	성취도	수행평가 추정분할 산출점수	분할점수
90% 이상~100%	A	52	추정 분할점수
80% 이상~90% 미만	B	45	
70% 이상~80% 미만	C	38	
60% 이상~70% 미만	D	30	
40% 이상~60% 미만	E	24	

나. 수행평가 세부 기준안

(1) 영역 1. 근대 이전 한국사의 이해(논술형)

교육과정 성취기준	성취기준별 성취수준	
[10한사1-01-01] 고대 국가의 형성과 성장 과정을 파악한다. [10한사1-01-02] 고려의 통치 체제와 지배 세력의 변화를 이해한다. [10한사1-01-03] 조선의 성립과 정치 운영의 변화를 파악한다. [10한사1-01-04] 조선 후기에 등장한 새로운 변화 양상을 이해한다.	A	고대 국가의 형성과 성장 과정을 역사적 맥락에서 종합적으로 파악할 수 있다. 고려의 통치 체제와 지배 세력의 변화를 역사적 맥락에서 설명할 수 있다. 조선의 성립과 정치 운영의 변화를 역사적 맥락에서 파악할 수 있다. 조선 후기에 등장한 새로운 변화의 양상을 역사적 맥락에서 종합적으로 파악할 수 있다.
	B	고대 국가의 형성과 성장 과정을 종합적으로 파악할 수 있다. 고려의 통치 체제와 지배 세력의 변화를 설명할 수 있다. 조선의 성립과 정치 운영의 변화를 설명할 수 있다. 조선 후기에 등장한 새로운 변화의 양상을 종합적으로 파악할 수 있다.
	C	고대 국가의 형성과 성장 과정에서 발생한 사건을 설명할 수 있다. 고려의 통치 체제와 지배 세력의 시기별 특징을 설명할 수 있다. 조선의 성립과 정치 운영의 시기별 특징을 설명할 수 있다. 조선 후기에 등장한 새로운 변화의 내용을 파악할 수 있다.
	D	고대 국가의 형성과 성장 과정에서 발생한 사건을 말할 수 있다. 고려의 통치 체제와 지배 세력의 시기별 특징을 말할 수 있다. 조선의 성립과 정치 운영의 시기별 특징을 말할 수 있다. 조선 후기에 등장한 새로운 변화의 내용을 말할 수 있다.
	E	고대 국가가 형성되고 성장하였음을 말할 수 있다. 고려의 통치 체제와 지배 세력이 변화하였음을 말할 수 있다. 조선의 성립과 정치 운영의 사례를 말할 수 있다. 조선 후기에 등장한 새로운 변화의 사례를 말할 수 있다.
평가방법	□서답형 ■논술 □구술 · 발표 □토의 · 토론 □프로젝트 □실험 · 실습 □포트폴리오 □기타	
평가요소	• 고대 국가의 성립과 발전 과정을 설명하고 특징을 비교하기 • 고려의 정치 구조와 지배층의 변화를 분석하고 서술하기 • 조선의 건국 배경과 정치 체제의 특징을 설명하기 • 조선 후기의 사회 · 경제적 변화를 이해하고 그 영향을 탐구하기	

평가 항목	채점요소	수행특성	배점
1	고대 국가의 성립과 발전 과정을 정확히 서술하고 특징을 비교하기	고대 국가의 성립과 성장 과정을 체계적으로 정리하고, 특징을 명확히 비교하여 설명하며, 논리적으로 서술함.	5
		고대 국가의 형성 과정과 특징을 비교하였으며, 대체로 논리적인 흐름을 유지함.	4
		고대 국가의 성립 과정에 대한 개괄적인 설명이 있으며, 비교 분석의 기본적인 요소를 포함함.	3
		고대 국가의 개념을 이해하는 기초적인 수준을 보여줌.	2
		성취기준에 충분히 도달하지 못한 경우(기본점수)	1
2	고려의 정치 구조와 지배층의 변화를 논리적으로 분석하기	고려의 정치 체제 변화를 시기별로 구분하고, 지배층의 변화를 근거를 들어 논리적으로 설명함.	5
		고려의 정치 변화를 서술하며, 주요 흐름을 파악하고 분석하는 노력이 돋보임.	4
		고려 정치 체제의 변화 과정을 서술하며, 핵심 개념을 포함하려는 시도가 있음.	3
		고려 정치 변화의 기본 개념을 이해하는 기초적인 수준을 보여줌.	2
		성취기준에 충분히 도달하지 못한 경우(기본점수)	1
3	조선의 건국 배경과 정치 체제의 특징을 시대적 흐름 속에서 설명하기	조선 건국 배경과 정치 체제를 시대적 흐름과 연결하여 논리적으로 설명하고, 핵심 개념을 포함함.	5
		조선의 정치 체제 변화 과정을 시대별로 구분하고, 주요 특징을 정리하여 서술함.	4
		조선의 정치 운영 변화 과정을 나열하며, 주요 개념을 포함하려는 시도를 보여줌.	3
		조선 정치 변화의 기초적인 개념을 이해하는 수준을 보여줌.	2
		성취기준에 충분히 도달하지 못한 경우(기본점수)	1
4	조선 후기의 사회 · 경제적 변화를 구체적인 사례를 들어 설명하기	조선 후기의 사회 · 경제 변화와 그 영향을 구체적인 사례를 들어 설명하며, 시대적 흐름을 고려함.	5
		조선 후기 사회 · 경제 변화의 핵심 개념을 서술하며, 대체로 논리적인 흐름을 유지함.	4
		조선 후기 경제 · 사회적 변화를 설명하며, 기본적인 개념을 포함함.	3
		조선 후기 변화의 기초적인 개념을 이해하는 수준을 보여줌.	2
		성취기준에 충분히 도달하지 못한 경우(기본점수)	1
• 백지 제출자(평가지에 성명만 쓰고 제출한 경우 등) • 본인 의사에 의한 미응시자(평가에 참여하지 않은 경우 등) • 장기 질병 결석, 장기 미인정 결석으로 인한 미참여 학생			0

(2) 영역 2. 근대 이전 한국사의 탐구(논술형)

교육과정 성취기준	성취기준별 성취수준	
[10한사1-02-01] 근대 이전 국제 관계와 대외 교류의 시대적 특징을 비교한다. [10한사1-02-02] 근대 이전의 수취 체제 변화를 농업 중심의 경제생활과 관련하여 탐구한다. [10한사1-02-03] 근대 이전 사회 구조를 신분제를 중심으로 분석한다. [10한사1-02-04] 근대 이전의 사상과 문화를 국제 교류와 관련하여 탐구한다. [10한사1-02-05] 근대 이전 한국사 주제를 설정하여 탐구하고, 그 결과를 다양한 방법으로 표현한다.	A	근대 이전 국제 관계와 대외 교류의 시대적 특징에 관한 자료를 선택하고 역사적 맥락에서 비교할 수 있다. 근대 이전의 수취 체제 변화에 대해 농업 중심의 경제생활과 관련지어 자료를 선택 · 분석 · 해석할 수 있다. 신분제에 기반한 근대 이전 사회 구조에 관한 자료를 역사적 맥락에서 선택 · 분석할 수 있다. 근대 이전의 사상과 문화에 대해 국제 교류와 관련지어 자료를 선택 · 분석 · 해석할 수 있다. 근대 이전 한국사 주제를 설정하여 그에 적합한 자료를 역사적 맥락에서 선택 · 분석 · 해석하고, 탐구 결과를 다양한 방법으로 표현할 수 있다.
	B	근대 이전 국제 관계와 대외 교류의 시대적 특징에 관한 자료를 선택 · 비교할 수 있다. 근대 이전의 수취 체제 변화에 대해 농업 중심의 경제생활과 관련지어 자료를 선택 · 분석할 수 있다. 신분제에 기반한 근대 이전 사회 구조에 관한 자료를 선택 · 분석할 수 있다. 근대 이전의 사상과 문화에 대해 국제 교류와 관련지어 자료를 선택 · 분석할 수 있다. 근대 이전 한국사 주제를 설정하여 그에 적합한 자료를 선택 · 분석 · 해석하고, 탐구 결과를 다양한 방법으로 표현할 수 있다.
	C	근대 이전 국제 관계와 대외 교류의 시대적 특징에 관한 자료를 선택 · 정리할 수 있다. 근대 이전의 수취 체제 변화와 농업 중심의 경제생활에 관한 자료를 선택 · 정리할 수 있다. 신분제에 기반한 근대 이전 사회 구조에 관한 자료를 선택 · 정리할 수 있다. 근대 이전의 사상과 문화 및 국제 교류에 관한 자료를 선택 · 정리할 수 있다. 근대 이전 한국사 주제를 설정하여 그에 적합한 자료를 선택 · 분석 · 정리하고, 그 결과를 표현할 수 있다.
	D	근대 이전 국제 관계와 대외 교류의 사례에 관한 자료를 읽고 내용을 요약할 수 있다. 근대 이전의 수취 체제 변화와 농업 중심의 경제생활에 관한 자료를 읽고 내용을 요약할 수 있다. 근대 이전 신분제에 관한 자료를 읽고 내용을 요약할 수 있다. 근대 이전의 사상과 문화 및 국제 교류에 관한 자료를 읽고 내용을 요약할 수 있다. 근대 이전 한국사 주제를 선택하여 관련 자료를 찾아 정리하고, 그 결과를 표현할 수 있다.
	E	근대 이전 국제 관계와 대외 교류의 사례에 관한 자료를 읽고 내용을 말할 수 있다. 근대 이전의 수취 체제 변화와 농업 중심의 경제생활에 관한 자료를 읽고 내용을 말할 수 있다. 근대 이전 신분제에 관한 자료를 읽고 내용을 말할 수 있다. 근대 이전의 사상과 문화 및 국제 교류에 관한 자료를 읽고 내용을 말할 수 있다. 근대 이전 한국사 주제를 선택하여 관련 자료를 찾고 그 내용을 말할 수 있다.
평가방법		□서답형 ■논술 □구술 · 발표 □토의 · 토론 □프로젝트 □실험 · 실습 □포트폴리오 □기타
평가요소		• 근대 이전 국제 관계와 대외 교류의 시대적 특징을 분석하고 자료를 비교하여 설명하기 • 근대 이전의 수취 체제 변화를 농업 중심의 경제생활과 연관 지어 해석하고 자료를 분석하기 • 신분제에 기반한 근대 이전 사회 구조의 특징을 탐구하고 역사적 맥락에서 분석하기 • 근대 이전의 사상과 문화를 국제 교류와 연관하여 이해하고 다양한 자료를 분석하기 • 근대 이전 한국사 주제를 설정하고 자료를 탐색하여 탐구 결과를 논리적으로 표현하기

평가항목	채점요소	수행특성	배점
1	근대 이전 국제 관계와 대외 교류의 시대적 특징을 분석하기	국제 관계와 대외 교류의 시대적 특징을 다양한 자료를 활용하여 체계적으로 분석하고 설명함.	4
		국제 관계와 대외 교류의 특징을 서술하며, 기본 개념을 충실히 반영함.	3
		국제 관계와 대외 교류의 기초 개념을 이해하는 수준을 보여줌.	2
		성취기준에 충분히 도달하지 못한 경우(기본점수)	1
2	근대 이전 수취 체제 변화를 농업 중심 경제생활과 연관 지어 해석하기	수취 체제 변화를 농업 중심 경제생활과 연관하여 구체적 사례와 함께 분석하고 해석함.	4
		수취 체제 변화의 흐름을 설명하며, 주요 변화 요소를 비교 · 설명함.	3
		수취 체제 변화의 기초 개념을 이해하는 수준을 보여줌.	2
		성취기준에 충분히 도달하지 못한 경우(기본점수)	1
3	근대 이전 신분제 사회 구조의 특징을 탐구하고 역사적 맥락에서 분석하기	신분제 사회 구조의 변화 과정을 다양한 자료를 활용하여 역사적 맥락에서 분석하고 설명함.	4
		신분제 사회 구조 변화를 서술하며, 기본 개념을 충실히 반영함.	3
		신분제 사회 구조의 기초 개념을 이해하는 수준을 보여줌.	2
		성취기준에 충분히 도달하지 못한 경우(기본점수)	1
4	근대 이전의 사상과 문화를 국제 교류와 연관하여 이해하고 자료를 분석하기	사상과 문화를 국제 교류와 연관하여 분석하고, 다양한 자료를 활용하여 설명함.	4
		사상과 문화 및 국제 교류 변화를 서술하며, 핵심 개념을 반영함.	3
		사상과 문화 및 국제 교류의 기초 개념을 이해하는 수준을 보여줌.	2
		성취기준에 충분히 도달하지 못한 경우(기본점수)	1
5	근대 이전 한국사 주제를 설정하고 자료를 탐색하여 탐구 결과를 논리적으로 표현하기	한국사 주제를 설정하고 적절한 자료를 탐색하여 탐구 결과를 논리적으로 표현함.	4
		한국사 주제를 설정하여 주요 개념을 반영하며 서술하려는 노력이 보임.	3
		한국사 주제 탐구의 기초 개념을 이해하는 수준을 보여줌.	2
		성취기준에 충분히 도달하지 못한 경우(기본점수)	1
• 백지 제출자(평가지에 성명만 쓰고 제출한 경우 등) • 본인 의사에 의한 미응시자(평가에 참여하지 않은 경우 등) • 장기 질병 결석, 장기 미인정 결석으로 인한 미참여 학생			0

(3) 영역 3. 근대 국가 수립의 노력

<table>
<tr><th>교육과정 성취기준</th><th colspan="2">성취기준별 성취수준</th></tr>
<tr><td rowspan="5">[10한사1-03-01]
조선의 개항을 국제 질서의 변동과 연관하여 분석한다.
[10한사1-03-02]
여러 세력이 추진한 근대 국가 수립의 다양한 노력을 이해한다.
[10한사1-03-03]
개항 이후 사회 · 경제 변화를 파악하고 서구 문물의 도입이 문화에 미친 영향을 탐구한다.
[10한사1-03-04]
일제의 국권 침탈 과정을 조사하고, 이에 맞선 국권 수호 운동의 흐름을 파악한다.</td><td>A</td><td>조선의 개항에 대해 국제 질서의 변동과 연관하여 역사적 맥락에서 자료를 선택 · 분석할 수 있다. 여러 세력이 추진한 근대 국가 수립의 다양한 노력을 역사적 맥락에서 종합적으로 설명할 수 있다. 개항 이후 사회 · 경제 변화를 역사적 맥락에서 종합적으로 파악하고, 서구 문물의 도입이 문화에 미친 영향에 관한 자료를 선택 · 분석 · 해석할 수 있다. 일제의 국권 침탈 과정을 조사하고, 이에 맞선 국권 수호 운동의 흐름을 역사적 맥락에서 종합적으로 파악할 수 있다.</td></tr>
<tr><td>B</td><td>조선의 개항에 대해 국제 질서의 변동과 연관하여 자료를 선택 · 분석할 수 있다. 여러 세력이 추진한 근대 국가 수립의 다양한 노력을 종합적으로 설명할 수 있다. 개항 이후 사회 · 경제 변화를 종합적으로 파악하고, 서구 문물의 도입이 문화에 미친 영향에 관한 자료를 선택 · 분석할 수 있다. 일제의 국권 침탈 과정을 조사하고, 이에 맞선 국권 수호 운동의 흐름을 종합적으로 파악할 수 있다.</td></tr>
<tr><td>C</td><td>국제 질서의 변동과 연관하여 조선의 개항에 관한 자료를 선택 · 정리할 수 있다. 여러 세력이 추진한 근대 국가 수립의 노력을 설명할 수 있다. 개항 이후 사회 · 경제 변화를 설명하고, 서구 문물의 도입이 문화에 미친 영향에 관한 자료를 선택 · 정리할 수 있다. 일제의 국권 침탈 과정을 파악하고, 이에 맞선 국권 수호 운동의 흐름을 설명할 수 있다.</td></tr>
<tr><td>D</td><td>국제 질서의 변동과 연관하여 조선의 개항에 관한 자료를 읽고 내용을 요약할 수 있다. 여러 세력이 추진한 근대 국가 수립을 위한 노력의 사례를 말할 수 있다. 개항 이후 사회 · 경제 변화의 사례를 말하고, 서구 문물의 도입이 문화에 미친 영향에 관한 자료를 읽고 내용을 요약할 수 있다. 일제의 국권 침탈 과정과 이에 맞선 국권 수호 운동의 흐름을 말할 수 있다.</td></tr>
<tr><td>E</td><td>국제 질서의 변동과 연관하여 조선의 개항에 관한 자료를 읽고 내용을 말할 수 있다. 여러 세력이 근대 국가 수립을 위해 노력하였음을 말할 수 있다. 개항 이후 사회 · 경제 변화의 사례를 말하고, 서구 문물의 도입이 문화에 미친 영향에 관한 자료를 읽고 내용을 말할 수 있다. 일제의 국권 침탈과 이에 맞선 국권 수호 운동의 사례를 말할 수 있다.</td></tr>
<tr><td>평가방법</td><td colspan="2">■서답형 □논술 ■구술 · 발표 ■토의 · 토론
□프로젝트 □실험 · 실습 ■포트폴리오 □기타</td></tr>
<tr><td>평가요소</td><td colspan="2">• 조선의 개항과 국제 질서의 변동을 연관 지어 분석하고 변화의 의미를 설명하기
• 여러 세력이 추진한 근대 국가 수립 노력을 이해하고 특징을 정리하기
• 개항 이후 정치 · 경제 변화를 파악하고 서구 문물의 도입이 미친 영향을 분석하기
• 일제의 국권 침탈 과정을 시대적 흐름 속에서 정리하고 이에 맞선 국권 수호 운동의 흐름을 탐구하기</td></tr>
</table>

<table>
<tr><th>평가 항목</th><th>채점요소</th><th>수행특성</th><th>배점</th></tr>
<tr><td rowspan="2">1</td><td rowspan="2">조선의 개항과 국제 질서의 변동을 연관 지어</td><td>조선 개항과 국제 정세 변화를 시대적 맥락에서 연결하여 분석하고, 그 의미를 체계적으로 정리함.</td><td>5</td></tr>
<tr><td>개항과 국제 정세 변화를 논리적으로 정리하고, 주요 변화를 비교 · 설명하</td><td>4</td></tr>
</table>

	분석하기	려는 노력이 돋보임.	
		개항과 국제 질서 변동을 서술하며, 기본 개념을 충실히 반영함.	3
		조선 개항과 국제 질서 변동의 기초적인 개념을 이해하는 수준을 보여줌.	2
		성취기준에 충분히 도달하지 못한 경우(기본점수)	1
2	근대 국가 수립을 위한 여러 세력의 노력을 분석하기	근대 국가 수립을 위한 다양한 세력의 노력을 구체적인 사례와 함께 분석하고 논리적으로 설명함.	5
		근대 국가 수립을 위한 노력을 시대별로 정리하고, 비교적 체계적으로 설명함.	4
		근대 국가 수립 과정의 기본 개념을 포함하고 있으며, 비교 · 분석하는 시도가 보임.	3
		근대 국가 수립 과정의 기초적인 개념을 이해하는 수준을 보여줌.	2
		성취기준에 충분히 도달하지 못한 경우(기본점수)	1
3	개항 이후 정치 · 경제 변화를 파악하고 서구 문물 도입의 영향을 분석하기	개항 이후 정치 · 경제 변화를 시기별로 구분하여 분석하고, 서구 문물 도입의 영향을 구체적 사례와 함께 설명함.	5
		개항 이후 정치 · 경제 변화를 정리하고, 서구 문물의 영향을 설명하려는 노력이 돋보임.	4
		개항 이후 변화 과정을 서술하며, 기본 개념을 충실히 반영함.	3
		개항 이후 정치 · 경제 변화의 기초적인 개념을 이해하는 수준을 보여줌.	2
		성취기준에 충분히 도달하지 못한 경우(기본점수)	1
4	일제의 국권 침탈 과정과 이에 맞선 국권 수호 운동의 흐름을 탐구하기	국권 침탈 과정을 연대기적으로 분석하고, 이에 맞선 국권 수호 운동의 특징과 전개 과정을 논리적으로 설명함.	5
		국권 침탈 과정과 국권 수호 운동의 흐름을 시대별로 정리하고 설명하려는 노력이 돋보임.	4
		국권 침탈 과정과 국권 수호 운동을 서술하며, 기본 개념을 충실히 반영함.	3
		국권 침탈 과정과 국권 수호 운동의 기초적인 개념을 이해하는 수준을 보여줌.	2
		성취기준에 충분히 도달하지 못한 경우(기본점수)	1
• 백지 제출자(평가지에 성명만 쓰고 제출한 경우 등) • 본인 의사에 의한 미응시자(평가에 참여하지 않은 경우 등) • 장기 질병 결석, 장기 미인정 결석으로 인한 미참여 학생			0

다. 정의적 영역 평가

<table>
<tr><td>평가 영역</td><td colspan="3">1~3</td></tr>
<tr><td>평가 시기</td><td colspan="3">수시</td></tr>
<tr><td>평가 방법</td><td colspan="3">관찰법(학생별 체크 리스트 및 일화 기록), 면접법, 질문지법</td></tr>
<tr><td rowspan="7">평가 요소</td><td>구분</td><td>관찰 항목</td><td>학생명</td></tr>
<tr><td>흥미와 관심도</td><td>교과에 관심을 갖고 배움 활동에 앞장선 학생은?</td><td></td></tr>
<tr><td>수업 준비
(자발성, 자신감)</td><td>모둠활동 주제에 관련된 다양한 자료를 조사하고, 적극적으로 아이디어를 낸 학생은?</td><td></td></tr>
<tr><td>참여도</td><td>모둠활동에 적극적이고 긍정적인 태도로 참여한 학생은?</td><td></td></tr>
<tr><td>책임감</td><td>자신의 맡은 바 역할에 충실하고 끝까지 책임을 완수해 낸 학생은?</td><td></td></tr>
<tr><td>협동적
문제해결능력</td><td>모둠활동 시 친구의 의견을 경청하고 이에 적극 공감하며 자신과 다른 의견이라도 배려와 공감으로 인정해 주며 모둠활동에 협동적인 자세로 임해 문제를 해결한 학생은?</td><td></td></tr>
<tr><td>가치인식</td><td>모둠활동뿐만 아니라 모둠활동으로 얻어진 결과를 수용하며, 이를 실천하고자 노력한 학생은?</td><td></td></tr>
<tr><td>평가 결과
및 활용</td><td colspan="3">1) 정의적 영역 평가 결과를 활용한 상담을 통해 교과 흥미도 향상 및 교수 · 학습의 질 개선에 기여함.
2) 학생의 정의적 능력에 대한 학교생활기록부의 교과목별 세부능력 및 특기사항에 입력하여 학생의 진로와 연계하도록 평가 결과를 활용함.</td></tr>
</table>

7 평가 결과의 활용

가. 수행평가의 결과물은 학기말 성적 이의신청 · 접수 · 처리 · 확인과정을 거친 후 해당 학기말(8월)까지 보관하고, 이후 학생에게 돌려주거나 폐기한다.

나. 평가 후 환류 방식

1) 문항 분석을 통해 평가의 질을 개선한다.
2) 교과협의회를 통해 학습부진아의 대책을 마련하여 교수 · 학습의 질을 높인다.
3) 평가 결과를 통하여 학습자의 성취 수준 이외에 교수 · 학습에 영향을 미치는 여러 요인을 분석하여 학습자, 교사, 학부모 등에게 제공하며 교수 · 학습 방법의 적절성을 진단, 개선해 나가는 것에 활용한다.

8 단원영역별 최소 성취수준 진술문

가. 최소 성취수준 도달 기준: 과목별 학업성취율 40%

나. 최소 성취수준 진술문

영역	영역별 성취수준(E)		성취기준별 성취수준(E)	최소 능력의 수행 특성
[10한사1-01] 근대 이전 한국사의 이해	지식·이해	• 고대 국가의 성장 • 고려의 통치 체제와 정치 변동 • 조선 사회의 성립과 발전 • 조선 후기의 새로운 흐름	01 고대 국가가 형성되고 성장하였음을 말할 수 있다. 02 고려의 통치 체제와 지배 세력이 변화하였음을 말할 수 있다. 03 조선의 성립과 정치 운영의 사례를 말할 수 있다. 04 조선 후기에 등장한 새로운 변화의 사례를 말할 수 있다.	㉮ 고대 국가의 형성 과정을 사례를 들어 말할 수 있다. ㉯ 고대 국가 성장과정의 사례를 찾아볼 수 있다. ㉰ 고려 통치 기구의 사례를 말할 수 있다. ㉱ 고려의 지배 세력을 나열할 수 있다. ㉲ 조선의 통치 기구나 정치 운영에 대해 사례를 들어 말할 수 있다. ㉳ 조선 후기 변화의 사례를 찾을 수 있다.
	과정·기능	• 한국사의 다양한 자료를 바탕으로 탐구 주제 설정하기 • 신뢰할 수 있는 자료를 증거로 선택하기 • 역사적 맥락에서 자료를 비판적으로 분석하고 해석하기 • 한국사 탐구 주제의 결론을 다양한 방식으로 표현하기		
	가치·태도	• 역사에 성찰적으로 접근하는 태도 • 타인의 역사적 해석을 존중하는 태도 • 한국 사회 발전에 참여하는 자질과 태도 • 한국 사회 당면 문제의 해결 방안을 모색하는 자질과 태도		
[10한사1-02] 근대 이전 한국사의 탐구	지식·이해	• 국제 관계와 대외 교류 • 수취 체제와 경제생활 • 신분제와 사회 구조 • 사상과 문화 • 근대 이전 한국사 주제 탐구	01 근대 이전 국제 관계와 대외 교류의 사례에 관한 자료를 읽고 내용을 말할 수 있다. 02 근대 이전의 수취 체제 변화와 농업 중심의 경제생활에 관한 자료를 읽고 내용을 말할 수 있다. 03 근대 이전 신분제에 관한 자료를 읽고 내용을 말할 수 있다. 04 근대 이전의 사상과 문화 및 국제 교류에 관한 자료를 읽고 내용을 말할 수 있다.	㉮ 근대 이전 국가의 대외 교류 사례를 말할 수 있다. ㉯ 근대 이전 수취 체제 변화에 관한 자료를 보고 사례를 찾을 수 있다. ㉰ 근대 이전 경제생활이 농업 중심으로 이루어졌음을 자료를 통해 확인할 수 있다. ㉱ 근대 이전 신분제에 관한 자료를 보고 신분별로 나타나는 특징을 말할 수 있다.
	과정·기능	• 한국사의 다양한 자료를 바탕으로 탐구 주제 설정하기 • 신뢰할 수 있는 자료를 증거로 선택하기 • 역사적 맥락에서 자료를 비판적으로 분석하고 해석하기 • 한국사 탐구 주제의 결론을 다양한 방식으로 표현하기		
	가치·	• 역사에 성찰적으로 접근하는 태도		

	태도	• 타인의 역사적 해석을 존중하는 태도 • 한국 사회 발전에 참여하는 자질과 태도 • 한국 사회 당면 문제의 해결 방안을 모색하는 자질과 태도	05 근대 이전 한국사 주제를 선택하여 관련 자료를 찾고 그 내용을 말할 수 있다.	㉲ 근대 이전 사상과 문화 및 국제 교류에 관한 자료를 보고 사례를 찾을 수 있다.
				㉳ 근대 이전 한국사 주제와 관련된 자료를 검색하여 찾을 수 있다.
[10한사1-03] 근대 국가 수립의 노력	지식·이해	• 국제 질서의 변동과 개항 • 근대 국가 수립을 위한 노력 • 사회·경제 변화와 문화 변동 • 국권 침탈과 국권 수호 운동	01 국제 질서의 변동과 연관하여 조선의 개항에 관한 자료를 읽고 내용을 말할 수 있다. 02 여러 세력이 근대 국가 수립을 위해 노력하였음을 말할 수 있다. 03 개항 이후 사회·경제 변화의 사례를 말하고, 서구 문물의 도입이 문화에 미친 영향에 관한 자료를 읽고 내용을 말할 수 있다. 04 일제의 국권 침탈과 이에 맞선 국권 수호 운동의 사례를 말할 수 있다.	㉮ 강화도 조약으로 조선이 개항하였음을 안다.
				㉯ 개화파의 주장과 위정척사 운동의 주장에 차이가 있음을 말할 수 있다.
	과정·기능	• 한국사의 다양한 자료를 바탕으로 탐구 주제 설정하기 • 신뢰할 수 있는 자료를 증거로 선택하기 • 역사적 맥락에서 자료를 비판적으로 분석하고 해석하기 • 한국사 탐구 주제의 결론을 다양한 방식으로 표현하기		㉰ 근대 국가 수립 노력의 사례를 검색하여 찾을 수 있다.
				㉱ 서구 문물이 도입되면서 생겨난 변화의 사례를 말할 수 있다.
	가치·태도	• 역사에 성찰적으로 접근하는 태도 • 타인의 역사적 해석을 존중하는 태도 • 한국 사회 발전에 참여하는 자질과 태도 • 한국 사회 당면 문제의 해결 방안을 모색하는 자질과 태도		㉲ 일제의 국권 침탈 과정에서 일어난 사건을 말할 수 있다.
				㉳ 국권 수호 운동의 사례를 조사하는 활동에 참여할 수 있다.

2) 평가와 학습의 연계

학교교육의 핵심은 교사의 자율성과 전문성이다. 따라서 공교육의 틀은 교과서 중심에서 교육과정 중심으로 변해왔다. 1990년대부터 본격적으로 전개된 역사교사들의 배움책 운동이 대표적이다. 교사가 교과서에 밑줄을 그어주며 중요한 내용이 무엇인지 학습자에게 강조하기만 하면 되는 분위기가 팽배했던 교실에서, 역사교사들은 국가 수준 교육과정을 기반으로 하되, 자신이 매일 마주하는 학교 현장과 교육공동체 구성원들이 처한 사회·경제·문화적 맥락, 학생들의 학습 의욕과 동기, 역사교육의 본질 등 교육에 필요한 다양한 요소들을 반영하여 자체적인 배움책을 만들었다. 그것이 학습지, 워크시트, 수업자료, 교육자료 등의 이름으로 공유되고 활용되면서, '교과서는 그 자체로 성전'이라는 인식이 흐려져 갔다. 국가 수준의 교육과정을 바탕으로 지역, 학교, 학생의 맥락에 맞추어 교육내용을 구성하고 이에 기초하여 학기별 또는 연간 교수학습운영계획을 수립하는 교사들의 모습은 교육과정에서 교사의 역할이 얼마나 중요한지를 엿볼 수 있게 한다.

평가는 위와 같이 교사가 자신이 만나는 학교와 학습자의 맥락에 맞는 교육내용을 구성하고 학습자의 활동을 설계하는 데 지대한 영향을 준다. 학생의 학습 활동은 교사가 설계한 학기 또는 연간 교수학습운영계획에 의해 전개되는 것이기에, 평가는 곧 학생의 학습 활동과 직결된다. 사례를 중심으로 살펴보면 다음과 같다.

〈표 5-3〉 학습 주제별 평가와 학습의 연계 사례

학습 주제	평가 활동(교사)	학습 활동(학생)
조선의 신분 제도	'역사 신문 제작하기'를 통해 조선 시대 신분제도에 대한 이해도와 표현의 창의성을 평가한다. 자신이 맡은 신분의 역사적 배경과 생활상을 얼마나 잘 반영했는지, 다양한 자료와 교과서를 기반으로 사실적으로 표현했는지를 살펴본다. 동료 평가를 통해 다른 신분의 입장도 이해하는 기회를 제공한다.	각 신분의 입장에서 당대의 사회적 이슈를 다루는 신문을 제작한다. 양반, 중인, 상민, 천민 등 다양한 신분을 맡아 각자의 입장에서 기사를 작성하고, 사회 구조의 장단점과 불평등의 문제를 조명한다.
일제 식민 통치와 민족 운동	학습자가 수업에서 배운 내용을 얼마나 충실히 반영하여 발표했는지, 발표에 사용하는 시각 자료와 사료 분석 능력을 중심으로 평가한다. 예를 들어, 3 · 1 운동에 대한 발표라면 당시에 배포된 선언문을 인용하거나, 당시 신문 자료를 이용하는 등 자료 활용 능력도 평가에 포함한다. 발표 후 피드백을 통해 스스로 부족한 부분을 수정하거나 추가적인 자료를 보완할 기회를 제공한다.	소그룹으로 나뉘어 다양한 주제(예: 3 · 1 운동, 문화 통치와 탄압, 광복 과정, 독립 운동)를 선택하고 깊이 있게 탐구한다. 각 그룹은 자료 조사 후 발표 자료를 만들고, 역할극이나 모의 인터뷰 형식으로 발표를 준비한다.
6 · 25 전쟁과 분단의 고착화	인터뷰 형식으로 발표한 내용에서 학습자가 학습한 지식을 얼마나 충실히 이해하고 있는지를 평가한다. 발표 후 학습자에게 교사가 전쟁에 관한 추가 질문을 던져 학생이 역사적 사건의 맥락을 잘 이해했는지, 비판적 사고 능력을 발휘했는지	6 · 25 전쟁의 원인과 결과, 한국 사회에 미친 영향을 학습한다. 이후 6 · 25 전쟁 당시의 인물(군인, 피난민, 기자 등)의 입장에서 인터뷰를 준비한다. 각 인물이 전쟁 당시 어떤 상황에 처했는지를 조사하고, 인터뷰의 질문을 준비한다. 해당 인

학습 주제	평가 활동(교사)	학습 활동(학생)
	를 살핀다. 동료 피드백과 자기 평가를 통해, 본인의 발표에 대해 성찰할 수 있는 기회를 제공한다.	물의 예상되는 인터뷰 답변을 중심으로 발표한다.
민주주의의 시련과 민주화 운동	학습자가 사건의 배경, 발생 과정, 결과를 충실히 이해하고 있는지 살피고, 현재 사회와의 연관성을 분석하는 능력을 평가한다. 이 과정에서 사건의 흐름을 이해하는 것뿐만 아니라, 사건을 비판적으로 분석하고 연결하는 능력도 함께 본다. 이후에는 자기 평가와 동료 피드백을 통해 학습자 스스로 자신이 놓친 부분을 돌아볼 수 있는 기회를 제공한다.	민주화 운동(4 · 19 혁명, 5 · 18 광주 민주화 운동, 6월 민주항쟁 등)을 학습한 후, 각 사건을 연표로 재구성해 보고, 각 사건이 한국 사회에 미친 영향을 분석한다. 이후 각 소그룹에서 하나의 사건을 깊이 있게 탐구하고, 해당 사건이 현재 한국 사회에 미친 영향을 분석하여 발표한다.

3. 과정 중심 평가와 피드백

1) 과정 중심 평가의 특징

과정 중심 평가는 학생의 학습 과정을 중점으로 평가하는 방법이다. 이는 단순히 최종 결과물이나 시험 점수를 평가하는 것을 넘어서, 학습 과정 전반을 관찰하고 다양한 형태의 피드백을 통해 학습을 지원하는 평가 방법이다. 과정 중심 평가의 핵심은 학생들이 학습의 진행 과정에서 무엇을 어떻게 생각하는지, 과제를 어떻게 수행하는지, 문제를 어떻게 해결하는지를 평가하고, 이를 통해 학생이 더 깊이 있는 이해와 성장을 이루도록 돕는 데 있다.[6] '무엇을 평가할 것인가'를 기준으로 과정 중심 평가의 유형을 나눈다면 프로젝트형 수행평가, 포트폴리오형 수행평가, 제작형 수행평가 등을 예로 들 수 있다.

〈표 5-4〉 과정중심 평가 유형과 특징

과정 중심 평가 유형	특징
프로젝트형 수행 평가	학생들이 개별 또는 그룹 프로젝트를 통해 스스로 주제를 선정하고 자료 조사를 비롯한 일련의 탐구 과정을 수행하여 보고서 작성, 토론, 발표 등을 진행하는 방식이다. 예를 들면, 일제 강점기와 독립 운동에 대한 프로젝트를 진행하면서 자료 조사, 발표, 토론 등을 통해 학습 내용을 심화할 수 있다.

과정 중심 평가 유형	특징
포트폴리오형 수행 평가	학생들이 학습 과정에서 작성한 노트, 에세이, 보고서 등을 모아 정리하는 방식이다. 한국사 과목에서는 다양한 시대별 사건을 정리하거나 역사적 인물에 대한 분석을 작성하는 과정을 포함할 수 있다. 이러한 포트폴리오를 통해 학생의 성장 과정과 사고력을 종합적으로 평가할 수 있다.
제작형 수행평가	학생들이 직접 무엇인가를 만들어보는 형태이다. 제작의 결과물은 역사신문이 될 수도 있고 모형물, 영상 등이 될 수도 있다. 제작의 과정에 대해 교사가 관찰을 할 수 있는 유형이 이에 해당된다. 결과물에 대해서는 개인별 평가와 모둠별 평가 또는 두 가지를 모두 합친 평가가 가능하다. 또한 제작을 하는 과정에서 학생의 제작 태도를 평가할 수 있다. 결과물의 완성도에 치중하지 않고, 역사적 사고를 자극하는 루브릭을 미리 제시해 줄 필요가 있다.

'어떻게 평가할 것인가'를 기준으로 과정 중심 평가의 방식을 나눈다면 관찰 평가, 형성 평가, 자기 평가, 동료 평가 등을 예로 들 수 있다. 특히 자기 평가 보고서와 동료평가 보고서 자체는 과정중심평가의 평가 대상이 되기도 한다. 이를 정리하면 다음과 같다.

과정 중심 평가 방식	특징
관찰 평가	학습 과정에서 나타나는 학습자의 인지적, 기능적, 정서적 측면들을 면밀히 관찰하여 기록하는 평가 방식이다. 학습의 결과보다 과정에 초점을 맞추어 학생의 행동 특성을 기록하고 이를 축적하여 학교생활기록부의 과목별 세부 능력 및 특기 사항을 기재하는 데 활용한다.
형성 평가	학습 과정에서 실시하는 작은 평가들을 말한다. 학생의 현재 이해 수준을 파악하고, 부족한 부분을 채워줄 수 있는 기회를 제공한다. 예를 들면, 조선시대 정치 체제에 대한 퀴즈를 통해 학생의 이해 수준을 파악하고, 이해가 부족한 학생에게 보충 자료를 제공할 수 있다.
자기 평가 및 동료 평가	자기 평가는 학생들이 자신의 학습 과정을 돌아보고, 개선이 필요한 점을 파악하는 방식이다. 동료 평가는 동료들의 학습 과정에 대해 피드백을 제공하는 형태로 진행된다. 예를 들면, 학생이 고려 시대와 조선 시대를 비교하는 과제를 완료한 후, 스스로 성찰하면서 동료의 피드백을 통해 어떤 점이 보완될 수 있을지 알아볼 수 있다.

과정 중심 평가는 학습자가 해당 수업 주제에 대한 내용 학습과 자료 조사를 통해 직접 무엇인가를 작성하거나 제작, 발표, 토론 등을 수행할 수 있도록 학습 과정을 설계하여 운영하는 평가 방식이다. 무엇보다 학습자의 능동성이 전제되어야 하며, 학습자의 흥미와 학습 동기를 높일 수 있는 주제를 제시하는 것이 중요하다. 예를 들어, 평가 주제들을 평가 목표, 평가 요소, 수행 과정, 피드백 등으로 나누어 구체화하면 다음과 같다.

〈표 5-5〉 평가 주제별 과정 중심 평가 사례

평가 주제	평가 목표	평가 요소	수행 과정	피드백
세종 시대 프로젝트	제4대 국왕 세종 재위 시기 조선의 정치, 경제, 사회, 문화를 종합적으로 이해한다.	• 조사 자료의 정확성 및 풍부함 • 역할극을 통해 보여준 이해도 • 토론 참여도와 사고의 깊이	• 조사 활동 : 세종 재위 시기의 정치, 경제, 사회, 문화 분야의 역사적 사실들을 정리한다. • 역할극 : 세종 재위 시기의 역사적 사실들에 기반하여 소그룹별로 역할극을 제작하여 상연한다. • 토론 : '세종은 애민의 군주였다.'를 논제로 토론을 진행하여 세종 재위 시기의 역사상을 정치, 경제, 사회, 문화적 측면에서 종합적으로 구현한다.	각 역할에서 나타난 역사적 사실의 정확성, 학생들의 이해 수준 등을 피드백하고, 세종 이후 시기 조선 사회의 변천을 학습할 때와 연관 짓는다.
삼국시대와 통일신라 비교 포트폴리오	삼국시대와 통일신라의 정치, 문화적 차이를 비교·분석한다.	• 자료의 정확성 및 적절한 비교 능력 • 포트폴리오의 구체성과 조직력 • 발표 시 이해도와 설명력	• 자료 수집 및 분석 : 학생들은 삼국시대와 통일신라 시대의 정치 구조, 문화적 특성을 조사한다. • 포트폴리오 작성 : 수집한 자료를 바탕으로, 시대별로 특징을 정리하고 비교하는 보고서를 작성한다. • 발표 및 공유 : 작성한 포트폴리오를 발표하고, 다른 학생들과 서로의 작업을 공유한다.	포트폴리오 내용과 발표 내용을 통해 학생의 이해도를 평가하고, 부족한 부분에 대해 보충할 내용을 안내한다.
독립운동가 연구 및	특정 독립운동가에 대해	• 조사 내용의 깊이와 사실성	• 인물 선정 : 각 학생 또는 그룹이 독립운동	각 다큐멘터리의 강점과 보

평가 주제	평가 목표	평가 요소	수행 과정	피드백
다큐멘터리 제작	깊이 있게 조사하고, 그 업적과 역사적 의미를 이해한다.	• 다큐멘터리 제작의 창의성 및 표현력 • 피드백을 반영하여 발전시키려는 자세	가 한 명을 선정하고 그 인물의 생애와 업적을 조사한다. • 다큐멘터리 제작 : 조사 내용을 바탕으로 짧은 다큐멘터리를 만들어, 해당 인물이 독립운동에 어떤 기여를 했는지를 설명한다. • 상영 및 피드백 세션 : 만든 다큐멘터리를 교실에서 상영하고, 다른 학생들이 감상 후 피드백을 주는 시간을 가진다.	완할 점을 구체적으로 피드백하고, 독립운동의 다양한 측면을 배울 수 있는 계기를 마련한다.
근현대사 사건 신문 제작	근현대사의 주요 사건을 이해하고, 역사적 사실을 다양한 관점에서 해석한다.	• 역사적 사실을 바탕으로 한 기사 작성의 정확성 • 다양한 관점에서 사건을 해석하는 창의력 • 신문 구성과 디자인의 완성도	• 주제 선정 : 학생들은 3 · 1 운동, 6 · 25 전쟁, 4 · 19 혁명 등 한국 근현대사의 주요 사건 중 하나를 선택한다. • 자료 조사 및 기사 작성 : 해당 사건에 대해 깊이 있는 조사를 통해 당시에 발생한 일, 당시 사람들의 입장과 반응 등을 가상의 신문 기사로 작성한다. • 신문 디자인 및 발표 : 조사한 내용을 바탕으로 신문을 디자인하고, 팀별로 완성한 신문을 발표합니다.	작성된 기사를 통해 학생의 역사적 이해도를 평가하고, 각 사건이 한국 근현대사에서 지니는 의미를 더욱 깊이 있게 학습할 수 있도록 추가 설명을 제공한다.

2) 맞춤형 피드백과 학생의 성장

과정 중심 평가에서 중요한 지점 중 하나는 교사의 맞춤형 피드백이다. 맞춤형 피드백은 개별 학습자가 자신의 이해 수준과 보완할 부분을 파악할 수 있도록 구체적인 조언을 제공하는 것으로, 교사의 전문성과 학습자에 대한 깊이 있는 이해가 요구된다.

교사의 '맞춤형 피드백'은 수업의 과정에 따른 적절한 칭찬과 보완 사항에 대한 지적, 그에 대한 해법 등을 포함한다. 칭찬을 할 때에는 학생 자체를 칭찬하기보다는 학생의 행동을 칭찬하도록 해야 한다. 예를 들어 '너는 이렇게 대답을 하였으니 천재임에 틀림없어'라는 칭찬은 학생이 다음 질문에 대해 대답하는 데 부담을 줄 수 있다. 예를 들어, 학생이 과제를 수행하면서 동학 농민 운동의 전개 과정을 색상으로 표현하고 있다면 "당시 상황을 고려할 때 동학 농민 운동의 발발을 빨간색을 표현한 것은 적절한 선택이다."라고 말해주는 것이 학생의 행동을 칭찬하는 방법이다.

교사의 피드백 외에도 동료의 피드백과 학생 스스로의 자기 피드백 역시 긍정적 수업 효과를 가져온다. 특히 동료 간 피드백은 서로 의사 소통 능력과 판단력을 고무할 수 있다. 교사는 동료 간 피드백을 주문할 때, 어느 부분을 중점적으로 피드백해야 하는지에 대한 가이드라인을 제공하고 피드백이 인신공격이나 비난이 아닌 건전한 의견 교환이 될 수 있도록 안내해야 한다.

각 수업 장면에서 일어날 수 있는 교사의 맞춤형 피드백을 살펴보도록 하자.

예를 들어, 모의 신문을 제작하는 과정에서 학습자가 임진왜란의 결과와 영향에 대해 대내적인 측면에 대해서만 기사를 작성했다면, 교사는 비판적 사고를 발전시킬 수 있도록 조언할 수 있다.

"임진왜란의 영향에 대해 조선 사회를 중심으로 서술했네요. 정확한 내용 지식을 서술하려고 노력한 점이 인상적입니다. 주변국에도 어떤 영향을 미쳤는지 추가로 고려해 본다면 더 좋은 답안이 될 수 있을 것 같아요. 이를 통해 조선 외교의 변화를 더 깊이 이해할 수 있을 것입니다."

프로젝트 수행의 일환으로 학습자가 세종의 업적을 설명하면서 훈민정음 창제를 언급했다면, 피드백을 통해 해당 업적이 사회적 맥락에서 갖는 의미를 파악하도록 도울 수 있다.

"훈민정음 창제가 당시 조선의 백성들에게 어떤 의미가 있었는지 구체적으로 생각해 보세요. 이를 통해 세종의 업적이 백성의 삶에 미친 실질적인 영향을 이해할 수 있을 것입니다."

고려와 조선을 비교하는 포트폴리오 제작 과정에서 학습자가 군사 제도를 중심으로 접근했다면, 시기별 변화에 대한 이해를 강화할 수 있도록 피드백을 제공할 수 있다.

> "고려와 조선의 군사 제도는 각 시대의 정치적 상황과 외부 위협에 따라 달라졌습니다. 이러한 변화가 각 국가의 사회 구조에 어떤 영향을 주었는지 탐구해 보세요."

이러한 맞춤형 피드백은 학생들이 단순히 정보 암기에 그치지 않고 역사적 사건과 개념을 깊이 있게 이해하고, 자신의 생각을 정교하게 발전시킬 수 있도록 돕는 데 목적이 있다.

〈표 5-5〉에서 제시한 바와 같이 조선 시대 세종 재위 시기의 다양한 업적과 정책을 살펴보는 프로젝트 활동에서 맞춤형 피드백을 제공하는 경우를 예로 들어 보자. '세종은 애민의 군주였다.'를 논제로 토론을 진행한다면 학생들이 세종의 정책이 실제로 백성의 삶에 어떤 영향을 미쳤는지 다각도로 분석해 보는 것이 중요하다. 그리고 이에 대한 맞춤형 피드백을 통해 학생들이 비판적 사고를 확장하고 논증력을 기르도록 할 필요가 있다. 다음은 피드백의 유형이다.

첫째, 자료의 다양성에 대한 인지와 역사적 사실에 대한 맥락적 이해를 돕는 피드백이다. 만약 학생이 "세종은 애민의 군주였다."고 주장하면서 훈민정음의 창제를 근거로 제시하였다면, 더욱 깊이 있게 역사적 맥락을 이해할 수 있도록 피드백을 제공할 수 있다.

> "훈민정음 창제가 백성의 문맹률을 낮추고 정보 접근성을 높였다는 것은 훌륭한 논점이에요. 그런데 훈민정음이 실제로 널리 사용되기까지는 시간이 걸렸다는 점을 생각해 볼 필요가 있습니다. 훈민정음이 백성의 생활에 실질적으로 어떤 영향을 미쳤고, 당시 사회적 수용 과정에서 어떤 장애물이 있었는지도 고려해 보면 좋겠습니다."

둘째, 반론과 대안적 시각의 탐구를 독려하는 피드백이다. 학생이 세종의 애민 정책을 강조하면서, 농업과 과학 기술 발전을 위해 시행한 정책을 예로 들었다면, 반론을 고려하도록 하는 피드백을 줄 수 있다.

"농업과 과학 기술의 발전을 위한 정책은 세종이 애민의 군주였음을 보여주는 좋은 예시입니다. 다만 이러한 정책들이 궁극적으로 누구를 위한, 무엇을 위한 것이었는지 탐구해 볼 필요가 있습니다. 또한 세종의 정책 가운데 백성에게 부담이 되었거나 불만을 초래한 사례는 없었는지 찾아본다면 세종의 정책을 깊이 있게 이해하는 데 도움이 될 것입니다."

셋째, 비교와 대조를 통해 비판적 사고를 할 수 있도록 돕는 피드백이다. 세종을 조선 시대 다른 군주들과 비교 또는 대조해 보는 경험은 학습자에게 세종의 정책을 입체적으로 살펴볼 수 있는 기회를 제공한다. 이는 학습자가 세종의 정책에 대해 평가할 때 객관성과 설득력을 높여준다.

"세종의 애민 정신을 강조한 주장이 흥미롭네요. 그렇다면 세종과 다른 군주들, 예를 들어 태종이나 중종 시기의 정책들과 비교해 보면 어떨까요? 세종의 정책이 유독 백성의 삶에 긍정적 영향을 미쳤다면 그 이유가 무엇인지, 또 다른 군주들의 정책과 어떤 차이가 있었는지 논리적으로 분석해 보면 더욱 설득력 있는 논거를 제시할 수 있을 것입니다."

넷째, 역사적 평가의 복합성을 인식할 수 있도록 지원하는 피드백이다. 학생이 세종의 다양한 업적을 설명하며 그를 이상적 애민 군주로만 묘사한다면, 역사적 평가의 복합성을 인식하도록 돕는 피드백을 제공할 필요가 있다.

"세종이 정치적 권위를 확립하기 위해 시행된 강력한 통치 정책들도 있었죠. 예를 들어, 세종이 재상 제도를 강화하거나 형벌 제도를 보완한 점은 어떠한가요? 이러한 점들이 애민 군주로서의 이미지와 어떻게 연결될 수 있는지, 혹은 다른 해석의 여지는 없는지 검토해 보면 좋겠습니다."

마지막으로, 추가적인 사료나 예시를 제안하는 피드백이다. 학생이 세종의 업적 중 일부만을 인용하는 경우, 부족한 부분을 보완할 수 있는 피드백을 통해 사료 활용 능력을 높일 수 있다.

"좋은 출발이네요! 하지만 세종의 애민 정신을 뒷받침할 수 있는 추가적인 사례나 사료가 있다면 논거가 더욱 강화될 수 있을 거예요. 예를 들어, '여민락'과 같은 문화적 업적이나 실록에 기록된 정책 사례를 인용하면, 세종의 애민적 면모가 더욱 구체적으로 드러날 수 있을 것입니다."

이와 같은 맞춤형 피드백은 학생들이 단순히 사실 나열에 그치지 않고, 다양한 시각과 사료를 검토하면서 비판적 사고력과 논증력을 확장해 가는 데 도움을 줄 수 있다. 이를 통해 학생들은 세종을 다각적으로 평가할 수 있게 되며, 역사적 인물에 대한 복합적인 이해를 발전시킬 수 있다.

4. 지필평가: 선다형 평가

한국사 교육에서 선다형 평가는 단순한 시험 기법을 넘어 교육과정 운영 전반과 긴밀히 맞물려 있다. 한국사는 오랫동안 대학입시와 국가수준 학업성취도 평가에서 중요한 위치를 차지해 왔으며, 이러한 제도적 상황은 학생과 교사 모두에게 평가 방식을 곧 학습 방식으로 받아들이도록 만들었다. 선다형 평가는 제한된 시간 안에 다수의 학생을 공정하게 평가할 수 있는 장점을 가지고 있기에, 대규모 시험에서 가장 널리 활용되는 방식으로 정착하였다.[7)]

그러나 이러한 보편적 활용은 동시에 여러 가지 문제의식을 불러일으켰다. 한국사는 방대한 시기와 다양한 주제를 포괄하는 과목이지만, 그 학습의 본질적 목표는 단순 사실 암기를 넘어선 역사적 사고력의 형성과 역사 이해 능력의 증진에 있다. 즉, 학습자가 단편적인 사건의 연대나 인물의 이름을 기억하는 데 그치는 것이 아니라, 특정한 역사적 맥락 속에서 사건을 해석하고, 사료를 분석하며, 다양한 관점에서 과거를 바라볼 수 있도록 이끄는 것이 역사교육의 핵심이다.

따라서 한국사 교육에서 선다형 평가를 논할 때에는 단순히 채점의 효율성, 신속성과 같은 기능적 측면을 넘어서, 이 평가 방식이 역사교육의 본질과 어떤 관계를 맺고 있는지를 성찰해야 한다. 선다형 문항이 단순한 지식 암기를 강화하는 도구가 될 것인지, 아니면 역사적 사실을 기반으로 한 비판적 사고와 맥락 이해를 이끌어 내는 교육적 장치가 될 것인지는 결국 출제자의 인식과 설계 방식에 달려 있다.

이 점에서 선다형 평가는 역사교육을 바라보는 교사와 연구자의 교육관을 드러내는 거울이기도 하다.

1) 한국사 선다형 평가의 장점과 한계

(1) 장점: 효율성과 객관성의 확보

첫째, 선다형 평가는 광범위한 교육과정의 내용을 제한된 시간 안에 측정할 수 있는 효율성을 지닌다. 한국사 교과는 선사 시대부터 현대까지 매우 폭넓은 시기를 포괄한다. 이를 평가하기 위해서는 다수의 문항이 필요하며, 선다형은 이러한 방대한 범위에 대한 학습자의 이해 여부를 빠르게 점검할 수 있는 최적의 도구이다. 예컨대 수능 시험에서 한국사 영역은 30분 안에 20문항을 해결해야 하는데, 이는 선다형 평가의 형식적 특성 덕분에 가능하다.

둘째, 선다형 평가는 채점의 객관성과 신속성을 보장한다. 서술형이나 논술형 평가와 달리, 정답이 명확하기 때문에 채점 과정에서 교사의 주관이 개입될 여지가 적다. 또한 OMR 카드와 컴퓨터를 이용한 자동 채점이 가능하여 대규모 시험에서 공정성과 효율성을 동시에 확보할 수 있다. 이는 특히 수능이나 한국사능력검정시험처럼 결과의 객관성이 중요한 시험에서 큰 장점으로 작용한다.

셋째, 선다형 문항은 자료 제시의 다양성을 가능하게 한다. 단순히 텍스트 제시문만을 활용하는 것이 아니라 지도, 표, 그래프, 삽화, 신문 기사 등을 제시하여 학생들이 다양한 형식의 역사 자료를 해석하도록 유도할 수 있다. 예를 들어, 일제강점기 신문 광고를 제시하고 이를 토대로 당시 사회·경제적 상황을 파악하게 하는 문제는 학생들의 사고를 자극하고 역사적 상상력을 확장할 수 있다.

넷째, 선다형 문항은 통계적 분석이 용이하다는 장점도 있다. 정답률, 오답 선택률, 변별도, 신뢰도 등을 계량적으로 확인할 수 있어 문항 자체의 질을 평가하고 개선하는 데 활용할 수 있다. 이는 시험이 단순히 학생을 평가하는 데서 그치지 않고, 교육과정 운영을 점검하고 교수·학습 방법을 개선하는 피드백 도구로 기능할 수 있게 한다.

(2) 한계: 단편적 암기와 역사적 사고의 위축

선다형 평가에는 위에 제시한 장점과 함께 뚜렷한 한계가 존재한다.

첫째, 구조적으로 학생들의 사고 과정을 충분히 드러내기 어렵다. 정답을 선택하면 그 자체로 평가가 완료되기 때문에, 학생이 어떤 사고 과정을 거쳐 답에 도달했는지 확인하기 어렵다. 예컨대 조선 후기 사회 변동을 다루는 문제에서 학생이 '서얼 허통 허용'이라는 사실만 알고 있으면 정답을 고를 수 있지만, 그것이 당시 사회의 신분제 변동과 어떤 관련을 가지는지 이해하지 못한 상태일 수 있다.

둘째, 해당 내용에 대해 이해하지 못한 상태에서도 추측하여 정답을 선택할 수 있는 가능성이 존재한다. 답지 간 균형이 맞지 않거나, 특정 답지만 지나치게 생소하거나 이질적인 경우, 학생들은 역사적 지식이 부족해도 소거법을 통해 정답을 추측할 수 있다. 이는 평가의 신뢰도를 떨어뜨린다.

셋째, 특정한 사실들로 국가나 시기를 한정 짓는 문항의 경우, 역사학의 연구성과와 괴리가 발생할 수 있다. 예를 들면, 천군, 소도, 계절제 등이 등장하는 후한서 한전, 삼국지 위서 동이전의 기록은 모두 마한에 대한 기사임에도, 삼한 사회 전체의 특징을 묻는 선다형 문항에서 제시문의 핵심 단서 또는 정답지로 사용된다. 또한 천군과 소도는 별개로 취급해야 하지만 '천군이 소도를 관장하였다.'와 같은 서술이 답지로 활용되기도 한다.

2) 한국사 문항 제작의 특수성

한국사 선다형 문항 제작은 일반적인 평가 문항과는 구별되는 특수성을 지닌다. 한국사의 내용은 사실 확인의 엄밀성, 관행적 서사의 영향, 시사성·민감성의 고려라는 다층적 조건 속에서 문항으로 구현된다. 따라서 출제자는 단순히 지식의 정확성을 확인하는 것을 넘어서, 문항 자체가 어떠한 역사 인식을 전제하고 재생산하는지를 성찰해야 한다. 이러한 맥락에서 한국사 문항 제작의 특수성을 다섯 가지로 정리할 수 있다.

(1) 사실 확인의 중요성

한국사 선다형 문항은 과목의 특성상 높은 수준의 사실 확인을 요구한다. 역사적 사실에 대한 학계 내 논쟁이나 새로운 연구 성과를 무시하고 교과서의 관행적 서술만을 정답으로 고정한다면, 문항은 곧바로 복수 정답 가능성이나 오류의 위험을 안게 된다.

예컨대 광복 직후의 상황을 묻는 문항에서 '국가 총동원법이 시행되었다.'라는 선택지를 오답으로 제시하는 경우가 있다. 그러나 이 법은 해방 이후에도 미 군정기 동안 존속하다가 1946년에야 폐지되었으므로, 오답 처리할 경우 문항 자체의 신뢰도가 무너진다. 마찬가지로 백제 고이왕을 묻는 문항에서 '6좌평을 두고 관등을 16등급으로 나누었다.'를 정답으로 제시하는 것도 문제다. 연구에 따르면 고이왕은 좌평과 관등제의 기본 골격을 마련하였다는 정도로만 서술할 수 있다.

이처럼 사실 확인은 단순한 절차가 아니라 문항 전체의 타당성을 지탱하는 기초 작업이다. 한국사 출제자는 교과서 문장을 그대로 차용하는 것이 아니라 최신 연구 성과와 사료 검증을 바탕으로 정답을 설정해야 한다.

(2) 관행적 서사의 영향

한국사 교과서와 교육과정에 깊이 뿌리내린 관행적 서사는 선다형 문항 제작에도 구조적 영향을 미쳐왔다. 정답을 통해 특정한 역사 서사가 강화되고, 다른 맥락은 배제되는 방식이 반복되어 온 것이다.

예를 들어, 일제 강점기에 전개되었던 형평 운동은 '진주', '백정', '차별 철폐', '조선 형평사' 등을 핵심 요소로 삼아, 백정에 대한 차별에 저항했던 조선 형평사나 주도 인물의 활동을 제시 자료로 사용하는 경우가 대부분이다. 조선 형평사 창립 축하식 다음 날 진주에서 2,500여 명의 사람들이 형평사를 습격하고, 형평사를 지원하거나 이와 관계 있는 사람은 백정이 아닐지라도 '신백정'으로 여기겠다는 선언을 발표했던 '반형평' 서사는 배제되기 쉽다. 만약 이를 제시문으로 활용한다면 교사와 학생들에게 익숙하지 않다는 문제 제기를 받을 가능성이 높다.

이처럼 선다형 문항은 관행적 서사를 그대로 재생산하는 경향이 있으며, 학생들은 이를 단일한 진실로 받아들이게 된다. 따라서 출제자는 정답의 설정이 어떤 서사를 강화하고, 어떤 행위자와 맥락을 지워버리는지를 비판적으로 점검해야 한다.

(3) 시사성과 민감성의 고려

한국사 문항 제작은 사회적 민감성과 시사성을 신중히 다뤄야 한다. 특정 집단을 비하하거나 정치적 논란이 첨예한 사안을 그대로 출제하면, 교육적 효과는커녕 불필요한 갈등만 초래할 수 있다. 예컨대 특정 지역, 계층, 성별에 불리하거나 차별적으로 비칠 수 있는 진술을 오답지에 포함하면, 문항이 차별적이라는 비판을 피하기 어렵다.

시사성 역시 균형이 필요하다. 지나치게 최근 사건을 출제할 경우 사회적 합의가 형성되지 않은 문제를 정답으로 고정하게 되고, 이는 교육적 타당성을 해칠 수 있다. 그러나 동시에 지나치게 시사성을 회피하면 학생들이 현재적 맥락 속에서 역사를 성찰할 기회를 잃는다. 따라서 출제자는 사회적으로 의미 있는 쟁점을 무조건 회피하기보다는, 다양한 관점을 소개하고 정답은 학계와 사회적 합의가 분명한 영역에 한정하는 절제가 필요하다.

이상의 특수성은 서로 긴밀히 연결되어 있다. 사실 확인이 엄밀해야 하고, 관행적 서사가 재생산되는 문제를 성찰해야 한다. 또한 선다형 문항은 사고력을 촉진할 수 있는 방식으로 설계되어야 하며, 시사성과 민감성 문제는 교육적 책임 속에서 조율되어야 한다. 이러한 조건들이 충족될 때, 한국사 선다형 문항은 단순한 지식 확인을 넘어 학생들에게 비판적 역사 인식과 성찰의 기회를 제공하는 교육적 도구로 기능할 수 있다.

3) 좋은 선다형 문항 제작 원리

한국사 선다형 평가 문항은 단순히 지식의 확인에 머무르지 않고, 학생들이 역사적 사실을 맥락 속에서 이해하고 해석할 수 있도록 설계되어야 한다. 이를 위해서는 출제 계획과 교육과정 분석, 다양한 자료 활용, 문항 표현의 명료성, 난이도와 변별도의 조정, 사고력 평가형 문항 설계가 함께 고려되어야 한다.

좋은 선다형 문항 제작의 출발점은 교육과정의 성취기준과 내용 요소를 정확하게 분석하는 것이다. 한국사 교육과정은 단원별로 성취기준을 명시하고 있는데, 이는 문항 제작자가 반드시 반영해야 할 최소 조건이다. 예컨대 '국내외에서 전개된 민족 운동의 흐름을 이해한다.'라는 성취기준은, 단순히 민족 운동의 명칭이나 이와 관련된 단편적인 사실들을 암기하는 수준을 넘어서 일제 강점기 국제 정세와 민족 운동의 전개 과정, 일제의 식민 통치 정책과 한국인들의 민족 운동 사이의 인과 관계 등을 파악할 수 있어야 함을 요구한다.

출제자는 각 교과서의 공통 요소와 상이한 요소를 구분할 필요가 있다. 교과서마다 다르게 서술되는 부분을 문항으로 출제하면 사실 관계의 정확성 측면에서 신뢰도에 문제가 생길 수 있다. 따라서 교과서 간에 공통된 서술을 기반으로 하되, 교육과정의 의도를 살려 학생들이 역사적 맥락을 파악할 수 있도록 설계해야 한다.

또한 출제 계획 단계에서 단원별 문항 수, 문항 유형, 난이도 분포를 사전에 정리해야 한다. 예컨대 각 단원의 비중을 균형 있게 맞추고, 제시문의 형태를 사료 제시형, 교사 설명형, 홈페이지 소개형 등 다양하게 구성하는 방식이다. 이를 통해 특정 단원이나 유형에 편중된 출제를 피하고, 문항지가 일정한 범위 안에서 평가 요소들을 고르게 반영할 수 있다.

학교에서는 이러한 출제 계획을 반영하여 문항 정보표를 작성한다. 다음은 고등학교 한국사 선다형 평가에서 사용되는 실제 문항 정보표 내용의 일부이다.

〈표〉 문항 정보표

(한국사 (3)) 과목

문 항 정 보 표 (과목 코드 : 04)

계	부장	교감	교장

<table>
<tr><td colspan="10">○○○○년도 1학기 2차 지필평가 1학년 총 문항수 24 문항</td></tr>
<tr><td colspan="4">고사일시 ○○○○년 ○○월 ○○일 3교시</td><td colspan="6">공동출제자 ○○○(인) ○○○(인) ○○○(인)</td></tr>
<tr><td colspan="4">총점 100.00점</td><td colspan="6">선택형 100.00점 서답형 0.00점</td></tr>
<tr><td colspan="10">선택형 문항</td></tr>
<tr><td rowspan="2">문항 번호</td><td rowspan="2">내용영역</td><td rowspan="2">성취기준 코드</td><td rowspan="2">성취기준</td><td colspan="3">난이도</td><td rowspan="2">배점</td><td rowspan="2">정답</td></tr>
<tr><td>어려움</td><td>보통</td><td>쉬움</td></tr>
<tr><td>1</td><td>화폐정리사업의 영향</td><td>10한사 02-04</td><td>일본의 국권 침탈 과정과 이에 맞선 국권 수호 운동의 내용을 파악한다.</td><td></td><td></td><td>○</td><td>3.5</td><td>3</td></tr>
<tr><td>2</td><td>대한자강회의 특징</td><td>10한사 02-04</td><td>일본의 국권 침탈 과정과 이에 맞선 국권 수호 운동의 내용을 파악한다.</td><td></td><td></td><td>○</td><td>3.5</td><td>2</td></tr>
</table>

3	보안화의 활동 배경	10한사 02-04	일본의 국권 침탈 과정과 이에 맞선 국권 수호 운동의 내용을 파악한다.			○	3.9	5
4	국채보상운동의 계기	10한사 02-05	개항 이후 열강의 경제 침략과 이로 인한 경제적 변화를 살펴보고, 이를 저지하기 위한 노력을 파악한다.		○		4.2	3
5	근대 학교의 역사적 맥락	10한사 02-06	개항 이후 근대 문물 수용으로 나타난 사회문화적 변화를 살펴본다.		○		4.2	5
6	대한매일신보의 특징	10한사 02-04	일본의 국권 침탈 과정과 이에 맞선 국권 수호 운동의 내용을 파악한다.	○			4.8	3
7	신민회의 활동 방향	10한사 02-04	일본의 국권 침탈 과정과 이에 맞선 국권 수호 운동의 내용을 파악한다.		○		4.1	1
8	의병장 신돌석의 역사적 위상	10한사 02-04	일본의 국권 침탈 과정과 이에 맞선 국권 수호 운동의 내용을 파악한다.			○	3.5	3
9	을미의병의 배경	10한사 02-04	일본의 국권 침탈 과정과 이에 맞선 국권 수호 운동의 내용을 파악한다.		○		4.1	1
10	13도 창의군의 서울 진공 작전 시기	10한사 02-04	일본의 국권 침탈 과정과 이에 맞선 국권 수호 운동의 내용을 파악한다.		○		4.0	5

평가의 목표와 내용이 분명해지면, 이러한 목표와 내용을 측정하기 위한 평가 장면을 결정한다. 평가 목표, 평가 요소와 관련하여 적절성이 있는 장면이어야 하며, 학생에게 새로운 경험을 주는 것이어야 한다. 이를 위해 교과서에 있는 똑같은 문장, 자료의 활용을 자제할 필요가 있다. 수업 시간에 다뤘던 교과서의 본문 서술이나 탐구 자료 등을 그대로 선다형 평가에 활용한다면 수험자들은 기억에 의지하여 정답을 맞히려고 할 수 있어 수험자의 사고력과 판단 작용의 촉진에 도움이 되지 못한다.

다음으로, 발문과 제시문, 답지의 일관성을 유지해야 한다. 이는 출제자의 출제 의도를 명확하게 전달 할 수 있다. 발문과 지문은 하나의 학습 요소로 유기적으로 연결되어야 하며, 답지는 이와 관련하여 정치, 사회, 경제, 문화 등을 다양하게 제시하거나, 하나의 주제로 통일할 수 있다. 그러나 이러한 모든 과정은 발문, 지문, 답지의 유기적 연계속에서 이루어져야 한다.

문항의 난이도를 조정하는 것은 문항에 대한 신뢰도와 변별도를 높이기 위해 필요하다. 출제자의 가장 큰 고민은 예상 정답률과 실제 정답률의 불일치와 그에 대한 분석이다. 학생들이 느끼는 체감 난이도와 출제자의 난이도는 크게 다를 수 있으므로, 기존에 출제되었던 문항에 대한 분석 자료를 활용하여 학생들이 각 주제에 대한 난이도를 미리 파악해 보는 것이 필요하다. 이러한 과정에서 예상 난이도를 정확히 예측하여 쉬운 문항과 어려운 문항을 편집 시에 적절히 배분할 수 있도록 해야 할 것이다.

4) 문항 검토의 교육적 의미

선다형 평가 문항 제작의 마지막 단계는 검토 과정이다. 흔히 문항 검토를 단순히 맞춤법이나 오류를 고치는 기술적 절차로 오해하기 쉽지만, 실제로는 역사교육의 성격과 목표를 드러내는 교육적 행위이다. 출제된 문항이 학생들의 역사 이해에 어떤 영향을 미치는지, 교육과정과 교과서의 취지에 부합하는지, 그리고 역사교육 공동체가 지향하는 가치와 조화를 이루는지를 성찰하는 것이 바로 문항 검토의 핵심이다. 따라서 문항 검토는 시험지를 '완성'하는 과정이 아니라, 역사교육 공동체가 역사 인식을 함께 빚어내는 과정이라고 할 수 있다.

(1) 학생의 입장에서 검토하기: 학습 경험의 존중

문항 검토에서 가장 중요한 출발점은 학생의 입장에서 문제를 다시 읽는 것이다. 교사는 풍부한 역사 지식과 학문적 배경을 전제하고 문항을 구성하지만, 학생들은 제한된 지식과 맥락 속에서 문제에 접근한다. 이 차이를 고려하지 않으면, 교사가 의도한 바와는 달리 학생들에게 혼란이나 오해를 불러일으킬 수 있다.

전민변정도감에 대해 '고려 말 권문세족이 빼앗은 토지를 원래 주인에게 돌려주고 불법으로 노비가 된 농민을 평민 신분으로 해방하기 위해 공민왕 때 설치한 임시 기구이다.'라고 서술한 한국사 교과서를 사용하는 학교를 예로 들어보자. 원간섭기 가운데 공민왕 즉위 이전 시기의 상황을 묻는 선다형 평가 문항에서 '전민변정도감이 설치되었다.'라는 표현이 답지로 제시되었다면, 검토하는 동료 교사는 전민변정도감이 원종 대에 처음 설치되어 충렬왕, 공민왕, 우왕 재위 시기에 걸쳐 설치와 폐지를 거듭하였음을 떠올릴 수 있다. 그러나 학생들은 공민왕 이전에도 설치된 적이 있다는 사실을 배우지 않았기 때문에, 답지 선택 시 혼란을 겪을 수 있다. 이는 곧 평가 신뢰도의 하락으로 이어진다. 따라서 이러한 교과서를 사용하는 학교의 경우, 학생들이 교과서를 통해 학습한 내용을 고려하여 문항을 구성하고 검토할 필요가 있다.

결국, 학생의 눈으로 문제를 읽는다는 것은 평가를 단순히 '지식 확인'으로 보는 시각을 넘어서, 학생의 학습 경험을 존중하고 보호하는 일이다. 이 과정에서 교사는 자신이 전제한 역사적 맥락이 학생에게 동일하게 공유되지 않을 수 있음을 깨닫고, 학생의 수준과 사고 과정을 고려해 문항을 조정해야 한다.

(2) 공동 검토와 협력적 태도: 집단 지성의 힘

문항 검토는 개인의 역량만으로는 충분하지 않다. 출제자의 의도와 관점을 넘어, 동료들이 함께 검토하는 집단적 과정이 필수적이다. 역사교육의 목표가 단일한 진리 전달이 아니라 다양한 관점과 해석을 학생들에게 보여주는 것이라면, 문항 검토 역시 다성적(多聲的) 논의 위에서 이루어져야 한다.

검토 과정에서 출제자는 자신의 문항이 비판받더라도 방어적 태도를 취하지 않고, 제기된 의견을 수용하는 자세가 필요하다. 반대로 검토자는 단순한 꼬집기가 아니라, 문항을 학생의 학습 경험에 도움이 되도록 개선하려는 목적을 공유해야 한다. 이러한 상호작용은 곧 역사교육 공동체 내부의 민주적 대화와 협력을 훈련하는 장이다. 따라서 공동 검토는 기술적 절차를 넘어, 교사들 스스로가 역사교육의 민주성과 다원성을 실천하는 메타교육적 경험이 된다.

(3) 교육 공동체적 책임: 문항을 통한 역사 인식 형성

검토 과정의 또 다른 의미는 문항 하나하나가 학생들의 역사 인식 형성에 직접적으로 영향을 미친다는 교육 공동체적 책임을 확인하는 일이다. 잘못된 문항은 단순히 평가 오류를 넘어, 학생들에게 왜곡된 역사상을 심어줄 수 있다.

예를 들어, 교과서에서 반복되는 '신라 전제왕권의 확립'이라는 서술을 그대로 문제화할 경우, 학생들은 "강력한 왕권=발전"이라는 도식을 의심 없이 받아들일 수 있다. 이는 곧 발전주의·권위주의 서사를 재생산하는 효과를 낳는다. 검토 과정에서 이러한 문제를 지적하지 않는다면, 문항은 사실 확인을 넘어 가치 판단까지 왜곡시킬 위험이 크다.

따라서 문항 검토는 교사 개인의 책무를 넘어, 역사교육 공동체 전체가 학생들에게 어떤 역사 인식을 제공할 것인가에 대한 집단적 책임을 공유하는 과정이다. 이 책임의식은 곧 문항 검토를 역사교육의 질적 성찰로 이끌어간다.

(4) 문항을 매개로 한 역사적 사고력 촉진

문항 검토 과정은 단순히 정답률을 높이는 기술적 과정이 아니라, 학생들의 역사적 사고력을 어떻게 촉진할 수 있을지를 고민하는 자리이다. 예를 들어, 고려시대의 '만적의 난'을 다룬 문항을 생각해 보자. 전통적으로 교과서에서는 이를 '신분 해방 의식의 발현'으로 정형화해왔다. 만약 문항이 이 답만을 요구한다면, 학생들은 다양한 맥락을 고려하지 못하고 단일한 교훈적 서사만을 학습하게 된다. 그러나 검토자가 "이 사건을 단순히 의식 성장으로 환원하는 것이 타당한가? 정치적 불안, 무신정권의 구조적 문제 등은 어떻게 다룰 것인가?"라는 질문을 던진다면, 문항은 학생에게 복합적 사고와 비판적 해석을 요구하는 방향으로 수정될 수 있다.

(5) 검토 과정의 메타교육적 가치

마지막으로, 문항 검토 자체는 교사와 연구자에게 메타교육적 성찰의 기회를 제공한다. 출제자와 검토자가 토론하는 과정은 곧 역사교육 공동체가 자신의 역사 인식을 점검하고, 특정 서사에 대한 무비판적 반복을 경계하는 장치가 된다.

예컨대, 특정 문항이 '삼국 통일'이라는 표현을 그대로 사용하는 경우, 검토자는 "이 표현은 민족주의 서사를 강화하지 않는가? '통일'이 아니라 '신라 중심의 재편'으로 수정할 필요가 있지 않은가?"라는 문제를 제기할 수 있다. 이는 단순히 용어 수정이 아니라, 교사들이 자신이 어떤 역사관을 전제하고 있는지 되돌아보는 계기가 된다. 결국 문항 검토는 '좋은 문항'을 만드는 기술적 절차를 넘어서, 역사교육의 방향을 성찰하는 비판적 학문 공동체의 실천이다.

요컨대, 선다형 평가 문항 검토는 단순한 오류 수정 작업이 아니라, 학생의 학습 경험을 존중하는 과정, 교사와 연구자가 협력하는 민주적 실천, 역사교육 공동체의 책임을 확인하는 행위, 학생의 역사적 사고를 촉진하는 계기, 교사 스스로의 역사 인식을 성찰하는 메타교육적 경험이라는 다층적 의미를 지닌다. 따라서 문항 검토는 선다형 평가 제작 과정의 마지막 단계가 아니라, 역사교육의 철학을 실현하는 핵심 단계로 이해되어야 한다.

5) 한국사 선다형 평가의 지향점

한국사 교육에서 선다형 평가는 오랫동안 가장 보편적으로 활용되어 온 평가 방식이다. 빠른 채점과 높은 객관성, 넓은 학습 범위의 포괄이라는 장점은 오늘날까지도 여전히 매력적인 요소이다. 그러나 본문에서 살펴본 것처럼, 선다형 평가는 단순 암기형 문항으로 흐르기 쉽고, 민족주의나 발전주의 서사와 같은 역사 인식의 편향을 무비판적으로 재생산할 위험이 있다. 따라서 한국사 선다형 평가의 지향점은 단순한 효율성에 머무르지 않고, 역사교육의 본질인 비판적 사고력과 맥락적 이해를 촉진하는 도구로 전환하는 데 있다.

첫째, 선다형 평가의 기본 토대는 엄밀한 사실 검증이어야 한다. 역사는 실증과 해석이 교차하는 학문이기에, 잘못된 사실이나 과잉 일반화가 들어간 문항은 평가의 신뢰도를 무너뜨린다.

둘째, 선다형 문항은 내재적 발전론·민족주의·발전주의 서사에 대한 무비판적 반복을 피해야 한다. 교과서에서 흔히 반복되는 “왕권 강화 → 정치 안정 → 국가 발전”이라는 도식, “민족의 단결 → 외세 저항 → 독립 성취”라는 직선적 서사는 학생들에게 특정한 이념적 틀만을 학습하게 만든다. 정조의 개혁, 3·1운동, 산업화와 같은 사례를 출제할 때에도 ‘영웅적 지도자’ 혹은 ‘민족의 단일한 의지’로만 설명하기보다, 당시 구조적 제약, 다양한 사회세력의 긴장, 국제 질서의 영향까지 드러내야 한다. 그렇게 할 때 비로소 선다형 문항은 단순한 사실 암기가 아니라 역사적 해석의 복수성을 학생들이 경험하도록 이끄는 매개가 된다.

셋째, 한국사 선다형 문항은 사료 활용을 적극적으로 확장해야 한다. 이는 평가를 단순한 지식 확인에서 역사적 탐구 과정의 재현으로 전환하는 열쇠다. 예컨대, 일제 강점기 조선총독부의 토지 조사 사업 문서를 발췌해 제시하거나, 해방 직후 신문 사설을 읽고 당시 사회적 분위기를 추론하도록 하는 문항은 학생들에게 "사료와 증거를 통해 과거를 해석한다"는 역사학의 기본 과정을 체험하게 한다. 또한 지도, 통계, 삽화, 사진 자료를 접목한 문항은 시각적·분석적 사고를 자극하면서 평가 자체를 역사적 탐구의 일부로 만든다.

넷째, 선다형 평가의 제작과 검토 과정은 역사교육 공동체의 민주적 실천으로 이해되어야 한다. 문항 제작은 결코 개인의 전유물이 아니라, 교사·연구자·검토위원들이 협력하여 책임을 나누는 과정이다. 이 과정에서 출제자는 자신의 역사 인식이 가진 편향을 성찰하고, 검토자는 학생의 학습 경험을 존중하는 입장에서 문항을 바라본다. 즉, 문항 검토는 단순한 오류 수정이 아니라, 교사 스스로의 역사 인식을 재검토하고, 교육 철학을 구체적으로 구현하는 메타교육적 경험이 된다. 이는 선다형 평가를 넘어, 역사교육이 지향해야 할 민주적 협력의 원형을 제공한다.

마지막으로, 한국사 선다형 평가는 역사적 사고력 촉진을 최종 목표로 삼아야 한다. 단순 암기형 문항은 효율적일 수 있으나, 교육과정이 지향하는 비판적 사고·맥락적 이해라는 목표에는 부합하지 않는다. 좋은 선다형 문항은 학생이 특정 사건을 '왜'라는 질문으로 해석하게 만들고, 다양한 선택지 속에서 사고의 과정을 점검하도록 설계된다. 이는 곧 선다형 평가를 단순한 선발 도구가 아니라, 학습 과정의 일부이자 역사적 성찰의 촉매제로 전환하는 길이다.

결론적으로, 한국사 교육에서 선다형 평가는 사실 검증의 엄밀성, 관행적 서사에 대한 비판적 성찰, 사료 활용을 통한 탐구 과정 재현, 공동체적 문항 제작의 민주성, 역사적 사고력 촉진이라는 다섯 축 위에서 새롭게 자리매김해야 한다. 그렇게 될 때, 선다형 평가는 입시와 평가의 현실적 제약을 넘어, 학생들에게 역사를 살아 있는 탐구와 성찰의 장으로 경험하게 하는 교육적 도구가 될 수 있을 것이다.

5. 지필평가와 수행평가로서의 서술형·논술형 평가

1) 서술형·논술형 평가의 특징

서술형·논술형 평가는 모두 시행하는 방법에 따라 지필평가로 분류되기도 하고, 수행평가로 분류되기도 한다. 만약 형성평가, 총괄평가 등에서 시험을 출제한 방식이 서술형·논술형으로서 비교적 짧은 시간 내에 답을 원하는 것이면 지필평가가 된다. 그러나 수업의 과정에서 수행하는 데 시간을 가지고 학생의 사고력을 요하는 것이라면 서술형·논술형 평가는 수행평가가 된다. 즉 수행평가 내에서 서술형과 논술형이 포함되는가의 문제는 평가의 환경에 달려있다.

근대 교육의 시작을 알린 대중 교육은 국가 구성원 모두에게 평등하게 지식을 습득할 기회를 주는 것에 초점을 두어 왔다. 그러나 디지털 기반 지식 정보 사회가 된 오늘날 단순히 지식을 가지고 있는 것만으로는 시시각각 변화하는 사회에 대응하기에 부족하다. 이제 학교 교육은 개별 학생의 특성을 최대한 살려, 그들이 습득한 지식을 적절히 활용하고 재구조화하며, 협력적으로 문제를 해결할 수 있는 사회·정서적 능력과 고차 사고력 등의 '역량'을 갖추는 것에 주안점을 두고 있다. 경제협력 개발 기구(OECD)를 비롯한 국제기구들에서는 학교가 학습자의 '주도성'이 살아 있는 교육을 항해 나아가야 함을 역설하였다. 우리나라 역시 이러한 세계적인 경향성을 반영하여 국가 교육과정에서 주도성, 변화의 수용과 가치 창조 등과 같은 삶의 기본 역량을 강조하면서 학습의 과정에 초점을 두는 맞춤형 교육을 지향하고 있다. 다시 말해, 이제 우리 교육은 지식을 아는 것 자체보다 생활하면서 필요한 지식을 스스로 알아가는 능력을 중요하게 보고 있다.[8)]

삶의 문제를 해결하기 위해 스스로 학습하는 능력을 갖춘 평생 학습자를 양성하려면 학교 교육이 학습자의 학습 과정에 초점을 맞추어야 한다. 수업뿐만 아니라 평가에서도 학습의 결과와 과정을 모두 살피고, '학습으로서의 평가'의 역할을 강조해야 한다. '학습으로서의 평가'란 학생의 학습 상태와 특성을 진단하고 강점과 약점에 대한 분석을 바탕으로 적절한 피드백을 제공함으로써 평가가 학생의 성장과 발달을 돕는 과정이 되는 것을 뜻한다. 평가가 학습의 과정이 되도록 하려면 학생이 평가에 더욱 적극적으로 참여할 수 있어야 한다. 이에 학교에서는 과정 중심 평가 중시되고 있으며, 과정 중심 평가 방법의 하나로 서·논술형 평가가 상당한 비율로 활용되고 있다.

서·논술형 평가는 학습자의 적극적인 사고를 요구한다. 학습자는 문제에서 요구하는 바가 무엇인지를 명확히 이해하고 이를 다양한 지식들과 서로 연계시켜 통합하여 활용해야 한다. 이러한 평가 방식은 학생이 수업에서 학습한 내용을 바탕으로 스스로 생각하고 자신의 의견을 표현하며, 새로운 지식을 구성할 수 있는 경험과 학습의 기회가 된다는 점에서 수업과 연계한 과정 중심 평가의 한 방법이 될 수 있다. 따라서 서·논술형 평가를 내실 있게 진행하기 위해서는 교육과정 내용과 성취기준 등을 바탕으로 수업과 평가가 지향하는 본질적인 목표가 무엇인지를 명확히 하고, 이를 학생들이 분명히 이해할 수 있게 해야 하는 것이 중요하다.

서·논술형 평가는 학생이 학습한 내용을 온전히 이해할 수 있게 하고, 이해한 내용을 학생의 생활과 가까운 실제적 문제를 해결하는 데 적용·응용해 보도록 함으로써 논리적 사고력, 창의적 사고력, 문제해결력 등 고차원적 사고력을 함양하도록 하는 데 목적을 둔다. 따라서 서·논술형 평가 도구를 개발할 때에는 평가계획 시 설정한 성취기준과 목표에서 추구하는 지식, 기능, 태도와 이를 종합적으로 활용·응용하는 능력을 평가할 수 있도록 해야 한다.

서·논술형 평가에서 문항만큼이나 중요한 것은 채점 기준이다. 채점 기준은 문항에서 측정하려는 평가요소와 요소별 수준, 수준별 행동 특성을 명확하게 구체적으로 드러내야 한다. 그래야만 교사가 채점 기준에 근거한 평가 결과를 바탕으로 학생 한 명 한 명에 대한 맞춤형 피드백을 제공할 수 있다. 이후 교사는 학생이 제공받은 피드백을 바탕으로 자신의 학습 상태를 스스로 알고 잘한 부분을 중심으로 부족한 점을 채워나갈 수 있는 기회를 주어야 한다. 이를 통해 평가는 그 자체로 학습자가 인지적, 정서적으로 성장해 나가는 과정이 될 수 있다.[9)]

수업과 연계하여 서·논술형 평가를 운영하기 위해서는 다음과 같은 질문이 필요하다.

첫째, '왜, 무엇을 평가할 것인가?'이다. 평가의 목적과 내용을 계획하는 단계에 해당하는 질문이다. 이 단계에서는 수업 주제를 통해 학생이 도달하기를 바라는 본질적인 목표를 설정하고, 학습자가 삶의 맥락에서 지식을 탐구하고 다른 지식과 연결 지을 수 있도록 구체적인 과제 상황과 학습 경험을 계획하는 것이 중요하다. 내용 지식에 대한 학습자의 충분한 이해와 이에 기초한 전이가 가능하도록 돕기 위해서는, 일부 성취기준만을 분절적으로 다루기보다는 학습자가 교육과정의 전체 맥락 속에서 수업 주제에 대해 접근할 수 있도록 교수학습 및 평가 계획을 수립한다.

고등학교 1학년 〈한국사1〉 세 번째 대단원의 내용 요소인 '근대 국가 수립을 위한 노력'을 예로 들어보자. 우선, '새로운 시대를 맞이한 당시 한반도 사람들은 어떤 나라를 만들고 싶어했을까?'와 같은 질문을 바탕으로 본질적인 목표를 설정한다. 이전 시대와는 다른 상황을 맞닥뜨린 조선에서 다양한 이해관계를 가진 다양한 주체들의 서사를 탐구함으로써 학습자 스스로 역사는 하나일 수 없다는 것을 경험하고 다양한 서사에 대해 경청하는 힘을 기르는 것을 학습의 도달점으로 삼는 것이다. 그리고 학습자가 삶의 맥락에서 당시 다양한 주체들의 다양한 시선들을 역사적 맥락 속에서 살펴보고 해당 시대에 대한 서사를 구성할 수 있도록 탐구 과제를 부여한다. 이러한 학습 기회를 통해 학습자는 서사의 다양성을 삶의 맥락에서 직접 경험할 수 있는 계기를 만날 수 있다. 또한 '근대 국가 수립의 노력'은 한국사가 국제 질서의 변동과 맞물려 변화하였으며, 제국주의 열강의 침략에 대응하여 한반도 사람들이 어떻게 새로운 나라를 꿈꾸었는지 살펴볼 수 있는 중요한 소재이다. 시대적 맥락 속에서 당시 다양한 역사 주체들의 입장과 행위를 비교 분석하며 개화 정책의 추진, 갑신정변, 동학 농민 운동, 갑오개혁, 독립협회 등에 대해 탐구할 수 있도록 학습 및 평가 과정을 설계한다면 학습자는 수업의 본질적인 목표에 도달하면서도 내용 이해와 전이를 함께 도모할 수 있는 기회를 얻을 수 있다.

둘째, '어떻게 평가할 것인가?'이다. 성취기준에 근거하여 평가 과제와 채점 기준표를 개발하는 단계이다. 이 단계에서는 교육과정의 성취기준에 대한 해석을 바탕으로 목표하는 성취기준을 파악하고 수업과 평가를 위한 학습 요소를 추출한다. 학습 요소에 근거하여 평가 과제(문항)와 채점 기준표를 함께 구안한다. 위와 같이 '근대 국가 수립의 노력'을 예로 들면 다음과 같다.

2) 서술형 문항의 사례와 채점 기준표(루브릭)

[서술형 문항]

다음 자료를 참고하여 (가), (나)를 발표한 세력의 근대 국가 수립을 위한 노력을 비교하여 서술하시오.

(가)
1. 대원군을 빠른 시일 안에 모셔 온다(조공의 허례는 의논하여 폐지한다.).
2. 문벌을 폐지하고 인민 평등의 권리를 제정한다. 능력에 따라 인재를 등용한다.
3. 전국의 토지세법을 개혁하여 관리의 부정을 막고 백성의 어려움을 펴며 국가 재정도 넉넉하게 한다.
4. 내시부(환관 업무를 맡아본 관청)를 혁파한다. 그중 우수한 인재가 있으면 모두 등용한다.
5. 간악하고 탐욕스러워 나라를 병들게 한 죄가 큰 자들을 처벌한다.
6. 각 도(道)의 환곡은 원금을 영원히 탕감하고 이자만 거둔다.
7. 규장각을 혁파한다.
8. 급히 순사(巡査)를 두어 도적을 막는다.
9. 혜상공국(보부상을 관리하던 관청)을 혁파한다.
10. 유배형과 금고(禁錮)형을 받은 자는 사정을 살펴 석방한다.
11. 4영(營)을 합하여 하나의 영으로 만든다. 각 영에서 장정을 뽑아 근위대를 급히 설치한다(육군 대장에는 우선 세자궁(世子宮)을 추천한다.).
12. 국내 재정은 모두 호조가 관할하고, 그 외의 모든 재정 관청은 혁파한다.
13. 대신과 참찬(지금 새로 임명한 6명의 이름을 쓸 필요는 없다.)은 매일 합문(閤門) 안 의정소(議政所)에서 회의한다. 그리고 이를 아뢰어 결정하고, 정령(政令)을 반포해 시행한다.
14. 의정부와 6조 외에 모든 불필요한 관청을 혁파한다. 대신과 참찬에게 살펴 협의하여 아뢰도록 한다.

(나)
1. 인명을 함부로 죽인 자는 벨 것(동학도는 정부와 원한을 씻고 행정에 협력할 것)
2. 탐관오리는 뿌리를 뽑아 없앨 것
3. 횡포한 부호들을 엄하게 징벌할 것
4. 유림과 양반들의 소굴을 없앨 것
5. 천민들의 군안(군인 명부)은 불태울 것
6. 종 문서는 불태울 것
7. 백정의 머리에 패랭이를 벗기고 갓을 씌울 것
8. 명목 없는 잡다한 세금을 혁파할 것
9. 공적 채무든 사적 채무든 과거의 것은 모두 시행하지 말 것
10. 외적과 연락하는 자는 벨 것
11. 토지는 평등하게 나누어 농사지을 것
12. 농민 사이에 이루어지는 두레는 장려할 것(청춘과부의 재가를 허용할 것)

[서술형 문항 채점 기준표(루브릭)]

서술형 문항 채점 기준표는 채점요소, 척도(점수), 예시답안으로 구분된다. 예시답안은 수험자에게 기대할 수 있는 답안으로서 각 척도에서 예상될 수 있는 수행특성을 기록한다.

<table>
<tr><th>문항</th><th>채점 요소</th><th>척도 (점수)</th><th colspan="2">수행 특성</th></tr>
<tr><td rowspan="4">서1</td><td rowspan="4">독립 협회와 대한 제국의 근대 국가 수립 노력</td><td rowspan="2">A</td><td colspan="2">(가), (나)를 작성한 세력이 추진한 근대 국가 수립의 다양한 노력을 역사적 맥락에서 종합적으로 비교하여 설명하였다.</td></tr>
<tr><td>예시 답안</td><td>(가)를 작성한 세력은 김옥균, 박영효, 서재필 등 급진 개화파로, 임오군란 이후 개화 정책의 추진 방법과 외교의 방향을 놓고 개화파가 온건 개화파와 급진 개화파로 분열된 상황에서 1884년 우정총국 개국 축하연을 계기로 정변을 일으켰다. 이들은 조선이 자주독립을 하려면 청의 내정 간섭에서 벗어나야 한다고 주장하였으며, 문명개화론을 내세운 일본의 메이지 유신을 본받아 서양의 기술뿐만 아니라 사상이나 제도까지 받아들이자면서 입헌 군주제 실시를 목표로 하였다. 하지만 청군의 개입으로 갑신정변은 실패로 끝났고, 급진 개화파 중 상당수는 일본으로 피신하였다. 한편 갑신정변에서 제시된 개혁 정책은 이후 갑오개혁에 반영되었다.
(나)를 작성한 세력은 동학농민군으로, 인간의 존엄과 평등을 내세운 동학이 동학교도들을 중심으로 확산되고 관리들의 부패와 수탈이 심해져 전국에서 농민 봉기가 자주 일어나는 상황에서 1894년 전라도 고부의 동학접주 전봉준 등을 지도자로 삼아 봉기하였다. 이들은 양반 중심의 신분 질서를 개혁하려는 반봉건적 성격과 외세의 침략을 물리쳐 나라를 지키려 한 반침략적 성격을 지니고 있었으며, 이들이 제시한 폐정 개혁안은 갑오개혁에 일부 반영되어 실현되었으며, 농민군의 잔여 세력이 의병에 가담함으로써 항일 의병 투쟁으로 계승되었다.</td></tr>
<tr><td rowspan="2">B</td><td colspan="2">(가), (나)를 작성한 세력이 추진한 근대 국가 수립의 다양한 노력을 종합적으로 비교하여 설명하였다.</td></tr>
<tr><td>예시 답안</td><td>(가)를 작성한 세력은 김옥균, 박영효, 서재필 등 급진 개화파로, 1884년 우정총국 개국 축하연을 계기로 정변을 일으켰다. 이들은 조선이 자주독립을 하려면 청의 내정 간섭에서 벗어나야 한다고 주장하였으며, 서양의 기술뿐만 아니라 사상이나 제도까지 받아들이자면서 입헌 군주제 실시를 목표로 하였다. 갑신정변에서 제시된 개혁 정책은 이후 갑오개혁에 반영되었다.
(나)를 작성한 세력은 동학농민군으로, 1894년 전라도 고부의</td></tr>
</table>

문항	채점 요소	척도 (점수)	수행 특성	
				동학접주 전봉준 등을 지도자로 삼아 봉기하였다. 이들은 양반 중심의 신분 질서를 개혁하려는 반봉건적 성격과 외세의 침략을 물리쳐 나라를 지키려 한 반침략적 성격을 지니고 있었으며, 이들이 제시한 폐정 개혁안은 갑오개혁에 일부 반영되어 실현되었다.
		C	(가), (나)를 작성한 세력이 추진한 근대 국가 수립을 위한 노력을 비교하여 설명하였다.	
			예시 답안	(가)를 작성한 세력은 급진 개화파로, 1884년 우정총국 개국 축하연을 계기로 정변을 일으켰다. 이들은 서양의 기술뿐만 아니라 사상이나 제도까지 받아들이자면서 입헌 군주제 실시를 목표로 하였다. (나)를 작성한 세력은 동학농민군으로, 1894년 전라도에서 봉기하였다. 이들은 양반 중심의 신분 질서를 개혁하고자 하였으며, 외세의 침략을 물리쳐 나라를 지키려 하였다.
		D	(가), (나)를 작성한 세력이 추진한 근대 국가 수립을 위한 노력의 사례를 비교하여 말하였다.	
			예시 답안	(가)를 작성한 세력은 급진 개화파로, 이들은 서양의 기술뿐만 아니라 사상이나 제도까지 받아들이자면서 입헌 군주제 실시를 목표로 하였다. (나)를 작성한 세력은 동학농민군으로, 양반 중심의 신분 질서를 개혁하고자 하였으며, 외세의 침략을 물리치려 하였다.
		E	(가), (나)를 작성한 세력이 근대 국가를 수립하기 위해 노력하였음을 비교하여 말하였다.	
			예시 답안	(가)를 작성한 세력은 급진 개화파이고, (나)를 작성한 세력은 동학농민군이다. 이들은 모두 근대 국가를 수립하기 위해 노력하였다.

3) 논술형 문항의 사례와 채점 기준표(루브릭), 모범답안 예시

논술형 문항의 경우, 해당 성취기준에 해당하는 내용 요소들을 학습한 뒤, 학생들이 주제를 선정하여 주어진 조건에 맞게 자신의 생각을 논리적으로 표현하는 수행평가 방식을 취할 수 있다. 이런 경우에는 대부분 사전에 학생들에게 안내하고 실시한다.

〈한국사1〉 논술형 평가 안내

1. 일시: 5/22(월)~26(금) 주간 마지막 한국사 수업 시간

2. 논술형 평가명 및 주제 선택 조건

논술형 평가명	주제 선택 조건
쟁점 통찰형 개념 기반 통합탐구	※ 대단원3 주제 3~7에 해당하는 내용 가운데 선택 주제 3. 개화 정책을 추진하다 주제 4. 갑신정변이 일어나고 열강의 대립이 커지다 주제 5. 동학 농민 운동이 일어나다 주제 6. 갑오개혁을 추진하다 주제 7. 독립 협회를 설립하고 대한 제국을 수립하다

3. 탐구 주제 예시

조선 왕조의 개화 정책, 어떻게 봐야 할까?
양반 유생들은 왜 개화를 반대하였을까?
나라를 지키던 군인들이 왜 봉기하였을까?
갑신정변은 실패한 사건일까?
김옥균이 꿈꾼 나라의 모습은?
동학농민운동의 역사적 의미는?
갑오개혁은 당시 사람들에게 어떻게 받아들여졌을까?
아관 파천, 어떻게 봐야 할까?
독립협회 활동은 당시 사회에 어떤 영향을 끼쳤을까?
대한 제국의 성립은 어떠한 의미를 가질까?

4. 검색 자료 사이트 예시

- 한국사 데이터 베이스(국사편찬위원회)
  http://db.history.go.kr
- 우리역사넷(국사편찬위원회)
  http://contents.history.go.kr/front/ta/main.do
- 국가문화유산포털(문화재청)
  http://www.heritage.go.kr/heri/idx/index.do
- 한국민족문화대백과사전
  http://encykorea.aks.ac.kr

- 국가기록원
  http://www.archives.go.kr/next/viewMain.do
- 대한민국신문아카이브(국립중앙도서관)
  https://www.nl.go.kr/newspaper/index.do
- 독립기념관 한국독립운동정보시스템
  https://search.i815.or.kr/main.do

5. 채점 기준표(루브릭)

평가 요소	배점	평가 요소별 평가 기준	평가 방법	평가 배점
역사 쟁점의 구조화 (4점)	4	• 주장과 근거가 매우 논리적이고 유기적으로 연결되었다. • 근거가 구체적이고 체계적으로 구성되었다. • 역사적 오류 없이 작성되었다. • 근거를 뒷받침하는 역사적 사례가 신뢰할 수 있는 출처 등을 통해 사실에 기반하여 상세하고 설득력 있게 제시되었다.	각 평가 요소의 점수를 합산하여 부여함.	14
	3	• 주장과 근거가 논리적으로 연결되었다. • 근거가 통일성 있게 구성되었다. • 근거를 뒷받침하는 역사적 사례가 충분하게 제시되었다.		13
	2	• 주장과 근거가 제시되었다.		12
	1	• 주장, 근거 등이 제시되지 않았다.		
역사적 판단력 및 창의적 사고 (5점)	5	• 기존 내러티브의 적합성과 타당성을 예리하게 논리적으로 판단하였다. • 새롭고 가치 있는 아이디어를 생성해 냈다. • 역사적 맥락에서 자료를 비판적으로 분석하고 해석하였다.		11 10
	4	• 기존 내러티브의 적합성과 타당성에 대한 문제의식을 드러냈다. • 고정 관념에 대한 성찰이 표현되었다.		9
	3	• 기존 내러티브의 적합성과 타당성에 대한 문제의식이 부족하다.		8
	2	• 비판적 사고력 및 창의성이 전혀 반영되지 않았다.		
탐구 과정 및 성찰 (5점)	5	• 탐구 과정에서 느꼈던 어려움을 매우 구체적으로 표현함. • 주제 탐구의 어려움을 극복해 나간 과정을 매우 진실되게 서술함. • 이 주제에 대한 탐구가 자신과 공동체의 삶에 주는 의미를 적극적으로 탐색하여 매우 분명하면서도 적절하게 표현하였다.(성찰)		7 6
	4	• 주제 탐구 과정에서 느꼈던 어려움과 이를 극복해 나간 과정을 적절하게 서술함. • 이 주제에 대한 탐구가 자신과 공동체의 삶에 주는 의미를		

평가 요소	배점	평가 요소별 평가 기준	평가 방법	평가 배점
		탐색하고 표현함.		
	3	• 주제 탐구 과정에서 느꼈던 어려움과 이를 극복해 나간 과정에 대한 서술이 부족함. • 이 주제에 대한 탐구가 자신과 공동체의 삶에 주는 의미에 대한 탐색과 표현이 부족함.		
	2	• 탐구 과정과 성찰이 없음.		5

[논술형 평가 모범 답안 예시 1]

조선 왕조의 개화 정책, 어떻게 볼 것인가?

(주제 선정 이유)

개화란 무엇일까? 표준국어대사전에 따르면, '사람의 지혜가 열리고 새로운 사상과 풍속 따위를 받아들여 발전'하는 것이라고 기술되어 있다. 그러나 우리 학교에서 채택한 한국사 교과서(해냄에듀)를 읽다보면 개화가 과연 이러한 뜻을 지닌 것인지 **의문**이다. 이에 교과서 100쪽 주제명에 쓰인 개화 정책이 과연 '발전'을 의미하는 것인지 **탐구**하고, 진정한 의미의 발전이란 무엇인지 오늘날 우리의 모습을 돌아보며 **성찰**하고자 한다.

(통합적 역사인식)

조선 왕조의 개화 정책은 어떻게 추진되었을까? 1876년 강화도 조약 체결 이후의 상황을 중심으로 살펴보자.

우선, **정치적** 측면에서 청의 총리아문을 모방한 통리기무아문이 설치되었다. 통리기무아문은 외교, 군사, 무역 등을 총괄하면서 청과 일본처럼 부국강병의 길을 모색하였다. **경제적** 측면에서는 개항장의 거류지(조계)를 중심으로 무역 활동이 전개되었으며, 조청상민수륙무역장정 체결 이후에는 외국 상인들의 내륙 진출이 가능한 상황이 펼쳐졌다. **사회적** 측면에서는 이러한 개화 정책 추진에 대한 양반 유생들과 도시 하층민들의 반발이 위정척사 운동, 임오군란 등의 형태로 드러났다. **문화적** 측면에서는 수백 년간 조선에 지대한 영향을 끼쳤던 청의 지식인들이 해국도지, 조선책략 등의 저서를 통해 새로운 국제인식을 소개하면서 조선의 지식인들의 사상과 학문 또한 변화의 물결을 마주하게 되었다.

(주장과 근거, 역사적 사실, 비판적 사고, 창의성)

그렇다면 이러한 개화 정책은 조선의 '발전'을 가져왔을까? 발전이란 사전적 의미로 '더 낫고 좋은 상태로 나아가는 것'이다. 그러나 실상을 살펴보면 **조선 왕조가 추진한 '개화'는 백성의 '발전'을 위한 것이라고 보기 어렵다.**

첫째, 강대국에 대한 의존도가 매우 컸다. 대표적인 사례가 청의 외교관 황쭌셴이 저술한 「조선책략」에 대한 조정(朝廷)의 반응이다. 청 입장에서 작성된 외교 관련 책자의 내용을 그대로 정책에 반영한 것이다. 또한 임오군란 당시에는 자국의 군대가 일으킨 난리를 외국 군대를 불러들여 진압하였다.(출처: 국사편찬위원회-우리역사넷-사료로 본 한국사)

둘째, 민생을 위한 제도 개혁이 부족했다. 예를 들어, 개화 정책의 일환으로 설치된 통리기무아문과 별기군은 백성의 삶이 나아지는 데 도움이 되지 못했다. 통리기무아문은 12개 부서를 두어 운영되었지만, 주로 외교, 군사 분야에 치중하였으며, 별기군은 80여 명 정도로 구성된 매우 작은 규모의 부대였을 뿐이다.(출처: 한국민족문화대백과)

셋째, 집권 세력의 부정부패가 여전하였다. 단적인 예가 바로 임오군란과 동학농민운동이다. 임오군란의 직접적인 원인은 군인들이 1년 넘게 밀린 급료로 받은 쌀에 모레와 겨가 섞여 있던 것에서 출발하였으며, 동학농민운동은 백성에 대한 지방 관리의 수탈이 직접적인 계기였다.(출처: 박노자, 『나를 배반한 역사』)

(탐구과정 및 성찰)

본 주제를 탐구하면서 느꼈던 어려움으로는 핵심 사건에 대해 통합적으로 접근해야 한다는 점, 스스로 문제의식을 갖고 나의 주장과 근거를 논리적으로 연결해야 한다는 점, 신뢰할 수 있는 자료를 바탕으로 구체적인 사례를 조사하여 제시해야 한다는 점을 들 수 있다.

이러한 어려움을 극복하기 위해 첫째, 정치, 경제, 사회, 문화의 의미를 정확하게 파악하여 핵심 사건을 각각의 측면에서 분석하고자 노력하였다. 둘째, 수행과제에 제시된 해당 단원의 교과서 본문 내용을 읽으면서 각 문장마다 '?'를 붙여보았다. 이를 통해 고개를 갸우뚱하게 된 부분을 주제로 선정하여 집중 탐구하였다. 셋째, 국사편찬위원회(우리역사넷, 한국사데이터베이스 등 포함), 한국민족문화대백과 등 역사전문사이트와 역사 관련 도서를 통해 근거를 뒷받침할 수 있는 사례를 조사하였다.

본 주제가 나와 우리의 삶에 던지는 메시지는 무엇일까? 우선, 이해와 공감이다. 역사는 우리가 살아본 적 없는 낯선 과거와의 대화이다. 과거에 살았던 인물들이 남긴 흔적과 대화하며 평소 낯설게 여겼던 것들을 자세히 살피며 이해와 공감의 폭을 넓혀나가는 삶의 상상력을 확장해 나갈 수 있었다. 다음으로, 시야의 확장이다. 개화 정책의 추진과 반발이라는 교과서상의 이분법적 구도를 벗어나 추진한 사람들과 반발한 사람들의 시선이 만나는 지점에 대해 고민해 볼 수 있었다. 마지막으로, 자신과의 대화이다. 평소 역사를 암기과목으로만 생각했던 나와 우리의 모습을 스스로 돌아볼 필요가 있다는 생각을 하게 되었다. '사람과 세상'에 대한 통찰, '바람직한 삶이란 무엇인가'에 대한 끊임없는 성찰이야말로 우리가 역사를 사랑하는 이유 아닐까?

[논술형 평가 모범 답안 예시 2]

갑신정변은 실패한 사건일까?

(주제 선정 이유)

고등학교 한국사 교과서(총 9개 출판사) 가운데 우리 학교에서 채택한 교과서의 109쪽 「인물 톡톡」의 첫째 줄을 보면 '정변 실패'라고 서술되어 있다. 그런데 '갑오개혁'을 다룬

119쪽 본문에서는 갑오개혁이 갑신정변 때의 개혁안을 상당히 반영하였다고 기술하고 있으며, 122쪽에는 갑신정변을 주도하였던 서재필이 미국에서 돌아와 정부의 지원을 받아 독립신문을 창간했다는 내용이 포함되어 있다. 과연 갑신정변을 실패한 사건이라고 평가해도 좋을까?

(통합적 역사인식)

급진 개화파가 갑신정변을 통해 내세운 개혁안의 내용은 무엇일까? 우선, **정치적** 측면에서 청에 대한 사대 관계를 폐지하여 조선의 자주독립을 선포하였다. 또한 국왕 중심의 정치를 개혁하여 내각 제도를 개혁하여 내각 제도를 수립하였다. **경제적** 측면에서는 당시 일반 백성의 삶을 고통에 빠뜨렸던 세금 제도, 재정 제도의 개혁을 통해 민생의 안정을 추구하였다. **사회적** 측면에서는 문벌을 폐지하고 인민 평등권을 보장하여 능력만 있으면 누구라도 관리가 될 수 있도록 하였다. **문화적** 측면에서는 청 중심의 유교문화를 벗어나 일본의 메이지 유신을 모델로 하는 사상 및 학문의 변화를 추구하였다.

(주장과 근거, 역사적 사실, 비판적 사고, 창의성)

표준국어대사전에 따르면 '정변'이란 '반란 · 혁명 · 쿠데타 등의 비합법적인 수단으로 생긴 정치상의 큰 변동'을 의미한다. 그렇다면 갑신정변을 두 가지 측면에서 살펴볼 수 있다. 하나는 반란이라는 형태의 비합법적인 수단을 사용했다는 점이고, 다른 하나는 정치상의 큰 변동을 일으켰다는 점이다. 그렇다면 '갑신정변이 실패했다.'는 표현은 타당한 것일까? 우정총국 개국 축하 연회를 이용하여 민씨 세력의 주요 인사들을 제거한 '비합법적인 행태'가 결국 청 군대의 개입으로 '3일 천하'로 끝났다는 점을 고려한다면 일견 타당하다고 할 수 있다. 그러나 '정치상의 큰 변동'이라는 측면에서 보자면 다른 이야기가 가능하다.

첫째, 10년 뒤 실시된 갑오개혁에 지대한 영향을 주었다. 제1차 갑오개혁의 주요 내용인 중국식 연호의 폐지, 왕실과 정부의 사무 분리, 과거제 폐지, 탁지아문으로의 재정 일원화, 근대적 화폐 제도 마련, 노비 제도 혁파 등은 이미 갑신정변 당시 발표된 개혁안에 뿌리를 둔 것이었다.(출처: 국사편찬위원회-조선왕조실록-고종실록)

둘째, 급진 개화파가 정계의 주요 인물로 성장하였다. 제2차 갑오개혁 당시 고종은 갑신정변을 주도했던 박영효, 서광범 등을 귀국시켜 새로운 내각을 구성하였다. 이를 통해 박영효는 내각 중심의 국가 체제 수립, 지방 제도의 개편 등을 주도하였고, 서광범은 법부대신(오늘날의 법무부 장관)을 맡아 사법 제도의 개혁을 이끌었다.(출처: 국사편찬위원회-우리역사넷-한국사연대기)

셋째, 독립협회 활동의 토대를 마련하였다. 갑신정변 이후 일본을 거쳐 미국으로 망명한 서재필은 1895년 조선으로 돌아와 정부의 지원으로 독립신문을 창간하고, 개화파 관료 및 인사들과 함께 독립협회를 창립하였다. 독립협회는 토론회와 강연회, 만민 공동회 등을 개최하여 민중의 정치 참여를 이끌었고, 1898년에는 관민 공동회를 통해 의회 기능을 갖춘 기구의 설립을 추진하였다.(출처: 국사편찬위원회-한국사데이터베이스-신편한국사)

(탐구과정 및 성찰)

본 프로젝트를 탐구하면서 느꼈던 어려움으로는 교과서의 내용을 분석적으로 읽어야 한다는 점, 스스로 문제의식을 갖고 그 의문에 답하는 과정을 설계해야 한다는 점, 교과서 집필의 근거가 되는 역사 전문 자료를 바탕으로 구체적인 사례를 조사하여 제시해야 한다는 점을 들 수 있다.

이러한 어려움을 극복하기 위해 첫째, 갑신정변을 다룬 주제 4의 내용을 주제 5, 6, 7과 연관 지어 읽고 분석하였다. 둘째, 갑신정변이 실패했다는 표현에 주목하여 과연 이러한 표현이 맞는 것인지 동학농민운동, 갑오개혁, 독립협회 관련 교과서 서술을 살펴보았다. 셋째, 국사편찬위원회 사이트에 포함된 한국사데이터베이스, 한국역사정보통합시스템, 조선왕조실록, 우리역사넷, 한국민족문화대백과 등 역사전문사이트를 집 드나들 듯이 활용하였다.

본 프로젝트가 나와 우리의 삶에 던지는 메시지는 무엇일까? 바로 질문의 힘이다. 역사는 이야기의 형태로 우리에게 전해진다. 그러다 보니, 원인-전개-결과가 논리적으로 잘 연결되어 전해지고 이로 인해 의심할 여지가 보이지 않는다. 그러나 결국 '이야기'는 누가 어떤 의도로 만드는가에 따라 같은 사건도 다르게 편집되어 전해지기 마련이다. 우리가 방송 예고편을 볼 때, '악마의 편집'이었다고 비판하는 경우가 대표적인 사례이다. 따라서 우리는 교과서를 읽을 때에 사소하게 보이는 표현이라 할지라도 지나치지 않고 질문할 수 있어야 할 것이다. 질문은 우리의 상상력을 확장시켜 주고 고정관념에 대해 도전할 수 있는 힘을 키워준다. 이러한 힘이 역사를 바꿔왔고, 왕의 나라가 국민의 나라로, 신분제 사회가 법적 평등 사회로 변화하는 토대를 제공한 것이다. 결국 우리는 역사를 배우는 동시에 역사를 만들어가는 주인공이 되어야 하지 않을까?

셋째, '학생의 성장을 어떻게 도울 것인가?'이다. 학습자의 성장을 유도하는 학습 경험과 피드백을 제공하는 단계이다. 이 단계는 서·논술형 평가가 채점으로 끝나지 않고 학생에게 학습의 일부로 여겨질 수 있도록 도와주면서, 평가를 위한 평가가 아닌, 수업과 학습 경험의 연장선에서 이루어지는 평가를 지향하게 해준다.

블룸의 학습 목표 분류(Bloom's taxonomy of learning objectives)에 따르면 학습자는 배우는 과정에서 기억, 이해, 응용, 분석, 평가, 창의 활동을 수행할 수 있다. 블룸의 분류는 위계가 아닌 조화에 초점을 둔 것으로, 기억과 이해에 기초하여 응용, 분석, 평가, 창의 활동을 균형 있게 수행하는 것을 지향한다.

학습자의 학습 목표 도달 여부를 판단하는 데 중요한 지표를 제공하는 서·논술형 평가를 예로 들어보자. 서술형 평가는 학습자가 지식을 바탕으로 제시된 자료의 내용을 이해하고 답안을 작성하는 방식으로, 수업에서 배운 내용을 충분히 소화하였는지 확인할 수 있게 한다. 논술형 평가는 주장과 근거를 유기적으로 조직하고 구체적인 사례를 바탕으로 설득력이 높은 글을 써내는 형태로, 학생 스스로 학습 경험을 창의적으로 발전시켰는지 판단할 수 있게 한다. 서·논술형 평가의 근간인 글쓰기의 핵심은 배운 내용을 기반으로 글을 쓰고 검토 의견을 반영하여 수정하는 데 있다. 이것은 글쓰기 자체가 한 번에 완성되는 결과물이 아니라 장점을 강화하고 단점을 보완하며 성장해 가는 과정이라는 점과 함께 서·논술형 평가 시 피드백이 학생에게 어떤 기능을 할 수 있는지도 알게 해준다.

그래서 서·논술형 평가는 지필평가, 수행평가뿐 아니라, 형성평가로도 활용하는 것이 좋다. 특정 주제를 학습한 뒤에, 모둠 또는 짝별로 서술형 또는 논술형 문항을 함께 해결하도록 하는 방법이 있다. 학생 개개인이 각자 답안을 작성하게 한 뒤 모둠 구성원 또는 짝과 함께 서로의 글에 대해 피드백을 주고받게 하는 방법으로, 형성평가를 동료평가와 연결시킨 형태이다. 학생들은 직접 평가의 주체가 된다는 점에서 학습에 대한 책무성이 높아지고, 자신의 답안에 대해서도 사려 깊게 되돌아보는 경험을 할 수 있다.

6. 수행평가 출제

1) 수행평가의 개념과 방향

표준국어대사전에 따르면 수행평가(遂行評價, performance assessment)는 학생의 학습 과제 수행 과정 및 결과를 직접 관찰하여 그 관찰 결과를 전문적으로 판단하는 일로, 논술형, 구술, 실기, 연구 보고서 작성 등의 다양한 방법을 사용한다. 다시 말해, 학생이 알고 있고 할 수 있는 것에 대하여 답안을 직접 작성하거나, 문제를 해결하거나, 구술·토론·발표로 나타내는 평가로, 학생이 가지고 있는 지식, 기능, 태도 등의 능력을 직접 수행으로 나타내 보인다는 특징을 갖는다.

1980~90년대까지는 자동차 운전 등 실기 능력이 중요하게 요구되는 영역에서 이론 시험에 대비되는 개념으로 사용되었다. 이후 학생 평가의 개선 방안을 찾는 과정에서 선다형 지필평가 문항, 일회성 평가, 결과 중심 평가로 상징되는 종래의 지식 암기 위주의 평가 체제 개선하기 위한 대안적인 평가 체제로 주목받으면서 구술, 논술, 기획 등 실제적인 수행 능력과 수행 과정을 중요하게 여기는 평가, 수업 과정에서 이루어지는 평가로 학교 현장에서 정착되었다. 그 결과 지필평가와 더불어 평가 계획을 구성하는 양대 축으로 기능하고 있으며, 교육과정 성취 수준을

근거로 준거 참조 평가(절대 평가)를 적용하는 과목일수록 지필평가 없이 수행평가로만 학기를 운영하는 경우가 늘어났다.

토의·토론, 모둠별 프로젝트, 동료 평가, 탐구 보고서 작성, 발표 등 다양한 평가 방법을 사용할 수 있고, 학습 활동의 모든 과정을 평가 활동과 연결시킴으로써 지속적이고 종합적인 평가가 가능하며, 교사가 지식의 전달자가 아닌 학습의 안내자·촉진자 역할을 맡는다는 점에서 수행평가는 학생에게 능동적인 학습자, 지식의 창조자가 될 수 있는 기회를 제공할 수 있다. 특히, 교사와 동료가 학생의 학습 활동을 관찰하면서 흥미도, 자신감, 가치 인식, 학습 태도, 협력, 소통, 책임감, 규칙 존중 등의 정의적 영역까지 평가할 수 있다는 점에서 참된 의미에서의 학력을 판단할 수 있는 근거로 작용할 수 있다. 이러한 수행평가의 강점은 수업과 연계되었을 때 더욱 크게 발휘된다.

수행평가는 지필평가와 마찬가지로 교육과정 성취기준에 기반하는 평가로, 학생이 수업 중의 수행평가에 참여하는 과정에서 해당 성취기준에 도달할 수 있도록 지원할 수 있어야 한다. 따라서 수행평가 도구(평가 과제, 채점 기준 등) 또한 성취기준에 근거하여 개발되어야 하며, 평가 과제는 수행 과정을 효과적으로 유도할 수 있도록 단계적으로 구조화되어야 하고, 채점 기준은 해당 성취기준에 학생이 도달했는지 여부를 판단할 수 있도록 구체적으로 작성되어야 한다. 수행평가의 목적은 선발, 분류, 배치가 아닌 지도, 조언, 개선에 있다는 점을 고려할 때, 평가 과정 및 평가 결과에 대한 적절한 피드백은 수행평가에서 매우 중요한 위치를 차지한다. 수행평가는 피드백을 통해 학생이 수행평가 과정에서 성장할 수 있는 계기를 제공할 수 있어야 한다.[10)]

모든 수행평가 결과를 반드시 성적에 반영할 필요는 없다. 수행평가에서 학생의 과제 수행 과정을 평가하는 의도는 학생이 해당 성취기준에 효율적으로 도달할 수 있도록 지도하고, 학생에게 가치 있는 학습 경험을 제공하기 위해서이다. 따라서 수행평가 결과는 학생의 학습에 도움을 줄 수 있도록 유용한 피드백으로 제공되어야 하며, 성적에 반영하지 않더라도 학교생활기록부의 과목별 세부능력 및 특기사항에 기재하여 학생의 학습과 성장에 관한 평가 정보로 제공될 수 있음을 상기할 필요가 있다.

수행평가 과제가 갖추어야 할 특징은 다음과 같다. 첫째, 실제 상황에서 발생할 수 있는 문제와 유사한 형태로 과제를 설계해야 한다. 청중 대상 발표, 구술 면접, 탐구 보고서 작성, 논술, 토의토론, 팀 프로젝트, 영상 제작, 인터뷰 대본 작성하기, 카드 뉴스 제작하기 등 학생이 삶에서 마주할 수 있는 상황을 과제로 제시함으로써 학생 스스로 또는 동료와 협력하여 해결할 수 있는 기회를 제공해야 한다. 둘째, 통합적인 사고 능력을 요구해야 한다. 교과서상의 내용 지식을 단순히 외워서 해결할 수 있는 과제가 아닌, 다양한 지식과 정보를 종합하여 해석하고 평가하며 학생 나름의 독창적인 결과물을 만들어낼 수 있도록 설계해야 한다. 셋째, 학생이 문제해결을 위한 여러 시도와 노력을 기울일 수 있는 과제여야 한다. 성실한 자료 조사, 창의적인 접근, 역사적 쟁점의 구조화, 탐구 과정에 대한 성찰 등 다양한 측면에서 학생의 과제 수행을 평가할 수 있어야 한다.

임진왜란을 학습하면서 역사 기반 공익 캠페인 기획하기를 수행평가로 진행한다고 가정해 보자. 학생들은 임진왜란으로 인해 조선, 일본, 명의 일반 백성이 입은 피해와 전쟁 후유증에 대해 조사 활동을 수행한 뒤, 평화를 위한 전쟁사 활용 방안을 기획한다. 이를 바탕으로 '임진왜란 기억 주간'이라는 가상의 캠페인을 기획하고 포스터, 슬로건, 홍보 영상 제작 등의 활동을 수행한다. 자료 조사, 기획안 작성, 홍보 자료 제작 등의 활동은 학생들이 학교 생활이나 일상의 삶에서 직접 경험할 수 있는 상황들이며, 임진왜란에 대한 단편적인 내용 지식만으로는 해결할 수 없다. 또한 활동을 수행하는 과정에서 비판적 사고력, 평화·비폭력 감수성, 역사적 사건의 공적 의제화 등의 역량을 기를 수 있다. 이처럼 수행평가는 단순히 시험의 한 종류에 국한되지 않고, 학생이 참여하는 동안 다양한 측면에서 새롭고 가치 있는 학습 경험을 누릴 수 있는 기회의 장이 될 수 있다.

2) 수행평가 과제의 유형

일반적으로 수행평가에서 활용할 수 있는 과제 유형으로는 논술, 구술, 토의토론, 프로젝트, 포트폴리오, 자기평가·동료평가 등이 있다. 수행평가 과제 유형을 선택할 때에는 선택한 과제 유형이 해당 수행평가와 연계된 성취기준의 도달 여부를 타당하게 평가할 수 있는지, 창의성이나 문제해결력 등과 같은 고등 사고력을 평가할 수 있는 것인지 고려해야 한다.

〈수행평가 과제 유형〉

유형	정의	특징	예시
논술형 과제	한 편의 완성된 글로 답을 작성하는 방식. 한국사 주요 쟁점이나 주제에 대해 자신의 생각이나 주장을 논리적으로 작성해야 하므로 학생이 제시한 아이디어뿐만 아니라 조직이나 표현의 적절성 등을 함께 평가함.	학생이 답을 선택하는 것이 아니라 학생의 생각이나 의견을 직접 기술하기 때문에, 창의성, 문제해결력, 비판력, 통합력, 정보 수집 및 분석력 등의 고등 사고 능력을 평가하기에 적합함.	• 예시 주제: 갑오개혁은 근대 개혁인가? • 운영: 수업에서 관련 내용 학습 → 논제 제시 → 개요 및 근거 준비 → 논술문 작성 • 평가: 주장의 명확성, 근거의 역사성, 논리 전개, 표현력 등
구술 평가	특정 내용이나 주제에 대해서 자신의 의견이나 생각을 발표하도록 하여, 학생의 준비도, 이해력, 표현력, 판단력, 의사소통 능력 등을 직접 평가하는 방법	특정 주제에 대하여 학생들에게 발표 준비를 하도록 한 후, 발표에 대하여 평가함. 또는 평가 범위만 미리 안내한 후 평가자가 관련된 주제나 질문을 제시하고 학생이 답변하게 하여 평가함.	• 예시 주제 1: '국제 질서의 변동과 개항' 관련 내용 가운데 탐구 주제를 선정하여 발표하기 • 예시 주제 2: '국제 질서의 변동과 개항' 관련 내용에서 평가자와 학생이 질의 응답 진행하기 • 평가: 개념의 정확성, 설명의 논리성, 언어 표현력
토론 활동	쟁점이 있는 논제에 대해 서로 다른 의견을 가진 학생들이 토론하는 것을 관찰하여 평가하는 방법	경쟁이 아닌 경청에 초점을 맞추어 토론자들이 사전에 준비한 자료의 다양성이나 적절성, 토론 내용의 논리성, 상대방의 의견을 존중하는 태도 등을 종합적으로 평가함.	• 예시 주제: 갑오개혁은 근대 개혁인가? • 운영: 찬반 팀 구성 → 자료 조사 → 토론 진행 → 토론 후 소감문 또는 요약 정리 제출 • 갑오개혁의 내용과 역사적 맥락을 충분히 이해하고 자료를 조사하였는지, 주장과 근거, 제시한 자료들이 서로 일치하는지 평가함.
프로젝트 과제	학생으로 하여금 특정한 탐구 과제를 수행하도록 한 다음, 프로젝트의 전 과정과 결과물(보고서 등)을 종합적으로 평가하는 방법	결과물과 함께 계획서 작성 단계에서부터 결과물 완성 단계에 이르는 전 과정도 함께 중시하여 평가함.	• 예시 주제: 우리 지역의 독립운동 인물 조사 및 홍보 영상 제작 • 운영: 주제 설정 → 역할 분담 → 자료 조사 → 결과물 제작 → 발표 및 평가

유형	정의	특징	예시
			• 평가: 조사 내용 충실도, 표현 창의성, 협력도, 발표력 등
포트폴리오 작성	학생 개개인의 학습 과정에서 나온 산출물들을 체계적으로 누적하여 모은 결과물을 이용한 평가 방법	• 학생의 강점이나 약점, 성실성, 잠재 가능성 등을 종합적으로 파악할 수 있고, 학생의 성장 과정을 한눈에 볼 수 있어서 학생에게 유용한 피드백을 제공할 수 있음. • 일회적인 평가가 아니므로, 학생 개개인의 변화와 발전 과정을 종합적으로 평가하기 위해 전체적이면서도 지속적으로 평가하는 것을 강조함.	• 예시: 1학기 수행과제(사료 분석, 논술, 활동지 등) 모음, 성찰문 • 운영: 매 과제마다 정리 및 자기평가 → 학기 말 통합 제출 • 평가: 정리의 체계성, 성찰의 깊이, 과제 완성도
자기평가 보고서 및 동료평가 보고서 작성	• 자기평가: 수행 과정이나 학습 과정에 대하여 학생이 작성한 자기평가 보고서를 토대로 하여 교사가 평가함. • 동료평가: 동료 학생들이 상대방을 서로 평가한 동료평가 보고서를 토대로 하여 교사가 평가함.	학습자로 하여금 자신의 학습 준비도, 학습 동기, 성실성, 만족도, 다른 학습자들과의 관계, 성취수준 등에 대해 스스로 생각하고 반성할 수 있는 기회를 제공함.	• 예시: 토론 활동 후 조원 간 동료 평가서 작성 • 운영: 활동 직후 간단한 평가지 작성(예: 협력도, 주장 설득력 등) • 평가: 평가의 진지성, 근거 제시 여부, 공정성
탐구 보고서 작성	역사적 문제를 설정하고 자료를 수집·분석하여 결론을 도출하는 보고서 형식 과제	역사적 사고력 중심의 개별 활동으로 탐구력, 사료 해석력, 글쓰기 능력을 종합적으로 평가할 수 있음.	• 예시 주제: 갑신정변의 실패 원인을 3가지 측면에서 분석하시오. • 운영: 주제 선택 또는 제공 → 자료 조사 → 개요 → 보고서 작성 • 평가: 문제 설정의 타당성, 자료 해석력, 논리적 구성
사료 분석 과제	제시된 사료를 해석하고 역사적 맥락과 의미를 분석하는 과제	사료 활용을 통해 역사적 사고력을 증진할 수 있으며, 주어진 정보를 바탕으	• 예시 사료: 「독립신문」 기사, 「홍범14조」 등 • 운영: 사료 제시 → 배경

유형	정의	특징	예시
		로 사료를 비판적으로 해석할 수 있는 능력을 평가함.	설명 → 질문 제시 → 서술 또는 문답형 작성 • 평가: 사료 해석력, 역사 맥락 이해도, 핵심 요지 도출력
연표 · 지도 등을 활용한 인포그래픽 제작	역사적 흐름이나 공간적 개념 등에 대한 정보를 시각 자료로 표현하여 정리하는 과제	정보 요약 능력과 시각적 구성 능력을 강화할 수 있으며, 직관적 이해와 발표 학습의 연계가 가능함.	• 예시 주제: 근대 개혁운동 연표 제작, 일제 강점기 저항운동 지도화 • 운영: 핵심 사건 정리 → 시각 자료 제작(디지털 또는 수기) • 평가: 정보 선정의 적절성, 시각 구성의 논리성, 창의성
역할극 · 역사극 제작	역사 인물이나 사건을 연극 형식으로 재현하거나 각색하여 발표	역사 공감 능력, 창의력, 협동성을 강화할 수 있으며, 인물의 입장과 감정 이해에 효과적임.	• 예시 주제: 신채호와 박은식의 역사 인식 차이 역할극 • 운영: 역할 분담 → 대본 구성 → 연습 → 발표 → 소감문 작성 • 평가: 역사적 이해도, 표현력, 협력 태도
신문 · 잡지 제작	특정 역사 주제를 현대 언론 형식으로 구성하여 편집물 제작	역사 정보 요약력과 창의적 구성력 강화할 수 있으며, 현대적 시각으로 재해석이 가능함.	• 예시 주제: 3 · 1 운동 특집 신문 발간 • 운영: 기사 · 인터뷰 · 광고 등 콘텐츠 구성 → 편집 디자인 • 평가: 기사 내용의 타당성, 표현력, 편집 구성
역사 체험기 · 가상 여행기 작성	역사 속 인물이 되어 당시를 체험한 듯한 글을 창작	역사적 사실에 기반하여 창의적으로 글을 쓸 수 있는 능력을 요구하는 수행 과제로 해당 시대에 이해와 감정이입 능력이 중요함.	• 예시 주제: 내가 독립운동가였다면?, 조선시대 관리가 되어 중국에 다녀온 기행문 • 운영: 역사적 배경 조사 → 인물 설정 → 체험기 창작 • 평가: 역사적 타당성, 창의성, 글의 몰입도

제2부

한국사 수업의 실제

어느 신규 역사 교사의 좌충우돌 첫 한 달 한국사 수업일지

2월 학교 발령

2월, 교원 임용 시험 합격 발표 이후 나는 신규교사 연수를 받으며 오랜만에 마음 편한 시간을 보내고 있었다. 2월 중순부터 집합 연수와 원격 연수를 포함한 65시간의 연수를 들으면서 교사로서 알아야 할 기본적인 사항을 숙지하고, 연수기간 중 정규 인사가 발표되어 한 특수목적고(외국어고)에 발령받게 되었다는 사실도 알게 되었다.

<table>
<tr><th>연수
과정명</th><th colspan="3">연수 방법 및 기간</th><th>연수 대상
(인원)</th><th>연수
장소</th><th>담당
연구사</th></tr>
<tr><td rowspan="2">신규 임용
예정 교사
(중등)
직무연수</td><td>집합
연수</td><td>□□□□.
2.13.(화)
~2.20.(화)</td><td>6일
(40시간)
-연수원-</td><td rowspan="2">□□□□년
신규임용예정자
(총 △△명 예정)</td><td rowspan="2">○○교육청
교육연수원
(~~~소재)
〈강당〉</td><td rowspan="2">■■■
(○○○-
○○○○)</td></tr>
<tr><td>원격
연수</td><td>□□□□.
2.21(수)
~2.22.(목)</td><td>2일
(25시간)
-자택-</td></tr>
</table>

나는 개학 전 미리 발령받은 학교를 방문하여 교장, 교감 등 관리자에게 인사를 하고 학교 업무 전반에 대한 조언을 들었다. 그리고 교무부장을 통해 한국사 교과가 편성되어 있는 1학년 학급 담임 업무를 배정받았으며 학교 홈페이지 관리 및 방송반 운영, 학교 홍보 영상 제작 등의 업무를 배정받았다. 이후 동료 역사 교과 교사를 만나 1학년 한국사 주당 6개 반 3시간 등 총 18시간의 시수를 배정받았는데, 1학년 학급담임과 맞물려 자연스러운 시수배정이라는 설명 또한 듣게 되었다. 교과서와 교사용 지도서 정도를 받아들고 집으로 돌아오는 길에 나는 설렘 반, 걱정 반의 마음 상태를 가지게 되었다.

수험생이었던 내가 합격 후 예비 교사, 후보 교사에서 발령 후 정식 역사 교사로 넘어가는 기간이 불과 한 달 남짓이었다. 나는 '이제 사회생활 시작이구나.', '이제부터 진짜 대학에서 그동안 배워 왔던 것들을 실전에서 활용하는구나.' 하는 말들을 되뇌며 잘할 수 있을 것이라고 긍정적인 생각을 하려고 노력한다.

역사를 좋아했기 때문에 역사 교사를 목표로 삼았고, 그 목표를 이루었기에 좋은 역사 교사가 되고 싶은 마음은 충만하지만, 현실이 녹록하지 않을 것이라는 예감이 든다. 어쨌든 나는 역사 교사로서 3월 1일자로 정식 발령을 받게 되었다.

3월 첫째 주

개학 날 나는 오전 전체 교직원 회의 때 신규 발령 교사 인사를 마치고 내 자리인 교육정보부실에서 1시간의 공강 시간 뒤 1학년 3반 교실로 교사로서의 첫 발걸음을 내디뎠다.

발령 이후 수업 준비를 하면서 거의 외우는 수준에 이르렀던 첫 시간의 멘트들은 칠판에 이름을 쓰고 자기소개를 하면서 피어오르는 긴장감에 떠오르는 것이 거의 없게 되었다. 그리고 자신만 쳐다보는 20여 명이나 되는 학생들의 눈들이 기분 좋은 부담으로 느껴졌다. 나는 수업 방향 및 지필평가와 수행평가 안내 등을 한 뒤, '역사란 무엇인가'에 대해 학생들에게 자유롭게 이야기해 보게 하며 한껏 노련한 교사인 척 첫 수업을 마치고 교육정보부실로 복귀하였다.

한편으로는 기분이 좋았고, 한편으로는 '밑천'이 드러날까 봐 큰일 났다는 생각에 날마다 밤늦게까지 남아 수업자료를 제작하고 스크립트를 짜보는 등 세부적인 수업 준비에 들어갔다.

개학 첫 주, 학교의 톱니바퀴는 신규교사를 온전히 수업 준비에만 집중할 수 있게 도와주지 않았다. 학교 홈페이지 관리 전임자는 빠르게 업무 인수인계를 해주며 새 학기에 맞게 홈페이지 기본 정보를 수정해야 한다며 웹에디터 관련 편집프로그램을 내 컴퓨터에 설치해 주었다. 컴퓨터 관련해서는 문서작성 정도만 할 줄 알았던 나는 전임자의 설명과 함께 이해하지 못한 부분은 퇴근 후 인터넷 강의를 들어가며 홈페이지 관리 업무를 배웠다.

그제서야 2월에 학교를 방문하였을 때 교감 선생님께서 "자네, 젊으니까 컴퓨터 잘하지?"라고 물었을 때, "잘하지는 못하고 문서작성 정도만 합니다."라고 대답했으나, "그 정도면 됐어. 젊으니까 정보부실 일 금방 배우고 잘할 거야."라는 대화 내용이 기억이 났다.

학교의 상황이 모두 다르다 보니 신규교사의 경우 잘 못하는 분야도 배워가며 업무를 해야 하는 상황에 놓이기도 하기 때문에 나는 더욱 정신을 바짝 차리게 되었다. 학교 현장은 역사교사이니깐 역사만 잘 가르치면 되는 곳이 아니었다. 그러나 역사를 잘 가르치는 것은 역사교사의 기본 자질이므로 이것이 흔들리면 안 된다고 생각했다. 그렇게 나는 업무를 배우면서 관련 선생님의 얼굴과 이름을 외워갔고, 수업에 들어가면서 학생들의 얼굴과 이름을 외워갔다. 정신없이 3월 첫 주를 보냈다. 업무, 수업 준비, 동료 교직원 파악, 학생 이름 기억하기, 어느 것 하나 완벽하게 준비된 것은 없었다. 토요일은 하루 종일 피곤함에 늦잠을 잤고, 일요일은 다음날 출근할 걱정에 어느 것에도 집중을 할 수 없었다. 그러다가 둘째 주 월요일이 찾아왔다.

3월 둘째 주

수업에 한 주가 지나 수업에 어느 정도 익숙해질 즈음, 나는 약간의 불안을 느끼기 시작했다. 자신이 수업하는 방식이 맞는 것인지, 학생들이 잘 이해하고 있는 것인지 구체적으로 파악할 수 있는 방법이 떠오르지 않았다.

같은 학교에 재직하는 선배 역사 교사에게 수업을 참관하고 싶다고 용기 내서 말을 해보았는데, 난감해하는 기색이 역력했다. 한 번 더 부탁드려서 참관에 들어갔지만, 눈치가 보여서 10분 정도 참관하다가 나오게 되었다. 나는 수업 참관을 자유롭게 허용하는 선배 교사도 있겠지만, 자신의 수업을 보여주는 것을 부끄러워하는 선배 또한 있게 마련이라고 스스로를 위안하였다.

다른 방법으로 유명한 한국사 인터넷 강의를 보기도 하고 이를 어느 정도 흉내도 내봤지만 이 또한 학생들이 만족해할 만한 수업이라고 확신이 들지는 않았다. 무엇보다 학교의 특목고로서의 성향, 교실 수업 환경의 다양성, 그리고 교사로서 나 자신이 가지고 있는 특징, 그리고 교사로서 나 자신이 가지고 있는 교수 학습 능력에 맞는 수업 구성이 필요하다고 느꼈다.

내가 재직하는 특수목적 고등학교, 즉 특목고의 특징 중 하나가 학업 능력이 우수한 학생들이 좋은 대학의 진학을 목표로 온 경우가 많다는 점인데, 이로 인해 학생들이 수업에 대한 열의가 있다는 측면은 장점이지만, 내신 성적에 매우 예민하다 보니 수업 내용 하나하나가 시험에 나오는지가 가장 중요한 학생들이 꽤 존재한다는 것은 수업하기 어려운 점이기도 했다.

나는 이번 주 삼국시대 부분을 가르칠 때, 외워야 할 왕 이름이 처음으로 많이 등장하는 부분이어서 학생들이 암기에 부담을 느끼고 학업적 흥미도 떨어질 수 있다고 판단하였다. 수업 재구성에 대한 고민을 충분히 하였고, 실제 수업에서 왕 이름을 친숙하게 하기 위해 묘호의 개념에 대해 설명하고 삼국 각각의 전체 왕조표를 보여주었다. 이야기 형식으로 주요 왕들의 흥미로운 역사기록을 섞어가며 수업을 전개하였다. 이때 학생들의 반응은 자신들이 알고 있는 왕의 이름이 묘호였다는 점도 흥미로워했고, 왕들이 가지고 있는 개인의 이야기들 또한 재밌었다는 의견이 많았다.

반면, "이 부분은 교과서에 안 나오는 개념인데, 시험에 나와요?", "전체 왕조표를 보니 외워야 할 왕이 더 많아진 것 같아요. 이 왕들 모두 외워야 해요?" 등 역시 시험을 걱정하는 학생들의 의견 또한 있었다. 나는 어떤 학생들의 흥미와 수준을 어느 곳에 맞추어야 할지, 학생들의 반응을 지나치게 의식하는 것은 아닌지 혼란스럽기만 했다.

주말에 합격 동기 역사 교사 모임이 있었다. 내가 이러한 수업에 대한 고민을 모임에서 이야기하자 이는 곧, '배부른 소리', '부러운 얘기'가 되었다.

'시골' 인문계 고등학교에 신규 발령받은 역사 교사 A는 학년당 한 학급밖에 없는 학교 특성상 중학교 파견까지 나가고 있어서 하루하루 다학년, 다교과 수업 준비를 하느라 구체적인 수업의 방법이나 발전적인 방향에 대해서는 고민할 겨를이 없다는 푸념을 늘어놓았다.

중소도시의 특성화 고등학교에 발령받은 역사 교사 B는 아무래도 학생들이 전공교과 실습에 훨씬 더 열의가 있고, 한국사를 비롯한 인문 교과에 대한 흥미와 학업능력은 떨어지는 편이어서 역사 수업을 위해 많은 준비를 하고, 흥미를 갖게 하기 위해 코미디언처럼 웃기려 노력하더라도 학생들이 수업에 관심을 보이지 않을 때가 많다며, 제대로 된 수업 준비를 해보고 싶다고 하소연하기도 하였다.

중소도시 인문계 고등학교에 신규 발령받은 역사 교사 C는 학교가 인문계 고등학교로서 학업 편차가 없을 것이라 생각했는데, 실제로는 한 학급 안에 학생들이 가지고 있는 학업 능력의 편차가 너무 커서 최고 명문대 입시를 준비하는 학생도 있고 인문계 고등학교에 겨우 입학한 학생도 있는 환경에 대한 고민을 이야기하였다. 자신이 수업 때 대답도 잘해 주고 설명을 잘 이해해 주는 중상위권 학생들에 맞춰 수업하다 보니 2주가 지나서 중하위권 학생들이 슬슬 졸거나 수업을 듣지 않는 모습이 늘어나 어느 수준을 산정하고 수업 계획을 해야 할지 매시간 고민이라는 것이다.

신규 역사 교사 D와 E는 한국사를 가르치고 있다는 사실 자체를 부러워하는 경우였다. D는 고등학교에 발령받았지만, 교육과정 구성상 통합사회를 주로 가르치고 세계사를 약간 더해 가르치고 있고 한국사 수업은 아예 들어가지 못하고 있었다.

특히 역사 교사 E는 중학교로 신규 발령을 받아 그 학교의 사회 교사 중 역사 전공자가 있어서 자신은 중학교 사회 교과서 지리 부분을 맡게 되어 아예 역사를 가르치지 못하는 상황이라고 이야기하였다.

이러한 고충을 서로 이야기하면서 신규교사끼리 서로 수업 연구 모임을 만들자, 함께 교재나 학습지를 만들어 보자는 등 다양한 이야기가 나온 것으로 보아 다들 신규교사로서 수업을 잘하고 싶은 갈증은 공유하였다. 그러나 학교에서 맡은 업무 얘기가 나오고 하나둘 새로 배워가는 역사 교과 이외의 수많은 일거리들이 회자되자, 일단 교직 생활 1년 중 가장 바쁘다는 3월은 넘겨보자는 핑계로 이야기는 더 진행되지 않았다.

나는 다른 동료 신규 교사들의 이야기를 들어보니 어느 학교나 나름의 힘든 점이 있다는 것을 새삼 느꼈고, 수업을 잘하고 싶은 부분에 대한 고민은 즐거운 고민이라고 긍정하게 되었다. 이날의 만남은 내게 있어 개학을 하고 학교에 첫발을 내딛은 이후 만연했던 긴장감을 풀 수 있는 첫 외출이자 역사 교사들과의 만남이었는데, 반가움 뒤에 아직 무언가 자리 잡히지 않은 막연한 불안감 또한 공존했던 자리였다.

3월 셋째 주

나는 세 번째 주에 접어들면서 수업에 있어서 또 다른 고민이 생기기 시작했다. 바로 수업 진도에 대한 문제였다. 내가 고등학생일 때도 종종 교과서 진도를 다 끝내지 못하거나 진도를 천천히 나가서 뒷부분은 약식으로 빠르게 수업했던 역사 선생님을 기억하기는 하는데, A씨 본인이 수업을 하면서 항상 계획했던 것보다 느리게 진도를 나가는 부분이 3주째 쌓여가자 해결해야 할 문제로 인식하기 시작하였다.

스스로 진도가 느려지는 원인을 분석해 보았는데, 우선 환경적인 부분이 있었다. 수업 준비를 할 때 교실에서 일어나는 변수를 충분히 고려하지 않아 그 부분의 차이가 발생했던 것이다. 예를 들어 한국사 수업 예정인 학급이 전 시간이 체육이어서 학생들이 옷을 갈아입고 환기를 하는 등의 시간이 늦어지면 내가 들어가서 출석까지 불렀을 때, 실제 고등학교 50분 수업 중 꽤 유의미한 시간이 소비되기도 하였다.

두 번째로 애초에 수업 준비를 할 때 너무 세세하게 개념 설명을 준비하다 보니 시간이 생각보다 많이 소비되는 점도 있었다. 학생들이 교과서를 읽을 때 이 개념은 혼자 알기에 어렵다고 판단되면 이를 하나하나 설명하다 보니 생각보다 시간이 많이 걸리게 되는 것이다. 교과서의 어떤 개념을 어느 정도 비중을 두고 어느 정도의 시간 할애를 해서 설명해야 하는지 노하우가 부족하다 보니, 모든 개념을 설명해 줘야 할 것 같은 얕은 강박이 생기기도 하였다.

마지막으로 학생들의 변수 또한 고려하지 못하였다. 학생들은 수업 시간에 교과 내용과 상관없는 엉뚱한 질문을 하기도 하지만, 수업에 도움이 되는 유의미한 질문을 하기도 하기 때문에 이러한 질문하는 상황이 발생했을 때 역시 일정 시간을 할애해야 했다.

이러한 상황들을 겪으면서 나는 학생과 소통하면서 수업을 교사가 주도적으로 이끌려면 교사가 학생들에게 확산적 사고를 유도하는 질문을 던져서 수업 분위기를 주도하고 시간 또한 조절해서 수업 진도를 원활히 하는 데도 도움을 받아야겠다고 생각하였다. 또, 신규 교사로서 역사교육론을 공부하며 숙지했던 다양한 교수법을 지금 당장 과감하게 활용해 보는 데 부담을 느끼면서도 시대 및 주제에 맞는 교수법을 찾는 것이 수업 진도를 적절하게 나가는 데 도움이 될 수 있겠다고 생각하였다.

나는 3주 차에 접어들면서 역사 동아리 활동을 진행하였다. 역사를 좋아하는 학생들이 모였기 때문에 동아리 구성원들과 논의하여 수업 시간에 하지 못한 역사 논쟁 토론, 역사 논술, 지역 주요 문화유산 답사 등 다양한 동아리 활동 계획을 수립하였다. 역사 동아리 교사로서 생활기록부에 동아리 활동 세부능력 특기사항을 적어줘야 하며, 이 내용이 역사 관련 진로를 가진 학생들에게 대학 진학에 있어서 중요하다는 것을 알고 다양한 활동을 잘 관찰하고 적어줘야겠다는 생각을 하였다.

3월 넷째 주

어느덧 3월의 마지막 주가 되었다. 학교에서는 다양한 공개 수업이 계획되었다. 모든 학교에서 의무적으로 계획해야 하는 학부모 공개 수업 날짜가 먼저 확정되었고, 따로 교내 교사들 간의 동료 장학 공개 수업 또한 계획되었다. 신규교사인 나는 우선 동료 장학 대상자로 선정되어 교내 선배교사들이 내 수업을 참관하고, 조언을 들을 수 있는 한편으로는 부담스럽지만 다른 한편으로는 교사로서 성장할 수 있는 기회를 얻게 되었다.

학부모 공개 수업 때 나는 이제껏 서서히 풀려갔던 긴장감을 다시 극한으로 느끼게 되는데, 20명 학급에서 수업을 보기 위해 학부모 14명이 참관을 온 이유에서다. 진땀을 흘리면서 수업을 마치고 학부모와 인사를 나눴는데, 학부모 중 현직 역사 교사와 역사 학원 강사가 있었다는 사실에 한 번 더 가슴을 쓸어내리게 된다. 이 경험을 통해 학생들 앞에서 자신 있게 자신의 과목을 가르치는 것에 만족하는 것이 아니라, 언제 어디서든 역사 전공자 학부모가 보더라도 자신의 아이에게 유익하다고 느낄 만한 수업이면 좋겠다는 생각을 하였다.

이어서 다른 날 진행된 동료 장학에서도 교장, 교감, 수석교사, 사회과 교사 등이 수업에 대해 다양한 조언을 해주었는데, 학부모 공개 수업 때보다는 수업 이후 피드백을 들을 수 있어서 3월 초부터 느꼈던 수업 방향에 대한 고민에 대해 도움이 되는 유익한 시간을 보냈다. 공개 수업은 준비할 때는 상당히 의식이 되고 부담이 가더라도 준비 과정에서 자신의 수업 방향에 대해 진지하게 고민해 보고 발전적인 생각을 할 수 있다는 면에서, 한 번씩 자신의 수업을 동료장학 받고 싶다는 생각을 하기도 하였다.

수업을 한 지도 한 달이 되어 가면서 나는 학생들 파악도 어느 정도 끝나고 학생들끼리도 어색한 시기가 지나서 조별 활동을 중심으로 한 수행평가를 진행하였다. 고려의 대외 관계에 대해 조별로 '송과의 관계', '거란과의 관계', '여진과의 관계', '몽골과의 관계' 중 주제를 선정하여 자료 조사, 발표 자료준비 및 제작, 발표 등으로 조원의 역할을 나누게 한 뒤 발표 대본을 완성하여 주제 발표를 하는 형식이었다.

그런데 조 편성을 하는 것에서부터 일부 학생들의 항의를 받아 당황하는 경험을 하게 된다. 점수에 예민한 학생들이 자신의 조에 적극적이지 않거나 한국사 영역에 관심이 적은 친구들이 많다며 조별 평가에서 점수를 감점당할까 봐 나온 항의였다. 나는 완벽하게 공평한 조 편성은 없다며 학생들을 다독여서 조별로 탐구 주제를 정하고 조별 활동을 진행했지만 결국 점수를 매기는 부분에서 한 번 더 난감한 상황에 봉착하게 된다. 조별 평가에서 평가 기준을 명확하게 명시하였으나, 수행평가 특성상 정성 평가적 성격도 존재하기 때문에 학생들이 자신이 감점된 이유를 듣고도 납득할 수 없다며, 이의를 제기하는 일이 생긴 것이다.

수행평가 규정의 평가 척도 및 기준은 '주제 선정 및 발표내용이 적절한가?', '수업 시간을 활용하여 조원들이 협동하여 발표 준비를 하였는가?', '완성된 발표대본 및 발표자의 표현력 및 전달력이 탁월한가?' 등이었는데, 교사가 모든 조의 수행평가 과정을 꼼꼼하게 관찰한다고 해도 일부 학생들의 평가 점수에 수긍하지 않는 학생이 생기게 마련이었다.

나는 조별 활동이 아니라 개인별 주제 발표로 수행평가를 했다면 어떨까 생각해 보았지만, 조 편성 문제나 조원들의 협동과 관련한 평가 척도 문제가 사라질 뿐, 주제 선정의 적절성이나 표현력 전달력 등은 여전히 누군가가 불공정성을 얘기할 수도 있겠다는 우려가 남았다.

또 영어 단어시험이나 듣기평가처럼 정량적으로 평가할 수 있는 수행평가를 했으면 좋겠다는 건의 또한 여러 차례 받게 되었다. 때로는 수행평가 점수 1점 차이로 내신 등급이 한자리 올라가기도 하고 내려가기도 하는 상황이 발생하기 때문에 수행평가는 교사가 실행할 때 많은 준비와 주의를 요한다고 느꼈다.

나는 평가의 공정성에 대해 다시 한번 깊이 고민하고 수행평가 모델에 대해서도 다양하고 깊이 있는 고민이 필요하다고 절감하게 되었다. 또한 다가오는 1차 고사(중간고사)에서도 어떤 반에서 강조해서 설명했던 개념을 다른 반에서 조금 덜 강조하거나 설명을 생략하는 상황이 벌어진다면 반별 유불리 문제가 발생할 수 있다는 기본적인 사실도 떠올리게 되었다. 나는 평가의 중요성에 대해 상기하면서 지금까지 한 달 동안 반별로 수업했던 내용의 일관성에 대해 점검하게 되었다.

4월 그리고 그 이후

학교 발령 후 역사 교사로서 한 달을 지내면서 실로 좌충우돌하는 경험을 겪었다. 수험생 신분에서 역사 교사로서 학교의 구성원이 되면 생전 처음 가져보는 담임, 학교 홈페이지 관리자, 역사 교사, 동아리 활동 지도교사 등 많은 책임과 직무가 따라온다. 이러한 경험을 통해 시행착오를 겪으면서 교사로서 한 달 짧은 기간이지만 조금이나마 성장하였다고 느꼈다. 그리고 스스로에게 다짐한 부분은 정말 할 일이 많더라도 교직에 있는 동안에는 '이왕이면 좋은 역사 교사'를 꿈꾸며, 역사를 잘 가르치기 위한 고민과 노력을 계속해 나간다는 것이었다. 학생들은 나에게 벚꽃사진을 찍자며 찾아오기도 하고, 역사를 전공하고 싶다며 상담을 요청해 오기도 하였다. 내가 느끼는 감정은 보람과 책임감, 그리고 행복이었다.

[생각해 봅시다]

1. 한국사 수업 첫 시간에 교실에서 학생들에게 한국사 공부의 목적과 중요성을 어떤 내용을 중심으로 설명해야 할지 토론해 봅시다.
2. 전반적으로 한국사 교과에 대한 관심이 부족한 학급에서 흥미 유발을 할 수 있는 수업 방법이나 아이디어는 무엇이 있을지 토의해 봅시다.
3. 한국사 교과서의 수업 주제 중 교사가 이야기 형식으로 진행하기에 적합한 주제에 대해 토론해 보고 3가지 정도 선정해 봅시다.
4. 수행평가 경쟁이 치열한 학교에서 평가의 공정성을 높이기 위한 한국사 수행평가 방식에 대해 토론해 보고 예시를 들어봅시다.
5. 역사 동아리 지도교사로서 역사에 흥미가 있는 소수의 동아리 학생을 대상으로 진행해 볼 수 있는 구체적인 활동에 대해 한국사 주제를 중심으로 토의해 봅시다.

제2부 구성의 특징

제2부의 구성은 다음의 표와 같이 ① 한국고·중세사, 한국근세사, 한국근·현대사에 해당되는 각 시대별로 심화 단계인 한국사의 논쟁적 주제를 다루는 분야와 ② 다양한 수업 교재와 수준별 수업 방법(기초/심화)으로 구성된다. 기초/심화 단계의 수업 차이를 느낄 수 있도록 수업을 구성한 점에 주목해 주기를 바란다.

교사가 가장 어려워하지만, 또 간과하기도 쉬운 부분은 '교재 연구'이다. '많이 아는 것이 잘 가르치는 것은 아니다'라는 명제가 있긴 하지만, 많은 경력 교사들은 확실히 많이 알면 가르치는 깊이가 달라진다고 하고 있다. 그러나 최근까지 역사 교수학습론에 주목하고 있는 것은 '아는 것'이 아니라 '가르치는 것'이었다. 따라서 제2부에서는 '어떻게 교사가 가르칠 내용을 알아야 하는가'에 대해 주목하였다. 따라서 실제 학습지도안을 제시하기 전에 교재 연구로서 심도 깊은 가르칠 내용에 대한 분석을 실시하였다. 각 시대별 역사 전공자가 시대를 분석하는 방법과 시각은 '역사가의 역사적 사고'를 따라가는 것을 가르치는 데 있어 교사가 먼저 이를 경험하는 지표를 만들어 줄 수 있을 것이다. 즉, 본서에서는 시대사를 개관하고 시대에 대한 학계의 연구 동향을 정리한 후, 각 주제별로 '교과서 서술의 특징 분석 → 연구사 정리 및 분석 → 어떻게 가르칠 것인가에 대한 고민'이라는 순서에 따라 교사의 '교재 연구'의 절차를 만들어 보았다. 각 시대사 개관의 끝에는 그 시대를 살펴볼 수 있는 참고문헌과 논쟁적 수업을 할 수 있는 시대별 각 10개의 주제와 자료를 함께 수록하였다. 또한 각 시대별 교사가 참고할 만한 참고문헌을 제시하고, QR 코드를 통해 직접 한국사데이터 베이스의 자료들을 활용할 수 있도록 효율성을 높였다.

각 시대별, 주제별로 아래와 같은 수업의 실제를 진행하였다.

첫째 한국사의 논쟁적 주제를 다루는 본 수업의 실제 단계에서는 토론이나 토의가 가능한 단계를 고학년 학생이나 사전 학습이 충분히 된 학생들로 보고 각 시대별(고·중세, 근세, 근·현대) 주요 논쟁적 주제를 가지고 토론 또는 토의 수업을 진행하되, 다양한 자료와 수행평가 방법을 활용하도록 하였다. 이에 학계에서 논쟁점이 많은 서동 주체설(고·중세), 실학(근세), 근대 시기 구분 논쟁(근·현대)을 주제로 하여 각각 수업 방법과 학습지도안(세안)을 제시하였다.

둘째 한국사의 수준별 수업 주제(기초, 심화)는 서경 천도 운동(고·중세)과 양반(근세), 근대 도시의 형성과 발전(근 · 현대)이라는 주요 주제를 삼아 각각 기초단계와 심화단계로 학습자를 구분하여 수업을 구성하고 학습지도안(세안)을 각각 제공하였다.

제2부에 활용된 수업은 수업내용-교재-수업방법-평가의 일관성을 고려하고 있고, 제1부에서 다룬 구체적 수업방법을 어떻게 실행할 지에 대해 상세한 수업설계와 수업 장면을 보여주고 있다.

특히 한국근현대사에서 시도되는 3개의 학습지도안은 블록타임제와 교사가 교과서에서 잘 다루지 않지만 중요한 수업의 내용을 재구성한 수업을 보여 주고 있다. 여기에서는 '교사가 생각하는 본 수업의 의의 및 확장 가능성'이라는 코너를 마련하여 수업을 시행하여 얻을 수 있는 효과에 대해 생각해 보도록 구성하였다.

〈표〉 제2부 한국사 구성

		한국 고 · 중세사	한국 근세사	한국 근 · 현대사
논쟁적 주제 (심화)	주제명	**서동 주체설**	**실학**	**한국사에서 근대의 기점은 언제인가?**
	수업방법	디지털 역사자료를 활용한 토의식 수업	사료를 활용한 토론식 수업(2차시 블록타임제)	멀티미디어 자료 및 사료 기반 토론식 수업(2차시 블록타임제)
	수행평가	'가상 박물관 운영기획서' 제작하기	역사 글쓰기(모둠별 토론 입론서 작성)	• 개별 수행평가: '나의 시대 구분 기준' 보고서 작성 • 모둠별 수행평가: 모둠 입장 발표 및 통합 연표 제작
주제1 (기초)	주제명	**서경 천도 운동**	**양반**	**근대 도시의 형성과 발전**
	수업방법	챗GPT를 활용한 비주얼 씽킹 수업	생활사 자료(고문서, 일기, 편지)를 활용한 질문이 살아있는 수업(2차시 블록타임제)	생성형 AI를 활용한 북 큐레이션 수업(2차시 블록타임제)
	수행평가	역사 글쓰기 (상소문 쓰기)	역사 글쓰기 (가상 일기 쓰기)	프로젝트: 개별 보고서 작성 및 모둠 발표
주제1 (심화)	주제명	**서경 천도 운동**	**양반**	**근대 도시의 형성과 발전**
	수업방법	학습지를 활용한 극화 수업	생활사 자료(고문서, 일기, 편지)를 활용한 플립 러닝	교육용 애플리케이션을 활용한 독서 토론식 수업(2차시 블록타임제)
	수행평가	역사 글쓰기 (역할극 대본 작성)	역사 글쓰기 (보고서 작성)	프로젝트: 개별 보고서 작성 및 모둠 발표

CHAPTER 01

한국 고 · 중세사

1. 시대의 개관

1) 고대

고조선[1)]의 고고학적 기반 문화인 고인돌은 비파형동검문화를 배태시킨 모체이며 이것이 바로 고조선을 출현케 한 기반이었다. 고조선의 명칭은 선진시기 문헌에 이미 기원전 7세기경부터 언급되고 있으며, 전국시대인 기원전 4세기경 연나라와의 갈등이 기록된 것으로 보아 이 당시에 국가적 수준의 정치체로서 존재하였음을 알 수 있다. 기원전 198년 위만은 고조선의 준왕을 축출하고 더 강력한 국가인 위만조선으로 성장하여 주변세력을 복속시켜 나갔다. 위만조선은 변방 정치집단들의 한나라와의 교역을 중계하여 중계무역의 이익을 독점하였으며, 또한 흉노와도 밀접한 관계를 유지하여 한에 대한 위협세력으로 급성장하였다. 이런 상황은 한의 위만조선 침공이라는 결과를 가져왔으며 결국 위만조선은 2년여에 걸친 전투 끝에 내부의 갈등으로 붕괴하고 말았다.

고조선과 함께 우리 역사의 중심축을 이루었던 존재 가운데 하나가 부여이다. 부여를 형성한 고고학적 문화는 송눈평원과 길림 지역을 중심으로 하고 있다. 고구려와 백제는 부여의 별종으로 기록될 정도이며, 실질적으로 고구려와 백제의 왕실이 모두 부여 계통임을 천명하고 있다. 또한 동명으로 대표되는 부여의 건국 신화는 고구려와 백제가 모두 이를 공유하고 있다. 부여는 급성장한 고구려 등 주변 정치세력의 영향으로 비록 중앙집권적 국가로 성장하지는 못하였지만, 우리 역사에 등장하는 여러 초기국가의 성립과 성장에 큰 영향을 끼쳤다.

동예는 한반도 동북지역의 무문토기문화를 기반으로 하여 동해안 지역의 예족이 성장하여 세운 국가이다. 동해안 북부 지역에서 출토된 청동 유물은 대동강 유역의 청동기문화와 밀접하게 연결되어 있었음을 보여주고 있다. 옥저는 동옥저로도 불렸는데, 남과 북으로 중심권이 나뉘어져 있어서 대개 남·북옥저로 이해되고 있다. 이들의 지리적 위치는 대개 동해안의 북쪽에서 흥개호 지역까지 걸쳐 있었던 것으로 보고 있다. 삼한은 청동기문화 단계 이래 한반도 중남부 지역에 성립되어 있던 토착 사회가 성장·발전한 것이다. 삼한으로 통칭하는 78개 '국(國)'의 성격에 대해서는 고대사회의 정치발전 단계론에 입각한 국가의 기원 및 형성과 관련하여 논의가 진행됐다. 삼한 사회의 주된 생산 경제는 농경으로서 삼한은 농업 사회의 일반적 특성을 잘 보여주고 있다.

4~6세기 삼국시대는 동아시아 국제 정세의 변동과 함께 만주-한반도의 여러 정치체가 삼국으로 통합되며 치열한 각축전을 벌이던 시기였다. 북쪽의 고구려는 중국의 분열을 적극 활용해서 서북한과 요동 지역의 중국 군현을 몰아내고 대제국을 건설했다. 남쪽의 백제와 신라도 각각 마한과 진한의 여러 소국을 병합하며 한반도 중남부 지역을 분점해 나갔다. 이로써 삼국은 국경을 맞대고 상호 대립과 교류를 반복하며 치열한 각축전을 전개했는데, 각축전에서 우세를 점하기 위해 안으로는 지배체제를 정비하는 한편 밖으로는 외교 교섭을 활발하게 전개했다. 이 과정에서 삼국의 문화 수준과 외교 역량은 크게 향상되었고, 삼국민 사이의 동질성도 점차 높아졌다. 다만 중앙 집권 체제를 정비하지 못한 부여와 가야는 각기 삼국에 흡수 통합되며 역사의 뒤안길로 사라졌다.[2)]

7세기 들어 나타난 동북아시아의 국제 정세는 크게 두 가지 축을 중심으로 변동하고 있었다. 하나는 중국의 통일 국가인 수·당과 고구려 사이에 이루어진 동북아시아에서의 패권을 둘러싼 다른 하나는 한반도 내 삼국 간 전쟁이다. 이 두 가지 축은 서로 다른 구조와 성격을 갖는 것이지만, 고구려가 양쪽의 공통된 당사자라는 점과 나아가 수와 당이 자국 중심의 국제 질서를 구축하는 대외 정책을 추구했다는 점에서, 점차 하나의 축으로 통합되어 갔다. 이후 고구려-당의 전쟁과 신라의 삼국 통합 전쟁이 결합해 전개되었다. 그 결과는 백제와 고구려의 멸망, 신라의 삼국 통일이었다.[3)]

통일 신라는 왕계의 변화에 따라 중대와 하대로 나뉘는데, 이는 당시의 정치 체제와 사회구조의 변동을 반영한다. 중대 신라는 백제와 고구려의 옛 땅과 유민들을 지배하기 위해서 통치 질서를 정비, 확충해 나갔다. 새로이 형성된 동아시아의 국제 정세에도 능동적으로 대처하여 외교와 무역 양면에서 성과를 거두었다. 중대에 전성기를 누리던 신라는 유력한 진골 귀족들이 권력 투쟁을 벌이면서 하대로 접어든다. 중앙 정계가 어지러워지자, 지방에 대한 통제력은 약화했고, 반독립적인 지방 세력이 등장한다. 백제와 고구려 유민에 대한 차별, 왕경 출신자를 우대하는 골품제의 벽은 지방세력이 성장하는 토대가 되었다. 신라 사회가 가진 이러한 모순은 고려의 후삼국 통일로 이어진다.[4)]

발해국은 698년 고구려 유민의 부흥 의지와 당시의 국제 질서를 이용하여 새롭게 탄생한 왕조였다. 발해사는 10대 선왕 시기를 전후로 하여 구분할 수 있다. 전기는 고왕 대조영기를 건국기로, 2대 무왕부터 3대 문왕 대흠무까지는 발전기로, 4대 폐왕 대원의부터 9대 간왕까지는 정치 개혁기이자 봉건 해체기로서 내분기로 볼 수 있다. 또한 후기도 나누어 10대 선왕 시기에 중흥을 이룩한 이후부터 14대왕 대위해까지를 중흥 및 봉건 재편기 또는 융성기였다고 볼 수 있으며, 15대 대인선 시대부터는 멸망기였다.[5)]

2) 중세

우선 지배층의 성격[6)] 및 사회・문화적 역량을 기준으로 문벌귀족제적 요소가 강한 사회였다고 파악하는 견해가 있다. 나말여초의 호족이 고려의 중앙집권화 과정에서 관료로 점차 문벌귀족이 되었는데, 이들이 권력을 독점하고 특권을 세습하였다고 보았다. 그 근거로 음서와 공음전시과, 폐쇄적 통혼권, 재상 중심의 정치 운영 등을 들었다. 이에 대해 문벌귀족사회라고 보면 세습귀족제를 극복한 발전적 모습을 바르게 알기 어렵기 때문에 관료제 사회로 보아야 한다는 견해가 제시되었다. 관료제사회론에서는 한국사에서 처음으로 고려 초에 실력 본위의 고시제도인 과거를 실시한 것을 강조하였다. 두 가지 설 모두 근거가 있지만 전자는 세습귀족제를 무너뜨리고 실력본위의 관료제 운영 원칙을 세운 역사적 의의를 살리기 어렵고, 후자도 가산관료제란 이론을 적용하였지만 그 개념을 고려 역사에 적용하는 것은 무리가 있다. 여기에 대한 대안으로 문벌사회론이 등장하였다. 이 견해도 지배층 중심의 역사 인식이란 한계와 더불어 지방자치보다는 중앙집권성을 부각하는 한편 국제 환경을 고려하지 않은 채 내향적으로 역사를 파악하는 문제가 있다.

다음 정치면에서 중앙의 경우 핵심 기구들은 당・송의 제도와 고려의 독자적인 필요에서 만든 것 등 세 계통으로 구성되었으며, 그 조직은 2품과 3품을 경계로 하여 이중으로 편제되어 있었는데, 특히 권력구조에서 재신(宰臣)이 6부 판사를 겸직하고 다시 재추(宰樞)가 6부 상서를 중복직으로 지니는 재추 중심의 정치체제가 이루어지고 있었다.[7] 그러나 관료제 운영에서 능력주의에 따르면서도 문벌을 우대하는 경향이 아울러 나타났기 때문에 귀족제론과 관료제론 어느 한쪽으로만 파악하기는 어렵다.[8]

다음 지방의 통치조직에서는 그 구역이 남도와 북계・경기 지역으로 다원화되어 있었고, 다시 거기에는 군현제 지역 이외에 향・소・부곡・장・처 등 특수행정조직이 광범하게 존재했다는 것이 특징이었다. 그리고 행정 체계상으로는 중앙과 지방관이 파견된 주군현(主郡縣)과 영속현(領郡縣) 사이에 직첩 관계에 있었다는 게 남다른 점이었다. 그러므로 중간행정기구인 경・도호부・목 등의 계수관과 5도 안찰사의 기능도 한정적일 수밖에 없었고, 지방관이 없는 많은 속군현은 주군현을 통한 간접 지배가 되었다. 아울러 지방행정의 말단을 맡아 실무를 본 향리들의 역할과 위치가 매우 높았다는 것도 빼놓을 수 없는 점이었다.[9]

생산력・생산관계를 중심으로 보면 봉건적 사회구성이었다고 파악하는 견해가 우세하다. 그러나 고려전기에 대해서는 사적 토지소유권과 농업생산력의 수준에 대해 논쟁이 있다. 또한 농업생산력이 휴한단계인지 상경단계인지 논쟁 중이며, 수조율도 수확량의 1/4인지 1/10인지도 확증되어 있지 않다. 토지지배관계로 보면, 고려는 토지사유제를 바탕으로 하면서 수조권 일부를 관리들에게 분급하는 제도를 시행하였다.[10] 즉 국가의 관직에 복무하거나 직역을 부담하는 관리・군인 등에게 그 대가로 미곡을 주는 녹봉과 함께 전시과제도에 의해 이들 토지가 분급되었다. 그런데 그 지급이 수조권이었는지, 아니면 면조권이었는지에 대해서는 의견이 엇갈려 있으며, 그에 따라 토지의 경영방식도 달리 파악되고 있다.[11]

다음 사회면에서는 먼저 신분 구조가 법제상 양인과 천인으로만 구성되었다는 양천제 이론이 제기되었다. 이에 대한 반대의 관점에서는 양반・귀족과 양민이 상호 대칭되는 신분 계층으로 이들 간의 상하 질서는 양천의 그것에 못지않게 중요하였다는 점 등을 들고 있다. 그런가 하면 과거에 집단 천민으로 간주했던 향・소

·부곡민이 실은 하층 양민으로서 광범하게 존재했다는 사실이 알려진 것도 주목되는 일면이다. 노비를 비롯한 이들 각 신분층은 원칙적으로 자기의 신분을 세습하게 되어 있었는데, 그러면서도 양민은 잡과나 군인직을 통해서, 특히 향리나 서리 등 중류층은 별다른 제약 없이 신분 이동을 할 수 있게 되어 있었다. 이렇게 신분의 세습을 강조하면서도 한편으로는 변동의 길을 열어놓고 균형과 조화를 찾아갔다는 점이 고려 신분 구조의 또 다른 특성이다.[12)]

다음으로 사상 면[13)]에서 불교의 경우 나말여초에 호족과 연결된 선종이 크게 유행하면서 교종과 양립하는 형세를 이루었다가 점차 후자가 우위를 점하였다. 그런 가운데 고려전기에 왕실 및 이들과 밀접한 관련이 있는 교종의 법상종과 화엄종이 주류를 이루었으며, 거기에 더하여 의천이 새로이 천태종을 세워 번창하였다. 이와 짝하여 유학도 새 전기를 맞는데, 광종 때의 과거제 실시는 하나의 큰 계기였으며, 여러 가지 유교 의례가 마련되는 성종조에 이르러서는 확고한 기반을 잡을 수 있었다. 이후 무신정권이 서면서 유학은 매우 위축되었던 반면 선종계의 조계종은 지눌의 활동으로 중흥을 이루었다. 그러나 원 간섭기에 접어들어 불교는 많은 폐단을 낳고 승려들도 타락하여 사회의 지도 이념으로서의 기반을 상실하여 갔다. 이러한 시기에 주자성리학이 안향·백이정 등에 의해 전래해 사대부들에게 수용되면서 불·유 병립의 상황은 점차 성리학 중심으로 교체가 이루어져 갔다.

한편, 고려에서는 도교도 국초부터 줄곧 유행하였다. 그리하여 일찍부터 구요당(九曜堂)이 마련되고 이후 각종 재초(齋醮)가 베풀어지고 있었다. 이런 과정에서 예종 때에 복원궁(福源宮)이 건립되는 것은 도교사상 매우 큰 의미를 지니는 것이었다. 이 도교와 함께 풍수지리설과 도참사상 역시 국초부터 유행하였는데, 처음에는 지방의 호족들이 자기의 존재를 합리화하는 데 이용하였다. 그러나 정종과 인종 때에는 정치적 목적과 결부된 서경 천도 운동의 연유로 앞세워지기도 하고, 또 3경이 설치되는 것도 이들 사상에 말미암은 것이었다. 이처럼 풍수지리·도참사상은 정치·사회 등에 매우 커다란 영향을 미쳤다. 고려 때의 사상계는 불교·유교와 함께 도교·풍수지리·도참사상 등이 공존하면서 상호 대립·융합하기도 하고 또 영향을 미치고 받는 복합적 성격을 지닌 데 커다란 특징이 있었다.

마지막으로 고려 사회의 발전 과정을 시기 구분하여 보았는데,[14)] 현재 많이 채택하고 있는 것은 12세기를 분기점으로 잡아 전기와 후기로 나누는 방식이다. 사회경제사 연구에서도 12세기의 변화에 주목하여 전·후기로 구분하였다. 한편, 지배세력의 변화를 기준 삼아 두시기로 구분하면서도, 다시 전기를 귀족사회의 성립기와 발전기, 후기를 무신집권기와 그 이후로 나누어 네 시기로 구분하기도 한다. 반면에 지방 세력이 대두한 가운데 중앙집권화를 추진하면서 성립한 전기(10~11세기)와 원의 간섭을 받으면서 재편된 후기(13세기 후반~14세기) 사이에, 사회모순이 현저해지고 민의 항쟁과 대몽 항전이 벌어진 역동적 변화의 시기가 있었던 것에 주목하여 중기를 따로 보기도 한다.

[한국 고중세사 관련 참고문헌]

국사편찬위원회 편, 『한국사』 1-총설, 2002.
국사편찬위원회 편, 『한국사』 4-초기국가 · 고조선 · 부여 · 삼한, 2002.
동북아역사재단 편, 『발해의 역사와 문화』, 2007.
한국고대사학회, 『한국 고대사 연구의 새 동향』, 서경문화사, 2007.
한국사연구회 편, 『새로운 한국사 길잡이』 上, 지식산업사, 2008.
한국중세사학회 편, 『21세기에 다시 보는 고려시대의 역사』, 혜안, 2018.
국사편찬위원회 한국사 데이터베이스 『신편 한국사』 pdf 파일 제공 사이트(https://db.history.go.kr/diachronic/level.do?itemId=nh)

2. 학계의 연구 동향

고대에 관한 주요 연구 동향[15]을 국가별로 살펴보면 고조선에 대해서는 국가체제의 형성 시기와 '고조선 문화'의 실체, 기자조선, 국가의 강역, 그리고 지배체제와 사회 성격 등이 주요 쟁점이다. 부여에 대해서는 성립과 영역, 발전 과정, 그리고 북부여·동부여와의 관계 등에 대한 논의가 주를 이루고 있다. 삼한에 대해서는 형성 과정, 소국과의 관계 및 '국'의 구조, 그리고 국가 형성과의 관계 등이 주로 다루어졌다.

고구려는 일반적으로 봉상왕대까지는 초기의 부체제기로, 미천왕~안원왕대를 중기의 중앙집권체제기로, 양원왕~보장왕대를 후기의 귀족연립정권기로 나누어 본다. 초기의 주요 쟁점으로는 국가 형성과 부체제론, 관등제와 정치 운영 기구,

왕실 교체와 왕계, 왕도의 위치와 천도 시기를 들 수 있다. 중기는 관등제와 태왕권, 지방 통치와 영역 지배 등이 쟁점이다. 후기는 귀족연립정권의 성립, 연개소문 정권의 성격에 대한 논의가 중심이다. 백제는 건국과 초기 국가체제, 도성, 고분과 그 계통, 중앙과 지방, 대외 교류 등이 주요 쟁점이다. 신라는 거서간~이사금기의 신라 초기 삼성 족단의 출자, 사로국의 형성과 발전, 6촌의 위치와 성격, 진한 소국 통합 과정, 왕위 계승, 건국 신화 등이 주로 다루어졌다. 마립간 시기는 지방 세력의 존재 양태, 적석목곽분 등이 쟁점이다. 법흥왕대부터 진덕여왕대까지의 중고기는 특정 왕대별로 정치 상황을 규명하거나 영역확장과 대외관계에 초점을 둔 성과, 그리고 제도사적 측면에서 중앙정치 조직이나 군사 조직의 성립 과정 및 특징이 논의의 대상이다. 가야사는 시기 구분, 신화, 성립 연대, 전개 및 멸망 과정 등이 주로 다루어졌다.

통일신라는 중대초반 왕권 강화와 정치세력의 재편, 무열왕계의 분화와 정치적 전개, 혜공왕대의 정변과 중대의 종말, 상대등, 진골 귀족 가문의 가계, 근시 기구의 확장을 포함한 왕권 강화, 6두품 지식인의 활동, 호족의 대두와 농민 봉기 등이 주로 다루어졌다. 발해는 왕위 계승과 지배 집단, 대외 교류상의 발해국의 위상, 발해의 고구려 계승 의식 등이 주로 연구되었다.

다음으로 고려시대를 살펴보면, 고려 사회의 성격에 대해서는 무신정변을 기준으로 전기와 후기로 나누는 2시기 구분법, 지배 세력의 존재 형태에 따라 호족(1기), 문벌귀족(2기), 무인(3기), 권문세가와 사대부(4기)의 4시기 구분법, 전·중·후기로 나누는 3시기 구분법이 있다. 또한 고려 왕조의 성격에 대해서는 봉건사회론, 관료제 사회론, 귀족제 사회론, 문벌사회론, 다원사회론 등이 제기되었다.[16] 고려의 지배체제에 대해서는 중앙 정치제도와 관제 운영, 지방 제도, 지배체제의 역사성 등이 주로 다루어졌다.[17] 고려시대의 대외관계는 일제 강점기 한국 역사의 주변성 내지는 타율성에 대한 대응의 관점에서 대외항쟁사가 강조되는 경향이 많았다. 최근에는 이에 대한 비판적 관점에서 당시 국제관계의 맥락에 유의한 객관적 관점의 연구가 이루어지고 있고, 단순한 국가 간 교류 상황만이 아니라 대외관계와 국내 정치와의 상관성을 읽어내는 복합적 파악이 강조되고 있다.[18]

고려의 경제에 대해서는 우선 전시과의 운영에 관해 수조권 분급제설과 면조권 분급설의 논쟁이 있다. 농업생산력에 관해서는 크게 두 가지 견해가 있는데, 휴한

농법으로 보는 처지는 수전농업에서 1년 휴한이 일반적이라고 보며, 상경농법으로 보는 처지는 고려 전기부터 연작 상경이 일반적이었다고 파악한다. 수취 제도에서는 국가 재정의 기본 세목을 삼세(三稅, 조 · 포 · 역)로 볼 것인지, 삼세 및 공물 네 가지로 볼 것인지에 대해 의견이 나뉜다. 아울러 공물의 구성에 대해서도 다양한 견해가 있다.[19)]

고려시대의 신분제에 대한 이해는 전체 인민을 양인과 천인의 2신분으로 구분하는 양천제론과 귀족 · 중간계층 · 양인 · 천인의 4신분으로 구분하는 4신분제론으로 나뉘어져 있다. 양천제론은 권리의 의무상 가해지는 법적 · 세습적 차별의 존재를 신분의 기준으로 삼고, 4신분제론은 그것 이외에 사회적 · 관습적으로 존재하는 차별도 신분의 기분으로 삼는다. 귀족의 범위에 대해서는 왕족을 비롯하여 문벌과 가문이 좋아 고관대작에 올랐던 일부 특권 양반층으로 범위를 좁혀야 한다는 견해, 동양 사회의 귀족은 관직 귀족이었으므로 그에 기준을 두고 음서나 공음전시의 수여와 같은 특권을 누리고 있는 5품관 이상을 귀족으로 이해하자는 견해, 그리고 문무양반 전체를 의미한다는 견해 등이 제시되었다. 남반 · 서리 · 향리 · 하급장교 등 중간계층에 대해서는 양반 · 귀족과 함께 지배 신분의 범주로 파악하는 4신분제론과 양인 신분 안의 중간계층으로 파악하는 양천제론으로 견해가 나뉜다. 일반민의 주류를 이룬 백정과 정호에 대해서는 정호와 백정 양자 모두를 노민층으로 파악하되 그 가운데에는 양인과 천인이 모두 포함된다는 견해, 정호는 지배계층의 하한인 중간계층으로, 백정은 피지배층으로 파악하는 견해로 나뉜다. 향 · 소 · 부곡민의 신분에 대해서는 천인으로 보는 견해와 양인으로 보는 견해로 나누어지고 이밖에 단정적인 양천의 구분을 보류하면서 양인이나 천인층 내부에 2차적 신분 구분의 가능성을 제시하는 견해도 있다.[20)]

고등학교 『한국사』 교과서의 고중세 내용을 정리하면 아래와 같다. '근대 이전 한국사의 이해'라는 대단원 중 고대 부분은 '고대 국가의 성장', '선사 문화의 전개와 국가의 등장', '중앙 집권 국가의 형성', '신라의 삼국 통일', '통일신라와 발해'로 정치면에서 개괄적으로 서술한 점이 특징이라고 할 수 있다. '근대 이전 한국사의 탐구'라는 대단원에서 대외교류, 경제, 사회, 문화로 고대에서 조선까지를 분야별로 다루었다. 고대 관련 내용만 살펴보면 '고대국가의 대외교류'에서는 고조선과 초기국가, 삼국과 가야, 고구려와 수 · 당의 전쟁, 통일신라와 발해의 대외교류를 살펴보았다. 전반적으로 평화적인 교류에 초점을 둔 서술이 많고, 중국과 일본 외의 지역과의 교류 내용도 다소 늘어난 점이 주목된다. '수취체제와 경제생활'에서는 조용조 중심의 수취체제의 내용, 농업 중심의 경제 생활, 그리고 녹읍의 폐지와 부활 등을 개괄적으로 설명하였다. '고대의 신분제'에서는 청동기시대 신분제 사회의 형성 과정과 삼국, 통일신라와 발해의 신분제와 구성을 다루었다. '고대의 문화'에서는 삼국의 불교 수용, 통일 신라의 불교 대중화와 발해의 불교 발달, 신라 말 선종과 풍수지리설의 유행, 삼국과 통일 신라 및 발해의 유학 발전, 도교의 전래와 내용을 서술하였다. '근대 이전 한국사의 탐구'는 분류사라는 토대 위에 시대별로 그 특징을 서술했다는 점에서 7차 교육과정 『국사』 교과서를 연상하게 한다. 다만 본문 내용 외에 다양한 보조자료를 활용한 점은 다른 점이라 할 수 있다.

'근대 이전 한국사의 이해'라는 대단원 중 '고려의 통치 체제와 정치 변동'에서 고려를 다루었는데, '고려의 건국과 후삼국 통일', '통치체제의 정비', '지배 세력의 변화와 정치 변동'이 주요 내용이다. 특히 지배 세력의 변화라는 관점에서 고려의 정치를 서술한 점은 이전 교육과정 『한국사』 교과서와의 차별이 인정된다. '근대 이전 한국사의 탐구'라는 대단원에서 '고려의 다원적인 외교관계'를 다루었다. 그 주요한 내용은 고려 전기 다원적 외교 정책의 실시, 북진 정책의 추진과 송과의 교류, 거란의 침입과 강동 6주의 설치, 여진 정벌과 금과의 관계 변화, 그리고 몽골의 침입과 항전, 고려와 원의 관계 등이다. 고려의 대외관계 서술에서 '해동천하'를 강조하는 점이 주목된다. '고려의 경제'에서는 조용조 중심의 수취체제, 농업 중심의 경제생활, 전시과의 운영과 변화를 개괄적으로 서술하였다. '고려의 사회'에서는 고려의 신분제를 양천제로 보면서 문무 관료와 양인 중간층이 지배층을, 양인의 하층인 농민과 천인이 피지배층을 구성했음을 설명하였다. 또한 가족생활과 여성의 지위에 대해서는 일부일처제·소가족이 일반적이었고 여성은 재혼이 가능했으며 호주가 되거나 재산을 소유할 수 있어서 남성과 수평적인 관계였음을 서술하였다. '고려의 사상'에서는 고려 숭불정책의 내용, 유교 정치 이념의 정착과 역사서의 편찬, 그리고 도교와 풍수지리설을 개괄적으로 설명하였다.

이상에서 고등학교 전근대 고중세 분야의 서술 내용과 특징에 대해 살펴보았다. 제3차 교육과정 이래 국사과의 계열성을 확보하려는 노력이 진행되었고 제7차 교육과정에서 극단적으로 시도되었다가 실패한 후 역사교육에서 계열성을 확립하기 어려우니까 연대기를 반복하거나 차별성 관점에서 접근하자는 주장까지 나왔다. 하지만 계열성을 도모한다는 것은 초중고의 내용 선정과 조직을 위계적이고 체계적으로 조직하자는 것이지 단순히 다르게 구성하자는 것은 아니다.[21] 결국 한국사 교육과정에서 최근 전근대사를 축소하려는 경향이 있는데, 이는 계열성과 차별성을 혼동하는 시도에서 나온 것으로 바람직하지 않다고 할 수 있다.

[고중세 시대 논쟁적 수업의 주제와 자료]

① 삼국시대인가? 사국시대인가?

- 변한(가야 지역), 진한에 12국이 있다. …… 나라(변한과 진한)에서는 철이 생산되어, 한(韓) · 예(濊) · 왜(倭)가 모두 와서 사 갔다. 여러 시장에서의 매매는 모두 철로 이루어져서, 마치 중국에서 돈을 쓰는 것과 같았다. 또한 철을 두 군(낙랑군과 대방군)에 공급하였다.(『삼국지』, 「위서」 동이전)
- 가라국은 삼한의 한 종족이다. 건원 원년(479) 국왕 하지(荷知)가 사신을 보내와 방물을 바쳤다. 이에 조서를 내렸다. "널리 헤아려 비로소 [조정에] 올라오니, 멀리 있는 오랑캐가 두루 덕에 감화됨이라. 가라왕 하지는 먼 동쪽 바다 밖에서 폐백을 받들고 관문을 두드렸으니, 보국장군(輔國將軍) 본국왕(本國王)의 벼슬을 제수함이 합당하다."(『남제서』 가라)

② 미륵사를 세운 것은 선화공주인가? 사택왕후인가?

- 무왕의 이름은 장이다. …… 어릴 때 이름을 서동이라고 하였다. …… 어느 날 무왕이 부인(선화 공주)과 함께 사자사에 가려고 용화산 밑의 큰 못가에 이르니…… 부인이 왕에게 말하기를 "모름지기 이곳에 큰 절을 지어 주십시오. 그것이 제 소원입니다."라고 하였다. 왕은 그것을 허락했다. …… 절 이름을 미륵사라고 하였다.(『삼국유사』 기이2, 무왕)
- …… 우리 백제 왕후께서는 좌평 사택적덕의 따님으로…… 절을 세우시고, 기해년 정월 29일에 사리를 받들어 맞이하셨다. …… (원하옵나니) 모든 중생과 함께 불도를 이루게 하소서.(「미륵사지 출토 금제 사리 봉안기」)

③ 신라의 삼국통일을 어떻게 볼 것인가?

- 신라는 두 나라(고구려, 백제) 사이에 끼어 북쪽에서 치러 오고 서쪽에서 침범하니 잠시도 편안한 해가 없었다. …… 선왕(김춘추)께서 백성의 참혹한 죽음을 불쌍히 여겨 임금이 되실 귀중한 몸임을 잊으시고 바다 건너 당에 가서 황제를 뵙고 친히 군사를 청하였다. 이는 본래 두 나라를 평정하여 영원히 전쟁을 없애고, 여러 대에 걸친 깊은 원한을 설욕하며 백성들의 남은 목숨을 보전하고자 함이다. …… 적을 무찔러 나라를 안정되게 하려던 유업(遺業)을 이어받아, 마침내 선왕(김춘추)의 뜻을 이루어 냈다. 지

금 두 적이 이미 평정되어 사방이 조용하고 편안하다.(『삼국사기』 문무왕 9년)

- 신라가 삼국을 통합한 초기 당 군대가 철수한 후, 곧바로 도읍을 나라의 중앙으로 옮기고 사방의 오랑캐를 제압하였다면 고구려의 옛 영토를 다 차지할 수 있을뿐더러 요심(요동)과 부여의 땅도 우리의 영토로 삼을 수 있었을 것이다. …… 신라 왕과 신하들은 남의 힘을 빌려 통일의 과업을 완성하였기에, 마음속으로 쉽게 만족하고 당장의 편안함만 추구하며 날을 보내다 서북쪽 절반의 땅을 이웃 외적에게 가져다 바치며 헌신짝 취급을 하였다. …… 이리 하여 신라 시대가 끝나고 고려 7백여 년에 이르도록 영토 안에 가시가 제거되지 못하고 하루도 편안할 날이 없게 되었다.(한백겸, 『동국지리지』)

④ 발해의 건국 주체는 고구려계인가? 말갈계인가?

- 발해말갈 대조영은 본래 고려 별종이다.(『구당서』)
- 발해는 본래 속말말갈로서 고려에 덧붙여진 자로서, 성은 대씨이다.(『신당서』)

⑤ 발해는 고구려를 계승하였는가?

- 7세기 말, 말갈족의 한 갈래인 속말말갈이 각 부를 통일하여, 지방정권을 건립하였는데, 수령은 대조영이다. 당은 그 영토에 하나의 주를 두어, 대조영을 발해군왕에 봉하였다. 이후로 속말말갈정권을 '발해'라 불렀다. 책봉을 받은 후, 발해정권의 면적은 부단히 확대되고, 인구는 300만 내외에 달하였다. 경내에 거주하던 한족과 허다한 기타 민족은 내지와 왕래가 빈번하고, 경제문화가 발전하고 수준이 비교적 높아, 역사에서 '해동성국'이라 칭하였다.(인민교육출판사, 『중국역사』 7학년 하)
- 고구려 멸망 이후 당은 대동강 이북의 고구려 옛 땅을 지배하고, 고구려 유민들을 요서 지역으로 이주시켰다. 이곳에서는 고구려 유민 외에도 말갈인과 거란인을 비롯한 여러 민족들이 강제 이주되어 당의 통제를 받았다. 그러나 거란의 반란을 계기로 통제력이 약화되자 대조영은 고구려인과 말갈인을 이끌고 지린성의 동모산에서 발해를 건국하였다. 신라 북쪽에 발해가 건국되면서 한반도는 남북국의 형세를 이루었으며, 발해는 일본에 보낸 국서에 고려 또는 고려 국왕이라는 명칭을 사용하여 고구려 계승 의식을 내세웠다.(도면회 외, 고등학교 『한국사』, 비상교육)

⑥ 서경 천도 운동을 어떻게 볼 것인가?

- 서경은 풍수지리적으로 길지이므로 이곳에 궁궐을 지으면 금이 항복할 것입니다. 다시 황제국을 칭하고 연호를 세워 고려국의 위상을 드높이소서.(『고려사』)
- 올해 여름에 서경 대화궁에 벼락이 쳤습니다. 만약 이곳이 길지라면 하늘이 이처럼 하지는 않았을 것입니다. 또 지금 서경은 수확이 끝나지 않아 왕이 행차한다면 곡식을 밟아 백성에게 피해를 줄 것입니다.(『고려사』)

⑦ 강화천도를 어떻게 볼 것인가?

- 유승단(兪升旦)이 말하기를, "작은 나라가 큰 나라 섬김은 이치에 당연한 일입니다. 예로써 섬기고 믿음으로써 사귀면, 저들 역시 무슨 명분으로 항상 우리를 괴롭히겠습니

까? 성곽을 버리고 종묘사직을 돌보지 않고 섬으로 도망하여 구차스럽게 세월만 끌며, 변방의 장정들이 칼날에 다 죽고 노약자들이 끌려가 종이나 포로가 되게 하는 것은 국가의 장구한 계책이 아닙니다"라고 하였다.(『고려사』)

- 이날 최우가 왕에게 속히 궁궐을 떠나 서쪽 강화도로 행차할 것을 주청하였는데 왕이 망설이면서 결정하지 못하였다. 최우가 녹봉을 실어나르는 수레 100여 량을 빼앗아 집안의 재물을 강화도로 옮기니 도성 안 민심이 흉흉해졌다. 최우가 담당 관리들에게 영을 내려 날짜를 정하여 개경(開京)의 5부 백성을 보내도록 하고, 성 안에 방을 붙여 이르기를, "시간을 지체하여 출발할 기일에 미치지 못하는 자는 군법으로 논(論)하리라" 하고, 또 사자를 여러 도(道)로 보내어 백성을 섬이나 산성으로 옮기도록 했다.(『고려사』)

⑧ 고려후기의 지배세력, 권문세족인가? 신진사대부인가?

- 이제부터는 만약 종친 중에서 동성(同姓)과 혼인하는 일이 있다면 이는 (원 세조의) 성지를 위반하는 것으로 죄를 논할 것이니, 마땅히 대대로 재상을 지낸 가문의 딸과 혼인할 것이며 재상들의 아들이라야 종실의 딸들과 결혼할 수 있을 것이다. 그러나 만약 그 집안이 한미하다면 이 제한에 구애받지 않는다.

  신라 왕손 김흔(金暉)의 일가는 역시 순경태후(順敬太后)와 형제집안이며, 언양 김씨 일가, 정안 임태후의 일족, 경원 이태후와 안산 김태후의 집안, 그리고 철원 최씨, 해주 최씨, 공암 허씨, 평강 채씨, 청주 이씨, 당성 홍씨, 황려 민씨, 횡천 조씨, 파평 윤씨, 평양 조씨는 모두 누대의 공신이요 재상지종(宰相之宗)이니 가히 대대로 혼인하여, 그 아들은 종실의 딸에게 장가들고 그 딸은 왕실의 비(妃)로 삼을 만하다. 문무 양반의 가문에서 동성 간의 혼인을 하지 말 것이나 외가 사촌 간은 구혼하는 것을 허락한다.(『고려사』 권33, 「세가」 33 충선왕 1년 11월 신미)

- 오늘날에는 목은(牧隱) 이색(李穡) 선생이 일찍이 가정의 교훈을 이어받고 북으로 가서 중국 중원에서 유학하여 바른 사우(師友)의 연원(淵源)을 얻고서는 성명(性命)과 도덕의 설을 깊게 연구하였다. 그리고 동방, 즉 고려로 돌아와서는 여러 학생을 교육하였다. 이 선생의 가르침을 접하고서 크게 실력을 꽃피운 사람으로는 오천(烏川)의 정공 달가(鄭公達可, 정몽주(鄭夢周))와 경산의 이공 자안(李公子安, 이숭인(李崇仁)), 진양(晉陽)의 하공 대림(河公大臨, 하륜(河崙)), 반양(潘陽)의 박공 성부(朴公誠夫, 박상충(朴尙衷)), 영가(永嘉)의 김공 경지(金公敬之, 김구용(金九容)), 밀양(密陽)의 박공 자허(朴公子虛, 박의중(朴宜中)), 영가의 권공 가원(權公可遠, 권근(權近)), 무송(茂松)의 윤공 소종(尹公紹宗, 윤소종(尹紹宗)) 등이 있다. 또 나 정도전처럼 불초한 자도 몇 분 군자의 대열에 끼이는 영광을 얻었다.(『도은집』 서)

⑨ 삼별초 항쟁을 어떻게 볼 것인가?

- 원종 11년에 수도를 개경으로 다시 옮기면서 방을 붙여 일정한 날짜 안에 모두 돌아가라고 재촉하였는데, 삼별초가 딴마음이 있어 복종하지 않았다. 그때 왕이 장군 김지저를 강화도로 보내서 삼별초를 해산하고 그 명단을 작성해서 돌아오게 하였더니, 삼별초는 그 명단이 몽골에 알려질 것으로 우려하고 나라를 배반할 마음이 더욱 굳어

졌다.(『고려사』)

- 밀성군 사람 방보와 계년, 박평, 박공, 박경순, 경기 등이 밀성군 사람들을 불러 모아 장차 진도(삼별초)에 호응하려고, 부사 이이를 죽이고 …….(『고려사』)

⑩ 고중세의 천하관을 어떻게 볼 것인가?

- 17세손에 이르러 국강상광개토경평안호태왕(國上廣開土境平安好太王)이 18세에 왕위에 올랐으니, 왕호를 영락 태왕이라고 하였다. 은혜와 혜택이 황천(皇天)에 흡족하였고, 위엄과 무력이 사해에 진동하였다. …… 백잔(백제)과 신라는 예로부터 속민이었기 때문에 조공하였다.(「광개토 대왕릉비문」)
- 신문왕 때 당 고종이 신라에 사신을 보내어 일렀다. "…… 너희 신라는 해외의 작은 나라로서 태종이란 칭호를 사용하여 천자의 칭호를 참람하게 쓰은, 그 뜻이 불충한 데에 있으니 속히 그 칭호를 고치라." 신라 왕은 글을 올려 답했다. "신라는 비록 작은 나라지만 거룩한 신하 김유신을 얻어서 삼국을 통일했으므로 태종이라고 한 것입니다."(『삼국유사』 기이1, 태종춘추공)
- 황상(문왕)은 조회를 피하고 크게 슬퍼하며, 정침(正寢)에 들어가 자지 않고 음악도 중지시켰다. 장례를 치르는 의식을 관청에 명하여 완비하도록 하였다.(「정효 공주 묘지명」)
- 당간이 처음 세워지자 하늘 가운데까지 미칠 듯하네. 아름답게 만들어진 물건의 형상 장엄한 불법이로다. 형과 아우 두 집안이 힘을 합쳐 선업(善業)을 닦아 주조하고 세우니 영원토록 무궁하리라. …… 준풍 3년(962) 임술인 해 2월 29일에 주조하여 만듦.(「청주 용두사지 철당간」)

3. 논쟁적 주제(심화)-서동 주체설

1) 한국사 교과서에 서술된 서동 주체설

대부분의 교과서에서는 '근대 이전 한국사의 이해'라는 대단원에서 백제 무왕이 미륵사지를 세웠다는 간략한 내용만을 서술하고 있다. 일부 교과서에서는 '근대 이전 한국사의 탐구'라는 대단원에서 미륵사 창건의 주체에 관한 사료를 통해 사료 학습의 사례를 제시하고 있다.

백제 무왕은 실존 인물이지만, 그의 생애는 설화적인 요소로 구성된 부분이 많다. 이와 관련하여 그간 다양한 연구가 행해졌다. 문헌과 고고학적인 연구 성과는 이후 학계의 연구 동향에서 후술한다. 무왕과 관련된 설화나 콘텐츠 관련 연구도 많이 이루어진 바가 있다.[22] 이에 따르면 첫째, 무왕 설화는 주로 익산을 중심으로 펼친 무왕의 생애를 통해 구성되어 있다. 이 설화에는 임금의 사생아로 평민인

그가 이웃 나라인 신라의 선화공주와 혼인을 하고, 마침내 임금으로 등극하며, 익산에 왕도를 건설하여 천도하는 등의 내용을 담고 있다. 둘째, 익산에는 무왕과 관련된 유물·유적이 다수 전한다. 탄생과 관련된 마룡지(馬龍池), 성장과 관련되어 나타나는 마가 익산에 많이 산출되며 지명에 나타나는 마전, 선화공주와 살림을 시작하면서 홀어머니를 모시는 과정에서 나타나는 금마(金馬) 출토의 금(金) 등이 그러하다. 천도와 관련된 왕궁 유적, 미륵사, 무왕 부부의 쌍릉 등 역시 그러하며, 이들은 최근에 고도(古都) 지정과 유네스코 세계문화유산으로 등재되었다. 셋째, 무왕 설화의 지역문화 디지털콘텐츠화도 활발하게 진행되고 있다. 넷째, 서동 축제로 대표되는 무왕설화의 관광콘텐츠화도 지역문화를 이끌어가는데 역할 하고 있다. 교과서에서는 비록 자세하게 다루고 있지는 않지만, 서동 주체설은 지역뿐만 아니라 세계적으로 인정받는 문화콘텐츠임이 분명하다고 할 수 있다.

2) 연구사 정리

전라북도 익산시 미륵사지 석탑(국보 제11호)은 우리나라에서 가장 오래된 석탑의 시원으로서 주목받아 왔다. 미륵사지에 대한 고고학적 이해는 일제강점기때부터 시작되어, 이후 1974년 원광대학교 마한 백제문화연구소가 동탑지에 대한 발굴조사 및 서탑에 대한 기초조사를 진행하였고, 2010년까지 37년에 걸쳐 동탑지, 미륵사지 전역, 서탑의 해체와 보수 등의 조사가 이루어졌다. 그러던 중 2009년 1월 1층의 제1단 심주석 상면에서 사리공이 발견되었다. 그 내부에서 사리를 봉안한 사리호 세트와 사리의 봉안 내력을 새긴 〈금제사리봉영기〉, 그리고 이를 장엄하기 위해 함께 넣은 700여 점의 각종 구슬 등 다양한 공양물이 출토되었다.

조사를 통해 무엇보다도 화제가 된 것은 〈금제사리봉영기〉라고 할 수 있다. 여기에 총 193자의 글자가 새겨진 명문에서 "좌평 사택적덕(沙乇積德)의 딸인 백제왕후가 재물을 희사해서 가람을 창건하고, 기해년(639년)에 사리를 봉안하였다"라는 내용이 나왔기 때문이다. 〈금제사리봉영기〉가 출현하기 이전에는 대체로 『삼국유사』 기이편 무왕조의 기록을 바탕으로, 무왕과 신라의 선화공주가 용화산 아래의 큰 못에서 미륵삼존(彌勒三尊)의 출현을 친견한 것을 계기로 미륵사를 조성한 것으로 이해하였다. 그런데 〈금제사리봉영기〉의 출현을 계기로 익산 미륵사 서탑이 무왕과 신라의 선화공주에 의해 창건된 것이 아니고, '사택적덕의 딸인 백제 왕후에 의해 창건된 것'이라는 기록이 나옴으로써 『삼국유사』 무왕조 설화에 대한 믿음과 기존 연구 성과에 대한 재검토의 필요성이 대두되었다.[23] 이에 대한 논의는 크게 세 가지로 나누어 볼 수 있다.

첫째는 선화공주를 미륵사 창건 주체로 보는 견해이다. 이 견해는 『삼국유사』 무왕조와 관련되어 있다. 『삼국유사』 무왕조에 관한 기존의 연구는 설화로 보는 견해와[24] 역사적 사실에 바탕을 두고 있다는 견해로[25] 크게 나뉜다. 이후 미륵사지 발굴을 통해 『삼국유사』 무왕조 기사를 설화로 간주하려는 입장이 후퇴한 반면, 역사성이 담겨진 것으로 보려는 경향이 우세해졌다.[26] 그런데 2009년 〈금제사리봉영기〉가 발견되면서 『삼국유사』 무왕조의 기록을 사료로 활용하는 것에 대한 경계가 강화되었다.[27] 이후 논의의 과정에서 다시 『삼국유사』 무왕조를 바탕으로 미륵사 창건 주체로서의 선화공주를 인정하기도 하였다. 미륵사의 불교사상적인 측면을 검토한 연구에서는 선화를 신라의 공주로, 무왕의 첫 번째 부인으로 보았다. 무왕과 신라와의 관련성, 즉 선화 공주와의 결혼 이야기 때문에 『삼국유사』 기이편에서 백제왕 가운데 유일하게 무왕에 대한 기록이 남았다고 보기도 하였다.[28]

한편, 미륵사 창건 주체를 익산 세력으로 보면서, 『삼국유사』 무왕조의 신라 진평왕의 딸인 선화를 신라의 공주가 아니라 익산 출신인 무왕의 왕비로 해석하기도 하였다.[29] 서동 설화에서 무왕의 출신과 성장기 생활 모습은 무왕 즉위 당시의 정국으로 볼 때 역사성을 반영하고 있지만, 무왕과 혼인한 선화공주는 신라 왕녀가 아닌 익산 재지세력 출신의 여성일 가능성이 높다는 것이다. 선화를 익산 세력으로 보고, 『삼국유사』의 선화공주는 신라와 우호를 추구한 익산 세력의 염원과 움직임이 반영된 것으로 이해하기도 하였다. 선화공주는 익산 세력으로 무왕의 후비, 의자왕의 어머니인 국주모와 대립한 인물로 보았다. 그러나 의자왕의 생모를 익산 출신으로 보기 어렵다며, 신라 출신 여인으로 보아야 한다는 의견이 다시 제기되었다.[30] 나아가 고구려 안원왕의 사례를 들어, 무왕의 왕비가 여러 명이었을 가능성을 언급하였다.

또한 『삼국유사』의 미륵사 창건연기설화를 적극적으로 인정하기도 하였다. 발굴 조사를 통해서도 연기설화의 역사성이 증명되기 때문에 『삼국유사』 「무왕조」는

〈금제사리봉영기〉와는 다른 성격을 갖는 사료로서 해석해야 한다는 것이다. 이에 두 사료를 종합하여 선화공주는 창건 발원자이며, 사택 왕후는 서탑 사리봉안의 발원자라고 보았다.[31] 무왕의 재위 기간이 긴 점과 사택왕후 이외에 다른 왕비가 존재할 수 있음을 들어 신라 선화공주 역시 무왕의 왕비로 인정해야 한다는 의견, 선화공주의 존재는 인정하되 신라 왕실의 공주가 아니라 익산 세력으로 보아야 한다는 수정론 등이 나오면서 선화공주의 실체와 무왕의 왕비를 둘러싼 논쟁은 아직도 진행형이다.

현재 〈금제사리봉영기〉를 통해 확인된 사실은 639년 무왕 후반기를 같이 한 왕비가 사택왕후라는 것이다. 그러나 무왕의 재위 기간이 40여 년이라는 점을 고려해 본다면, 사택왕후 이전에 여러 명의 비빈이 있었을 가능성을 무시할 수 없다. 선화공주가 신라의 공주이든 익산 세력이든 그 실체를 인정하고 미륵사 창건의 주체로 보는 것은 미륵사 조영의 단계별 주체설과 연관된다.[32]

둘째는 사택왕후를 미륵사 창건 주체로 보는 견해이다.[33] 〈금제사리봉영기〉 출현 이후에 미륵사 창건 주체와 관련하여 선화공주를 부정하는 처지에서는 사택왕후를 〈금제사리봉영기〉와 미륵사 서탑뿐 아니라, 미륵사 전체의 창건 주체로 보았다. 〈금제사리봉영기〉의 출현으로 '선화공주의 발원으로 무왕이 미륵사를 창건하였다'라는 『삼국유사』의 기록은 잘못이며, 선화공주를 설화상의 인물로 보아야 한다는 것이다. 이에 선화공주가 미륵사를 창건하였다는 기록을 부인하는 연구들이 이어졌다. 『삼국유사』의 기록은 영웅 설화와 미륵사 창건 설화가 합쳐진 형태로, 그 기록을 그대로 역사적 사실로 받아들일 수 없다는 것이다.[34] 또한 639년 시점에 사택왕후가 미륵사를 완성하면서 사찰 전체를 창건한 것으로 자처한 사실을 강조하면서, 사택왕후가 정국의 주도권을 쥐고 미륵사를 건립한 것을 무왕과 사택씨의 공조 결과로 이해하였다.[35]

이와 같이 〈금제사리봉영기〉의 발원자는 사택왕후로서, 선화공주의 존재를 부정하고 사택왕후가 무왕의 첫째 왕비인 의자왕의 어머니라고 하였다.[36] 그러나 사택왕후를 의자왕의 모후로 보기는 어렵다며, 의자왕의 생모를 국주모로 보거나,[37] 무왕 즉위 초에 혼인한 풍장의 어머니,[38] 무왕 집권 후기의 정비[39] 또는 무왕의 후비,[40] 무왕의 정처로 의자왕의 어머니,[41] 미륵사 건립의 주체로 의자왕의 계모로[42] 해석하는 등 다양한 연구가 진행되었다.

〈금제사리봉영기〉의 출현으로 왕후의 집안인 사택씨 세력 또한 다시금 주목을 받았다. 종래에는 사택씨 세력의 기반을 사비나[43] 서천 지역[44]으로 보았다. 그런데 〈금제사리봉영기〉 출현 이후, 사택씨 세력과 익산의 관련성을 지적하거나 사택씨 세력의 재지 기반이 익산 지역이었다는 견해들이 나왔다. 그 뒤 익산을 사택씨의 세력 기반으로 보기는 어렵고 세력 확장의 터전으로 주목하는 등 사택씨 관련 연구들이 진행되었다.[45]

결국 사택왕후를 미륵사 창건 주체로 본 견해는 서탑 〈금제사리봉영기〉의 발원자와 미륵사 창건의 주체를 동일시하였다. 따라서 이러한 권력과 재력을 사택왕후에 한정시키지 않고 사택씨 세력으로 확대해서 본 것이다. 사택씨 세력에 대해서도 무왕 전기부터 국정을 주도했는지, 무왕 후기에 두각을 나타냈는지 의견이 엇갈리고 있다. 또한 사택씨 세력과 무왕 혹은 태자 의자와의 관계에서 사택씨 세력을 왕권에 협력한 세력으로 보거나, 무왕 혹은 의자와 타협한 것으로 보거나, 대립한 것으로 보는 등 다양한 견해가 제기되고 있다.[46]

셋째는 미륵사 조영 단계별 주체설이다. 〈금제사리봉영기〉 출현 이전에는 『삼국사기』 무왕조를 중심으로 미륵사의 창건 주체를 무왕과 선화공주라고 생각하였으나, 〈금제사리봉영기〉가 출현하면서 사택왕후에 의한 미륵사 창건설이 힘을 받게 되었다. 그러나 논의가 진행되면서, 미륵사 조영의 주체가 단계별로 달랐을 것이라는 견해들이 제기되었다.

먼저, 미륵사 창건 주체 논의와 관련해서 미륵사의 구조가 주목을 받았다. 미륵사의 삼원 가람이 계획 단계에서 전체적인 구도 속에서 배치되었다는 의견과 중원을 중심으로 동·서원이 추가된 형태였다는 해석이 나왔다. 미륵사의 삼원을 염두에 둔 기획과 설계는 한번에 이루어졌지만, 토목 및 건축 공사가 시차를 두고 차례대로 이루어졌다면, 무왕과 선화공주 역시 미륵사 창건의 주체로 볼 수 있다. 따라서 이러한 논의에 힘입어 미륵사 조영 단계별 주체설이 주목받게 되었다.[47]

선화공주의 존재를 인정하는 입장에서는 미륵사가 삼원(三院)으로 이루어진 거대 사찰이기 때문에 창건의 주체가 여러 명일 수 있다고 하였다. 즉, 선화공주를 전왕비로 보고, 미륵사의 오랜 공사 기간 동안 최초의 발원자인 선화 왕비가 사망 혹은 실세(失勢)하였을 수 있으므로, 이 경우 미륵사가 완공될 무렵에는 당시 실권을 쥐고 있던 사택왕후에 의해 불사가 진행되었을 것이라는 해석이다.[48] 이와 같이 미륵사 창건 발원 주체를 선화공주로 대표되는 익산 세력에서 사택왕후로 대표되는 사씨 세력으로 변화되었다고 본 연구들이 있었다. 선화공주가 익산 출신 재지세력의 딸로, 무왕대 익산 지역의 대규모 토목공사는 익산 지역 재지세력의 물적·인적 자원을 바탕으로 이루어졌다고 보았다.[49]

결국 선화공주로 상징되는 익산 세력이 미륵사 창건을 시작하였고, 이후에 사택씨 세력이 창건을 주도하였다고 본 것이다. 미륵사의 경우 삼원 가람이 일시에 조영된 것이 아니라 단계적으로 조영되었고, 의자왕대까지 지속되었기 때문에 미륵사 초창을 담당했던 것은 선화공주로 상징되는 익산 지역 세력이며, 서원은 무왕 40년에 사택왕후로 대표되는 사씨 세력에 의해 중창되었다고 보았다.[50]

반면, 무왕을 중심으로 조영 주체 단계설을 주장한 연구도 있다. 원래 미륵사 창건을 발원한 것은 선화공주이고 무왕이 이를 추진했는데, 긴 공사 기간으로 선화공주가 완공을 보지 못하고 후비인 사택왕후가 완공쯤에 사리를 봉안했다는 것이다.[51]

한편, 대(對)신라관계에서 익산의 위치에 주목해, 무왕 집권 후반기에 귀족들의 반발이 강해지자 이를 타개하고 정국 주도권을 확보하기 위해 무왕이 사씨 세력과 타협을 모색하였고, 이에 따라 사택왕후가 전면에 등장하였다고 보았다. 양측의 타협으로 무왕은 익산으로의 수도 이전을 포기하였고, 사택왕후는 익산 세력에 의해 추진된 미륵사 건립을 적극 수용하면서 익산 지역을 포용하였다는 것이다.[52]

그런데 미륵사의 창건이 무왕대가 아닌 위덕왕 또는 법왕대에 이미 진행되었다는 설도 제기되었다.[53] 그러나 미륵사 창건을 위덕왕과 법왕대로 본다면, 사택왕후의 입지는 확실히 〈금제사리봉영기〉 발원자로 좁혀지게 된다. 아무튼, 〈금제사리봉영기〉에는 왕후가 특기되어 있지만, 사찰의 규모로 볼 때 국가 사찰로서 왕비와 그의 집안뿐 아니라 왕실과 정부의 역량이 모두 투입되었을 것으로 보인다.[54] 따라서 미륵사 조영의 실질적 주체는 무왕이었고, 사택왕후를 비롯하여 미륵사지 서탑의 사리공에서 발견된 금제소형판 등에 기록된 다양한 사람들이 이러한 무왕의 뜻에 호응하여 미륵사의 조영에 참여한 것이 아닌가 한다.[55]

결국 미륵사 창건 주체의 문제는 삼원에 대한 실제적인 토목 및 건축 공사가 함께 이루어져 완공되었는지가 핵심이다. 하나의 사찰을 완성하는 데는 아주 긴 시간이 요구되는 경우가 많고 동탑의 석재 결구 방식이 통일신라시대에 흔히 보이는 기법인 점으로 볼 때, 서탑이 동탑에 선행하는 것으로 추정된다. 즉, 미륵사 창건이 한꺼번에 완성되지 않았을 가능성이 높다면,[56] 미륵사 창건의 발원 주체를 단계별로 살펴볼 필요가 있다. 미륵사 창건이 중원 → 서원 → 동원 순으로 진행되었다면, 미륵사 창건과 중원을 처음 계획한 주체, 서원 건립을 진행한 주체, 동원을 건립한 주체로 나누어 볼 수 있을 것이다.

3) 서동 주체설을 어떻게 가르칠까

역사가는 사람들이 남긴 흔적을 통해 과거를 복원하고 해석하는 사람이다. 역사가에게 기록은 과거의 실체를 알려 주는 중요한 단서이다. 그러나 시간을 거슬러 올라갈수록 남아 있는 기록이 많지 않다. 또한 남아 있는 기록도 비판적으로 검토해야 하는데, 같은 사실에 대한 기록도 작성자에 따라 다른 경우가 많기 때문이다. 가령 앞서 살펴보았듯이 백제의 미륵사를 세운 사람에 대한 기록이 신라의 공주와 백제 귀족의 딸로 다르게 서술되어 있다. 이렇게 기록은 작성된 시기에 따라, 그리고 작성한 사람의 성향과 의도에 따라 다를 수 있다. 또한 기록이 완전하지 못한 경우가 많으므로 다른 기록과 유물, 유적을 토대로 역사를 재구성해야 한다. 이러한 점에서 서동 주체설은 과거의 단서를 통해 과거를 복원하는 역사가의 탐구 방법을 따라가는 데 무엇보다도 효과적인 주제 가운데 하나라고 할 수 있다.

이러한 서동 주체설은 사이버 박물관을 활용한 토의식 수업으로 진행할 수 있다. 주제와 관련된 문자자료와 비문자자료(사진이나 동영상 등)를 활용하여 미륵사 창건 주제에 대한 여러 학설의 장단점을 토의한다. 아울러 박물관 전시 콘텐츠 만들기 활동을 통해 수행평가를 실시하여, 학생들 스스로가 공간 구성이나 이를 위한 주제 선정을 기획하도록 한다.

4. 수업의 실제: 논쟁적 수업(심화)-서동 주체설 -디지털 역사자료를 활용한 토의식 수업-

1) 교육과정 분석 및 수업목표 설정

성취기준 '[10한사1-01-01] 고대 국가의 형성과 성장 과정을 파악한다.', '[10한사1-02-01] 근대 이전 국제 관계와 대외 교류의 시대적 특징을 비교한다.', '[10한사1-02-04] 근대 이전의 사상과 문화를 국제 교류와 관련하여 탐구한다.'의 해설 중 '고대 국가 형성과 성장의 의미 및 특성 파악'과 '근대 이전 시기의 사상과 문화가 지닌 특징 탐구'를 학습하기 위하여 5세기 이후 삼국의 발전과 불교문화의 발전을 중심으로 공부한다. 이 수업에 있어서 다음과 같은 수업목표를 설정해 볼 수 있다. 첫째, 한반도를 중심으로 삼국의 발전 과정을 정리하고 설명할 수 있다. 둘째, 삼국의 발전 과정에서 일본, 중국 등과의 대외 관계와 문화 전파 등을 이해할 수 있다. 셋째, 삼국의 불교 전파와 불교문화의 양상을 정리할 수 있다.

2) 내용 선정

학습 내용은 백제의 역사를 중심으로 하며, 정치사와 함께 『삼국유사』에 등장한 서동의 존재와 불교 문화재인 미륵사지 석탑 등의 문화사 등을 같이 다룬다. 교과서상의 하나의 소단원이 아니라 정치, 문화 등을 엮어 수업을 진행하기 때문에 정치사, 문화사가 결합된 형태의 학습 내용을 구성한다.

3) 학습자 진단

학습자는 고등학교 수준의 역사적 소양을 충실히 갖춘 심화형 학습자로, 한 가지 사건을 다양한 시각에서 분석하고 해석하는 데 높은 흥미를 보인다. 개별 역사자료에 대한 독립적인 탐구 역량이 뛰어나며, 자료의 정보가 불완전하거나 모호한 경우에도 축적된 역사 지식과 시대적 맥락을 활용하여 적극적으로 의미를 구성해 낸다. 특히 역사적 사건에 대해 수동적 입장을 취하지 않고 자료와 근거를 바탕으로 적극적으로 해석하는 능동적 학습 태도를 보여주고 있다.

4) 교재 연구

논쟁이 되고 있는 백제사 주제이기 때문에 1차 사료로서 「금동사리봉안기」를 검토해야 하며, 고려 시대에 저술된 『삼국사기』, 『삼국유사』를 면밀히 살펴보아야 한다. 특히 『삼국유사』를 단순한 설화가 아닌 역사서로서 검토하는 자세가 필요하다고 볼 수 있다. 또한 현재 어떤 점에서 논쟁이 되고 있는지를 살피기 위하여 『신편 한국사』 등의 개설서를 포함하여, 서동 주체설과 미륵사 창건과 관련한 학계의 논문도 찾아볼 필요성이 있다. 고고학적 증거, 설화에서의 연관성 등을 따지기 위하여 사이버 박물관과 다큐멘터리 등의 동영상 자료도 살펴보면서 수업에서 학생들이 충분히 수업목표를 달성할 수 있도록 교재 연구가 이루어져야 한다.

5) 학습지도안 작성

학 습 지 도 안

학교/반	
교사	
일시	

차 례

Ⅰ. 교재 및 단원명

1. 교재

• 교과서: 고등학교 한국사1
• 저자 및 출판사: 김보림 외, 리베르 출판사

2. 단원명

• 대단원: Ⅰ. 근대 이전 한국사의 이해 ~ Ⅱ. 근대 이전 한국사의 탐구
• 중단원: Ⅰ. 근대 이전 한국사의 이해 1. 고대 국가의 성장
Ⅱ. 근대 이전 한국사의 탐구 1. 국제 관계와 대외 교류
4. 사상과 문화

Ⅱ. 단원 설정의 이유

1. 학습자 측면

이 단원은 고대 삼국의 정치적 발전, 삼국의 불교 수용과 전개 등을 중심으로 고대 국가의 통치 이념과 문화 발전을 살펴보고 고대 국가의 대외 교류 양상을 학습하는 데 목적이 있다. 학생들은 고대 정치나 종교에 대해 추상적이고 거리감을 느끼기 쉽지만, 구체적인 문화유산과 역사적 인물을 통해 친근하게 접근할 수 있다. 이를 통해 학생들은 고대 삼국의 역사적 상황을 효과적으로 파악할 수 있으며, 삼국의 문화가 당시 사회적 상황, 인간의 삶을 어떻게 반영하고 있는지 이해하게 된다. 또한 고대 국제 관계의 특징과 대외 교류 양상을 통해 세계사의 흐름 속에서 고대 사회의 발전 양상을 파악할 수 있게 된다.

2. 학문적 측면

학습 교재는 역사적 사고력과 해석력, 통합적 이해를 중심으로 학습 내용을 구성하고 있다. 본 단원은 고대 국가의 성장, 고대 사상과 문화, 고대 대외 교류 양상의 흐름을 함께 탐구할 수 있는 학습 주제를 제공한다. 특히 고대 시기 한반도의 정치적 상황 속에서 탄생한 고대 불교 문화재를 이해함으로써 고대 국가의 정치, 종교의 관계 등을 연계하여 학습할 수 있게 된다. 또한 고대 국가의 대외 교류 양상 속에서 한반도의 역사를 이해할 수 있다. 학생들은 다양한 역사 자료를 비교·분석하며 역사적 사실을 근거로 해석하고 평가하는 능력을 기르게 되며, 이를 통해 한국 고대사에 대한 이해를 높일 수 있다.

3. 사회적 측면

현대 사회는 과거의 역사에 대한 다양한 해석과 관점의 공존을 요구하고 있으며, 단순한 지식을 습득하는 것이 아닌 비판적 이해와 창의적인 해석을 중요시하고 있다. 이러한 상황에서 학생들은 역사 자료를 비판적으로 해석하고, 여러 관점을 수용하는 태도를 길러야 한다. 역사는 단순히 과거의 사실을 받아들이는 학문이 아니라, 자료를 통해 의미를 구성하고, 재해석 될 수 있는 열린 학문이라는 점을 인식해야 한다. 이러한 수업은 학생들이 역사적 사실을 단순히 암기하는 것이 아니라, 그 이면에 숨겨진 의도, 사회적 배경, 권력의 작용 등을 스스로 질문하고 성찰하게 하며, 시민으로서 비판적 사고력과 역사 인식을 기를 수 있도록 돕는다.

Ⅲ. 단원의 개관

본 단원은 근대 이전의 한국사의 이해와 탐구라는 큰 주제 아래 고대 국가의 정치적 성장 및 고대 시기 사상과 문화의 변화를 다루고 있다. 고조선을 비롯하여 한반도에서 성장한 초기 국가, 고구려, 백제, 신라, 통일 신라, 발해 등의 정치적 성장과 발전 과정을 학습함으로써 고대 국가의 형성과 성장의 의미 및 특성을 파악할 수 있다. 또한 정치적 변동과 연계하여 고대 시기 불교와 유교를 중심으로 사상과 문화의 성격을 학습할 수 있다.

Ⅳ. 단원의 학습 목표

1. 지식 · 이해

① 국가의 성립 배경과 정치적 발전 과정을 설명할 수 있다
② 고대 사회에서 불교와 유교가 수용·발전된 배경과 그 영향을 설명할 수 있다.
③ 고대 국가의 문화적 특징과 고대 문화유산의 의의를 이해할 수 있다.

2. 기능

① 고대 국가의 정치 발전 과정을 연표, 지도 등을 활용하여 정리하고 비교할 수 있다.
② 고대 문화유산을 조사하고 그 문화적 가치를 해석하는 능력을 기를 수 있다.
③ 불교와 유교의 주요 사상과 고대 사회에서의 역할을 탐구하고 현대와 연결 지을 수 있다.

3. 가치 · 태도

① 고대 국가의 형성과 발전을 통해 공동체 의식과 자긍심을 가질 수 있다.
② 다양한 종교와 사상이 고대 사회에 기여한 바를 이해할 수 있다.
③ 역사라는 학문이 과거 자료를 분석하고, 그 기반 위에서 해석될 수 있음을 이해할 수 있다.

V. 단원의 구조

(※ 수업에 언급되는 내용을 **굵은 글씨**와 **밑줄**로 표시.)

<table>
<tr><th>대 단 원</th><th>중 단 원</th><th>소 단 원</th></tr>
<tr><td rowspan="4"><u>I. 근대 이전
한국사의 이해</u></td><td rowspan="4"><u>1. 고대 국가의 성장</u></td><td>주제1. 선사 문화와 국가의 출현</td></tr>
<tr><td>주제2. 고조선과 여러 나라의 성립</td></tr>
<tr><td><u>주제3. 삼국과 가야의 발전</u></td></tr>
<tr><td>주제4. 통일 신라와 발해</td></tr>
<tr><td rowspan="6"><u>II. 근대 이전
한국사의 탐구</u></td><td rowspan="3"><u>1. 국제 관계와 대외 교류</u></td><td><u>주제1. 고대의 국제 관계와 대외 교류</u></td></tr>
<tr><td>주제2. 고려의 국제 관계와 대외 교류</td></tr>
<tr><td>주제3. 조선의 국제 관계와 대외 교류</td></tr>
<tr><td rowspan="3"><u>4. 사상과 문화</u></td><td><u>주제1. 고대의 사상과 문화</u></td></tr>
<tr><td>주제2. 고려의 사상과 문화</td></tr>
<tr><td>주제3. 조선의 사상과 문화</td></tr>
</table>

VI. 지도상의 유의점

1. 준비

1) 본시 학습과의 연계를 위해 전시학습을 상기시킨다.
2) 토의 방법 및 수행평가와 관련한 사항을 학생들에게 알려준다.
3) 교과서 외의 학습자료를 충분히 검토한다.

2. 내용

1) 수업 내용을 학습자가 이해할 수 있도록 구성한다.
2) 학생들이 학습 주제와 관련한 자료를 충분히 조사할 수 있도록 지도하고, 토의를 통해 관련된 주제에 대해 학생들이 능동적인 판단을 할 수 있도록 돕는다.

3) 주도면밀한 계획을 세워 수업의 진행과 흐름이 끊기지 않도록 철저하게 준비한다.

4) 박물관 콘텐츠를 설계하는 활동에서 학습을 통해 준비한 충분한 근거 위에서 역사적 상상력을 발휘할 수 있도록 한다.

3. 마무리

1) 수업 활동이 끝난 후 학생들에게 반드시 피드백을 제공한다.

2) 수행평가를 통해 수업에서 다룬 내용을 능동적으로 적용해 볼 수 있도록 한다.

3) 차시 예고를 통해 학생들이 다음 수업을 준비할 수 있도록 돕는다.

4. 수업에 적용되는 학습 모형 및 교재

1) 토의 학습(Discussion-based Learning)

토의 학습은 학습자가 소집단 또는 전체 집단 속에서 주어진 주제에 대해 의견을 교환하고 협력적으로 사고하며 문제를 해결해 가는 과정을 통해 지식과 태도를 함양하는 수업 방식이다. 교사는 안내자 및 촉진자의 역할을 하며, 학습자는 주체적으로 참여하게 된다. 특히 역사 수업에서 토의 학습은 역사적 사실이나 해석에 대해 다양한 시각에서 접근하고 비판적 사고력을 기르는 데 매우 효과적일 수 있다.

2) 직소 Ⅰ(Jigsaw Ⅰ Model) 모델을 사용한 토의 학습

여러 조각을 협력하여 완성하는 조각 그림 맞추기 퍼즐인 직소 퍼즐(jigsaw puzzle)에서 유래하였다. 한 학급의 학생을 여러 개의 이질적 집단으로 나누고, 교사가 재구성한 학습 주제를 집단 구성원의 수에 맞게 나누어 각 구성원이 하나의 소주제를 분담하게 하고, 각 집단에서 같은 소주제를 담당할 학생들이 별도로 모여 전문가 집단을 형성해 소주제에 대한 내용을 토의·학습한 후 본래 소속집단으로 복귀하여 다른 구성원에게 가르치도록 한다.

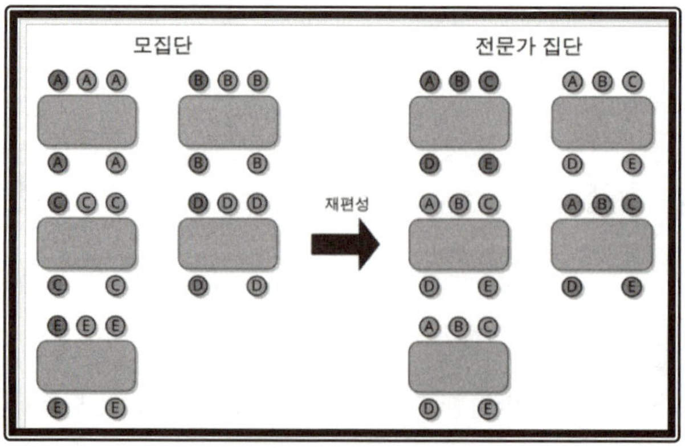

▲ 직소 학습 모형 도식

3) 역사하기(Doing History)

역사 연구자들의 일반적 연구 방법은 유물과 유적 등의 사료를 발굴·수집하고 이를 분류하고 종합하여 원리와 방법을 찾고, 맥락화하여 해석하고 이를 다시 검증하는 것이라 할 수 있다. 이들은 이러한 방법을 통해 역사적 사고력을 지니게 된다. 역사적 사고력이란 학습자가 역사적 문제를 해결하는 과정이나 탐구의 과정에서 비판력과 판단력을 발휘하는 능력으로, 다양한 역사 자료 가운데 최적의 자료를 탐색, 수집하고 이를 맥락화하는 차원에서 해석하고 구성하는 일련의 과정이라 하겠다. 역사적 문제에 대한 인식을 토대로 관련 자료를 수집·분석·비판·해석·종합하는 과정은 곧 역사가의 작업을 의미한다. 이때 학습자들이 역사 자료를 수집하고 분석하여 역사가로서의 활동을 경험하게 하는 일련의 과정은 학습자 주도의 '역사하기'로 지칭될 수 있다. 이 수업에서는 토의 학습 이후 수행평가로서 서동 주체설에 대한 학생 본인의 판단을 근거로 '가상의 서동 박물관 기획서 제작'을 하도록 되어 있다. 이 과정에서 역사가가 사료를 근거로 역사 사건과 행위에 대한 해석을 내리듯, 학생들이 직접 『삼국유사』 등의 사료를 바탕으로 서동에 대한 역사적 해석을 내림으로써 역사가의 작업을 경험하도록 한다.

4) **디지털 역사자료 및 기타**

학생들이 서동 주체설에 대한 탐구 활동을 하기 위해서는 자료가 필요하다. 교실 내에서 다양한 사료와 고고학적 증거, 연구 자료를 확보하기 위해서는 인터넷과 앱(App) 등을 통해 수집할 수 있는 디지털 역사자료를 교재로 충분히 활용해야 한다. 또한 직소 모델에서 전문가 집단의 학습을 학습 시간과 학생 수준을 고려하여 전문가 모둠 학습지를 별도로 제작하여 활용할 수도 있다.

Ⅶ. 교수-학습계획

<table>
<tr><th colspan="2">중단원명</th><th>차시</th><th>수업내용</th><th>시간</th></tr>
<tr><td rowspan="4">Ⅰ·
Ⅱ
단원</td><td>Ⅰ. 근대 이전 한국사의 이해
1. 고대 국가의 성장</td><td>1차시
~
2차시</td><td>• 삼국과 가야의 발전
• 통일 신라와 발해의 발전</td><td>50분</td></tr>
<tr><td>Ⅱ. 근대 이전 한국사의 탐구
1. 국제 관계와 대외 교류
4. 사상과 문화</td><td>3차시</td><td>• 고대의 국제 관계와 대외 교류
• 고대의 사상과 문화</td><td>50분</td></tr>
<tr><td rowspan="2">Ⅰ. 근대 이전 한국사의 이해
1. 고대 국가의 성장
Ⅱ. 근대 이전 한국사의 탐구
1. 국제 관계와 대외 교류
4. 사상과 문화</td><td>4차시</td><td>• 서동은 과연 누구인가?
(디지털 자료를 활용한 직소형 토의 수업)</td><td>50분</td></tr>
<tr><td>5차시</td><td>• 가상 백제 서동 박물관 기획서 만들기
(수행평가)</td><td>50분</td></tr>
</table>

Ⅷ. 본시 교수-학습 지도안

단원	대단원	Ⅰ. 근대 이전 한국사의 이해 ~ Ⅱ. 근대 이전 한국사의 탐구	지도 대상	고등학교 1학년
국가교육과정 성취기준	• [10한사1-01-01] 고대 국가의 형성과 성장 과정을 파악한다. • [10한사1-02-01] 근대 이전 국제 관계와 대외 교류의 시대적 특징을 비교한다. • [10한사1-02-04] 근대 이전의 사상과 문화를 국제 교류와 관련하여 탐구한다.			
학습 목표	1. 백제 서동에 대한 다양한 디지털 자료를 찾아 정리해 볼 수 있다. 2. 토의 학습을 통해 백제 서동 주체설에 대한 자신의 생각을 정리하고 설명할 수 있다. 3. 백제 서동 주체설을 통해 역사적 사실이 고정된 것이 아니라 해석의 산물임을 이해할 수 있다.			

학습 단계	학습요소	교수-학습 활동		시간	자료 및 지도상 유의점
		교사	학생		
도입	인사 (수업 분위기 조성)	• 인사를 한다. • 수업 분위기를 조성한다.	• 인사를 한다. • 수업 준비 사항을 확인한다.	5분	교사는 PPT를 활용해 수업을 진행한다.
	전시 확인	• 전시 학습을 확인한다. 1. 삼국의 성장 과정에서 어떻게 경쟁하여 나갔는지 지도를 통해 확인한다. 2. 삼국의 불교 문화재에 대해 사진 자료를 제시하고 확인한다.	• 교사의 질문에 대답한다. • 전시 학습의 내용을 다시 한번 상기한다.		
	동기 유발	• 『삼국유사』의 서동 설화를 소개한다. • 전시 학습에서 학습하였던 미륵사지 석탑에 대해 설명한다.	• 선생님이 제시하는 자료와 설명을 주의 깊게 듣는다.		
	학습 목표	• 학습할 내용을 소개한다. • 학습 목표를 제시한다.	• 수업 주제와 목표를 확인한다.		
전개	〈전개1〉	• 학생들이 공부할 준비가 되었는지 확인한다. • PPT를 통해 학생들이 수업에 집중할 수 있도록 유도한다.	• 받은 자료를 가지고 공부할 준비를 한다. • PPT를 보면서 수업에 집중한다.	5분	〈학습지〉 (일반용) 수업 중간마다 학생들에게 앞에서 배운 내용을
		〈수업 내용〉 1. 미륵사지 석탑의 해체 복원 과정에 대한 영상을 시청하고 금제사리봉안기 자료를 읽도록 한다. 다음 학습			

		질문에 답하도록 한다. 1) 백제 무왕의 부인은 누구인가요? 2) 미륵사지를 세운 인물은 누구일까요? 2. 『삼국유사』의 서동을 백제 무왕으로 알고 있는 현재의 상황 설명 - 전라도 지역의 서동 축제, 서동 문화제 등 소개 3. 서동 주체설에 대한 최근 학계의 학설 소개 1) 무령왕설 2) 동성왕설 3) 무왕설			질문한다.
	〈전개2〉	1. 학생들을 전문가 모둠(Expert Group)을 구성한다. 2. 모둠별로 서동 주체설의 학설을 1개씩 부여한다. 3. 모둠별로 학설에 대한 내용과 근거를 학습지 및 디지털 자료를 활용하여 탐구한다. 4. 학습지와 디지털 역사자료를 활용하여 서동이 누구인지에 대한 근거를 확보한다.	1. 선생님의 안내에 따라 전문가형 모둠에 들어가 탐구 학습을 수행한다. 2. 주어진 학습지와 함께 디지털 역사자료를 활용하여 서동이 누구인지에 대한 근거를 확보한다. 3. 탐구한 결과물에 대하여 조원과 공유하고 정리한다.	20분	〈학습지〉 (전문가 모둠) 교사는 학생들이 용이하게 역사자료에 접근할 수 있도록 돕는다.
	〈전개3〉	1. 전문가형 모둠에서 일반 모둠으로 돌아가도록 안내한다. 2. 일반 모둠에서 토의 학습이 진행되도록 안내한다. 3. 토의 학습과 동시에 학습지에 자신이 생각하는 서동이 누구인지에 대한 정리를 다시 하도록 한다. 4. 약간 명의 학생에 대해 발표를 하게 하고 피드백을 한다.	1. 다른 학생의 의견을 경청하면서 서동 주체설에 대한 다른 입장을 학습지에 정리해 나간다. 2. 질문이 있는 경우 모둠별 해당 학설을 담당한 학생을 통해 질문을 해소한다. 3. 같은 모둠별 학생들과 의견을 자유롭게 나누고, 학습지에 결과물을 작성한다. 4. 학생들은 발표하고 이에 경청한다. 또한 발표한 학생의 내용과 자신이 내린 결론과 비교해 본다.	15분	수업 시간을 고려하여 발표 학생은 소수의 학생을 선정한다.
정리	내용 정리	수업 내용을 정리한다.	선생님의 질문에 대답한다.	5분	교사는 수행평가에 대해 자세히
	형성평가	PPT를 활용하여 수업에서 다룬 주요 내용을 학생에게 질문한다.	형성평가를 통해 학습한 내용을 정리한다.		

	차시 예고	• 차시 학습 활동에 대해 소개한다.(준비물 안내) "자 다음 시간에는 수행평가로 오늘 한 수업을 바탕으로 가상 백제 서동 박물관 기획서를 만들 것입니다."	• 다음 시간에 배울 내용을 본시 학습과 관련지으며 설명을 듣는다.		안내한다.
	인사	• 인사하고 마친다.	• 인사를 한다.		

Ⅸ. 참고 자료 별첨

1. 학습지(일반용)

학습지(일반용)

반 번 이름:

1. 다음 글을 읽고 물음에 답해 보시오.

옛날 백제의 무왕은 본래 이름이 서동(薯童)이었다. 어려서 익산 지방에서 살았으며, 어머니와 함께 가난하게 지냈고, 마(마늘 또는 야생 뿌리식물)를 캐서 팔며 살아갔다. 그는 용모가 준수하고 꾀가 많았는데, 신라의 선화공주가 아름답다는 소문을 듣고 마음속으로 사모하게 되었다.

서동은 꾀를 내어 아이들에게 엉뚱한 노래를 퍼뜨리게 하였다.

"서동이 밤마다 선화공주를 몰래 찾아간대요~"

이 노래가 온 마을에 퍼지자 궁궐에서도 소문을 듣게 되었고, 결국 선화공주는 부끄러움을 당해 궁 밖으로 쫓겨나고 말았다. 서동은 공주를 맞이하여 아내로 삼고 함께 백제로 돌아갔다.

훗날 서동은 왕위에 올라 '무왕'이 되었고, 익산에 거대한 절인 미륵사를 세웠다. 백성들은 무왕이 신통력 있는 인물이라며 떠받들었고, 그와 선화공주의 사랑 이야기는 오랫동안 전해졌다.

-『삼국유사』-

1) 서동은 어떤 방식으로 선화공주와 혼인하게 되는가?

2) 서동 설화에 등장하는 주요 지역과 유적은 무엇인가?

2. 다음 글을 읽고 물음에 답해 보시오

> 우리 백제 왕후께서는 좌평 사택적덕의 딸로 지극히 오랜 세월에 선인을 심어 금생에 뛰어난 과보를 받아 삼라만상을 어루만져 기르시고 불교의 동량이 되셨기에 능히 정재를 희사하여 가람을 세우시고, 기해년(639년) 정월 29일에 사리(舍利)를 받들어 맞이했다. 원하옵나니, 세세토록 공양하고 영원토록 다함이 없어서 이 선근을 자량으로 하여 대왕폐하의 수명은 산악과 같이 견고하고 치세는 천지와 함께 영구하여, 위로는 정법을 넓히고 아래로는 창생을 교화하게 하소서.
>
> -「금동사리봉안기」-

1) 위의 글의 내용을 읽고 나서 여러분은 무왕 부인은 누구라고 생각하시나요?

---

2) **위의 글을 읽고** 여러분은 미륵사지는 누가 세웠다고 생각하시나요?

---

3. 다음 글을 읽고 물음에 답해 보시오

> (가) 『삼국유사』의 기록들이 일연 개인에 의하여 특별한 목적의식 아래-가령 불교 포교를 위한-만들어진 것이지, 그 기록 자체가 모두 역사적 사실이었음을 뜻하는 것은 아니다. 오히려 그 내용의 비현실성으로 본다면, 그 대부분의 이야기가 역사적 사실과는 거리가 멀게, 혹은 무관하게 형성되었으리라는 추측도 가능하다.
>
> (나) 단군 신화의 내용을 문자 그대로 해석한다면 허무맹랑한 이야기일 것이다. 그러나 일연이 『삼국유사』에 단군 신화를 수록한 것은 고려가 원나라의 지배를 당하고 있었고, 곳곳에서 백제와 신라, 발해 등의 부흥 운동이 일어나고 있었던 어지러운 시기였을 때 민족의 구심점으로 단군을 부각시켜서 민족의식을 고취하려는 의도가 있음을 고려할 때 『삼국유사』의 역사적 기록을 부정하고 단순한 설화 자료집으로 보는 것은 명백한 오류이다.
>
> - 한예찬, 「서동 설화의 주체 연구」 -
>
> (다) 『삼국유사』는 일연이 광범위하게 수집한 금석문 사서 문집 승전 등을 활용하여 『삼국유사』를 단순한 야사가 아니라 사서로서의 기본 틀을 갖추게 했다. 즉 『(백제)고기』 등과 『한서』와 『구당서』, 『북사』, 『사기』, 『삼국지리지』 등을 활용하여 사실 입증에 충실하고자 하였다. '무왕이 법상 미륵를 각각 세 곳에 창건하였다.'는 기록이 미륵사지 발굴에서 확인된 회랑으로 둘러싸인 삼탑 삼금당의 모습과 일치하고 지명법사가 신통력으로 산을 무너뜨려 못을 메웠다는 기록은 미륵사 터가 못을 메워 만들었다는 발굴 결과와 맞아 떨어진다. 미륵사지 석탑의 화강암 또한 삼기산과 미륵산 중턱 화강암과 일치한다.
>
> - 황병익, 「삼국유사 무왕조와 서동요의 의미 고찰」 -

1) (가)에서 『삼국유사』의 특징을 찾아서 쓰시오.

---

2) (나), (다)에서 『삼국유사』의 역사서로의 가치를 갖는 근거를 찾아서 쓰시오.

---

4. 다음을 읽고 물음에 답하시오

『삼국유사』 백제본기 무왕조에 수록된 기술물에 대한 해석은 역사적 사실의 기록으로 해석하는 입장과 설화로 파악하는 입장으로 나눌 수 있다. 그동안 서동의 정체에 대해서 무왕설, 동성왕설, 무령왕설, 무강왕설, 원효설, 건마국의 서동설 등의 주장이 제기되었고, 설화로 파악하는 경우에 '내복에 산다'형의 설화와 관련하여 논의가 이루어진 바 있다.

- 김종진, 「무왕설화의 형성과 서동요의 비평적 해석」 -

1) 『삼국유사』를 역사적 사실의 기록으로 해석한다면 서동의 주체로 언급된 이들을 쓰시오.

---

5. 다른 학생의 의견을 적고, 자신의 의견과 비교해 봅시다.(일반 모둠)

구분	다른 학생의 의견 정리 (주장, 근거)
내용	
구분	자신의 입장 정리 (주장, 근거)
내용	

2. 학습지(전문가 모둠용)

1. 선택된 전문가 모둠 집단의 학설이 무엇인가요?

----

2. 학설에 대한 근거를 자료의 형태별로 조사 및 정리하여 봅시다.

구분	내용	활용 디지털 역사자료	
문헌 사료		한국사데이터베이스, 고전번역원DB	
비문헌 사료		박물관 사이트 활용	
연구 자료		학술논문 사이트, 전자도서관 사이트	
기타 자료		유튜브 자료, 다큐멘터리 자료 등	

정리	

3. 전문가 모둠에서 논의된 사항을 바탕으로 일반 모둠에서 다른 학생들에게 해당 학설에 대해 알려줄 중요한 주장과 근거를 정리해 봅시다.

6) 수업

수업은 고대의 백제를 중심으로 정치 · 사회 · 문화 부분을 통합하는 형태로 진행한다. 수업의 본격적인 전개 과정은 직소 I 모델을 적용한 토의식 수업으로 진행한다. 서동 설화와 미륵사지 석탑 해체 과정에서 발견된 문화유산을 소개하며, 학생들에게 '서동'의 주체에 대해 학습하고 토의하도록 지도한다. 학습지와 사료 등을 통해 학생들이 백제사와 관련한 자료들을 스스로 수집하고 분석할 수 있도록 하고, 토의를 통해 자신이 생각하는 '서동'이 누구인지 탐구해 봄으로써 역사학이 해석의 학문임을 학생들이 인식할 수 있도록 한다. 이후 다음 차시에서 수행평가로 '가상 백제 서동 박물관 운영기획서'를 제작하도록 한다. 이전 차시에서 학습한 '서동' 주체에 관한 자신의 해석과 입장을 반영하여 박물관 운영기획서를 작성하도록 하는데, 학생들에게 수행평가를 하면서 반드시 포함시켜야 할 여러 기준과 방법에 대해 교사가 잘 안내해 주는 것이 중요하다.

7) 수행평가 시행

(1) 수행평가 주제: '가상 백제 서동 박물관 운영기획서' 제작하기

(2) 수행평가 작성 방법

(1) '서동 주체설'에 관하여 토의 수업한 것을 바탕으로 가상의 백제 서동 박물관 운영기획서를 제작한다.
(2) 서동 박물관 운영 기획서는 모두 작성하고 교사의 이메일로 전송하도록 한다.
(3) 가상 박물관 운영 기획서에는 다음의 요소를 반영하여 작성하도록 한다.
① 박물관 명칭과 위치 설정 (가상의 장소도 가능)
② 박물관 설립 목적 및 취지문
③ 전시관 구성안: 전시실 명칭, 주요 유물(가상도 포함), 설명 자료
④ 체험 공간 기획(예: 아동 체험실, 서동 관련 연극, 디지털 체험 등)
⑤ 토의 결과를 반영한 서동 박물관 콘텐츠 반영 여부

(3) 평가 기준

① 성취기준

교육과정 성취기준	[10한사1-01-01] 고대 국가의 형성과 성장 과정을 파악한다. [10한사1-02-01] 근대 이전 국제 관계와 대외 교류의 시대적 특징을 비교한다. [10한사1-02-04] 근대 이전의 사상과 문화를 국제 교류와 관련하여 탐구한다.

② 채점 기준표

배점 / 평가 요소	매우 잘함	잘함	보통	미흡
역사 사실 이해	선택한 주제와 관련된 적합한 사실과 인물의 활동 등을 가상 박물관에 반영함.	선택한 주제와 관련된 적합한 사실, 인물 등을 선별했으나, 약간의 역사적 사실에 맞지 않는 부분이 있음.	선택한 주제와 관련된 사실과 인물을 뽑았으나 뉴스에 포함된 내용 중의 일부가 사실과 다름.	사건과 등장인물의 특징, 주요 활동 내용, 시대적 특징 등에 오류가 많음.
역사적 판단력과 문제 해결 능력	기획안에 포함해야 할 5가지 충족 요소를 모두 충실히 포함되어 있고, 각 요소 간 유기적인 연결이 뛰어남.	기획안에 포함해야 할 5가지 충족 요소 중 4가지 충실히 포함되어 있고, 각 요소 간 유기적인 연결이 좋음.	기획안에 포함해야 할 5가지 충족 요소 중 3가지 충실히 포함되어 있지만, 각 요소 간 유기적인 연결이 부족함.	기획안에 포함해야 할 5가지 충족 요소 중 2개 이하만이 포함되었고, 각 요소 간 유기적인 연결이 부족함.
역사 자료 분석과 해석	기존 통설을 넘어서 서동의 역사적·상징적 의미를 창의적으로 해석하고, 이를 박물관 전시에 구체적으로 반영함.	기존 통설을 넘어서 서동의 역사적·상징적 의미를 창의적으로 해석하였지만, 이를 박물관 전시에 구체적으로 반영하지는 못함.	기존 통설을 넘어서 서동의 역사적·상징적 의미를 해석하고자 노력하였지만 미흡한 부분이 있고, 박물관 전시에 구체적 반영도가 떨어짐.	서동에 대한 역사적 해석 부분이 결여되어 있음.

(4) 학생 수행평과 결과 사례(박물관 운영 기획서)

(가상) 서동 박물관 운영 기획서

○○고등학교 ○학년 ○반 이름 □□□

1. 박물관 명칭 및 위치
   1) 명칭: 서동 미로 박물관
   2) 위치: 전라북도 익산시 왕궁면 – 서동 설화의 중심지이자 미륵사지 인근(가상 부지내 조성)

2. 설립 목적 및 취지

서동 미로 박물관은 백제 무왕으로 알려진 '서동'의 정체에 대한 다양한 역사적 해석을 기반으로, 설화의 재해석과 정치적 상징성에 대해 시민들이 직접 사고하고 체험할 수 있는 공간입니다. 본 박물관은 '서동 주체설'에서 제시된 무왕설, 무령왕설, 동성왕설을 각각 하나의 전시 미로로 구성하여, 관람객이 주체적으로 해석을 선택하고 그 맥락을 따라가며 백제사의 풍부함과 역사의 다양성, 해석의 상대성을 체감할 수 있도록 기획되었습니다.

3. 전시관 주요 구성 계획

전시관	주제	전시 구성	주요 콘텐츠
제1관 서동관	『삼국유사』 속 서동	역사 기록에서 서동을 소개	서동 영상관
제2관 무왕관	서동은 무왕이다.	무왕, 무령왕, 동성왕의 생애와 관련한 내용을 소개하면서, 서동이 무왕임을 입증하는 전시 구성	삼국유사의 서동과 무왕에 대해 소개하는 전시
제3관 무령왕관	서동은 무령왕이다.		무령왕대의 백제 상황을 VR로 소개
제4관 동성왕관	서동은 동성왕이다.		일본의 미나노 장자 설화 소개
제5관 진실의 문	역사는 해석의 학문이다.	기존의 역사 해석이 새로운 발견과 학설로 달라진 사례 소개	사례 위주 전시관

4. 체험 공간 기획[57]

1	**AR 미로 체험실** 관람객이 세 학설 중 하나를 선택해 AR 미로 체험을 하며 각 전시 공간을 '탐험'하는 콘텐츠	
2	**서동 연극제** 관람객이 무왕설, 무령왕설, 동성왕설에 따라 다른 시나리오의 '서동극' 체험	
3	**백제 의상 체험실**	
4	**역사 탈출방** 백제 역사에 대해 퀴즈를 내고 방을 탈출하는 게임 놀이 공간	

5. 문화 행사 기획
- 시민 강좌(월1회): 지역 학생 및 시민을 초청하여 서동 주체설에 대한 연구 경향을 시민들에게 제공
- 백제 문화 주간(연1회): 서동 설화 인형극, 삼국유사 읽기 대회, 백제 역사를 주제로 한 학생 사생 대회 개최
- 전시 연계 학술 세미나

8) 전체적인 교수 · 학습 과정에 대한 피드백 및 계획 수립

수업 전 학습자의 대단원 내용의 전체적 이해도를 고려해야 하며, 디지털 역사자료를 활용하였을 때의 사료 이해 능력도 점검해 보아야 한다. 수업 도입 단계에서 고대 삼국의 경쟁 과정에 대해 이해하고 있는지 확인하고 피드백해 주어야 한다. 수업 전개 과정에서는 서동의 주체에 대한 다양한 해석이 있을 수 있다는 것을 중점적으로 말해주어야 하며, 전문가 모둠 집단으로 편성되었을 때는 학생들이 학설에 맞는 적절한 디지털 역사자료를 탐구하고 있는지 면밀히 검토해야 한다. 전문성이 너무 높은 논문이나 고고학적 자료의 경우는 학생들에게 보다 접근성이 뛰어난 사례나 근거를 찾도록 하고, 그렇지 못할 경우에는 조별로 순회하면서 직접적 피드백을 줄 수 있다. 일반 모둠 토의 학습 단계에서는 학생들이 여러 의견을 존중하고 경청하고 있는지 확인하는 것이 좋으며, 여러 정보를 아울러 자신만의 개념을 만들어 보는 과정을 충실히 하고 있는지 살펴보아야 한다. 일반 모둠 토의가 종료되면 조별로 약간 명의 학생이 발표하도록 하고, 발표 후 특별히 문제가 되는 부분에 대해서 직접적 피드백을 할 수 있다. 전체적인 학생의 피드백은 수행평가를 통해 이뤄질 수 있다. 수행평가를 시행하고 결과물이 제출되면 그에 따른 피드백에 학생별로 이야기해 줄 수 있으며, 동료간의 평가를 통해 피드백을 부여하고 전체적인 수업 과정의 피드백을 참고로 하여 다음 수업의 계획을 수립한다.

5. 수준별 수업 주제(기초, 심화)-서경 천도 운동

1) 한국사 교과서에 서술된 서경 천도 운동

서경 천도 운동은 문벌사회 동요의 원인으로 이자겸의 난과 함께 서술되어 있다. 주로 묘청을 중심으로 한 서경파가 풍수지리설을 내세워 서경 천도 운동을 추진하였으나, 김부식으로 대표되는 개경파에 의해 좌절되었다는 내용으로 이항적·대립적 관계로 간략하게 나와 있다. 즉 정치적 측면이 이 주제의 핵심이다. 이러한 시간순 서술은 사건의 전개와 서경 세력의 주장을 간결하게 전달하는 데 효과적이다. 그러나 비판론자들의 반대 이유가 제시되지 못하여 학생들이 한쪽의 주장만 보게 되는 한계가 있다. 이를 보완하기 위하여 대부분의 교과서에서는 보조 자료를 제시하거나 정리·토론·재판 등의 학습 활동을 추가하였다.

이러한 대립항적인 서술은 지식을 간결하게 전달하는 데에는 유용하지만, 이러한 목표를 달성하는 데에는 효과가 제한적이다. 또한 역사상을 지나치게 단순화시켜 오해를 일으키는 문제도 있다. 아울러 서경 천도가 갈등 상황의 핵심 사안이 되었는지에 대해서 학생들이 이해할 수 있는 수준으로 충분하게 설명이 되지 못하고 있다.[58]

2) 연구사 정리

고려 인종 대는 문벌귀족 중 인주 이씨의 세력이 강성하던 시기였다. 인종은 외할아버지인 이자겸의 도움을 받아 즉위하였다. 이자겸은 한안인 일파 등 정적을 숙청하고 인종을 보위하면서 권력을 강화하였다. 그리고 자신의 셋째와 넷째 딸을 인종의 비로 들였다. 그가 중심이 된 외척 세력이 강력한 권력을 휘두르자 이를 견제하려는 움직임이 나타났다. 이렇게 인종 초기에 일어난 이자겸의 난은 외척 세력의 권력 독점과 벌열화된 사회의 내적 모순을 그대로 드러낸 사건이었다.[59]

인종은 이자겸의 난을 겪은 후 대금 관계에서 독자성을 견지하고 왕권을 강화하기 위해 천도할 생각을 품게 되었다. 이 시기에 등장한 것이 정지상, 백수한, 묘청 등의 서경파였다. 그들은 이자겸의 제거 이후 왕의 정치적 주도권을 뒷받침해 주는 기반이 되었다. 서경파는 문벌귀족사회의 경제적 모순을 완화해 백성의 생활을 보살피며, 고려에 군신 관계를 요구하는 금과 대적하기 위해서는 개혁이 필요함을 인식하였다. 따라서 개혁을 위해서는 정치적 주도권을 잡는 것이 필요하고 이를 위해서는 그들의 세력 근거지인 서경으로의 천도가 필수적이라 판단하였다. 그들은 인종에게 개경의 기운이 이미 쇠하여 궁궐이 불타 남은 것이 없으나, 서경은 왕기(王氣)가 있으니 천도하여 서울로 삼는 것이 좋을 것이라 하였다. 그리고 서경 임원역(林原驛)의 지세가 풍수에서 말하는 대화세(大花勢)이므로, 이곳으로 천도하면 금나라가 폐백을 가지고 스스로 항복을 청할 것이며, 주변 36개국이 모두 신하가 될 것이라 하였다.[60]

인종은 서경 천도 운동에 대해 긍정적인 태도를 보였다. 인종 6년(1128) 7월에 왕의 서경 행차가 이루어지게 되는데, 이것이 서경 천도 운동의 시작을 의미한다. 이 운동의 전개는 4단계로 나누어 볼 수 있다.[61] 제1단계는 이때의 서경 행차로부터 약 2년간으로, 천도 운동은 급속한 진전을 보여 서경에 새 궁궐이 축조됨으로써 절반의 성공과 더불어 그 기초가 확립되었다. 즉 1129년(인종 7) 2월에 드디어 서경 궁궐이 완성되었다. 그러나 극적으로 국제 정세가 달라지는 일은 벌어지지 않았다. 그해 11월, 고려는 금에 약속한 표문을 보냈다. 이후에도 금의 이어진 압박으로 고려는 1130년(인종 8) 3월에 다시 표문을 올리며 충성할 것을 다짐해야 했다. 묘청이 말한 대로 임원역에 궁궐을 짓고, 임어하였지만 그가 장담하였던 현실은 오지 않았다.[62]

제2단계는 인종 8년(1130) 8월의 서경 행차로부터 약 1년 6개월간으로, 천도의 움직임 자체는 더 이상 진전을 보이지 않는 가운데 그 의례적·종교적 측면이 보강·정비되었다. 여기서 가장 주목되는 것은 대화궁에 성을 쌓고, 그곳에 팔성당(八聖堂)을 지은 일이다. 8성은 국내 명산의 수호신 또는 호국신과 부처 가운데 한 위씩을 배합하여 만든 것으로, 산악숭배가 얽힌 신선 사상과 불교사상의 혼합을 보여주는 것으로, 국내 명산의 진신(鎭神)을 한 당(堂)에 모아서 서경의 지덕(地德)을 보강해 준다는 뜻을 지닌다. 그로부터 수개월이 지난 인종 10년 2월 개경에서 궁궐을 재건하는 공사를 벌여 그 개기식(開基式)을 거행할 때, 묘청은 그 일을 맡은 평장사 최홍재를 비롯한 관원 모두에게 공복을 입고 태일옥장보법(太一玉帳步法)이라는 마술을 연출케 하였다. 이것은 중국 고대에서 기원을 찾을 수 있는 옥장술(玉帳術)의 하나로서 병화불범(兵火不犯)의 압승을 의미하는데, '태일'은 도교에서 천신(天神)을 뜻한다. 이처럼 묘청 일파는 지덕과 신선 사상을 강조하고 비술을 과시하기도 하면서 서경 천도 운동을 보강하려고 했다.[63]

제3단계는 인종 10년(1132) 2월의 서경 행차로부터 약 3년간인데, 천도 운동 주도자들이 총력을 기울여 성사하려 하다가 뜻을 이루지 못하고 반대 세력에 밀려 후퇴하게 되는 시기다. 인종 10년 2월에 묘청이 인종을 모시고 서경에 행차하는 도중에 심한 비바람이 불고 추위가 닥쳐 혼란이 벌어지고 인명 피해가 발생하는 사태가 일어났다. 이에 대해 개경파의 비판이 일어나게 되면서 서경파는 힘을 잃게 된다. 즉 지덕에 대한 믿음과 그에 기반한 풍수는 당시 수백 년 동안 이어져 온 전통적 인식이자 관행이었다. 그러나 그러한 인식과 관행이 무조건 언제까지나 수용되는 것은 아니다. 묘청은 그에 기반한 서경 천도론을 펼쳐 큰 호응을 끌어낼 수 있었지만, 현실적 결과를 내놓을 수 없었기에 결국 점점 거센 비판을 받게 되었고, 결국 반란을 일으키는 파국을 맞이하였다.[64]

마지막 제4단계는 인종 13년(1135) 1월 묘청의 난 발생부터 그 진압까지 1년 1개월간으로, 서경 천도 운동은 결국 반란으로 귀착되어 종결을 보게 되었다. 묘청 일파는 국호를 대위(大位), 연호는 천개(天開)로 제정하였으며 그 군대를 천견충의군이라 하여 독자성을 내세웠다. 그러나 그들은 국호와 연호를 정하면서도 왕을 임명하지 않았으며, 반란을 일으킨 후 왕에게 요구한 것은 칭제건원과 서경 천도였다. 이로 보아 그들의 생각이 반역에 있지 않았음을 알 수 있다.[65]

이전의 천도 움직임이 왕이 중심이 되어 정치적 쇄신이 필요할 때 일어난 데 비해 인종 대의 서경 천도 운동은 신진 관료와 서경 세력이 중심이 되어 개혁을 시도한 한 방편으로 일으켰으며, 천도 운동이 실패하자 반란까지 일으켰다는 점에서 고려 사회에 가장 큰 충격을 준 사건이었다. 그들이 반란을 일으켜 국호, 연호를 제정하면서도 황제를 새로 옹립하지 않았다는 점에서, 문벌귀족세력을 타도하기 위한 정권쟁탈전의 성격이 강한 봉기였다. 그런데도 여기에 농민들이 적극 가담하여 1년 이상 지속된 것은 향후 농민 봉기를 시사한다는 점에서 주목할 만하다. 서경 천도 운동은 고구려 옛 땅을 회복하겠다는 고려인의 꿈을 나타낸 것이자 고려 사회를 변화시켜 새로운 활력을 만들려고 하였다는 점에서 중요한 의미가 있다.[66]

3) 서경 천도 운동을 어떻게 가르칠까

우선 학생들에게 당시의 시대적 상황을 파악하게 할 필요가 있다. 서경 천도가 해결책으로 제시되었다면, 그것이 무엇에 대한 해결책이었는지를 알아보는 것이 상황 이해의 첫 단계이기 때문이다. 그다음은 학생들이 당시에 서경 천도가 그 해결책으로 제시되고 널리 수용되었는지를 파악하게 하여야 한다. 당시 자료들을 살펴보면 학생들은 서경 천도론에서 제기된 내용들이 대부분 이전 시기에도 유사하게 나왔던 것임을 알 수 있을 것이다. 이렇듯 서경 천도 운동의 의미에 유념하면서, 묘청의 주장이 호소력을 지녔던 이유를 당시의 역사적 맥락에서 이해할 수 있도록 해야 하며, 묘청의 주장이 왜 결국 실패하여 반란으로 이어지는지를 학생들이 계기적으로 파악할 수 있도록 가르쳐야 한다. 이렇게 지도한다면 학생들의 역사적 사고력 신장에 크게 이바지할 수 있을 것이다.[67] 이러한 서경 천도 운동은 극화 수업 방법으로 진행할 수 있다. 역할극은 어떤 문제 상황을 학습자가 자발적 연기를 통해 해결해 나가는 문제 해결 학습을 말한다. 이를 위한 수행평가로는 대본 작성과 체험 평가서를 쓰는 역사 글쓰기를 실시한다. 아울러 심화학습으로 디지털 사료를 활용한 탐구식 수업을 진행할 수도 있다. 이때에는 관련 홈페이지에 나오는 사료를 활용하여 역사논술 형태의 역사 글쓰기 수행평가를 실시한다.

6. 수준별 수업의 실제: 기초-서경 천도 운동 -챗GPT를 활용한 비주얼 씽킹 수업-

1) 교육과정 분석 및 수업목표 설정

성취기준 '[10한사1-01-02] 고려의 통치 체제와 지배 세력의 변화를 이해한다.'의 해설 중 "고려의 지배 세력의 변화를 시기별로 이해하여 고려 정치사의 흐름을 맥락적으로 파악하는 데 초점을 맞춘다."를 학습하기 위하여 12세기 제기되었던 서경 천도 운동을 통해 문벌 귀족 집단의 동요 양상을 공부한다. 이 수업에 있어서 다음과 같은 수업목표를 설정해 볼 수 있다. 첫째, 고려 문벌 귀족의 동요 현상 속에서 나타났던 사건들을 정리해 볼 수 있다. 둘째, 서경 천도 운동의 배경과 전개 과정을 설명할 수 있다. 셋째, 서경 천도 운동에 대한 역사적 평가를 내려볼 수 있다.

2) 내용 선정

학습 내용은 고려의 역사를 중심으로 다루되, 특히 12세기 일어났던 서경 천도 운동에 관하여 학습한다. 다만 정치사에서 서경 천도 운동이라는 사건을 학습하기 위해서는 고려의 대외 관계, 풍수지리설 등의 사상적 토대도 연관하여 학습하도록 한다.

3) 학습자 진단

학습자는 중학생 또는 고등학교 1학년 학생 중에서도 역사 지식에 대한 축적도가 그리 높지 못한 기초적 수준에 해당하는 이들로 설정한다. 기본적인 역사 텍스트를 이해할 수 있지만 난해한 사료를 독해하거나, 여러 역사적 상황을 융합하여 사고하는 능력을 갖추는 데는 이르지 못한 학습자이다. 이들에게 중요한 것은 역사에 대한 흥미도를 높이고, 그에 따라 능동적으로 역사 학습에 참여하여 역사적 사고력을 높일 수 있도록 한다.

4) 교재 연구

서경 천도 운동 과정은 교과서 기술상 많은 편이 아니기 때문에 사료상 『고려사』, 『고려사절요』 등의 사료를 충분히 검토하여 학습 과정에 반영하는 것이 필요할 수 있다. 다만 서경 천도 운동에 대한 다양한 시각이 존재할 수 있기 때문에 학계에서 진행된 다양한 논문 자료, 고려사와 관련한 개설서의 자료도 참고할 필요성이 있다. 또한 수업 방법론에서 학생들의 능동적인 역사 해석과 탐구를 위해서는 12세기 고려 정치사에서 왕을 비롯한 다양한 정치 세력의 입장, 고려를 둘러싼 12세기 무렵의 대외적 상황 등에 대한 자료를 준비하고 연구하는 것이 필요하다. 그리고 학습 활동이나 수행평가 이행 과정에서 학생들이 충분한 근거 위에서 탐구 활동을 하도록 하기 위해 교재 연구를 통해 축적한 자료를 바탕으로 학생들에게 피드백하는 것이 중요하다.

5) 학습지도안 작성

학 습 지 도 안

학교/반	
교사	
일시	

차 례

Ⅰ. 교재 및 단원명

1. 교재

- 교과서: 고등학교 한국사1
- 저자 및 출판사: 김보림 외, 리베르 출판사

2. 단원명

- 대단원: Ⅰ. 근대 이전 한국사의 이해
- 중단원: 2. 고려의 통치 체제와 정치 변동

Ⅱ. 단원 설정의 이유

1. 학습자 측면

학생들은 고려시대의 정치 체제와 권력 구조의 변화를 역사적 인물과 사건 중심으로 흥미롭게 탐색하며, 정치권력의 이동과 사회 변화의 연관성을 비판적으로 사고하고 해석하는 과정을 통해 역사 학습에 대한 주도성과 흥미를 기를 수 있다.

2. 학문적 측면

학생들은 문벌귀족 사회의 성립부터 무신 정권의 등장, 원 간섭기와 신진 사대부의 대두에 이르기까지 고려의 정치 체제 변화를 체계적으로 이해하며, 각 시기 정치 세력의 성격과 정책의 변화를 비교・분석하여 고려 정치사의 흐름을 구조적으로 파악할 수 있다.

3. 사회적 측면

학생들은 고려시대 정치권력의 교체와 제도의 변화를 통해 정치가 사회에 미치는 영향을 인식하고, 이를 바탕으로 오늘날 시민으로서의 역할과 민주적 참여의 중요성을 자각하며 역사 속 사례를 현재 사회 문제에 비추어 성찰하는 능력을 함양할 수 있다.

Ⅲ. 단원의 개관

고려는 귀족 중심의 정치 체제를 기반으로 왕권과 신권의 균형을 추구하며 통치를 이어간 국가로, 이 단원에서는 고려의 정치 체제의 형성과 변화 과정을 중심으로 정치사적 흐름을 파악한다. 성종 대 유교 정치 이념에 기반한 중앙 집권 체제를 정비한 이후,

문벌귀족 사회가 성립되며 안정된 지배 구조가 마련되었으나, 점차 권력의 세습화와 폐쇄성이 심화되면서 사회적 갈등과 모순이 누적되었다. 이러한 배경 속에서 무신정변이 일어나며 군사적 기반의 정치권력이 등장하고, 이어지는 원 간섭기에는 외세의 영향 아래 정치 주체성과 자율성이 크게 위축되었다. 고려 말에는 성리학적 이상을 지향한 신진 사대부가 정치 개혁을 추진하며 새로운 정치 세력으로 부상하게 된다.

이 단원은 고려 전기에서 후기까지 이어지는 정치권력의 흐름을 입체적으로 이해하게 하고, 정치 세력 간의 갈등과 교체, 제도 개편의 배경과 결과를 종합적으로 분석하는 역사적 사고력을 함양하는 데 초점을 둔다. 아울러 당시 정치 변동이 사회·경제적 구조와 어떻게 연동되었는지를 파악함으로써, 권력의 정당성, 제도 개혁, 외세 간섭 등 현대 사회의 이슈와 연관 지어 생각해 볼 수 있는 기회를 제공한다.

Ⅳ. 단원의 학습 목표

1. 지식·이해

① 고려의 정치 체제의 형성과 전개 과정을 이해할 수 있다,

② 고려 문벌 귀족의 지배 체제, 무신 정권의 수립, 원 간섭기의 정치 운영, 신진 사대부의 대두 등 정치 변동의 핵심 내용을 파악할 수 있다,

③ 고려 각 시기 정치 세력의 성격과 권력 구조의 변화를 통시적으로 설명할 수 있다.

2. 기능

① 사료를 분석하고 비교함으로써 정치권력의 변화 원인과 배경을 추론할 수 있다.

② 시기별 주요 정치 세력의 주장과 정책을 비판적으로 평가할 수 있다.

③ 정치적 변동이 사회 구조 및 역사 발전에 미친 영향을 통합적으로 탐구할 수 있다.

3. 가치·태도

① 고려 시대의 정치 변동 과정을 통해 권력 구조의 합리성과 정당성에 대한 문제의식을 기를 수 있다.

② 외세의 간섭과 내부 개혁의 역사를 성찰함으로써 민주주의와 주권의 가치를 이해할 수 있다.

③ 역사적 사실을 현재 사회와 연결 지어 비판적으로 사고하는 태도를 함양할 수 있다.

Ⅴ. 단원의 구조

(※ 수업에 언급되는 내용을 **굵은 글씨**와 **밑줄**로 표시.)

대 단 원	중 단 원	소 단 원
Ⅰ. 근대 이전 한국사의 이해	**2. 고려의 통치 체제와 정치 변동**	주제1. 통치 체제를 정비하다.
		주제2. 문벌이 형성되고 무신 정권이 성립하다.
		주제3. 공민왕, 반원 자주 개혁을 펼치다.

Ⅵ. 지도상의 유의점

1. 준비

1) 본시 학습과의 연계를 위해 전시학습을 상기시킨다.
2) 역사 극화수업 방법 및 수행평가와 관련한 사항을 학생들에게 알려준다.
3) 교과서 외의 학습자료를 충분히 검토한다.

2. 내용

1) 수업 내용을 학습자가 이해할 수 있도록 구성한다.
2) 학생들이 학습 주제와 관련한 자료를 충분히 조사할 수 있도록 지도하고, 수업을 통해 관련된 주제에 대해 학생들이 능동적인 판단을 할 수 있도록 돕는다.
3) 주도면밀한 계획을 세워 수업의 진행과 흐름이 끊기지 않도록 철저하게 준비한다.
4) 비주얼 씽킹 학습 활동에서 자료 학습을 통한 충분한 근거 위에서 역사적 상상력을 발휘할 수 있도록 한다.
5) 비주얼 씽킹에 대한 평가와 검증을 거치도록 하여, 비주얼 씽킹에서 역사적 오류가 생기지 않도록 한다.

3. 마무리

1) 수업 활동이 끝난 후 학생들에게 반드시 피드백을 제공한다.
2) 수행평가를 통해 수업에서 다룬 내용을 능동적으로 적용해 볼 수 있도록 한다.
3) 차시 예고를 통해 학생들이 다음 수업을 준비할 수 있도록 돕는다.

4. 수업에 적용되는 학습 모형 및 수업 교재

1) 비주얼 씽킹 학습

비주얼 씽킹을 간단하게 말하면 '생각을 글과 그림, 기호 등을 이용하여 정리하고 그것을 커뮤니케이션에 이용하고 활용하는 것'이다. 효과적인 커뮤니케이션을 위해 가장 중요한 요소는 빠르고 정확하게 의사를 표현하는 것일 것이다. 비주얼 씽킹에서 사용되는 그림은 나타내고자 하는 개념이나 사물의 특징을 간단하면서도 빠르게 나타내는 것이 특징이다.

비주얼 씽킹 수업의 지향점은 시각적 사고의 활성화를 통한 지식의 능동적 재구성 및 내면화에 있고, 시각적 소통을 통한 협력적 의미 구성 및 사고 확장에 있다. 그러므로 비주얼 씽킹으로 표현하는 것을 지도할 때에는 학습자가 이미지를 단순 모방하는 '따라 그리기'의 수준에서 더 나아가 시각적 사고를 활성화하고, 이를 시각적 소통으로 연결할 수 있도록 해야 한다.

2) 챗GPT를 활용한 교재

챗GPT를 단순히 정보 제공용 도구로만 사용하지 않고, 역사적 행위에 대해 가정법을 도입하여 챗GPT를 활용하여 본다. 즉 '내가 고려 인종이라면 어떻게 하였을까?' 또는 '서경에 천도했다면 어떤 일이 생길 수 있을까?'라는 질문을 내고 챗GPT와 대화를 하면서 가정적 상황에서 생길 수 있는 역사적 변화를 생각해 볼 수 있는 기회를 가져본다.

Ⅶ. 교수-학습계획

중단원명		차시	수업내용	시간
Ⅰ·Ⅱ 단원	Ⅰ. 근대 이전 한국사의 이해 2. 고려의 통치 체제와 정치 변동	1차시	[강의식 수업] • 문벌 사회의 형성과 동요 • 무신 정권의 수업	50분
		2차시	**• 서경 천도 운동 (챗GPT를 활용한 비주얼 씽킹 수업) • 비주얼 씽킹 결과물 발표 및 평가**	**50분**
		3차시	**• 수행평가(상소문 작성하기)**	**50분**

Ⅷ. 본시 교수-학습 지도안

<table>
<tr><td>단원</td><td>Ⅰ. 근대 이전 한국사의 이해
2. 문벌이 형성되고 무신 정권이 성립되다.</td><td>지도 대상</td><td>고등학교 1학년</td></tr>
<tr><td>국가 교육 과정 성취 기준</td><td colspan="3">[10한사1-01-02] 고려의 통치 체제와 지배 세력의 변화를 이해한다</td></tr>
<tr><td>학습 목표</td><td colspan="3">1. 서경 천도 운동이 일어난 정치적 배경에 대해 설명할 수 있다.
2. 12세기 고려 조정에서 개경파와 서경파 문벌 귀족의 대립 상황을 표현할 수 있다.
3. 서경 천도 운동의 진행 과정을 정리할 수 있다.
4. 서경 천도 운동에 대한 역사적 평가를 해볼 수 있다.</td></tr>
</table>

<table>
<tr><td rowspan="2">학습 단계</td><td rowspan="2">학습 요소</td><td colspan="2">교수-학습 활동</td><td rowspan="2">시간</td><td rowspan="2">자료 및 지도상 유의점</td></tr>
<tr><td>교사</td><td>학생</td></tr>
<tr><td rowspan="4">도입</td><td>인사</td><td>• 인사를 한다.
• 수업 분위기를 조성한다.</td><td>• 인사를 한다.
• 수업 준비 사항을 확인한다.</td><td rowspan="4">5분</td><td rowspan="4">교사는 PPT를 활용해 수업을 진행한다.</td></tr>
<tr><td>전시 확인</td><td>• 전시 학습을 확인한다.
(문답법 활용)
1. 고려 문벌 사회의 형성이 어떻게 이루어졌는지 확인한다.
2. 이자겸의 난, 서경 천도 운동이 고려 사회에 미친 영향에 대해 확인한다.</td><td>• 교사의 질문에 대답한다.
• 전시 학습의 내용을 다시 한번 상기한다.</td></tr>
<tr><td>동기 유발</td><td>• 서경 천도 운동과 관련한 영상을 시청한다.</td><td>• 선생님이 제시하는 자료와 설명을 주의 깊게 듣는다.</td></tr>
<tr><td>학습 목표</td><td>• 학습할 내용을 소개한다.
• 학습 목표를 제시한다.</td><td>• 수업 주제와 목표를 확인한다.</td></tr>
<tr><td rowspan="2">전개</td><td rowspan="2">〈전개1〉</td><td>• 학생들에게 수업 운영 방법에 대해 설명한다.</td><td>• 선생님의 수업 운영 방법에 대해 충분히 듣고 의문이 있으면 질문한다.</td><td rowspan="2">20분</td><td rowspan="2">〈학습지〉 1~3번 AI 생성형 챗GPT 검색물을 그대로 사용하는 것이 아니라</td></tr>
<tr><td colspan="2">〈수업 내용〉
1. 모둠을 구성한다.
2. 교사는 학생들에게 학습지를 나눠준다.
3. 학습지를 통해 서경 천도 운동의 전개 양상을 학생들이 정리하도록 지도한다.
4. 챗GPT를 활용하여 가정적 역사 상황에 대한 정보를 파악한다.</td></tr>
</table>

단계	과정	교사 활동	학생 활동	시간	비고
		1) 만약 내가 고려 인종이라면 어떻게 하였을까? 2) 만약 서경에 천도했다면 어떤 상황이 이루어졌을까? 5. 모둠에서 개인별로 챗GPT를 활용하여 대화한 내용을 통해 서경 천도가 이루어졌다면 국내적 · 국외적으로 어떠한 일이 벌어졌을지를 정리한다.(토의 & 토론)			모둠별 토의와 토론으로 검증하도록 한다.
	〈전개2〉	1. 학습지에 모둠별로 서경 천도를 단행하였다는 가정적 상황에서 나타날 수 있는 역사적 변화상을 비주얼 씽킹으로 표현하도록 지도한다. 2. 비주얼 씽킹 자료가 완성되면 이미지 파일로 전환하여 발표 준비를 하도록 한다. 3. 모둠별 대표 발표자가 모둠의 비주얼 씽킹 자료에 대한 설명을 하도록 한다. 4. 모둠별 발표가 끝나고 다른 모둠의 평가 내용에 따라 다시 비주얼 씽킹 자료에 대한 수정 · 보완을 해본다. 5. 학생은 발표를 통해 자신의 모둠 내용과 어떻게 다른지 비교해 본다.		20분	〈학습지〉 4~5번 그림에 역사적 변화상에 대한 내용이 반영되도록 지도한다.
정리	내용 정리	수업 내용을 정리한다.	선생님의 질문에 대답한다.	5분	교사는 수행평가에 대해 자세히 안내한다.
	형성 평가	PPT를 활용하여 수업에서 다룬 주요 내용을 학생에게 질문한다.	형성평가를 통해 학습한 내용을 정리한다.		
	차시 예고	• 차시 학습 활동에 대해 소개한다.(학습 장소, 준비물 안내) "자 다음 시간에는 그동안 수업한 내용을 토대로 고려 시대 관료가 되어 왕에게 상소문을 작성하는 활동을 해볼 것입니다. 이는 수행평가 활동이 되겠습니다.	• 다음 시간에 배울 내용을 본시 학습과 관련지으며 설명을 듣는다.		
	인사	• 인사하고 수업을 마무리한다.	• 인사를 한다.		

Ⅸ. 참고 자료 별첨

1. 학습지

1. 다음 글을 읽고 물음에 답하시오.

(가) 고려 인종은 즉위부터 순탄치 못하였다. 인종은 기존의 국왕이 행했던 종실과의 혼인을 하지 않고 14세라는 이른 나이에 이자겸의 딸과 혼인하였다. 이 점에 대해서 이자겸의 세력 확대라는 측면에서 해석하기도 하지만, 인종의 입장에서는 자신을 지지할 수 있는 강력한 세력이 필요했기 때문이었다. 그러나 인종 4년 5월에 발생한 이자겸의 반란 진압 이후에도 인종의 의도대로 정권을 장악하지 못하자, 그는 그의 측근 세력인 김찬을 통하여 서경 세력인 백수한, 정지상, 묘청 등과 연결을 꾀하였다.

- 박종덕, 「고려 인종대 서경 천도론과 풍수지리 사상」 -

(나) 서경으로 행차하였다. 승 묘청과 분사검교소감 백수한이 스스로 음양의 술법을 안다 하고 허황하고 이치에 맞지 않는 말로 여러 사람을 현혹시켰다. 정지상은 서경 사람이라 그 말을 깊이 믿고 말하기를 "상경은 터의 힘이 이미 쇠하여 궁궐이 다 타서 남은 것이 없고, 서경에는 왕기(王氣)가 있으니 마땅히 임금이 옮겨 앉아 상경으로 삼아야 된다."라고 하였다. 마침내 근신 김안과 모의하기를 "우리가 만약 왕을 모시고 서도로 옮겨 앉아 상경으로 삼는다면 마땅히 중흥공신이 될 것이니, 다만 일신만이 부귀할 뿐 아니라 자손에게도 무궁한 복이 될 것이다."라고 하였다.

- 『고려사절요』 -

1) (가)에서 인종이 서경 세력과 제휴를 도모한 까닭이 무엇인지 정리해 보자.

---

2) (나)에서 정지상이 서경 천도를 주장하는 근거가 무엇인지 2가지를 찾아보자.

---

2. 다음 글을 읽고 물음에 답하시오.

(가) 서경의 검교태사치사 이제정 등 50인이 표를 올려 존호와 연호를 새로 올릴 것을 청하니, 묘청과 정지상의 뜻을 따른 것이다. 정지상 등이 왕을 달래기를 "대동강에 서기가 있으니 이것은 신능(神龍)이 침을 토하는 것으로서 천 년에 한 번 만나기도 드문 것입니다. 청컨대 위로 하늘의 뜻에 응하고 아래로 백성의 희망을 좇아서 금을 누르도록 하소서"라고 하였다. 왕이 이것을 이지저에게 물으니 대답하기를 "금은 강적이라 가볍게 볼 수 없습니다. 더욱이 양부의 대신이 상도(上都)에 머물러 지키고 있으니 편벽되게 한두 사람의 말만 듣고 대론을 결단할 수 없습니다"라고

하니 왕이 "그렇다"고 하였다.

-『고려사』-

(나) 대화궁을 지으면 천하를 통일할 수 있고 금나라도 항복할 것이며, 많은 나라가 조공할 것이라고 했으나 준공 뒤에도 전혀 달라진 것이 없었다. 오히려 대화궁 근처 30여 곳에 벼락이 치고, 인종의 서경 거둥 도중 갑작스러운 폭풍우로 수많은 인마가 살상되기도 하였다. 이에 묘청 일파를 배척하는 소리가 높아졌으며, 김부식은 그 대표적 인물이었다. 마침내 인종은 서경 천도 계획도 그만두게 되었다. 묘청 일파의 정치적 목표는 부패하고 무기력한 개경 귀족 대신 서경인 중심의 새 정권을 세우고자 한 것이었다. 그 과정에서 금국정벌론 등 자주적 기백과 내정 혁신의 의욕도 보였으나, 인심을 현혹하는 얕은 속임수가 발각되고 재앙이 자주 생겨 서경 천도 계획을 배척하는 여론이 고조되어 갔던 것이다. 서경 천도 운동이 실패하자 묘청 일파는 서경을 거점으로 반란을 일으켰다.

-『한국민족문화대백과사전』-

1) (가)를 통해 당시 고려가 직면하고 있는 대외적 위협이 무엇인지 쓰시오.

2) (나)를 통해 서경 천도에 반대한 핵심 인물은 누구이며, 서경 세력은 어떤 결단을 내리게 되었는가?

3. 생성형 AI(챗GPT)를 통해 고려 인종의 입장이 되어 보고, 서경으로 천도한다면 어떤 문제가 생길지 생성형 인공 지능과 대화해 봅시다. 자신의 검색한 내용을 정리하고 모둠별로 비교하고 정리해 봅시다.

구분	챗GPT와 대화 결과	모둠별 토의 결과
정치		

경제		
사회		

4. 인종이 되어 서경 천도 명령을 내려 이를 단행할 때 생길 수 있는 변화에 대해 그림으로 시각화하여 봅시다.

1) 정치적 변화상

국내 정치 상황 1	대외 관계 변화 1

국내 정치 상황 2	대외 관계 변화 2

2) 경제 · 사회적 변화상

국내 경제 상황 1	국내 사회 상황 1
국내 경제 상황 2	**국내 사회 상황 2**

5. 교사 또는 다른 모둠의 피드백을 받고, 그림에서 수정 · 보완 사항이 무엇입니까?

---

6) 수업

수업은 고려 정치사에서 '서경 천도 운동'을 주제로 진행된다. 수업 방법으로 인공 지능 AI를 활용한 탐구와 비주얼 씽킹을 적용하여 학습을 전개해 나간다. 교사는 수업 도입부에서 우선 문답법을 활용하여 학생들이 서경 천도 운동의 양상을 정리할 수 있도록 지도한다. 그 후 전개에서 학생 자신이 고려의 국왕이 된다고 가정한 상황에서 인공 지능 AI 활용하여 당시의 역사상을 상상하고 복원해 보는 시도를 해보도록 한다. AI 활용으로 얻어진 학습 결과물에 대해 교사는 학생들이 토의를 반드시 거치도록 하여 역사적 오류를 학습자가 일반화하지 않도록 지도하는 것이 중요하다. 그리고 이렇게 학습한 내용을 바탕으로 학생들이 비주얼 씽킹을 통해 고려 인종이 서경에 천도했을 경우 일어날 수 있는 변화를 시각화할 수 있도록 한다. 이 과정은 학습자의 수준을 고려할 때 학생들에게 흥미를 주는 동시에 역사 지식을 능동적으로 재구성할 수 있도록 하여 역사적 사고력을 향상시킬 수 있는 좋은 기회를 제공해 줄 수 있다. 이후 다음 차시에서 수행평가로 '고려 인종에게 상소문 올리기' 활동을 한다. 신하의 입장이 되어 당시 고려 정세에 대한 개혁 방향에 대해 건의하는 상소문을 제작하도록 한다.

7) 수행평가 시행

(1) 수행평가 주제: 고려 인종에게 상소문 올리기

(2) 수행평가 작성 방법

① 서경 천도 운동이 벌어지던 시기의 관료라고 가정하고 국왕에게 당시 고려 정세에 대한 대처 방안과 개혁 방향에 대해 건의하는 상소문을 작성해 보자.

② 상소문이란 임금께 올리는 글 중에서도 가장 정성을 다하여 간하는 소이다. '간'을 자전에서 찾아보면 '임금 또는 웃어른에게 충고함' 또는 '간하는 말'의 뜻으로 사용되었음을 알 수 있다. 상소문은 곧 '임금 또는 윗사람에게 충고하는 행위 혹은 충고하는 말(글)'이 될 것이다. '따라서 간하는 소는 논리성과 설득성이 강한 말이라 할 수 있고 임금을 수신자로 한다는 점에서 예법상의 고려 이상의 어려움이 있다는 특징이 있다.

③ 구체적 방법

〈작성하는 법〉
가. 상소를 받는 대상을 고려 인종으로 정한다.
나. 당시의 사회 문제 중 서경 천도 운동을 중심으로 다루어 작성한다.
다. 서경 천도 지지 주장 또는 서경 천도 반대 주장 중 1개를 택한다.
라. 선택한 주장에 대한 근거를 충분히 밝히고, 그 주장이 실현될 때 생길 수 있는 문제와 해결 방안에 대해서도 상소문에 다룬다.
마. 길게 쓰기보다는 사례를 들거나 우화 등을 인용하여 이해를 쉽게 한다.

(3) 평가 기준

① 성취기준

교육과정 성취기준	[10한사1-01-02] 고려의 통치 체제와 지배 세력의 변화를 이해한다.

② 채점 기준표

평가 요소 \ 배점	매우 잘함	잘함	보통	미흡
역사 사실 이해	상소문의 특징을 잘 살렸으며, 당시의 시대적 상황을 바르게 인식함	시대적 상황은 바르게 인식하였으나 상소문의 형식을 지키지 못함	상소문의 특징은 잘 살렸으나 시대적 상황에 대한 이해가 다소 부족함	시대적 상황에 대한 이해가 다소 부족하고, 상소문에 대한 성격도 파악하지 못함
역사 정보 활용 및 의사소통	역사 정보 자료를 활용하여 당시 논란이 있었던 부분을 상소문에 잘 반영하여 논리적으로 주장을 정리함	역사 정보 자료를 잘 활용하고 있고, 당시 논란이 있었던 부분을 상소문에 잘 반영하고 있으나 글의 전후 문맥이 다소 어색함	역사 정보 자료를 잘 활용하고 있으나, 당시 논란이 있었던 부분을 특정하지 못하고 있으며 글의 전후 문맥이 다소 어색함	역사 정보 자료를 잘 활용하지 못하고, 당시 논란이 있었던 부분을 상소문에 잘 반영하지 못하고 있으며 글의 전후 문맥이 자연스럽지 못함
역사적 판단력과 문제 해결 능력	사건의 원인과 관련된 합리적인 해결책을 잘 제시함	비교적 합리적이고 사실적인 해결책을 제시하였으며, 문맥이 대체적으로 자연스러움	해결책이 다소 평범하거나 실현 가능성이 낮고, 문맥도 다소 어색함	논리에 설득력이 다소 결여되고, 문맥이 자연스럽지 못함

(4) 학생 수행평가 결과 사례

① 서경 천도를 지지하는 입장

신 ○○○은 삼가 아뢰옵니다.

천하를 다스리시는 성군이신 폐하께, 신은 감히 작은 뜻을 담아 소견을 삼가 올리옵니다.

폐하께서 고심하시는 서경 천도는 단지 도읍을 옮기는 일이 아니오라, 왕권을 강화하고 국운을 새롭게 하는 천명이라 여겨집니다.

지금 개경은 문벌 귀족, 특히 김부식과 같은 자들이 정사를 전횡하고 백성을 외면하며, 폐하의 성덕조차 제대로 펼 수 없게 막고 있습니다. 서경 천도는 이들을 견제하고, 폐하께서 친정의 터전을 새롭게 마련하실 기회입니다.

또한, 서경은 단지 고구려의 옛 땅이 아니라, 풍수지리설상으로도 명당 중의 명당이라 전해집니다. 고려 태조께서도 "삼한일통의 기운이 서린 땅"이라 하여 서경을 중요시하였고, 성종께서도 서경에 별궁을 짓고 유수부를 두어 제2의 도읍으로 발전시키셨습니다. 지세가 튼튼하고, 나라의 기운을 보전하기에 부족함이 없사옵니다.

게다가 서경은 북방의 금국에 인접한 전략적 요충지로, 외세의 위협에 즉각 대응할 수 있는 위치에 있습니다. 지금과 같이 외침이 잦은 시기, 남쪽 개경만 고수하는 것은 오히려 국방의 취약점을 드러내는 일이옵니다. 호랑이 앞에서 등을 보이지 말고, 정면으로 마주하는 것이 옳은 처사라 사료되옵니다.

천도에 따르는 비용과 혼란이 없지 않겠사오나, 단계적 이전과 개경-서경 이중 수도 운영을 병행한다면 무리 없이 국정을 안착시킬 수 있사옵니다. 개경은 문화의 중심으로, 서경은 정치・군사의 중심으로 나누어 운영하면 백성 또한 혼란을 느끼지 않을 것이옵니다.

폐하께서 서경으로 나아가신다면, 고구려의 기상과 고려의 정통성은 더욱 공고해지고, 왕권은 굳건히 서며 백성은 새로운 희망을 품게 될 것입니다. 이 결단은 먼 훗날까지 폐하의 성덕을 빛낼 큰 대업이 될 것이라 확신하옵니다. 삼가 아뢰옵고, 백성을 위하시는 폐하의 뜻이 하늘에 닿기를 기원하며 물러나옵니다.

② 서경 천도를 반대하는 입장

신 □□□은 삼가 아뢰옵니다.

하늘의 명을 받드시어 나라를 이끄시는 폐하의 깊은 뜻을 우러르오며, 감히 신의 어리석은 소견을 아뢰오니 부디 굽어 살피시옵소서.

폐하께서 서경 천도를 고심하심은 나라의 기틀을 바로 세우고자 하심이오나, 신은 그 결단이 백성의 삶과 국정의 안정을 해할 우려가 크다 사료되옵니다.

먼저, 일부 서경파 신료들은 서경이 풍수지리상 명당이며, 고구려의 기운이 깃든 땅이니 도읍으로 삼아야 한다고 주장하오나, 천도는 길흉을 따지는 문제가 아니라 정치와 민생을 두루 살피는 실사구시의 문제이어야 합니다. 고려 태조나 성종께서 서경을 중히 여기신 것은 사실이나, 그 또한 정치・외교적 균형과 전략적 거점으로 삼으신 것이지, 수도 전체를 옮기려 하신 것은 아니었사옵니다.

더욱 심각한 문제는 외교에 있사옵니다. 서경은 금국과 국경이 가까운 지역이오며, 천도는 곧 금나라를 자극하는 행위로 받아들여질 수 있사옵니다. 금나라는 지금 막 천하를 평정하고 강대한 군사력을 바탕으로 여러 나라를 압박하는 중이옵니다. 이러한 시점에 감정적 행동으로 금국과의 외교를 그르친다면, 그 분노가 곧 침략으로 이어져 고려의 존망을 위태롭게 할 수도 있사옵니다. 고려는 현실적으로 금에 대항할 군사력이나 동맹이 부족하오며, 우리의 생존은 섣부른 자극이 아니라 치밀한 외교에 달려 있사옵니다.

또한, 천도가 실행될 경우 수많은 백성이 생업의 터전을 잃고, 국고는 고갈될 것이며, 두 도읍 체제는 오히려 국정의 효율성을 떨어뜨릴 것입니다. 이는 곧 민심의 이반과 행정 혼란을 불러올 것이며, 개경에 기반을 둔 수많은 신료들의 거센 반발 또한 불을 보듯 뻔하옵니다.

무엇보다, 신은 서경파 신료들이 폐하의 이상을 빌미로 권세를 쥐려는 속셈을 숨기고 있음을 경계하옵니다. 폐하께서 진정 왕권을 세우시려거든, 허울뿐인 명분이 아니라 실질적인 민생 안정과 내정 개혁으로 임하셔야 하옵니다.

부디 폐하께서 이 작은 신의 간절한 마음을 헤아리시어, 백성의 고단한 삶과 국가의 실리를 근간으로 다시 깊이 숙고하시길 간절히 바라옵니다.

8) 전체적인 교수 · 학습 과정에 대한 피드백 및 계획 수립

수업 도입 단계에서 문답법을 통하여 전시 수업에 대한 기억을 환기시키도록 한다. 만약 학생들의 학습도가 낮을 경우 충분한 설명을 통해 수업 전개 과정에서 학생들이 수업목표를 달성할 수 있도록 한다. 수업 전개 과정에서는 학생들이 충실히 학습지의 내용에 따라 서경 천도 운동을 정리할 수 있도록 한다. 학생들이 필요하면 질문하도록 하는 환경을 조성하여 어려운 지문에 대한 피드백을 실시하도록 한다. 생성형 AI를 통해 학습하는 단계에서는 학생들이 수업 이외의 자료 검색을 하지 않도록 주의를 주며, 역사적 가설 조건을 학습자가 적절하게 부여할 수 있도록 돕는다. 학생들이 수행한 학습 내용은 비주얼 씽킹 활동으로 시각화되며, 이에 대한 피드백 부여를 위해 모둠별로 학생들이 발표하도록 한다. 모둠별 발표 이후 교사와 각 모둠에서 질문을 통해 피드백이 이루어질 수 있도록 하며, 각 모둠별로 재수정의 시간을 갖도록 한다. 이를 토대로 다음 수업에 대한 계획을 수립한다.

7. 수준별 수업의 실제: 심화-서경 천도 운동 -학습지를 활용한 역사 극화수업-

1) 교육과정 분석 및 수업목표 설정

성취기준 '[10한사1-01-02] 고려의 통치 체제와 지배 세력의 변화를 이해한다.'의 해설 중 "고려의 지배 세력의 변화를 시기별로 이해하여 고려 정치사의 흐름을 맥락적으로 파악하는 데 초점을 맞춘다."를 학습하기 위하여 12세기 제기되었던 서경 천도 운동을 통해 문벌 귀족 집단의 동요 양상을 공부한다. 이 수업에 있어서 다음과 같은 수업목표를 설정해 볼 수 있다. 첫째, 고려 문벌 귀족의 지배 구조와 그 변화 속에서 나타난 정치적 동요의 양상을 파악할 수 있다. 둘째, 서경 천도 운동의 배경, 전개, 주요 인물을 중심으로 그 과정을 설명할 수 있다. 셋째, 서경 천도 운동이 고려 정치사에 미친 영향을 분석하고 역사적 의미를 평가할 수 있다.

2) 내용 선정

학습 내용은 고려의 중세 사회를 중심으로 하되, 특히 12세기 서경 천도 운동을 통해 정치 세력의 갈등과 권력 구조의 변화를 살펴본다. 이 과정에서 금나라의 위협과 같은 외부 정세의 변화, 그리고 수도 이전을 둘러싼 사상적 흐름을 함께 다루어, 서경 천도 운동이 일어난 복합적인 배경을 입체적으로 이해할 수 있도록 한다.

3) 학습자 진단

학습자는 고등학교 수준의 역사적 소양을 충실히 갖춘 심화형 학습자로, 한 가지 사건을 다양한 시각에서 분석하고 해석하는 데 높은 흥미를 보인다. 개별 역사 자료에 대한 독립적인 탐구 역량이 뛰어나며, 자료의 정보가 불완전하거나 모호한 경우에도 축적된 역사 지식과 시대적 맥락을 활용하여 적극적으로 의미를 구성해 낸다. 또한 사료 등의 역사 자료를 바탕으로 과거의 시대상을 복원해 볼 수 있는 역사적 사고력과 상상력을 발휘할 수 있는 가능성이 높은 학습자를 대상자로 한다.

4) 교재 연구

서경 천도 운동은 교과서에서 비교적 간략하게 다루어지고 있기 때문에, 수업에서는 관련 역사 자료와 해석을 보완적으로 활용할 필요가 있다. 특히 12세기 고려 정치사에서 나타난 문벌 귀족 세력의 변화와 서경파·개경파 간의 대립 구도, 이들과 연결된 주요 인물들의 정치적 입장을 파악하는 것이 중요하다. 더불어 금과의 외교 관계 변화, 수도 이전 문제를 둘러싼 정치적 논의, 풍수 지리설을 포함한 사상적 흐름, 그리고 서경 천도설의 제기 배경과 역사적 의미를 다루기 위해 학계에서 제시한 다양한 연구 논문 및 고려 시대를 개관한 서적 등을 활용할 필요가 있다. 학생들이 이러한 맥락을 바탕으로 역사적 사건을 다각도로 해석하고 탐구할 수 있도록, 교사는 사전에 관련 자료를 충실히 연구하고 이를 토대로 수업 중 적절한 안내와 피드백을 제공해야 한다.

특히, 역사 극화수업과 같은 다양한 장면의 대본을 작성하는 수업을 위해서는 학생들이 해당 역사적 국면에 해당하는 사료, 설명글 등 다양한 형태의 역사 자료가 필요할 것이므로 위에서 언급된 많은 자료들을 준비하고 학생들에게 지도하는 것이 필요하다. 학습지 구성을 위해 학생의 수준에 맞는 엄선된 자료를 연구하고 구성하는 것 또한 중요하다.

5) 학습 지도안 작성

학 습 지 도 안

학교/반	
교사	
일시	

차 례

Ⅰ. 교재 및 단원명

1. 교재

- 교과서: 고등학교 한국사1
- 저자 및 출판사: 김보림 외, 리베르 출판사

2. 단원명

- 대단원: Ⅰ. 근대 이전 한국사의 이해
- 중단원: 2. 고려의 통치 체제와 정치 변동

Ⅱ. 단원 설정의 이유

1. 학습자 측면

학생들은 학습 과정을 통해 고려 시대의 정치 갈등과 권력 투쟁을 보다 생생하게 이해할 수 있다. 역사 속 인물들의 입장과 선택을 구체적으로 상상하고 구성해 보는 활동은 단순한 사실 전달을 넘어, 정치 권력의 이동이 사회 전반에 미친 영향을 비판적으로 해석하는 사고력을 기르는 데 도움을 준다. 또한 극적 상상력과 역사적 근거를 바탕으로 갈등의 원인과 맥락을 서사로 재구성하는 과정을 통해 학생들은 역사 탐구에 대한 주도성과 흥미를 자연스럽게 높일 수 있다.

2. 학문적 측면

학생들은 서경 천도 운동을 중심으로 12세기 고려 정치사의 핵심 갈등을 탐구하며, 문벌귀족 체제의 균열과 권력 구조의 변화를 구체적으로 이해할 수 있다. 역사극 대본 작성 과정에서는 개경파와 서경파, 왕권과 귀족 세력, 지방 세력 등 다양한 정치 집단의 입장을 분석하고 서사화함으로써, 단편적인 사건 이해를 넘어 당시 정치 세력의 성격과 정책 변화의 논리를 구조적으로 파악할 수 있다. 이를 통해 고려 정치사 전반의 흐름을 맥락적으로 이해하고, 역사적 갈등과 선택의 의미를 입체적으로 해석하는 능력을 기를 수 있다.

3. 사회적 측면

학생들은 서경 천도 운동에 등장하는 정치 집단 간의 갈등을 재구성하는 과정에서, 권력 충돌이 사회 전체에 미치는 영향을 역사적 맥락 속에서 탐구하게 된다. 특히 서경파와 개경파, 왕권과 귀족 세력 간의 이해관계를 분석하며, 정치적 결정이 특정 지역이나 계층에 어떤 파급 효과를 주는지를 비판적으로 고찰할 수 있다. 이를 통해 학생들은 정치적 갈등의 본질과 그 사회적 결과를 파악하고, 역사 속 사례를 바탕으로 권력 작동의 방식에 대한 성찰과 공동체 내 다양한 목소리의 조율 필요성에 대해 고민하는 태도를 기를 수 있다. 나아가, 복잡한 정치적 상황 속에서 다양한 관점을 이해하고 표현하는 활동은 민주 사회의 일원으로서 필요한 공감 능력과 책임 있는 참여 자세를 함양하는 데 기여한다.

Ⅲ. 단원의 개관

고려는 귀족 중심의 정치 체제를 기반으로 왕권과 신권의 균형을 추구하며 통치를 이어간 국가로, 이 단원에서는 고려의 정치 체제의 형성과 변화 과정을 중심으로 정치사적 흐름을 파악한다. 성종 대 유교 정치 이념에 기반한 중앙 집권 체제를 정비한 이후, 문벌귀족 사회가 성립되며 안정된 지배 구조가 마련되었으나, 점차 권력의 세습화와 폐쇄성이 심화되면서 사회적 갈등과 모순이 누적되었다. 이러한 배경 속에서 무신정변이 일어나며 군사적 기반의 정치권력이 등장하고, 이어지는 원 간섭기에는 외세의 영향 아래 정치 주체성과 자율성이 크게 위축되었다. 고려 말에는 성리학적 이상을 지향한 신진 사대부가 정치 개혁을 추진하며 새로운 정치 세력으로 부상하게 된다.

이 단원은 고려 전기에서 후기까지 이어지는 정치권력의 흐름을 입체적으로 이해하게 하고, 정치 세력 간의 갈등과 교체, 제도 개편의 배경과 결과를 종합적으로 분석하는 역사적 사고력을 함양하는 데 초점을 둔다. 아울러 당시 정치 변동이 사회·경제적 구조와 어떻게 연동되었는지를 파악함으로써, 권력의 정당성, 제도 개혁, 외세 간섭 등 현대 사회의 이슈와도 연관지어 생각해 볼 수 있는 기회를 제공한다.

Ⅳ. 단원의 학습 목표

1. 지식 · 이해

① 서경 천도 운동을 중심으로 12세기 고려 정치사의 주요 갈등과 권력 구조의 변화를 이해할 수 있다.

② 고려 문벌 귀족 체제의 동요, 정치 세력 간의 대립, 왕권 강화 시도 등 정치 변동의 핵심 요소를 구체적으로 파악할 수 있다.

③ 고려 정치사의 흐름 속에서 서경 천도 운동이 갖는 역사적 맥락과 의의를 통시적으로 설명할 수 있다.

2. 기능

① 다양한 정치 세력의 입장을 반영한 역사 자료를 분석하고 해석함으로써 정치 갈등의 원인과 배경을 추론할 수 있다.

② 정치적 갈등과 사건 전개를 극적 서사로 구성하고, 역사 극화학습 대본으로 창작할 수 있다.

③ 사건의 배경, 인물의 선택, 사회적 반응 등을 통합적으로 탐색하여 정치 변동이 역사 전개에 미친 영향을 분석할 수 있다.

3. 가치 · 태도

① 역사 속 정치 세력 간의 갈등과 권력 투쟁을 성찰함으로써 정당한 권력 운영과 공동체 내 상호 이해의 중요성을 인식할 수 있다.

② 역사극 구성 과정에서 다양한 시각을 이해하고 표현함으로써, 과거의 사건을 비판적으로 재해석하고 타인의 입장을 존중하는 태도를 기를 수 있다.

③ 고려 정치사의 갈등 사례를 통해, 오늘날 정치와 사회 문제를 바라보는 성찰적 시민의식을 함양할 수 있다.

Ⅴ. 단원의 구조

(※ 수업에 언급되는 내용을 **굵은 글씨**와 밑줄로 표시.)

대단원	중단원	소단원
Ⅰ. 근대 이전 한국사의 이해	2. 고려의 통치 체제와 정치 변동	주제1. 통치 체제를 정비하다.
		주제2. 문벌이 형성되고 무신 정권이 성립하다.
		주제3. 공민왕 반원 자주 개혁을 펼치다.

Ⅵ. 지도상의 유의점

1. 준비

1) 본시 학습과의 연계를 위해 전시학습을 상기시킨다.
2) 수업 방법 및 수행평가와 관련한 사항을 학생들에게 알려준다.
3) 교과서 외의 학습자료를 충분히 검토한다.

2. 내용

1) 수업 내용을 학습자가 이해할 수 있도록 구성한다.
2) 학생들이 학습 주제와 관련한 자료를 충분히 조사할 수 있도록 지도하고, 수업을 통해 관련된 주제에 대해 학생들이 능동적인 판단을 할 수 있도록 돕는다.
3) 주도면밀한 계획을 세워 수업의 진행과 흐름이 끊기지 않도록 철저하게 준비한다.
4) 역사 극화수업 대본을 짜는 활동에서 학습을 통해 준비한 충분한 근거 위에서 역사적 상상력을 발휘할 수 있도록 한다.
5) 역사 극화수업 대본에서 나타날 수 있는 역사적 오류에 대해 철저히 검증하도록 한다.

3. 마무리

1) 수업 활동이 끝난 후 학생들에게 반드시 피드백을 제공한다.
2) 수행평가를 통해 수업에서 다룬 내용을 능동적으로 적용해 볼 수 있도록 한다.
3) 차시 예고를 통해 학생들이 다음 수업을 준비할 수 있도록 돕는다.

4. 수업에 적용되는 학습 모형: 역사 극화수업

역사 극화수업이란 줄거리를 가진 극의 형태로 진행되는 역사 수업을 의미한다. 역사 극화수업은 연극형식(영상극, 인형극, 그림자극, 뮤지컬), 다큐멘터리 형식, 뉴스 보도 형식, 시사 토론 형식, 모의재판 형식, 모의국회 형식, 마당극 형식 등 다양한 방식으로 구현될 수 있다. 한편, 역사 극화수업에서 역할극 형태의 학습은 어떤 문제 상황을 학습자가 자발적 연기를 통하여 해결해 가는 문제 해결 학습을 말한다. 이와 같은 역할극은 감정 이입의 상태로 이끌어가기 때문에 다른 사람의 견해나 행동을 이해하는 데 유용한 방법이다.

Ⅶ. 교수-학습계획

<table>
<tr><th colspan="2">중단원명</th><th>차시</th><th>수업내용</th><th>시간</th></tr>
<tr><td rowspan="4">Ⅰ·
Ⅱ
단원</td><td rowspan="4">Ⅰ. 근대 이전 한국사의 이해
2. 고려의 통치 체제와 정치 변동</td><td>1차시</td><td>[강의식 수업]
• 문벌 사회의 형성과 동요
• 무신 정권의 수업</td><td>50분</td></tr>
<tr><td>2차시</td><td>• 모둠 구성
• '서경 천도 운동' 역사 극화수업 대본 쓰기(수행평가)
• 역사 극화수업 준비 및 연습</td><td>50분</td></tr>
<tr><td>3차시</td><td>• 실제 역사 극화수업 실시</td><td>50분</td></tr>
<tr><td>4차시</td><td>• 동료 및 자기 평가 실시, 토론 활동</td><td>50분</td></tr>
</table>

Ⅷ. 본시 교수-학습 지도안

<table>
<tr><td>단원</td><td>Ⅰ. 근대 이전 한국사의 이해
2. 문벌이 형성되고 무신 정권이 성립되다.</td><td>지도 대상</td><td>고등학교 1학년</td></tr>
<tr><td>국가교육
과정
성취기준</td><td colspan="3">[10한사1-01-02] 고려의 통치 체제와 지배 세력의 변화를 이해한다</td></tr>
<tr><td>학습
목표</td><td colspan="3">1. 서경 천도 운동을 중심으로 12세기 고려 정치사의 주요 갈등과 권력 구조의 변화를 이해할 수 있다.
2. 서경 천도 운동의 진행 과정을 역사 극화수업 대본을 통해 생생하게 복원해 볼 수 있다.
3. 서경 천도 운동에 대한 역사적 평가를 내려볼 수 있다.</td></tr>
</table>

<table>
<tr><td rowspan="2">학습
단계</td><td rowspan="2">학습
요소</td><td colspan="2">교수-학습 활동</td><td rowspan="2">시간</td><td rowspan="2">자료 및
지도상
유의점</td></tr>
<tr><td>교사</td><td>학생</td></tr>
<tr><td rowspan="4">도입</td><td>인사</td><td>• 인사를 한다.
• 수업 분위기를 조성한다.</td><td>• 인사를 한다.
• 수업 준비 사항을 확인한다.</td><td rowspan="4">5분</td><td rowspan="4">교사는 PPT를 활용해 수업을 진행한다.</td></tr>
<tr><td>전시
확인</td><td>• 전시 학습을 확인한다.
1. 고려 문벌 사회의 형성이 어떻게 이루어졌는지 확인한다.
2. 이자겸의 난, 서경 천도 운동이 고려 사회에 미친 영향에 대해 확인한다.</td><td>• 교과서를 확인하며 교사의 질문에 대답한다.
• 전시 학습의 내용을 다시 한번 상기한다.</td></tr>
<tr><td>동기
유발</td><td>• 서경 천도 운동과 관련한 영상을 시청한다.</td><td>• 선생님이 제시하는 자료와 설명을 주의 깊게 듣는다.</td></tr>
<tr><td>학습
목표</td><td>• 학습할 내용을 소개한다.
• 학습 목표를 제시한다.</td><td>• 수업 주제와 목표를 확인한다.</td></tr>
<tr><td>전개</td><td>〈전개 1〉</td><td colspan="2">〈수업 활동〉
1. 모둠 구성
1) '서경 천도 운동'이라는 대주제 아래 소주제 4개를 제시한다.
① 국왕과 서경파(장소: 개경의 궁궐)
② 개경파 관료의 회의(장소: 개경파 귀족의 사택)
③ 서경파와 개경파의 갈등(장소: 어전회의)
④ 묘청의 난(장소: 서경 대화궁)
2) 20명의 학생을 5명씩 4모둠으로 구성한다.
3) 제비뽑기를 통하여 모둠별 1가지 소주제를 선택한다.

2. 역할극 대본 작성
1) 모둠별로 배정된 시간은 5분 이내로 시간에 맞춰 맡은 소</td><td>25분</td><td>〈소주제별 학습지〉 4개의 소주제별 역사극 대본 작성이 진행되도록 한다.</td></tr>
</table>

<table>
<tr><td></td><td></td><td colspan="2">주제를 대표할 수 있는 장면의 대본을 작성한다.
2) 대본 작성을 위해 필요한 사료와 관련 자료를 검색한다.
3) 교사는 ‘역사 극화수업 대본 작성’의 평가 지침을 정확하게 전달하여 학생들이 평가에 필요한 요소들을 충족할 수 있도록 돕는다.
4) 교사는 소외되는 학생이 없도록 모둠별 대본 구성에는 반드시 1인 1역할이 될 수 있도록 한다. 모둠별로 각 구성원이 모두 참여할 수 있도록 역할 분담을 철저히 하도록 한다.
예) 소주제 ①의 경우<table><tr><th>국왕 역</th><th>묘청 역</th><th>정지상 역</th><th>윤언이 역</th><th>조광 역</th></tr><tr><td>A학생</td><td>B학생</td><td>C학생</td><td>D학생</td><td>E학생</td></tr></table>5) 교사는 모둠 활동을 관찰하며, 대본 작성을 위한 모둠별 학습지 자료를 제공하고, 한국사 데이터베이스, 고전번역원 DB 등 대본 작성에 필요한 자료 검색에 도움을 준다.</td><td></td><td></td></tr>
<tr><td></td><td>〈전개 2〉</td><td colspan="2">1. 역사 극화수업 계획 세우기
1) 작성된 대본을 모둠별로 읽기
2) 실제 역할극에 필요한 학습 도구(PPT 등) 준비하기
2. 교사는 모둠별 역할극 대본의 방향과, 실제 역할극 계획에 대한 내용을 발표하도록 지도하고, 그 내용에 대해 피드백한다.
3. 학생은 다른 모둠의 계획을 듣고 자신의 모둠과 비교해 보도록 한다.</td><td>15분</td><td>〈모둠별 극화 학습 계획서〉</td></tr>
<tr><td rowspan="4">정리</td><td>내용 정리</td><td>수업 내용을 정리한다.</td><td>선생님의 질문에 대답한다.</td><td rowspan="4">5분</td><td rowspan="4">선생님의 질문에 적극적으로 학생들이 답변하도록 한다.</td></tr>
<tr><td>형성 평가</td><td>PPT를 활용하여 수업에서 다룬 주요 내용을 학생에게 질문한다.</td><td>형성평가를 통해 학습한 내용을 정리한다.</td></tr>
<tr><td>차시 예고</td><td>• 차시 학습 활동에 대해 소개한다.(학습 장소, 준비물 안내)
“자 다음 시간에는 오늘 작성한 역사 극화수업 대본을 바탕으로 실제 역할극을 해볼 것입니다. 멀티미디어 도구가 갖추어진 역사교과 전용 교실에서 수업을 실시할 예정입니다.”</td><td>• 다음 시간에 배울 내용을 본시 학습과 관련지으며 설명을 듣는다.</td></tr>
<tr><td>인사</td><td>• 인사하고 수업을 마무리한다.</td><td>• 인사를 한다.</td></tr>
</table>

IX. 참고 자료 별첨

1. 학습지(역사 극화수업 대본 작성을 위한 소주제별 학습지)

예시 학습지(소주제 ①용)

반 번 이름:

1. 다음 글을 읽고 물음에 답해 보시오.(서경 왕기설)

서경(西京)에 행차하였다. 중 묘청(妙淸)과 분사 검교소감(分司 檢校少監) 백수한(白壽翰)이 스스로 음양(陰陽)의 술법을 안다고 칭하여 허황되고 불경(不經)한 말로 여러 사람을 현혹시켰다. 정지상(鄭知常)은 역시 서경 사람이라 그 말을 깊이 믿고 이르기를, "상경(上京)의 기업이 이미 쇠퇴하였고 궁궐이 모두 타서 남은 것이 없으나, 서경에는 왕기가 있으니 마땅히 이어(移御)하시어 상경으로 삼아야 한다."라고 하였다. 마침내 근신 김안(金安)과 모의하기를, "우리가 만약 주상을 받들어 서도(西都)로 이어하여 상경으로 삼는다면 마땅히 중흥공신(中興功臣)이 될 것이니, 단지 일신만이 부귀(富貴)할 뿐만 아니라 또한 자손에게도 끊임이 없는 복이 될 것이다."라고 하였다. 드디어 말을 퍼뜨리고 서로 칭찬하며 근신(近臣) 홍이서(洪彝敍)·이중부(李仲孚) 및 대신 문공인(文公仁)·임경청(林景淸)이 따라서 호응하였으니, 마침내 올려 아뢰어 말하기를, "묘청은 성인이고 백수한도 또한 그 다음이니, 국가의 일을 모두 물은 후에 행하시고 그들이 진청(陳請)하는 것은 불용함이 없이 받아들이시면 정치가 이루어지고 일이 갖추어져 국가를 보전할 수 있을 것입니다."라고 하였다. 이에 지나가며 여러 관원들에게 서명을 청하니, 평장사(平章事) 김부식(金富軾), 참지정사(參知政事) 임원애(任元敳), 승선(承宣) 이지저(李之氐)만은 서명하지 않았다. 글이 올라가니 왕은 비록 의심하였지만 여러 사람이 힘을 주어 말하므로 믿을 수밖에 없었다. 이때에 묘청 등이 상언하기를, "신 등이 서경의 임원역(林原驛) 땅을 관찰하니 이곳이 음양가(陰陽家)들이 이른바 큰 꽃모양[大花]의 형세이니, 만약 궁궐을 세우고 그곳에 임어하신다면 천하를 병합할 수 있고, 금나라가 폐백을 가지고 스스로 항복할 것이며, 36국이 모두 신첩이 될 것입니다."라고 하였다. 이 때문에 이 행차가 있었다.

-『고려사절요』-

1) 윗글의 핵심적인 내용이 무엇인지 정리하시오.

---

2) 대본 작성을 위해 필요한 부분이 무엇인지 찾아봅시다.

---

2. 다음 글을 읽고 물음에 답해 보시오.(서경 천도의 필요성)

서경(西京) 노인인 검교태사(檢校太師)로 치사(致仕)한 이제정(李齊挺) 등 50인이 표문을 올려 존호를 칭하고 연호를 정할 것을 청하였는데, 묘청(妙淸)과 정지상(鄭知常)의 뜻을 받든 것이다. 정지상 등이 이 말에 따라 왕에게 말하기를, "대동강에 상서로운 기운이 있으니 이것은 신룡(神龍)이 침을 토한 것으로 천 년 동안에 거의 만나기 어려운 것입니다. 청하건대 위로는 천심(天心)에 응하시고 아래로는 사람들의 바람을 좇아서 금나라를 누르시기 바랍니다."라고 하였다. 왕이 이지저(李之氐)에게 물으니 대답하여 말하기를, "금나라는 강적이니 가벼이 여길 수 없습니다. 양부(兩府)의 대신이 개경에 머물러 지키고 있으니 편벽되게 한두 사람의 말만 듣고 대의(大義)를 결정할 수 없습니다."라고 하였다. 왕이 그러하다고 여겼다.

-『고려사절요』-

1) 윗글의 핵심적인 내용이 무엇인지 정리하시오.

2) 대본 작성을 위해 필요한 부분이 무엇인지 찾아봅시다.

3. 다음 글을 읽고 물음에 답해 보시오.(고려 인종의 상황)

고려 인종 대는 문벌귀족 중 특히 인주 이씨의 세력이 강성하던 시기였다. 인주 이씨의 대표적 인물인 이자겸은 예종의 장인으로서, 외손자인 인종이 왕위에 오르자 그의 집안 세력을 공고히 하기 위해 두 딸을 인종과 결혼하게 하였다. 인종은 이모들과 혼인을 하게 된 것이다. 이자겸의 세력에서 벗어나기 위해 인종은 측근 내시들과 모의하여 이자겸을 죽이기 위해 거사를 일으켰으나 실패하고 오히려 이자겸의 군사적 기반이었던 척준경에 의해 궁궐이 불타 버렸다. 이에 인종은 이번에는 척준경을 그의 편으로 끌어들여 이자겸을 제거하였다. 결과적으로 국왕의 승리로 끝나기는 했지만 이것은 문벌귀족에 의해 왕권이 도전받고 있음을 극명하게 드러낸 사건이라고 볼 수 있다. 인종은 이자겸의 난을 겪은 후 대금 관계에서 독자성을 견지하고 왕권을 강화하기 위해 천도할 생각을 품게 되었다. 이 시기에 서경 세력이 등장하였던 것이다.

1) 윗글의 핵심적인 내용이 무엇인지 정리하시오.

2) 대본 작성을 위해 필요한 부분이 무엇인지 찾아봅시다.

---

4. 다음을 읽고 물음에 답하시오.(서경파의 인식)

서경파로 불리는 정지상, 백수한, 묘청 등은 이자겸의 난을 극복하는 과정에서 규합되었는데, 그들은 이자겸의 제거 이후 국왕의 정치적 주도권을 뒷받침해 주는 기반이 되었다. 서경 세력은 문벌귀족의 사회에서 경제적 모순을 완화시켜 백성의 생활을 보살피며, 고려에 군신 관계를 요구하는 금과 대적하기 위해서는 개혁이 필요함을 인식하였다. 그들은 우선 개혁을 위해서는 정치적 주도권을 잡는 것이 필요하고 이를 위해서는 그들의 세력 근거지인 서경으로의 천도가 필수적이라고 판단하였다.

1) 윗글의 핵심적인 내용이 무엇인지 정리하시오.

---

2) 대본 작성을 위해 필요한 부분이 무엇인지 찾아봅시다.

---

5. 다음을 읽고 물음에 답하시오.(서경파의 사상적 기반)

묘청 등은 주로 풍수지리설에 의거하여 천도의 불가피성을 설명하였다. 다소 허황된 내용이나 풍수지리설이 유행하던 당시로서는 상당히 설득력 있게 받아들여졌던 것 같다. 이미 숙종과 예종 대에 남경, 서경에 궁궐을 지어 왕조를 연장하려고 시도했던 점으로 미루어 볼 때 개경의 지세가 쇠하여 왕씨 왕조가 무너질 것이라는 예언은 이미 인종 이전부터 널리 알려져 있었던 것 같다.

1) 윗글의 핵심적인 내용이 무엇인지 정리하시오.

---

2) 대본 작성을 위해 필요한 부분이 무엇인지 찾아봅시다.

---

6. 다음을 읽고 물음에 답하시오.(서경파의 이해)

드디어 말을 퍼뜨려 서로 칭찬하며 근신 홍이서 · 이중부 및 대신 문공인 · 임경청이 따라 호응하여 드디어 글을 올려 아뢰기를 "묘청은 성인이요, 백수한도 그 다음이니 국가의 일을 모두 물은 다음에 행하고 그들이 건의하는 것을 무엇이든지 받아들인다면, 정치가 이루어지고 일이 잘되어 국가를 가히 보전할 것입니다"라고 하고, 이에 차례로 서명을 청하니 평장사 김부식 · 참지정사 임원후 · 승선 이지저들만은 서명하지 않았다. 글월이 올라가니 왕이 비록 의심을 가졌으나 여러 사람이 강력하게 말하므로 믿지 않을 수 없었다.

[해설] 서경 천도와 관련하여 당시 정치 지배 세력 내부에서 묘청 등의 주장에 동조하는 집단과 이에 반대하는 집단의 존재를 파악할 수 있다. 즉 서경 천도 운동에 참여하였던 집단에 대하여 이자겸 등의 문벌귀족과 부단한 대립과 투쟁을 전개하여 온 세력을, 즉 지방의 토착 세력을 배경으로 중앙에 진출한 신진 관료군으로 파악하고 당시 신진 관료군에는 "이 부패한 문벌귀족을 정계에서 몰아내기 위한 한 방편으로 이에 가담 동조하였던 자들이 많았던 것으로 믿어도 크게 어긋나지 않을 것이다"라고 하여 신진 관료군으로 그 성격을 규정한 견해도 있다. (국사편찬위원회, 『신편한국사』)

1) 윗글의 핵심적인 내용이 무엇인지 정리하시오.

2) 대본 작성을 위해 필요한 부분이 무엇인지 찾아봅시다.

7. 다음을 읽고 물음에 답하시오.(묘청의 난이 일어난 배경)

고려 인종 대에 있었던 승려인 묘청(妙清)을 비롯하여 문신인 정지상(鄭知常), 일자(日者: 날의 길흉을 점치는 사람)인 백수한(白壽翰) 등 서경인들을 주축으로 하는 일군의 세력이 당시 이자겸(李資謙)의 난으로 야기된 정치적 혼란을 틈타 지리 도참사상을 근거로 삼아 개경으로부터 서경으로의 천도를 주장하였으나, 반대에 부딪치자 서경을 중심으로 일으킨 반란 사건이다. 1126년(인종 4) 이자겸의 난 이후 국내외 정세는 극도로 불안하였다. 안으로는 이자겸의 난으로 궁전이 불타고 정치 기강이 해이해졌고, 밖으로는 여진족의 외교적인 압력을 받고 있었다.

이 시기에 서경 출신의 승려 묘청은 풍수지리설에 의거, 고려가 어려움을 겪게 된 것은 개경(開京)의 지덕(地德)이 쇠약한 때문이라고 역설하였다. 따라서, 나라를 중흥하고 국운을 융성하게 하려면 지덕이 왕성한 서경으로 수도를 옮겨야 한다는 것이었다.

당시 풍수지리설이 크게 성행하고 있어서 그는 인종의 총애와 함께 백수한 · 정지상 등 많은 사람들의 지지를 받았다. 인종은 1127년(인종 5) 이후 서경에 자주 거둥했고, 그의 건의에 따라 서경의 명당인 임원역(林原驛: 평안남도 대동군 부산면 신궁동)에 대화궁(大花宮)을 짓게 하였다. 그러나 서경 천도 계획에 반대하는 세력도 많았다. 특히 대화궁을 지으면 천하를 통일할 수 있고 금나라도 항복할 것이며, 많은 나라가 조공할 것이라고 했으나 준공 뒤에도 전혀 달라진 것이 없었다. 오히려 대화궁 근처 30여 곳에 벼락이 치고, 인종의 서경 거둥 도중 갑작스러운 폭풍우로 수많은 인마가 살상되기도 하였다. 이에 묘청 일파를 배척하는 소리가 높아졌으며, 김부식(金富軾)은 그 대표적 인물이었다. 마침내 인종은 서경 거둥을 단념, 서경 천도 계획도 그만두게 되었다.

-『민족문화대백과사전』-

1) 윗글의 핵심적인 내용이 무엇인지 정리하시오.

---

2) 대본 작성을 위해 필요한 부분이 무엇인지 찾아봅시다.

---

8. 이 외에도 모둠에서 조사해야 할 역사적 사실에 대하여 조사하고, 조사한 내용을 정리해 봅시다.

---

2. 모둠별 역사 극화수업 학습 계획서 활동지

모둠명	
주제	

<table>
<tr><td>제목</td><td colspan="3"></td></tr>
<tr><td>줄거리 요약</td><td colspan="3"></td></tr>
<tr><td rowspan="6">배역 설정</td><td>학생 이름</td><td>극중 인물</td><td>인물 설명</td></tr>
<tr><td></td><td></td><td></td></tr>
<tr><td></td><td></td><td></td></tr>
<tr><td></td><td></td><td></td></tr>
<tr><td></td><td></td><td></td></tr>
<tr><td></td><td></td><td></td></tr>
<tr><td>준비 도구</td><td colspan="3"></td></tr>
</table>

6) 수업

수업은 고려 정치사에서 '서경 천도 운동'을 주제로 진행된다. 수업 방법으로 극화 학습 방안을 적용하여 학생들이 과거 시대를 생생하게 복원해 볼 수 있는 기회를 제공하도록 한다. 교사는 도입 부분에서 문답법을 활용하여 학생들이 서경 천도 운동의 양상을 정리할 수 있도록 지도한다. 그 후 전개에서 모둠을 편성하여 '서경 천도 운동'이라는 대주제 아래 소주제를 제시하고 학생들에게 역할극 대본을 작성하도록 지도한다. 모둠에서 대본을 작성할 때에는 모든 학생들이 적극적으로 참여할 수 있도록 하기 위해 대본에 등장하는 인물 역할을 1개씩 전담하도록 한다. 또한 교사는 학생들의 구체적 대본 작성에 필요한 자료 제공을 위해 학습지를 제시하고, 기타 관련 사료나 전문 서적 자료들을 검색할 수 있도록 도와주도록 한다. 역할극 대본 쓰기를 마치면 모둠별로 실제 역할극 실시를 위한 계획을 마련하도록 한다. 교사는 실제 역할극에서 필요한 준비물과 극 진행을 어떻게 할 것인지 면밀한 준비를 하도록 지도해야 한다.

7) 수행평가 시행

(1) 수행평가 주제: 역사 극화수업 대본 작성하기

(2) 수행평가 작성 방법

1) 소재: 서경 천도 운동에 대한 각 정치 세력의 입장, 12세기 고려 조정의 정치적 상황, 서경 천도 운동과 관련한 사건(각 모둠별 주제를 중점에 두고 작성)
2) 시놉시스 양식
   ① 주제
   ② 기획 의도(선정 이유가 잘 드러나도록 할 것)
   ③ 등장인물(주인공을 제외한 조연은 가상 인물 가능)
   ④ 전체 줄거리
3) 제작 순서
   ① 모둠별로 선택한 역사적 사건이나 인물에 대한 자료를 수집한다.
   ② 선정된 인물 및 사건을 중심으로 역사 극화수업 전체 계획을 작성한다.
   ③ 토의를 통해 전체 줄거리 중 대본으로 만들 부분을 정해 5분 정도 분량의 대본을 만든다.
   ④ 모둠별로 작성된 역할극 대본을 배역을 정해 읽고 평가하는 시간을 갖는다.

(3) 평가 기준

① 성취기준

교육과정 성취기준	[10한사1-01-02] 고려의 통치 체제와 지배 세력의 변화를 이해한다.

② 평가 기준표

배점 / 평가 요소	매우 잘함	잘함	보통	미흡
역사 사실 이해	등장인물의 특징과 시대적 특징, 주요 활동 내용에 대하여 잘 이해함	등장인물의 특징과 주요 활동 내용은 잘 이해하였으나, 시대적 특징은 잘 반영하지 못함	등장인물의 특징, 주요 활동 내용, 시대적 특징에 일부 오류가 있음	등장인물의 특징, 주요 활동 내용, 시대적 특징 등에 오류가 많음
역사 자료 분석과 해석	전체적인 시대적 상황과 등장인물의 특징을 잘 고려하여 시놉시스를 매우 잘 작성함	시놉시스를 잘 작성하기는 하였으나 줄거리에 일부 모순이 있음	시놉시스 작성이 다소 불완전하며, 줄거리도 어색함	시놉시스 작성에 성의가 없으며, 줄거리도 연결이 되지 않음
역사 정보 활용 및 의사소통	대본과 등장인물의 특성을 잘 살려 동료들과 잘 발표함	대본은 우수하나 대본과 등장인물의 특성을 살리는 데 다소 부족함	대본이 어색하고, 등장인물의 특성도 잘 살리지 못함	대본의 특징을 살리지 못했으며, 발표도 어색함

③ 학생 수행평가 결과 사례

역사 극화수업 대본: 《천도, 그 선택의 갈림길》

☼ 배경: 고려 인종 5년, 궁궐 회의실
☼ 등장인물:
인종 – 국왕
묘청 – 서경파 승려(극 진행을 위해 국왕의 왕사 자격으로 참가했다는 설정)
정지상 – 서경파 신료
백수한 – 서경파 신료

김부식 – 개경파 신료
이지저 – 개경파 신료
임원애 – 개경파 신료

[무대 시작 – 궁궐 회의 장면. 인종이 중앙에 앉고, 신하들이 좌우에 나뉘어 섬.]

인종: (장엄하게) 지금 나라 안팎의 형세가 심상치 않소. 개경은 불에 타 흔적도 없고, 금나라는 압박을 더해오고 있소. 서경으로 도읍을 옮긴다는 제안이 나왔는데, 각 신하들의 뜻을 듣고자 하오.

묘청: (무릎 꿇고) 전하, 개경은 이제 왕기가 다하였사옵니다. 서경은 대화(大花)의 형세로, 왕업을 일으킬 명당이라 하옵니다. 이곳에 궁궐을 세우면 천하가 복속하고, 금나라도 스스로 무릎 꿇을 것이옵니다!

정지상: 지금이야말로 고려가 고구려의 기상을 다시 세우고, 왕권을 바로 세울 기회이옵니다. 개경에 얽매여선 문벌귀족에 휘둘릴 뿐이옵니다.

백수한: (비장하게) 대동강에서 신룡이 침을 토하였사옵니다. 이는 하늘의 뜻입니다. 신들이 본 바, 이는 천명이 서경에 머문다는 증표이옵니다.

인종: (조용히 고개를 끄덕이다가) 김부식 대감, 이 말에 대해 어떻게 생각하시오?

김부식: (단호히) 전하, 묘청과 정지상은 백성을 속이는 허황된 예언과 도참으로 전하를 유혹하고 있사옵니다. 풍수는 백 년의 기틀이 될 수 없고, 현실은 명백하옵니다. 금나라는 지금 군사력으로 천하를 위협하는 강적이며, 천도는 곧 그들을 자극하여 전쟁을 부를 것이옵니다.

이지저: (신중하게) 맞사옵니다. 지금 우리 고려는 금에 대항할 병력도, 우방도 없사옵니다. 지금처럼 외교로 신중히 대처하지 않으면, 국운을 잃게 될지도 모릅니다.

임원애: (한 발 앞으로 나와) 뿐만 아니라, 천도는 백성들의 삶을 파괴하는 결정이옵니다. 생업의 터전이 사라지고, 조세를 더 걷어야 하며, 천도비용으로 국고는 바닥을 드러낼 것이옵니다.

정지상: (고조된 목소리로) 전하, 왕권을 바로 세우고 문벌귀족을 누를 기회가 지금이옵니다. 지금 결정하지 않으면 고려는 영영 문벌에 사로잡힌 나라가 될 것이옵니다!

김부식: (차분히) 충정이라 하면서 사사로운 욕망을 섞는 자들이 문제입니다. 서경파는 전하를 내세워 자신들의 세력을 키우려 하고 있사옵니다. 진정한 충성은, 나라가 무너지지 않게 하는 것이옵니다.

인종: (고뇌에 찬 표정으로 자리에서 일어나며) 묘청의 말에도 일리가 있고, 김부식의 말도 귀 기울일 만하오. 허나, 내가 들어야 할 목소리는 오직 하나. 그것은 백성의 고단한 숨결과 나라의 생존이오.

(정적이 흐른다.)

인종: 오늘은 여기까지 하겠소. 천도 문제는 더 깊이 고찰한 뒤, 반드시 백성과 나라를 위한 결정을 내릴 것이오. 그 누구의 이름이 아닌, 고려의 이름으로.

(무대 천천히 암전)

8) 전체적인 교수 · 학습 과정에 대한 피드백 및 계획 수립

(1) 시나리오 쓰기 준비

『고려사』와 『고려사절요』와 같이 해당 사실을 잘 기록하고 있는 역사서를 찾아 읽는다. 해당 자료는 국사편찬위원회나 한국 고전 번역원 사이트를 이용하면 쉽게 이용할 수 있다. 학생들이 직접 찾는 과정이 어렵다거나 많은 시간이 소요된다고 판단되면 교사가 주요 자료들을 미리 찾아 정리해 주는 것도 좋다.

(2) 시나리오 쓰기

모둠별로 5분 정도 되는 역할극의 대본을 쓰게 한다. 당시의 역사 용어, 사건의 특징적인 전개 과정과 결과, 끼친 영향 등이 잘 드러나게 한다. 모둠별로 활동이 진행되는 상황임을 고려하여 소외되는 모둠원들이 없도록 교사가 순회하며 시나리오를 쓰는 과정을 지켜보고, 모둠 활동 과정을 평가하는 방법도 효과적이다.

(3) 시연

특별한 무대장치 없이 모둠원들이 역할을 정해서 모둠별로 작성한 역할극을 시연해 보게 한다. 약 5분 정도씩 시간을 제한하여 시연하도록 하며, 나머지 모둠에서는 대본이 충실히 작성되었는지, 역사적 사실에 부합되는지, 역사적 용어가 적절히 사용되었는지 등에 유의하며 관람하도록 한다. 이 과정에서 동료 평가를 시행한다.

(4) 감상 발표 및 마무리

교사가 관람한 소감을 총평한다. 대본의 완성도, 모둠활동의 충실성, 시연에 참여하는 태도의 적극성 등을 중심으로 평가하며, 혹시 대본에 수록된 내용 중 역사적 사실에 어긋나거나 적절하지 못한 용어들이 사용된 예가 있으면 바로잡아 준다.

CHAPTER 02

한국 근세사

1. 시대의 개관

1) 조선 초기

1392년 7월, 이성계가 왕으로 즉위하였다. 그에 앞서 위화도 회군으로 권력을 잡은 이성계 일파는 과전법을 통해 경제 개혁을 단행하고, 정몽주를 비롯해 고려를 개혁하되 새로운 나라를 세우는 것에는 반대하였던 이들을 제거하였다. 왕이 된 이성계는 수도를 개경에서 한양으로 옮기고, 나라 이름을 조선이라 하였다. 이후 약 100여 년간은 새로운 나라를 운영하기 위해 필요한 제도들을 마련하는 과정이었다. 그 과정에서 태종은 두 차례 왕자의 난을 통해 권력을 잡은 뒤, 사병을 혁파하고 호패법을 실시하는 등 강력한 왕권을 추구하였다. 뒤를 이은 세종은 새 왕조의 제도적 기틀을 마련하는 데 큰 공헌을 하였다. 세조는 계유정난을 통해 어린 조카 단종을 물러나게 하고 왕이 되었는데, 그 역시 강력한 왕권을 추구하였다. 또 과전법을 폐지하고 직전법을 실시하였다. 그리고 성종은 『경국대전』과 『국조오례의』를 최종 완성하여 반포함으로써, 그동안의 제도 정비 과정을 마무리하였다.

조선의 중앙 관료 조직은 의정부 이하 6조로 구성되었다. 의정부는 영의정 · 좌의정 · 우의정 등으로 이루어졌는데 위로는 국왕과 함께 국정을 논의하고, 아래로는 관료 조직 전체를 통솔하는 최고 관료 기구였다. 6조는 이조 · 호조 · 예조 · 병조 · 형조 · 공조로서 정책을 집행하였는데, 각기 맡은 직무가 달랐다. 이조는 관제와 인사, 호조는 조세와 재정, 예조는 외교와 교육, 병조는 군사, 형조는 형벌과 노비, 공조는 교통과 건축 등을 담당하였다. 그 밖에 왕의 비서 기구인 승정원, 반역과 같은 중대 범죄를 다루는 의금부, 역사를 기록하고 편찬하는 춘추관 등이 있었다. 조선 관료 조직의 특징은 무엇보다 언론 기관에 있었다. 대간(臺諫)은 국왕에게 간쟁하는 사간원과 관료를 감찰하는 사헌부를 합하여 부르는 명칭이었다. 그리고 성종대 학술자문기구인 홍문관이 새로 생겨난 이후에는 대간과 홍문관을 합하여 삼사(三司)라 하였다. 이들 언론 기관의 활발한 활동을 통해, 조선은 정책의 합리성과 관료 조직의 건강성을 확보하고자 하였다.

조선은 전국을 8도로 나누어 각 도에는 관찰사를 두었다. 관찰사는 도내의 수령을 관리 감독하고, 백성들의 풍속 교화를 담당하였다. 도 아래에는 규모에 따라 부・목・군・현의 행정구역을 두었는데, 330여 개 남짓한 모든 지방 관청에 수령을 파견하였다. 이는 일부 지역에만 파견하였던 고려와는 다른 상황으로, 그 결과 중앙 집권화가 강화되었다. 수령은 사법・행정・군사 업무 등 지방 행정의 모든 것을 책임졌다. 지방 행정의 실무는 토착 세력으로서 지방 사정을 잘 아는 향리가 담당하였다. 지방 양반들은 유향소를 조직하여 수령의 자문에 응하는 한편으로, 향리를 감시하고 억제하였다. 이처럼 조선의 지방 행정은 수령・향리・양반, 이 세 주체가 서로 협력하거나 견제하는 관계를 맺으며 운영되었다.

한편, 조선의 관리 선발 제도인 과거 제도의 주축은 문과였다. 문과는 예비 자격 시험인 소과와 본 시험인 대과로 구성되었다. 소과는 다시 경전에 대한 이해를 묻는 생원시와 문장 작성 능력을 보는 진사시로 나뉘었다. 소과는 전국 각지에서 1차 시험인 초시를 보고, 2차 시험인 회시는 서울에서 보았다. 그리고 최종적으로 생원시와 진사시에서 각각 100명을 선발하였다. 대과는 소과의 선발 과정에다 마지막에 전시(殿試)가 추가되었다. 전시에서는 시국 현안에 대한 질문에 논술로 답하는 시험을 보았다. 문과에서는 33명을 선발하였다. 과거에 합격한 이들은 분관(分館)이라고 하여 성균관・홍문관・승문원・교서관에 나누어 배치되었는데, 권지(權知)라는 임시직을 거치는 경우가 많았다. 조선의 과거 제도는 국가가 운영하는 학교 제도와 연동되어 있었다. 먼저, 전국의 각 군현에 향교가 설치되었는데, 향교는 성현을 제사하고 학생들을 교육하는 기능을 하였다. 그리고 서울에는 동부・서부・남부・중부에 하나씩 세워진 4부학당이 있었다. 최고 교육기관인 성균관은 오직 서울에만 하나가 있었다. 원칙적으로는 소과에 합격한 후 성균관에 입학하여 일정한 출석 일수를 채워야만 대과에 응시할 수 있었다.

세종 대 집현전을 중심으로 한 일군의 학자들이 문물 연구에 몰두하면서, 여러

성과들을 낼 수 있었다. 먼저, 1443년 훈민정음이 창제되었다. 훈민정음은 조선의 말과 중국의 문자인 한자 사이의 괴리에서 오는 불편함을 극복하기 위해 만들어졌다. 또, 조선의 풍토에 맞는 농법을 정리한 『농사직설』과 조선 약재를 이용한 치료 방법이 담긴 『향약집성방』을 간행하여, 백성들이 안정적으로 생활할 수 있도록 도왔다. 충신·효자·열녀의 이야기를 글과 그림으로 구성한 『삼강행실도』를 편찬하여, 일반 민들에게 유교 윤리를 보급하고자 하였다. 앙부일구, 자격루, 측우기, 혼천의, 간의 등 각종 과학 기구들이 만들어진 것도 세종 대이다.

2) 조선 중기

1970년대까지는 임진왜란과 병자호란, 이른바 양란을 기점으로 조선을 전기와 후기로 시기 구분하는 관점이 일반적이었다. 그런데 1970년대 사림파론이 본격적으로 등장하면서 16세기를 기점으로 조선 중기를 설정하게 되었고, 초기·중기·후기의 세 시기로 구분하는 설이 널리 받아들여졌다. 이러한 시기 구분은 임진왜란 이전에 이미 조선에 중대한 변화가 있었다는 인식에 기반하는데, 그 중심에 사림파 또는 사림 세력이라 부르는 개혁 세력의 등장이 있었다.

지방 출신인 사림 세력은 성종대부터 중앙에 진출하였는데, 주로 언론직에 포진하여 훈구 세력의 비리와 부패를 비판하였다. 이 시기 사림 세력의 대표적인 인물은 중종대의 조광조이다. 조광조와 그의 동료들은 추천을 통해 관리를 등용하는 현량과를 실시하였고, 일부 공신의 공훈이 부당하다며 삭제할 것을 주장하였다. 또한 경연을 강화하여 왕도 정치를 실현하고자 하였다. 하지만 사림 세력은 연산군 대의 무오사화·갑자사화, 중종 대의 기묘사화, 명종 대의 을사사화 등 네 차례의 사화를 겪으며 큰 피해를 입었다. 그런 가운데 명종대에는 윤원형과 같은 척신 세력이 등장하여 정치적 혼란을 가중시켰다. 사림 세력은 선조가 즉위하면서 마침내 집권에 성공하였다. 그러나 얼마 뒤 선배 사림과 후배 사림은 척신 정치의 청산에 대한 견해 차이, 그리고 관료 조직의 핵심 자리인 이조 전랑의 인사를 둘러싸고 갈등하였다. 이들은 각각 심의겸과 김효원을 중심으로 모였는데, 결국 서인과 동인으로 나뉘었다. 붕당정치의 시작이었다.

사림 세력은 사립 교육 기관인 서원을 세우고 이를 중심으로 활동하였다. 서원에서는 그 지역에 연고가 있는 뛰어난 유학자들을 제사 지내고, 또 학문 연구와 교육 활동을 하였다. 조선 최초의 서원은 주세붕이 안향의 고향인 영주에 세운 백운동서원이었다. 후에 이황이 국가에 토지, 노비 등을 지원해 줄 것을 건의하였고, 그 결과 백운동서원은 첫 사액서원이 되고 명칭도 소수서원으로 바뀌었다. 조선 후기 붕당 간의 경쟁과 갈등이 심화되면서 전국적으로 서원의 수도 대폭 늘어났다.

사림 세력은 향촌 사회의 교화를 위해 향약을 시행하였다. 그 출발은 중종대 기묘사림으로, 그들은 국가 주도하에 주희가 만든 「주자증손여씨향약」을 전국적으로 실시하였다. 후에 이황과 이이는 「주자증손여씨향약」을 수정한 내용의 향약을 만들어 지역 단위에서 자율적으로 실시하였다. 또, 사림 세력은 주희가 가정에서 실천해야 할 관혼상제의 의례를 정리한 『주자가례』를 보급 실천하려고 하였으며, 유교 윤리의 일상적인 실천 내용을 담은 『소학』과 『근사록』을 중시하였다. 사림 세력의 등장 이후 조선이 보다 성리학적인 원칙에 충실한 사회를 추구하면서, 가족 제도에도 일대 전환이 이루어졌다. 17세기경부터 민간의 가족 질서가 종법(宗法)이라는 원칙 하에 적장자 중심으로 바뀐 것이다. 그 결과 재산 상속은 남녀 자식들이 똑같이 나누던 것에서 맏아들 우대로 변하였고, 제사 지내는 방식도 남녀 자식이 돌아가며 지내다가 맏아들이 전적으로 맡게 되었다.

한편, 조선은 건국 이래 큰 나라를 섬기고 이웃 나라와 대등하게 교류하는 사대교린(事大交隣)을 외교의 기본 원칙으로 삼았다. 그리하여 명과는 사대 관계를, 여진·일본 등과는 교린 관계를 맺었다. 조선은 명으로부터 책봉을 받고 조공을 하였으며, 여진·일본에 대해서는 강경책과 회유책을 병행하였다. 가령 세종 대 여진족이 국경을 침입하자 4군 6진을 개척하였고, 왜구의 근거지인 쓰시마를 토벌하기도 하였다.

조선은 16세기 말~17세기 초의 짧은 기간 동안 두 차례의 큰 전란을 겪어야 했다. 먼저, 1592년 일본이 '명을 치러 갈 테니 길을 빌려달라'는 명분을 내세우며 조선을 침략하였다. 임진왜란의 시작이었다. 부산진을 지키던 정발과 동래성을 지키던 송상현이 일본군에 맞섰지만 전사하였고, 신립도 충주 전투에서 패배하였다. 파죽지세로 진격한 일본군은 20여 일 만에 한양을 점령하였다. 지상군과 달리 이순신이 이끄는 수군은 바다에서 연전연승을 거두었다. 의병도 전국 각지에서 일어나 일본군을 괴롭혔다. 경상도의 곽재우, 전라도의 고경명, 충청도의 조헌이 대표적이다. 수세에 몰린 조선은 결국 명나라에 지원을 요청하였고, 명군의 참전과 평양성 전투의 승리로 전세가 역전되었다. 이에 일본군은 경상도 해안으로 물러난 채 명과 강화 협상을 벌였으나 끝내 결렬되었다. 그리고 1597년 재차 침략하였다. 정유재란의 시작이었다. 그동안 조선은 훈련도감을 설치하는 등 군사 조직을 정비하고 무기도 보완하였기에, 명과 연합하여 곳곳에서 승리를 거둘 수 있었다. 마침 도요토미가 사망하자, 일본군은 조선에서 물러났다. 임진왜란은 대규모 동아시아 국제 전쟁으로서, 전쟁의 결과 한·중·일 모두에서 큰 변화가 일어났다. 조선은 나라 전체가 황폐화되었고, 문화 유산이 파괴·약탈되었으며, 많은 이들이 일본에 끌려갔다. 조선에 대규모 군사를 파견하였던 명은 쇠퇴하고, 그 틈을 타 만주에서 여진이 성장하였다. 일본에서는 도요토미 가문이 몰락하고 도쿠가와 가문이 성장하여 에도 막부를 수립하였다. 그리고 조선에서 데려간 기술자와 학자를 통해 도자기 제작 기술과 성리학을 발전시켰다.

다음으로, 인조 때 조선은 두 차례 여진의 침입을 받았다. 그에 앞서 광해군은 명이 쇠퇴하고 여진의 후금이 강해지고 있는 상황을 목도하고 어느 한쪽을 편드는 것은 위험하다고 판단하였다. 이에 양자 사이에서 이른바 중립 외교를 펼쳤다. 1623년 인조반정을 일으킨 세력은 이런 광해군의 대외 정책이 임진왜란 당시 도움을 준 명을 배반하는 일이라며 비판하였다. 1627년, 명과의 전쟁을 대비하고 있던 후금이 명과 조선의 관계를 단절시키고자 조선을 침략하였다. 정묘호란의 발발이었다. 이때 후금은 조선과 형제 관계를 맺고 철수하였다. 후금은 청으로 국호를 변경하고 1636년 재차 조선을 침략하였다. 병자호란의 발발이었다. 청은 이번에는 조선에 군신 관계를 요구하였다. 남한산성으로 피난을 간 조정은 다수의 척화론과 소수의 주화론으로 의견이 나뉘었다. 한 달 반 넘게 저항하였으나 상황은 계속 악화되었고, 결국 인조는 한강 변의 삼전도로 나아가 항복하였다. 짧은 기간이었지만 병자호란의 패배는 조선에 큰 충격을 주었고, 전쟁의 상처를 극복하는 것이 전후(戰後) 중요한 과제로 대두하였다. 효종대 청을 치자는 북벌론이 등장한 것도 그 일환이었다.

3) 조선 후기

선조 때 붕당이 형성된 후 조선의 정치는 붕당을 중심으로 전개되었다. 광해군 때는 북인이 집권하였고, 인조 때는 서인이 주도하고 남인이 일부 참여하는 식이었다. 현종 때는 효종과 효종 비 인선왕후의 장례 때 입을 상복을 둘러싸고 남인과 서인 사이에서 두 차례 예송 논쟁이 벌어졌다. 예송은 단지 복식 문제가 아니었다. 형 소현세자가 급서하자 둘째 아들로서 왕위에 오른, 효종의 정통성에 대한 입장 차이를 드러낸 정치 문제였다. 숙종은 집권 붕당을 교체하는 환국을 여러 차례 일으키면서 정국을 주도하고자 하였다. 그 결과 서인과 남인이 교대로 집권하였는데, 그 와중에 남인에 대한 입장 차이로 서인은 노론과 소론으로 갈라졌다. 박세채는 숙종에게 탕평론을 제기하여, 군주가 중심을 바로 세워 공정한 정치를 펼 것과 붕당을 따질 게 아니라 인재의 현부를 고려하여 등용할 것을 주장하였다.

영조와 정조는 본격적으로 탕평 정치를 펼쳐나갔다. 영조는 완론 탕평이라 하여 온건파 인사들을 절충하는 방식의 탕평을 하였고, 정조는 준론 탕평이라 하여 강경파 인사들을 주로 등용하였다. 또한 정조는 규장각을 설치하여 젊은 각료들을 발탁하고는 자신의 정책을 뒷받침하게 하였다. 이후 순조·헌종·철종 때에는 외척이 주도하는 세도정치가 전개되었다. 그 과정에서 삼정의 문란으로 대표되는 여러 모순과 폐해를 노출하였다. 그 결과 전국에서 소요가 일어났다. 평안도에서 몰락 양반인 홍경래가 일으킨 대규모 난과 진주에서 시작되어 삼남 지방에 퍼진 농민들의 봉기(임술농민봉기)가 대표적이다.

원래 국방 관련 일을 처리하던 임시 기구였던 비변사는 임진왜란을 거치며 그 규모와 역할이 대폭 커졌다. 그 결과 의정부의 기능은 유명무실해지고, 비변사가 국정 운영의 중심이 되었다. 조선 후기에는 국가 재정의 확보와 민생의 안정을 위해 수취 제도에도 큰 변화가 있었다. 우선 풍흉에 따라 다르게 거두던 전세가 풍흉에 관계없이 토지 1결당 4두를 걷는 방식의 영정법으로 바꾸었다. 공납의 경우 방납·대납이 성행하였고, 이는 백성들을 더욱 곤경에 빠트렸다. 이에 현물을 내던 기존의 방식 대신 토지 면적을 기준으로 쌀 등을 내게 하는 대동법이 시행되었다. 균역법은 양인의 군역 부담을 줄이기 위한 조치였다. 원래 16세기 이상 60세 미만의 모든 양인 남성은 직접 군역을 지거나 1년에 군포 2필을 내야 했다. 그런데 양반이 군역에서 제외되면서 일반 양인의 부담은 더욱 커졌다. 이에 영조는 군포를 1필로 줄이는 균역법을 실시하였다. 부족한 예산은 어세・소금세・선박세로 충당하거나 부유한 양인에게 선무군관포를 부과하여 해결하였다. 한편, 조선 후기에는 농업 생산력이 증가하고 상품 화폐 경제가 발달하면서 신분 이동이 활발해졌다. 부를 축적한 상민과 노비 등이 양반으로의 신분 상승을 도모하는 경우가 많아졌고, 그 결과 양반의 수가 대폭 증가하였다.

조선 후기에는 실학이라는 새로운 학풍이 출현하였다. 실학자들은 당시 조선의 현실 문제에 깊은 관심을 가지고, 그것의 해결에 고심하였다. 유형원, 이익, 정약용 등은 균전론, 한전론, 여전론 등 토지 개혁에 대한 다양한 아이디어를 내놓았다. 박지원, 박제가 등의 북학파 인사들은 상공업 진흥의 필요성과 함께 청의 발달된 문물을 받아들이자고 주장하였다. 한편, 18세기에는 우리나라의 산천을 그대로 그린 진경산수화와 사람들의 일상을 그린 풍속화가 많이 그려졌다. 전자로는 정선의 인왕제색도나 금강전도가, 후자로는 김홍도와 신윤복의 그림들이 잘 알려져 있다. 또, 조선 후기에는 청에 와있던 서양 선교사를 통해 서학, 즉 천주교가 유입되었다. 천주교는 조상의 제사를 거부한다는 이유로 많은 박해를 받았음에도 불구하고 점차 교세를 확장하였다. 천주교와 서양 문물에 반대한다는 의미를 지닌 동학은 최재우에 의해 창시되었다. 동학은 '사람이 곧 하늘이다'라는 인내천(人乃天) 정신을 강조하였는데, 이와 같은 평등 의식은 많은 농민들로부터 공감과 지지를 받았다.

[한국 근세사 관련 참고문헌]

권내현 외, 『미래를 여는 한국의 역사3: 조선시대』, 웅진지식하우스, 2011.
김돈, 『뿌리 깊은 한국사, 샘이 깊은 이야기4: 조선전기』, 가람기획, 2015.
박평식 외, 『뿌리 깊은 한국사, 샘이 깊은 이야기5: 조선후기』, 가람기획, 2015.
국사편찬위원회, 『신편 한국사』 22~36권, 국사편찬위원회, 2002.
국사편찬위원회, 한국사 데이터베이스, 『신편 한국사』 pdf 파일 제공 사이트(https://db.history.go.kr/diachronic/level.do?itemId=nh).

2. 학계의 연구 동향

1) 해방 이후~1980년대: 식민사학의 안티테제로서 조선시대사 통설

현재 조선시대사를 설명하는 통설들은 일제의 식민사학에 대한 안티테제로 성립하였다. 따라서 조선시대사에 대한 연구의 현 상황을 정리하기에 앞서 식민사학의 주요 내용부터 알아볼 필요가 있다.[1] 식민사학은 아래와 같이 크게 세 개의 범주로 분류할 수 있다. 첫째, 정체성론으로, 한국의 역사와 문화에서 변화와 발전의 모습은 전혀 찾아볼 수 없다는 입장이다. 후쿠다 도쿠조라는 경제학자의 주장이 대표적인데, 그에 따르면 당시 한국의 경제사회적 상황은 일본 고대의 그것과 유사한 정도에 머물러 있는 상태였다. 둘째, 타율성론, 사대주의론, 반도적 성격론, 만선사관 등 다양한 방식으로 유형화되어 있지만, 공통적으로 한국 문명의 독자성과 자주성을 부정하는 입장이다. 보다 정확히는 한국의 역사와 문화는 오로지 중국의 그것을 수입하여 맹목적으로 유지한 것에 불과하다고 폄하하는 내용이었다. 셋째, 당파성론으로, 한국인들은 고질적인 분열과 분쟁의 민족성을 지녔다는 입장이다. 이에 따르면, 조선의 정쟁은 공적인 정책의 차이 때문이 아니라, 사사로운 감정의 충돌 때문에 발생한 것에 불과하였다.

해방 이후 한국학계의 지상 과제는 이러한 식민사학을 극복하는 것이었는데, 그 중심에 조선시대에 대한 새로운 역사 인식과 서술이 있었다. 식민지로 전락하기 바로 앞선 왕조의 역사이자 직접적으로 연결되어 있는 조선시대에 가장 먼저 시선이 향하였던 것이다. 그 내용은 한마디로 조선의 역사에서 변화와 발전을, 그리고 조선의 문화와 문명에서 자주성과 독자성을 강조하는 것이었다.

가장 먼저 등장한 것은 1950년대 초반에 나온 실학론이었다. 천관우는 '실학의 비조' 반계 유형원에 대한 연구를 통해, 유형원에서 시작하여 정약용으로 끝나는 실학의 계보를 완성하였다.[2] 그가 정의한 실학은 주류인 성리학과 달리, '근대 지향적'이며 '민족 지향적'인 성격을 가진 사상과 학문을 의미하였다. 천관우는 실학의 존재를 통해 조선의 역사에서 변화의 움직임 그리고 자주성을 가진 사유가 생겨났음을 증명하여, 식민사학의 정체성론과 타율성론을 반박하고자 하였다. 실학론은 당시 우리 사회에 큰 충격을 주었는데, 이에 자극 받아 1960년대 소위 자본주의 맹아론이 등장하였다. 김용섭의 연구가 그 선구였다. 그는 조선 후기에 생산력의 발달로 인해 상품 화폐 경제가 발달하였고, 부농층의 성장과 하층민의 신분 상승과 같은 활발한 신분 이동이 있었다고 설명하였다.[3] 실학론이 사상과 학문의 분야에서 조선 후기의 변화와 발전을 설명하려 했다면, 자본주의맹아론은 주로 사회경제적 측면에서 초점을 맞추어 그것을 보여주려 한 것이었다.

조선의 역사에서 변화와 발전을 발견하려는 시도는 단지 조선 후기에 대한 새로운 해석으로 그치지 않았다. 이후 그 시기가 임진왜란 이전으로 확장되었다. 먼저, 1970년대 조선 건국에 대한 새로운 해석이 등장하였다. 식민사학은 물론 1960년대까지의 우리 학계에서도 조선 건국은 그저 왕씨에서 이씨로의 왕실 교체일 뿐으로, 거기서 발전적 면모는 찾을 수는 없다고 보았다. 그리하여 고려와 조선은 본질적으로 같은 성격을 지닌 '중세' 사회로 평가되었다. 그런데 이제 조선 왕조의 성립을 혁명적 변화로 설명하는 움직임이 나타난 것이다. 이러한 움직임에 따르면, 조선 건국은 권문세력의 부정부패로 인한 고려 말의 모순을 개혁하려는 신진사대부들의 노력의 결과였다. 그리고 그 노력은 성공하여 고려와 본질적으로 다른 사회를 건설할 수 있었다. 구체적으로는 지배 이념이 불교에서 유교로, 지배층이 귀족에서 양반 사대부로 바뀌었으며, 지방 분권적이었던 사회가 중앙 집권적인 사회로 바뀌었다. 그리고 이러한 변화는 발전으로 설명되어, 조선은 '중세' 고려에서 '근대'로 향하는 과정의 '근세' 사회로 규정되었다.[4]

1970년대에는 식민사학 극복을 목표로 한 또 다른 중요한 이론이 등장하였는데, 사림파론이 바로 그것이다.[5] 사림파론은 식민사학의 정체성론과 달리 16세기 조선에서는 농업기술의 발달과 함께 생산량의 증대가 이루어졌으며, 그 결과물을 둘러싸고 훈구파와 사림파가 갈등하였다는 내용을 기본 서사로 하고 있다. 이에 따르면, 훈구파는 세조의 계유정난 이래 여러 차례의 공신 책봉 과정을 통해 형성된 집단으로서, 조선의 부와 권력을 독차지하였다. 사림파는 그런 훈구파의 부정부패를 비판하며, 성종대부터 중앙에 진출하였다. 무오·갑자·기묘·을사사화 등 네 차례의 사화는 그 충돌 과정이었으며, 결국 선조 대 사림파가 집권에 성공하게 되었다. 이때 훈구파와 사림파는 여러모로 대조적인 존재로 설명되었다. 훈구파는 조선 건국 세력을, 사림파는 조선 건국을 반대하여 향촌에 은거한 집단을 계승하는 집단이었다. 훈구파는 중앙의 대지주였으며, 사림파는 지방의 중소지주 출신이었다. 훈구파가 중앙 정부의 통제를 추구했다면, 사림파는 사족에 의한 지방의 자치·자율을 추구하였다. 학문적으로도 훈구파는 사장(詞章)을 중시하였다면, 사림파는 경학(經學)을 중시하였다.

사림파론은 또한 임진왜란과 병자호란, 즉 양란을 기준으로 조선을 전기와 후기로 나누는 관행적 시대 구분에 대해서도 비판하였다. 사림파론은 임진왜란 이전에 이미 조선에서는 사림파의 등장으로 인한 중대한 변화가 있었다며, 16세기를 중기로 설정하여, 결국 초기/중기/후기라는 삼시기 구분설을 채택하였다. 이러한 사림파론은 조선 건국론과 마찬가지로 '모순의 축적과 그것의 개혁'이라는 틀로 조선의 역사에서 변화와 발전을 보여주려는 시도였다.[6)]

식민사학 극복의 마지막 과제로 남은 것은 당파성론이었다. 이를 논파하기 위해 가장 늦은 시점인 1980년대에 등장한 것이 붕당정치론이다.[7)] 붕당정치론은 다음의 두 가지 논점을 가지고 당파론성의 문제점을 비판하였다. 먼저, 조선의 사대부들이 처음부터 멸망할 때까지 시종일관 싸운 것은 아니었다. 인조대의 서인과 남인의 공조가 잘 보여주듯이, 협력과 공존의 시기도 있었다. 다음으로, 조선의 정치적 갈등을 무조건 부정적으로만 볼 필요가 없다. 여야가 경쟁하는 현대의 정당정치가 그러하듯이, 붕당 간의 갈등은 견제와 균형의 원리를 발휘하여 조선의 정치가 건강성을 확보하는 데 도움을 주었다. 붕당정치론은 조선의 정쟁에 대한 인식의 전환을 통해, 같은 현상을 전혀 다르게 설명한 것으로서, 학계의 많은 호응을 얻었다.

2) 1990년대~현재: 통설에 대한 문제제기와 새로운 조선시대사의 모색

앞서 보았듯이, 한국사학계는 해방 이후 식민사학의 극복을 위해 전력을 기울였고, 그 결과 이제 식민사학은 더 이상 논란의 대상이 되지 않는다. 그러나 시대 상황의 변화, 추구하는 가치의 변화와 함께 역사 인식도 바뀌면서 1990년대 이후 현재까지 통설에 대한 활발한 문제제기가 이루어지고 있다.

첫째, 조선 건국의 의미에 대해서이다. 현재의 통설이 조선의 건국에서 고려와의 단절을 지나치게 강조하고 있다는 문제의식에서 출발하여, 최근에는 고려와 조선 건국 초 사이의 연속성에 보다 주목하려는 입장이 조심스레 제기되고 있다. 이에 따르면 보다 중요한 변화의 기점은 조선 건국에 앞선 원 간섭기로서, 이 시기 한반도에서 일어난 여러 변화들이 조선 건국 이후에도 한동안 지속되었다.[8)]

둘째, 사림파론에 대해서이다. 사림파론에 대해서는 일찍부터 해외에서 먼저 비판이 제기되었다. 대표적으로 미국의 와그너는 훈구파와 사림파의 정체성을 사회경제적 차이로 설명할 수 없으며, 사회경제적 측면에서 양자 사이는 오히려 동질적이라고 보았다. 그리고 그는 성리학에 대한 신봉 정도의 차이로 이를 설명하고자 했다. 이후 한국학계에서도 사림파의 정체성에 대해 많은 문제 제기가 나왔다. 그 요지는 사림파가 지방의 중소지주라는 근거가 없으며, 사림파로 분류된 인물 중에는 서울의 훈구 가문 출신이 많다는 것이었다. 최근에는 훈구파라는 집단 자체가 존재하지 않았다는 견해도 등장하였다. 그 결과 현재 학계에서 사림파와 훈구파를 '중앙의 대지주 출신' vs '지방의 중소지주 출신'으로 설명하는 경우는 거의 없다. 다만, 아직 기존의 설명을 완전히 대체할 수 있는 새로운 대안이 마땅하지 않은 상황에서 훈구파와 사림파라는 구도 자체는 여전히 유지되고 있다.[9)]

셋째, 실학론에 대해서이다. 1990년대 들어 다양한 측면에서 실학론에 대한 비판이 제기되었다. 이러한 비판은 무엇보다 더 이상 서구 근대를 우리 역사의 당연한 발전 법칙으로 간주하지 않게 되면서 가능하였다. 그중 가장 중심적인 변화는 성리학과 실학을 대립적인 구도로 보지 않게 된 것이다. 즉, 기존에는 실학을 성리학으로부터의 탈피로 설명하고, 양자를 단절적으로 이해하였으나 최근에는 양자의 연결성을 보다 강조하고 있다. 또, 기존에는 실학의 주체로 중심 권력에서 밀려난 비주류로 설정하였으나, 북학파 인물 중에는 노론 핵심 가문 출신 인사들도 많았다는 반론이 제기되면서 이 역시 수정이 불가피해졌다.[10)]

넷째, 자본주의맹아론에 대해서이다. 자본주의맹아론 비판 역시 실학론에 대한 비판과 마찬가지로, 서구 근대를 당연한 발전 법칙으로 간주하지 않게 되면서 대두하였다. 인식론적 측면에서 볼 때, 자본주의맹아론은 근대주의에 빠져 조선후기 사회경제 상황에서 무리하게 근대를 부각시키려 했다는 비판이 제기되었다. 실증적 측면에서도 자본주의맹아론의 핵심 요소인 '경영형부농'의 존재에 대해 회의적인 연구들이 제출되었다. 그 결과 이제는 경영형부농론과 자본주의맹아론은 내려놓고 새로운 시각으로 조선 후기 사회경제 변동을 설명해야 한다는 주장이 설득력을 얻고 있다.[11)]

이상과 같이 조선시대를 변화와 발전의 역사로 서술했던 기존의 많은 통설들은 현재 전면적인 비판에 직면해 있다. 그리고 학계는 지금 새로운 틀과 이론을 간절히 고대하고 있다.

한편, 통설에 대한 비판의 움직임과는 별개로, 1990년대부터 조선시대를 이해하는 새로운 흐름들이 다양하게 등장하였다. 이는 크게 세 가지로 나눌 수 있는데, 국왕권의 강화에 대한 긍정적 평가, 유교적 전통의 의미와 역할에 대한 재평가, 생활사와 문화사 연구의 발전이 그것이다.

첫째, 국왕권의 강화에 대한 긍정적 평가를 보면 다음과 같다. 사실 1970~80년대 조선시대 정치사에서 주된 연구 대상은 사림이었다. 대통령의 권한이 막강했던 군사 정권하의 정치 상황은 조선에서 권력의 최정점에 있었던 국왕에 대한 관심을 어렵게 만들었기 때문이다. 그리고, 권위주의 정권에 대한 비판 의식과 민주화에 대한 열망은 하향식(top-down)의 정치 운영보다는 상향식(bottom-up) 정치 운영에 보다 높은 점수를 주었다. 그 결과 국왕이나 고위 관료보다는 양반 사대부에 대해 보다 긍정적인 시선을 보냈으며, 그에 대한 많은 연구가 이루어졌다. 사림파론을 이어받아 현대의 민주주의 정치를 모델로 한 사림정치론이나 공론정치론이 등장한 것도 바로 이러한 이유 때문이었다. 그런데 1990년대 우리 사회의 민주화가 진전되면서, 더 이상 최고 통치자의 권력 강화에 대한 부정적 시선에 구애받을 필요가 없어졌다. 1990년대 중반에 본격적으로 탕평정치론이 등장한 것은 결코 우연이 아니었다. 그에 따르면 영·정조와 같은 탕평 군주는 이전의 신료 또는 사대부 중심의 정치 문화가 낳은 폐단을 해결하기 위하여 강력한 왕권을 추구하였고, 결과적으로 정치적 안정에 성공하였다. 그리고 그러한 정치적 안정을 기반으로 조선의 문예도 다시 일으킬 수 있었다. 탕평군주에 대한 관심과 평가는 서구 역사에서 근대사회로 진입하기 전에 절대 왕정을 거쳤다는 사실을 염두에 둔 것이기도 하였다.[12)]

둘째, 유교적 전통의 의미와 역할에 대한 재평가를 보면 다음과 같다. 일제 강점기에 등장한 유교망국론은 국망의 원인을 반성적으로 회고하는 가운데 도출된 것이었다. 즉, 조선은 유교로 인해 문약(文弱)했고, 그 결과 일제에 의해 식민지로 전락할 수밖에 없었다는 설명이었다. 그리하여 조선의 지배 이념이었던 성리학에 대해서도 부정적 시선과 평가가 지배적이었다. 유교망국론은 해방 이후에도 한동안 사라지지 않았다. 오히려 1960년대 이후 본격적인 경제 개발을 추진하는 가운데, 전 사회적인 목표로 근대화가 설정되면서 이러한 경향은 더욱 굳어졌다. 이때의 근대는 곧 서구적 근대로, 유교와 같은 전통은 구시대의 철 지난 윤리와 가치로 치부되었다. 그런데 1980년대, 한국을 포함한 동아시아 몇 개 국가들의 급격한 경제 성장과 함께 국내외적으로 유교적 가치를 재평가하는 움직임이 등장하였다. 유교가 이들 나라의 경제적 성장의 큰 동력이었다는 해석이 나오기 시작한 것이다. 1995년 한국의 OECD 가입은 이러한 움직임을 가속화하였다. 이와 같은 분위기 속에서 1980년대에 그동안 도외시하였던 조선의 성리학과 의례에 대한 연구들이 나오기 시작하였다. 그리고 그 연장에서 1990년대에 조선 중화주의론과 진경시대론도 나오게 되었다. 18세기 조선의 사대부들은 명의 멸망 이후 중화문명은 오직 조선에만 있다는 생각을 가지게 되었고, 이는 자기문화에 대한 자부심으로 이어져 결국 조선 고유의 문화를 꽃피우게 되었다는 주장이다. 이들 연구는 모두 조선에서 성리학이 수행한 긍정적 역할을 부각한 것이었다.[13]

셋째, 생활사와 문화사 연구의 발전을 보면 다음과 같다. 전통시대, 그리고 해방 이후 1970년대까지 조선시대사 서술에서 주축은 정치사였다. 그중에서도 사건사, 정치 제도사가 주를 이루었다. 그리고 1980년대 유물론적 역사관이 각광을 받으면서부터는 사회경제사 연구가 활발하게 이루어졌다. 지배와 피지배 관계에 많은 관심을 가졌으며, 그 일환으로 민중사관이 대두하였다. 한마디로, 거대 담론과 거대 서사의 시대였다. 그런데 1990년대 포스트 모더니즘 역사학의 등장과 함께 일상과 문화에 대한 관심이 증가하였다. 이와 더불어 1990년대부터 고문서에 대한 연구가 활발하게 이루어지고, 개인 일기 등이 많이 발굴되면서 그러한 관심을 뒷받침하였다. 그 결과 조선시대사 서술에서 새롭게 등장한 주제들이 가족, 일상생활, 여성 등이었다.[14]

[한국 근세사 논쟁적 수업의 주제와 자료]

① 왜 새 나라의 이름을 조선이라고 했을까?

- 태조(이성계)는 고조선을 계승한다는 의미로 국호를 조선으로 정하고 한양을 수도로 삼았다.(『중학교 역사 2』, 리베르스쿨)
- 조선이라고 일컬은 이가 셋이 있었으니, 단군 · 기자 · 위만이 바로 그들이다. …… 오직 기자만이 주나라 무왕의 명령을 받아 조선후(朝鮮侯)에 봉해졌다. …… 기자는 무왕에게 홍범을 설명하고 홍범의 뜻을 부연하여 8조의 가르침을 지어서 국중에 실시하니, 정치와 교화가 성하게 행해지고 풍속이 지극히 아름다웠다. 그러므로 조선이란 이름이 천하 후세에 이처럼 알려지게 된 것이다. 지금 조선이라는 아름다운 국호를

그대로 사용하게 되었으니, 기자의 좋은 정치 또한 당연히 강구해야 할 것이다.(『조선경국전』, 「국호」)

② 훈민정음은 언제, 왜 만들었나?

- 이달에 임금이 친히 언문 28자를 지었는데, 그 글자가 옛 전자(篆字)를 모방하고, 초성·중성·종성으로 나누어 합한 연후에야 글자를 이루었다. 무릇 문자에 관한 것과 이어(俚語)에 관한 것을 모두 쓸 수 있고, 글자는 비록 간단하고 요약하지마는 전환하는 것이 무궁하니, 이것을 훈민정음이라고 일렀다.(『세종실록』, 세종 25년 12월 30일)
- 이달에 훈민정음이 이루어졌다. 어제(御製)에, "나랏말이 중국과 달라 문자와 서로 통하지 아니하므로, 우매한 백성들이 말하고 싶은 것이 있어도 마침내 제 뜻을 잘 표현하지 못하는 사람이 많다. 내 이를 딱하게 여기어 새로 28자를 만들었으니, 사람들로 하여금 쉬 익히어 날마다 쓰는 데 편하게 할 뿐이다. ……"라고 하였다.(『세종실록』, 세종 28년 9월 29일)

③ 훈구파와 사림파는 서로 다른 사회경제적 배경을 지닌 집단이었나?

- 훈구세력은 …… 높은 관직을 차지하고, 많은 토지와 노비를 소유한 집권 세력이었다. 이들은 또 실용적인 학문에 능하여 많은 관찬 사업에 참여한 관학자였다. 그리고 이들은 대개 기내(畿內)를 중심으로 한 지역에 거주하고 있었으므로, …… 사림이란 지방에 근거지를 가지고 있는 재야의 독서인 무리를 일컫는 말이다. 경제적으로는 중소지주에 속하며, 중앙의 정계에 진출하기보다는 향촌에서 유향소나 향청을 통하여 그들의 영향력을 행사해 오던 세력이었다.(이기백, 『(신수판)한국사신론』)
- 우리는 소위 기묘인들이 출신 지역이라는 관점에서 보나, 또는 사회적 배경이라는 차원에서 보더라도 그들이 당시의 중앙관계(官界)의 다른 집단들과 구별될 수 있는 그러한 사람들은 아니라는 결론에 도달하게 된다. 그렇다면 그들을 특징 지울 수 있는 성격은 무엇인가? …… 동시대의 다른 집단들과 구별할 수 있는 어떤 특징이 있다면 그것은 그들이 성리학의 신봉자였다는 사실과 특히 성리학적 정치원칙과 윤리규범에 대한 그들의 사명감이 아주 극단적이라고 할 만큼 철저하였다는 사실에 있다고 생각한다.(와그너, 「이조 사림문제에 관한 재검토」)

④ 임진왜란 당시 의병은 관군(官軍)과 대립적 관계였나?

- 여러 도에서 의병이 일어났다. …… 도내의 거족(巨族)과 명인(名人)이 유생 등과 함께 조정의 명을 받들어 창의하여 일어나자 듣는 사람들이 격동하여 원근에서 응모하였다. 크게 성취하지는 못했으나 인심을 얻었으므로 국가의 명맥이 그들 덕분에 유지되었다. 호남의 고경명·김천일, 영남의 곽재우·정인홍, 호서의 조헌이 가장 먼저 의병을 일으켰다. 이에 관군과 의병이 서로 갈등을 일으켰고 수신(帥臣)들이 거개가 의병장과 화합하지 못하였는데…….(『선조수정실록』, 선조 25년 6월 1일)
- 전 남원 참봉 변사정이 남원부의 부로(父老) 박계성과 흩어진 군졸[散卒]을 모았는데, 가까운 고을의 관군이 와서 붙는 자가 매우 많아서 수십 일 안에 2천여 명을 얻고 '적개(敵愾)'라는 두 글자로 표를 하였다.(『난중잡록』)

⑤ 광해군의 '중립 외교'를 어떻게 평가할 것인가?

- 이런 때에 안으로 스스로를 강화하면서 밖으로 견제하는 계책을 써서 한결같이 고려에서 했던 것과 같이 한다면 거의 나라를 보전할 수 있을 것이다. 그런데 요즘 우리나라의 인심을 살펴보면 안으로 일을 힘쓰지 않고 밖으로 큰소리치는 것만 일삼고 있다. …… 부질없는 헛소리일 뿐이다. 강홍립 등의 편지를 받아 보는 것이 무엇이 구애가 되겠는가. 우리나라 사람들이 반드시 큰소리 때문에 나랏일을 망칠 것이다.(『광해군일기』, 13년 6월 6일)
- 우리나라가 중국 조정을 섬겨 온 것이 200여 년이라, 의리로는 곧 군신이며 은혜로는 부자와 같다. 그리고 임진년에 재조(再造)해 준 그 은혜는 만세토록 잊을 수 없는 것이다. …… 광해는 배은망덕하여 천명을 두려워하지 않고 속으로 다른 뜻을 품고 오랑캐에게 성의를 베풀었으며, 기미년(1619, 광해군 11) 오랑캐를 정벌할 때는 은밀히 장수를 시켜 동태를 보아 행동하게 하여 끝내 전군이 오랑캐에게 투항함으로써 추한 소문이 사해에 펼쳐지게 하였다.(『인조실록』, 1년 3월 14일)

⑥ 효종대 북벌론은 허구였나?

- 저 오랑캐가 틀림없이 멸망할 형세이다. …… 여러 신하들이 모두 나에게 군사를 육성하지 말라고 하지만 내가 듣지 않았다. 그 이유는 천시(天時)와 인사(人事)가 어느 날 이처럼 좋은 기회가 다시 올지 모르기 때문이었다. 날쌘 포수 10만을 양성하여 아들처럼 사랑하고 돌보아서 모두 죽기를 두려워하지 않는 병졸이 된 연후에, 그들에게 틈이 있기를 기다렸다가 그들이 예기하지 못할 때에 바로 관외(關外)로 나아가면, 중국의 의사와 호걸로 어찌 호응하는 자가 없겠는가.(『현종개수실록』, 현종즉위년 9월 5일)
- 오늘날에 시세를 헤아리지 않고 경솔히 오랑캐와의 관계를 끊다가 원수는 갚지 못하고 패배에 먼저 이르게 된다면, 또한 선왕께서 수치를 참고 몸을 굽혀 종사를 연장시킨 본의가 아닙니다. …… 원통을 참고 견디며 말을 공손하게 하는 가운데 분노를 더욱 새기고, 금화를 바치며 와신상담을 더욱 절실히 하여 계책의 비밀은 귀신도 엿보지 못하게 하소서. …… 5~7년 또는 10~20년까지도 마음을 늦추지 말고 우리 힘의 강약을 보며 저들 형세의 성쇠를 관찰하소서.(『송자대전』「기축봉사」)

⑦ 소현세자가 살았다면 조선이 달라졌을까?

- 세자는 조선에 돌아온 지 두 달 만에, 병의 증세가 있고 3일 만에, 34세의 장년으로 갑자기 사망하였던 것이다. 시체는 전신이 모두 검은 색으로 변해 있었으며 일곱 구멍에서 피가 나와 독살된 혐의가 짙은데 그 후의 인조의 태도는 세자가 독살되었으며 그 장본은 인조라는 심증을 굳게하는 것이었다. …… 결국 소현세자와 강빈의 비극은 현실과 명분의 갈등의 소산이며 숭명반청(崇明反淸)을 기치로 하는 인조정권의 제물이며 호란과 더불어 반정의 결과였던 것이다.(김용덕, 『소현세자연구』)
- 소현세자는 자신의 역량을 펼칠 만한 외교적 재량권을 가지고 있지 않았으며, 청의 고위 관료들과 접촉할 수 있는 환경도 아니었다. 피로인을 속환하고 농장을 운영한 것은 전적으로 청 아문 내지 황제 홍타이지의 아이디어였으며, 그 소출로 사업을 확장시키기에는 상황이 여의치 않았다. 또한 소현세자가 극적인 인식의 전환을 이루어

냈다는 증거 역시 어디에서도 찾아볼 수 없었다. …… 소현세자와 아담 샬의 만남 역시 아담 샬에 의해 과장되었을 가능성이 다분하다. 마지막으로 소현세자의 죽음 역시 독살로 보기에는 무리가 있다.(이명제, 「소현세자 서사의 탄생과 역사 속의 소현세자」)

⑧ 조선 후기에 진경 산수화가 등장한 배경은?

- '조선중화주의'는 조선 사회 전반에 팽배해 가기 시작했다. 이러한 시대적 배경 아래 조선 고유문화는 찬란하게 꽃피기 시작하였다. …… 중국의 주자성리학이 조선성리학으로 토착화 · 고유화되면서 문학에서도 자기 문화에 대한 자부심을 드러내는 조선풍이 형성되어 갔다. …… 그림에서는 겸재 정선이 중국 남북방화법의 이상적 조화를 이루면서 우리 산천을 표현하기에 알맞은 뛰어난 조선 고유화법인 진경산수화풍을 창안해 내었다.(최완수 외, 『진경시대』)
- 정선 진경산수화의 연원을 조선성리학과 조선소중화주의의 산물로 보기보다는 정선 자신의 독자적 업적으로 보아야 하며 실경산수화의 전통계승, 남종화풍의 수용, 여행붐, 지도제작의 활성화, 자아의식의 팽배, 중국으로부터의 실경산수화와 판화 및 각종 화보들의 전래도 다소간을 막론하고 일정 부분 영향을 미쳤을 것으로 보았다.(안휘준, 「겸재 정선과 그의 진경산수화, 어떻게 볼 것인가」)

⑨ 탕평정치와 세도정치, 연속인가, 단절인가?

- 정조에게서 절정을 이룬 조선의 유학적 계몽절대주의, 즉 성군(聖君) 절대주의는 정조의 죽음과 함께 함몰한다. 그것은 그 자체의 한계라기보다 정치적 적대 세력의 작위적인 파괴에 의해 무너진다. 그리고 그 뒤에 나타나는 세도정치는 정치 형태상으로나 행위 상으로 '반동'의 모습을 역력히 보인다.(이태진, 「정조—유학적 계몽 절대군주」)
- 세도정치는 정조의 제반 개혁을 무산시킨 대표적 사례로 인식된다. 그러나 세도정치의 최대 설계자는 정조였다. …… 집권 중반을 넘기면서 그는 올바른 척신의 육성을 암시했고, 서울 명문가였던 안동 김씨 가문 김조순의 딸의 재간택까지 끝내고 승하했다. 훗날 김조순은 타계 직전의 정조로부터 세자의 보좌와 세도(世道) 책임을 부탁받았노라고 증언했다.(이경구, 「새롭게 보는 정조와 19세기」)

⑩ 조선 후기 양반의 급증은 사실일까?

- 양 난 이후 양반 중심의 신분 질서에 큰 변화가 일어났다. 전란 중에 노비 문서가 많이 불타 없어졌고, 하층민이 전공을 세워 신분을 상승시킨 경우도 있었다. 상품 화폐 경제가 발달하는 가운데 재산을 모은 상민층이 공명첩을 사서 양반이 되거나, 몰락한 양반의 족보를 매입 · 위조하여 양반으로 행세하기도 하였다. 이로 인해 양반의 수가 크게 늘어났다. …… 신분제가 동요하면서 18~19세기에는 양반 인구가 급증하고 상민과 노비 인구는 감소하였다. 그 결과 양반 중심의 신분 질서는 서서히 붕괴되었다.(『고등학교 한국사』, 미래엔)
- 신분 변동론, 나아가 해체론의 주요 논거는 양반 인구의 급증에 있다. 양반의 증가로 양반 중심 신분사회가 변동했다는 이 논리에서 양반 인구의 실제 비율은 검증되지 않았다. 19세기 호적에 나타나는 유학(幼學)호의 통계적 급증 양상만 제시되었을 뿐이

다. 이는 모든 유학이 양반인가라는 기존의 비판과 더불어 누락호를 포함한 실제 호구 수를 어떻게 추정할 수 있을 것인가라는 또 다른 문제에 답해야만 유효한 논리가 될 수 있다. …… 19세기 중엽에도 실제 양반의 수는 10% 내외에 불과하였던 것이다.(권내현, 「조선 후기 신분 변동론 그 이후」)

3. 논쟁적 주제(심화)-실학

1) 한국사 교과서에 서술된 실학

중학교 『역사 2』 교과서에 실린 실학 관련 내용과 서술은 대항목 '조선 사회의 변동' 아래의 중항목 '학문과 예술의 새로운 경향'에서 다루고 있다. 그 내용을 보면, '개혁론'과 '국학', 크게 이 두 주제로 구성되어 있다. 먼저, 당대 조선의 모순들을 해결하기 위한 각종 개혁론은 다시 '농업 중심의 개혁론'과 '상공업 중심의 개혁론'으로 나눌 수 있다. 농업 중심의 개혁론은 농촌 문제에 관심을 가진 이들이 제시한 토지 개혁론이 핵심 내용이다. 상공업 중심의 개혁론은 수레와 선박 이용, 화폐 유통 등 청의 선진 문물을 배우자고 했던 북학파의 주장을 다룬다. 다음으로, 국학 관련 내용은 실학은 조선의 전통과 국토에 대한 관심으로 이어졌고, 그 결과 조선의 역사, 지리, 국어 등에 대한 연구가 활발해졌다는 것이다. 이들 개혁론과 국학은 모두 조선 후기에 나타난 '새로운 학문'으로 소개되었다.

고등학교 『한국사』 교과서에서는 『역사 2』 교과서보다는 실학을 소략하게 다루고 있다. '조선시대 세계관의 변화'라는 중항목 하에 실려 있는데, 그 방식은 교과서마다 다소 차이가 있다. 우선 많은 교과서들이 실학의 주요 범주 중에서도 북학론에 집중하였다. '북벌론과 북학론'이라는 제목하에 청에 대한 정벌을 주장한 북벌론과 청을 배우자는 북학론을 대조하여 설명하였다. 이는 '세계관의 변화'라는 항목 설정 때문으로 보인다. 토지 개혁론, 상공업 진흥론은 대부분 간략하게만 언급하였다. 또 하나 특징적인 점은 모든 『역사 2』 교과서가 국학 내용을 다루고 있음에 비해, 『한국사』 교과서 중에는 국학을 아예 다루지 않는 경우가 태반이라는 점이다.

정리하면, 『역사 2』와 『한국사』 교과서의 실학 서술은 대체로 1970년대에 정립된 실학론의 내용을 반영하고 있다. 먼저, 실학의 주요 범주 설정과 그에 대한 설명 내용이 그러하다. 다만, 최근에는 고증학풍은 언급하지 않는 경우가 대부분이다. 다음으로, 성리학과 실학을 대립적인 구도로 설정하고 있는 점에서 그렇다. 이러한 사실은 명시적으로 드러나 있지는 않지만, 실학의 새로움이 '현실 문제에 대한 관심'과 '중국 중심의 세계관으로부터의 탈피'에서 비롯한다고 설명하고 있다는 점에서 알 수 있다. 즉, 성리학이 '관념적', '중국 중심'이었다고 보고, 실학은 그 대척점에 있다고 보는 것이다.

2) 연구사 정리

일제 강점기인 1934년, 정인보, 문일평, 안재홍 등 일군의 한국인 학자들이 정약용 서거 100주년을 기념하기 위해 정약용의 문집인 『여유당전서』를 발간 사업을 추진하였다. 그리고 그와 함께 정약용에 대한 대중 강연을 활발하게 벌였다. 이러한 흐름은 조선의 역사와 문화를 알아야 한다는 조선학 운동으로 이어졌다.

1950년대 초 천관우는 조선학 운동을 계승하여, 우리 학계와 사회에 실학론을 본격적으로 제기하였다. 그는 유형원의 『반계수록』에 대한 연구를 통해, '실학의 비조' 유형원에서 시작하여 정약용으로 끝나는 실학의 계보를 완성하였다. 이때 천관우는 실학의 정신을 실정(實正), 실증(實證), 실용(實用) 등 세 가지로 규정하고, 실학의 역사적 의의를 '근대정신의 내재적 배반(胚盤)'이라 평가하였다. 그는 실학의 발생 배경으로 모두 네 가지를 제시하였는데, 첫째, 주자학에 대한 유학 내부의 비판, 둘째, 폐단을 개혁하기 위한 현실적 연구와 체계적인 사회정책, 셋째, 중국을 통한 서양 문물의 유입, 마지막으로 넷째, 청 문화의 유입과 그로 인한 영향이었다. 천관우의 연구를 통해 이제 실학은 17세기부터 19세기까지로 시기가 확장되고, 그 범위도 남인만이 아니라 소론, 북학파와 같은 노론 일부로까지 넓어졌다.[15)]

그런데 천관우의 연구에 대해 한우근이 '실학'이라는 용어를 문제 삼았다. 그에 따르면 천관우는 주자학과 대립적인 의미로 실학 개념을 설정하였지만, 막상 조선시대의 사료를 보면, 실학은 곧 주자학을 의미하였다는 것이다. 즉, 고려 말 성리학이 한반도에 들어온 이래, '공학(空學)'의 불교, '허학(虛學)'의 도교를 비판하며, 실학이라 불렸다는 것이다. 한우근이 천관우가 정립한 실학론의 내용 자체를 부정한 것은 아니었다. 다만, 실학이라는 용어 사용에 대한 주의를 환기하고, 엄밀한

사용을 주장하려는 것이었다. 한우근은 실학이 아니라 '경세치용학파'라고 부르자고 제안하였다.[16)]

천관우는 1970년대 들어 자신의 실학론을 재정리하는 작업을 하였는데, 그 과정에서 이전과는 다른 해석의 맥락을 첨가하고, 자신의 견해도 수정하였다. 즉, 이때 실학은 명시적으로 '민족'와 '근대'라는 두 개의 가치를 내세우고 강조하였다. 천관우의 이러한 실학 해석은 무엇보다 1960년대부터 우리 사회에서 본격적으로 전개·확산된 '자주적 근대화'론의 대두라는 시대 상황과 관련이 있었다.

> 이 근대지향의식과 민족의식의 일체적인 파악은 조선후기 실학사상에서 왕조말의 개화·자강사상으로, 나아가 일제강점기의 근대화를 전제로 한 민족주의로 이어졌고, 오늘날 자주적 근대화의 욕구도 기저에 있어서는 그 발전된 형태라고 할 수 있다. 물론 이 각 단계의 근대지향의식과 민족의식은 그 전개되는 양상이나 그 목표를 추구하는 방법을 서로 달리하는 것이지만, 오늘날의 자주적 근대화의 역사적 근거와 정신적 연원을 우리 역사상의 실학사상에서 찾으려는 의도에는 충분한 이유가 있다 할 것이다.[17)]

이우성은 1973년 간행된 『실학연구입문』에 실린 「실학연구 서설」이란 글을 통해, 그간의 실학 연구를 일단락 짓고, 현재까지 이어지고 있는 실학의 범주와 발전과정에 대한 통설을 정립하였다. 먼저, 그는 실학이란 용어와 개념을 둘러싸고 벌어졌던 그간의 논쟁을 정리하였다. 서양사의 르네상스라는 용어를 예로 들며, 르네상스라는 용어 자체는 '부활', '재활'의 의미하지만, 흔히 르네상스라고 하면 중세에서 근대로 넘어가는 시점의 운동을 의미하므로, 실학이라는 용어도 그대로 사용해도 된다고 주장하였다. 다음으로, 그는 실학의 발달 추이와 유형을 크게 세 가지로 정리하였다. 18세기 전반 이익으로 대표되는 경세치용파, 18세기 후반 박지원으로 대표되는 이용후생파, 19세기 전반 김정희로 대표되는 실사구시파가 그것이다. 그는 실학의 주체 문제에도 관심을 기울여, 실학자들이 권력체계에서 이탈 또는 소외된 사람들이라는 점, 그리고 서울 및 근기지방 출신이라는 점을 강조하였다.[18)]

1990년대 들어 실학 연구는 새로운 전환을 맞이하였다. 예학, 경학 등으로 연구주제가 확대되는 한편으로, 기존의 실학론을 비판하는 새로운 논의들이 다양하게 제출되었기 때문이다.[19] 그 배경에는 근대성에 대한 반성과 유교 전통에 대한 재인식, 이 두 가지가 있었다. 먼저, 근대성에 대한 반성은 실학이라는 담론 자체가 20세기에 구성된 것이라는 주장으로 이어졌다. 즉, 실학 담론은 서구의 근대를 염두에 두고, 우리 역사에서, 특히 조선 후기에서 그것을 무리하게 검출하려는 시도였다는 것이었다.[20] 다음으로, 유교 전통에 대한 재인식은 조선의 지배 이념인 성리학에 대한 무조건적인 부정과 편견에서 벗어날 때, 성리학과 실학의 관계도 새롭게 볼 수 있다는 입장이다. 이에 따르면 실학은 성리학과 반대되거나 대립한 학풍이 아니라, 성리학 일각의 특정 학풍을 지칭한 것으로서 조선 후기 성리학의 전개 과정과 긴밀하게 이어져 있었다.[21]

3) 실학을 어떻게 가르칠까

실학은 조선시대사의 그 어떤 주제보다도 그것을 불러낸 시대 상황과 매우 밀접하게 연결되어 있었다. 일제 강점기에는 실학을 통해 '민족'이라는 가치를 강조하고자 했고, 해방 후 근대화가 지상 과제이던 시절에는 '근대'를 읽어내려 하였다. 하지만 1990년대 이후 탈근대의 시대로 접어든 뒤에는 '민족'과 '근대'라는 시각으로 이를 해석하던 기존의 시도들이 힘을 잃었다. 그리고 21세기에 접어든 지금, 실학은 우리의 새로운 의미 부여를 기다리고 있다.

그렇다면 이제 학교 현장에서도 실학을 근대로 향해가는 과정에 있었던 사상적·학문적 모색으로 의미를 부여하거나, 성리학과 실학을 완전히 대립적인 관계로 설정하고 그 내용을 채우려 해서는 곤란하다. 다만, 조선 후기에 당대 조선의 문제들을 예리하게 포착하고, 이를 적극적으로 개선하려는 모색들이 있었음은 분명하게 얘기할 필요가 있다. 토지 집중이라는 문제를 해소하려던 이익의 구상, 상공업을 억제하고 청의 신문물을 배척하는 분위기에 대한 박제가의 비판, 사대부 본래의 정체성과 사회적 책임을 망각한 당대의 양반에 대한 유수원의 힐난 등이 그것이다. 이에 대해 근대와 민족이라는 가치의 필터를 거치지 않아도 그 개혁성을 충분히 평가할 수 있다. 동시에 지금 우리 사회의 모순은 무엇이며, 이를 해소하기 위해 필요한 덕목과 가치는 무엇인지, 그리고 이를 조선 후기의 개혁론을 해석하는 데 어떻게 활용할지도 함께 고민해 볼 과제이다.

4. 수업의 실제: 논쟁적 주제(심화)-실학 -사료를 활용한 토론식 수업-

1) 교육과정 분석 및 수업목표 설정

2022 개정교육과정의 한국사1 교과서 핵심 아이디어는 다음과 같다.

- 한국사는 국제 질서의 변동과 맞물려 변화하였다.
- 제국주의 열강의 침략에 대응하며 근대 국가로의 전환을 모색하였다.
- 역사 자료를 분석하고 해석할 때에는 역사적 맥락을 고려해야 한다.
- 역사 학습은 인간의 삶을 이해하고 나의 삶을 성찰하는 과정이다.

이번에 제시할 수업은 이 중 '역사 자료를 분석하고 해석할 때에는 역사적 맥락을 고려해야 한다.'는 아이디어에 주목하여 한국 근세사 주제에 대한 역사적 맥락을 고려한 분석 및 해석을 통한 심화 학습을 목표로 하였다. 수업을 재구성하면서 설정한 구체적인 성취기준은 다음과 같다.[22)]

[10한사1-02-04] 근대 이전의 사상과 문화를 국제 교류와 관련하여 탐구한다.
[10한사1-02-05] 근대 이전 한국사 주제를 설정하여 탐구하고, 그 결과를 다양한 방법으로 표현한다.

위 [10한사1-02-04]와 같이 조선 후기에 등장한 '실학'이라는 새로운 사상의 등장 배경과 특징에 대해 이해하고, [10한사1-02-05]와 같이 '실학을 어떻게 평가할 것인가'에 대한 논쟁적 주제를 설정하여 탐구하고 수업계획을 수립하였다.

이러한 교육과정의 성취기준을 바탕으로 교사는 최종적으로 고등학생을 대상으로 한 1차시(50분) 수업목표를 다음과 같이 설정하였다.

- 조선 후기에 등장한 실학의 특징에 대해 말할 수 있다.
- 실학에 대한 다양한 평가에 대하여 탐구하고, 이를 바탕으로 자신의 의견을 제시할 수 있다.

2) 내용선정

교사가 내용을 실학으로 선정한 이유는 교육과정상에서 조선 후기 실학이 비중 있게 다뤄지고 있으면서도, 이후 실학에 대한 평가는 사료를 통한 논쟁적인 수업으로 진행하기에도 용이하다는 판단에서이다.

> 17세기 이후 일부 지식인이 성리학을 비판하며 현실 사회의 문제를 해결하기 위해 새로운 학문을 추구하였다. 조선 후기 경제적 · 사회적 변화와 서학의 전래는 새로운 학문의 경향을 가속화하였는데 그 결과 실학이 등장하였다. 실학은 실증적인 연구방법을 통해 사회모순을 해결하고자 한 학문이다.
>
> 출처: (주)리베르스쿨 고등학교 한국사1 p. 86

위 교과서 일부 내용과 같이 교과서에는 실학의 등장 배경에 대해 서술하고, 이후 실학자들의 구체적인 활동 및 저서 위주로 서술되어 있는데, 실학에 대한 평가는 거의 없는 편이다. 교사는 실학의 평가에 대한 최신 연구 동향 등에 주목하여 이를 논쟁적 주제 수업으로 진행하기로 결정하였다.

3) 학습자 진단

본 수업은 논쟁적 주제인 '실학을 어떻게 평가할 것인가'를 내용으로 다루며 이 주제에 대한 기초 선행학습이 충실한 고등학생을 대상으로 한다. 이미 이전 차시에 이 주제와 관련한 기본적인 내용지식을 배운 적이 있다. 또한 멀티미디어 자료를 모두 활용할 줄 알며 강의식 수업보다는 토론식 수업을 흥미롭게 생각하는 학생들이 많다. 즉, 학업에 대한 관심이 많은 편이며, 수업 참여도가 높은 학습자가 대다수인 학급에서 '심화' 단계의 수업을 진행한다는 전제하에 교사가 수업 구상을 하게 된다.

4) 교재연구

실학에 대한 역사 지식 이해를 위해 개념 중심으로 구성된 교과서를 주 교재로 활용한다. 학습 개념을 정리하며 토지개혁, 상공업 진흥, 자주성을 키워드로 이야기를 풀어내어 학습 목표를 성취할 수 있도록 교재를 활용한다.

학습지의 개념 정리는 교과서의 내용 요약에 충실하되, 교과서에 간략하게 나와 있는 실학자의 주장과 관련한 사료를 제시함으로써, 학생들의 이해를 돕는다. 또한 학습지에 교과서의 사료나 그림 자료를 참고하면 도움이 될 수 있는 부분에서는 교과서의 페이지를 제시하여 학습지와 교과서가 상보적 기능을 할 수 있도록 한다.

활동지의 사료는 실학의 평가에 대한 내용으로써 학생들에게 어려울 수 있는 내용이므로, 교사가 '민족'을 강조하는 일제 강점기와 '근대'를 강조하는 산업화 시대의 시대적 배경을 충분하게 설명한 후, 토론 수업을 진행한다.

실학의 평가에 대한 내용은 교사의 심도 깊은 이해를 요하므로 교재연구를 위해 '천관우, 「한국실학사상사」, 『한국문화사대계Ⅵ -종교・철학사』, 고려대 민족문화연구소, 1970', '김윤경, 「1930년대 조선학 운동가들의 '실'담론과 '실학'개념의 형성 Ⅱ」, 율곡학회논문집 『율곡학연구』 제51집' 등을 참고하여 실학에 대한 평가의 다양한 관점과 시대적 상황을 이해해야 한다.

5) 학습지도안 작성

학 습 지 도 안

학교/반	
교사	
일시	

차 례

Ⅰ. 교재 및 단원명

1. 교재

• 교과서: 고등학교 한국사 1
• 저자 및 출판사: 김보림 외, 리베르 출판사

2. 단원명

• 대단원: Ⅱ. 근대 이전 한국사의 탐구
• 중단원: 5. 근대 이전 한국사 주제 탐구

Ⅱ. 단원설정의 이유

1. 학습자 측면

이 단원은 근대 이전 한국사에 대한 이해를 바탕으로 쟁점적 주제를 선정하여 탐구하는 단원이다. 이 단원을 통해 학생들은 근대 이전 한국사 주제를 둘러싸고 제기되는 역사 문제 등에 대해 질문을 구성하고 탐구하여 이를 표현할 수 있는 능력을 기를 수 있다. 학생들은 같은 교과서 '대단원 Ⅱ. 근대 이전 한국사의 탐구, 중단원 4. 사상과 문화, 소단원 (3) 문화가 발달하고 새로운 사상이 수용되다.'에서 배운 실학에 대한 내용 지식을 토대로 이후 실학이 어떤 평가를 받아왔는지 비판적으로 사고하고, 오늘날 실학을 어떻게 평가하는 것이 바람직한지 깊이 고민해 보고 자신의 생각을 정리할 수 있는 기회를 얻는다.

2. 학문적 측면

조선 후기 성리학에 대한 비판, 경제적 · 사회적 변화와 서학의 전래 등이 새로운 학문의 경향을 가속화하여 등장한 실학은 실증적인 연구방법을 통해 사회모순을 해결하고자 한 학문으로, 역사적 의미가 크다고 할 수 있다. 이 단원은 학생들이 논쟁적으로 토론할 수 있는 실학에 대한 평가에 초점을 맞춰, 일제강점기와 현대 시기에 실학이 어떻게 평가되었는지 알아보고 올바른 실학의 평가 방향에 대해 고민하는 계기를 제공한다. 학생들은 이 단원을 통해 실학에 대한 후대의 다양한 평가에 대해 학습하며 역사적 사고력을 기를 수 있다.

3. 사회적 측면

일제 강점기에는 실학을 통해 '민족'이라는 가치를 강조하고자 했고, 해방 후 근대화가

지상 과제이던 시기에는 '근대'가 실학에서 읽어내고자 하는 가치였다. 그리고 1990년대 이후 탈근대의 시대로 접어든 뒤에는 '민족'과 '근대'라는 가치 또한 힘을 잃게 되었다. 학생들은 기존의 실학에 대한 평가를 비판적 사고를 가지고 학습함과 동시에 지금 우리 사회에 필요한 덕목과 가치는 무엇인지, 그리고 이를 조선 후기의 개혁론에 어떻게 활용하여 해석할 것인지 고민하는 계기를 마련할 것이다.

Ⅲ. 단원의 개관

본 단원은 근대 이전 한국사의 탐구라는 큰 제목 아래에서 논쟁적 주제에 대한 탐구학습의 과정에 대해 제시하고 있다. 이와 관련한 구체적인 토론 주제로 '실학을 어떻게 평가할 것인가'를 설정하여 학생들은 이전 차시에 배운 실학에 대한 내용지식을 토대로 이후 실학이 어떻게 평가되어 왔는지 흐름을 파악할 수 있으며, 앞으로 실학을 어떻게 평가해야 할지 논쟁적 주제 탐구 과정을 통해 역사적 사고력을 함양할 수 있다.

Ⅳ. 단원의 학습 목표

1. 지식 · 이해

① 실학의 등장 배경을 파악할 수 있다.
② 실학의 특징을 이해할 수 있다.
③ 실학에 대한 다양한 평가를 파악할 수 있다.

2. 기능

① 실학의 등장 배경을 조선 후기 사회 변화와 연관하여 발표할 수 있다.
② 실학자의 주요 주장을 파악하고 이를 정리할 수 있다.
③ 실학에 대한 다양한 평가들에 대해 토론하며 자신의 생각을 말할 수 있다.

3. 가치 · 태도

① 실학의 등장을 통해 조선 후기 사회 문제점을 파악할 수 있다.
② 실학자들의 개혁 사상을 파악함으로써 사회를 변화시키고자 하는 적극적인 태도를 배울 수 있다.
③ 실학에 대한 다양한 평가들에 대해 토론해 보고 어떠한 평가가 바람직한지 말할 수 있다.

Ⅴ. 단원의 구조

(※ 수업에 언급되는 내용을 **굵은 글씨**와 **밑줄**로 표시.)

대 단 원	중 단 원	소 단 원
Ⅱ. 근대 이전 한국사의 탐구	1장. 국제 관계와 대외 교류	주제1. 고대국가, 주변 국가와 활발히 교류하다.
		주제2. 고려, 다원적인 외교 정책을 펼치다.
		주제3. 조선, 사대교린 정책을 실시하다.
	2장. 수취 체제와 경제생활	주제1. 수취 체제를 갖추다.
		주제2. 수취 체제를 정비하고 전시과를 운영하다.
		주제3. 과전법을 시행하고 수취 체제를 개편하다.
	3장. 신분제와 사회 구조	주제1. 고대, 신분제 사회가 형성되다.
		주제2. 고려, 양인 내에 다양한 계층이 존재하다.
		주제3. 조선 후기, 신분 질서가 변화하다.
	4장. 사상과 문화	주제1. 불교가 수용되고 고대 문화가 발달하다.
		주제2. 불교와 유교가 공존하다.
		주제3. 문화가 발달하고 새로운 사상이 수용되다.
	5장. 근대 이전 한국사 주제 탐구	주제1. 사료를 통하여 역사를 탐구하다.
		주제2. 논쟁적으로 역사를 탐구하다.

Ⅵ. 지도상의 유의점

1. 준비

① 본시학습과의 연계를 위해 전시학습을 상기시킨다.
② 논쟁적 토론 수업의 과정에 대해 충분히 설명해 준다.
③ 교과서 외의 정리 자료와 보충 자료 등을 충분히 검토한다.

2. 내용

① 수업내용을 쉽게 이해할 수 있도록 구성한다.
② 학생들의 논쟁 주제를 통한 탐구과정이 바르게 진행되도록 조언한다.
③ 주도면밀한 계획을 세워 수업의 진행과 흐름이 끊기지 않도록 철저하게 준비한다.
④ 학생들은 자신들의 결과물을 가지고 다른 학생들 앞에서 발표하도록 한다.

3. 마무리

① 수업 활동이 끝난 후 학생들에게 반드시 피드백을 제공한다. 잘한 부분은 칭찬하고, 잘못된 내용이 들어간 부분 혹은 표현상에 문제가 있는 부분 등 수정사항에 대해 학생들에게 마무리 코멘트를 전달해 준다.
② 형성평가를 통해서 수업 내용을 다시 한번 확인한다.
③ 차시 예고를 통해 학생들이 다음 수업을 준비할 수 있도록 돕는다.

4. 논쟁적 주제 탐구란?

논쟁은 서로 다른 의견을 가진 사람들이 말이나 글을 통해 자신의 주장을 하며 다투는 것을 말한다. 역사를 연구할 때 기본적으로 하게 되는 사료 비판부터 논쟁이 이루어진다. 논쟁적 탐구 주제를 설정하고 역사 자료를 분석하고 해석하는 탐구 과정을 통해 학생들은 역사적 사고력을 함양할 수 있다.

Ⅶ. 교수-학습계획(2차시 블록타임제)

<table>
<tr><th colspan="2">중단원명</th><th>차시</th><th>수업내용</th><th>시간</th></tr>
<tr><td rowspan="9">II
단원</td><td rowspan="3">1장. 국제 관계와 대외 교류
2장. 수취 체제와 경제생활</td><td>1차시</td><td>• 고대 국가의 대외 교류
• 고려의 다원적 외교 정책</td><td>50분</td></tr>
<tr><td>2차시</td><td>• 조선의 사대교린 정책
• 고대 수취 체제의 정비</td><td>50분</td></tr>
<tr><td>3차시</td><td>• 고려의 전시과 제도
• 과전법 시행과 수취 체제 개편</td><td>50분</td></tr>
<tr><td rowspan="2">3장. 신분제와 사회 구조</td><td>4차시</td><td>• 고대 신분제 사회의 형성
• 고려의 신분제</td><td>50분</td></tr>
<tr><td>5차시</td><td>• 조선 후기 신분 질서의 변화</td><td>50분</td></tr>
<tr><td rowspan="2">4장. 사상과 문화</td><td>6차시</td><td>• 불교 수용과 고대 문화의 발달
• 불교와 유교</td><td>50분</td></tr>
<tr><td>7차시</td><td>• 조선 후기 문화 발달과 새로운 사상의 수용</td><td>50분</td></tr>
<tr><td>5장. 근대 이전 한국사 주제 탐구</td><td>8~9 차시</td><td>• 사료를 통한 역사 탐구
• 논쟁적 주제를 통한 역사 탐구</td><td>100분</td></tr>
<tr><td>대단원
마무리</td><td>II단원. 근대 이전 한국사의 탐구</td><td>10차시</td><td>• 개념 정리를 통한 고대, 고려, 조선의 국제관계의 특징 이해
• 고대, 고려, 조선의 경제·사회·문화의 흐름을 비교하며 이해
• 사진으로 각 시대 문화유산 정리하기</td><td>50분</td></tr>
</table>

Ⅷ. 본시 교수-학습 지도안(2차시 블록타임제)

<table>
<tr><td>단원</td><td>Ⅱ. 근대 이전 한국사의 탐구
5장. 근대 이전 한국사 주제 탐구</td><td>지도
대상</td><td>고등학교 1학년</td></tr>
<tr><td>국가
교육
과정
성취
기준</td><td colspan="3">[10한사1-02-04] 근대 이전의 사상과 문화를 국제 교류와 관련하여 탐구한다.
[10한사1-02-05] 근대 이전 한국사 주제를 설정하여 탐구하고, 그 결과를 다양한 방법으로 표현한다.</td></tr>
<tr><td rowspan="3">학습
목표</td><td colspan="3">1. 실학의 특징을 이해할 수 있다.</td></tr>
<tr><td colspan="3">2. 실학자의 주요 주장을 파악하고 이를 정리할 수 있다.</td></tr>
<tr><td colspan="3">3. 실학에 대한 다양한 평가들에 대해 토론해 보고 어떠한 평가가 바람직한지 말할 수 있다.</td></tr>
</table>

<table>
<tr><th>학습
단계</th><th>학습
요소</th><th>교수 · 학습활동</th><th>시간</th><th>자료 및
지도상 유의점</th></tr>
<tr><td rowspan="4">도입</td><td>인사</td><td>• 인사를 한다.
• 수업 분위기를 조성한다.
• (교사) “한국사 공부하기 좋은 날씨죠? 다들 이왕이면 즐겁게 역사 공부에 빠져봅시다.”</td><td rowspan="4">5</td><td rowspan="4">〈PPT〉
교사는 PPT를 활용해 수업을 진행한다.

학생이 정답을 말했을 경우 교사는 칭찬한다. 오답을 말한 학생도 표현력이나 적극성 등을 칭찬하며 학생에게 자신감을 심어준다.</td></tr>
<tr><td>전시
확인</td><td>• 전시 학습을 확인한다.
(교사) “저번 시간에 우리는 조선의 문화 발달과 새로운 사상에 대해 배웠었죠. 이 중 『삼강행실도』에 대해 말해볼까요?”
(학생) “조선 세종 때 왕명으로 충신 · 효자 · 열녀의 행실을 모아 편찬한 책입니다.”
(교사) “네, 맞습니다. 그렇다면, 화면의 문제를 통해 나머지 개념도 확인해 볼까요?</td></tr>
<tr><td>동기
유발</td><td>(교사)
• 수업에 들어가기에 앞서 학생들에게 질문한다.
“여러분, 지금 우리는 고대를 거쳐 고려에서 조선으로 이어지는 흐름을 알고 있습니다. 그런데, 조선은 고려를 계승한 나라일까요. 아니면 고려를 단절하고 새롭게 출현한 나라일까요?”
(학생)
• 교사의 질문에 대해 추론하여 대답한다.
• 모르는 학생도 자유로운 분위기에서 교사에게 질문하고 소통하며 관심을 가진다.</td></tr>
<tr><td>학습
목표</td><td>• 배울 내용을 소개한다.
“그렇습니다. 우리는 이번 시간에 제가 방금 했던 질문과 같은 논쟁적인 주제를 역사적으로 탐구해 볼 것입니다.”</td></tr>
<tr><td>전개</td><td>〈전개
1〉</td><td>• 실학의 특징에 대해 설명한다.
• 실학자의 주요 주장에 대해 학습지와 함께 설명한다.</td><td>30</td><td>〈학습지〉
교사는 수업</td></tr>
</table>

		• (교사) "학습지에 나와 있는 사료는 교과서에 설명만 간략히 나와 있는 실학자들의 주장이 담겨 있는 저서입니다. 이를 읽으면서 실학의 특징을 체감해 보세요." • 학생은 교사의 안내에 따라 적극적인 태도로 사료 학습에 참여한다. • 학생은 스스로 추가적으로 역사 자료를 탐구하고 자기 주도 학습을 통해 논제에 대한 자신의 생각을 정립한다.		중간마다 학생들에게 앞에서 배운 내용을 질문을 통해 상기 시키며 기본 내용지식을 숙지하도록 돕는다.
전개	〈전개 2〉	• (교사) "활동지에 제시된 자료1과 자료2는 실학을 각각 어떻게 평가하고 있는지 분석해 보세요." • 학생은 교사가 제공한 활동지의 자료를 분석한다. • 일제강점기 조선학 운동과 관련하여 실학을 통해 '민족'이라는 가치를 강조하고자 했다는 점을 설명한다. • 해방 이후 산업화, 근대화와 관련하여 실학을 통해 '근대'라는 가치를 강조하고자 했다는 점을 설명한다. • 실학에 대한 평가 중 '민족'과 '근대' 중 더 중요하다고 생각하는 가치를 선택하게 하고 모둠을 편성한다. • 모둠별로 토론 수업을 준비하고 진행한다. • 학생은 자신의 모둠에서 모둠원들과 함께 학습하고 의견을 조율하며 쟁점 토론을 준비한다. • 논쟁을 진행한다. - 양 모둠 입론을 진행 - 상호 간의 질문과 반박 • 상대 모둠의 주요 토론 의견을 작성한다. • 토론의 주요 논쟁점을 작성한다.	30	〈활동지〉 교사는 순회 지도를 통해 모둠원 모두가 의견을 공유할 수 있도록 지도한다.
	〈전개 3〉	• 1990년대 이후 탈근대의 시대로 접어든 뒤에는 '민족'과 '근대'라는 프리즘으로 이를 해석하던 시도들이 모두 힘을 잃었다고 설명한다. • 역사 해석의 다양성에 대해 강조하며, 조선 후기 당대 조선의 문제들을 예리하게 포착하고, 이를 적극적으로 개선하려는 움직임에 주목할 필요가 있다고 설명한다. • 학생은 토론의 내용과 교사의 설명을 토대로 자신의 생각을 정리한다.	10	〈PPT〉 교사는 학생들이 설명을 충분히 이해하고 있는지 간단한 질문을 통해 확인해 가며 수업을 진행한다.
정리	내용 정리	• 질의응답을 통해 학습 내용을 정리한다. • 학생들에게 수행평가지에 나와 있는 토론 입론서 양식에 대해 설명하고 수행평가의 구체적인 평가 기준에 대해	25	〈수행평가지〉 교사는 교실을 순회하며,

		안내한다.		글쓰기에 어려움을 겪는 학생들에게 조력자 역할을 수행한다. 〈PPT〉
		• 학생은 모르는 부분은 교사에게 질문해 가며 수행평가 방법을 숙지한다.		
		• 토론 입론서 작성하기 수행평가를 진행한다.		
		• 학생은 '실학을 어떻게 평가할 수 있는가'에 대한 토론 입론서를 작성해 본다.		
		• PPT를 통해 배운 내용을 개략적으로 설명하고 수업 내용과 수행평가에 대한 질문을 받는다.		
	형성 평가	"자 수업을 마무리하기 전에 얼마나 수업을 열심히 들었는지 PPT의 형성평가를 통해 확인해 볼까요?"		
	차시 예고	• 다음 시간에 배울 내용에 대해 간단하게 설명한다. "자, 다음 시간에는 근대국가의 수립이라는 새로운 대단원 아래에 동아시아의 개항에 대해 공부해 볼 예정입니다."		
	인사	• 인사하고 수업을 마무리한다.		

Ⅸ. 참고 자료 별첨

1. 학습지

학습지(심화)

반 번 이름:

Ⅱ.근대 이전 한국사의 탐구 – 5. 근대 이전의 한국사 주제 탐구
(2) 논쟁적으로 역사를 탐구하다.

〈생각해 봅시다〉

읽기 자료 1. 박지원, 『열하일기』 권12

이적이 중국을 혼란시켰다 하여 중화의 존경할 만한 알맹이까지도 배척하였다 함은 들어보지 못했다. 그러므로 오늘날 사람들이 진실로 양이하려면 중화의 유법을 모두 배워서 우리나라 풍속의 우둔함을 먼저 고치는 것만 같지 못하다. 경잠도야부터 통공혜상까지 어느 것이고 배워서 10가지를 하면 우리는 100가지를 하여, 먼저 우리 인민을 이롭게 하고 우리 인민들로 하여금 무기를 만들어서 넉넉히 저들의 견고한 갑옷과 날카로운 병기를 격파할 수 있게 한 다음에야 중국에는 볼 만한 것이 없다 하여도 좋을 것이다.

• 사료 정보: 조선 후기 실학자 박지원의 저서

- 위 사료에서 저자가 가지는 중국에 대한 관점에 대해 이야기해 보자
- 조선 후기 북벌 운동과 북학 운동에 대해 비교해 보자

오늘의 학습 안내

역사 지식 이해하기 1차시	→	논쟁적으로 역사 탐구하기 2차시	→	논쟁적으로 역사 탐구하기 2차시
실학의 특징 이해하기 실학에 대한 평가 관련 사료 이해		모둠별 토론 진행		토론 입론서 작성

역사 지식 이해하기

1) 실학의 등장 배경

(1) 17세기 이후 일부 지식인이 성리학을 비판하며 현실 사회의 문제를 해결하기 위해 새로운 학문을 추구

(2) 양란 이후 사회 · 경제적 변화

① 통치 체제 이완에 따라 전박적인 개혁 필요

② 전쟁으로 농촌 사회가 분해됨에 따라 농민 경제 안정 필요

③ 신분제의 동요

(3) 조선 후기 서학의 전래

2) 실학의 특징

(1) 토지제도 개혁 주장

① 유형원: 신분에 따라 차등적으로 토지를 나누어주자는 **균전론**을 제안

② 이익: 백성들이 기본적인 생활을 유지할 수 있도록 토지의 매매를 금지하는 **한전론**을 제안

③ 정약용: 마을 단위로 토지를 공동으로 소유한 후 경작해 노동량에 따라 분배하는 **여전론**을 제안

읽기 자료 2. 정약용, 『여유당전서』 전론3

이제 농사를 짓는 사람에게는 토지를 주고 농사짓지 않는 사람에게는 토지를 소유하지 못하게 하려면 여전제를 실시해야 한다. … 산곡과 천원의 지세를 기준으로 구역을 획정하여 경계를 삼고, 그 경계선 안에 포괄된 지역을 1여(閭)로 한다. … 1여에는 여장을 두며 무릇 1여의 토지는 1여의 인민이 공동으로 경작하도록 하고, 내 땅 네 땅의 구별을 없이 하며 여장의 명령에만 따른다. 여민들이 농경하는 경우, 여장은 매일 개개인의 노동량을 장부에 기록해 두었다가 가을이 되면 오곡의 수확물을 모두 여장의 집에 가져온 다음 분배한다. 이때 국가에 바치는 세를 먼저 제하고 다음에는 여장의 봉급을 제하며, 나머지를 가지고 일역부에 의거하여 노동량에 따라 여민에게 분배한다.

(2) 상공업 발달을 위해 청 문물 수용 주장

① 유수원: 직업의 평등을 주장

② 홍대용: 기술 혁신과 문벌제도 폐지를 주장. 지구 자전설 등을 주장해 당시 조선사회의 인식과는 다른 우주관을 제시

③ 박지원: 수레와 선박, 화폐 사용의 중요성을 강조

④ 박제가: 수레와 선박의 사용, 소비의 중요성을 주장(교과서 p. 86 사료)

읽기 자료 3. 유수원, 『우서』 권7

지금 양반이 명분상으로는 상공업에 종사하는 것을 부끄러워하지만 그들의 비루한 행동은 상공업자보다 심하다. 학문이 없어도 세력만 있으면 부정하게 과거에 합격하고, 그렇지 않으면 음직을 바라거나 공물의 방납과 고리대를 하거나 뇌물을 빼앗기 위한 소송이나 벌임으로써 생활을 영위하거나, 그렇지 않으면 억지로 수령 자리를 얻어 토색질을 하고 전지와 노비를 많이 가져 가계를 이룰 수 있으니 이것이 모두 비리가 아닐 수 없다. … 상공업은 말업이라 하지만 본래 부정하거나 비루한 일은 아니다. 상공업은 재간 없고 덕망 없음을 안 사람이 관직에 나가지 않고 스스로의 노력으로 물품 교역에 종사하며 남에게서 얻지 않고 자기 힘으로 먹고 사는 것인데 어찌 천하거나 더러운 일이겠는가?

(3) 중국 중심 세계관에서 벗어나 자주성을 강조

① 안정복: 『동사강목』에서 고조선에서 고려 말에 이르는 우리 역사를 체계적으로 정리

② 유득공: 『발해고』를 저술하여 발해사를 우리의 역사 체계 안으로 적극적으로 수용

③ 이중환: 지리서인 『택리지』 편찬

④ 김정호: 「대동여지도」 제작(교과서 p. 86 자료)

⑤ 신경준: 『훈민정음운해』 저술

읽기 자료 4. 유득공, 『발해고』 서문

고려(高麗)는 발해사(渤海史)를 편찬하지 못하였으니, 고려가 떨치지 못했다는 것을 알 수 있다. 옛날에 고씨(高氏)가 북쪽 지역을 차지하여 고구려(高句麗)라 하였고, 부여씨(夫餘氏)가 서남 지역을 차지하여 백제(百濟)라 하고, 박(朴) · 석(昔) · 김(金)씨가 동남 지역을 차지하여 신라(新羅)라 하였으니, 이것이 삼국(三國)이다. 마땅히 삼국사(三國史)가 있어야 했는데, 고려가 이를 편찬했으니 옳은 일이다. 부여씨가 망하고 고씨가 망함에 이르러 김씨가 그 남쪽을 차지하고, 대씨(大氏)가 그 북쪽을 차지하고 발해(渤海)라 했으니, 이를 남북국(南北國)이라 한다. 마땅히 남북국(南北國)의 역사책이 있어야 했는데, 고려가 이를 편찬하지 않은 것은 잘못된 일이다. 대저 대씨는 어떤 사람인가? 바로 고구려 사람이다. 그들이 차지했던 곳은 어디인가? 바로 고구려 땅이다. 그 동쪽을 개척하고 그 서쪽을 개척하고, 북쪽을 개척해서 나라를 넓혔을 뿐이다. 김씨가 망하고 대씨가 망하여 왕씨(王氏)가 이를 통합하니, 고려(高麗)라 하였다. 김씨가 차지했던 남쪽 땅은 온전하였으나 대씨가 차지했던 북쪽 땅은 온전하지 않으니, 혹 여진족이 들어가고, 혹 거란족이 들어갔다. ……

※ 더 공부하고 싶나요? 사료 학습에 흥미를 느낀다면? 따라해 봅시다!!

① 한국고전종합DB(https://db.itkc.or.kr/)에 접속한다.
② 메뉴 중 '고전번역서'를 클릭해 들어간다.
③ 왼쪽 서명별 검색 항목에서 '다'를 클릭한 뒤 동사강목을 찾는다.
④ 동사강목의 구성을 확인하며 사료를 읽어본다.

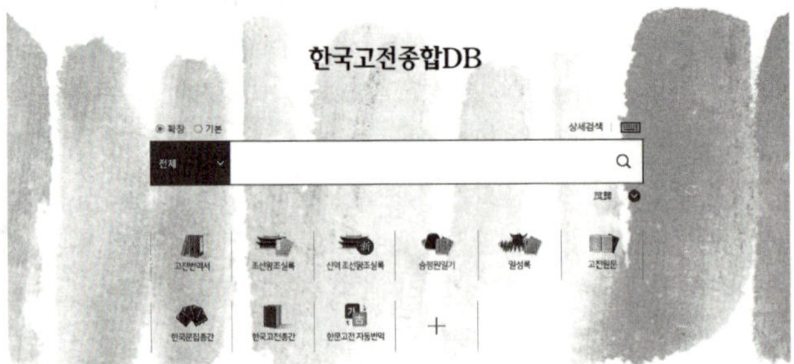

2. 활동지

활동지(심화)

반 번 이름:

역사 지식 이해하기 1차시	→	논쟁적으로 역사 탐구하기 2차시	→	논쟁적으로 역사 탐구하기 2차시
실학의 특징 이해하기 실학에 대한 평가 관련 사료 이해		모둠별 토론 진행		토론 입론서 작성

논쟁적으로 역사 탐구하기

1. "활동 자료1"를 읽고 물음에 답해보자.

활동 자료 1-1. 고등학교 한국사 교과서에 서술된 조선학 운동

한국사를 왜곡하는 일제의 식민 사관에 맞서 우리 역사를 지키기 위한 연구 활동도 활발히 이루어졌다. 우리 민족의 주체적인 역사 발전을 강조한 신채호와 박은식은 민족주의 사학을 체계화하였다. 이는 1930년대 이후 정인보와 안재홍, 문일평 등이 주도한 조선학 운동으로 이어졌다.

조선학 운동

우리 민족. 역사와 문화 속에서 민족의 고유한 특색을 찾아내 학문적으로 체계화하려고 한 운동을 말한다. 정인보, 안재홍 등은 정약용의 저서를 모아 「여유당전서」를 간행하면서 조선 후기 **실학**의 역사적 의미에 주목하였다.

-리베르스쿨 고등학교 한국사1 교과서, 『한국사2』, p. 61-

활동 자료 1-2. 일제강점기 안재홍이 평가한 실학

그 실학(實學)추구와 부국이기(富國利己)의 도를 다하려던 의도의 일반을 표출하였다. 이것이 선생의 자명(自鳴)한 말이지만, 그 학문인즉 당대 사류 필수과목인 철학 · 윤리 등, 즉 경학에서 단연 그 해박명철(該博明哲)의 단안(斷案)을 가진 것은 당연의 일이고, 그의 가장 광채 나고 가치 있어 조선학계의 지보(至寶)요 민족문화의 자랑인 것은 현대 논객들이 조선학이라고 하는 제학(諸學)이다.

-『민세 안재홍 전집 권6』, 「정다산 선생과 그 생애의 회고」, ≪신동아≫1934. 10.-

(물음) 위 자료들의 내용을 토대로 일제강점기에 실학을 어떻게 평가했는지 요약해 보자.

2. "활동 자료2"를 읽고 물음에 답해보자.

활동 자료 2. 해방 이후 변화한 실학에 대한 평가

정체와 유착 속에서 소극적인 사회를 유지해 온 조선의 세계사적인 근세의 맹아를 보게 되는 것은, 조선 말엽에 비롯하는 외래 자본주의의 유입으로 시작된다 함은 흔히 이르는 말이다. 그러나 조선의 근세를 형성하는 내재적 계기는, 실로 멀리 임진왜란에서 시작되는 사회 자체의 자기붕괴 및 그것을 반영하는 일련의 시대정신에서 엿볼 수 있는 것이니…… 이러한 사상 동향으로서의 '실학'은 곧 부패 경화해 가는 이조 봉건사회의 사상적 여천인 동시에, 그 속에 태동하는 신단계로의 사상적 지향인 것이다.

-천관우, 『근세 조선사 연구』, 1979-

(물음) 위 자료의 내용을 토대로 해방 이후 실학을 어떻게 평가했는지 요약해 보자.

3. "활동 자료3"을 통해 쟁점 토론을 진행하자.

활동 자료 3. 쟁점토론 개요서

<table>
<tr><th colspan="2">모둠 이름</th><td></td><th>모둠원</th><td></td></tr>
<tr><th colspan="2">논제</th><td colspan="3">실학을 어떻게 평가해야 할까?</td></tr>
<tr><th colspan="2">용어 정의</th><td colspan="3"></td></tr>
<tr><th colspan="2">쟁점</th><td colspan="3">1.
2.</td></tr>
<tr><th colspan="2">입장</th><th colspan="2">'민족' 중심 평가</th><th>'근대' 중심 평가</th></tr>
<tr><th rowspan="2">쟁점1</th><th>주장</th><td colspan="2"></td><td></td></tr>
<tr><th>근거</th><td colspan="2"></td><td></td></tr>
<tr><th rowspan="2">쟁점2</th><th>주장</th><td colspan="2"></td><td></td></tr>
<tr><th>근거</th><td colspan="2"></td><td></td></tr>
</table>

3. 수행평가지

수행평가(심화)

반 번 이름:

역사 지식 이해하기 1차시	→	논쟁적으로 역사 탐구하기 2차시	→	논쟁적으로 역사 탐구하기 2차시
실학의 특징 이해하기 실학에 대한 평가 관련 사료 이해		모둠별 토론 진행		토론 입론서 작성

논쟁적으로 역사 탐구하기 - 토론 입론서 작성

※ 입론서 작성 조건

- 앞서 진행한 쟁점 토론에서 학습한 내용을 토대로 최종적으로 자신의 입장 정리
- '민족' 중심과 '근대' 중심의 평가 중 한쪽 입장을 선택하되, 역사 해석의 다양성을 고려한 입론 작성
- 예상되는 상대측의 주장과 근거, 상대측의 주장과 근거에서 문제를 제기할 만한 부분은 수업 및 토론 내용에서 나온 내용에 충실하되, 부분적으로 추가 의견 작성

… 토론 입론서 …

논제	실학을 어떻게 평가할 것인가?
입장	
입론	
예상되는 상대측의 주장과 근거	
상대측의 주장과 근거에서 문제를 제기할 만한 부분	

논쟁적 역사 탐구를 통해 배운 점

토론 입론서 작성 수행평가 채점 기준	
평가 항목	배점
수업 시간에 배운 내용을 토대로 자신의 입장을 명확하게 정리하였는가	5점
예상되는 상대측의 주장과 근거를 적절하게 정리하였는가	5점
상대측의 주장과 근거에서 문제를 제기할 만한 부분을 적절하게 정리하였는가	5점
입론에 역사 해석의 다양성을 고려한 측면이 반영되어 있는가	5점

6) 수업

실학자들의 저서를 통해 실학의 특징과 주요 내용을 학습한다. 실학의 특징을 크게 토지개혁, 상공업 진흥, 자주성 등으로 나누어 설명한다. 수업의 전개 과정은 인과 관계를 바탕으로 스토리텔링으로 진행한다. 기본적인 내용지식 정리가 끝난 후 활동지의 사료 학습을 통해 실학에 대한 평가를 논쟁적 탐구주제로 학생들에게 설명한다. 이후 같은 입장을 정한 학생끼리 모둠을 구성하고 논쟁적 토론 수업을 진행한다. 모둠원과의 협력을 통해 자료와 논거를 보강하고 토론개요서를 작성한다. 이후 토론을 정리하며, 교사가 역사 해석의 다양성에 대해 강조하고 최근 실학을 평가할 때 중요한 내용들에 대해 정리한다. 학습 개념과 모둠 활동의 학습 이해도를 확인하기 위해 토론 입론서 작성 수행평가를 진행한다. 이를 통해 수업 내용을 활용한 논리적 입론서 작성 능력을 평가한다.

7) 수행평가 시행

수행평가를 통해 평가하고자 하는 요소는 "자신의 입장 정리", "상대측 주장 및 근거 정리", "반론 정리", "역사 해석의 다양성 고려"이다. 학생들의 수행평가 도구에 이를 조건으로 제시해야 한다.

수행 과제	논쟁적으로 역사 탐구하기 - 토론 입론서 작성
교육과정 성취기준	[10한사1-02-05] 근대 이전 한국사 주제를 설정하여 탐구하고, 그 결과를 다양한 방법으로 표현한다.

평가요소	수행 수준				배점	
	5점	4점	3점	2점		
1. 자신의 입장 정리	수업 시간에 배운 내용을 토대로 자신의 입장을 명확하게 정리함.	수업 시간에 배운 내용을 토대로 자신의 입장을 정리함.	수업 시간에 배운 내용을 토대로 자신의 입장을 소극적으로 정리함.	수업 시간에 배운 내용과는 관계 없이 자신의 입장을 정리함.	각 평가요소의 점수를 합산하여 부여함	20 19 18
2. 상대측 주장 및 근거 정리	예상되는 상대측의 주장과 근거를 적절하게 정리함.	예상되는 상대측의 주장과 근거를 정리함.	예상되는 상대측의 주장은 정리하였으나, 근거를 부족하게 정리함.	예상되는 상대측의 주장과 근거를 모두 부족하게 정리함.		17 16 15
3. 상대측 주장 및 근거에 대한 반론 정리	상대측의 주장과 근거에서 문제를 제기할 만한 부분을 적절하게 정리함.	상대측의 주장과 근거에서 문제를 제기할 만한 부분을 정리함.	상대측의 주장과 근거에서 문제를 제기할 만한 부분을 일부 정리함.	상대측의 주장과 근거에서 문제를 제기할 만한 부분을 거의 정리하지 못함.		14 13 12
4. 역사 해석의 다양성 고려	입론의 내용에 역사 해석의 다양성을 고려한 측면을 적절하게 반영함.	입론의 내용에 역사 해석의 다양성을 고려한 측면을 반영함.	입론의 내용에 역사 해석의 다양성을 고려한 측면을 일부 반영함.	입론의 내용에 역사 해석의 다양성을 고려한 측면을 거의 반영하지 못함.		11 10 9 8
※수행활동에 참여하였지만 수행과제를 미제출(백지활동 제출 포함)한 경우: 기본점수						7

8) 전체적인 교수 · 학습 과정에 대한 피드백 및 계획 수립

수업 전 학생들의 실학의 기본 내용에 대한 이해도 확인이 필요하다. 대부분의 학생들이 토론 입론서를 작성할 수 있는 정도의 글쓰기 기본 능력을 갖추고 있는지 사전 점검이 필요하다. 이를 통해 수업의 내용뿐만 아니라 수업의 형식에 대한 학생들의 이해도를 확인하고 이에 대한 보완이 필요하다. 대부분의 학생들이 글쓰기 능력이 부족하다고 판단될 경우, 국어과 교사와 연계하여 글쓰기 능력을 향상시킨 후 한국사 수업을 계획한다거나, 한국사 수업 내에서 개략적인 역사 글쓰기 방법에 관한 수업을 진행한 후 본격적인 수업을 진행하는 것도 대안이 될 수 있다. 수업 도입 단계에서 개념 학습 후 사료 학습을 통해 학생들의 실학에 대한 이해도를 확인한 후 부족한 부분에 대한 추가 설명 이후 모둠 활동을 시작한다. 모둠 자료 분석 과정에서 모둠원별 역할 분담의 적정성을 확인하고, 각 자료에 대한 이해도를 확인하기 위해 교사는 모둠 활동 내내 순회 활동을 한다. 또 모둠 활동에서 소외되는 학생이 없는지 확인한다. 토론 이후 교사는 실학에 대한 평가의 변화를 알기 위해 임의로 두 입장을 나누어 정리하였을 뿐, 어느 입장이 더 우세한 것은 아니며, 지금은 두 입장에서 탈피하여 다양한 역사적 해석이 이루어지고 있음을 강조하여 설명한다. 학습한 내용을 토대로 토론 입론서를 작성하여 자신의 학습 결과를 작성할 수 있도록 안내하고 시행한 후 수업 종료 후 루브릭을 기반으로 채점한다. 학생의 결과물은 개별적으로 루브릭과 학습 목표에 맞추어 학습 목표 성취를 위한 피드백을 수행한다.

5. 수준별 수업 주제(기초, 심화)-양반

1) 한국사 교과서에 서술된 양반

중학교 『역사 2』 교과서는 조선 후기 사회의 변동을 다루는 부분에서 양반을 다루고 있다. 즉, 18세기 이래 전개된 조선의 사회경제적 발전에 수반된 여러 변화들을 다루면서 신분제 문제를 함께 취급하고 있다. 가령, 한 교과서는 '이 시기 서얼과 중인이 신분 상승 운동을 벌였고, 그들 중 경제적으로 부유한 사람들이 다양한 방법을 통해 양반이 되려고 하는 경우가 많았다'고 서술하고 있다. 그리고 이를 '신분제의 동요'로 표현하였다. 또 다른 교과서는 내용이 조금 더 자세한데, '조선 후기의 정치적·경제적 변화에 따라 양반 중심의 신분제가 크게 흔들려, 상민과 비슷한 처지로 몰락하는 양반이 생기는 한편으로, 부유해진 상민은 공명첩을 사들이는 방법 등으로 양반으로 행세하였다'라고 서술하고 있다.

고등학교 『한국사』 교과서의 경우에는 『역사 2』 교과서와 달리, 조선의 신분제 일반을 먼저 서술한 다음 조선 후기의 신분제 변화를 다룬 것이 특징이다. 예를 들어, 한 교과서는 중단원 '신분제와 사회구조' 아래의 소단원 '양반 중심의 사회구조'에서 먼저 조선의 신분제에 대한 개괄적인 설명을 하고 있다. 즉, 법제적으로는 양천제를 규정하였으나 시간이 흐르면서 양인층 내에서 양반과 상민을 구분하는 반상제가 일반화되었다는 내용이 있으며, 양반·중인·상민·천민 순으로 각 신분에 대해 상세한 설명을 하고 있다. 다음으로 소단원인 '조선 후기의 신분제 동요'에서는 양난 이후의 정치적 경제적 변동을 배경으로, 정권에서 밀려난 다수의 양반은 몰락한 반면 중인층은 신분 상승 운동을 벌였다고 서술하고 있다.

정리하면, 교과서의 양반 서술은 조선 초의 신분제에 대한 대표적인 두 가지 설 가운데, 4신분제설이 아니라 양천제설을 택하고 있다. 또, 조선 후기의 경우 기존의 신분제 동요설을 충실히 따르고 있다. 다만, 예전에는 이를 '근대의 해체'라고 표현했다면, 지금은 '신분제 동요' 정도로 표현의 강도를 낮추었을 뿐이다.

2) 연구사 정리

조선의 지배층은 양반, 사대부, 양반사대부, 사족 등으로 다양하게 불린다. 이 가운데 양반이라는 말이 대중적으로 가장 널리 알려져 있다. 양반이란 용어는 고려 시대 이래 문관인 동반(東班)과 무관인 서반(西班)을 통칭하여 부른 것으로 현직 관료를 의미하였다. 그런데 고려 말~조선 초 관료 체제가 정비되어 감에 따라 관료의 가족이나 가문까지 포괄하는 의미로 범위가 확대되었다.

조선의 양반은 법제적으로 규정된 신분이 아니라 사회적·관습적으로 인정되었던 신분이라는 점에 대해서는 현재 대부분의 연구자들이 동의하는 바이다. 그러나 언제부터 지배 신분으로 확고하게 자리 잡았는가에 대해서는 아직 명확하게 합의되지 않은 상황이다. 이 문제를 둘러싸고 1980년대 활발하게 논쟁이 벌어진 적이 있으나 이후 더 이상 심도 있는 논의가 이루어지지 않고 있다. 조선 후기에 양반·중인·양인·천인의 구분이 명확하였다는 점에 대해서는 연구자들 사이에 아무런 이견이 없다. 그와 달리, 조선 초 양반의 상황에 대해서는 크게 두 가지 입장이 대립하고 있다. 4신분제설과 양천제설이 그것이다. 먼저, 4신분제설은 조선 초에 이미 양반·중인·양인·천인이라는 신분의 구분이 뚜렷하게 존재하였고, 각 신분 간의 이동은 거의 불가능하였다고 본다. 4신분제설은 1970년대까지 일반적인 관점이었으며, 1980년에 이성무에 의해 종합적으로 해명되고 정리된 바 있다.[23] 다음으로, 양천제설은 조선 초에는 법으로 규정된 양인(良人)과 천인(賤人)의 신분 구분만이 있었고, 양인 내에서는 본인의 능력에 따라 상하로의 이동이 가능한 개방적인 사회였다고 본다. 그리고 특권 신분으로서 양반은 16세기의 과도기를 거쳐 17세기에야 확립되었다고 주장한다. 양천제설은 1970년대에 한영우가 기존의 4신분제설을 비판하며 새롭게 제기한 것이다. 이 설은 발전사관에 입각하여, 조선 건국의 역사적 의미를 천민을 제외한 모든 양인 계층이 참여하는 민본적 유교 국가의 성립이라 평가하였다.[24]

조선시대의 양반과 관련한 또 다른 중요한 논쟁거리는 조선 후기의 신분제 동요설이다. 이 설은 조선 후기를 기존 체제의 해체기이자 근대사회로 이행하는 과정으로 보는 시각에 기초하여 신분제 문제를 해석하였다. 이에 따르면 조선 후기에는 전반적으로 신분의 상향 이동이 심화되었는데, 구체적으로는 양반 인구의 급증,

중인 인구의 점진적 증가, 상민 인구의 감소, 노비 인구의 급감 현상이 일어났다. 이 가운데 양반의 증가는 호적에서 호주의 직역(職役)을 유학(幼學)이라 기록한 호수의 증가를 통해 확인하였다. 그 결과 17세기 후반 이래 양반의 수가 증가하여 19세기에는 양반이 60~70%에 이르렀다고 파악하였다. 그리하여 조선 후기에 신분제는 사실상 해체되어 갔다고 설명한다.[25] 그런데 2000년대 이래 호적 연구가 진전되면서 많은 연구자들이 실증과 해석의 측면에서 이를 반박하였다. 먼저, 조선 후기의 호적에 유학(幼學)이라 표기한 집이 급증한 것이 곧 실제 양반의 증가를 의미하는 것은 아니라는 주장이 제기되었다. 또, 호적은 세금 수취를 위한 자료였지 거기에 누락된 집들이 많다는 비판이 있었다. 다시 말해, 호적만 가지고 전체 인구 중 양반 비율을 계산해서는 곤란하다는 지적이었다. 마지막으로, 양반은 법으로 규정된 신분이 아니라 사회의 관습적, 통념적으로 규정된 신분이어서, 조선 후기의 유학은 막상 지역 사회에서 양반으로 대우받지 못하였다는 것이다. 연구자들 중에는 조선 후기에도 실제 양반의 비율은 많아도 10%를 넘지 않았을 것으로 추정하기도 한다.[26] 그 결과 이제 연구자들 사이에서 조선 후기 양반의 급증설은 그 효력을 다했다고 해도 과언이 아니다.

3) 양반을 어떻게 가르칠까

조선의 지배층인 양반에 대한 이해는 조선시대 전반에 대한 이해에 필수적인 문제이다. 양반의 가치 체계와 규범, 사회경제적 상황, 재생산 시스템, 일상생활 등에 대한 탐구는 조선의 정치, 사회, 사상, 문화를 이해하는 핵심 창구이기 때문이다. 그렇다면 앞으로 양반을 어떻게 학생들에게 가르칠 것인가? 다음의 두 가지를 고민해 볼 필요가 있다.

첫째, 현재 한국사 교과서에서 다루고 있는 양반 관련 서술은 주로 사회경제사 방면의 내용으로 이루어져 있다. 이는 양반에 대한 연구가 조선의 신분제에 대한 관심에서 출발하여 과전(科田)과 군역(軍役) 등 양반의 사회경제적 특권을 해명하는 데 집중하였기 때문이다. 그런데 1990년대 이래 고문서, 개인 일기 등에 대한 연구의 발전과 함께 일상사, 문화사 분야의 연구가 활발하게 이루어지면서 양반의 구체적인 일상을 밝힌 연구들이 많이 나왔다. 앞으로 이러한 내용을 교육 현장에서도 활용하면 양반의 실상에 대한 보다 흥미로운 접근이 가능할 것이다. 둘째, 실증과 해석 모두의 측면에서 조선 후기 신분제 동요설에 대한 비판적 연구가 많이 축적되었으며 많은 호응을 받고 있다. 이제 이들 내용도 함께 학생들에게 교육할 필요가 있다.[27] 다만, 이때 신분제 동요설의 타당성 여부에만 초점을 맞출 게 아니라, '왜 1960·70년에 조선 후기 신분제 동요설이 등장했고, 학계와 사회의 큰 호응을 얻었는가'에 대해서도 추가 설명하는 노력이 필요하다. 즉, 이 설이 자본주의맹아론과 함께 해방 후 일제 식민사학의 극복을 위한 노력이었다는 연구사적 의의를 학생들에게 알려줄 필요가 있다.

6. 수준별 수업의 실제: 기초-양반
-생활사 자료(고문서, 일기, 편지)를 활용한 질문이 살아있는 수업-

1) 교육과정 분석 및 수업목표 설정

2022 개정 교육과정의 한국사1 교과서 핵심 아이디어는 다음과 같다.

- 한국사는 국제 질서의 변동과 맞물려 변화하였다.
- 제국주의 열강의 침략에 대응하며 근대 국가로의 전환을 모색하였다.
- 역사 자료를 분석하고 해석할 때에는 역사적 맥락을 고려해야 한다.
- 역사 학습은 인간의 삶을 이해하고 나의 삶을 성찰하는 과정이다.

이번에 제시할 수업은 이 중 '역사 학습은 인간의 삶을 이해하고 나의 삶을 성찰하는 과정이다.'는 아이디어에 주목하여 조선 시대 양반 계층에 대한 생활사적 이해를 목표로 하였다. 수업을 재구성하면서 설정한 구체적인 성취기준은 다음과 같다.[28]

[10한사1-02-03] 근대 이전 사회 구조를 신분제를 중심으로 분석한다.
[10한사1-02-05] 근대 이전 한국사 주제를 설정하여 탐구하고, 그 결과를 다양한 방법으로 표현한다.

위 [10한사1-02-03]과 같이 조선의 신분제를 교과서의 내용 중심으로 이해하고, [10한사1-02-05]와 같이 조선 시대 양반들의 생활사와 관련한 주제를 설정하여 탐구하고 이를 표현하는 데, 수업의 중점을 두었다.

이러한 교육과정의 성취기준을 바탕으로 교사는 최종적으로 고등학생을 대상으로 한 1차시(50분) 수업목표를 다음과 같이 설정하였다.

- 조선 시대 신분제의 특징에 대해 말할 수 있다.
- 조선 후기 신분 질서의 변화에 대해 설명할 수 있다.
- 양반의 생활에 대하여 탐구하고, 이를 바탕으로 양반에 대한 자신의 의견을 제시할 수 있다.

2) 내용선정

교사가 내용을 양반으로 선정한 이유는 교육과정 상에서 조선의 신분제가 비중 있게 다뤄지고 있으면서도, 신분 계층 중에서 양반에 대한 생활사적 자료가 많이 발굴되어 탐구 주제로 용이하다는 판단에서이다.

> 양반은 문무 관료를 의미하였는데 점차 전 · 현직 관료와 그 가문까지 포함하는 지배층을 의미하게 되었다. 이들은 유교 경전을 익히고 과거를 통해 관리가 되었고 군역을 면제받는 등 특권을 누렸다.[29)]

위 교과서 일부 내용과 같이 교과서에는 양반의 정의와 양반이 되는 과정, 특권 정도에 대한 설명이 간략하게 서술되어 있고, 이들의 생활에 대한 구체적인 설명은 거의 없는 편이다. 교사는 최근 많은 연구가 이루어지고 있는 양반에 대한 생활사 자료에 주목하여 학습 자료를 제작하고, 학생들에게 생소한 내용을 친숙하게 풀어 가기 위해 질문이 살아있는 역사 수업으로 진행하기로 결정하였다.

3) 학습자 진단

학습자는 고등학교 1학년 교실에서 한국사를 배우는 기초 수준의 학습자이다. 대체로 역사 과목에 대한 흥미는 있는 편이지만, 암기 등을 이유로 한국사 과목에 어려움을 느끼는 학생 또한 상당수 존재한다. 교사와 학생 간의 라포르 형성이 잘 되어 있는 편이며, 이로 인해 질문과 대답을 통해 수업을 진행하기에 적합한 편이다. 또 아예 한국사 과목에 흥미가 없고, 기초적인 내용지식도 부족한 학생이 소수 존재한다.

4) 교재연구

조선의 신분제에 대한 역사 지식 이해를 위해 개념 중심으로 구성된 교과서를 주 교재로 활용한다. 학습 개념을 정리하며 양천제, 반상제, 조선 후기 신분질서 변화 등을 키워드로 이야기를 풀어내어 학습 목표를 성취할 수 있도록 교재를 활용한다.

학습지의 개념 정리는 교과서의 내용 요약에 충실하되, 사료학습 관련에 제시된 사료는 교과서에 나와 있는 김득신의 그림을 활용하여 교과서 자료와의 연계를 도모한다. 또한 학습지에 교과서의 사료나 그림 자료를 참고하면 도움이 될 수 있는 부분에서는 교과서의 페이지를 제시하여 학습지와 교과서가 상보적 기능을 할 수 있도록 한다.

활동지의 사료는 양반에 대한 생활사 자료로써 학생들에게 생소할 수 있는 내용이므로, 교사가 생활사의 중요성에 대해 충분하게 설명한 후, 수업을 진행한다.

생활사에 대한 내용은 교사의 심도 깊은 이해를 요하므로 교재연구를 위해 참고자료로서 '노경자 외 1명, 「한글편지로 본 조선후기 양반사대부의 관직 생활과 가족」 『인문학연구』 47호, 2023', '한국역사연구회, 『조선후기사회를 어떻게 볼 것인가?: 조선후기 신분제・신분변동의 재검토』, 2003' 등을 생활사 자료와 조선 신분제에 대한 새로운 관점, 시대적 상황을 이해해야 한다.

5) 학습지도안 작성

<u>학 습 지 도 안</u>

학교/반	
교사	
일시	

차 례

Ⅰ. 교재 및 단원명

1. 교재

- 교과서: 고등학교 한국사 1
- 저자 및 출판사: 김보림 외, 리베르 출판사

2. 단원명

- 대단원: Ⅱ. 근대 이전 한국사의 탐구
- 중단원: 3. 신분제와 사회 구조

Ⅱ. 단원설정의 이유

1. 학습자 측면

이 단원은 근대 이전 한국사에 대한 이해를 바탕으로 신분제와 사회 구조에 대해 탐구하는 단원이다. 이 단원을 통해 학생들은 근대 이전 신분제의 특징 및 변화에 대한 질문을 구성하고 탐구하여 이를 표현할 수 있는 능력을 기를 수 있다. 학생들은 구체적으로 교과서 소단원 '(3) 조선 후기, 신분 질서가 변화하다.'에서 조선의 신분제의 특징과 변화 과정에 대하여 비판적으로 사고하고, 양반의 생활을 어떠했는지 깊이 탐구해 보고 자신의 생각을 정리할 수 있는 기회를 얻는다.

2. 학문적 측면

조선의 신분제는 조선 전기 법제적 양천제의 성립에서부터 반상제로의 변화, 조선 후기 신분제의 동요 등 사회사 주제 전체를 고려해 보아도 비중 있게 다뤄지는 주제이다. 이 단원은 학생들이 조선의 신분제에 대해 체계적으로 이해하는 계기를 제공하고 양반의 삶을 깊이 있게 알아볼 수 있는 기회를 부여한다. 학생들은 이 단원을 통해 조선의 신분제와 양반의 삶에 대해 학습하며 역사적 사고력을 기를 수 있다.

3. 사회적 측면

조선의 지배계층인 양반에 대한 분석은 조선 사회를 이해하는 데 매우 중요한 단서를 제공해 줄 수 있다. 양반의 가치 체계, 경제적 처지, 재생산 방식, 삶의 양태 등에 대한 탐구는 조선의 정치, 사회, 사상과 문화 전반을 이해하는 데 중요한 키워드인 것이다. 최근 고문서 연구의 발달과 함께 일상사, 문화사 연구가 진전되면서 양반의 구체적 일상을 밝힌 생활사 자료들이 등장하면서, 이를 활용한 수업이 진행된다면, 학생들이 조선 사회를 이해하는 데, 큰 도움을 받을 수 있을 것이다.

Ⅲ. 단원의 개관

본 단원은 근대 이전 한국사의 탐구라는 큰 제목 아래에서 조선의 신분제 및 조선 후기 신분 질서 변화에 대해 설명하고 있다. 이와 관련한 구체적인 탐구 주제로 '양반과 관련한 생활사 자료 탐구'를 설정하여 학생들은 이전에 가지고 있었던 양반의 이미지와 비교하여 구체적이고 새로운 양반에 대하여 학습할 수 있고, 생활사 연구의 중요성에 대해 인식하게 될 것이다. 또한 역사 연구의 진전과 관련하여 신분 질서의 변동 과정 또한 새롭게 평가될 수 있음을 인지하며 역사적 사고력을 기를 수 있다.

Ⅳ. 단원의 학습 목표

1. 지식 · 이해

① 조선 시대 신분제의 특징을 파악할 수 있다.
② 조선 후기 신분제의 변화 과정을 이해할 수 있다.
③ 자료를 통해 양반의 생활에 대해 구체적으로 알 수 있다.

2. 기능

① 조선 시대 신분제의 특징을 파악하고 이를 정리할 수 있다.
② 조선 후기 신분제의 변화 과정을 발표할 수 있다.
③ 양반의 생활 모습에 대해 탐구하며, 자신의 생각을 말할 수 있다.

3. 가치 · 태도

① 조선 시대 신분제를 통해 당시 사회 구조를 비판할 수 있다.
② 조선 후기 신분제의 변화 과정을 통해 당시 신분제도의 문제점을 파악할 수 있다.
③ 양반의 생활모습에 대한 탐구를 통해 양반이 가진 긍정적인 모습과 태도를 배울 수 있다.

Ⅴ. 단원의 구조

(※ 수업에 언급되는 내용을 **굵은 글씨**와 **밑줄**로 표시.)

대단원	중단원	소단원
Ⅱ. 근대 이전 한국사의 탐구	1장. 국제 관계와 대외 교류	주제1. 고대국가, 주변 국가와 활발히 교류하다.
		주제2. 고려, 다원적인 외교 정책을 펼치다.
		주제3. 조선, 사대교린 정책을 실시하다.
	2장. 수취 체제와 경제생활	주제1. 수취 체제를 갖추다.
		주제2. 수취 체제를 정비하고 전시과를 운영하다.
		주제3. 과전법을 시행하고 수취 체제를 개편하다.
	3장. 신분제와 사회 구조	주제1. 고대, 신분제 사회가 형성되다.
		주제2. 고려, 양인 내에 다양한 계층이 존재하다.
		주제3. 조선 후기, 신분 질서가 변화하다.
	4장. 사상과 문화	주제1. 불교가 수용되고 고대 문화가 발달하다.
		주제2. 불교와 유교가 공존하다.
		주제3. 문화가 발달하고 새로운 사상이 수용되다.
	5장. 근대 이전 한국사 주제 탐구	주제1. 사료를 통하여 역사를 탐구하다.
		주제2. 논쟁적으로 역사를 탐구하다.

Ⅵ. 지도상의 유의점

1. 준비

① 본시 학습과의 연계를 위해 전시학습을 상기시킨다.
② 질문이 살아 있는 역사 수업의 과정에 대해 충분히 설명해 준다.
③ 교과서 외의 정리 자료와 보충 자료 등을 충분히 검토한다.

2. 내용

① 수업내용을 쉽게 이해할 수 있도록 구성한다.
② 학생들의 성향, 수준에 적합한 질문을 철저하게 준비한다.
③ 주도면밀한 계획을 세워 수업의 진행과 흐름이 끊기지 않도록 한다.
④ 학생들은 흥미로운 생활사 자료를 접하며, 역사에 대한 흥미를 갖는다.

3. 마무리

① 수업 활동이 끝난 후 학생들에게 반드시 피드백을 제공한다. 잘한 부분은 칭찬하

고, 잘못된 내용이 들어간 부분 혹은 표현상에 문제가 있는 부분 등 수정사항에 대해 학생들에게 마무리 코멘트를 전달해 준다.

② 형성평가를 통해서 수업 내용을 다시 한번 확인한다.

③ 차시 예고를 통해 학생들이 다음 수업을 준비할 수 있도록 돕는다.

4. 질문이 살아있는 수업이란?

어떻게 하면 질문을 잘할 수 있을까를 고민하는 수업을 '질문이 살아있는 역사수업'이라 한다. 질문이 살아있는 역사수업에서는 당연히 질문이 핵심이고, 질문의 형태는 수업 전체를 설계하면서 주도면밀하게 설계해야 한다. 교사가 수업을 관통하는 질문과 함께 수업을 진행하면서 단계에 맞는 질문을 세부적으로 설계하는 것이 수업의 특징이라 할 수 있다.

Ⅶ. 교수-학습계획(2차시 블록타임제)

중단원명		차시	수업내용	시간
II 단원	1장. 국제 관계와 대외 교류 2장. 수취 체제와 경제생활	1차시	• 고대 국가의 대외 교류 • 고려의 다원적 외교 정책	50분
		2차시	• 조선의 사대교린 정책 • 고대 수취 체제의 정비	50분
		3차시	• 고려의 전시과 제도 • 과전법 시행과 수취 체제 개편	50분
	3장. 신분제와 사회 구조	4차시	• 고대 신분제 사회의 형성 • 고려의 신분제	50분
		5~6 차시	**• 조선 후기 신분 질서의 변화**	**100분**
	4장. 사상과 문화	7차시	• 불교 수용과 고대 문화의 발달 • 불교와 유교	50분
		8차시	• 조선 후기 문화 발달과 새로운 사상의 수용	50분
	5장. 근대 이전 한국사 주제 탐구	9차시	• 사료를 통한 역사 탐구 • 논쟁적 주제를 통한 역사 탐구	50분
대단원 마무리	II단원. 근대 이전 한국사의 탐구	10차시	• 개념 정리를 통한 고대, 고려, 조선의 국제관계의 특징 이해 • 고대, 고려, 조선의 경제 · 사회 · 문화의 흐름을 비교하며 이해 • 사진으로 각 시대 문화유산 정리하기	50분

Ⅷ. 본시 교수-학습 지도안(2차시 블록타임제)

<table>
<tr><td>단원</td><td colspan="2">Ⅱ. 근대 이전 한국사의 탐구
3장. 신분제와 사회 구조</td><td>지도 대상</td><td>고등학교 1학년</td></tr>
<tr><td>국가 교육 과정 성취 기준</td><td colspan="4">[10한사1-02-03] 근대 이전 사회 구조를 신분제를 중심으로 분석한다.
[10한사1-02-05] 근대 이전 한국사 주제를 설정하여 탐구하고, 그 결과를 다양한 방법으로 표현한다.</td></tr>
<tr><td rowspan="3">학습 목표</td><td colspan="4">1. 조선 시대 신분제의 특징에 대해 말할 수 있다.</td></tr>
<tr><td colspan="4">2. 조선 후기 신분 질서의 변화에 대해 설명할 수 있다.</td></tr>
<tr><td colspan="4">3. 양반의 생활에 대하여 탐구하고, 이를 바탕으로 양반에 대한 자신의 의견을 제시할 수 있다.</td></tr>
<tr><th>학습 단계</th><th>학습 요소</th><th>교수 · 학습활동</th><th>시간</th><th>자료 및 지도상 유의점</th></tr>
<tr><td rowspan="3">도입</td><td>인사</td><td>• 인사를 한다.
• 수업 분위기를 조성한다.
(교사) “다들 조선시대 신분제 공부할 생각에 설레죠? 열심히 해봅시다.”</td><td rowspan="3">5</td><td rowspan="3">교사는 학생들에게 학습지를 배부한 후, PPT를 활용해 수업을 진행한다.

학생이 정답을 말했을 경우 교사는 칭찬한다. 오답을 말한 학생도 표현력이나 적극성 등을 칭찬하며 학생에게 자신감을 심어준다.</td></tr>
<tr><td>전시 확인</td><td>• 전시 학습을 확인한다.
(교사) “저번 시간에 우리는 고려의 신분제에 대해 배웠었죠. 이 중 향 · 부곡 · 소에 살았던 사람들이 받았던 차별대우에 대해 말해볼까요?”
(학생) “다른 지역으로의 이주가 금지되었고 과거에 응시할 수 없었습니다.”
(교사) “네, 맞습니다. 또한 일반군현민보다 많은 세금을 부담하기도 했어요. 그렇다면, 화면의 문제를 통해 나머지 개념도 확인해 볼까요?”</td></tr>
<tr><td>동기 유발</td><td>(교사)
• 수업에 들어가기에 앞서 학생들에게 질문한다.
• 출발 질문: “여러분, 양반다리가 무엇인지 아는 사람 있나요? 한번 해볼 수 있을까요?”
• 양반다리에서 양반은 점잖고 예의 바른 사람을 뜻하는데, 원래 양반은 이를 뜻하는 용어가 아니라면서 양반의 원 뜻에 관심을 가지게 한다.
(학생)
• 교사의 질문에 대해 아는 학생이 대답한다.
• 모르는 학생도 자유로운 분위기에서 교사에게 질문하고 소통하며 관심을 가진다.</td></tr>
</table>

<table>
<tr><td rowspan="2"></td><td></td><td>• 교사의 질문에 대해 아는 학생이 직접 양반다리를 해 보인다.</td><td rowspan="2"></td><td rowspan="2"></td></tr>
<tr><td>학습 목표</td><td>• 배울 내용을 소개한다.
"그렇습니다. 우리는 이번 시간에 조선 시대의 신분제와 그 변화, 그리고 당시 양반의 모습에 대해 배울 예정입니다."</td></tr>
<tr><td rowspan="5">전개</td><td rowspan="5">〈전개 1〉</td><td>• 조선 신분제의 특징에 대해 설명한다.
• 양천제와 반상제를 비교하여 설명한다.</td><td rowspan="5">25</td><td rowspan="5">〈학습지 읽기자료1〉

교사는 학생들이 자유롭게 얘기할 때 적절한 피드백을 통해 학업 동기가 유발되도록 지도한다.</td></tr>
<tr><td>• 학생은 교사의 안내에 따라 조선 신분제에 대한 기본 내용을 학습한다.</td></tr>
<tr><td>• 그림 활용 수업에서 단계별 탐구 질문(학습지 읽기자료1)
- 표면적 읽기: 질문1
- 추론하기: 질문2
- 비판하기: 질문3</td></tr>
<tr><td>• 전개 질문: "이제 설명을 듣고 나니, 원래 양반의 뜻과 앞서 양반다리에 나오는 양반의 뜻의 차이를 알겠죠? 정리해서 말해볼 사람 있을까요?"</td></tr>
<tr><td>• 학생은 읽기자료1을 확인하고 스스로 질문에 대한 답을 생각해 보며, 수업에 적극적으로 참여한다.</td></tr>
<tr><td rowspan="7">전개</td><td rowspan="5">〈전개 2〉</td><td>• 그림 활용 수업에서 단계별 탐구 질문(학습지 읽기자료2)
- 표면적 읽기: 질문1
- 추론하기: 질문2
- 비판하기: 질문3</td><td rowspan="5">25</td><td rowspan="5">〈학습지 읽기자료2〉

〈학습지 읽기자료3〉

교사는 질문에 대한 학생들의 다양한 대답에 대해 적절한 피드백을 제공하여 학업 동기가 유발되도록 지도한다.</td></tr>
<tr><td>• 그림 활용 수업에서 단계별 탐구 질문(학습지 읽기자료3)
- 표면적 읽기: 질문1
- 추론하기: 질문2
- 비판하기: 질문3</td></tr>
<tr><td>• 학생은 읽기자료2를 확인하고 스스로 질문에 대한 답을 생각해 보며, 수업에 적극적으로 참여한다.</td></tr>
<tr><td>• 전개 질문: "학습지 읽기자료3의 장옷은 여성들이 착용했던 쓰개의 일종으로서 부녀자의 얼굴을 가리려 했던 풍속에서 유래된 의복입니다. 이러한 풍속이 생긴 이유를 여성의 사회적 지위와 관련하여 말해볼까요?"</td></tr>
<tr><td>• 학생은 읽기자료3을 확인하고 스스로 질문에 대한 답을 생각해 보며, 수업에 적극적으로 참여한다.</td></tr>
<tr><td rowspan="2">〈전개 3〉</td><td>• 전개 질문 "활동지 작성 전에, 여러분이 생각하는 조선시대 양반은 경제적으로 부유한 정도가 어떨 것 같나요?"</td><td rowspan="2">20</td><td rowspan="2">〈활동지〉
교사는 순회 지도를 통해 질문을</td></tr>
<tr><td>• 활동지를 작성하게 한 후 경제적인 상황을 비롯하여 양반의 다양한 생활모습을 설명한다.</td></tr>
</table>

		• 학생은 교사가 제공한 활동지의 자료를 분석한다.		할 때 친숙한 분위기에서 학생들이 대답할 수 있도록 분위기를 조성한다.
		• 전개 질문 “활동지의 활동자료1 「담와평생도」를 보고 그림 6개의 폭 별로 떠오르는 생각을 자유롭게 말해보세요.”		
		• 6명의 학생이 각각의 폭 그림에 대하여 어떤 장면인지 떠오르는 생각을 자유롭게 말한다.		
		• 학생은 활동지를 작성하며 양반의 생활모습과 관련한 자자신의 생각을 정리한다.		
		• 전개 질문 “평생도와 관련한 학습을 하고, 조선 시대 양반에 대한 이미지를 한 단어로 표현해 볼까요?		
		• 모든 학생이 질문에 대한 답변을 생각하되, 3~4명 정도의 학생이 충분히 생각한 이후에 양반에 대한 이미지를 한 단어로 표현하는 발표를 해 본다.		
정리	내용 정리	• 질의응답을 통해 학습 내용을 정리한다.	25	〈수행평가지〉 〈PPT〉
		• 학생들에게 수행평가지에 나와 있는 가상 일기 형식에 대해 설명하고, 수행평가의 구체적인 평가 기준에 대해 안내한다.		
		• 조선시대 양반이 되어서 가상 일기쓰기 수행평가를 진행한다.		
		• 학생은 가상 글쓰기의 조건을 확실하게 인지하고, 자신이 생각하는 양반의 이미지를 충분히 고민한 후에 가상 일기를 작성한다.		
		• 도착 질문 “만약 자신이 조선시대에 양반으로 태어난다면 어떤 삶을 살고 싶은지 말해볼까요?”		
		모든 학생이 질문에 대한 답변을 생각하되, 3~4명 정도의 학생이 충분히 생각한 이후에 양반으로 태어난다면 어떤 삶을 살고 싶은지 발표를 해 본다.		
	형성 평가	“자 수업을 마무리하기 전에 얼마나 수업을 열심히 들었는지 PPT의 형성평가를 통해 확인해 볼까요?”		
	차시 예고	• 다음 시간에 배울 내용에 대해 간단하게 설명한다. “자 다음 시간에는 조선 시대 사상과 문화에 대해 공부해 볼 예정입니다.”		
	인사	• 인사하고 수업을 마무리한다.		

Ⅸ. 참고 자료 별첨

1. 학습지

학습지(기초)

반 번 이름:

Ⅱ. 근대 이전 한국사의 탐구 – 3. 신분제와 사회 구조

(3) 조선 후기 신분 질서의 변화

〈생각해 봅시다〉

읽기 자료 1. 김득신, 「반상도」

위 그림은 김득신이 그린 반상도이다. 김득신은 조선 후기의 화원 화가로 산수 · 영모 · 도석인물(道釋人物) 등을 모두 잘 그렸다. 그중에서 생활 풍속에 스민 흥겹고 풍자적인 정취를 소재로 한 풍속화로 유명하다.

- (질문1)그림의 인물들은 각각 어떤 행동을 하고 있는지 말해보자.
- (질문2)그림이 묘사하고 있는 상황은 어떠한 상황인지 말해보자.
- (질문3)그림의 이름이 왜 반상도인지 생각해보고, 작가의 의도를 말해보자.

- 충분히 고민해본 후에 교과서 p.77, '역사 탐구' 부분의 내용을 읽어보고 탐구해보자.

역사 지식 이해하기 1차시	➜	생활사 자료를 통해 역사 탐구하기 2차시	➜	생활사 자료를 통해 역사 탐구하기 2차시
조선 신분제의 특징 이해하기, 조선 후기 신분 질서의 변화과정 알기		질문이 살아있는 역사수업 진행		가상 일기쓰기

오늘의 학습 안내

역사 지식 이해하기

※ 교과서(p.73~75)를 읽고 빈 칸을 채워보세요!

1) 조선의 신분 구조

(1) 법제적으로 양인과 천인을 나누는 양천제

① 양인: 과거응시 등 권리를 인정받는 한편, 국가에 조세 · 공납 · 역을 부담할 의무

② 천인: 국가나 개인에게 소속되어 각종 천한 일을 담당한 비자유민

(2) 양천제 ➜ 반상제

① 교과서 p.73 조선의 신분 구조 변화 그림 확인!!

② (   ): 문무 관료를 의미하였는데 점차 전 · 현직관료와 그 가문까지 포함하는 지배층을 의미

③ 중인: 양반과 상민의 중간계층이라는 의미인데 기술관, 서리, 향리, 서얼 등이 있었음

④ 상민: 농민, 상인, 수공업자 등이 해당하였고 조세 · 공납 · 역을 부담

⑤ (   ): 가장 낮은 신분으로 대부분이 노비

2) 조선 후기 신분 질서의 변화

(1) 배경

① 양난 이후 정치 · 경제적 변화

② 양반 중심의 신분제가 동요

(2) 양반의 분화

① 붕당 정치의 변화로 소수의 양반이 권력 장악

② 다수의 양반은 향촌 사회에서 명맥을 유지하는 향반이 됨

③ 일부 양반은 경제적으로 몰락해 일반 농민과 비슷한 생활

(3) 중인의 성장

① 서얼: 여러 차례 집단 상소를 올려 관직 진출 제한을 풀어달라고 왕에게 요청 ➜ 서얼의 관직 진출 확대

② 중인(기술직): 대규모로 상소를 올려 고위관직에 진출할 수 있도록 요청하였으나, 성과를 거두지는 못함

(4) 상민의 성장

① 농업 생산력의 향상과 상품 화폐 경제의 발달로 재산을 축적

② 공명첩 구입, (　) 등을 통해 합법적으로 사회적 지위의 상승을 도모 (교과서 p.74, 공명첩 사진 확인)

③ 양반의 (　)를 구입하거나 위조해 비합법적으로 양반 행세

(5) 노비의 감소

① 전쟁에서 공을 세우거나 재산을 모아 국가나 주인에게 곡식을 바쳐 상민이 됨 (교과서 p.74, 인물 역사 읽기 확인)

② 정부의 노비종모법 시행으로 상민 수 증가, 노비 수 감소 (교과서 p.76, 자료2 '노비종모법' 확인)

③ (　) 때 6만여 명의 공노비 해방

읽기 자료 2. 김홍도, 「자리 짜기」

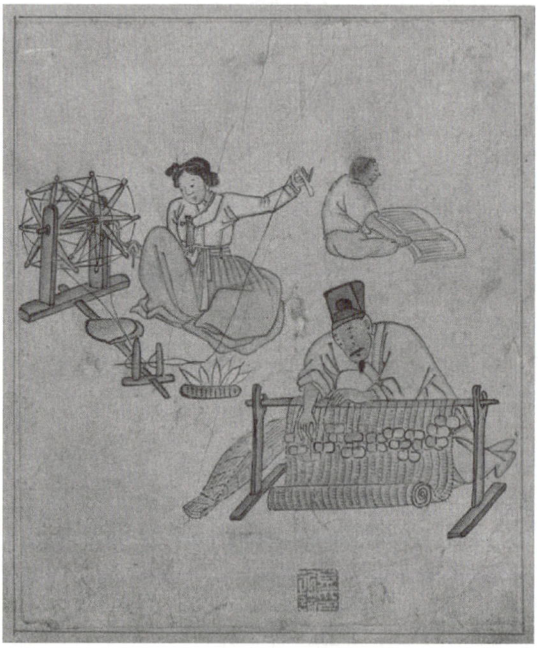

- 위 그림은 조선후기, 김홍도가 그린 풍속화 '자리 짜기'이다.
- (질문1)그림의 인물들은 각각 어떤 행동을 하고 있는지 말해보자.
- (질문2)그림에서 남자의 신분을 추정해볼 수 있는 단서를 말해보자.
- (질문3)그림을 토대로 작가가 속한 시대상황을 신분제와 관련하여 말해보자.

3) 부계 중심의 가족 제도와 여성의 지위

(1) 부계 중심의 가족 제도

① 배경: 17세기 이후 성리학적 생활규범과 윤리가 자리를 잡으면서 점차 부계 중심의

가족 제도로 변화

② 가계를 계승한 장자가 제사 전담, 재산 상속에서도 우위

③ 가계를 이을 아들이 없을 경우 (　)를 들임

(2) 여성의 지위

① 혼인 후 신부는 곧장 신랑 집으로 가서 생활

② 족보에는 아들, 딸 순서로 기재하였고 어머니 쪽과 아내 쪽 가계의 기록은 매우 축약

③ 양반 여성의 경우 남편이 죽은 뒤 재혼은 사실상 불가능

읽기 자료 3. 신윤복, 「여속도첩」 3면, 장옷입은 여인

위 그림은 국립중앙박물관에서 소장하고 있는 신윤복의 '장옷입은 여인'이다. 장옷을 쓰고 외출하는 여인과, 이를 바라보는 아이를 업은 여인을 한 화면에 그린 것이다.

- (질문1) 그림의 인물들은 각각 어떤 옷차림을 하고 있는지 말해보자.
- (질문2) 그림에서 장옷을 쓴 여인과 아이를 업은 여인이 각각 어떻게 표현되었는지 말해보자.
- (질문3) 그림에 등장하는 인물의 크기를 다르게 표현한 작가의 의도는 무엇일지 말해보자.

- 장옷은 여성들이 착용했던 쓰개의 일종으로서 부녀자의 얼굴을 가리려 했던 풍속에서 유래된 의복이다. 이러한 풍속이 생긴 이유를 여성의 사회적 지위와 관련하여 생각해 보자.

2. 활동지

활동지(기초)

반 번 이름:

역사 지식 이해하기 1차시	→	생활사 자료를 통해 역사 탐구하기 2차시	→	생활사 자료를 통해 역사 탐구하기 2차시
조선 신분제의 특징 이해하기, 조선 후기 신분 질서의 변화과정 알기		질문이 살아있는 역사수업 진행		가상 일기쓰기

생활사 자료를 통해
역사 탐구하기

1. "활동 자료1"을 읽고 물음에 답해보자.

활동 자료 1. 담와평생도(국립중앙박물관 소장)

- 평생도: 조선 유교사회에서 사대부가 누릴 수 있는 가장 이상적이고도 부귀한 인생행로를 형상화한 것
- 담와평생도
  - 조선 영조 때 문신인 담와 홍계희(1703~1771)를 주인공으로 하는 평생도
  - 조선 후기 유명 풍속화가 김홍도의 작품
  - 내용: 삼일유가(三日遊街), 수찬행렬(修撰行列), 평안감사부임(平安監司赴任), 좌의정행차(左議政行次), 치사(致仕), 회혼례(回婚禮) 등 총 여섯 폭
  - 현재 여섯 폭이지만 본래는 여덟 폭으로 이루어져 있던 것으로 보이며, 돌잔치와 혼인식 장면이 있었을 것으로 추측

(물음1) 위 평생도를 자세히 보면서 각 장면별로 알 수 있는 특징적인 모습에 대해 말해 보자.

____

____

____

(물음2) 평생도에 대해 공부한 내용을 토대로 조선 시대 양반의 삶이 어떠했을지 요약해 보자.

____

____

____

2. "활동 자료2"를 읽고 물음에 답해보자.

활동 자료 2-1. 자료에 관한 정보

- 자료 출처: 이문건, 「묵재일기」, (1535~1567)
- 자료 설명: 성주 이씨 묵재 이문건이 42세부터 작성하기 시작하여 죽기 1개월 전인 74세까지 친필로 작성한 일기로 양반의 생활상을 엿볼 수 있음.
- 인물 정보: 이문건(李文楗, 1494~1567)
  - 어린 시절 조광조의 문하에서 수학함.
  - 어린 나이에 과거에 합격하였으나, 조광조의 죽음에 애도를 표한 이후 한동안 관직에 오르지 못함.
  - 1527년 사면되고, 이듬해 본격적으로 관직 생활 시작함.
  - 사간원 정원, 이조좌랑, 승정원 승지 등을 역임함.
  - 조카가 을사사화에 연루되어, 이문건은 성주에 유배되고 1545~1567년까지 유배생활을 하였고 결국 유배지에서 생을 마감함.

활동 자료 2-2. 1535년 11월 28일 일기

오늘은 고애자(孤哀子)*인 내 생일이다. 아내가 떡과 국수 및 제사 음식을 준비하여 아침에 상식하고 영좌에 제사를 올렸다.

* 고애자: 어버이를 모두 여읜 사람이 상중(喪中)에 자기를 이르는 일인칭 대명사.

활동 자료 2-3. 1545년 11월 28일 일기

생일이다. 평상시 생일에는 선영에 제사를 지내기도 했으나, 지금은 이와 같이 무너져 근심스럽게 앉아있으니 어찌할까?

(물음) 위 두 일기에서 이문건은 생일에 제사를 지내고 있는데 이유는 무엇일지 서술해 보자.

(물음) 위 1545년 일기에서 이문건은 '지금은 이와 같이 무너져 근심스럽게 앉아있으니' 라고 한탄하였는데, 그 이유는 무엇일지, 활동 자료 2-1을 살펴보고 유추해 보자.

활동 자료 2-4. 1545년 9월 17일 일기

밥을 재촉해서 먹고 누님 및 아내와 작별했다. 해가 뜨자 길을 떠났는데, 비(婢)들이 작별하여 곡하는 것을 막을 수는 없었다.

활동 자료 2-5. 1562년 3월 5일 일기

비(婢) 항복의 생일이다. 약을 끓이는 것에 게으름 피우지 않은 공로로 치마 지을 베 1건을 주었다.

(물음) 위 2-4, 2-5 두 일기의 내용을 통해 양반과 노비의 관계에 대해 느낀 점을 서술해 보자.

3. 수행평가지

수행평가(기초)

반 번 이름:

역사 지식 이해하기 1차시	→	생활사 자료를 통해 역사 탐구하기 2차시	→	생활사 자료를 통해 역사 탐구하기 2차시
조선 신분제의 특징 이해하기, 조선 후기 신분 질서의 변화과정 알기		질문이 살아있는 역사수업 진행		가상 일기쓰기

생활사 자료를 통해
역사 탐구하기 - 가상 일기쓰기

※ 일기 작성 조건

- 조선 시대 양반이 되어 가상 일기 써보기(10~30대일 때 하루, 40~60대일 때 하루)
- 조선의 신분 구조의 특징이 잘 드러나도록 양반 이외에 다른 세 계층(중인, 상민, 천민)을 꼭 일기 내용에 등장시킬 것
- 교과서에 나오는 양반을 설명하는 용어를 반드시 활용하여 작성
- 교과서 내용, 학습지 자료, 활동지에서 배운 내용을 최대한 활용하여 작성할 것

… 어느 양반의 가상 일기(10~30대 시기) …

날짜	년 월 일
주제(제목)	
내용	

… 어느 양반의 가상 일기(40~60대 시기) …

날짜	년 월 일
주제(제목)	
내용	

가상 일기 쓰기를 통해 배운 점

가상 일기 쓰기 수행평가 채점 기준

평가 항목	배점
교과서에 나오는 양반을 설명하는 용어를 3개 이상 적절하게 활용하였는가	5점
양반 이외의 다른 세 계층(중인, 상민, 천민)을 일기 내용에 적절하게 등장시켰는가	5점
일기 내용에 역사적으로 오류가 있지 않은가	5점
조선 시대 양반에 감정이입하여 공감하는 글쓰기를 하였는가	5점

6) 수업

학습지의 자료와 교과서를 통해 조선시대 신분제의 특징을 설명한다. 수업의 전개 과정은 전반적으로 질문이 수업의 핵심이 되는 질문이 살아있는 역사 수업으로 진행한다. 수업의 전개 과정에 맞게 출발 질문, 전개 질문, 도착 질문, 그림 활용 수업에서 단계별 탐구 질문 등 적합한 질문들을 체계적으로 설계한다. 기본적인 내용지식 정리가 끝난 후 활동지의 생활사 자료 학습을 통해 학생들이 교과서에 자세하게 나오지 않는 양반의 생활에 대해 체험해 보도록 지도한다. 교사가 최근 생활사 자료 발굴에 따른 몰랐던 양반의 삶이 드러나기도 하며, 이를 통해 좀 더 생생하게 당시 양반에 대해 흥미롭게 접근할 수 있다고 설명한다. 이후 배운 내용을 토대로 학생 자신이 조선 시대의 한 양반이 되어서 가상 일기를 쓰도록 하는 수행평가를 진행한다. 단, 가상 인물이라고 해서 자신이 마음대로 상상해서 쓰는 일기가 되지 않도록 역사 글쓰기의 일종임을 강조하고 자세하게 일기를 쓰는 조건을 안내하고 설명하는 것이 중요하다.

7) 수행평가 시행

수행평가를 통해 평가하고자 하는 요소는 "역사 용어의 적절한 활용", "조건으로 제시된 역사 개념의 활용", "역사적 내용에 대한 정확성", "역사적 감정이입에 의한 글쓰기"이다. 학생들의 수행평가 도구에 이를 조건으로 제시해야 한다.

수행 과제	생활사 자료를 통해 역사 탐구하기 - 가상 일기 쓰기
교육과정 성취기준	[10한사1-02-03] 근대 이전 사회 구조를 신분제를 중심으로 분석한다.

<table>
<tr><th rowspan="2">평가요소</th><th colspan="4">수행 수준</th><th colspan="2" rowspan="2">배점</th></tr>
<tr><th>5점</th><th>4점</th><th>3점</th><th>2점</th></tr>
<tr><td rowspan="3">1. 용어의 적절한 활용</td><td rowspan="3">교과서에 나오는 양반을 설명하는 용어를 3개 이상 적절하게 활용함.</td><td rowspan="3">교과서에 나오는 양반을 설명하는 용어를 2개 적절하게 활용함.</td><td rowspan="3">교과서에 나오는 양반을 설명하는 용어를 1개 적절하게 활용함.</td><td rowspan="3">교과서에 나오는 양반을 설명하는 용어를 적절하게 활용하지 못함.</td><td rowspan="13">각 평가 요소의 점수를 합산하여 부여함</td><td>20</td></tr>
<tr><td>19</td></tr>
<tr><td>18</td></tr>
<tr><td rowspan="3">2. 조건으로 제시된 역사 개념의 활용</td><td rowspan="3">양반 이외의 다른 세 계층(중인, 상민, 천민)을 모두 일기 내용에 적절하게 등장시킴.</td><td rowspan="3">양반 이외의 다른세 계층(중인, 상민, 천민) 중 두 계층을 일기 내용에 적절하게 등장시킴.</td><td rowspan="3">양반 이외의 다른세 계층(중인, 상민, 천민) 중 한 계층을 일기 내용에 적절하게 등장시킴.</td><td rowspan="3">양반 이외의 다른 세 계층(중인, 상민, 천민)을 적절하게 등장시키지 못함.</td><td>17</td></tr>
<tr><td>16</td></tr>
<tr><td>15</td></tr>
<tr><td rowspan="3">3. 역사적 내용에 대한 정확성</td><td rowspan="3">일기 내용에 역사적오류없이적절하게 서술함.</td><td rowspan="3">일기 내용에 역사적 오류가 1가지 발견됨.</td><td rowspan="3">일기 내용에 역사적 오류가 2가지 발견됨.</td><td rowspan="3">일기 내용에 역사적 오류가 3가지 이상 발견됨.</td><td>14</td></tr>
<tr><td>13</td></tr>
<tr><td>12</td></tr>
<tr><td rowspan="4">4. 역사적 감정이입에 의한 글쓰기</td><td rowspan="4">조선 시대 양반에 감정이입하여 적절하게 공감하는 문장으로 표현함.</td><td rowspan="4">조선 시대 양반에 감정이입하여 일부 공감하는 문장으로 표현함.</td><td rowspan="4">조선 시대 양반에 감정이입하여 공감하는 문장으로 표현하는 능력이 부족함.</td><td rowspan="4">조선 시대 양반에 감정이입하여 공감하는 문장으로 표현하지 못함.</td><td>11</td></tr>
<tr><td>10</td></tr>
<tr><td>9</td></tr>
<tr><td>8</td></tr>
<tr><td colspan="6">※ 수행활동에 참여하였지만 수행과제를 미제출(백지활동 제출 포함)한 경우: 기본점수</td><td>7</td></tr>
</table>

8) 전체적인 교수 · 학습 과정에 대한 피드백 및 계획 수립

질문 위주로 수업이 진행될 것이기 때문에 수업 전 학생들과 충분한 라포르 형성이 되어 있는지 자가 점검이 필요하다. 수업 도입 단계에서 개념 학습 후 사료 학습을 통해 학생들의 조선의 신분 구조에 대한 이해도를 확인한 후 이해도에 맞게 적절한 수준의 질문을 해가며 수업을 진행한다. 학습지 읽기자료에서 그림 활용 탐구수업이 진행되기 때문에 그림에 학생들이 흥미를 가지고 자신 있게 의견을 말할 수 있도록 적절한 질문을 준비하여 수업을 진행한다. 생활사 자료 분석 과정에서 활동지에 나와 있는 평생도의 인쇄 상태나 사진 크기에 한계가 있을 수 있기 때문에 교사는 동시에 전자 칠판에 같은 그림을 크게 띄워놓고, 학생들이 그림을 접하는 데 수월성을 제공하는 것이 좋다. 또 이렇게 그림을 통해 가지게 된 흥미를 활동지의 생활사자료(일기)에 연결시켜 학생들이 흥미를 잃지 않고 학습을 진행하도록 한다. 학습한 내용을 토대로 가상 일기를 쓰도록 안내하고 무엇보다 조건을 충족하는 글쓰기가 되도록 지도한다. 수업 종료 후 루브릭을 기반으로 채점한다. 학생의 결과물은 개별적으로 루브릭과 학습 목표에 맞추어 학습 목표 성취를 위한 피드백을 수행한다. 질문이 살아있는 수업에서는 적극적으로 수업에 참여하는 학생들에 대해 긍정적인 피드백을 하는 것이 좋지만, 수업에 소외되는 학생들이 없도록 교사는 수업 내내 관심과 배려를 기울여야 한다.

7. 수준별 수업의 실제: 심화-양반
-생활사 자료(고문서, 일기, 편지)를 활용한 플립 러닝-

1) 교육과정 분석 및 수업목표 설정

2022 개정 교육과정의 한국사1 교과서 핵심 아이디어는 다음과 같다.

- 한국사는 국제 질서의 변동과 맞물려 변화하였다.
- 제국주의 열강의 침략에 대응하며 근대 국가로의 전환을 모색하였다.
- 역사 자료를 분석하고 해석할 때에는 역사적 맥락을 고려해야 한다.
- 역사 학습은 인간의 삶을 이해하고 나의 삶을 성찰하는 과정이다.

이번에 제시할 수업은 이 중 '역사 학습은 인간의 삶을 이해하고 나의 삶을 성찰하는 과정이다.'는 아이디어에 주목하여 조선 시대 양반 계층에 대한 생활사적 이해를 목표로 하였다. 수업을 재구성하면서 설정한 구체적인 성취기준은 다음과 같다.[30)]

[10한사1-02-03] 근대 이전 사회 구조를 신분제를 중심으로 분석한다.
[10한사1-02-05] 근대 이전 한국사 주제를 설정하여 탐구하고, 그 결과를 다양한 방법으로 표현한다.

위 [10한사1-02-03]과 같이 조선의 신분제를 교과서의 내용 중심으로 이해하고, [10한사1-02-05]와 같이 '양반'에 대한 생활사적 주제를 설정하여 탐구하고 이를 표현하는 데, 수업의 중점을 두었다.

이러한 교육과정의 성취기준을 바탕으로 교사는 최종적으로 고등학생을 대상으로 한 1차시(50분) 수업목표를 다음과 같이 설정하였다.

- 조선 시대 사회 구조의 특징을 신분제를 중심으로 설명할 수 있다.
- 조선 후기 신분 질서 변화의 원인 및 과정에 대해 말할 수 있다.
- 양반의 생활에 대하여 탐구하고, 이를 바탕으로 조선의 신분제에 대한 자신의 의견을 비판적으로 제시할 수 있다.

2) 내용선정

교사가 내용을 양반으로 선정한 이유는 교육과정상에서 조선의 신분제가 비중 있게 다뤄지고 있으면서도, 신분 계층 중에서 양반에 대한 생활사적 자료가 많이 연구되어 학생들의 흥미를 유발하면서도 깊이 있게 탐구할 수 있는 주제로 용이하다는 판단에서이다.

양반은 문무 관료를 의미하였는데 점차 전·현직 관료와 그 가문까지 포함하는 지배층을 의미하게 되었다. 이들은 유교 경전을 익히고 과거를 통해 관리가 되었고 군역을 면제받는 등 특권을 누렸다.[31)]

위 교과서 일부 내용과 같이 교과서에는 양반의 정의와 양반이 되는 과정, 특권 정도에 대한 설명이 간략하게 서술되어 있고, 이들의 생활에 대한 구체적인 설명은 거의 없는 편이다. 교사는 양반에 대한 생활사 자료에 주목하여 학생들이 이를 교실 밖과 교실 안 수업에서 자연스럽게 접하면서 심도 있는 학습을 할 수 있는 플립 러닝 역사 수업으로 진행하기로 결정하였다.

3) 학습자 진단

학습자는 고등학교 1학년 교실에서 한국사를 배우는 심화 수준의 학습자이다. 대체로 역사 과목에 대한 흥미가 있는 편이고, 온라인 학습을 진행하더라도 적극성을 가지고 참여할 의지가 있는 학생들이 많은 편이다. 교사와 학생 간의 친밀도(rapport)가 높은 편이며, 이로 인해 플립 러닝을 진행하기에 적합한 편이다. 또 한국사 과목에 대한 지적 호기심이 많아 평상시 질문을 하는 학생도 많은 교실이다.

4) 교재연구

조선의 신분제에 대한 역사 지식 이해를 위해 개념 중심으로 구성된 교과서를 주 교재로 활용한다. 학습 개념을 심화 수준 학습자에 맞게 깊이 있게 정리하며 양천제, 반상제, 임진왜란, 납속, 공명첩, 조선 후기 신분질서 변화 등을 키워드로 이야기를 풀어내어 학습 목표를 성취할 수 있도록 교재를 활용한다.

교실 밖 수업을 진행하면서 학생들이 온라인상에서 흥미로운 자료를 접할 수 있도록 유튜브 등 동영상 사이트의 신뢰할 만한 양반 관련 영상을 확보해야 하며, 적절한 VR 수업을 위해 해당 박물관 사이트의 시뮬레이션도 필요하다.

학습지의 개념 정리는 교과서의 내용 요약에 충실하되, 사료학습 관련에 제시된 사료는 조선왕조실록에 나오는 납속, 공명첩과 관련한 사료를 활용하여 핵심 주제와의 연계를 도모한다. 또한 조선 초의 문과 급제자와 관련한 연구를 게재한 신문기사를 제공하여 교과서의 내용을 비판적으로 이해할 수 있도록 한다.

활동지의 사료는 양반에 대한 생활사 자료로서 학생들에게 생소할 수 있는 내용이므로, 교사가 생활사의 중요성에 대해 충분하게 설명한 후, 수업을 진행한다.

생활사에 대한 내용은 교사의 심도 깊은 이해를 요하므로 교재연구를 위해 참고자료로서 '권기환, 『조선의 공무원은 어떻게 살았을까?(과거급제부터 은퇴까지)』, 2022', '노경자 외 1명, 「한글편지로 본 조선후기 양반 사대부의 관직 생활과 가족」 『인문학연구』 47호, 2023', '한국역사연구회, 『조선 후기 사회를 어떻게 볼 것인가?: 조선 후기 신분제 · 신분변동의 재검토』, 2003', '양현규, 「조선시대 일기를 활용한 초등 역사학습: 양반생활사를 중심으로」, 2021' 등을 활용해 생활사 자료와 조선 신분제에 대한 새로운 관점, 시대적 상황을 이해해야 한다.

5) 학습지도안 작성

학 습 지 도 안

학교/반	
교사	
일시	

차 례

Ⅰ. 교재 및 단원명

1. 교재

- 교과서: 고등학교 한국사1
- 저자 및 출판사: 김보림 외, 리베르 출판사

2. 단원명

- 대단원: Ⅱ. 근대 이전 한국사의 탐구
- 중단원: 3. 신분제와 사회 구조

Ⅱ. 단원설정의 이유

1. 학습자 측면

이 단원은 근대 이전 한국사에 대한 이해를 바탕으로 신분제와 사회 구조에 대해 탐구하는 단원이다. 이 단원을 통해 학생들은 근대 이전 신분제의 특징 및 변화 과정을 심도 있게 분석하고 비판적으로 표현할 수 있는 능력을 기를 수 있다. 학생들은 구체적으로 교과서 소단원 '(3) 조선 후기, 신분 질서가 변화하다.'에서 조선의 신분제의 특징과 변화 과정에 대하여 다양한 사료와 자료를 통해 깊이 있게 학습하게 된다. 또 양반의 생활이 어떠했는지 생활사 자료를 통해 탐구해 보고 자신의 생각을 비판적으로 정리할 수 있는 기회를 얻는다.

2. 학문적 측면

조선의 신분제는 조선 전기 법제적 양천제의 성립에서부터 반상제로의 변화, 조선 후기 신분제의 동요 등 사회사 주제 전체를 고려해 보아도 비중 있게 다뤄지는 주제이다. 이 단원은 학생들이 조선의 신분제의 특징에 대해 체계적으로 이해하는 계기를 제공한다. 또한 조선 후기 신분제 변화의 원인에 대해 탐구하며 여러 신분 중 특히 양반의 삶을 깊이 있고 비판적으로 알아볼 수 있는 기회를 제공한다. 학생들은 이 단원을 통해 조선 신분제의 특징 및 그 변화 과정과 양반의 삶에 대해 학습하며 역사적 사고력을 기를 수 있다.

3. 사회적 측면

조선의 지배계층인 양반에 대한 이해는 조선 자체를 이해하는 데도 매우 중요한 단서를 제공해 줄 수 있다. 양반의 가치 체계, 경제적 처지, 재생산 방식, 삶의 양태 등에 대한 탐구는 조선의 정치, 사회, 사상과 문화 전반을 이해하는 데 중요한 키워드인 것이다. 최근 고문서 연구의 발달과 함께 일상사, 문화사 연구가 진전되면서 양반의 구체적 일상을 밝힌 생활사 자료들이 등장하였다. 이는 한국사 과목에 관심이 많고 깊이 있는 사료 학습을 할 준비가 되어 있는 심화 수준 학습자들에게 흥미로운 학습 기회를 제공할 것이다. 이를 활용한 수업이 진행된다면, 학생들이 조선 사회를 입체적이고 복합적으로 이해하는 데, 큰 도움을 받을 수 있을 것이다.

Ⅲ. 단원의 개관

본 단원은 근대 이전 한국사의 탐구라는 큰 제목 아래에서 조선의 신분제 및 조선 후기 신분 질서 변화에 대해 설명하고 있다. 이와 관련한 구체적인 탐구 주제로 '양반과 관련한 생활사 자료 탐구'를 설정하여 학생들은 이전에 가지고 있었던 양반의 이미지와 비교하여 구체적이고 새로운 양반에 대하여 학습할 수 있고, 생활사 연구의 중요성에 대해 인식하게 될 것이다. 또한 역사 연구의 진전과 관련하여 신분 질서의 변동과정 또한 새롭게 평가될 수 있음을 인지하며 역사적 사고력을 기를 수 있다.

Ⅳ. 단원의 학습 목표

1. 지식 · 이해

① 조선 시대 사회구조의 특징을 신분제를 중심으로 설명할 수 있다.
② 조선 후기 신분 질서 변화의 원인 및 과정에 대해 말할 수 있다.
③ 자료를 통해 양반 생활의 특징 및 변화에 대해 구체적으로 말할 수 있다.

2. 기능

① 조선 시대 신분제의 특징을 파악하고 이를 구체적으로 정리할 수 있다.
② 신분제의 변화 과정을 조선 후기 사회 변화와 연관하여 발표할 수 있다.
③ 양반의 생활 모습에 대해 심도 있게 탐구하며, 자신의 생각을 체계적으로 말할 수 있다.

3. 가치 · 태도

① 조선 시대 신분제를 통해 당시 사회 구조 전체를 파악하고 비판할 수 있다.
② 신분제의 변화 과정을 통해 조선 후기 사회 문제점을 파악할 수 있다.
③ 양반의 생활 모습에 대한 탐구를 통해 양반이 가진 다양한 모습과 태도를 비판적으로 배울 수 있다.

Ⅴ. 단원의 구조

(※ 수업에 언급되는 내용을 **굵은 글씨**와 **밑줄**로 표시.)

대단원	중단원	소단원
Ⅱ. 근대 이전 한국사의 탐구	1장. 국제 관계와 대외 교류	주제1. 고대국가, 주변 국가와 활발히 교류하다.
		주제2. 고려, 다원적인 외교 정책을 펼치다.
		주제3. 조선, 사대교린 정책을 실시하다.
	2장. 수취 체제와 경제생활	주제1. 수취 체제를 갖추다.
		주제2. 수취 체제를 정비하고 전시과를 운영하다.
		주제3. 과전법을 시행하고 수취 체제를 개편하다.
	3장. 신분제와 사회 구조	주제1. 고대, 신분제 사회가 형성되다.
		주제2. 고려, 양인 내에 다양한 계층이 존재하다.
		주제3. 조선 후기, 신분 질서가 변화하다.
	4장. 사상과 문화	주제1. 불교가 수용되고 고대 문화가 발달하다.
		주제2. 불교와 유교가 공존하다.
		주제3. 문화가 발달하고 새로운 사상이 수용되다.
	5장. 근대 이전 한국사 주제 탐구	주제1. 사료를 통하여 역사를 탐구하다.
		주제2. 논쟁적으로 역사를 탐구하다.

Ⅵ. 지도상의 유의점

1. 준비

① 본시학습과의 연계를 위해 전시학습을 구체적으로 상기시킨다.
② 플립 러닝의 과정에 대해 충분히 설명해 준다.
③ 교실 밖 수업을 위한 기자재, 업로드할 자료 등을 충분히 검토한다.

2. 내용

① 수업내용을 심도 있게 이해할 수 있도록 구성한다.
② 학생들의 성향, 수준에 적합한 교실 밖 수업을 철저하게 준비한다.
③ 주도면밀한 계획을 세워 교실 밖 수업과 교실 안 수업 사이의 흐름이 끊기지 않도록 한다.
④ 학생들은 흥미로운 생활사 자료와 비판적인 신문 기사 등을 접하며, 역사에 대한 흥미를 갖고 비판적으로 사고하는 능력을 기른다.

3. 마무리

① 수업 활동이 끝난 후 학생들에게 반드시 피드백을 제공한다. 교실 밖 수업에서 제출한 과제에서부터 교실 안 수업에서 진행한 활동까지 잘한 부분은 칭찬하고, 잘못된 내용이 들어간 부분 혹은 표현상에 문제가 있는 부분 등 수정사항에 대해 학생들에게 마무리 코멘트를 전달해 준다.

② 플립 러닝 수업에 참여한 학생들의 다양한 의견을 들으며 보완할 점을 파악한다.

③ 형성평가를 통해서 수업 내용을 다시 한번 확인한다.

④ 차시 예고를 통해 학생들이 다음 수업을 준비할 수 있도록 돕는다.

4. 플립 러닝 수업이란?

플립 러닝은 전통적인 교육 방법의 방향을 '뒤집어서' 온라인 환경을 활용하여 미리 학습하고 이후 교실수업에서 토론, 토의, 질의응답 등 학습한 내용에 대해 심화 이해할 수 있는 다양한 활동이 진행되는 수업이다. 교사의 피드백 등 상호작용을 통해 주어진 문제를 해결하는 학습자 중심의 수업방식이라는 점을 고려하여 적절한 형태의 수업이 구성되어야 한다.

Ⅶ. 교수-학습계획

<table>
<tr><th colspan="2">중 단 원 명</th><th>차시</th><th>수 업 내 용</th><th>시 간</th></tr>
<tr><td rowspan="8">II
단원</td><td rowspan="3">1장. 국제 관계와 대외 교류
2장. 수취 체제와 경제생활</td><td>1차시</td><td>• 고대 국가의 대외 교류
• 고려의 다원적 외교 정책</td><td>50분</td></tr>
<tr><td>2차시</td><td>• 조선의 사대교린 정책
• 고대 수취 체제의 정비</td><td>50분</td></tr>
<tr><td>3차시</td><td>• 고려의 전시과 제도
• 과전법 시행과 수취 체제 개편</td><td>50분</td></tr>
<tr><td rowspan="2">3장. 신분제와 사회 구조</td><td>4차시</td><td>• 고대 신분제 사회의 형성
• 고려의 신분제</td><td>50분</td></tr>
<tr><td>5차시</td><td>• 조선 후기 신분 질서의 변화</td><td>50분</td></tr>
<tr><td rowspan="2">4장. 사상과 문화</td><td>6차시</td><td>• 불교 수용과 고대 문화의 발달
• 불교와 유교</td><td>50분</td></tr>
<tr><td>7차시</td><td>• 조선 후기 문화 발달과 새로운 사상의 수용</td><td>50분</td></tr>
<tr><td>5장. 근대 이전 한국사 주제 탐구</td><td>8차시</td><td>• 사료를 통한 역사 탐구
• 논쟁적 주제를 통한 역사 탐구</td><td>50분</td></tr>
</table>

중단원명		차시	수업내용	시간
대단원 마무리	Ⅱ단원. 근대 이전 한국사의 탐구	9차시	• 개념 정리를 통한 고대, 고려, 조선의 국제 관계의 특징 이해 • 고대, 고려, 조선의 경제 · 사회 · 문화의 흐름을 비교하며 이해 • 사진으로 각 시대 문화유산 정리하기	50분

Ⅷ-1. 본시 교수-학습 지도안(교실 밖)

단원	Ⅱ. 근대 이전 한국사의 탐구 3장. 신분제와 사회 구조		지도 대상	고등학교 1학년
국가 교육 과정 성취 기준	[10한사1-02-03] 근대 이전 사회 구조를 신분제를 중심으로 분석한다. [10한사1-02-05] 근대 이전 한국사 주제를 설정하여 탐구하고, 그 결과를 다양한 방법으로 표현한다.			
학습 목표	1. 조선 시대 신분제의 특징에 대해 말할 수 있다. 2. 조선 후기 신분 질서의 변화에 대해 설명할 수 있다. 3. 양반의 생활에 대하여 탐구하고, 이를 바탕으로 양반에 대한 자신의 의견을 제시할 수 있다.			

학습 단계	학습 요소	(교실 밖 수업) 교수 · 학습활동	시간	자료 및 지도상 유의점
도입	인사	[환경 조성] (학생) 한국사 학급 전용 ○○○ 밴드에 접속하고 가입한다.	5	〈온라인플랫폼(○○○ 밴드)〉 교사는 학생들에게 충분히 수업 안내를 하고 질의응답을 통해 모든 학생들이 과정을 숙지할 수 있도록 조력한다.
		[인사] • 인사를 한다. • 수업 분위기를 조성한다. (교사) "다들 온라인에서 만나니 반갑죠? 열심히 해봅시다."		
		[수업 안내] • 출석 확인 방법 안내한다. • 온라인상의 수업 과정을 안내한다. • 온라인상에서 학습할 때 유의해야 할 점을 안내한다.		
	전시확인	• 지난 시간에 배운 상품화폐 경제의 발달로 인한 서민의 지위 향상을 확인한다.		김홍도의 〈자리짜기〉

<table>
<tr><td></td><td>동기유발</td><td>• 김홍도의 '자리짜기' 그림을 보여주며 몰락양반의 생활상을 설명한다.</td><td rowspan="2"></td><td rowspan="2"></td></tr>
<tr><td></td><td>학습목표</td><td>• 학습 목표를 확인한다.
"우리는 이번 시간에 조선 시대의 신분제와 그 변화, 그리고 당시 양반의 모습에 대해 배울 예정입니다."</td></tr>
<tr><td rowspan="5">전개</td><td rowspan="5">〈전개 1〉</td><td>• 조선 신분제와 관련한 동영상을 시청한다.
• 교실 안 수업을 위해 교과서, 학습지, 활동지를 충분히 숙지한다.</td><td rowspan="5">15</td><td rowspan="5">〈온라인플랫폼 (○○○ 밴드)〉

교사는 밴드에 링크를 올려 학생들이 바로 동영상을 시청할 수 있도록 준비한다.</td></tr>
<tr><td>• 동영상 시청 1
역사채널e - 조선을 다스린 지배 신분, 양반
(https://www.youtube.com/watch?v=tjgBVUY4elc)</td></tr>
<tr><td>• 동영상 시청 2
아는 만큼 사극이 재밌어지는 '조선 양반'의 '관직 라이프'
(https://www.youtube.com/watch?v=Sn6-xT5KDeY)</td></tr>
<tr><td>• (교사) 두 번째 영상과 관련한 역사도서 추천
『조선의 공무원은 어떻게 살았을까?(과거급제부터 은퇴까지)』
• (학생) 교사가 추천한 역사도서 밴드 게시판에서 확인하기</td></tr>
<tr><td>• (교사) 동영상 시청 후 밴드에 각 동영상에서 인상 깊었던 내용이나 질문 등을 각각 한 줄로 요약해서 교사에게 메시지를 보내도록 안내
• (학생) 동영상 시청 후 교사의 안내에 따라 밴드를 통해 소통하며 학습 주제에 대한 관심 고취</td></tr>
<tr><td rowspan="5">전개</td><td rowspan="3">〈전개 2〉</td><td>• 교사는 VR 체험에 대해 학생들에게 안내한다.</td><td rowspan="3">20</td><td rowspan="3">〈활동지 활동자료 2〉
〈활동지 활동자료 2-2〉
교사는 밴드에서 학생들이 자기 주도 학습을 할 수 있도록 조력한다.</td></tr>
<tr><td>• (학생) 활동지의 활동자료2를 보고 안내에 따라 국립 중앙 박물관 사이트에서 평생도에 대한 VR 체험을 진행</td></tr>
<tr><td>• (교사) 활동지의 2-2에 관한 (물음)의 빈칸을 채워가며 완성한 파일을 밴드 게시판에 업로드하도록 안내
• (학생) 교사의 안내에 따라 작성한 파일을 게시판에 업로드하며 교사와 소통</td></tr>
<tr><td rowspan="2">〈전개 3〉</td><td>• (교사) 교실 안 수업을 위해 교과서, 학습지, 활동지를 충분히 숙지하도록 안내</td><td rowspan="2">10</td><td rowspan="2">〈교과서〉
〈활동지〉</td></tr>
<tr><td>• (학생) 온라인 수업을 통해 접한 동영상, 활동지를 중심으로 학습 자료를 숙지</td></tr>
</table>

<table>
<tr><td rowspan="8">정리</td><td rowspan="5">내용
정리</td><td>• 질의응답을 통해 학습 내용을 정리한다.</td><td rowspan="8">10</td><td rowspan="8">〈온라인플랫폼
(○○○ 밴드)〉</td></tr>
<tr><td>• (교사) 온라인 수업 때 부여한 과제 수행 여부를 점검한다.</td></tr>
<tr><td>• (교사) 온라인 수업을 진행하면서 배운 내용에 대한 질문이나 하고 싶은 말을 학생들에게 할 시간을 부여한다.</td></tr>
<tr><td>• (학생) 밴드의 댓글 기능과 채팅 기능을 활용하여 교사와 소통한다.</td></tr>
<tr><td>• (교사) 온라인 수업을 진행하면서 불편한 점은 없었는지 학생들과 소통한다.</td></tr>
<tr><td>형성평가</td><td>“자 수업을 마무리하기 전에 얼마나 수업을 열심히 들었는지 밴드에 올려져 있는 퀴즈를 통해 확인해 볼까요?”</td></tr>
<tr><td>차시예고</td><td>• 교실 밖 수업과 이어지는 교실 안 수업에 대해 간단하게 설명한다.
“자 다음 시간에는 오늘 온라인 학습 내용을 토대로 조선시대 신분제에 대한 심화 학습과 함께 수행평가를 진행합니다. 오늘 배운 내용을 잘 기억해 주세요.”</td></tr>
<tr><td>인사</td><td>• 인사하고 수업을 마무리한다.</td></tr>
</table>

Ⅷ-2. 본시 교수-학습 지도안(교실 안)

<table>
<tr><td>단원</td><td colspan="2">Ⅱ. 근대 이전 한국사의 탐구
3장. 신분제와 사회 구조</td><td>지도
대상</td><td>고등학교
1학년</td></tr>
<tr><td>국가
교육
과정
성취
기준</td><td colspan="4">[10한사1-02-03] 근대 이전 사회 구조를 신분제를 중심으로 분석한다.
[10한사1-02-05] 근대 이전 한국사 주제를 설정하여 탐구하고, 그 결과를 다양한 방법으로 표현한다.</td></tr>
<tr><td rowspan="3">학습
목표</td><td colspan="4">1. 조선 시대 신분제의 특징에 대해 말할 수 있다.</td></tr>
<tr><td colspan="4">2. 조선 후기 신분 질서의 변화에 대해 설명할 수 있다.</td></tr>
<tr><td colspan="4">3. 양반의 생활에 대하여 탐구하고, 이를 바탕으로 양반에 대한 자신의 의견을 제시할 수 있다.</td></tr>
<tr><td>학습
단계</td><td>학습
요소</td><td>(교실 안 수업)
교수 · 학습활동</td><td>시간</td><td>자료 및
지도상 유의점</td></tr>
<tr><td>도입</td><td>인사</td><td>• 인사를 한다.</td><td>5</td><td>〈PPT〉</td></tr>
</table>

		• 수업 분위기를 조성한다. (교사) "다들 온라인상에서 열심히 해줘서 선생님이 너무 감동받았습니다. 이어서 교실에서도 열심히 해 봅시다."		〈활동지〉 〈학습지〉 학생이 정답을 말했을 경우 교사는 칭찬한다. 오답을 말한 학생도 표현력이나 적극성 등을 칭찬하며 학생에게 자신감을 심어준다.
	전시 확인	• 교실 밖 수업에서 학습했던 내용을 확인한다. (교사) "저번 시간에 우리는 온라인 학습을 진행하였습니다. 조선 유교사회에서 사대부가 누릴 수 있는 가장 이상적이고도 부귀한 인생행로를 형상화한 것은 무엇일까요?" (학생) "평생도입니다." (교사) "네, 맞습니다. 그렇다면, 화면의 문제를 통해 나머지 개념도 확인해 볼까요?		
	동기 유발	(교사) • 수업에 들어가기에 앞서 학생들에게 질문한다. "여러분, 홍길동전을 보면 아버지를 아버지라 부르지 못한다는 대사가 나오는데 왜 그랬던 것일까요?" • 홍길동은 신분이 천민이 아니었는데도 차별받았다면서 조서선의 신분제도에 관심을 가지게 한다. (학생) • 교사의 질문에 대해 아는 학생이 대답한다. • 교사의 질문에 홍길동전의 내용을 떠올리며 드는 생각을 자유롭게 얘기한다.		
	학습 목표	• 배울 내용을 소개한다. "온라인 학습 때 안내한 학습 목표를 한 번 더 확인하고 시작하겠습니다."		
전개	〈전개 1〉	• 학생들이 공부할 준비가 되었는지 확인한다. • PPT를 통해 학생들이 수업에 집중할 수 있도록 유도한다.	10	〈학습지〉 교사는 온라인 수업 때 배운 개념을 학생들에게 상기시키며, 수업을 진행한다.
		• 조선 신분제의 특징에 대해 설명한다.		
		• 양천제와 반상제를 비교하여 설명한다.		
		• 상민이 과거에 합격하기 매우 어려웠다는 내용과 학습지의 신문기사를 비교하여 설명한다.		
		• 학생은 온라인 수업 때 학습한 내용과 교사의 설명을 토대로 조선 신분제에 대한 기본 내용을 학습한다. • 역사 해석의 다양성과 연구 진전에 따른 새로운 학설에 대해 인지하고 생각해 본다.		
전개	〈전개 2〉	• 밴드에 학생들이 올린 동영상 한 줄 평에 대해 피드백 한다. - 적절한 한 줄 평에 대한 칭찬	20	〈학습지〉 〈활동지〉

<table>
<tr><td rowspan="9"></td><td rowspan="4"></td><td>- 창의적인 한 줄 평에 대한 소개</td><td rowspan="4"></td><td rowspan="4">교사는 학생들이 자유롭게 질문하고 이야기할 수 있도록 적절한 분위기를 조성한다.</td></tr>
<tr><td>• 밴드에 학생들이 업로드한 활동지의 내용에 대해 피드백한다.
- 적절한 내용에 대한 칭찬
- 창의적인 내용에 대한 소개</td></tr>
<tr><td>• 학생은 교사의 피드백을 듣고 추가로 질문이 생겼을 경우 적극적으로 질문한다.</td></tr>
<tr><td>• 학생은 활동지의 내용 중 부족한 점이 발견되었을 경우, 교사의 피드백을 토대로 수정 및 보완한다.</td></tr>
<tr><td rowspan="5">〈전개 3〉</td><td>• 학생들에게 수행평가지에 나와 있는 주제 탐구 보고서 형식에 대해 설명한다.</td><td rowspan="5">10</td><td rowspan="5">〈수행평가 양식〉
교사는 학생들이 글쓰기에 집중할 수 있도록 분위기를 조성한다.</td></tr>
<tr><td>• 수행평가의 구체적인 평가 기준에 대해 안내한다.</td></tr>
<tr><td>• 학생은 모르는 부분은 교사에게 질문해 가며 수행평가 방법을 숙지한다.</td></tr>
<tr><td>• 학생은 글쓰기의 조건을 확실하게 인지하고, 자신이 생각하는 양반의 이미지를 충분히 고민한 후에 역사 보고서를 작성한다.</td></tr>
<tr><td>• 시간이 부족할 경우 온라인상의 밴드를 통해 추후 제출하도록 안내한다.</td></tr>
<tr><td rowspan="6">정리</td><td rowspan="3">내용 정리</td><td>• 질의응답을 통해 학습 내용을 정리한다.</td><td rowspan="6">5</td><td rowspan="6">〈PPT〉</td></tr>
<tr><td>• 학생들에게 수업 내용, 수행평가에 관한 질문을 받는다.</td></tr>
<tr><td>• 교실 밖 수업과 교실 안 수업에서 배운 내용을 PPT를 통해 개략적으로 정리한다.</td></tr>
<tr><td>형성 평가</td><td>“자 수업을 마무리하기 전에 얼마나 수업을 열심히 들었는지 PPT의 형성평가를 통해 확인해 볼까요?”</td></tr>
<tr><td>차시 예고</td><td>• 다음 시간에 배울 내용에 대해 간단하게 설명한다.
“자 다음 시간에는 조선 시대 사상과 문화에 대해 공부해 볼 예정입니다.”</td></tr>
<tr><td>인사</td><td>• 인사하고 수업을 마무리한다.</td></tr>
</table>

Ⅸ. 참고 자료 별첨

1. 학습지

학습지(심화)

반　번　이름:

Ⅱ. 근대 이전 한국사의 탐구 - 3. 신분제와 사회 구조
(3) 조선 후기 신분 질서의 변화

〈생각해 봅시다〉

읽기 자료 1. 『선조실록』 권32, 선조 25년 11월 무오

이때 적을 목 벤 자, 납속을 한 자, 작은 공이 있는 자에게는 고신(告身)이나 면천(免賤), 면역(免役)의 첩을 주었다. 병사를 모집하고 납속을 모집하는 담당 관리가 이 첩을 가지고 지방에 내려갈 때, 이름 쓰는 데만 비워두었다가 응모자가 있으면 그때마다 이름을 써주었다.

위 사료의 밑줄 친 '이때'는 자료의 출처가 선조 시기이고, '적을 목벤 자' 등의 단서로 볼 때 (　　　)을 말하는 것임을 알 수 있다.

- 위 빈칸에 들어갈 전쟁의 이름을 생각해 보고 말해 보자.
- 조선 조정이 위 사료의 밑줄 친 첩을 발급한 이유를 생각해 보고 말해 보자.
- 위 사료의 밑줄 친 첩이 발급되면서 조선 후기 신분제는 어떤 변화가 일어났을지 생각해 보자.

교실 밖 수업 1차시		교실 안 수업 2차시		교실 안 수업 2차시
동영상 시청, VR 체험, 학습지 및 활동지 학습	➜	조선 신분제의 특징 이해하기, 조선 후기 신분 질서의 변화과정 알기	➜	역사 보고서 쓰기

오늘의 학습 안내

역사 지식 이해하기

1) 조선의 신분 구조
(1) 법제적으로 양인과 천인을 나누는 양천제
① 양인: 과거응시 등 권리를 인정받는 한편, 국가에 조세·공납·역을 부담할 의무
② 천인: 국가나 개인에게 소속되어 각종 천한 일을 담당한 비자유민

(2) 양천제 ➜ 반상제

① 배경

- 양인을 지배층인 양반과 피지배층인 상민으로 엄격히 구분
- 양반과 상민 사이에 중인이 하나의 신분으로 자리 잡으면서 네 신분층으로 정착
- 교과서 p. 73 조선의 신분 구조 변화 그림 확인!!

② 양반

- 문무 관료를 의미하였는데 점차 전 · 현직관료와 그 가문까지 포함하는 지배층을 의미
- 유교 경전을 익히고 과거를 통해 관리가 되었고 군역을 면제받는 등 특권을 누림

③ 중인

- 양반과 상민의 중간계층이라는 의미인데 기술관, 서리, 향리 등이 있었음
- 양반의 첩에게서 태어난 서얼도 중인으로 대우

④ 상민

- 농민, 상인, 수공업자 등이 해당하였고 조세 · 공납 · 역을 부담
- 원칙적으로 교육을 받고 과거에 응시할 수 있었지만 현실적으로 매우 어려웠음

⑤ 천민

- 가장 낮은 신분으로 대부분이 노비
- 노비: 재산처럼 취급되었고 주인이나 국가에 노동력을 제공하거나 매년 신공 납부
- 백정, 광대, 무당, 사당은 직업이 천시되면서 천민으로 취급

읽기 자료 2. 매일경제, 2013.1.21[32)]

조선 초 문과급제 절반이 평민

한영우 교수 급제자 1만 4615명 전원 신분조사

조선시대 양반신분이 과거제도를 통해 세습됐고 낮은 신분의 평민은 과거에 응시하는 것 자체가 불가능했다는 게 통념이다. 그러나 신분과 무관하게 과거를 치를 수 있었을 뿐 아니라, 엘리트의 등용문인 문과 급제자의 절반을 평민이 차지한 때도 있었다는 주장이 나왔다. 심지어 이들 중 판서 등 고위직까지 오른 이도 부지기수였다. …… 조선 초기와 중기에 평민 등 신분이 낮은 급제자가 전체 급제자에서 차지하는 비율이 태조-정종 40.40%, 태종 50%, 세종 33.47%, 문종-단종 34.63%, 세조 30.42%, 예종-성종 22.17%, 연산군 17.13%, 중동 20.88%, 명종 19.78%, 선조 16.72% 등으로 조사됐다. …… 한 교수는 "조선 중기 한 시대의 특징을 왕조 500년에 다 적용하다 보니 조선시대가 양반이 특권을 독점한 폐쇄적인 사회로 잘못 각인되게 된 것"이라면서 "조선 사회는 신분 이동이 다이나믹했으며 개천에서 용이 나는 사회였다"고 진단했다.

- 교과서 서술에 나오는 '상민이 원칙적으로 교육을 받고 과거에 응시할 수 있었지만 현실적으로 매우 어려웠다.'는 서술에 반대되는 주장이 담긴 신문기사이다.

- 조선시대 양반에 대한 연구가 계속 진행 중이고 그 평가가 달라질 수 있다는 점을 알아두자.

2) 조선 후기 신분 질서의 변화
(1) 배경
① 양난 이후 정치 · 경제적 변화
② 양반 중심의 신분제가 동요
(2) 양반의 분화
① 붕당 정치의 변화로 소수의 양반이 권력 장악
② 다수의 양반은 향촌 사회에서 명맥을 유지하는 향반이 됨
③ 일부 양반은 경제적으로 몰락해 일반 농민과 비슷한 생활
(3) 중인의 성장
① 서얼: 여러 차례 집단 상소를 올려 관직 진출 제한을 풀어달라고 왕에게 요청 ➜ 서얼의 관직 진출 확대
② 중인(기술직): 대규모로 상소를 올려 고위관직에 진출할 수 있도록 요청하였으나, 성과를 거두지는 못함
(4) 상민의 성장
① 농업 생산력의 향상과 상품 화폐 경제의 발달로 재산을 축적
② 공명첩 구입, 납속책 등을 통해 합법적으로 사회적 지위의 상승을 도모
(교과서 p. 74, 공명첩 사진 확인, 읽기자료1 내용 한 번 더 확인)
③ 양반의 족보를 구입하거나 위조해 비합법적으로 양반 행세
(5) 노비의 감소
① 전쟁에서 공을 세우거나 재산을 모아 국가나 주인에게 곡식을 바쳐 상민이 됨
(교과서 p. 74, 인물 역사 읽기 확인)
② 정부의 노비종모법 시행으로 상민 수 증가, 노비 수 감소
(교과서 p. 76, 자료2 '노비종모법' 확인)
③ 순조 때 6만여 명의 공노비 해방

읽기 자료 3.『상원과장자료』, 신해 4월 25일

오래도록 막혀 있으면 반드시 터놓아야 하고, 원한은 쌓이면 반드시 풀어야 하는 것이 하늘의 이치다. 중인, 서얼을 가로막는 것은 우리나라의 편벽된 일로 이제 몇백 년이 되었다. 서얼은 다행히 조정의 큰 성덕을 입어 문관은 승문원, 무관은 선전관에 임용되고 있다. 그런데도 우리들 중인은 홀로 이 은혜를 함께 입지 못하니 어찌 탄식조차 없겠는가? 이제 바야흐로 의논을 모아 글을 써서 원통함을 호소하고자 먼저 통문을 띄우노니 이달 29일 마동에 있는 홍현보의 집에 모여 상의코자 한다.

- 위 자료에서는 중인과 서얼을 구분하여 쓰고 있고, 관직 진출의 길이 열린 서얼에 비

해 여전히 차별받는 중인의 불만이 표현된 글이다. 조선의 신분계층을 공부할 때, '중인'의 의미가 두 가지로 쓰여서 확실하게 구분할 필요가 있다. 넓은 의미의 '중인'과 좁은 의미의 '중인'을 간략하게 정의해 보자.

3) 부계 중심의 가족 제도와 여성의 지위

(1) 부계 중심의 가족 제도

① 배경: 17세기 이후 성리학적 생활규범과 윤리가 자리를 잡으면서 점차 부계 중심의 가족 제도로 변화

② 가계를 계승한 장자가 제사 전담, 재산 상속에서도 우위

③ 가계를 이을 아들이 없을 경우 양자를 들임

(2) 여성의 지위

① 혼인 후 신부는 곧장 신랑 집으로 가서 생활

② 족보에는 아들, 딸 순서로 기재하였고 어머니 쪽과 아내 쪽 가계의 기록은 매우 축약

③ 양반 여성의 경우 남편이 죽은 뒤 재혼은 사실상 불가능

2. 활동지

활동지(심화)

반 번 이름:

교실 밖 수업 1차시		교실 안 수업 2차시		교실 안 수업 2차시
동영상 시청, VR 체험, 학습지 및 활동지 학습	➜	조선 신분제의 특징 이해하기, 조선 후기 신분 질서의 변화과정 알기	➜	역사 보고서 쓰기

생활사 자료를 통해 역사 탐구하기

1. "활동 자료1"을 읽고 물음에 답해보자.

활동 자료 1-1. 자료에 관한 정보

- 자료 출처: 노경자 외 1명, 「한글편지로 본 조선후기 양반사대부의 관직 생활과 가족」, 2023, 『인문학 연구』 통권 47호
- 자료 설명: 의성 김씨 학봉 김성일의 30세손인 김진화가 관직에 몸담고 있을 당시에 작성된 한글편지를 통해 당시 양반의 생활을 엿볼 수 있음
- 인물 정보: 김진화(金鎭華, 1793~1850)
  - 1828년, 뛰어난 학문과 덕행으로 천거되어 창릉 참봉으로 벼슬길에 오름
  - 자문감봉사 · 한성부판관을 지냈으며, 외직으로도 나가 아산현감 · 진산군수 · 청송도

호부사 · 원주목판관 등을 역임함
- 원주목판관 재직 당시인 1842년 8월에 암행어사 이우의 서계로 인하여 면직됨
- 1846년 4월, 무장현감에 임명되어 다시 벼슬길에 나아감
- 1848년 12월에 능주목사가 되었고 1850년 1월 통정대부에 가자(加資)되어 당상(堂上)에 오름

활동 자료 1-2. 1832년, 여강 이씨(아내)가 김진화(남편)에게 보낸 한글 편지1

서울은 흉년이 더 심하여 주인은 한때씩만 해서 드린다하니 답답하옵.
가게에서 사서 잡수셔도 굶지 마시고 병환이나 아니 내시기를 비옵.
빚은 그렇게 진다하시나 어찌하옵.

활동 자료 1-3. 1832년, 여강 이씨(아내)가 김진화(남편)에게 보낸 한글 편지2

몸이 삐치시는 가운데 병막을 돌아다니며 죄상을 살피신다 하오니 자주 두려운 마음이야 봄날의 얼음을 딛는 듯하옵.
원님으로 나가는 일은 빠르고 늦고 하는 것이 없고 점점 괴로운 일만 하시니 답답하여 녹을 노릇이옵.
날씨는 점점 사나워지고 의복은 넉넉하지 아니하고.

(물음) 위 편지들은 김진화가 하급 관료이던 시절에 아내가 김진화에게 보낸 편지들이다. 편지에 나타난 내용을 토대로 알 수 있는 19세기 하급 관료의 생활에 대해 말해보자.

____

____

____

____

활동 자료 1-4. 1850년, 여강 이씨(아내)가 김진화(남편)에게 보낸 한글 편지

제사에 절박하여 남에게 빌려서 지내옵고 갚았으나 남이 보기에는 우리 집은 돈이 섰고 베와 비단과 고기에 묻혔다고 하나 이제는 통분하지도 아니하되 마음만 어지러워 (견디기) 어렵삽.
재취로 혼인 야단을 치더니 사월 초이틀로 지낸다 하오니 돈은 가져갔으나 어떻게 하던 것인지 마침내 모두 덜하여 놓고 (날짜를) 더 물릴 듯하고 자기는 (서울로 과거를 보러) 가고 누구에게 혼례 준비를 맡길꼬.

(물음) 위 편지는 김진화가 높은 관직에 올라 양반으로서 생활하던 시기에 아내가 김진화에게 보낸 편지이다. 편지에 나타난 내용을 토대로 알 수 있는 19세기 양반의 생활에 대해 말해보자.

____

____

____

____

2. “활동 자료2”를 읽고 물음에 답해보자.

활동 자료 2. 평생도 온라인 전시관 체험(국립중앙박물관)

① 국립중앙박물관(https://www.museum.go.kr/) 홈페이지에 접속한다.
② 온라인 전시관 메뉴에서 조선 사람들의 꿈, 평생도 VR 체험을 클릭한다.

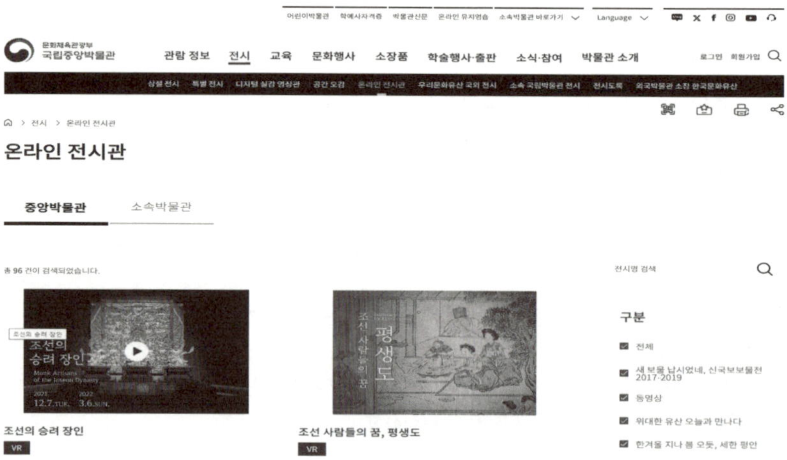

③ VR 체험을 통해 조선시대 양반의 삶에 대해 생각해 본다.

(물음) 위 평생도에 대해 공부한 내용을 토대로 조선 시대 양반의 삶이 어떠했을지 요약해 보자.

① 돌잔치(예시입니다. 이런 식으로 자신의 생각을 요약해 보세요.)

주인공의 사진을 확대해 보면 오늘날에도 돌잔치 하면 떠오르는 옷을 입고 있고, 돌잡이 문화까지 낯설지 않아서 당시의 문화가 지금도 대중적으로 이어지고 있다고 느꼈다. 그리고 아이가 책을 잡은 것은 진짜 책을 잡았을 수도 있겠지만, 과거에 합격하기를 바라는 양반 집안의 염원이 담긴 것일 수도 있겠다는 생각이 들었다.

② 혼인식 :

③ 응방식(과거급제) :

④ 관직 진출 :

⑤ 송도유수 도임식 :

⑥ 병조판서 시기 :

⑦ 좌의정 시기 :

⑧ 회혼식 :

3. 수행평가지

수행평가(심화)

반 번 이름:

교실 밖 수업 1차시		교실 안 수업 2차시		교실 안 수업 2차시
동영상 시청, VR 체험, 학습지 및 활동지 학습	➜	조선 신분제의 특징 이해하기, 조선 후기 신분 질서의 변화과정 알기	➜	역사 보고서 쓰기

생활사 자료를 통해
역사 탐구하기 - 역사 보고서 쓰기

※ 보고서 작성 조건

- 교과서, 학습지, 활동지, 교실 밖 수업에서 학습한 내용들을 중심으로 탐구할 것
- 탐구 내용에 조선의 전체적인 신분 제도, 양반의 생활사 등으로 구분하여 작성할 것
- 탐구 내용에 구체적인 자료 출처를 3가지 이상 밝히며 서술할 것
- 결과에는 자료를 조사하면서 새롭게 알게 된 점을 요약하여 작성할 것

··· 한국사 주제탐구 보고서 ···

탐구 주제	조선 시대 양반의 생활		
탐구자		날짜	년 월 일
탐구 방법	• 문헌 연구(사료 탐구) •		
탐구 내용	• 조선의 전체적인 신분 제도 • 양반의 생활사		
결과 (알게 된 점)			

한국사 주제탐구 보고서 쓰기를 통해 배운 점

____

____

____

____

____

한국사 주제탐구 보고서 수행평가 채점 기준(학생용)

평가 항목	배점
교과서, 학습지, 활동지에 나오는 내용들을 적절하게 활용하였는가	5점
교실 밖 수업(온라인 학습)에서 학습한 내용을 충분히 반영하였는가	5점
탐구 내용에 구체적인 자료 출처를 밝히며 서술하였는가	5점
보고서 형식에 맞게 요약하여 적절하게 서술하였는가	5점

6) 수업

수업의 전개 과정은 교실 밖 수업과 교실 안 수업으로 나누어 계획하고 진행한다. 교실 밖 수업을 통해 온라인상에서 학생들이 동영상 시청, VR 체험, 학습지 및 활동지 작성을 하면서 수업 주제에 대한 기본 내용을 어느 정도 습득하도록 지도한다. 이때 교사는 적극적으로 참여하지 않는 학생들을 독려하고 대부분 목표한 내용지식을 습득하도록 지도해야 한다. 그렇지 않으면 이어지는 교실 안 수업에 큰 차질이 생길 수밖에 없다. 교실 안 수업에서는 교실 밖 수업에서 학습해 온 내용을 학생들로 하여금 떠올리게 하며, 교사가 체계적으로 내용을 정리하는 방식으로 수업을 진행한다. 교사가 역사 해석의 다양성에 대해 강조하고 최근 생활사 자료 발굴에 따른 몰랐던 양반의 삶이 드러나기도 하며, 조선 신분제에 대한 연구가 진전됨에 따라 기존의 조선 후기 신분제 변화에 대한 내용도 비판적으로 볼 필요가 있다고 설명한다. 이후 교실 밖 수업에서 학생들이 제출한 자료를 피드백하고 상호작용하며 학습한 내용을 심화한다. 마지막으로 배운 내용을 토대로 조선 시대 양반의 삶을 주제로 한 탐구 보고서를 작성하는 수행평가를 진행한다. 단, 보고서 양식을 쉽게 안내하고, 조건에 맞춰서 보고서를 작성하도록 설명하는 것이 중요하다.

7) 수행평가 시행

수행평가를 통해 평가하고자 하는 요소는 "자료의 적절한 활용", "온라인 학습 내용", "역사적 내용에 대한 정확성", "보고서 형식에 맞게 글쓰기"이다. 학생들의 수행평가 도구에 이를 조건으로 제시해야 한다.

수행 과제	생활사 자료를 통해 역사 탐구하기 - 주제 탐구 보고서 작성하기
교육과정 성취기준	[10한사1-02-03] 근대 이전 사회 구조를 신분제를 중심으로 분석한다.

<table>
<tr><th rowspan="2">평가요소</th><th colspan="4">수행 수준</th><th colspan="2" rowspan="2">배점</th></tr>
<tr><th>5점</th><th>4점</th><th>3점</th><th>2점</th></tr>
<tr><td rowspan="3">1. 자료의 적절한 활용</td><td rowspan="3">교과서, 학습지, 활동지 등 3가지 자료에 나오는 내용들을 모두 적절하게 활용함.</td><td rowspan="3">교과서, 학습지, 활동지 중 2가지 자료에 나오는 내용들을 적절하게 활용함.</td><td rowspan="3">교과서, 학습지, 활동지 중 1가지 자료에 나오는 내용들을 적절하게 활용함.</td><td rowspan="3">교과서, 학습지, 활동지 등 3가지 자료에 나오는 내용들을 적절하게 활용하지 못함.</td><td rowspan="13">각 평가요소의 점수를 합산하여 부여함</td><td>20</td></tr>
<tr><td>19</td></tr>
<tr><td>18</td></tr>
<tr><td rowspan="3">2. 온라인 학습 내용 반영</td><td rowspan="3">교실 밖 수업(온라인 학습)에서 학습한 내용을 3가지 이상 충분히 반영함.</td><td rowspan="3">교실 밖 수업(온라인 학습)에서 학습한 내용을 일부(2가지) 반영함.</td><td rowspan="3">교실 밖 수업(온라인 학습)에서 학습한 내용을 일부(1가지) 반영함.</td><td rowspan="3">교실 밖 수업(온라인 학습)에서 학습한 내용을 반영하지 못함.</td><td>17</td></tr>
<tr><td>16</td></tr>
<tr><td>15</td></tr>
<tr><td rowspan="3">3. 역사적 내용에 대한 정확성</td><td rowspan="3">탐구 내용에 구체적인 자료 출처를 3가지 이상 밝히며 서술함.</td><td rowspan="3">탐구 내용에 구체적인 자료 출처를 2가지 밝히며 서술함.</td><td rowspan="3">탐구 내용에 구체적인 자료 출처를 1가지 밝히며 서술함.</td><td rowspan="3">탐구 내용에 구체적인 자료 출처를 밝히지 못함.</td><td>14</td></tr>
<tr><td>13</td></tr>
<tr><td>12</td></tr>
<tr><td rowspan="4">4. 보고서 형식에 맞게 글쓰기</td><td rowspan="4">탐구방법, 탐구내용, 결과 3가지 모두 보고서 형식에 맞게 요약하여 적절하게 서술함.</td><td rowspan="4">탐구방법, 탐구내용, 결과 중 2가지 영역을 보고서 형식에 맞게 요약하여 적절하게 서술함.</td><td rowspan="4">탐구방법, 탐구내용, 결과 중 1가지 영역을 보고서 형식에 맞게 요약하여 적절하게 서술함.</td><td rowspan="4">보고서 형식에 맞게 요약하여 서술하지 못함.</td><td>11</td></tr>
<tr><td>10</td></tr>
<tr><td>9</td></tr>
<tr><td>8</td></tr>
<tr><td colspan="6">※ 수행활동에 참여하였지만 수행과제를 미제출(백지활동 제출 포함)한 경우: 기본점수</td><td>7</td></tr>
</table>

8) 전체적인 교수 · 학습 과정에 대한 피드백 및 계획 수립

플립 러닝의 특성상 학생들이 교실 밖에서 교사의 의도대로 학습해 오는 것이 중요하기 때문에 이때 활용할 온라인 플랫폼 및 제공할 자료, 자료 제출 방법 등을 교사가 철저하게 점검하는 것이 중요하다. 교실 안 수업의 도입 단계에서 질문이나 간단한 퀴즈 등 교실 밖 수업 내용을 학생들에게 떠올리게 하는 작업을 통해 두 수업을 자연스럽게 연결시키는 것이 중요하다. 교실 안 수업의 전개 단계에서는 학습지의 내용 중 교과서의 상민이 과거를 합격하는 데 어려웠다는 서술과 학습지의 평민이 과거에 많이 합격했다는 신문기사를 비교하며, 양반에 대한 연구가 더 진행되면 교과서의 내용도 바뀔 수 있다고 학생들에게 강조하고, 조선 후기 신분제의 동요도 최근 그런 흐름에 있다고 추가 설명한다. 또 학생들이 온라인 학습에서 어느 정도 내용지식을 학습해 왔다는 것을 전제로 학생들과 상호작용하면서 수업을 진행하는 부분을 계속 고민해야 한다. 그리고 학생들이 활동지를 작성할 때 국립중앙박물관 사이트에 접속해야 하기 때문에 스마트폰이나 노트북, 패드 등 기자재 준비에 대한 사전 점검이 필요하다. 학습한 내용을 토대로 주제탐구 보고서를 쓰도록 안내하고 무엇보다 조건을 충족하는 글쓰기가 되도록 지도한다. 수업 종료 후 루브릭을 기반으로 채점한다. 학생의 결과물은 개별적으로 루브릭과 학습 목표에 맞추어 학습 목표 성취를 위한 피드백을 수행한다. 플립 러닝 수업인 만큼 특히 교실 밖 수업에 성실하게 참여한 학생들에 대해 긍정적인 피드백을 해주는 것이 좋다.

CHAPTER

03 한국 근 · 현대사

1. 시대의 개관

1) 근대

중세를 지배했던 신분제로부터의 해방, 개인의 발견, 근대 국민 국가의 건설, 경제적으로 자본주의 경제 체제로의 이행 등은 근대를 특징짓는 것이다. 하지만 서구와 비서구 – 특히 아시아가 경험한 근대는 다르다. 서구의 경우 신분제로부터 해방된 개인에 기반하여 국민 국가를 건설하고 자본주의 경제 체제로 이행한 이후 비서구 지역을 침략하여 식민지 · 반(半)식민지로 지배한 반면 비서구 · 아시아 지역은 서구의 침략에 맞서면서 자본주의로 이행하며 국민 국가를 건설해야만 했기 때문이다. 이를 위해 아시아 국가들은 침략 세력인 외세의 간섭을 멀리하는 반(反)외세라는 과제와 더불어 중세 봉건 체제를 해체하며 근대화를 이룩해야 하는 반(反)봉건이라는 과제를 동시에 그것도 최단 시간 내에 해결해야만 했다. 하지만 이 두 과제는 서로 모순된 관계에 있기 때문에 동시에 풀어내기에는 어려운 것이기도 했다. 게다가 과제 해결 과정에서 국론은 분열하기 마련이었다. 물론 사회 성원들의 처지나 입장이 상이하기 때문에 국론 분열 그 자체는 언제나 있을 수밖에 없는 자연스러운 것으로, 다양한 의견이 제시될 수 있는 건강한 사회라는 징표일 수도 있다. 하지만 이때의 국론 분열은 해결해야 했던 두 과제가 모순 관계에 있었기 때문에 이전과는 달리 타협점을 찾는 것이 지난했다. 반외세와 반봉건이라는 모순된 두 과제를 최대한 빠르게 해결해야 했지만, 타협점을 찾기 어려운 국론 분열 상황이 지속되고 외세의 압력은 점점 더 강해지는 가운데 대부분의 아시아 국가들은 열강의 식민지 · 반식민지로 전락했다. 이후 아시아 국가들은 독립과 그 이후 신국가 건설을 모색하는 가운데 반(反)제국주의 투쟁을 벌여 나가야만 했다. 한국의 근대 역시 마찬가지였다.

후술하듯이 한국에서 근대의 기점이 언제였는가에 대해서는 이견이 있었지만, 중등교육용 교과서나 개설서는 흥선대원군의 집권부터 다루는 것이 보통이다. 18세기 후반 이래의 사회경제적으로 발전하며 새로운 양상과 계층이 나타났지만 19세기 들어 '세도정치'로 대변되는 파행적 정치가 이루어지는 속에서 민란(농민봉기)이 빈발하는 한편 흥선대원군의 집권을 전후하여 출몰했던 이양선과 두 차례의 양요는 한국 사회 역시 반봉건과 반외세라는 두 가지 과제 해결이 시급해졌음을 보여주기 때문이다.

개화라는 시대적 흐름 속에서 고종 친정 이후 한국 역시 개항을 하였으며, 이후 사회 변화는 더욱 가속화되었다. 더군다나 준비가 충분치 않은 가운데 이루어진 개항은 불평등한 조건 속에서 이루어졌다. 개항과 더불어 면으로 대표되는 서구의 공산품이 일본 상인들을 매개로 대규모로 유입되는 한편 쌀을 중심으로 하는 조선의 농산물이 대거 유출되는 무역이 무관세·저율 관세 체제 속에서 이루어졌다.[1] 이러한 무역으로 국내 상공업 기반은 흔들리고 물가가 대폭 상승했으며, 이는 두 가지 과제 해결을 더욱 재촉하는 것이었다.

이러한 가운데 통리기무아문(統理機務衙門)의 설치로 대변되는 고종의 개화 정책과 이 과정에서 설치된 별기군, 이에 대한 구식 군대와 도시 하층민의 저항으로 한 달여 흥선대원군의 재집권을 가져왔던 임오군란, 청의 파병을 통한 군란의 진압과 개화 정책의 일시 중단 및 이후 청의 속방화 정책, 이러한 상황 타개를 위해 일본을 모델로 하여 중국 중심의 세계관을 벗어나 세계와 소통하며 개화를 추진해야 한다고 생각했던 이들에 의한 갑신정변 등 개항 이후 벌어진 일련의 사건들이 벌어졌다. 이처럼 반외세와 반봉건이라는 상호 모순되어 보이는 이중적인 과제의 해결 과정에서 당시 조선인들 각자의 사회경제적 위치에 따라 혹은 반외세의 과제를, 혹은 반봉건의 과제를 우선하며 분기하고 있음을 보여준다고 하겠다.

동학농민운동이 일어나고, 갑오·을미개혁이 시작된 1894년은 향후의 역사를 예고하는 의미심장한 해였다. 동학농민운동은 19세기 내내 빈발하였던 농민봉기의 연장선에 위치한다. 이들 농민봉기의 원인은 삼정의 문란, 즉 중세 봉건 체제의 말기적 현상이라는 공통점을 갖지만, 1894년 이전의 봉기는 — '개령 농민봉기',

'진주 농민봉기', '임술 농민항쟁' 등과 같이 특정 지명 또는 농민봉기가 동시다발적으로 일어난 특정 시점을 붙여 지칭하는 것에서 단적으로 드러나듯이 — 서로 연대하지 못한 채 지역적으로 고립되어 분산적으로 일어나는 경향을 보인다. 하지만 여기에 동학이 가미됨에 따라 이러한 한계를 극복하게 되었다. '인내천'과 '후천개벽', 바로 인간 평등과 새로운 세상의 도래라는 반봉건적 사상을 교리로 삼은 종교로서 동학은 '포접'으로 구성된 교단을 갖춘 조직체였다. 즉 사상이자 종교인 동학을 통해 농민들의 반봉건적 의식은 고양되었을 뿐만 아니라 지역적 고립을 넘어선 연대가 이루어질 수 있었다. 동학농민운동에서 주목되는 것은 당시 농민들이 제시한 폐정개혁안이다. 농민봉기는 물론 임오군란과 같은 사회 하층 내지 약자라 할 수 있는 이들의 저항은 반복되었지만, 개혁안을 제시한 것은 흔치 않다. 이는 19세기 말 농민군으로 대변되는 사회적 약자들이 폐정이란 현실에 대한 개혁 의지가 강렬했음을 보여준다. 또 그 내용은 - 전하는 사료에 따라 차이는 있지만 - 노비 문서 소각, 천인들의 대우 개선, 과부의 재가 허용, 불량한 양반과 탐관오리의 처벌, 무명잡세의 폐지, 문벌의 타파와 인재 등용과 같이 반봉건적 지향을 드러내고 있다. 이뿐만 아니라 농민들의 개혁안에는 반외세적 지향 역시 담고 있었다. 개항 이후 일본 등과의 무역으로 인한 미곡의 대량 유출은 곡가를 비롯한 물가의 상승을 추동했으며, 그 결과 미곡 등 많은 농산물을 소유한 대지주와 외국 상인과 무역을 할 수 있는 대자본을 갖춘 상인들은 막대한 부를 축적할 수 있었다. 반면 대다수의 농민, 도시 생활자들의 생활은 곤궁해졌고, 이들은 다시 대지주·대상인 등에게 고리를 빌려 써야만 했다. 일본과 내통하는 자의 처벌을 비롯하여 농민들이 지고 있던 공사채의 무효화 등의 개혁안은 농민들이 품었던 반외세적 지향을 드러낸다. 이와 더불어 농민들의 개혁안은 토지의 평균 분작에 대한 요구까지도 담고 있다. 즉 농민들은 외세와 연결되어 부를 독점했던 대지주·대상인 등의 소유권을 부정하고 농민들을 부양하여 이들이 미래 사회의 중심이 되기를 원했던 것이다. 즉 봉건 체제의 해체와 근대 사회로 이행의 주체는 농민이었던 것이다. 하지만 주지하듯이 동학농민운동은 일본군의 경복궁 점령 등에 의해 재점화되었으며, 청일전쟁 이후 일본군을 상대하는 가운데 패배로 돌아갔다. 이는 당시 대다수 대중이었던 농민들의 지향, 즉 농민들이 중심 세력이 되어 외세 및 이에 호응한 세력을 물리치며 근대 사회로 이행하는 것이 어려워졌음을 의미한다.

한편 농민군의 전주성 점령 이후 조선 정부의 요청에 따라 청의 군대가 파병된 데에 이어, 일본군 역시 1894년 5월 6일(음력) 인천에 상륙했다. 하지만 이틀 후 전주화약의 체결로 제1차 동학농민운동은 사실상 종결되었다. 이에 정부는 철병을 요구했지만, 일본군은 경복궁을 점령하고 친청적인 민씨 세력을 축출, 대원군을 섭정으로 세우고 기존의 개혁 기구인 교정청을 대신해 입법기구로서 각종 정책을 결정할 수 있는 군국기무처를 설치, 내정개혁에 돌입했다. 갑오·을미개혁(또는 시행 주체 군국기무처와 내각의 변화에 따라 갑오 1·2·3차 개혁)이 시작된 것이다. 이 개혁에 대해서는 다양한 평가가 있지만, 개항 이후 개화를 추진했던 다양한 세력들이 이 개혁에 참여했다는 점과 이를 가능하게 했던 물리적인 기반은 일본에 있었다는 점은 대체로 동의되고 있다.[2] 군국기무처 설치 이래 1896년 초 아관파천이 일어나기 전까지 계속된 개혁 과정에서 정치 제도는 물론 사회 전반에 걸쳐 있는 660여 건의 조칙·법령 등이 반포되었다. 당시 이루어진 궁부(宮府)의 분리와 왕권의 제한, 과거제 폐지, 재정기관의 일원화, 신분 차별 폐기, 공사노비의 혁파 등과 같은 조치 및 이와 맞물려 있는 제반 잡세의 폐지와 조세 종목의 축소, 단발령 등은 분명히 중세 봉건 체제를 부정하고 새로운 근대 국가를 지향하는 것이었다. 특히 전제 왕정에서 국가와 일체로 생각되던 왕실을 정부에서 분리한 것은 근대적인 정치 제도로 나아가기 위한 첫걸음이라고 평가할 수도 있다. 하지만 궁부의 분리를 비롯한 왕권의 제한은 일본 세력을 배경으로 했다는 점에서 갑오·을미개혁이 당시 한국 사회의 또 하나의 당면 과제였던 반외세의 과제 해결에 한계가 분명했음을 보여준다. 게다가 삼국간섭 이후 일본 세력의 약화에 따라 왕실의 권력은 회복되었고, 결국 왕권 제약은 실패로 돌아갔다. 뿐만 아니라 갑오·을미개혁에서는 토지제도에 대해서는 별다른 언급이 없었다. 이러한 점들을 통해 볼 때 개혁의 주체들은 대지주·대상인들의 기존 소유를 인정하고 이를 기반으로 반봉건의 과제를 해결하려 했다고 하겠다.

주지하듯이 갑오개혁은 1896년 2월 아관파천으로 중단되었으며, 고종은 1년 후 환궁하여 대한제국을 선포, 황제로 즉위하여 입법·사법·행정·외교 등 모든 권한을 황제에 집중시키고 황실이 주도하는 광무개혁을 추진했다. 하지만 이 역시 지계의 발급을 통해 대지주·대상인 등에게 집중된 기존의 소유권을 안정화하고 이들에게 종종의 특혜를 주며 산업화를 도모했다는 점에서, 바로 근대화의 주체를 대지주・대상인들에게 둔 것은 갑오・을미개혁과 공통된다고 하겠다. 한반도를 중심으로 하는 동북아시아에서 러시아와 일본의 대립과 세력 균형은 대한제국의 성립을 가능케 했었으나 러일전쟁에서 일본이 승리함에 따라 그 균형이 무너졌다. 이후 대한제국의 존망은 위기에 빠졌으며, 결국 일본의 식민지로 전락했다.

한국을 강점한 일제는 통치 대상에 대한 파악과 통치를 위한 재원 마련을 서둘렀다. 강점 직후부터 개시된 토지조사사업과 임야조사사업은 이를 위한 것이었다. 일제는 토지조사사업을 강행하여 식민지 지주제를 확립하고 수탈을 확대해 나갔다. 특히 일본인 지주들은 일제 당국의 적극적인 지원을 받고 헐값으로 대규모의 토지를 불하받아 소작료를 착취하였다. 조선인 농민들은 토지를 상실하고 개인 지주나 농장의 소작농으로 전락하였다. 더구나 1920년대에 들어 일제는 쌀 증산을 위해 산미증식계획과 수리조합사업을 강행하였고 소작농들은 소작료 이외에도 토지개량비, 수리조합비, 비료대 등을 부담하게 되었다.[3)]

주지하듯이 조선 총독은 해군 출신인 3, 5대 총독 사이토 마코토[齋藤實] 외에는 모두 육군 장성 출신이었고, 식민통치 기반 형성의 상당 부분은 헌병이 경찰 업무까지도 보는 헌병경찰제 하에서 이루어졌다. 즉 대다수의 조선인들은 군사적 색채가 강한 억압적인 상황에서 자신의 권리를 잃는 가운데 고액의 세금까지 부담해야만 했다. 이처럼 강점은 평범한 보통의 삶을 살아가던 대다수 조선인들에게 일상의 고통이자 생존의 위협으로 다가올 수밖에 없었으며, 이는 전민족적 저항이었던 3・1 운동에서 잘 드러난다. 잘 알려져 있듯이 3・1 운동은 '무단통치'라는 억압적・폭력적인 식민통치, 1차 세계 대전 이후 민족자결주의라는 국제사회의 분위기, 재일 조선인 유학생의 2・8 독립 선언, 교단이라는 조직체로서 대중적 역량을 조직화할 수 있었던 기독교와 천도교라는 종교 세력의 교세 확장 및 이들이 중심이 된 민족 대표 33인의 존재 등과 같은 다양한 원인과 배경이 있었다. 하지만 운동의 도화선을 이룬 민족 대표 33인이 운동 시작 당일 자수했음에도 시위가 전국적으로 확산되며, 수개월 동안 계속될 수 있었던 데에는 조선인들 사이에 강점으로 인한 일상적인 고통이 만연해 있었기 때문이다.

3・1 운동은 일제의 지배방식만이 아니라 많은 것들을 바꾸었다. 3・1 운동으로 대중의 존재와 이들의 역량이 확인됨에 따라 복벽주의와 같은 회고적 운동은 사라지며, 독립 이후의 신국가로서 공화제의 수립이 상식이 된 것이다. 운동 이후 독립

운동의 지도 기관의 필요성이 제기되며 대한민국 임시 정부가 공화제 정부로서 수립되었던 것은 이를 상징적으로 보여준다. 또 이후의 독립운동은, 민족주의 계열에 의한 것이든 사회주의 계열에 의한 것이든, 대중의 후원・지지를 필요로 하게 되었다. 대중의 에너지를 확인한 이후로는 이 힘을 자신의 편에 두는 것이 운동의 성공・승리를 위해 필수적 요소가 된 것이다. 뿐만 아니라 3・1 운동은 이후의 독립운동과 사회 운동의 기반이기도 했다. '유관순'이 상징적으로 보여주듯이 이 운동은 학생, 청년, 여성 등 이전까지 사회적으로 의미를 띠지 못했던 이들에 의해 이루어졌다. 3・1 운동을 통해 독립운동을 경험한 젊은 세대는 이후의 운동을 이끌어가는 주체로 성장했으며, 다양한 이들이 자신의 사회적 존재와 가치를 확인했다. 1920년대 들어 여성운동, 청년운동, 학생운동, 형평운동 등 다양한 사회 운동이 나타나 활발하게 이루어졌던 데에는 3・1 운동의 경험이 있었기 때문이다. 학생의 광범위한 등장과 더불어 시위의 확산과 선전에 큰 역할을 했던 신문이나 각종 유인물 등은 근대 교육・매체 등 사회의 변화를 보여주는 동시에 향후 한국에서 시위 문화를 예고하는 것이기도 했다.

한편 다이쇼 데모크라시 이후 일본 정계 내 군부의 영향력이 약화된 데다가 군축이 진행됨에 따라 군부의 불만과 위기의식은 더욱 거세졌다. 더군다나 1920년대 말 경제 대공황이 전 세계를 덮치자 군부의 독주가 시작되었다. 바로 만주사변을 일으킨 것이다. 이는 식민지 조선에 대한 통치정책의 변화를 가져왔다. 이전 산미증식계획으로 대변되던 식량 공급지로서의 조선을 병참으로 변모시킨 것이다. 조선 내에서는 1930년대 중반 이래 천황제 사상의 주입이 본격화되며 독립운동에 대한 탄압이 더해 감에 따라 조선 내에서는 '조선학 운동'과 같이 학문적 활동만이 가능했으며, 이마저도 중일전쟁 발발 이후로는 부족한 군인을 조선인으로 충당하기 위해 민족 말살 정책이 진행되자 조선어학회에 대한 탄압이 상징하듯 한민족의 모든 것이 억압과 금지의 대상이 되었다. 하지만 전 세계적으로 전쟁의 기운이 완연해짐에 따라 국외의 무장투쟁 단체들은 중국 항일군과 연합작전을 전개하며 많은 전과를 올렸다. 비록 임정의 이동이 보여주듯이 독립운동의 지속에 어려움은 따랐지만, 한국광복군을 비롯한 국외의 항일 무장단체들의 활동은 해방에 이르기까지 지속되었다.

2) 현대

한국사에서 현대의 기점은 대체로 1945년 8월 15일 해방에 두고 있으며 그 종점에 대해서는 합의된 것은 없지만, 중등교육용 교과서는 현재 정권 이전까지를 싣고 있다. 다만 '현대'라는 개념은 현재를 포함하기 때문에 현대사의 범위는 시간의 경과에 따라 계속해서 늘어난다고 하겠다. 이렇게 현대의 포괄 범위는 현재와 직결되며, 현재 한국은 분단과 북한이란 존재가 규정력으로 작용하기 때문에 역사학만이 아니라 북한학, 사회학을 비롯하여 정치학, 경제학, 외교학, 경제학, 국문학 등과 같은 분야에서도 활발하게 연구해 왔다. 특히 역사학계의 연구는 해방 이후 1970년대까지를 주요한 대상으로 진행돼 왔으며, 근래 1980년대에 대한 연구가 개시된 반면 1980년대 이후의 시기에 대해서는 역사학 이외의 학문 분야에서 보다 왕성하게 연구되고 있다. 즉 한국사학계에서 현대사 연구는 해방에서 박정희 정권기까지를 주요한 대상으로 하여 진행되어 왔다고 하겠다. 이에 여기에서는 역사학계의 논의에 근거하여 해방 이후 박정희 정권기까지의 시기를 간략히 개관하겠다.

해방은 한국에게 자주적인 민족국가의 수립이라는 새로운 과제를 부여했다. 이를 위해서는 '식민지 잔재'의 청산이 선행되어야 했다. 해방 당시 인적 부분은 물론이고 공업 자본의 90% 이상의 대부분은 일제의 것이었다. 이뿐만 아니라 대다수 한국인의 생업이었던 농업에서도 소수의 지주들이 농경지의 60% 가까이를 소유한 채 고율의 소작료를 징수하던 농업 구조의 재편 역시 신국가 건설을 위해서는 반드시 해결해야 했던 문제였다.

그런데 이런 문제의 해결은 냉전의 형성이라는 국제 환경 속에서 이루어져야만 했다. 2차 세계 대전 종전 이전부터의 국제 회담에서 한국의 독립이 약속되었지만, 거기에는 "적절한 절차"라는 단서가 붙어 있었다. 주지하듯이 해방 이후 미·소의 분할 점령, 모스크바 삼상 회의의 결정 사항에 대한 반대/지지 등 좌우 갈등은 결국 분단으로 귀결되었다. 남에서는 이승만, 이시영을 대통령과 부통령으로 하여 대한민국을(1948. 8. 15.), 북에서는 김일성, 박헌영을 수상, 부수상으로 하여 조선민주주의 인민공화국을(1948. 9. 9.) 수립한 것이다.

남북에서 각각 정부가 수립되자 한반도에 주둔하던 미소 양군의 철수가 요청되었다. 1948년 후반부터 이듬해 중반까지 완료된 미·소 양군의 철수 즈음 38선 부근에서 종종 벌어지고 있던 남북의 군사적 충돌에서 북한의 공세 규모가 커졌으며, 이러한 가운데 북한의 기습적인 남침이 자행되었다. 한국전쟁이 발발한 것이다. 하지만 이는 소련(스탈린), 중국(모택동)의 협의·지원 아래 준비되었다. 때문에 한국전쟁은 남북갈등이라는 민족 갈등과 미·소 대립이라는 국제 갈등이 중첩되며 복잡한 양상과 성격을 지닌다. 전쟁 발발 직후 유엔군, 중국군까지 참전하며 냉전 체제 양 진영의 전쟁으로 확대되었으며, 발발 약 1년 후인 1951년 7월부터 휴전회담에 들어갔다. 양측은 조금이라도 유리한 상황에서 협정을 체결하고자 했을 뿐만 아니라 포로 송환 문제로 난항을 겪었지만, 1953년 3월 스탈린 사망 이후 회담은 급진전하여 같은 해 7월 27일 유엔군, 북한군, 중국군의 대표들이 협정에 서명하며 마무리되었다.

전쟁의 결과 엄청난 물적·인적 손실은 물론 냉전 체제의 강화에 따라 남북 분단은 더욱 고착되었으며 남북 양측 모두 사회적 자원을 냉전의 유지, 즉 군사력 강화에 대거 소비해야만 했고, 이를 위한 권위주의적 사회체제가 정착되었다. 북한에서는 남로당, 연안파 등의 숙청이 진행되며 김일성 중심의 통치체제가 정립되었다면, 남한에서는 이승만을 중심으로 하는 보수 세력에 의한 반공 체제가 강화된 것이다. 1954년 5월 20일 실시된 제3회 국회의원 선거에서 자유당이 총 의석 203석의 과반 이상인 114석을 얻었을 뿐만 아니라 같은 해 11월에 이루어진 '사사오입 개헌', 1950년대 후반의 진보당 사건, 국가보안법 개정안의 통과 등은 이승만 정권을 중심으로 하는 권위주의적 정치·사회 체제의 강화를 보여주는 것이라 하겠다. 특히 사사오입 개헌 이후 "반공 이데올로기와 자유자본주의 신념"을 내세운 민주당의 창당(1955. 9.)과 사회민주주의와 평화통일을 내걸며 창당된 진보당에 대한 불법화와 조봉암 사형('진보당 사건')은 향후 한국 사회에서 진보 세력의 정치무대 진입·정치 활동 약화, 반공을 기조로 하는 보수 세력을 중심으로 이루어지는 권력 구조 등을 예고하는 것이었다. 4·19 혁명 이후 민주당 정권이 성립하며 이승만 정권기에 비해 정치 활동이나 언론의 자유가 확장되었다. 하지만 정부는 당시 결성된 민간의 혁신·통일 운동 단체들의 요구, 특히 남북 협상 및 교류 요구를 반공의 기조하에 거부했으며, 과거 비민주적 정권에 협력했던 이들에 대한 청산에 대해서도 미온적인 태도를 보였다. 즉 4·19 혁명 이후의 정권은 민주화에 대한 사회적 열망을 주도·조직화하기보다는 이를 반공 이데올로기와 보수적인 정책의 틀 안으로 제한했다고 하겠다.[4]

이러한 가운데 1961년 5월 16일 새벽 박정희를 필두로 한 육사 5·8·9기생, 십여 명의 장성과 수십 명의 장교들은 "무능한 장면 정권 때문에 생긴 사회 혼란과 정치 불안"을 구실로 쿠데타를 일으켰다. 정변 이후 쿠데타 세력은 군정을 선포하고 자신들의 정치적 기반을 공고히 하기 위해 '국가재건비상조치법'을 발포해 3권을 장악하고 한국중앙정보부를 조직해 자신들에 반대하고 비판하는 세력을 색출·제거함과 아울러 '정군운동'이라는 미명하에 군정에 비협조적인 장교들을 대거 예편시켰다. 게다가 이듬해인 1962년 3월 '정치활동정화법'을 발포, 4,000명이 넘는 정치인들의 정치 활동을 금지하고, 쿠데타에 호의적인 언론인·지식인들을 동원해 민주공화당을 창당했을 뿐만 아니라 7월에는 대통령이 국회의 동의 없이 국무총리와 국무위원을 임명할 수 있도록 하는 등 대통령에게 강력한 권한을 부여하는 내용의 헌법을 마련했는데, 이 헌법은 12월 국민투표를 거쳐 통과되었다. 이어 박정희는 쿠데타 직후 공언했듯이 1963년 8월 민정으로 이양하겠다며 그 이전인 4월 대통령 선거와 5월 국회의원 선거라는 일정을 발표함과 아울러 대통령 출마에 대한 의사를 밝혔다. 1963년 4월 대통령 선거에서 박정희는 상대 후보인 윤보선을 누르고 대통령에 당선되었으며, 이어 벌어진 제6대 국회의원 선거에서 175석 중 111석을 공화당이 차지해 거대 여당화하였으며, 이러한 정치적 지형 속에서 제3공화국이 출범했다.

당시 동북아에서 미국의 국익과 안보를 위해 '한·미·일 삼각안보체제'를 구축하고자 했던 미국은 경제 개발을 위한 자금 확보가 절실했던 한국에 강력한 반공정부가 수립되어 일본과 국교를 재개하기를 원했다. 이에 제3공화국에 들어 1945년 이후 논의되었지만 지지부진했던 한일 국교 정상화를 위한 한일회담이 급속하게 진행된 결과 1965년 6월 22일 일본으로부터 무상공여 3억 달러, 차관 2억 달러 등의 제공을 골자로 하는 한일기본조약이 체결되었다. 이 조약의 명문 해석에 대해선 지금까지도 한일 양국의 이견이 있음은 물론 과거사에 대한 사과가 없기 때문에 과거사 문제의 빌미가 되고 있다. 이러한 조약 체결의 협상 과정에서 국민들의 거센 반대가 일어난 것은 당연했지만, 정부는 비상계엄령을 내려 이를 진압했다. (6·3 사태) 차관 확보를 위한 박정희 정부의 움직임은 1964년 9월 이래 베트남 파병으로 이어졌다. 당시 미국 정부는 자국 내 반전 운동의 확산과 군사비 부담으로 외국군의 파병을 원했으며, 1966년 3월 주한 미국대사 브라운은 미국은 한국군 장비의 현대화 및 신규 차관 제공하겠다고 발표한 것이다.('브라운 각서') 한일국교

정상화와 '베트남 특수'로 들여온 차관은 이후 높은 경제 성장률을 이루는 밑거름이 되었다. 하지만 차관이라는 외자 유치의 심화에 따라 한국 경제의 대외 의존성 증가 등의 부작용 역시 피할 수 없었다.

한편 1960년대 후반 이래 정권은 새로운 상황에 직면했다. 먼저 데탕트라는 냉전 체제의 완화이다. 1969년 미국 대통령 닉슨은 취임 이후 베트남으로부터 미군의 단계적 철수를 발표했을 뿐만 아니라 중국을 방문(1972. 2.), 중국과의 관계 정상화를 추진했다. 이는 미국의 군비 절감, 중·소 분쟁 중 소련을 견제하고자 했던 미·중 양국의 이해관계 합치 등이 낳은 결과였지만, 동북아시아의 정세를 대폭 변화시키는 것이었다. 특히 분단된 한반도의 긴장 완화는 미·중이 모두 원하는 바였으며, 1971년 주한미군 2만 명 철수, '7·4 남북공동성명'(1972)의 발표 등은 한반도를 둘러싼 국제 관계의 변화를 보여주는 것이다. 이는 5·16 쿠데타 이후 정권 유지의 기반이었던 반공 이데올로기에 균열이었다.

냉전 완화와 더불어 국내 정치 지형의 변화 역시 정권에게는 위험 요소였다. 국제 정세가 변화하던 1971년에 치러진 두 차례 선거(제7대 대통령 및 제8대 국회의원 선거)는 정권과 여당에게 어려운 선거였음에도 대통령 선거(4. 27.)에서 박정희는 40대 기수론을 내세우며 출마한 야당 후보 김대중을 상대로 3선에 성공했으며, 한 달 후의 국회의원 선거(5. 25.)에서 신민당 등 야당의 의석이 전에 비해 늘어났지만, 공화당은 113석을 차지하여 과반(총 의석 204석) 확보에는 성공했다. 하지만 이 두 선거에서는 여촌야도(與村野都) 현상이 뚜렷하게 나타났다. 특히 대선에서 서울의 경우 야당 후보인 김대중이 과반을 넘는 득표율(51.5%)을 보일 정도로 도심에서 야당의 강세는 두드러졌다. 쿠데타의 명분이었던 '조국근대화', 즉 경제 개발, 산업화로 증가한 도시에서 야당 지지는 두드러졌으며, 도시의 주요 성원인 학생, 노동자 등의 민주화 요구가 점차 거세진 것은 정권에게는 적신호였다.

이러한 대내외적 위기에 몰린 정권은 1971년 12월 국가 비상사태를 선언하고 '국가보위에 관한 특별조치법'을 제정, 각종 집회를 금지했음은 물론 이듬해인 1972년 10월 17일 비상계엄을 선포, 계엄하 국민투표(11. 21.)를 통해 유신헌법을 통과시켰다. '한국적 민주주의'라고 선전된 유신헌법은 대통령의 임기 연장(4년에서 6년으로)과 무제한의 중임 허용, 대통령 간선제, 대통령에게 국회의원 추천권·대법관 임명권 부여 등 대통령의 영구집권과 강력한 권한을 골자로 한 것이었다. 이뿐만 아니라 대통령은 국회의 승인 없이 '긴급조치'를 발동할 수 있게 하여 유신에 반대하는 인사·단체·운동 등에 대해 강력한 탄압을 가했다.

이러한 가운데 정권을 비판하며 민주화를 요구하는 대중 운동은 지속·강화되었다. 한일협정 당시 6·3 항쟁은 물론 1967년 박정희의 재선과 국회의원 선거에서 저지른 정권의 부정('6·8 부정선거')에 대한 시위, 3선 개헌에 대한 반대 투쟁 등은 독재 정권하에서도 이에 대한 반대와 항쟁이 지속되었음을 보여준다. 뿐만 아니라 산업화에 따라 늘어날 수밖에 없던 노동자층에 의해 노동기본권을 요구하는 등의 노동 운동은 경제성장이 낳은 사회 모순을 드러내며 확대되었음은 물론이다. 이렇게 민주화와 기본적인 인권의 보장을 요구했던 사회 운동에 대해 정권은 긴급조치를 발동하여 탄압했다. 1979년 10월 부산대 학생들의 민주화 요구로 시작되어 확대된 부마항쟁은 노동자·시민 등이 합세하며 유신이란 억압적 지배에 대한 광범위한 대중의 거부로, 정권과 민주화를 요구하는 대중의 대결 국면을 극적으로 보여준다. 이러한 와중 유신체제 내부의 권력 갈등 결과 중앙정보부장 김재규가 박정희를 시해하는 사건(10·26)이 벌어지며 길고 길었던 박정희 정권은 무너졌다. 이처럼 장기간의 박정희 정권은 사회적인 민주화 요구에 의해 위기를 맞이하며 종말을 향해가고 있었다. 하지만 그 최종적인 붕괴가 정권에 저항하며 지속해 온 민주화에 대한 요구에 의해서가 아닌 권력 집단 내부의 갈등에 의해서였다는 점은 이후 한국 사회의 민주화에 대한 투쟁이 계속될 수밖에 없었음을 예고하는 것이었다.

[한국 근현대사 관련 참고문헌]

김태웅, 『뿌리깊은 한국사, 샘이 깊은 이야기6: 근대』, 가람기획, 2013.
류시현 외, 『미래를 여는 한국의 역사 5: 일제강점기』, 웅진지식하우스, 2011.
류승렬, 『뿌리깊은 한국사, 샘이 깊은 이야기7: 현대』, 가람기획, 2016.
한국근현대사학회, 『한국 근현대사 강의』, 한울아카데미, 2018.
이영철, 『사료 한국근현대사』, 법영사, 2002.
서중석, 『사진과 그림으로 보는 한국현대사』, 웅진지식하우스, 2020.
정숭교, 『미래를 여는 한국의 역사 4: 개항에서 강제 병합까지』, 웅진지식하우스, 2011.
국사편찬위원회, 『신편 한국사』 37~52권, 국사편찬위원회, 2002.
국사편찬위원회 한국사 데이터베이스 『신편 한국사』 pdf 파일 제공 사이트(https://db.history.go.kr/diachronic/level.do?itemId=nh).

2. 학계의 연구 동향

종종 역사 논쟁은 연구자들만의 리그로 그치기도 한다. 하지만, 2000년대 이후 근현대사의 서술을 둘러싼 한국사 교과서의 편향성 내지 국정화 논란, 근현대사 인식과 직결된 건국절 논쟁 등은 그렇지 않았다. 물론 그 근저에는 학계의 연구가 있지만, 사회단체·언론 등 학계 밖에서도 격렬하게 논쟁이 진행되었다. 현재의 사회적·정치적 상황과 직결되어 있었기 때문이다.

이처럼 그 어느 시대보다 현재성이 뚜렷했기 때문에 근현대사 연구는 매우 이른 시기부터 시작되었다. 그간의 연구 성과를 제공하는 국사편찬위원회 한국사연구휘보를 분석한 근래의 연구 성과에 따르면 근현대사로 분류된 논문들은 1958년부터 등장하며, 이 가운데 국내 학계의 성과라 인정할 수 있는 연구 논문의 경우 2019년 6월 말까지 근대 19,728편, 현대 7,364편(합 27,092편)의 논문이 발표되었다고 한다.[5] 여기서 1958년부터 2018년까지 발표된 26,766편의 연도별 발표량을 표시하면 대략 다음과 같다.

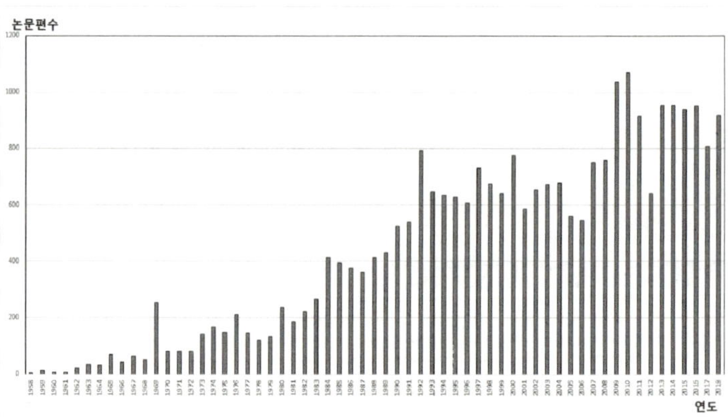

비록 단행본 연구가 제외된 수치이지만, 이를 통해 대략적인 연구량의 추세는 확인할 수는 있는데, 한국 근현대사 연구는 1980년대 중반부터 본격화되어, 1990년대 들어서는 매일 1편 이상의 논문이(연 400편 이상) 꾸준히 발표된 것을 확인할 수 있다. 실로 방대한 양이다. 그런데 이는 그저 연구의 급증이 아니다. 특히 2010년대를 전후한 연구량의 폭발적 증가는 한국 근현대사에 대한 기존의 이해 방식에 대한 문제 제기와 더불어 연구 대상의 확장을 수반했다. 여성사, 이주민사, 도시사, 지역사, 개념사 등이 그것이다. 물론 이러한 변화는 1990년대 후반 이래 한국사학계에서도 등장한 후기구조주의, 탈식민주의적 문제

의식과 이에 입각한 연구의 영향이 작용했다. 또 21세기에 들어 사료의 디지털화에 따라 자료에 대한 양적 분석인 디지털 인문학적 접근이 시도되며 새로운 연구 방법론도 제기되었으며, 매체의 다양화와 역사 콘텐츠에 대한 제작·소비가 증가함에 따라 역사의 재현과 기억 방식이나 대중화에 대한 학문적 접근도 이루어졌다. 이러한 양상은 시간의 경과에 따른 새로운 세대의 등장, 연구자를 둘러싼 현실의 변화와 이에 따른 현실 인식의 분화를 보여주는 것이다. 여기서 이 모든 사항을 종합하여 그간의 근현대사 연구 성과를 제시하는 것은 불가능하다. 다행스러운 것은 근현대사 연구가 양적·질적으로 급변함에 따라 뛰어난 입문서들이 다수 발간되었다는 것이다. 이에 여기서는 근래 학계의 특징과 동향을 최근의 연구 성과들을 중심으로 제시하겠다.

근현대사는 현재와 직결되어 있다는 점 외에도 그 이전 시대에 비해 외압이 강하게 작용했다는 점 역시 특징적이다. 때문에 근현대사 연구에서는 하나의 구도가 형성되었다. 바로 침략·지배하는 외세에 대해 대응·저항하는 한국(인)이라는 이해 방식이다. 현재 중등 교재용 교과서 서술의 기본 구도로 자리 잡은 이러한 이해 방식은 전쟁과 분단, 독재 체제 등을 거치며 통일, 민주화라는 시대적 과제 해결을 모색하는 과정에서 천착된 것으로 한국 사회의 변화·발전에 기여해 왔다. 하지만 이는 한국사를 수동적으로 비추어지게 할 우려와 함께 과거를 국가·민족이라는 하나의 단위로 인식하여 같은 단위 내부의 차이에 대해서는 둔감해지는 문제점 역시 안고 있다. 한편 중단 없이 흘러온 역사를 계기적으로 파악하는 것은 모든 역사가의 과제이겠지만 특히 근대사 연구자에게 중대한 것이다. 개항 이후 외압과 새로운 문화 유입이란 변수를 고려해야 함과 더불어 연구와 연구자 양성이 시대별로 나뉘어 진행되는 상황에서 근대와 전근대는 단절적으로 인식되어 왔기 때문이다. 근래의 근현대사 연구의 주요한 특징은 바로 이 두 과제의 해결, 바로 도식적 이해를 넘어서는 것, 그리고 전근대와 근현대 또 근현대 내부의 관계에 대한 고찰이라 하겠다.

근래 학계의 특징으로 꼽을 수 있는 것은 동아시아적 관점의 확산·일반화이다. 여러 열강들이 동아시아의 시장 장악을 위해 몰려온 19세기 후반의 대외관계는 개항 이후의 변화를 이해하기 위해 필수적인 연구 대상이다. 그런데 그간의 연구들은 상대국 대 조선이라는 일대일 점대응에 기반하는 경우가 많았다. 물론 이러한 연구들 덕분에 기본적인 사건이 실증되었지만, 이러한 구도에서 조선은 열강들의 압력에 대해 다양한 변수들을 고려하지 못한 채 즉자적으로 대응하는 수동적인 존재로 위치지워졌으며, 이에 따라 당시의 역사상은 평면적인 것으로 그려졌다. 이에 근래의 연구는 19세기 후반에서 20세기 초 동아시아를 둘러싼 서구 열강들의 다자간 국제정치에서 각 열강들의 대한정책의 의미와 조선의 국제 인식을 고찰하며 청(淸)·일본은 물론 미국, 영국, 러시아 등과의 외교 관계를 분석하고 있다.[6] 이러한 연구들이 침략과 대응이라는 인식을 완전히 불식하는 것은 아니지만 과거 열강의 외교적 대상으로서 조선이 아니라 조선의 능동성을 부각하며, 그동안 한반도를 둘러싼 사건으로만 인식했던 사건들을 열강들의 국제정치 속에서 읽어내며 당대의 상황을 일대일이 아닌 다양한 변수 속에서 고찰하려 한다는 점에서 입체적 이해를 도모한다고 하겠다.

과거 이해를 위해 다양한 변수를 고려하는 것은 일제 강점기 연구에서도 연구 대상의 다변화로 나타난다. 식민권력으로서 일제의 규정력이 강한 이 시대에 대해 지배와 저항이라는 구도에선 포착할 수 없었던 다양한 양상과 주체를 포착하려는 시도가 그것이다. 조선총독부 통치 정책의 구상·실현 과정에는 본국의 정계, 군부, 재조일본인 등과의 관계·갈등이 자리 잡고 있다는 근래의 연구는 지배자로서 일본의 내부에도 상이한 입장이 있다는 것을 말해준다. 이는 저항의 주체였던 조선인도 마찬가지이다. 도회, 부회 등에 대한 분석이나 지역사·도시사 연구의 심화에 따라 조선인은 그저 피지배와 저항하는 식민지 조선인이라는 하나의 정체성만으로 일괄될 수 없고, 이들에게는 사회적 위치, 현실 인식에 따라 다양한 욕망이 있었으며, 이에 따라 민족적 차이를 넘어서 협상·타협하기도, 또는 대립하기도 하는 역동적인 움직임을 보인다는 것이다.[7] 이와 더불어 여성, 재조일본인 등과 같은 이주민 등에 대한 역사적 접근에 대해서도 일제 강점기를 대상으로 한 연구가 다수이다.[8] 이러한 주제의 확장 역시 지배와 저항이란 구도의 시야에 빗겨있던 것이라 하겠다. 물론 이상의 연구들이 민족적 차이에 입각한 지배와 저항이라는 구도를 뒤엎는 것은 아니며, 경우에 따라서는 지배와 저항이라는 구도를 지역, 여성 등으로 확장시킨 것으로 비춰지기도 한다. 하지만, 적어도 기존 민족차에 입각한 구도에 벗어난 지역, 계층, 성별 등에 따른 주체에 주목, 당시 사람들의 연대/대립의 역동성을 드러냄으로써 일제 강점기에 대한 이해를 심화시켰음은 분명하다.

한편 2020년을 전후해서는 독립운동에 대한 연구 성과가 대거 등장했다. 이는 2019, 2020년이 갖는 상징성이 크다. 바로 이때는 3·1 운동 100주년(2019), 봉오동·청산리 전투 100주년이자 한국광복군 창립 80주년이 되는 해(2020)이기 때문이다. 이에 이를 기념하기 위한 학술대회들이 다수 개최되며 많은 논의가 전개되었다. 특히 3·1 운동에 대해서는 100편이 넘는 논문이 등장했는데, 운동의 배경, 원인, 전개과정, 시위의 매체, 지역별 시위 양상, 이후 인식과 기억의 문제 등은 물론 계급적·젠더적 관점에서 운동에 대한 인식과 의미에 대해서까지 폭넓은 연구가 이루어지는 가운데 3·1 운동은 한국사 최초의 민주 공화제 실현의 계기이기 때문에 이 운동을 "혁명"으로 평가하기도 하였다.[9] 이와 더불어 봉오동·청산리 전투를 중심으로 1920년대의 무장독립투쟁과 임시정부의 국내 활동과 통신망, 의원 구성, 한국광복군의 일상생활 및 병력 모집 등에 대해서도 새로운 사료의 발굴을 통해 무장투쟁뿐만이 아니라 당시 투쟁의 주요 지역인 간도, 연해주의 사회까지도 시야에 담는 성과들이 제시되었다.[10] 이러한 성과들은 역사 연구의 근간이 되는 새로운 사료의 발굴·정리에 힘입은 바 크다. 하지만 독립운동을 지역·계층·젠더의 입장에서 접근하는 것이나 그 근거를 이루는 사회와 일상 등에 관심을 기울이는 것 역시 민족이나 국가와 같은 거대 개념을 중심으로 진행되어 온 이전의 연구들의 한계를 넘어서는 것이라 하겠다.

분단, 한국전쟁 등 미·소를 축으로 하는 냉전의 형성·전개의 한복판이었던 한국의 현대에 대한 연구에서는 '냉전사'의 대두와 함께 해방 이후 이념 갈등, 한국전쟁 등에 대한 연구들이 활기를 띠고 있다. 냉전은 익숙한 개념이자 용어이지만 그간 이에 대한 시각은 미국과 소련이란 두 강대국이 각종 전략과 군사력을 통해 패권 쟁취를 위해, 주로 유럽 지역을 무대로 벌인 경쟁으로 인식해 왔다. 하지만 냉전은 미·소나 유럽의 전유물이 아니었음은 물론 냉전으로 인해 촉발된 갈등은 오히려 비유럽 지역에서 학살, 전쟁 등 직접적인 폭력으로 나타났기 때문에 냉전의 주변 지역에서 벌어진 변화들, 또 자신을 드러내기 어려웠기 때문에 폭력을 감당할 수밖에 없었던 사회적 소수자들의 역사적 경험에 천착할 때 냉전의 본질이 분명해질 수 있다는 것이다. 이러한 시각 역시 유럽, 남성 등으로 대변되는 기존 거대담론의 한계와 문제점을 벗어나기 위한 것이자 한국사를 통해 세계사를 이해하고자 하는 노력이라 하겠다. 2015년 한국냉전학회가 창립되어 활발하게 관련 해외 성과의 소개, 대중 강연, 학술대회 등의 활동을 벌이고 있는 한편 해방 이후 8년사를 새롭게 접근하고 있는 것이다. 이념 대립이 낳은 제주 4·3, 여순 사건 등의 사회경제적 배경, 유족들의 이야기에 대한 고찰, 한국전쟁과 당시 포로 관리에 대한 연구 등은 그 대표적인 성과라 하겠는데, 이는 냉전이라는 국제 지형이 지역 사회와 어떻게 관계를 맺는가를 보여주는 글로컬 연구로서의 의미도 갖는다.[11] 흥미로운 것은 냉전사적 시각에서 정치·경제·군사력 등 진영 사이의 대립이 직접적으로 드러나는 영역만이 아니라 문화적인 측면, 특히 인문사회과학적 지식의 형성이라는 지식사회학적인 접근도 다수 나타난다는 점이다. 즉 한국에 대한 미국의 민간재단이나 대학의 학문적 원조가 전후 한국의 학계, 문화 등의 형성에서 갖는 의미 및 그것이 이후 사회에서 차지하는 규정력 등을 고찰하는 것인데,[12] 이는 우리의 상식을 되돌아보게끔 하는 의미 역시 갖는다.

한편 근대라는 개념·시기는 오랫동안 특권적 지위를 누려온 듯하다. 그것이 마치 역사의 목표이자 귀결점으로 받아들여졌기 때문이다. 결과 '르네상스'라고 칭해질 정도로 번영과 발전을 이루었던 18세기의 역사는 세도정치를 거쳐 외세와 근대 문명이 유입되는 근대에 들어서 전혀 새로운 사회가 되어 버린 듯하다. 이러한 전근대와 근대의 단절적 인식에 대한 문제 제기는 오래되었는데, 그 성과물들이 2010년대 초반 대거 등장하였다. 국가라는 권력체, 사회의 중심 계층, 경제 활동, 질병과 이와 관련된 개념·활동 등과 같이 인간과 사회가 있다면 전근대든 근대이든 언제나 나타나는 양상들이 한국의 19세기에서 20세기 초에 걸쳐진, 전근대에서 근대로의 전환기에 어떻게 연결되고 변화하는가를 고찰한 주요한 저작들이 그것이다.[13] 이러한 성과가 등장한 이후 전근대와 근대를 일의적인 단절이 아닌 단속적인 관계에서 바라보며 근대 전환기의 시무개혁론, 정부의 호구 관리 방식, 지방 제도, 상행위 등에서 전통적 양상의 변용 양상에 대한 고찰이 소장 연구자들을 중심으로 지속되고 있다는 점에서 전근대와 근대의 관계 설정에 대한 고찰은 향후 더욱 풍성한 성과를 도출할 것으로 전망된다.[14]

그런데 역사에 대한 계기적·단속적 인식과 서술의 문제는 근현대사 학계 내부에도 해결해야 하는 과제이다. 주지하듯이 한국의 근현대는 150여 년으로, 다른 시대에 비해 상대적으로 짧다. 그런데 근래 학계에서 근현대사 연구는 개항 전후~강점, 일제 강점기, 해방 이후로 3등분 되어 진행되고 있다. 이는 한국의 근현대가 짧은 기간임에도 몇 개의 시기로 나누어 보아야 할 정도로 그 성격 변화가 급속했음을 말해준다. 또 현대사의 범위는 계속해서 증가하고 현재에 가까워질수록 사회 변화가 급속해져 새로운 성격의 문제들이 제기되다 보니 근현대라는 하나의 용어로 포괄하기 어렵다. 실로 근현대를 가리키는 용어나 '근대' 또는 '현대'라는 용어가 포괄하는 시기가 변해왔다. 이를 잘 보여주는 것은 역사학회(歷史學會)에서 2년마다 발표하는 연구사 정리이다. 이를 보면 1960년대 이후 한동안은 개항 이후에서 당대까지의 시대는 '최근세(最近世)' 내지 '근대(近代)'로 묶여 정리되었다. 그러던 것이 1990년부터 1998년까지는 개항에서 강점 이전까지를 '최근세'로, 강점 이후를 '현대(現代)'라고 하여 2편으로 나누어 연구사가 별개로 정리되었다. 하지만 2000년대 이후로는 '근대 1'(개항~강점), '근대 2'(일제 강점기), '현대'(해방 이후)로 나뉘어 연구사가 정리되고 있다. 그러다 보니 전근대와 근대와의 관계만이 아니라 근대와 현대, 특히 1945년 전과 후의 관계 설정 역시 모색해야 할 시기가 왔으며, 이러한 시도가 종종 나타나고 있다. 대표적인 것으로 만주에 대한 연구가 있다. 만주는 한국사, 특히 한국 근대사와 불가분의 관계를 맺고 있기 때문에 일제 강점기 무장투쟁과 관련하여 종종 등장하는 지역이다. 하지만 최근에는 무장투쟁의 무대로서의 만주가 아니라 1945년 이후 한국 사회의 역사적 경험의 기원으로서 만주를 포착한 것이다. 근대 국가 건설 실험이라 할 수 있는 만주국에서는 많은 조선인이 있었으며, 당시 이들이 맺었던 인맥과 경험, 이른바 '만주국의 유산'이 1945년 이후의 한국 사회의 변화 – 한일회담과 같은 정치 · 외교적 사안만이 아니라 박정희 정권기의 경제 정책, 새마을 운동, 영화 · 스포츠 등과 같은 문화적 사항에까지도, 공간적으로는 남한만이 아니라 동남아시아와 북한에까지도 – 에 큰 흔적을 남긴다는 것이다.[15] 또 우리에게 익숙한 개념들은 근대 이후 수용 · 번역 · 정착된 경우가 많은데 이러한 동일한 기표로 표시되는 개념들이 시대 변화에 따라 어떠한 의미를 부여받으며 현재에 이르렀는지에 대한 고찰들 역시 1945년 전과 후의 관계 설정에 있어 주목해야 하는 성과이다. 이러한 연구물들은 개별적 주제 내지 개념에 대한 연구이지만 1945년 이후 사회 또는 개념의 변화가 1945년 이후 갑자기 나타난 것이 아니었다는 점을 규명했다는 점에서 한국의 근대와 현대를 일의적 단절이 아닌 변화 과정에서 연속/불연속된다는 걸 사고하기 위한 의미 있는 접근이라 하겠다.[16] 한편 신분제로부터 해방되고 3 · 1 운동 이후 민족을 경험하며 근대 주체로서 거듭난 이들이 자유, 평등, 민주 등 근대적 이념과 가치를 자신들의 입장에 따라 강조점을 달리하며 수용하고 여러 활동을 벌이며 대립/연합했다는 시각에서의 일제 강점기에 대한 서술, 주로 일제 강점기를 둘러싸고 제기된 식민지수탈론・식민지근대화론・탈근대론의 문제의식과 연구방법론 등을 비교 분석한 후 각각의 한계를 비판하며 장기 근대의 가능성을 제시한 것 역시, 비록 일제 강점기에 대한 서술이지만 1945년 전후를 단속적으로 전망하는 데에 좋은 시사점을 제시한다.[17]

[한국 근・현대사 논쟁적 수업의 주제와 자료]

① 한국에서 근대의 기점

- 우리 전통 사회 자체 내에서 싹 돋은 근대적 요소 가운데서 정신 · 문화사적인 것으로는 우선 조선 후기의 실학을 드는 데 큰 이론이 없을 줄 안다. …조선 후기 정신 · 문화사상 유표한 사실로는, 실학 이외에도 1780년대(정조 초) 이래의 서학 내지 천주교와 1860년대(철종 대) 이래의 동학을 들 수 있다. … 이 시기에 있어 서민적 예술의 진출도 괄목할 만하다. … 18세기 후반기 이래 한국 사회 · 경제 내부에서는 여러 면에서 근대화의 요인이 움트기 시작한 것은 부인할 수 없다. 봉건지주층에서의 농업경영자의 발생, 봉건소작층에서 자영농민의 성장, 유통과정에서 화폐적 요소의 증대, 관영공업의 쇠퇴와 더불어 독립자영장인의 출현 … 전국적인 시장권이 형성되고…
(千寬宇, 「韓國史上의 中世 · 近代의 界線」 韓國經濟史學會 編, 『韓國史時代區分論』, 乙酉文化史, 1970.)
- 서구의 문물과 세력이 동양의 위협이… 한국에 대한 것이라고 느끼게 된 것은 어느 모로 보거나 1860년 전후부터… 1860년에는… 러시아 제국이 우수리강 이동 7백 리의 연해주를 청국으로부터 점령하게 되니 러시아와 한국은 두만강 하나를 사이에 두고 이마를 맞대게 되었다. … 이 해를 기하여 최제우의 근대적인 민족종교-동학운동이 대두되는 동시에 우선 신앙과 사상면에서부터 혁신의 큰바람이 일게 되었으니… 서학 · 천주교… 임술(1862) 2월부터는 진주를 중심으로 대규모의 民擾 · 民亂이 폭발… 여기에 출현한 것이 1864년 정월부터 철종의 후사로 왕위에 앉은 고종의 생부 홍선대원군의 등장이었다. … 남다른 경륜과 신념을 가지고 우선 내정개혁을 단행함으로 양반귀족의 발호를 억제하고 왕실의 위엄을 높이며 탐관오리의 농간을 숙청…
(李瑄根, 「近代化의 起點問題와 1860年代의 한국」 韓國經濟史學會 編, 『韓國史時代區分論』, 乙酉文化史, 1970.)
- 우리나라 근대 이후의 사회는 외세의 침략과 지배가 일관된 역사로서 그 전개 범위가 크게 확장되어 왔고, 그러한 가운데 작금에 주어진 가장 주요한 과제는 자주적 민족통일의 달성에 있다. 이는 반외세 자주화 운동의 기조 위에서 가능한 것이며, 시대구분의 인식은 바로 이 같은 문제와 연결될 수 있어야 한다. … 현단계에 이르는 한국근대사의 발전은 세계사적 변화와 더불어 한마디로 반침략투쟁과 반봉건운동을 기본

으로 하여 이루어졌다. … 한국 근대사의 기점을 반봉건운동과 반침략투쟁이 민족혁명운동의 맹아적 모습으로나마 점차 지양 · 발전되어 가는 시기로 판단되는 1860년대부터를 설정하고자 한다. … 1860년대 이후 외세는 통상요구의 형태로 본격적 접촉을 시도하다가 곧이어 침략자의 형태로 발전 … 1860년대 침략의 본질은 통상의 형태를 띤 자본주의 침입이었다. 이에 대한 민의 반침략투쟁은 근대 민족으로의 지향과 민족의 자주성을 재고하였으며, 나아가 투쟁 과정에서 민족의 단결을 강화하였다. 또한 투쟁 중 다양한 계층이 광범위하게 반봉건 방향의 사회운동에 들어오지 않을 수 없게 되는 가운데, 민족의식과 반봉건 의식이 더욱 계발되었다. 반침략 투쟁은 구체적으로 정치적 · 경제적 · 사회적 측면 등 전 분야에 걸쳐 광범위한 영향을 미치고 있었다.
(장동표, 「1860년대 반침략 · 반봉건운동의 의의」『역사와 현실』9, 1993.)

• 농민적 상품화폐경제의 성장은 농업 내부의 생산 관계를 자본주의적인 것으로 변화시키는 계기… 그러나… 19세기 전반기까지는 여전히 봉건적 상부구조가 모든 사회부문을 지배하였고, 이는 사회발전의 장애물로서 기능… 그러나 봉건지배층은 사회체제의 근본적인 개혁은 접어둔 채 '삼정이정책'이라는 균등한 부세 부과를 통해 위기를 수습하려고 하였다. 따라서 농민들이 요구한 사회체제의 개혁이라는 목표는 이루어질 수 없었다. 개항은 봉건모순을 해결하지 못한 한국 사회에 새로이 민족모순을 부가하고 이 둘을 결합시키는 계기였다. … 불평등 조약 체제는 한국을 세계 자본주의 체제로 편입시켰고, 무역과 그 담당자인 외국 상인을 통해 상품의 유통 구조, 나아가서는 생산 관계까지 변화시키는 계기가 되었다. … 한편 봉건적 위기와 근대화 정책의 추진과정에서 비롯되는 재정 부담의 가중이 국가 재정의 위기를 초래하고 이것이 농민들의 부담으로 이전되고 있었다. … 이와 같이 개항을 계기로 한 제국주의 세력의 침탈은 봉건적 수탈과 밀접하게 결합하여 봉건모순과 민족모순을 심화시키는 한편 한국 사회 내부의 계급구성을 변모시켰다. 곡물의 상품화와 수출에 유리한 여건을 가진 지주층은 지주경영을 강화하고 여기서 축적한 부를 다시 토지에 투자하여 토지 소유 규모를 늘려갔다. … 그러나 대다수 농민들은 토지를 잃고 소작농이나 농업임노동자로 전락 … 즉 내재적으로 성장해 오던 자본주의적 생산 관계를 급속히 확대하고 왜곡하는 계기가 되었으며 동시에 근대 민족국가 수립 운동의 출발점에 되었던 개항을 한국 근대사의 기점으로 설정해야 할 것이다.
(이윤상, 「한국근대사에서 개항의 역사적 위치」『역사와 현실』9, 1993.)

• 구래의 생산양식하에서 형성된 상부구조인 신분제나 각종 법률관계, 권력 기구 등이 도태되지 않고는 새로운 생산양식은 계속 발전이 저지되고 심지어는 반동으로 복귀할 수도 있다. 따라서 … 국가 권력의 성격이 자본주의적 생산양식의 성장을 촉진하는 방식으로 전화되는 시점을 근대의 기점으로 보아야 한다. … 갑오개혁이야말로 그 이전까지의 사회와 그 이후의 사회를 단절적으로 인식하게 할 수 있는 주요한 계기였다. … 갑오개혁을 담당한 정권은 … 1884년 갑신정변 이전부터 형성되어 온 개화파의 개혁 구상을 발전시키고, 1894년 농민전쟁기에 나타났던 폐정개혁안의 상당 부분을 수용 … 근대적 국민국가로 자립하는 데 필요한 제반 조치들을 망라하고 있었다. … 갑오개혁 이후의 사회변화를 정리해 볼 때 한국 사회가 근대적 국민국가로 나아가는 추세는 계속 유지되고 있었다. … 갑오개혁과 그 이후 조선 사회에서는 부르주아

국가권력(또는 부르주아적 지향을 갖는 절대주의적 국가권력)의 지배하에서 본원적 축적이 급속히 진행되면서 자본주의적 생산양식이 형성되어 가는 추세가 확립되었다고 할 수 있다.(도면회, 「근대=자본주의사회 기점으로서의 갑오개혁」『역사와 현실』 9, 1993.)

② 명성황후(민비)의 양면성 – 고종의 조력자 또는 권력욕의 화신

- … 생각건대 황후 민씨는 영특하고 슬기로우며 착하고 온화하며 단정하고 엄숙한 자품으로 왕비에 간택되어 왕실의 빈(嬪)이 되었다. … 궁중에서는 새벽부터 정사에 부지런해야 한다고 짐을 일깨웠고, … 나(고종)를 도와 궁중 안을 다스림으로써 짐에게 큰 도움이 되었다. 어려운 때를 거듭 만나서 온갖 근심을 다 맛보았으며 사변에 대처하여서는 … 황후로서의 위의를 손상시키지 않으면서도 위태로운 상황을 편안한 데로 인도하여 태평의 기반을 다졌으니 어찌 거룩하고 아름답지 않겠는가? … 원수를 갚지 못한 채 상복을 벗은 지금, 나의 슬픔과 동궁의 애통함은 끝이 없다. … 훌륭한 공적이 드러났으니 진실로 시호를 올려 높이는 것이 마땅하다. … 이 해(1897) 음력 10월 11일에 명성황후라는 시호를 올렸다.(『高宗實錄』卷36 34년(1897) 11월 5일)
- 신묘년(1891) 겨울 … 의화군(義和君) 강(堈)은 상궁 장씨의 아들이었다. 강이 태어났을 때 명성왕후는 화가 나서 날카로운 칼을 들고 장씨의 거처로 가서 그 칼을 문지방에 꽂으며 큰 소리로 말하기를, "칼 받으라"고 하였다 … 그(장씨)는 땅에 엎드려 목숨만은 살려 달라고 애걸하였다. … 명성왕후는 … 칼을 던져 버리고 웃으며 "과연 대전의 사랑을 받을 만하구나. 지금 너를 죽이지는 않겠다만 다시는 궁중에서 거처할 수 없다"고 한 후 역사(力士)를 불러 그를 포박하게 하였다. 그러고 그의 허벅지 양쪽의 살을 도려낸 후 그를 낭가에 실어 밖으로 내쫓아 버렸다. 그 후 장씨는 그의 형제들에게 10년 동안 의지하고 살다가 그 상처로 인하여 죽고 말았다.(황현, 『매천야록』)

③ 고종은 근대 국가를 지향했는가?

- 자유 · 자주 · 자강을 한국사에서 근대의 기본 요건으로 설정하고 싶다. 자유는 탈신분제의 실현, 자주는 국제적으로 인정받는 독립국가 수립, 자강은 산업화 실현 등을 의미하는 것으로, 근대 국민주권 국가로 나아가는 데 필수적인 사항들이다. 세 가지는 실제로 군주(고종황제) 주도하에 주요 시책으로 추구된 것들이다.
  (이태진, 「민국이념은 역사의 새로운 동력」『고종황제 역사청문회』, 푸른역사, 2005.)
- 고종은 개화파 정권을 무너뜨리고 독립협회를 해산하고 '대한국국제'를 반포하여 전제군주제임을 선포했다. 또한 갑오개혁의 재정제도 개혁을 전도시키고 황제가 국가재정을 거의 사물화하는 재정제도를 만들어 냈다.
  (김재호, 「대한제국 실상을 못 보는가, 안 보는가?」『고종황제 역사청문회』, 푸른역사, 2005.)

④ 물산장려운동 – 누구를 위한 자국산 상품 사용인가?

- 우리에게 먹을 것이 없고 입을 것이 없고 의지하여 살 것이 없으면 우리의 생활은 파괴가 될 것이다. 우리가 무슨 권리와 자유와 행복을 기대할 수가 있으며, 또 참으로

사람다운 발전을 희망할 수가 있으리오. 우리 생활에 제일 조건은 곧 이 의식주의 문제, 즉 산업적 기초라. 이 산업적 기초가 파멸을 당하여 우리에게 남은 것이 없으면 그 아무것도 없는 우리가 사람으로 사람다운 생활을 하지 못하고 사람다운 발전을 하지 못할 것은 당연하지 아니한가 …부자와 빈자를 막론하고 우리가 우리의 손에 산업 권리 생활의 제일 조건을 장악하지 못할지니 우리는 이와 같은 견지에서 우리 조선 사람의 물산을 장려하기 위하여 조선 사람은 조선 사람이 지은 것을 사 쓰고, 조선 사람은 단결하여 그 쓰는 물건을 스스로 제작하여 공급하기를 목적하노라. 이와 같은 각오와 노력 없이 어찌 조선 사람이 그 생활을 유지하고 그 사회가 발전할 수 있으리오.(「조선물산장려회 설립 취지서」『산업계』, 1923.)

- 물산장려란 무엇인가. … 외화배척을 의미하는 것이 된다. 그리고 저들이 떠드는 구실을 빌려 말하면 우리의 생산 관계를 발달시키고, 산업을 진흥시키며, 생활의 경제적 독립을 목표로 하는 것이라 한다. 물론 이 점에서는 어떤 계급이든지 아무 이의가 없는 것이다. 그러나 "누구를 위하여", "생산기관의 발달", "산업의 진흥", "생활의 경제적 독립"을 표방하는지 계급적 경계선을 분명히 할 필요가 있는 것이다. 그런데 물산장려운동의 사상적 배경에는 민족적 혹은 애국적 감정을 고취·고조하는 일종의 정치적 색채를 띠고 있는 사실이다. 그것은 곧 외래의 자본적 제국주의의 ○○와 ○○을 떠나 조선의 소수 자본가·중산계급의 수중으로 일체의 경제적·정치적 권리를 ○○하여 그 지배권을 장악하자는 것이다. … 실상 저들 자본가·중산계급은 외래의 자본주의적 침략에 위협받고 착취당하고 있어 … 어쩔 수 없이 민족적이라는 미사(美辭)로 동족 안에 있는 착취·피착취 상반된 양극단의 계급적 의식을 엄폐해 버리고 일면으로는 애국적이라는 의미에서 외화배척을 말하는 것이며, 그 이면에서는 외래의 경제적 정복계급을 축출하여 새로운 착취계급으로 자기가 그에 대신하려는 것이다. (이성태, 「중산계급의 이기적 운동」『동아일보』, 1923년 3월 20일.)

⑤ 식민지하에서 조선민족 자치의 의미

- 조선 민족은 지금 정치적 생활이 없다. … 일본이 한국을 병합한 이래로 조선인에게는 모든 정치적 활동을 금지한 것이 첫째 원인이다. … 우리는 어떻게든 조선 내에서 전 민족적인 정치 운동을 하도록 새로운 방면의 길을 열어갈 필요가 있다. 조선 내에서 허하는 범위 내에서 일대 정치적 결사를 조직하여야 한다는 것이 우리의 주장이다. 그러면 그 이유는 어디 있는가. 우리는 두 가지를 들려고 한다.

(1) 우리 당면의 민족적 권리와 이익을 옹호하기 위하여

(2) 조선인을 정치적으로 훈련하고 단결하여 민족의 정치적 중심 세력을 만들어서 장래 영원하고 무궁한 정치 운동의 기초를 이루기 위하여

그러면 그 정치적 결사의 최고 또는 최후의 목적이 무엇인가. 다만 이렇게 대답할 수도 있다. 그 정치적 결사가 만들어져 성장하기를 기다려 그 결사 자신으로 하여금 모든 문제를 스스로 결정케 할 것이라고.(이광수, 「민족적 경륜」2『동아일보』, 1924년 1월 3일.)

- 내정독립이나 참정권이나 자치를 운동하는 자가 누구이냐? … 자치를 얻는다 하자. 그것이 어떤 종류의 자치라 할지라도 일본이 그 강도적 침략주의의 다른 이름인 '제

국'이란 명칭이 존재하는 이상 그 부속하에 있는 조선인민이 어찌구구한 자치라는 헛된 이름으로써 민족적 생존을 유지하겠느냐? … 문화운동을 부르는 자가 누구이냐? … 문화는 산업과 문물의 발달한 총적(總積)을 가리키는 명사이니 경제약탈의 제도 아래에서 생존권이 박탈된 민족은 그 종족의 보전도 의문이거든 하물며 문화발전이 가능하겠느냐? … 검열 · 압수 모든 압박 중에 몇몇 신문잡지를 가지고 '문화운동'이라고 스스로 이야기하며 강도의 비위에 거스르지 않을 만한 언론이나 주창하여 이것을 문화발전의 과정으로 본다면 그 문화발전이 도리어 조선의 불행인가 하노라.(신채호, 「조선혁명선언」, 1923년 1월)

⑥ 임시정부 창조론과 개조론

- 우리는 적극적인 투쟁을 준비해야 하는 시기에 처해 있다. 신뢰를 잃은 기관을 개조하는 방식으로는 투쟁할 수 없다. …임시정부는 독립운동 세력 전반과 연계가 부족하다. 임시정부와 같이 비현실적인 행정 관청을 개조하는 것만으로는 독립운동을 지도할 수 있는 유능한 기관을 확보할 수 없다.
(국사편찬위원회, 『대한민국 임시 정부 자료집 별책』)
- 임시정부가 진가를 발휘하지 못한 것은 사실이지만, 이는 임시정부에서 근무하는 사람의 능력 때문일 뿐이다. 정부 전체를 비난해서는 안 된다. 몇몇 사람을 면직하고 새로운 사람들을 선출한다면 실로 역할을 잘 하게 될 것이다. 어떠한 경우에도 기관 그 자체를 폐지해서는 안 된다. … 새로운 기관을 설립하게 되면 독립운동은 두 개의 중심을 지니게 될 것이고, 이로 인해 내부 투쟁만 커질 것이다.
(국사편찬위원회, 『대한민국 임시 정부 자료집 별책』)

⑦ 신간회 해소 논쟁 – 최초의 좌우합작 단체이자 일제하 최대 사회단체의 해소

- 해소 투쟁의 전개는 우익 민족주의자의 정체 폭로와 노농 주체의 강대화에 기반해야 한다. 우익 민족주의자의 정체는 이상 우리의 해소 이론에 의해 폭로되었으리라고 믿는다. … 소시민의 개량주의적 정치 집단으로 변질한 현재의 신간회는 무산 계급의 투쟁욕 성장에 장애가 되고 있다. 노동자 투쟁과 농민 투쟁을 강력하게 펼치기 위해서는 신간회를 해소하고 노동자는 노동조합에, 농민은 농민조합에 돌아가서 투쟁해야 한다. … 신간회의 조직에 쓰던 노력을 산업별 조합의 조직을 위해 쓰지 않으면 안 된다.(『삼천리』)
- 단결은 힘이다. 약자의 힘은 단결이다. 모든 역량을 집중하여 단결을 공고히 하자. … 조선인의 대중적 운동의 목표는 정면의 일정한 세력을 향하여 집중되어야 할 것이니, 이에서 민족 운동과 계급 운동은 동지적 협동으로 병립 병진하여야 할 것이요, 그 내부에 영도권이 다른 세력이 섞여 있으므로 전체적으로 협동하여 일을 진행하기는 어려우므로, 역량을 분산시키거나 제 살 깎아 먹는 식의 과오를 범하지 않도록 하는 데 주력해야 한다.(『비판』)

⑧ '조선학' 논쟁 – 관념적인 '혼', '얼'을 통해 한국사의 보편성이 확보될 수 있는가?

- 누구든지 '얼'을 잃었다면 그것은 자신이 스스로 잃어버린 것이지 누가 억지로 빼앗

아 간 것이 아니다. … 우리가 만나는 운명이 어떤 것이든 간에 외부로부터의 불행은 언제나 그 외형에만 가해질 뿐이다. … 말하자면 '얼'을 잃어버렸다면 그것은 자신의 잘못이지 남의 허물이 아닌 셈이다. … 우리 선조들의 지난날의 사적들을 통하여 그들의 진면목을 마주한다면 이 핏줄들이 바로 나의 핏줄들임을 깨닫게 될 것이다. 그리고 그들의 위업과 쾌거 그리고 절개들을 접하는 순간 내 몸 어디든 스며 내린 그 무엇이 존재하고 있다는 것을 확신하고 우리의 별들과 열사들의 위대한 사적들이 팔딱팔딱 뛰는 이 핏줄을 통하여 지금 오르내리고 있다는 사실도 절절하게 깨닫게 될 것이다.(정인보, 『오천년 간의 조선얼(조선사연구)』, 1935.)

- 유교훈화적이고 정책적이고 반봉건적인 '조선학'은 조선의 역사적 과정을 세계사와는 전혀 별개의 독립적인 고유한 신성불가침의 '5천 년간의 얼'을 탐구하는 데 열심이고, 그 공식의 천재는 '단군'에 분식하고, 그 전체적인 영웅은 '이순신'의 옷을 빌려 입고, 그 재간 있는 사람들은 '정다산'의 가면을 쓰고 역사를 왜곡하고 있다. 이리하여 '얼'에 의하여 이루어진 신비적인 역사가 이루어진 것이다. 신흥 역사과학은 물론 이와 대립한다.(이청원, 『朝鮮社會史讀本』, 1936, 白揚堂.)

⑨ 신탁통치 반대와 모스크바 삼국외상회의 결과지지

- 우리가 가진 반만년 역사와 지나온 반세기 동안 민족해방을 위한 혈투는 세계정국에 대하여 조선민족을 완전해방하여 자주독립시키지 않으면 동양의 진정한 평화를 얻을 수 없다는 것을 교훈하였고 따라서 조선민족은 타민족의 지배나 탁치(신탁통치) 또는 국제공관(國際公管)을 받을 민족이 아니라는 것도 천하가 주지하게 된 사실이다. 그러므로 카이로, 포츠담 국제회의에서도 조선독립을 선언케 된 것이다. 이러한 국제 신의를 무시하고 세계사적 발전을 저해하는 조선의 탁치 운운은 단연코 배격치 않으면 안 된다. 우리는 남녀노소를 막론하고 3천만이 일인도 빠짐없이 일대 국민운동을 전개하여 반대하지 않으면 안 될 것이다. 우리의 정당한 주장을 위하여 이 강토 위에 있는 동지는 피 한 방울이 남지 않도록 결사적 용투로서 우리가 당당히 가져야 할 민족주권을 찾아야 할 것이다.(『동아일보』, 1945년 12월 29일.)
- 모스크바 3국 외상 회의의 결정을 신중히 검토한 결과 … 조선 문제에서 '조선을 독립국가로 부흥하고 민주주의 기초 위에서 나라가 발전될 조건을 만들기 위하여 또는 장구한 일본 지배의 해독이 있는 잔인한 자취를 신속히 청산할 목적으로 조선에서 공업·농업·교통·민족 문화 발전의 방책을 진행할 수 있는 조선 민주주의 정부를 조직한다'는 결정문의 국제적 결정은 오늘날 조선을 위하는 가장 정당한 것이라고 우리는 인정한다. 이것은 조선으로 하여금 민주주의 국가로 발전시키자는 것이다. … 문제의 5년 기한은 그 책임이 삼국 회의에 있는 것이 아니라 실인, 즉 우리 민족 자체의 결점(장구한 일본 지배의 해독과 민족적 분열 등)에 있다고 우리는 반성하지 않으면 안 된다. 그럼에도 불구하고 이번 결정의 책임을 의식적으로 삼국에 돌리고 … 삼국의 우호적 협조와 협력을 마치 제국주의적 위임 통치(신탁)라고 왜곡하고 … 반신탁 운동은 조선을 위하여 극히 위험천만한 결과를 나타날 것은 필연이다. … 카이로 회담은 조선독립을 적당한 시기에 준다는 것인데 이 적당한 시기라는 것이 이번 회담에서 5년 이내로 결정된 것이다. 이것을 우리가 5년 이내에 통일이 되고, 우리 발전이 상당

한 때에는 그 기한은 단축될 수 있는 것이니, 이것은 오직 우리 역량 발전 여하에 있는 것이다. 그러므로 이번 모스크바 결정은 카이로 결정을 더욱 발전 구체화시킨 것이다. 그러므로 우리의 할 일은 무엇보다도 먼저 통일의 실현에 있다. 민족의 통일 … 이것을 중심으로 조선 민족 통일 전선을 완성함에 전력을 집중하여야 한다.(『해방일보』, 1946년 1월 6일.)

⑩ 경부고속도로 건설 – 산업개발 · 국토의 종합적 발전, 또는 서울 집중 현상 촉진

- 고속도로의 건설은 급속히 늘어나는 수송 수요에 대처하기 위한 최상의 방법이다. … 전국적인 고속도로망을 신속히 건설할 계획하에 우선 수송 수요가 가장 많은 서울–부산 간의 기간선(基幹線)을 1971년까지 건설 · 완료한다. … 그 직접적인 효과는 수송 비용의 절감과 수송 시간의 단축 … 기업의 공장 규모 확대 … 농어촌의 개발 촉진 … 농수산물 시장권의 확대 … 연변의 토지 이용 가치가 높아져 주택 및 공장 용지로 활용됨에 따른 상업과 서비스업 촉진 … 관광사업의 진작 … 대도시에 과도한 집중을 방지하는 반면 중소도시의 균형 있는 발전 촉구 … 건설사업의 발달을 촉진한다.
(국가기간 고속도로 계획 조사부, 「서울~부산간 고속도로는 왜 건설하여야 하는가 – 고속도로 건설의 타당성」, 1968.)
- 지역경제의 생활공간이 충분히 이용될 수 있도록 지역 내부를 잇는 교통망, 지역 간을 잇는 교통망이 서서히 형성된 다음에 비로소 고속도로를 건설할 필요가 있다. … 가격 정책 등 농민 소득 수준 향상을 저해해 온 경제순환의 메커니즘을 근본적으로 시정하지 못한다면 고속도로 개통에 따른 국민시장권의 공간적 확대는 생각대로 이루어질 수 없을 것이다. … 교통의 편익증대에 따른 전시효과의 확대로 지방민의 서울 집중을 촉구할 수 있고 농공 간 부등가교환이 촉진되어 지역 소득의 도시흡수가 더욱 심해질 가능성도 있다.
(『신동아』, 1970년 9월.)

3. 논쟁적 주제 (심화)–한국사에서 근대의 기점은 언제인가?

1) 한국사 교과서에 서술된 근대의 기점

한국사에서 근대의 시작은 어디인가에 대해 뚜렷한 합의가 없지만, 서구 세력의 접근에 따른 개항이 근대 사회로의 이행에 중요한 계기가 되었다는 데에는 이론이 없다. 총 4개의 대주제로 구성된 2018년 한국사 교육과정은[18] 두 번째 대주제인 "근대 국민 국가의 수립 운동"부터 근대사가 시작되는데, 이 대주제가 포괄하는 시기에 대해서는 "흥선대원군 집권기부터 일제에 의해 국권이 침탈된 시기까지"라고 명시하고 있다. 뿐만 아니라 이 대주제에서 제시된 첫 번째 소주제는 "서구

열강의 접근과 조선의 대응"으로, 그에 따른 성취기준은 "흥선대원군이 추진한 정책의 내용과 성격을 이해하고, 서구 열강의 침략적 접근에 대한 조선의 대응을 파악한다."이다. 이는 외부로부터의 자극에 조선이 대응했다는 인식으로, 서구 제국주의 세력의 접근과 흥선대원군의 집권을 한국에서 근대의 기점으로 설정한 것이다. 이에 따라 9종의 한국사 교과서는 모두 19세기 세도정치기까지를 근대 이전에서 서술하고 근대사는 이양선의 접근 및 고종의 즉위 이후 흥선대원군이 시행한 일련의 정책 — 외세의 접근에 대한 통상거부 정책 및 양요, 사창제 · 호포법 실시, 경복궁 중건과 당백전 발행, 서원 철폐 등 — 으로 근대사 서술이 시작된다.

2) 연구사 정리

19세기 후반 이래 일본인 연구자들은 아시아에서 일본만이 서구와 같은 근대를 이룬 반면 한국을 비롯한 다른 아시아 국가들은 역사적으로 정체되어 스스로 근대에 도달할 수 없기 때문에 근대화를 위해서는 일본의 지도와 보호가 필요하다며 다른 민족 · 국가에 대한 침략과 지배를 합리화했다. 한국사의 시대구분은 1945년 이후 한국사학계의 시급한 과제였다. 이를 위한 노력이 1960년대 들어 수면 위로 드러났다. 한국경제사학회에서 1967년 말과 1968년 초, 두 차례에 걸쳐 "한국사 시대구분 문제"라는 학술대회를 개최하고, 그 성과를 묶어 『韓國史時代區分論』[19)] 으로 출간한 것은 당시 학계의 분위기와 그때까지의 성과를 집약적으로 보여준다.

1960년대라는 시점은, 1945년 해방을 맞이했지만, 아직 왕성한 연구 활동이 전개되지는 못했으며, 그러한 만큼 과거의 흔적들이 여전했던 때였다. 서구를 중심으로 했던 제국주의 시대 아시아에 대한 인식은 기본적으로 정체성론이라고 할 수 있다. 즉 아시아 사회는 정체되어 스스로 근대에 도달하지 못한다는 것이다. 그렇다면 아시아 사회가 근대를 경험하게 되는 것은 서구와의 접촉을 통해서일 수밖에 없었다. 이러한 인식 아래에서 아시아 국가에서 근대의 기점을 찾는 논의는 서구에 대한 개항으로 귀결될 수밖에 없었고, 한국에서 근대의 기점은 1876년 서구화된 일본에 대한 개항인 강화도 조약이었다는 인식이 통용되었다. 하지만 한국 근대의 기점에 대한 초기 논의들, 바로 1960년대 후반의 논의들은 이를 대신해 새로운 기점 설정의 가능성을 타진했다는 점이 특징적이다.

그 첫 번째는 18세기 이후 설이다. 이는 1950년대 이래 이루어진 조선 후기 사상적, 경제적 변화에 대한 연구에 기반한 것이었다. 이미 1950년대 조선 후기의 실학을 '근대정신의 태반'으로 파악했던 데에 더하여 17세기 초부터 벌어진 사회·경제적 변화 — 신분제의 동요와 상공업의 발달이 이러한 논의의 골자이다. 특히 이 논의에서는 대동법의 시행으로 초래된 공인의 등장, 시장의 증가 등의 변화와[20] 더불어 국제 무역이 증가하는 가운데 서울은 물론 수원, 전주, 안성 등 도시들이 성장하는 속에서 새롭게 등장한 상인들을 주목했다. 이들 새로운 상공인들에 의해 특권적 상업 관념이 타파되었을 뿐만 아니라 이들이 직접 생산자로서 하나의 독립적인 계층으로 분화되어 상품 유통에 직접 참여하게 되며, 이전 중세 봉건적 경제체제와는 본질적으로 다른 근대 자본주의적 경제체제로 이행하고 있었다는 것이다.[21]

한편 당시에는 1860년대설도 제기되었다. 근거는 한국을 둘러싼 국제 정세의 변동, 동학의 창도 및 흥선대원군의 정치였다. 1860년 제2차 아편전쟁의 결과 러시아가 연해주를 차지하며 조선은 유럽세력과 국경을 맞대게 되어 서구의 압박이 한층 더해졌다. 이러한 때에 국내에서는 서학이라는 외래사상에 맞서 인내천이라는 평등사상과 후천개벽의 혁명 정신을 바탕으로 하는 동학이 창도·확산되며 농민항쟁이 격화되는 한편 흥선대원군은 대담한 인재 등용, 서원 철폐, 경복궁 중건, 재정과 세제 정비 등 "과감한 개혁"을 추진했다. 1860년대 이러한 변화는 외압이 가중되는 속에서 근대화의 전제조건인 민족의 주체성과 국가의 자주성을 확보하는 것이기 때문에 개항으로 설정된 근대의 기점은 재고되어야 한다는 것이다.[22]

이상과 같이 1960년대 말의 논의들은 한국 근대의 기점을 개항 이전부터 한국 사회에 나타난 근대적 요소들을 찾아내며 근대의 기점에 대한 새로운 가능성을 모색한 것이었다. 하지만 18세기 이래 실학과 서민문화를 비롯한 당시의 사상적·문화적 변화가 당대의 주류적 사상·문화였는가, 당시 상공업의 발달과 독립적인 상공업 계층의 등장을 근대적 상업 체제와 직결시킬 수 있을까. 단단한 땅을 뚫고 나온 싹은 의미가 있겠지만, 이것이 성장하여 나무가 되고 숲을 이루는 것은 또 다른 문제이다. 18세기 이래의 사상적·경제적 변화가 근대적 요소를 담고 있는 싹으로 중세 봉건 체제를 뚫고 나와 균열을 일으켰다고 해도, 이러한 균열을 근대의 시작이라고 하기는 무리가 따른다. 해방 이후 한국사 연구가 새로운 국면을 맞이한 것은 분명하지만 1960년대 말까지는 연구 성과의 축적을 기대할 수 없었음은 물론 개별 인물·사건에 대한 연구도 소수에 그쳤던 것이 학계의 상황이었다. 이를 고려해 동학이나 흥선대원군 등에 대한 논의가 얼마나 역사적 사실을 충실히 반영했는가에 관한 논의는 차치하더라도, 쇄국이나 경복궁 중건 등으로 대표되는 대원군의 정책은 근대 경제의 성장과는 거리가 멀었고, 그가 추진한 정치적 변화 역시 전제 왕정을 강화하는 방향을 향했다. 이러한 점들을 생각해 볼 때 근대의 기점을 설정하던 1960년대 말의 논의는 당시 학계가 지닐 수밖에 없었던 한계나 근대라는 개념에 대한 이해의 미숙성 역시 드러내고 있었다.

그렇지만 이때의 논의는 아시아 사회는 서구로부터의 충격을 통해 근대를 경험하게 되기 때문에 한국에서 근대의 시작을 고찰함에 있어서도 외인론적·정체론적 시각에 입각해 개항에 두던 통설에 문제를 제기하고, 봉건 체제에 균열을 일으킨 사회 내부의 변화를 주목했다는 점에서 의미가 큰 것이었다. 물론 당시의 논의가 서구와의 접촉으로 인해 근대 문화를 왕성하게 도입했다는 것을 부정하는 것은 아니다. 하지만 한국 사회 내부에서 근대의 싹을 발견해 낸 논의는 서구라는 존재를 고려하지 않아도 한국 사회는 스스로 근대에 도달할 수 있었음을 내포한다. 해방 이후 한민족을 주인공으로 하는 한국사를 서술해야 하는 것은 지식인들의 열망이자 당위였고, 1945년 이후 이러한 열망에서 진행된 연구들은 1960년대 말 한국 근대의 기점에 대한 논의의 장이 마련되었을 때 한국 사회 내부의 변화에 대한 고찰을 통해 근대라 할 수 있는 현상들이 등장한 시점을 찾는 것으로 정리된 것이다.

1960년대 후반 이래 등장한 내재적 발전론은 이른바 정체성론의 극복, 한민족을 주인공으로 하는 한국사 서술의 결정판이라 할 수 있겠다. 조선 후기 농업사 연구에서 시작된 이 흐름은 학계의 양적·질적 성장을 주도했다. 1970년대 이래 한국 사회의 변화와 맞물리며 다수의 연구자와 성과들이 배출되는 가운데 내재적 발전론에 입각한 성과들은 조선 후기를 넘어 한국사, 특히 전근대사 연구로 확장되었고, 한국사에 대한 기본적인 인식틀이 되었다. 하지만 1970년대 이래 권위주의적인 군부의 정책과 사회 분위기 때문이었을까, 한국 현대사는 물론 근대사 연구는 상대적으로 활발하게 이루어지지 못했다. 이러한 한편 한국 사회의 산업화로 도시가 확대되고, 노동자층·학생층이 증가함에 따라 민주화에 대한 요구는 점점 더해져 가는 속에서 1980년대 이래 연구자들은 그동안 축적된 연구 성과를 바탕으로 한국사의 과학적 체계화를 모색했다.

이러한 분위기에서 당시 소장 연구자들을 주축으로 설립된 한국역사연구회에서는 1993년에 "한국 근대의 기점 논의"라는 토론의 자리를 마련했다. 이때 토론은 그동안 축적된 연구 성과를 바탕으로 한국의 근대는 반외세와 반봉건이라는 모순되는 두 가지 과제의 해결 과정이었다는 지반 위에서 이루어졌다. 이와 더불어 또 하나 지적할 수 있는 것은 한 사회를 경제 구조를 중심으로 하는 토대와 이에 상응하여 형성되는 문화·정치 체제로서의 상부구조로서 분석하는 사회구성체론의 영향을 받으며 이루어졌다는 것이다. 이때 한국 근대의 기점으로 세 가지가 제시되었는데, 1860년대설, 1876년설, 1894년설이 그것이다.

먼저 1860년대설은, 근대 이후 외세의 침략과 지배가 일관되었던 한국 사회의 우선적인 과제는 자주적 민족통일이라는 진단하에서 도출되었다. 즉 한국에서 근대는 한국을 침략·지배한 외세와 이에 종속된 관료독점자본에 반대하고 전근대적 유제를 청산하는 과정이었고, 이 청산의 완결은 "자주적 민족통일"이라는 것이다. 이러한 관점은 반외세와 반봉건이라는 두 가지 과제의 해결 과정에서 반외세적 지향과 이를 위한 운동을 한국 근대의 가장 주요한 특징이자 우선적인 과제로 본 것이라 하겠다. 1860년대에서 한국 근대의 기점을 찾은 이유 역시 이때를 전후하여 러시아, 독일, 영국 등 외세의 압박, 특히 미국의 제너럴 셔먼호 사건, 프랑스와의 병인양요 등 외세의 침입이 본격하며 이루어진 변화 때문이다. 물론 1860년대설은 19세기 내내 계속된 대중의 반봉건 투쟁인 민란에서도 눈을 떼지 않는다. 하지만 이는 반봉건 운동에 머물러 근대적인 것 — 반외세 운동으로 직결시킬 수 없다. 이러한 반봉건 운동이 1860년대 외침에 대응하는 과정에서 반외세 운동으로서의 성격이 더해지며 근대화 운동으로서의 의미를 띤다는 것이다. 이렇게 볼 때 반봉건운동이 외세의 침략에 따른 반외세 운동과 만나 질적으로 고양되며 양자의 결합이 시작된 1860년대가 근대의 기점이 된다.[23)]

1876년설은 개항을 주목한 것이다. 하지만 이는 정체론적·외인론적 시각에서 한국 근대의 기점을 강화도 조약에 두었던 것과는 그 성격이 달랐다. 이에 따르면 18세기 이래 사회경제적으로 발전 = 반봉건적 움직임이 일었지만, 그 위에 서 있던 정치체제(=상부구조)는 여전히 중세 봉건적인 것이었기 때문에 19세기 들어 반봉건적 지향을 드러내는 농민항쟁이 지속되며 사회는 위기의 징후를 드러냈다. 이런 가운데 이루어진 개항으로 외국 자본이 한국의 시장을 지배할 수 있는 길이 열리며 한국 사회에는 민족모순이라는 또 하나의 과제가 던져졌다. 더군다나 개항으로 자본주의 세계시장에 편입된 조선의 지배층은 자주적 근대화를 위해 필요한 국내 산업·시장을 보호하기 위한 조치를 취하기보다는 봉건적 수탈을 강화함에 따라 기존의 봉건적 모순은 더욱 심화되었다. 즉 기존의 반봉건적 과제가 개항 이후 외국 자본의 유입으로 인해 더욱 절실해진 것이다. 이렇게 볼 때 개항은 반봉건과 반외세라는 두 가지 과제에 직면하게 된 시작점이며, 그 해결을 위한 근대 민족 국가 수립 운동 역시 이로부터 연유할 수밖에 없었기 때문에 한국 근대의 기점이 된다는 것이다.[24)]

마지막으로 1894년설은 사회의 토대로서 자본주의적 생산양식, 그에 조응하는 상부구조 양자의 통일로서 자본주의 사회가 출발하는 시점이 근대의 기점이라는 것을 분명히 했다. 즉 자본주의적 생산양식의 형성·전개와 더불어 이를 형성·강화시키는 정치권력의 확립에서 근대의 출발점을 찾으려는 것이다. 이러한 시각에서 주목한 것은 갑오개혁이었다. 갑오개혁은 자본주의적 생산양식을 보호·촉진하는 국가 권력이 수립되어 각종 개혁이 시작된 사건으로, 그 이전과 이후의 사회를 단절시킨 주요한 계기였기 때문이다. 물론 갑오개혁의 주도층이 18세기 이래 성장한 자본주의적 생산양식을 대변하는 부르주아적 집단은 아니었다. 하지만 이들은 종전의 국왕 또는 특정 벌열 중심의 권력 집단과 거리가 멀었고, 정부의 근대화정책에서 실무를 담당하면서 권력을 키워왔으며 부국강병을 달성하기 위한 개혁의 필요성을 인식하고 있다는 점에서 이전 정권담당자와는 질적 차이를 보였다. 이들은 개항 이후 개화파의 개혁 구상, 동학농민운동에서 나타난 폐정개혁안의 상당 부분을 수용하며 조선이 근대 국민 국가로 자립하는 데 필요한 제반 조치들을 망라한 개혁을 단행했다. 비록 갑오개혁은 아관파천으로 중단되었지만, 그 이후의 권력층 역시 특정 가문 출신이라기보다는 새롭게 등장한 세력들로, 이러한 이들의 등장은 갑오개혁기의 과거제 폐지, 신분제 타파를 전제하지 않고는 상상할 수 없는 현상이었다. 또 군(郡)을 중심으로 하는 지방 제도, 재정일원화와 조세제도 등 갑오개혁 당시의 조치들은 이후에도 계속되었다. 무엇보다도 대한제국기 양전 사업

등을 통해 지주제를 근대적인 것으로 전환한 바탕 위에서 근대 국가를 수립한다는 방향성은 갑오개혁 이래의 것이었다. 이렇게 볼 때 갑오개혁과 그 이후 조선 사회는 부르주아적 지향을 갖는 권력의 지배하에서 자본주의적 생산양식의 형성·전개가 불가역적인 역사적 추세가 되었기 때문에 1894년을 근대의 기점이라 할 수 있다는 것이다.[25)]

이상에서 살펴본 1993년의 토론은 관점에 따라 차이를 보였지만 18세기 이래 사회경제적 발전이라는 내재적 발전론과 19세기 중반 이후 외세의 압력·침략이 초래한 변화라는 두 축을 골자로, 각각이 제기한 반봉건과 반외세라는 두 가지 과제의 해결 과정으로서 근대 국민 국가 수립 운동이 바로 한국 근대사라는 시각 위에서 이루어졌다고 하겠다. 1990년대 한국 사회의 당면 과제를 자주적 민족통일로 설정하며 제기된 1860년대설은 조선 후기 발전으로 반봉건 투쟁이 출현했지만, 1860년 이후 이에 반외세적 성격이 더해지며 질적 변환을 이루며 한국 근대 사회의 과제 해결을 위한 투쟁으로 나아가게 되었다는 것이다. 이는 한국 근대사에서 반외세적 지향을 보다 본질적인 것으로 보는 것이라 하겠다. 반면 1876년설과 1894년설은 18세기 이래의 사회경제적 발전이 개항으로 인해 어떠한 변화를 겪었고, 또 당시 조선인들은 이에 어떻게 대응했으며, 중세 봉건 체제로부터 탈피한 이후 어떠한 사회를 지향했는가라는 반봉건적 지향을 우선시하는 가운데 경제구조(토대)와 이에 조응하는 권력체·법적 질서(상부구조) 중 한국 사회가 근대로 이행하는 데에 보다 결정적인 요인이 토대의 성격 변화인가 상부구조를 포함한 것인가에 따라 분기한 것이라고도 할 수 있겠다.

대부분의 토론이 그렇듯이, 특히 그것이 학술의 장에서 이루어지는 경우에는, 하나의 결론으로 수렴되기보다는 서로의 입장을 정리하고, 이에 입각한 연구들을 본격화하는 계기가 된다. 1993년의 토론은 민주화와 더불어 근대사 연구가 활성화되던 당시 사회와 학계 분위기의 반영이었고, 또 이후 한국 근대사 연구를 추동한 계기 중 하나이기도 했다. 실로 1990년대 이래 한국 근대사와 현대사 연구는 급증했다.

이러한 한편 후기구조주의 사조를 비롯한 기존의 역사서술의 주체인 민족을 비롯한 거대담론을 역사화·상대화하는 사상적 흐름이 한국에 대거 소개되며 근대라는 거대담론 역시 해체되는 경향을 나타냈다. 이루어야 할 절대적 가치이자 당위였던 근대라는 개념이 상대화됨에 따라 한국의 근대와 관련된 연구 주제 역시 세분화·다변화되며 연구의 양 역시 급증했다. 거대담론의 해체에 따라 서유럽의 역사 전개에 입각한 기존의 시대구분을 한국사에 적용할 수 있는가에 대한 문제 제기 역시 이루어지며 시대구분과 같은 거대담론에 대한 논의의 장은 희미해져 갔다. 하지만 최근까지도 시대구분에 대한 논의와 제안은 지속되고 있으며, 근래에는 18세기 이래 역사적 흐름을 근대로의 '이행'이 아닌 '전환'이라는 시각에서 돌아보자는 제안이 이루어지기도 했다.[26]

3) 한국사에서 근대의 기점을 어떻게 가르칠까

근현대사 중심의 교육 기조가 유지되고 있는 2022년 개정 "한국사1, 한국사2 교육과정"의 내용은 근대의 기점과 이를 바라보는 시각과 관련하여 큰 변화를 보인다.[27] 크게 6개의 "지식·이해" 범주로 구성된 2022년 교육과정에서 3번째 이하 범주는 근현대사에 해당한다. 근대사의 시작에 해당하는 3번째 범주는 "근대 국가 수립의 노력"으로, 그 첫 번째 내용 요소는 바로 "국제질서의 변동과 개항"이며, 이에 따른 성취기준은 "조선의 개항을 국제질서의 변동과 연관하여 분석한다."이다. 이는 이전 교육과정의 "서구 열강의 접근과 조선의 대응"이라는 소주제와 비교해 볼 때 서구의 접근에 대응하는 조선이라는, 수동적인 위치에 있던 조선의 위상을 불식하는 방향성을 보이며, 근대의 기점으로서 명시적으로 제시되었던 흥선대원군에 대한 사항을 대신해 개항을 부각하고 있다고 하겠다.

하지만 이는 두 가지 점에서 주의를 요한다. 먼저 조선의 개항을 국제질서의 변동과 연관하여 어떻게 서술할 것인가의 문제이다. 앞서 밝혔듯이 학계에서도 19세기 후반을 외세에 대한 조선의 대응이라는 시각에서 벗어나 당시 조선의 대외 정책을 동북아시아를 둘러싼 국제질서의 변화 속에서 입체적으로 파악하고자 시도하고 있다. 그런데 이러한 연구들은 아직 개별적인 사항들에 대한 분석으로 개항 전후사를 포괄할 정도의 성과를 쌓아 올리지는 못한 실정이다. 이렇게 학계의 연구가 축적되지 않은 가운데 "조선의 개항을 국제질서의 변동과 연관하여 분석"하는 것은 결국 개항을 둘러싼 일련의 흐름을 서구의 접근에 대한 동아시아 국가의 대응이라는 구도에 입각한 과거의 서술로 그칠 우려가 있다.[28]

다른 하나는 흥선대원군 집권 당시 이루어진 일련의 정책들을 전근대사로 보아야 하는가, 근대사로 보아야 하는가의 문제이다. 개항을 근대의 기점으로 명시적으로 제시한 최근 교육과정에서 볼 때 개항 이전에 해당하는 흥선대원군 집권기는 전근대사에서 다루어야 할 것이다. 하지만 개항을 설명하기 위해서는, 더군다나 개항을 국제질서의 변동과 연관하여 서술하기 위해서는 통상거부 정책과 양요, 척화비 건립 등은 국제질서의 변동과 아울러 개항을 설명하기 위한 그 전사로서 근대사에서 다루는 것이 바람직하다. 하지만 "국제질서의 변동과 개항"과 직결되지 않는 사창제, 호포법, 경복궁 중건과 당백전 발행, 서원 철폐 등의 사항은 그 설 자리가 애매하다. 최근 국가교육과정 "근대 이전 한국사의 이해" 부분의 성취기준은 "조선 후기에 등장한 새로운 변화 양상을 이해한다"이다. 이러한 성취기준을 제시한 이유로는 "조선 후기 여러 분야에서 나타난 변화를 파악하기 위해"서라며, "흥선대원군 집권기까지 조선 후기에 나타난 새로운 변화의 양상에 초점을 맞춘다."고 밝히고 있다.[29] 즉 흥선대원군이 섭정이던 시기에 벌어진 일들이 근대 이전과 근대로 나뉘어 서술될 가능성이 높은 것이다. 실로 최근 교육과정에 따라 작성된 고등학교 한국사 교과서의 전시본을 보면 흥선대원군 당시 수취체제 정비, 경복궁 중건, 서원 철폐 등은 전근대사 부분에, 이양선 출몰과 양요 등의 사항은 근대사 부분에 서술되어 있다.

이는 교과서의 주요 독자인 학생들에게 흥선대원군 집권기는 전근대인지 근대인지 혼란을 야기하기 쉽다. 때문에 교육 현장에서 근대 이전의 끝과 근대사의 시작을 가르칠 때에 각별한 주의가 필요하다. 그렇다면 "근대 이전 한국사의 이해"의 마지막 부분에 제시되어야 하는 사창제, 호포법, 경복궁 중건과 당백전, 서원 철폐 등의 사항은 19세기 한국 사회의 상황, 바로 봉건적 사회체제의 말기적 현상에 대한 봉건 정부의 대응으로서 교수하는 것이 바람직할 것이다. 즉 환곡, 군역, 경복궁과 서원으로 대변되는 중세적 정치·경제·사회 질서가 동요함에 따른 구체제 회복을 위한 수습책으로서의 의미를 교수하는 것이다. 이러한 시책들이 중세적 질서의 동요·해체에 대한 수습책으로서 어느 정도 백성의 일상생활이 나아질 수 있었겠지만, 흥선대원군의 정책은 근대 사회로의 이행을 위한 것이 아닌 흥선대원군 자신을 중심으로 하는 중세 봉건적 질서 유지를 위한 것이었음을 제시하고, 이후 근대사를 교수할 때 봉건적 질서의 회복을 추구했던 흥선대원군 정권은 서구 제국의 접근에 대해서도 통상거부라는, 바로 새로운 사회=근대에 대한 전망과는 거리가 먼 정책을 고수했음을 교수하는 것이 “국제질서의 변동과 조선의 개항”의 의미를 명확히 하는 방법이 될 것이다.

역사교육과 역사학의 목적과 목표는 다르다. 각각의 목적과 목표를 한 가지로 정할 수는 없겠지만, 적어도 역사교육의 목적이 역사 연구자의 양성이 아닌 것은 분명하다. 더군다나 교육 여건이라는 현실에서 학계의 논의 또는 그 전개 양상을 모두 전달하는 것은 불가능할 뿐만 아니라 그럴 필요도 없다. 게다가 거대담론의 해체에 따라 다양한 관점과 소재가 연구 대상이 된 학계의 성과를 교과서라는 한 권의 서적에서 종합하는 것은 어려울 뿐만 아니라 모두 제시할 필요도 없다. 다만 근대사의 전개과정을 반외세와 반봉건이라는 두 가지 과제의 해결 과정으로 정리해 온 학계의 성과가 안정적인 지반을 확보하고 있음에도 19세기 거듭된 농민봉기를 비롯한 봉건 체제의 해체 양상은 전근대에서, 외세의 접근·쇄국·개항은 근대에서 서술하는 것은 기묘하다고 하겠다. 역사교육과 같이 모학문이 분명한 분야라면 오랜 시간을 거치며 안정적인 기반을 확보한 두 과제의 제시가 본격화된 시점에서 근대의 기점을 찾는 교육과정과 교과서를 기대하는 것이 지나친 바람은 아닐 것이다.

4. 수업의 실제: 논쟁적 수업(심화)-한국사에서 근대의 기점은 언제인가? -멀티미디어 자료 및 사료 기반 토론식 수업-

1) 교육과정 분석 및 수업목표 설정

성취기준 "[10한국사01-05] 근대 태동기의 사회 변동과 외세 침략에 대한 대응을 이해하고, 근대 사회로의 이행 과정을 탐구한다."에 근거하여 기획되었다. 해당 성취기준은 조선 후기 사회가 직면한 변화와 도전, 그리고 그것을 극복하려는 다양한 시도들을 이해함으로써 한국 근대사의 출발점을 탐구하도록 유도하고 있다. 본 수업은 특히 '근대 사회로의 이행'이라는 표현 속에 포함된 함의, 즉 언제부터 한국이 '근대'에 진입하였는지를 둘러싼 시기 구분 논쟁을 학습자들이 직접 탐구하고 토론할 수 있도록 설계되었다.

이 성취기준 해설 중에서는 "근대 사회로의 이행 과정을 탐구한다"는 내용이 본 수업의 핵심이다. 특히, 시대 구분에 따라 '근대'를 어떻게 이해할 것인가가 역사 서술의 구조를 결정짓는 중요한 문제이기 때문에, 본 수업은 학생들로 하여금 다양한 시대 구분의 관점을 이해하고, 이를 토대로 자신의 관점을 형성하며, 동료와의 토론을 통해 비판적 사고력과 역사 인식을 심화시키는 것을 목표로 한다. 시대 구분은 단지 연대의 문제를 넘어서, 역사를 바라보는 인식론적 틀을 반영한다. 어떤 시점을 기점으로 설정하느냐에 따라 역사 서사의 주제, 구성, 주체가 달라지며, 이는 학생들에게 역사 해석의 다양성과 상대성, 그리고 현재 우리가 무엇을 중요하게 여기는지를 성찰하게 만든다. 따라서 본 수업은 시대 구분의 역사학적, 교육학적 의미를 다각도로 분석하고, 학습자들이 이를 바탕으로 자신만의 역사 해석을 구성할 수 있도록 돕는 데 목적이 있다.

- 근대와 현대의 구분이 가지는 역사학적 의미를 설명할 수 있다.
- 한국사에서 '근대'의 기점과 '현대'의 시작을 둘러싼 다양한 관점을 비교하고 분석할 수 있다.
- 역사적 사건과 구조 변화, 주체 형성의 측면에서 시대 구분의 기준을 적용해 볼 수 있다.

- 시대 구분이 현재의 역사 인식과 어떤 관련을 맺는지를 비판적으로 사고할 수 있다. 구체적으로, 본 수업은 다음과 같은 학습 목표를 설정한다.

첫째, 근대와 현대라는 시기의 구분이 역사학에서 어떻게 사용되는지를 이해하고, 각 시기의 개념적 정의를 명확히 할 수 있어야 한다.

둘째, 한국사의 경우 근대와 현대의 구분 시점에 대해 다양한 학설이 존재함을 인식하고, 각 입장의 특징과 논거를 비교할 수 있어야 한다.

셋째, 역사적 사건(예: 강화도조약, 갑오개혁, 3·1 운동 등), 구조 변화(예: 신분제 해체, 근대적 법제 도입 등), 주체 형성(예: 민중의 정치 주체화, 국민국가의 성립 시도 등)이라는 세 가지 기준을 바탕으로 시대 구분의 관점을 구성할 수 있어야 한다.

넷째, 이러한 논의를 통해 학생들은 시대 구분이 단순히 과거를 구분하는 것이 아니라, 현재 우리 사회가 역사와 어떤 관계를 맺고 있으며, 어떠한 미래를 지향하고자 하는지를 반영하고 있음을 비판적으로 성찰할 수 있어야 한다.

2) 내용 선정

학습 내용은 다음과 같은 주제 중심으로 구성된다.

- '근대'와 '현대'의 개념적 차이와 시대 구분의 필요성
- 한국 근대의 기점에 대한 논쟁: 흥선대원군 집권기 / 강화도조약 / 갑오개혁 / 을사늑약 / 3·1 운동 / 광복 등 다양한 시점
- 시대 구분 기준의 다양성: 사건 중심, 구조 변화 중심, 주체 형성 중심 등
- 시기 구분이 교과서 서사 및 대중 인식에 미치는 영향
- 일제강점기와 해방, 분단, 전쟁 등을 둘러싼 역사학적 해석의 차이

본 수업은 근대와 현대라는 시기의 구분이 단순한 시간적 분할이 아니라, 역사 인식의 틀을 구성하는 핵심적 문제라는 점에 착안하여 내용을 선정하였다. 먼저 '근대'와 '현대'라는 개념을 정의하고, 이 개념들이 서구 역사학에서 어떻게 형성되었는지를 간략히 소개한 후, 이를 바탕으로 한국사에서 시대 구분이 어떻게 이루어졌는지 살펴보도록 한다. 특히 시기 구분을 둘러싼 주요 논쟁들을 정리하고, 그

논쟁이 각기 어떤 시각과 가치를 반영하고 있는지를 탐색한다.

이를 위해 다음과 같은 자료들을 활용한다.

- 근현대 시기 구분 논쟁 관련 자료(주요 사료 및 정리 요약)
- 시대 구분 관련 영상 클립(유튜브 강의, 뉴스 영상 등)
- 다양한 입장을 정리한 인물 중심의 사료(예: 박은식, 신채호, 이기백 등 역사학자의 주장)
- 시기별 사건 일람표, 구조 변화 개요표, 주체 형성 양상 표

구체적인 학습 내용은 다음과 같다. 첫째, '근대'의 기점을 어디에 둘 것인가에 대한 학문적 논쟁을 소개한다. 이 논쟁은 흥선대원군 집권기, 강화도조약 체결, 갑오개혁, 을사늑약, 3·1 운동 등 여러 역사적 사건을 기점으로 제시하면서 각 입장의 근거와 한계를 비교하는 방식으로 구성된다. 둘째, '현대'의 기점 역시 해방, 대한민국 정부 수립, 6·25 전쟁, 산업화·민주화 등의 주요 사건을 중심으로 다양한 관점을 비교한다. 셋째, 사건 중심, 구조 변화 중심, 주체 형성 중심이라는 세 가지 대표적인 시대 구분 기준을 소개하고, 이를 적용해 보는 활동을 마련한다.

또한 학생들이 각 시기 구분의 관점에서 교과서 서술이 어떻게 달라질 수 있는지를 탐색할 수 있도록, 교과서 3종의 시대 구분 비교표, 학자별 입장 정리표, 영상 자료 등을 제공한다. 이를 통해 학생들은 시대 구분의 기준에 따라 어떤 역사 서사가 강화되거나 약화되는지를 분석할 수 있으며, 교과서가 특정 시각을 기반으로 구성된 텍스트라는 사실을 비판적으로 인식할 수 있게 된다.

3) 학습자 진단

학습자는 고등학교 1학년이며, 다음과 같은 특징을 갖는다.

- 한국사에 대한 기본 개념 이해는 있으나, 역사 서술의 구조나 인식론적 논쟁에 대한 경험은 부족함
- 추상적인 개념보다는 구체적인 사건과 인물을 통해 주제를 이해하는 것이 용이함
- 토론 및 발표에 대한 흥미는 있으나, 자신의 주장을 뒷받침할 논거 제시에 어려

움을 느낌
• 사료나 영상 등 시각 자료를 활용한 학습에 적극적

본 수업의 학습자는 고등학교 1학년 학생으로, 중학교 때 배운 역사2(한국사)를 통해 한국사의 주요 사건과 개념에 대한 기본적인 지식을 갖추고 있으며, 비교적 추상적인 개념이나 다층적 해석에도 관심을 보이는 학습자들이다. 그러나 일반적으로 시기 구분에 관한 논쟁이나 인식론적 문제에는 노출된 경험이 적고, 역사 서술의 구조를 문제삼는 비판적 사고에는 다소 익숙하지 않다.

따라서 수업은 시대 구분이라는 추상적 주제를 구체적 사례와 연결하고, 시각적 자료와 구조적 비교표를 활용하며, 모둠 활동을 통해 학습의 몰입도를 높이는 방식으로 진행한다. 학습자들은 구체적인 사건과 인물을 중심으로 한 서술에는 높은 흥미를 보이지만, '근대란 무엇인가'와 같은 이론적 문제나, '시대 구분의 기준은 무엇인가'와 같은 추상적 사고에는 거리감을 느끼는 경향이 있다. 또한 다수의 학생은 토론이나 발표 수업에 흥미를 보이며 적극적으로 참여하려는 태도를 보이나, 자신의 주장을 논리적으로 구성하고 구체적인 사료나 자료를 근거로 활용하는 데는 어려움을 겪는다.

이러한 학습자의 특성을 고려하여 본 수업은 추상적 개념을 구체적 사례와 연결하고, 시각 자료와 비교표 등을 통해 개념적 사고의 기반을 마련하며, 조별 토론과 발표 활동을 통해 학생들이 자신의 입장을 형성하고 타인의 견해를 비판적으로 수용할 수 있도록 유도하고자 한다. 특히 각 모둠에 시대 구분 기준이 상이한 입장을 부여하여 논쟁적 문제를 중심으로 토론하게 함으로써, 학생들이 역사 해석의 다양성과 복수성에 익숙해지도록 할 것이다.

4) 교재 연구

본 수업에서 사용하는 주교재는 고등학교 한국사 교과서들이며, 교과서의 시대 구분 방식과 서술 차이를 비교 분석하는 활동이 포함되기 때문에 다양한 교과서의 서술을 추출하여 비교 자료로 활용한다.

학습 동기 유발을 위해 "근대란 어떤 시대이며, 한국사에서 근대는 언제 시작되었을까?"라는 질문을 제시하고, 시대 구분에 따라 교과서 서사가 어떻게 달라지는지를 보여주는 영상 클립을 시청한다. 이후 "만약 시기를 다르게 잡는다면, 우리의 역사 인식은 어떻게 달라질까?"라는 후속 질문을 던져 학습자의 사고를 자극한다.

부교재로는 근현대 시기 구분 논쟁 관련 자료를 제공한다. 이 자료는 한국 근현대사의 시기 구분을 둘러싼 학문적 논쟁과 그 배경, 각 입장의 사료 및 논거를 명확하게 제시하며 학생들이 시대 구분의 기준을 이해하고 비교하는 데 효과적인 학습자료가 된다. 이 외에도 학자별 입장 정리표, 시기 구분 기준 비교 도표, 각 시대의 주요 사건 등을 시각화한 도식 등을 학습 보조 자료로 제공한다. 이때 사용할 자료로 한국사 교과서 3종의 시대 구분 비교 이미지, 건국절 논쟁 보도자료 스크랩, 교과서 연표 비교 영상 링크 등이 있다.

또한 시청각 자료로는 동영상 플랫폼에 업로드된 건국절 논쟁 관련 뉴스 영상, 3·1 운동과 한국 근대사에 대한 전문가 강연, 해방 이후의 사회구조 변화에 대한 다큐멘터리 클립 등을 활용한다. 이를 통해 학습자들이 시대 구분을 단지 연도나 사건의 나열로 받아들이지 않고, 영상 속의 사회 분위기와 역사적 맥락을 통해 직관적으로 이해할 수 있도록 한다.

5) 학습지도안 작성

학 습 지 도 안

학교/반	
교사	
일시	

차 례

Ⅰ. 교재 및 단원명

1. 교재

- 교과서: 고등학교 한국사1
- 저자 및 출판사: 김보림 외, 리베르 출판사

2. 단원명

- 대단원: Ⅲ. 근대 국가 수립의 노력
- 중단원: 1. 국제 질서의 변동과 개항

Ⅱ. 단원 설정의 이유

1. 학습자 측면

이 단원을 설정한 가장 큰 이유는, 교과서 속 시대 구분이 하나의 '객관적 사실'처럼 제시되어 있는 현실에서 학생들이 이 구분을 비판적으로 사유하고 해체하며, 재구성해 보는 학습 경험을 제공하기 위함이다. 학생들은 평소 교과서에서 '개항이 곧 근대의 시작'이며, '광복이 곧 현대의 시작'이라는 암묵적인 전제에 익숙해져 있으나, 이 수업을 통해 그것이 얼마나 다양한 해석 가능성 속에서 선택된 하나의 관점임을 깨닫게 된다.

이러한 논쟁의 존재 자체를 학습자들이 인식하고, 그 속에서 스스로 기준을 설정하고 사료를 통해 논거를 구성하는 과정을 거치게 하는 것이 바로 이 단원이 설정된 핵심 이유이다. 즉, 본 단원은 단순한 역사 지식 전달을 넘어서, 역사학적 사고 훈련과 해석적 글쓰기, 협동적 토론 역량의 배양을 목표로 한다. 또한 이 단원은 교사의 일방적인 설명 중심이 아닌, 모둠 토론, 발표, 연표 작성, 입장 정리 등의 다양한 수행 과제를 통하여 학습자가 수업의 주체가 되는 방식으로 구성된다. 이를 통해 학습자는 역사학을 '정답 찾기'가 아닌 '의미 구성'의 과정으로 체험하게 되며, 교과서에 제시된 서사를 그대로 수용하는 수동적 독자가 아니라, 역사적 의미를 재구성하는 능동적 해석자로 성장할 수 있게 된다. 우선, 시대 구분이 단순한 시기의 구획이 아니라 역사 해석의 틀임을 이해할 수 있어야 한다. 학습 교재상 교과서에서 제시하는 시대 구분은 출판사별로 상이하거나, 암묵적으로 전제되어 있는 경우가 많아 학생들이 그 기준의 성격과 함의를 자각하지 못하고 수동적으로 수용하는 경우가 많다. 따라서 교과서의 시대 구분을 비교하고, 각각의 기준이 무엇을 강조하고 어떤 서사를 강화하는지를 분석하는 활동은, 학습자 스스로가 교과서를 비판적으로 읽고 해석하는 능력을 기를 수 있게 해준다. 또한 시대 구분은 향후 역사 서술, 나아가 대학 입시 논술과 같은 고차 사고형 평가에서 중요한 문제로 다뤄질 가능성이 높기 때문에, 본 수업의 내용은 실질적인 진로 학습과도 연계된다. 다음으로, 한국사의 '근대' 및 '현대'의 시기 구분에 대한 다양한 관점을 설명하고, 각 관점의 장단점과 함의를 논의할 수 있어야 한다.

2. 학문적 측면

시대 구분은 역사 교육에서 매우 기본적이면서도 동시에 가장 이데올로기적인 구성 도구 중 하나이다. 시대 구분이란 단순히 연도와 사건을 구분하는 문제가 아니라, 특정한 역사적 변화의 기점 또는 단절을 설정하는 해석의 행위이며, 그 기준은 시대마다, 학자마다, 교과서마다 상이하게 설정될 수 있다. 그러므로 시기 구분을 어떤 기준에 따라 설정하느냐는 그 자체로 하나의 역사관을 전제하며, 특정한 정체성과 가치 체계를 형성하거나 강화하는 기능을 수행하게 된다.

예를 들어, 흥선 대원군 집권기를 근대의 시작으로 보는 관점은 '전통 질서의 해체'를 강조하는 입장이고, 개항이나 갑오개혁을 시작으로 보는 관점은 외세 충격과 내부 개혁의 복합성을 기준으로 한다. 반면 3·1 운동 이후 대중 주체의 등장으로 '근대 주체'가 형성되었다고 보는 입장은 민중사학의 시각에 가깝다. 마찬가지로 현대의 시작을 1945년 광복으로 보는 것과, 1948년 정부 수립으로 보는 것, 혹은 1950년 한국전쟁 이후로 보는 입장 간에는 분명한 이념적, 구조적 차이가 존재한다. 오늘날의 고등학생들은 역사 교과 학습에서 지식의 암기보다는 의미 있는 해석과 연결을 중시하는 경향이 증가하고 있으며, 자신이 살고 있는 세계가 과거와 어떻게 연결되어 있는지를 알고자 하는 동기를 가진다. 특히 시대 구분은 현재 자신이 살고 있는 '현대'의 기점을 어디에 두는가와 관련되어 있어, 학생들에게는 단지 과거의 문제가 아닌 자기 정체성과 세계 인식의 출발점이라는 점에서 매우 흥미로운 주제가 될 수 있다. 따라서 단순한 사실 나열형 수업에서 벗어나, 역사적 해석과 판단의 문제를 중심으로 구성된 수업은 학생들에게 높은 몰입도와 자발적 참여를 유도할 수 있다.

3. 사회적 측면

사회적 요구상 현대 사회는 과거의 역사에 대한 해석과 기억을 둘러싸고 끊임없는 갈등과 재해석이 이루어지고 있는 '기억의 전장'이다. 건국절 논쟁, 3·1 운동의 역사적 의미, 분단체제의 형성과 같은 문제들은 시대 구분에 대한 서로 다른 인식에서 비롯된 갈등과 밀접하게 연결되어 있다. 따라서 학생들이 시대 구분의 기준과 그 함의를 이해하고, 이에 대해 비판적으로 사고하는 능력을 기르는 것은 역사적 소양 함양이라는 점에서도 매우 중요하다. 이 단원은 학생들이 역사 해석에 참여하는 역사적 사고력을 성장할 수 있는 발판을 마련한다.

Ⅲ. 단원의 개관

본 단원은 한국사 교육에서 오랫동안 하나의 전제로 받아들여졌던 '근대'와 '현대'의 시기 구분에 대해, 다양한 역사학적 기준을 적용하고 토론하는 탐구 중심의 수업으로 구성된다. 기존 교과서들은 보통 흥선 대원군의 집권기(1863년) 또는 강화도조약(1876년)을 근대의 시작으로, 광복(1945년)이나 대한민국 정부 수립(1948년)을 현대의 시작으로 설정하고 있지만, 이는 수많은 역사 해석 중 하나일 뿐, 객관적 진리로 고정된 기준이 아님을 인식하는 것이 이 단원의 핵심 목표 중 하나이다.

학생들이 이러한 시기 구분을 고정된 것으로 인식하게 되는 가장 큰 이유는 교과서와 수능 중심 교육 체제에서 제공하는 '사건 중심의 연대기적 구조' 때문이다. 교과서의 시간 배열은 보통 사건 발생 순서에 따라 병렬적으로 구성되며, 이에 따라 '언제'라는 질문은 곧 '무엇이 일어났는가'라는 사실적 질문으로 환원되는 경향이 있다. 그러나 이 단원은 바로 그러한 기계적 시대 구분을 넘어, '왜 이 사건을 기점으로 삼았는가?', '이 구분은 누구의 관점에서 설정된 것인가?', '어떤 역사 서사를 정당화하고 있는가?' 등의 해석적 질문을 중심으로 구성되어 있다.

단원의 수업 구조는 다음과 같은 흐름으로 이루어진다.

먼저, 1차시에서는 시기 구분의 개념을 정의하고, 교과서와 역사학자들이 제시한 다양한 구분 기준(사건 중심, 구조 변화 중심, 주체 형성 중심)을 학습자에게 제시한다. 이를 위해 세 가지 기준에 따른 각각의 시대 구분 사례를 비교 분석하는 활동이 제공되며, 학습자는 이 과정에서 동일한 사건이 서로 다른 위치에서 해석될 수 있음을 깨닫게 된다.

이후 2차시에서는 모둠별 토론 활동을 통해 학습자들이 입장을 나누어 각자의 시대 구분 기준을 옹호하거나 비판하는 구조로 수업이 진행된다. 각 모둠은 사전에 배부된 사료와 비교표를 바탕으로 자기 입장을 정리하고, 타 입장에 대한 반론을 구성하며, 수업 말미에는 전체 발표와 통합 연표 제작 활동을 통해 다양한 입장 간의 대화와 상호 이해를 도모한다.

이 단원은 전통적인 지식 전달 수업과는 확연히 다른 수업 철학을 기반으로 한다. 그것은 바로 '역사학을 단지 과거의 사실에 대한 암기 학문으로 보는 관점을 넘어서, 현재를 사유하기 위한 도구로 역사적 해석 능력을 기르는 교육'이라는 관점이다. 시대 구분을 둘러싼 해석은 곧 특정한 과거를 재구성하고, 현재의 정체성과 미래를 설계하는 사고 틀로 작동하기 때문에, 이 단원에서의 학습은 단지 과거를 바라보는 일이 아니라, 오늘날 한국 사회의 역사 서사와 정체성을 성찰하는 행위로 이어진다.

더불어 이 단원은 학습자들에게 자신이 위치한 시대에 대한 자각을 유도하고, 역사적 판단자로서의 태도를 갖추게 하는 데 효과적이다. 예컨대, 한 학생은 "개항이 곧 근대의 시작이다"라는 명제를 받아들이는 것이 단지 역사적 사실 수용이 아니라, 식민지적 충격을 중심으로 구성된 근대관을 수용하는 행위일 수 있음을 성찰하게 된다. 반대로 어떤 학생은 3·1 운동을 근대의 기점으로 삼음으로써 '민중 주체의 등장'을 강조하고, 탈민족주의적 시각에서 그 의미를 재해석할 수도 있다.

결국 이 단원은 학생들이 고정된 역사 서사에서 벗어나, '역사를 구성하는 사람'으로서의 자기 정체성을 확립할 수 있도록 돕는 역할을 수행하며, 나아가 이 수업의 경험이 향후 역사 인식과 민주 시민성 교육의 기반이 될 수 있도록 기획된 것이다.

Ⅳ. 단원의 학습 목표

1. 지식·이해

① 시대 구분이라는 개념이 단순한 연표상의 구획이 아니라, 역사적 전환점을 설정하는 해석적 행위임을 이해할 수 있다.

② '근대'와 '현대'라는 용어가 시대에 따라, 그리고 학자에 따라 다르게 정의되어 왔음을 인식하고, 각 시대 구분의 기준과 배경을 비교할 수 있다.

③ 학생은 한국사에서 근대의 시작을 설정하는 다양한 입장(예: 흥선 대원군 집권기, 개항, 갑오개혁, 을사늑약, 3·1 운동)과 현대의 시작에 대한 기준(예: 광복, 정부 수립, 한국전쟁 이후 재편 등)을 사례 중심으로 설명할 수 있다.

④ 학생은 교과서마다 다른 시대 구분 방식을 비판적으로 분석할 수 있으며, 이는 특정한 역사 서사나 이념적 목적에 따라 구성되었음을 이해할 수 있다.

2. 기능

① 시대 구분 기준(사건 중심, 구조 변화 중심, 주체 형성 중심 등)을 사료를 바탕으로 비교·분석할 수 있다.

② 하나의 역사적 사건(예: 갑오개혁)을 놓고, 각기 다른 시대 구분 기준에 따라 그 사건이 어떻게 해석되는지를 도표나 연표 형식으로 시각화할 수 있다.

③ 학생은 모둠 활동 및 토론을 통해 자신의 입장을 명확하게 정리하고, 타인의 입장을 경청하며 근거에 기반한 반박을 할 수 있다.

④ 자신만의 시대 구분 기준을 설정하고, 이를 바탕으로 주요 사건을 재구성한 통합 연표를 제작할 수 있다.

⑤ 시대 구분이 오늘날 한국 사회의 정체성이나 정치적 쟁점(예: 건국절 논쟁, 식민지 근대화론 등)과도 연결되어 있음을 분석할 수 있다.

3. 가치·태도

① 역사적 사실을 단순히 외우는 것을 넘어서, 그 사실을 어떻게 바라볼 것인지에 대한 관점을 갖추는 것이 중요하다는 태도를 기를 수 있다.

② 하나의 사건이나 시기 구분이 서로 다른 관점에서 상이하게 해석될 수 있음을 이해하고, 다양한 역사 해석에 열린 태도를 가질 수 있다.

③ 역사적 관점이 특정 집단의 입장과 연계되어 구성된다는 점을 인식하고, 시대 구분의 기준이 권력과 이념의 문제와 무관하지 않다는 사실을 비판적으로 받아들일 수 있다.

④ 자신이 역사를 해석하고 평가하는 주체임을 자각하며, 스스로 '역사적 위치성'을 가진 존재임을 인식할 수 있다.

⑤ 공동체 내에서 토론하고 협력하며, 타인의 관점을 존중하는 민주적 시민성의 태도를 실천할 수 있다.

⑥ 현재를 이해하고 미래를 전망하는 데 있어, 과거의 해석 방식이 어떻게 영향을 미치는지를 성찰할 수 있다.

이러한 목표 설정은 단지 성취기준 충족에 국한되지 않고, 학습자 주도형 역사 탐구와 비판적 시민의식 함양이라는 한국사 교육의 궁극적 지향점과 맞닿아 있다. 따라서 본 수업은 교사가 중심이 되는 지식 전달식 수업이 아니라, 학생이 중심이 되어 '해석하고 구성하는 역사 수업'을 실현하는 장이 될 수 있다.

V. 단원의 구조

(※ 수업에 언급되는 내용을 **굵은 글씨**와 밑줄로 표시.)

대단원	중단원	소단원
Ⅲ. 근대 국가 수립의 노력	**1. 국제질서의 변동과 개항**	**1. 동아시아가 개항되다**
		2. 통상 수교 거부 정책을 실시하다
		3. 강화도 조약이 체결되다
	2. 근대 국가 수립을 위한 노력	1. 개화 정책에 대한 반발이 일어나다
		2. 갑신정변이 일어나다
		3. 동학농민운동이 일어나다
		4. 갑오개혁과 을미개혁을 추진하다
		5. 독립협회, 자주국가를 꿈꾸다
		6. 대한제국을 수립하다

이 단원은 역사학의 근본적인 질문 중 하나인 “시대는 어떻게 구분되는가?”라는 물음에서 출발하며, 이 질문을 중심으로 한두 차시 내외의 집중 토론형 탐구 수업으로 구성된다. 단원의 구조는 전통적인 역사 수업의 연대기적 서술 구조와는 달리, 학습자의 사고 전개를 유도하는 탐구 중심, 비교 분석 중심, 주체적 구성 중심의 흐름으로 설계되어 있다.

이 단원은 크게 다음의 세 단계로 구성된다.

• 1단계: 시대 구분 개념과 관점 탐색

이 단계에서는 시대 구분이라는 개념의 의미, 목적, 기준 등을 이론적으로 정리한다. 특히 학생들은 다음과 같은 질문을 중심으로 시대 구분의 핵심 쟁점을 탐구하게 된다.

‘근대’와 ‘현대’는 무엇이 다른가?
시대를 나눈다는 것은 단순한 정리인가, 해석인가?
시대 구분은 언제, 누가, 무엇을 기준으로 설정했는가?

이를 위해 다양한 역사학자들의 입장을 비교한 표(예: 사건 중심 기준, 구조 변화 기준, 주체 형성 기준)를 제시하고, 교과서에 따라 어떻게 시대 구분이 달라지는지도 함께 분석한다. 이 과정에서 학습자는 역사 인식의 틀로서 시대 구분을 사고하게 되며, 특정 시기를 ‘근대의 시작’ 또는 ‘현대의 단절점’으로 설정하는 일이 갖는 정치적 · 사상적 의미를 탐색하게 된다.

• 2단계: 시기 구분 기준별 입장 분석 및 토론

이 단계는 본 단원의 핵심 활동으로, 모둠별 입장을 설정하고 그 입장에 따라 역사적 사건의 의미를 재해석하는 토론 활동이 진행된다.

예를 들어 한 모둠은 ‘흥선 대원군 집권기’를 근대의 시작으로 보는 입장을, 다른 모둠은 ‘3 · 1 운동’을 기준으로 삼는 입장을 선택하게 된다.

모둠별로 다음의 활동을 수행한다. 먼저, 주어진 입장에 따라 사료를 재해석하고, 논거를 정리한다. 다음으로, 다른 입장의 논리적 취약점을 분석하여 반론을 구성한다. 그리고 역사적 사건(예: 갑오개혁, 광복, 6 · 25 전쟁 등)을 기준별로 어떻게 해석하는지를 정리한다.

이 과정을 통해 학습자는 역사 해석의 상대성과 논리 구조를 체험하며, 특정한 기준이 어떤 역사 인식과 연결되어 있는지를 자연스럽게 이해하게 된다.

• 3단계: 통합 연표 작성 및 역사 인식 재구성

토론 활동이 끝난 후에는 학습자 각자가 '시기 구분 기준'을 바탕으로 통합 연표를 작성하는 활동이 진행된다. 이 연표는 단순한 사건 나열이 아니라, 각 사건이 어떤 기준 아래 어떤 의미로 해석되는지를 시각적으로 정리하는 창의적 작업이다.

학생들은 다음과 같은 요소를 고려하여 연표를 구성한다.

• 각 기준에 따라 시대를 나누는 구획을 설정
• 해당 구획 내 주요 사건 선정 및 의미 부여
• 사건이 각 기준에서 어떻게 달리 해석되는지 비교

이후, 연표를 기반으로 '내가 설정한 한국사 시대 구분의 기준은 무엇이며, 왜 그런가?'에 대한 짧은 에세이나 발표 과제를 수행함으로써 학습자는 역사적 판단 주체로서의 자기 정체성을 정립하게 된다.

이와 같이 본 단원은 단일 관점의 역사 수업을 넘어, 다중 관점의 역사 인식을 가능하게 하며, 기존 서사의 수용이 아닌 재구성을 통해 학생 스스로가 역사적 해석자이자 평가자로서 성장하도록 설계되었다.

수업의 구조는 전통적인 '설명-암기-평가'의 흐름이 아니라, '질문-탐구-토론-구성-성찰'의 흐름을 따르며, 이는 향후 역사교육이 지향해야 할 비판적 역사교육의 실천적 모델이 될 수 있다.

Ⅵ. 지도상의 유의점

단원은 기존의 연표 중심, 사건 중심 수업과는 전혀 다른 사고 중심, 관점 중심, 탐구 중심 수업으로 구성되므로, 교사는 수업 전반에 걸쳐 아래와 같은 다양한 유의점을 인식하고 수업을 준비하고 운영해야 한다. 특히 이 단원은 역사 인식의 틀 자체를 비판적으로 탐색하는 수업이므로, 수업의 내용 전달뿐 아니라 그 과정의 설계와 운영 방식에 대한 깊은 고민이 선행되어야 한다.

1. 준비

첫째, 시대 구분이라는 주제는 학생들에게 익숙한 개념이 아니라는 점을 인지해야 한다. 특히 대부분의 학생들은 교과서에 제시된 시대 구분을 자명한 사실로 수용하고 있기 때문에, 교사는 시대 구분이 역사적 사실이 아니라 역사적 해석이라는 점을 명확하게 전달하고, 이를 효과적으로 이해시키기 위한 다양한 시청각 자료, 비교표, 연표, 학자별 관점 정리 도표 등을 수업 전에 충분히 준비해야 한다.

둘째, 본 수업은 다양한 입장 간의 비교와 토론을 전제로 하므로, 각 모둠별로 배정할 입장과 사료 자료, 활동지, 발표 양식을 세심하게 구성해야 한다. 교사는 모둠 간의 주제 균형이 깨지지 않도록 조정하고, 각 모둠이 자신에게 배정된 입장을 과잉 단순화하거나 과잉 정당화하지 않도록 지도해야 한다.

셋째, 수업에서 활용할 멀티미디어 자료는 단순한 흥미 유발용이 아닌, 시대 구분이 실제 사회적 논쟁과 어떻게 연결되어 있는지를 보여주는 도구로 활용되어야 한다. 예컨대, '건국절 논쟁', '식민지 근대화론 논쟁', '해방 후 잔재 청산 문제' 등의 영상은 시대 구분이 과거 서술을 넘어서 정치적 정당화 기제로 작동한다는 점을 보여주는 데 효과적이다.

준비해야 할 교사와 학생의 학습 자료는 아래와 같다.

학습 자료	교사	시대 구분 기준별 사료 자료집, 입장별 주장 정리 카드, 반론 체크리스트, 통합 연표 작성 예시, 진행 안내지 및 토론 규칙 시트, 평가 루브릭	학생	주제별 사료 자료집, 주장 정리 카드, 반론 작성 가이드, 토론 기록지 및 자기평가지, AI 활용 참고지

2. 내용

첫째, 시대 구분은 단순한 사건 열거가 아니라, 그 사건에 부여된 의미의 구조를 이해하는 것이 핵심이다. 따라서 교사는 각각의 기준이 전제하고 있는 역사관(예: 발전사관, 민중사관, 구조주의적 시각 등)을 학생들이 명확히 구별할 수 있도록 반복적으로 설명해야 하며, 각 기준이 실제 사건 해석에 어떻게 적용되는지를 풍부한 예시와 함께 제시해야 한다.

둘째, 학생들이 개념을 형식적으로 외우는 수준에 머물지 않도록, 실제 사료를 중심으로 한 비교 활동이 강조되어야 한다. 예를 들어, '갑오개혁'이라는 사건을 놓고, 개항기 기준에서는 '근대화 시도의 본격화'로, 주체 형성 기준에서는 '지배층 주도 개혁으로 대중과 유리된 시기'로 해석되는 차이를 시각 자료나 도표로 구체화시켜 제시할 필요가 있다.

셋째, 역사적 용어 사용의 정밀성을 높여야 한다. '근대'라는 용어 자체가 '문명화', '민주화', '자본주의화' 등 다양한 개념을 혼합하고 있기 때문에, 교사는 수업 초반에 '근대의 구성 요소'(예: 정치적 시민권의 등장, 자본주의적 경제 구조, 국민국가 체계 등)를 학생들과 함께 정리하고, 각 사건이 그 구성 요소들과 어떻게 연관되는지를 유기적으로 설명해야 한다.

3. 마무리

첫째, 수업 말미에는 통합 연표 작성 활동을 통해 각 입장의 기준과 사건 해석을 시각적으로 비교하고, 서로의 기준을 종합·비판하는 총괄 활동이 이루어져야 한다. 이 연표는 단순한 정리표가 아니라, 학생들의 사유 과정을 반영한 결과물이므로 그 작성 과정과 결과를 중요하게 다뤄야 한다.

둘째, 수업 이후 학생들이 자신의 입장을 간결하게 정리하는 '에세이 작성'이나 '나의 시대 구분 발표'와 같은 개인 활동을 통해 수업의 내면화가 이루어지도록 해야 한다. 교사는 에세이 주제를 "나는 왜 이 기준을 근대의 시작으로 보았는가?", "나의 시대 구분이 현재의 역사 인식에 주는 의미는 무엇인가?" 등으로 제시할 수 있다.

셋째, 학습 결과물을 전시하거나 공유하는 시간을 마련함으로써 학생들 간 학습의 폭을 넓히고, 다른 관점을 접할 기회를 제공하는 것도 수업의 확장성 차원에서 중요한 전략이다.

4. 멀티미디어 자료 및 사료기반 토론학습이란?

첫째, 본 수업은 모둠 중심 토론 수업으로 설계되어 있기 때문에, 교사는 학생 간 협력과 상호작용이 원활히 이루어지도록 공간 배치, 시간 분배, 토론 규칙 설정 등에 각별히 신경 써야 한다. 특히 수업 초반에 토론 규칙, 경청 태도, 근거 제시 방식에 대한 명확한 안내가 필요하다.

둘째, 의견 충돌 상황에 대비한 교사의 중재 역할이 중요하다. 서로 다른 기준을 옹호하는 입장 간에는 가치 충돌이 발생할 수 있으며, 이때 교사는 특정 입장을 정답처럼 제시하지 않고, 다양한 역사 해석이 공존할 수 있다는 점을 지속적으로 상기시켜야 한다.

셋째, 수업 내내 모든 학생이 적극적으로 참여할 수 있도록 참여 관찰형 평가를 실시해야 한다. 특히 발표 중심 활동에서 일부 학생에게만 발언 기회가 집중되지 않도록, 발표자와 서기, 질문자, 피드백 담당자 등 다양한 역할을 분배하는 전략이 필요하다.

Ⅶ. 교수-학습계획(2차시 블록타임제)

중단원명		차시	수업내용	시간
Ⅲ 단원	Ⅱ. 근대 국가 수립을 위한 노력	1차시	• 시대 구분 개념과 기준 이해	50분
	1. 개화 정책에 대한 반발이 일어나다 〈주제학습〉 시대구분 논쟁과 나의 기준 세우기	2~3 차시	• 시대 구분 논쟁과 자기 입장 구성 -전개1: 모둠별 입장 정리 활동(입장별 주장의 핵심 요점 정리, 근	100분

			거 보완 자료 분석)	
			• 시대 구분 논쟁과 자기 입장 구성 -전개2: 모둠 토론 및 발표, 반론 구성 및 질의응답	
	Ⅱ. 근대 국가 수립을 위한 노력 1. 개화 정책에 대한 반발이 일어나다 2. 갑신정변이 일어나다	4차시	• 개화정책에 대한 반발 움직임 • 갑신정변의 원인, 과정, 결과	50분
	Ⅱ. 근대 국가 수립을 위한 노력 3. 동학농민운동이 일어나다 4. 갑오개혁과 을미개혁을 추진하다	5차시	• 동학농민운동의 원인, 과정, 결과 • 3차에 걸친 갑오개혁의 특징	50분
	Ⅱ. 근대 국가 수립을 위한 노력 5. 독립협회, 자주국가를 꿈꾸다 6. 대한제국을 수립하다	6차시	• 독립협회 활동 • 대한제국 수립의 의미	50분

본시 학습에 '시대구분 논쟁과 나의기준 세우기'에 해당되는 교수학습계획의 핵심을 정리하면 다음과 같다.

차시	주요 학습 주제	교수학습활동	자료 및 방법	교육적 의의 및 유의점
1 차시	시대 구분 개념과 기준 이해	• 도입: "한국의 근대는 언제 시작되었을까?"라는 질문을 제시하고, 시대 구분 관련 영상 시청(건국절 논쟁 등) • 전개: 시대 구분의 개념 정리(사건 중심/구조 변화 중심/주체 형성 중심) • 교과서 비교 활동(각 출판사 교과서에서 근현대 구분 기준 비교) • 학자별 입장 정리(입장 정리표 제공) • 각 모둠에 입장 배정	• 멀티미디어 영상자료 • PPT • 학자별 입장 비교표 • 교과서 발췌자료	• 학생의 기존 인식과의 충돌을 통해 문제의식을 자극하고, 추상 개념('시대')을 구체적인 사례로 연결 • '시대 구분'이라는 주제가 단지 구획이 아니라 역사 해석의 방식이라는 사실을 이해하게 함 • 교사는 입장 분배 시 각 모둠의 학습 수준과 균형 고려
2~3 차시	시대 구분 논쟁과 자기 입장 구성	• 도입: 지난 시간 복습 퀴즈 또는 핵심 질문 리뷰 • 전개1: 모둠별 입장 정리 활동(입장별 주장의 핵심 요점	• 토론 활동지 • 통합 연표 양식 • 발표 준비지 • 동료 평가표 및	• 수업의 중심이 되는 토론 활동을 통해 다양한 입장을 비판적으로 비교 · 분석

		정리, 근거 보완 자료 분석) • 전개2: 모둠 토론 및 발표, 반론 구성 및 질의응답 • 정리: 통합 연표 제작, 나의 입장 글쓰기(간단한 에세이 또는 발표) • 평가: 동료 평가 + 교사 평가 병행	교사 관찰표	• 통합 연표 작성은 단순 종합이 아닌, 서로 다른 기준이 역사 해석에 미치는 영향의 가시화 작업 • 토론 후 자기 입장을 서면으로 정리하면서 사고의 내면화 도모 • 교사는 소극적인 학생의 참여도 세심히 관찰하고 평가해야 함

- 세 차시 모두 학습자 중심 활동(비판, 토론, 구성)을 중심으로 운영되며, 교사는 개념 제공과 사고 촉진, 자료 제공의 역할을 담당한다.
- 입장 분배는 균형 있게 이루어져야 하며, 어느 한 입장이 우세하거나 방어적이지 않도록 사전 조정이 필요하다.
- 통합 연표 작성은 학생들의 생각을 구조화하고 비교해 보는 중요한 도구이므로 충분한 시간을 배정한다.
- 동료 평가와 교사 평가는 수업의 핵심 참여도와 논리적 사고 수준을 측정할 수 있도록 설계되어야 한다.

Ⅷ. 본시 교수-학습 지도안(2차시 블록타임제: 시대 구분 논쟁과 자기 입장 구성)

단원	대단원	Ⅲ. 근대 국가 수립의 노력	지도 대상	고등학교 2학년
	중단원	2. 근대 국가 수립을 위한 노력		
국가 교육 과정 성취 기준	[10한사1-03-02] 여러 세력이 추진한 근대 국가 수립의 다양한 노력을 이해한다.			
학습 목표	1. 시대 구분의 기준(사건, 구조 변화, 주체 형성 등)에 따라 역사 해석이 어떻게 달라지는지를 이해할 수 있다. 2. 다양한 입장을 비교하고 토론하며, 타당한 기준에 대한 자기 입장을 정리할 수 있다. 3. 통합 연표 작성 및 자기 입장 정리를 통해 역사 해석 주체로서의 위치성을 자각할 수 있다.			

학습 단계	학습 요소	교수 · 학습 활동		시간	자료 및 지도상 유의점
		교사	학생		
도입	인사	• 인사를 한다. • 수업 분위기를 조성한다. "모두 수업 준비가 잘 되어 있군요. 오늘도 활기차게 수업을 시작해 보아요."	• 인사를 한다. • 수업 준비를 한다.	10분	PPT 자료활용, 질문은 개방형 중심
	전시 확인	• 전시 학습을 확인한다. "근대를 시작하는 기준으로 개항과 3 · 1 운동을 비교하면 어떤 차이가 있나요?"	• 교사의 질문에 대답한다. "개항은 근대 열강의 침략적 접근에 대한 대응, 3 · 1 운동은 민중의 주체성 자각을 중시한다는 점에서 차이가 있습니다."		
		"네, 그렇다면, 배운 것을 확인하기 위해 오늘의 학습 목표와 흐름을 살펴봅시다."	• 교사의 수업 안내에 집중한다.		
	동기 유발	• 수업에 들어가기에 앞서 학생들에게 질문한다. "왜 서로 다른 시대 구분 기준이 나왔을까?"	• 교사의 질문에 대해 추론하며 서로 다른 시대 구분 기준이 나온 이유에 대해 궁금증을 갖는다.		
	학습 목표 및 수업 안내	• 학습 목표를 안내한다.	• 학습 목표를 숙지한다.		
		• 수업 과정을 설명한다. "오늘 수업에서는 서로 다른 입장을 바탕으로 근현대 시기 구분에 대해 토론하고, 나의 기준을 설정해 봅니다." "모둠별 발표, 통합 연표 작성, 나의 시대 구분 보고서 작성은 모두 수행평가로 진행됩니다."	• 학습 안내를 받으며 오늘 활동 순서를 인지한다.		
전개	전개 1	• 모둠 조직 및 사료 배부 • 입장별 기준 설명 및 안내 • 사고 유도 질문 개입	• 입장별 사료 분석 및 입장 정리 • 주장 정리 카드와 발표 준비활동 수행	10분	활동지는 시대 구분 기준별로 다르게 배부
	전개 2 수행 평가	• 발표 순서 조정 및 토론 규칙 안내 • 발표 판서 및 반론 유도 질문 제시 • 토론 내용을 정리하고 관점	• 입장 발표 및 상호 토론 • 질문 및 반론제기 • 주장 비교 및 정리 • 토론 핵심 정리 및 통합 시각 정리	35분	토론 예절 강조, 교사는 중재자 역할

		차이를 비교 설명			
	전개 3 수행 평가	• 연표 및 에세이(나의 시대 구분 기준 보고서) 양식 안내 • 예시 제공	• 통합 연표 작성 및 자기 입장 정리 • 시대 구분 기준에 따라 주요 사건을 선택하고 연표에 정리 • 에세이(나의 시대 구분 기준 보고서 작성)	40분	
정리	내용 정리	• 논제가 주는 시사점 환기	• 논제가 주는 시사점에 대한 소감 공유	5분	
	형성 평가	• 배운 내용에 대한 간단한 퀴즈	• 퀴즈 문제를 푼다.		
	차시 예고	• 다음 시간에 배울 내용에 대해 간단하게 설명한다.	• 다음 시간에 배울 내용을 본시 학습과 관련해 생각한다.		
	인사	• 인사한다.	• 인사하고 마무리		

Ⅸ. 참고 자료 별첨

1. 학습지 및 활동지(제2~3차시)

학습 활동 자료

반 번 이름:

1. 시대 구분의 기준에 따라 역사 해석은 어떻게 달라질까?

* 다음 글을 읽고 물음에 답해 보시오.

(가)

우리 전통 사회 자체 내에서 싹 돋은 근대적 요소 가운데서 정신·문화사적인 것으로는 우선 조선 후기의 실학을 드는 데 큰 이론이 없을 줄 안다. …… 조선 후기 정신·문화사상 유표한 사실로는, 실학 이외에도 1780년대(정조 초) 이래의 서학 내지 천주교와 1860년대(철종 대) 이래의 동학을 들 수 있다. …… 이 시기에 있어 서민적 예술의 진출도 괄목할 만하다. …… 18세기 후반기 이후 한국 사회경제 내부에서는 여러 면에서 근대화의 요인이 움트기 시작한 것은 부인할 수 없다. 봉건 지주층에서의 농업경영자의 발생, 봉건소작농층의 자영농민의 성장, 유통과정에서 화폐적 요소의 증대, 관영공업의 쇠퇴와 더불어 독립자영장인의 출현 …… 전국적인 시장권이 형성……

- 천관우, 「한국사상(韓國史上)의 중세, 근대의 계선(界線)」

(나)

1860년에는 …… 러시아 제국이 우수리강 이동 7백 리의 연해주를 청국으로부터 점령하게 되니 러시아와 한국은 두만강 하나를 사이에 두고 이마를 맞대게 되었다. …… 이 해를 기하여 최제우의 근대적인 민족종교-동학운동이 대두되는 동시에 우선 신앙과 사상면에서부터 혁신의 큰바람이 일게 되었으니 …… 서학 · 천주교 …… 임술(1862) 2월부터는 진주를 중심으로 대규모의 민요(民擾) · 민란(民亂)이 폭발 …… 여기에 출현한 것이 1864년 정월부터 철종의 후사로 왕위에 앉은 고종의 생부 흥선대원군의 등장이었다. …… 남다른 경륜과 신념을 가지고 우선 내정개혁을 단행함으로 양반귀족의 발호를 억제하고 왕실의 위엄을 높이며 탐관오리의 농간을 숙청 ……

- 이선근, 「근대화의 기점 문제와 1860년대의 한국」

(다)

우리나라 근대 이후의 사회는 외세의 침략과 지배가 일관된 역사로서 그 전개 범위가 크게 확장되어 왔고, 그러한 가운데 작금에 주어진 가장 주요한 과제는 자주적 민족통일의 달성에 있다. 이는 반외세 자주화 운동의 기조 위에서 가능한 것이며, 시대구분의 인식은 바로 이 같은 문제와 연결될 수 있어야 한다. …… 현단계에 이르는 한국 근대사의 발전은 세계사적 변화와 더불어 한마디로 반침략투쟁과 반봉건운동을 기본으로 하여 이루어졌다. …… 한국 근대사의 기점을 반봉건운동과 반침략투쟁이 민족혁명운동의 맹아적 모습으로나마 점차 지양 · 발전되어 가는 시기로 판단되는 1860년대부터를 설정하고자 한다. …… 1860년대 이후 외세는 통상요구의 형태로 본격적 접촉을 시도하다가 곧이어 침략자의 형태로 발전 …… 1860년대 침략의 본질은 통상의 형태를 띤 자본주의 침입이었다. 이에 대한 민의 반침략투쟁은 근대 민족으로의 지양과 민족의 자주성을 재고하였으며, 나아가 투쟁 과정에서 민족의 단결을 강화하였다. 또한 투쟁 중 다양한 계층이 광범위하게 반봉건 방향의 사회운동에 들어오지 않을 수 없게 되는 가운데, 민족의식과 반봉건 의식이 더욱 계발되었다. 반침략 투쟁은 구체적으로 정치적 · 경제적 · 사회적 측면 등 전 분야에 걸쳐 광범위한 영향을 미치고 있었다.

- 장동표, 「1860년대 반침략 · 반봉건운동의 의의」

(라)

19세기 전반기까지는 여전히 봉건적 상부구조가 모든 사회 부문을 지배하였고, 이는 사회발전의 장애물로서 기능 …… 봉건지배층은 사회체제의 근본적인 개혁은 접어둔 채 '삼정이정책'이라는 균등한 부세 부과를 통해 위기를 수습하려고 하였다. 따라서 농민들이 요구한 사회체제의 개혁이라는 목표는 이루어질 수 없었다. 개항은 봉건모순을 해결하지 못한 한국 사회에 새로이 민족모순을 부가하고 이 둘을 결합시키는 계기였다. …… 불평등 조약 체제는 한국을 세계 자본주의 체제로 편입시켰고, 무역과 그 담당자인 외국 상인을 통해 상품의 유통 구조, 나아가서는 생산 관계까지 변화시키는 계기가 되었다. …한편 봉건적 위기와 근대화 정책의 추진과정에서 비롯되는 재정부담의 가중이 국가 재정의 위기를 초래하고 이것이 농민들의 부담으로 이전되고 있었다. … 이와 같이 개항을 계기로 한 제국주의 세력의 침탈은 봉건적 수탈과 밀접하게 결합하여 봉건모순과 민족모순을 심화시키는 한편 한국 사회 내부의 계급구성을 변모시켰다. 곡물의 상품화와 수출에 유리한 여건을 가진 지주층은 지주경영을 강화하고 여기서 축적한 부를 다시 토지에 투자하여 토지 소유 규모를 늘려갔다. …… 그러나 대다수 농민들은 토지를 잃고 소작농이나 농업 임노동자로 전락 … 즉 내재적으로 성장해 오던 자본주의적 생산 관계를 급속히 확대하고 왜곡하는 계기가 되었으며 동시에 근대 민족국가 수립 운동의 출발점에 되었던 개항을 한국 근대사의 기점으로 설정해야 할 것이다.

- 이윤상, 「한국근대사에서 개항의 역사적 위치」

(마)

구래의 생산양식하에서 형성된 상부구조인 신분제나 각종 법률관계, 권력 기구 등이 도태되지 않고는 새로운 생산양식은 계속 발전이 저지되고 심지어는 반동으로 복귀할 수도 있다. 따라서 …… 국가 권력의 성격이 자본주의적 생산양식의 성장을 촉진하는 방식으로 전화되는 시점을 근대의 기점으로 보아야 한다. …… 갑오개혁이야말로 그 이전까지의 사회와 그 이후의 사회를 단절적으로 인식하게 할 수 있는 주요한 계기였다. …… 갑오개혁을 담당한 정권은 … 1884년 갑신정변 이전부터 형성되어 온 개화파의 개혁 구상을 발전시키고, 1894년 농민전쟁기에 나타났던 폐정개혁안의 상당 부분을 수용 …… 근대적 국민국가로 자립하는 데 필요한 제반 조치들을 망라하고 있었다. …… 갑오개혁 이후의 사회변화를 정리해 볼 때 한국 사회가 근대적 국민국가로 나아가는 추세는 계속 유지되고 있었다. …… 갑오개혁과 그 이후 조선 사회에서는 부르주아 국가권력(또는 부르주아적 지향을 갖는 절대주의적 국가권력)의 지배하에서 본원적 축적이 급속히 진행되면서 자본주의적 생산양식이 형성되어 가는 추세가 확립되었다고 할 수 있다.

- 도면회, 「근대 = 자본주의사회 기점으로서의 갑오개혁」

1-1. (가)~(마)를 각각 한 줄로 요약해 볼까요?

(가):

(나):

(다):

(라):

(마):

1-2. 시대 구분 논쟁은 어떤 의미가 있을까요?

1-3. 시대 구분이 역사 서술에 미치는 영향은 무엇일까요?

시대 구분의 기준(사건, 구조 변화, 주체 형성 등)에 따라 역사 해석이 어떻게 달라지는지를 이해할 수 있다.

1-4. 한국사에서 근대의 시작점이 언제인지 판단하고자 할 때, 그 기준을 무엇으로 삼는 것이 적절하다고 보나요?

예시)

기준 유형	설명	대표적 기점
사건 중심	새로운 시대의 출현을 상징하는 대표적인 사건을 기준으로 시대를 구분함	개항(1876)
구조 변화 중심	신분제, 경제, 제도 등 사회 구조의 근본적 변화에 주목하여 시대를 구분함	갑오개혁(1894)
주체 중심	기존의 지배층이 아닌 새로운 역사적 주체의 등장에 주목하여 시대를 구분함	3 · 1 운동(1919)

2. '나의 입장'을 정리해 볼까요?

• 내가 선택한 시대 구분 기준은?

• 이 기준의 장점과 약점은?

• 나의 기준에서 '근대'의 시작은? 그리고 그 이유는?

• 근거로 활용할 수 있는 사료나 사건은?

2. 수행평가지

[모둠 수행평가지]

〈수행 기준〉
1. 모둠이 선택한 시대 구분 기준을 일관성 있게 해석하고 관점을 구성했는가?
2. 기준을 뒷받침하는 사건이나 자료를 근거로 제시하고 타당하게 설명했는가?
3. 통합 연표, 발표 슬라이드 등 시각 자료를 효과적으로 구성하고 표현했는가?
4. AI를 활용해 모둠 입장을 요약하거나, 질문 · 소개글을 설계했는가?
5. 각자의 역할을 성실히 수행하며, 상호 피드백을 적극적으로 수행했는가?
6. 발표와 질의응답 과정에서 다른 모둠과 건설적으로 소통하고 반응했는가?

3. 모둠 구성원들의 의견을 정리하고, 모둠 발표 자료를 만들어볼까요?

구분	모둠 구성원들의 의견(주장, 근거)
내용	
구분	모둠 발표 자료(축약하여 작성)
내용	

4. 모둠 발표 자료를 바탕으로 통합 연표를 만들어 볼까요?

* 통합 연표란?

통합연표는 단순한 사건 나열이 아니라, 각기 다른 시대 구분 기준에 따라 같은 사건이 어떻게 다르게 해석되는지를 한눈에 비교할 수 있도록 구성한 연표입니다. 이 활동은 여러분이 시대를 바라보는 다양한 관점을 비교하고, 자신만의 시대 구분 기준을 설정하는 데 도움이 됩니다.

* 작성 절차

- 1단계: 기준 설정
  세 가지 기준 중 한 가지를 먼저 선택하세요.
  (사건 중심 / 구조 변화 중심 / 주체 형성 중심)
- 2단계: 사건 선정
  교과서 부록에 제시된 연표의 근현대 부분에서 최소 5개 이상의 사건을 선택하세요.
- 3단계: 사건별 의미 쓰기
  같은 사건도 기준에 따라 해석이 달라집니다.
  각 사건이 해당 기준에서는 어떤 의미인지 서술하세요.

[개별 수행평가지]

〈수행 기준〉

1. 시대 구분 개념과 기준을 명확히 이해하고, 선택한 시점을 타당하게 설정했는가?
2. 다양한 기준을 비교하고, 자신의 입장을 근거 중심으로 명확히 서술했는가?
3. 대표 사건이나 사료를 자신의 입장과 연결하여 해석하고 설득력 있게 활용했는가?
4. 생성형 AI를 활용해 핵심 문장, 질문, 요약 등을 효과적으로 구성했는가?
5. 주장을 논리적이고 일관성 있게 구성하며, 문장 구조와 어휘 사용이 적절했는가?
6. 글쓰기 과정에서의 고민, 배움, 자신의 관점 변화 등을 진솔하게 서술했는가?

'나의 시대 구분 기준 보고서'를 작성해 봅시다.

100

200

300

400

6) 수업

본시 교수학습활동 운영의 핵심을 정리하면 다음과 같다.

- 발표 형식의 유연성: 학생들마다 발표 방식(구두, 시각 자료 활용 등)이 다를 수 있으므로 다양한 방식 허용
- 참여 관찰 강화: 교사는 각 활동 단계에서 학생들의 참여도, 사료 해석 수준, 주장 구성력 등을 세심히 관찰하고 기록
- 통합 연표의 의미: 단순한 사건 나열이 아닌 '해석의 흐름'으로서의 연표 작성이라는 점을 강조
- 에세이 과제의 목적: 자신의 기준을 타인의 주장과 비교한 뒤, 최종 입장을 자기 언어로 정리하는 과정 → 역사 인식의 자기화

7) 수행평가 시행

(1) 수행평가의 취지 및 평가 관점

본 단원에서의 수행평가는 단순히 근대와 현대의 경계를 구분하거나 특정 연도를 암기하는 데 그 목적이 있지 않다. 오히려 학습자가 역사 인식의 도구로서 시대 구분의 기준을 구성하고, 다양한 입장을 탐색하며, 자신의 관점을 논리적으로 구성하고 표현하는 전 과정 자체가 학습의 핵심이자 평가의 중심이 된다.

시대 구분이라는 주제는 하나의 시기를 경계로 나누는 기계적인 구획 작업이 아니라, 역사 해석의 출발점이자 관점의 차이를 드러내는 인식의 장치이기 때문이다. 따라서 본 단원의 수행평가는 학습자의 비판적 사고력, 다중 관점 수용 능력, 논거 구성력, 협업과 소통 능력, 역사적 위치성 인식 등을 종합적으로 평가하도록 설계되었다.

또한 본 단원은 생성형 AI와 같은 디지털 도구를 활용하여 학습자의 사고를 촉진하고 자기 관점을 명료화하는 과정을 도입하고 있으며, 이에 따라 평가 역시 디지털 리터러시와 AI 활용 역량을 반영한다.

(2) 수행평가의 구조

본 단원의 수행평가는 개별 평가와 모둠 평가를 병행하며, 두 가지 평가 방식이 서로 보완적으로 작용하도록 설계된다. 이는 학생 개인의 내면적 사유와 탐구 과정을 평가하는 동시에, 타인과의 협업과 공개적인 의사소통 능력을 함께 진단하려는 목적에서다.

① 개별 수행평가: '나의 시대 구분 기준' 보고서 작성

학생은 수업을 통해 탐색한 다양한 시대 구분 기준 중 자신이 가장 타당하다고 판단한 기준을 선택하고, 그 기준에 따라 근대와 현대를 구분하는 역사적 시점을 설정한 뒤, 그 이유를 논리적으로 서술하는 보고서를 작성한다. 이 보고서는 학생의 역사 해석 능력을 진단하는 핵심 결과물로서, 다음과 같은 항목을 포함한다.

- 자신이 선택한 시대 구분 기준 및 시점
- 그 기준을 선택한 이유: 다른 기준과의 비교 분석 포함
- 해당 기준에 따라 근대를 대표하는 사건 2~3개 선정 및 해석
- 수업 중 배운 학자 입장 또는 교과서 사례와의 비교
- 생성형 AI를 활용해 정리한 나의 핵심 문장, 요약, 토론 질문 등
- 활동 과정에서 느낀 점, 배운 점, 나의 역사 인식 변화에 대한 성찰

이 보고서는 단순한 사실의 나열이 아니라, 학생 스스로의 사유와 논리를 중심으로 구성되어야 하며, 역사에 대한 주체적 관점을 구성하는 능력을 평가하는 데 중점을 둔다.

② 모둠별 수행평가: 시대 구분 기준별 입장 발표 및 통합 연표 제작

학생들은 3~4명으로 구성된 모둠 내에서 하나의 시대 구분 기준(사건 중심, 구조 변화 중심, 주체 형성 중심 등)을 선택하고, 그 입장을 공동으로 구성한다. 모둠은 입장별 주장을 뒷받침하는 근거를 체계적으로 정리하고, 입장 발표와 반론 토론, 통합 연표 제작을 포함한 공개 발표를 진행한다. 활동 구성은 다음과 같다.

- 각 모둠의 시대 구분 기준 소개 및 시점 제시
- 기준 설정의 논거: 사료, 사건, 교과서, 학자 견해 활용
- 해당 기준에 따른 주요 사건의 재해석
- 다른 기준과의 차이점 및 상대 기준에 대한 반론 구성
- 통합 연표 작성: 사건의 위치, 구분 기준, 해석 요약 포함
- 생성형 AI를 활용한 입장 요약 문장, 요약 영상 스크립트, 토론 질문 제안
- 질의응답 시간: 다른 모둠 질문에 대한 응답과 입장 재구성

이러한 모둠 활동은 단순한 정보 전달이나 암기형 발표가 아니라, 역사 해석의 논리적 설득, 집단적 탐구, 시각화 능력, 공동체 내 의사소통 역량을 종합적으로 평가하는 장이 된다.

(3) 평가 기준 및 루브릭 구성

수행평가는 다음의 다섯 가지 핵심 영역을 기준으로 구성된 루브릭을 통해 정량·정성 혼합 방식으로 평가된다. 수치화된 점수 외에도 서술형 피드백을 병행하여 학습자의 자기 성찰과 재도전을 유도한다.

① 개별 수행평가(나의 시대 구분 기준 보고서 작성)

<table>
<tr><th>평가요소</th><th colspan="2">수행 수준</th><th>배점</th></tr>
<tr><td rowspan="7">주제에 맞추어 자기 생각을 체계적으로 논술하기</td><td rowspan="6">1. 시대 구분 개념과 기준을 명확히 이해하고, 선택한 시점을 타당하게 설정했는가?
2. 다양한 기준을 비교하고, 자신의 입장을 근거 중심으로 명확히 서술했는가?
3. 대표 사건이나 사료를 자신의 입장과 연결하여 해석하고 설득력 있게 활용했는가?
4. 생성형 AI를 활용해 핵심 문장, 질문, 요약 등을 효과적으로 구성했는가?
5. 주장을 논리적이고 일관성 있게 구성하며, 문장 구조와 어휘 사용이 적절했는가?
6. 글쓰기 과정에서의 고민, 배움, 자신의 관점 변화 등을 진솔하게 서술했는가?</td><td>6개 요소를 모두 만족하는 경우</td><td>20</td></tr>
<tr><td>5개 요소를 만족하는 경우</td><td>18</td></tr>
<tr><td>4개 요소를 만족하는 경우</td><td>16</td></tr>
<tr><td>3개 요소를 만족하는 경우</td><td>14</td></tr>
<tr><td>2개 요소를 만족하는 경우</td><td>12</td></tr>
<tr><td>1개 요소를 만족하는 경우</td><td>10</td></tr>
<tr><td colspan="2">수행활동에는 참여하였지만 과제를 수행하지 못한 경우 (기본점수)</td><td>8</td></tr>
</table>

② 모둠별 수행평가(모둠 입장 발표 및 통합 연표 제작)

<table>
<tr><th>평가요소</th><th colspan="2">수행 수준</th><th>배점</th></tr>
<tr><td rowspan="7">제작 및 발표 하기</td><td rowspan="6">1. 모둠이 선택한 시대 구분 기준을 일관성 있게 해석하고 관점을 구성했는가?
2. 기준을 뒷받침하는 사건이나 자료를 근거로 제시하고 타당하게 설명했는가?
3. 통합 연표, 발표 슬라이드 등 시각 자료를 효과적으로 구성하고 표현했는가?
4. AI를 활용해 모둠 입장을 요약하거나, 질문 · 소개글을 설계했는가?
5. 각자의 역할을 성실히 수행하며, 상호 피드백을 적극적으로 수행했는가?
6. 발표와 질의응답 과정에서 다른 모둠과 건설적으로 소통하고 반응했는가?</td><td>6개 요소를 모두 만족하는 경우</td><td>20</td></tr>
<tr><td>5개 요소를 만족하는 경우</td><td>18</td></tr>
<tr><td>4개 요소를 만족하는 경우</td><td>16</td></tr>
<tr><td>3개 요소를 만족하는 경우</td><td>14</td></tr>
<tr><td>2개 요소를 만족하는 경우</td><td>12</td></tr>
<tr><td>1개 요소를 만족하는 경우</td><td>10</td></tr>
<tr><td colspan="2">수행활동에는 참여하였지만 과제를 수행하지 못한 경우 (기본점수)</td><td>8</td></tr>
</table>

(4) 수행평가의 교육적 의의

이 수행평가는 단순히 결과물의 질을 평가하는 것이 아니라, 과정 중심의 역사 탐구 능력을 진단하는 평가로 작동한다. 특히 다음과 같은 점에서 교육적으로 중요한 의의를 가진다.

- 역사 해석자이자 평가자로서의 자기 인식 형성: 학습자가 역사적 기준을 설정하고 사건을 해석하는 과정을 통해, 단순한 수용자가 아니라 '해석하는 주체'로서 자기 위치를 인식한다.
- 관점 다양성의 이해와 다중 해석 가능성 수용: 시대 구분이라는 논쟁적 주제를 통해 다양한 역사적 관점을 접하고, 하나의 정답이 아닌 해석의 다양성을 존중하는 태도를 기른다.
- 디지털 리터러시와 사고 도구로서의 AI 활용: 생성형 AI를 사고의 촉진 도구로 활용함으로써 단순한 정보 수집이 아닌, 질문 생성, 요약, 자기 입장 표현에 도구를 비판적으로 활용하는 능력을 기른다.

- 문제해결력과 의사소통 능력을 키우는 토론과 협업의 실천: 공개 발표와 질의응답, 동료 평가 과정을 통해 역사적 사고력 및 소통과 협업의 역량을 경험하고 훈련한다.
- 역사교육 본연의 성찰 기능 강화: 수업과 평가의 전 과정에서 학생이 '역사는 왜 그렇게 서술되는가?', '나는 어떤 역사 인식을 가지고 있는가?'를 스스로 질문하고 성찰하는 기회를 제공한다.

이러한 수행평가는 평가 그 자체가 학습의 완성 단계이자 확장 활동으로 기능하며, 학생을 단순한 평가 대상이 아니라 학습과 사고의 주체로 존중하는 역사 교육의 실천적 모델을 제시한다.

8) 전체적인 교수·학습 과정에 대한 피드백 및 계획 수립

근현대 시기 구분 논쟁을 주제로 한 본 수업은 단선적 지식 확인이나 정답 도출을 목표로 하지 않기 때문에, 교수학습 과정 전반에서의 피드백은 학생의 사고 흐름, 역사적 관점 형성, 그리고 자기표현 과정을 지원하고 확장하는 것을 핵심 기능으로 삼는다. 특히 시대 구분이라는 주제의 특성상 학생들은 개념적으로 익숙하지 않은 추상적 기준(구조적 변화, 주체 형성 등)을 구체적인 역사 사례와 연결지으며, 자신의 입장을 논리적으로 구성하고 타인의 시각과 비교하는 과정을 거치게 된다. 이러한 학습 흐름에서 피드백은 단순한 교정이나 평가가 아니라, 사고와 표현의 '진행을 위한 안내자'로 작용해야 한다.

따라서 피드백은 수업의 흐름에 따라 세 가지 단계로 구분하여 계획된다.

첫째, 수업 도입 단계에서는 학생의 기존 역사 인식과 직관적 사고를 확인하고, 이를 출발점 삼아 문제의식을 확장시키는 피드백이 이루어져야 한다. 이 시기의 피드백은 '사전 탐색 피드백'이라 명명할 수 있으며, 교사는 학습자의 응답을 단순히 수용하는 데 그치지 않고, 그 응답 속에 담긴 전제나 관점을 드러내는 질문을 던짐으로써 사고의 전환을 유도한다. 예컨대, 한 학생이 근대의 시작을 '개항'으로 제시한다면, 교사는 "왜 개항이 기준이 되어야 한다고 생각했는가?", "그 사건이 사회 전체에 어떤 구조적 변화를 만들어냈는가?"라는 질문을 던져, 학생의 인식이 역사적 논거와 해석 수준으로 확장되도록 도울 수 있다. 이러한 피드백은 단순히 학생의 '생각을 끌어내는 것'을 넘어, 사고의 방향을 조정하고 문제의식을 스스로 구성하게 하는 데 핵심적인 역할을 수행한다.

둘째, 본격적인 탐구와 표현 과정에서는 학생들이 모둠별로 입장을 정리하고 주장을 구성하거나, 개별적으로 보고서를 작성하는 시기이며, 이때 이루어지는 피드백은 '탐색-조정 피드백'으로 구분할 수 있다. 이 피드백은 학생들이 자신의 관점을 정리하는 과정에서 겪는 혼란이나 논리적 빈틈, 자료 해석의 일면성을 확인하고, 이를 스스로 조정할 수 있도록 유도하는 방식으로 이루어진다. 교사는 발표 준비를 위한 모둠 활동 중 학생들이 특정 사건이나 시점을 기준으로 삼는 이유에 대해 근거를 점검하고, 누락된 시각이나 반대 입장의 가능성을 안내함으로써 주장의 정교화를 도울 수 있다. 또한 학생들이 생성형 AI를 활용해 초안 문장을 구성했을 경우, AI의 문장 구성 방식과 학생 자신의 사고 흐름이 일치하는지에 대해 함께 검토하고, 비판적 수용 여부를 점검해 주는 피드백이 요구된다. 이 과정에서 교사의 피드백은 단순한 '지도'가 아니라, 학생이 자신의 구상을 구성하고 수정을 반복하는 과정 속에서 '조력자'로 개입하는 형태를 지향한다.

셋째, 발표와 보고서 작성이 완료된 이후에는 '표현 이후 피드백'이 필요하며, 이는 학생이 자신의 사고를 타인의 관점과 비교하고, 그 속에서 자신이 놓친 시각을 성찰하도록 이끄는 데 목적이 있다. 이 단계에서는 학생들이 서로의 발표나 연표를 관찰하고 피드백을 주고받는 활동을 통해, 자신의 판단이 갖는 강점과 한계를 인식하고, 대안을 탐색할 수 있는 기회를 제공받게 된다. 교사는 이 시점에서 피드백을 통해 다양한 입장이 공존할 수 있음을 인정하고, 학생이 단일한 역사 인식을 넘어 다원적 역사 해석의 가능성을 체득하도록 유도해야 한다. 발표 후 동료가 남긴 질문이나 논평은 단순한 정보 전달이 아니라, 학생이 자신의 입장을 재구성하거나 강화하는 실천적 계기가 되며, 교사의 피드백 역시 '재구성 가능성'을 여는 방향으로 제시되어야 한다. 예컨대, "네가 선택한 기준은 사건 중심이지만, 같은 시기를 구조 중심으로 본다면 어떤 변화가 있었을까?"와 같은 질문은 학생의 사고를 수렴이 아닌 확산의 방향으로 열어주는 방식이라 할 수 있다.

요컨대, 본 수업의 교수학습 과정에서 피드백은 세 시기, 즉 '사전 탐색 피드백', '탐색-조정 피드백', '표현 이후 피드백'으로 구분되며, 이는 수업 흐름에 따라 사고의 개시-전개-재구성의 과정을 지원하는 구조를 형성한다. 모든 피드백은 단순한 지식 확인을 위한 수단이 아니라, 학생의 역사 인식과 표현 능력이 어떻게 형성되고 변화하는지를 관찰하고 지원하는 기능을 지닌다. 따라서 교사는 피드백 과정에서 판단자의 위치에 머무르지 않고, 질문자・촉진자・성찰의 동반자로서의 정체성을 가지는 것이 바람직하다. 이를 통해 학생은 수업 속에서 자신의 역사 인식이 단단해지고 정교해지는 경험을 할 수 있으며, 피드백은 단순한 도구가 아닌 학습 그 자체로 기능하게 된다.

[교사가 생각하는 본 수업의 의의 및 확장 가능성]

본 단원은 '근현대 시기 구분 논쟁'이라는 주제를 통해, 역사적 시기 구분의 기준과 그에 따른 역사 해석의 차이를 탐색하는 비판적 역사 읽기 수업으로 구성되었다. 단순히 연대와 사건 중심으로 서술된 교과서적 구분을 받아들이는 것이 아니라, 시기를 나누는 기준 그 자체가 역사 인식의 틀을 형성한다는 사실을 학습자 스스로 탐구하게 하는 것이 이 수업의 핵심이다. 특히 '사건 중심', '구조 중심', '주체 형성 중심'이라는 세 가지 기준은 역사적 현실을 바라보는 관점의 차이를 내포하고 있으며, 이를 비교 분석하고 모둠별 토론을 통해 자기 입장을 구성하는 과정을 통해 학습자는 역사를 해석하는 주체로 성장하게 된다.

이 수업은 교과서가 제시하는 고정된 시대 구분을 넘어서, 다양한 역사 인식의 틀을 비판적으로 검토하고 재구성하는 학습 경험을 제공한다. 시대 구분은 단순한 구획이 아니라, 특정한 역사 해석을 전제하며, 그에 따라 강조되는 사건과 소외되는 주체가 달라진다. 따라서 학생은 시대 구분 논쟁을 통해 '무엇을 기준으로 과거를 나누는가', '그 구분은 누구를 중심으로 구성되는가'라는 질문을 제기하게 되며, 이는 역사 수업을 보다 철학적이고 해석적인 탐구의 장으로 전환시키는 계기가 된다. 이러한 학습은 역사적 사실을 단순히 나열하거나 암기하는 것이 아니라, 그 사실들을 어떠한 틀 안에서 재구성하고 판단할 것인가를 고민하게 만들며, 학생은 '비판적이고 해석적인 역사적 시민'으로서의 정체성을 형성하게 된다.

또한 본 수업은 생성형 AI와 같은 디지털 도구의 활용을 통해, 학생들이 자신의 생각을 구성하고 표현하는 과정을 보다 정교하게 지원한다. AI는 단순히 정보를 제공하는 수단이 아니라, 사고의 경로를 탐색하고 언어적 표현을 조율하는 데에 실질적인 보조 도구로 기능하며, 학생은 이를 활용하면서 자신의 관점과 AI의 분석을 비교하고 비판적으로 수용하는 훈련을 하게 된다. 이 과정은 단순한 디지털 리터러시를 넘어서, 디지털 도구를 비판적으로 활용하고 재구성하는 역사적 사고의 일환으로 작동한다. 학생은 AI를 통해 사고의 외연을 확장하고, 표현의 깊이를 조절하며, 결과적으로 자기 생각을 명료하게 정리하는 경험을 하게 된다.

특히 본 단원은 모둠별 토론과 통합 연표 작성, 발표 활동 등 협동적이고 참여적인 수업

활동을 통해, 학생의 협업 능력과 소통 역량을 동시에 기른다. 모둠별로 상이한 시대 구분 기준을 탐색하고, 타 모둠과 비교하며 자신의 입장을 조정하는 과정은 학생이 학습 공동체 안에서 지식과 인식을 공유하고 확장하는 경험을 제공한다. 발표 후의 동료 피드백과 교사 피드백, 자기 성찰 활동은 학습자의 사고 흐름을 되돌아보게 하고, 자신의 판단을 보완하거나 재구성하는 기회를 제공하며, 이러한 과정은 평가 자체를 학습의 일부로 전환시키는 역할을 한다.

결과적으로 본 수업은 다음과 같은 교육적 효과를 기대할 수 있다.

첫째, 학생은 역사 서술에서 시대 구분이라는 '보이지 않는 전제'가 역사 해석의 방향을 결정한다는 사실을 인식하게 된다.

둘째, 교과서와 학자들의 입장을 비교하고, 자신의 입장을 구성하는 과정을 통해 역사 해석 능력과 비판적 사고력을 기르게 된다.

셋째, 토론과 피드백, 글쓰기 활동을 병행함으로써 표현력과 소통 능력, 협업 역량이 향상된다.

넷째, 생성형 AI를 활용하면서 디지털 리터러시를 실천적으로 경험하고, 정보를 비판적으로 검토하는 능력을 함양하게 된다.

다섯째, 시대 구분이라는 추상적 개념을 구체적 사례와 연결 지으며, 역사 개념과 현실의 관계를 탐구하는 학습자로 성장하게 된다.

이와 같은 수업 구성은 특정 단원에 국한된 것이 아니라, 역사 수업 전반에서 활용 가능한 보편적 수업 모형으로 확장될 수 있다. 향후 '민주주의의 시작 시점은 언제인가', '근대의 성립 조건은 무엇인가' 등 다른 시기 구분 논쟁 수업으로도 연계 가능하며, 역사 해석의 다양성과 그에 따른 교육적 함의를 탐색하는 모듈형 수업으로 발전시킬 수 있다. 또한 윤리, 문학, 철학 등과의 교차 수업이나 '역사적 개념의 사회적 구성'이라는 주제를 다루는 융합형 프로젝트 수업에서도 활용할 수 있는 잠재력을 지니고 있으며, 이는 단순한 교과 지식 전달을 넘어, 학습자 중심의 탐구형 역사교육을 실현하는 데 실질적인 기여를 할 수 있다. 나아가 이 수업은 시대 구분이라는 추상적 개념을 다루면서도, 구체적인 활동과 논쟁을 통해 학생이 역사적 언어를 사용하여 사고하고 표현하는 과정을 이끌어낸다는 점에서, 역사 교과의 본질을 구현하는 사례가 될 수 있다.

5. 수준별 수업 주제(기초, 심화)-근대 도시의 형성과 발전

1) 한국사 교과서에 서술된 근대 도시의 형성 · 발전

주지하듯이 근래 고등학교 한국사 교육에서 근현대사 교육이 강화된 결과 교과서에서 근대사 서술 분량은 증가하였다. 이를 감안하면 교육 현장에서 근대 도시에 대한 교육이 이루어질 수 있는 조건들은 갖추어졌다고 하겠다. 하지만 교육과정 어디에서도 근대 도시의 형성·성장을 직접적으로 거론한 적은 없으며, 이는 최근 개정된 교육과정에서도 마찬가지이다.[30] 다만 교육과정에 입각해 볼 때 한국사 교과서에서는 개항 이후 또는 일제강점기 사회·문화적 변화를 제시하라는 내용 요소와 관련하여 근대 도시의 형성을 제시할 수 있었으며, 실제 지금까지의 교과서는 일제강점기 사회·문화적 변화를 서술하며 근대 도시의 형성과 도시 문화, 도시 거주에 있어 민족 차별 등의 문제를 제시해 왔다. 또 2000년대 이후 학계에서 근대 도시의 형성·발달에 대한 연구가 급증함과 더불어 최근 교육과정에 입각한 교과서들 역시 일제의 필요에 따라 항만, 철도 등 교통 시설이 놓이고 산업화가 이루어짐에 따라 도시화가 진전되었지만, 도시에서는 한국인과 일본인의 거주지가 분리되어, 일본인 거주지 중심으로 근대 문물이 들어온 반면 도시 변두리에는 다수의 빈민이 토막집을 짓고 살았다며, 서울의 남촌과 북촌, 대중문화의 등장 등을 서술하고 있는 추세이다. 일제강점기 근대 도시 형성은 당대 식민지성과 현대 우리나라 도시의 발전 모습과 연계되어 있으므로 수업에서 비중 있게 다룰 필요가 있다.

2) 연구사 정리

표준국어대사전에서는 도시를 "일정한 지역의 정치·경제·문화의 중심이 되는, 사람이 많이 사는 지역"이라고 설명하고 있다. 반면 시골은 "도시에서 떨어져 있는 지역. 주로 도시보다 인구수가 적고 인공적인 개발이 덜 돼 자연을 접하기가 쉬운 곳"으로 정의되어 있다. 그렇다면 도시의 확대와 성숙만큼 근대로의 전환을 잘 보여주는 현상이 있을까? 물론 유사 이래 위의 정의에 부합하는 도시는 언제나 존재했다. 하지만 근대 이전 농업 중심 사회에서는 앞선 시골의 정의에 부합하는 지역이 대부분일 수밖에 없었다. 이런 사회에서 상공업의 성장과 더불어 자연을 가공하게 되고 인구와 물자가 집중되어 새로운 상공업 중심지가 등장하였다. 사람과 부과 몰리니 어떠한 방식으로든 정치적 기능이 더해지는 것은 필연이었다. 또 이곳의 사람들은 당연하게도 농업보다는 상공업에 종사하며 기존과 다른 새로운 삶의 방식·문화를 영위했다. 시골이 아닌 새로운 도시가 탄생한 것이다. 즉 상공업의 발달에 따라 새로운 중심지로서 도시들이 등장해 사회의 질적 변화를 이끄는 장소가 된 것이다. 때문에 도시의 역사를 살펴보는 것은 그 사회가 겪은 근대의 특성을 고찰하는 유효한 수단이다.

그렇지만 한국사학계에서 도시사 연구의 역사는 30년 남짓으로 외국의 도시사 연구와 비교해 볼 때, 또 한국사학계 내의 다른 연구 주제의 연구사에 비해 짧다. 본디 근대 역사학은 '민족'을 주인공으로 하여, 그 '발전'의 과정을 '실증'하는 것이다. 즉 '민족'을 분석 단위로 하여 그 역사를 정리한 '민족사' 서술이 근대 역사학의 속성이었다. 특히 1945년 이후 일본인 역사가들에 의해 부정적으로 서술되어 온 한국사상(韓國史像)을 극복·청산하고 새롭게 한민족의 과거를 정립해야 했던 한국사학계에서는 '민족'을 중심으로 한 역사서술의 필요성이 더했다. 이러한 사정으로 도시를 중심으로 한국사를 인식·서술하려는 움직임은 활발하지 못했다. 한국사 서술에서 도시는 한민족사의 주요한 사건의 배경으로서 기능하는 경우가 대부분이었으며, 도시 자체의 형성·변화를 다루는 연구는 예외적인 것이었다.[31)]

하지만 1990년대에 접어들어 후기 구조주의로 대변되는, 바로 근대를 상대화·객관화하는 서구의 사상적 흐름들이 한국에 대거 소개되며 새로운 연구 경향이 나타났다. 즉 근대를 이루어야 할 과제가 아닌 역사적 현상의 하나로서 인식하게 되며 근대를 성찰하게 된 것이다. 이에 따라 근대 역사학의 분석 단위로서 의심되지 않았던 '민족'을 대신하여 근대에 접어들어 등장하는 새로운 근대 주체들에 대한 역사학적 관심이 싹틈에 따라 도시 자체가 주요한 연구 단위로서 각광받게 되었다. 앞서 언급했듯이 도시는 근대로의 전환 및 이에 따른 변화를 가장 명징하게 보여주는 장소이기 때문에 근대에 대한 성찰은 도시화에 대한 성찰이기도 했기 때문이었다. 더군다나 도시의 발생과 성장 및 그에 따른 여러 변화와 문제점들을 고찰하는 것은 근대라는 거대한 역사적 현상을 성찰하기 위한 지름길이기도 했다.

도시사 연구가 본격화된 초기인 1990년대 주된 관심은 대한제국기 수도 한성의 변화였다. 대한제국 초기 한성부의 도시개조사업에 대한 연구, 고종황제의 자주적 근대화 사업의 일환으로서 제국의 수도로서 한성의 변화를 살펴본 것은 그 대표적인 것이다. 이러한 연구는 개화에 눈을 뜬 한국인들이 한성을 어떻게 근대 도시로서 변모시키고자 하였는가에 대한 고찰이라 할 수 있을 것이다.[32] 하지만 한성부 내 대한제국 소유의 관유지, 부속건물 등은 을사늑약 이후 통감부에 의해 장악당하며, 통치를 위한 공간으로 변용되었다. 이는 식민지화에 따라 한성의 변화를 예고하는 것이라 하겠다.[33]

무엇보다도 개항은 한국 사회에 새로운 도시가 형성되는 데에 중요한 계기였다. 많은 경우 개항 이전 조그만 어촌에 지나지 않았던 항구와 그 일대는 개항과 함께 무역의 장소로 거듭나며 외국인과 외국 문물이 대거 유입됨에 따라 급속하게 개항도시, 항구도시로 변모했다. 개항도시들은 한국 내에서 일본 세력의 부식 및 대일본 교역액 증가에 따라 대거 이주해 온 일본인들에 의해 도시화가 이루어진 경우가 많았다. 개항도시의 재조일본인의 수는 한국인의 수를 육박할 정도였으며, 개항장의 도시화를 주도한 이 지역의 재조일본인들은 지역 유지로서 강점 이후로도 지역 정치의 중심축을 이루었다. 군산, 목포, 인천, 원산 등은 개항 이후 급속하게 도시화가 진행된 대표적인 개항 도시로, 2000년대 이후 이들 개항도시에 대한 연구는 활발하게 이루어져 최근에는 이를 종합하는 단행본도 출간되고 있다.[34]

개항과 더불어 근대 도시의 형성에 주요한 계기를 이루는 것으로 철도 부설을 들 수 있다. 철도 부설과 철도역 건설에 따른 새로운 유통망의 구축 및 토지 가격, 상권의 변동은 철도를 중심으로 새로운 도시를 낳았으며, 이에 따라 지역의 정치구도 역시 재편시켰다. 특히 19세기 말 이래 일본 세력에 의해 철도가 부설됨에 따른 도시의 형성은 전통적인 상권을 교란시키고, 재조일본인으로 대변되는 새로운 지역 유력자층을 형성시키는 것이었다. 경부선 부설에 따라 재조일본인들의 거점도시로 탄생한 대전이나 경의선 부설로 등장한 신의주 등에 대한 연구는 이를 보여주는 대표적인 것이라 하겠다.[35] 뿐만 아니라 부산 내 전차 및 남부 동해안 일대 도시들과 관련된 동해선 철도 부설에 따른 각종 이해관계의 교차, 현 남한 지역 20여 개의 읍성이 강점 이후 철도 부설에 따라 어떻게 변화했는가, 철도가 읍성이 있는 지역의 도시 형성에 어떠한 영향을 미쳤는가에 대한 종합적 연구가

이루어졌다.[36)]

한국의 경우 일본의 제국화에 따른 전쟁, 바로 일제의 침략에 수반된 한반도의 병참화 역시 도시 형성·변화의 주요한 계기였다. 이러한 점에서 외국군대의 주둔지로서 역사성을 지닌 용산은 흥미로운 지역으로, 일본군의 주둔에 따라 용산의 경관이나 일본군 기지의 변화에 대한 고찰은 비교적 이른 시기부터 이루어졌다.[37)] 최근에 들어서는 공간적으로는 서울을 벗어난 북선(北鮮) 지역으로, 시간적으로는 러일전쟁을 넘어 일제의 대륙침략이 본격화된 1930년대로 시야가 확대되었다. 러일전쟁을 전후하여 러시아를 견제하기 위해 군사 기지화되며 도시로 성장한 회령, 나남 등의 도시화 과정, 일본의 대륙침략에 따른 부산의 군사기지화, 나진항 건설의 군사적 측면 등에 대한 연구는 그 대표적인 성과이다.[38)]

한편 도시라는 공간의 형성만이 아니라 도시에 사는 사람들의 삶의 모습 역시 도시사의 주요한 연구 대상으로 떠올랐다. 정치·경제·군사적 이유로 새롭게 형성된 도시로 사람들이 모여들기 마련이었고, 도시에서의 삶의 양상은 농촌·시골에서의 그것과는 다른, 새로운 양상을 드러내었다. 뿐만 아니라 사람이 모여듦에 따라 새로운 유력자가 등장하고, 도시 내의 각종 현안·이권을 둘러싸고 이들은 때로는 협력하고, 때로는 갈등하기도 했다. 이렇게 도시의 형성·발전과 함께 전개된 도시 거주민들 사이의 힘의 관계와 갈등/협력의 양상, 바로 지역 정치(도시 정치)에 대해 근래 많은 연구가 이루어지고 있다. 바로 이 지점에서 과거 연구에서 간과되었던 새로운 양상을 포착할 수 있기 때문이다. 주지하듯이 일제의 침략·지배에 대한 한국인의 저항이라는 구도는 오랫동안 한국 근대사를 이해하는 틀이었다. 이른바 '지배와 저항'의 구도에 입각한 민족사적 관점에서는 공간의 형성과 여기서 연유하는 지역성 내지 민족의 차이를 넘어선 움직임은 주요한 관심 대상도 아니었으며, 포착할 수도 없었다. 물론 민족적 차이는 식민지 사회를 이해하는 데에 주요한 변수임은 분명하다. 하지만 식민지 시기를 거치는 동안 도시가 형성되어 새로운 문물이 유입되고 생활양식이 변화되며, 전통 사회에서 모습을 드러내지 않던 노동자, 여성, 학생 등 '민족'으로 환원될 수 없는 계급·계층·세대 등의 새로운 근대 주체나 정체성이 등장했다. 뿐만 아니라 도시라는 공간이 새롭게 형성된 만큼이나 이곳에는 신생 유력자들이 등장하기 마련이었으며, 이들은 도시를 둘러싼 각종 현안과 이권을 둘러싸고 각자의 이익을 위해 갈등/협력했는데, 이러한 양상은 종종 민족적 차이를 넘어서기도 했다. 주로 경성 지역을 대상으로 한 것이지만 2000년대를 전후해서 경성의 전기사업 부영화나 경성부 외곽 지역의 전차 부설 문제를 둘러싼 논란, 경성의 시가지 계획에 따른 이해 당사자 간의 갈등, 이른바 공공재라 불릴 수 있는 상하수도 문제를 두고 벌어진 정책 당국(식민권력)과 지역 주민과의 갈등 등에 대한 고찰을 통해 적어도 지역정치라는 무대에서는 일본인과 한국인 사이의 대립이 아닌 계층에 따른 입장차에 따라 다양한 갈등/협력의 양상이 존재했음이 규명되었다.[39] 이는 민족적 차이에 따른 '지배와 저항'의 구도에서는 미쳐 포착할 수 없었던 사항으로 지역 정치를 넘어 식민지 사회의 갈등과 협력의 양상이 민족이라는 경계만으로는 설명할 수 없음을 시사하는 것이기도 하다. 이렇게 경성을 중심으로 하던 도시 정치에 대한 연구는 부산, 함흥, 전주, 대구, 평양, 광주, 안성, 여수, 대전, 진해 등지에 대해서도 부(협의)회를 비롯한 도시 유력자들이 조직한 각종 단체들의 활동에 대한 분석으로 확대되며, 도시 정치에 있어 사람들 사이의 갈등/협력의 양상은 민족적 차이만이 아니라 도시 형성 과정에서 조성된 지역성 또는 그 과정에서 등장하는 신・구 유력자층, 직업군, 사회적 계층 등에 따라 다양하게 교차하고 있었음이 규명되었다.[40]

도시가 형성되고 시간이 경과됨에 따라 상공업 공간만의 문화 — 도시 문화가 형성되었고, 새로운 사회적 현상이나 현안이 발생하며 도시의 경관도 변해갔다. 도시의 형성과 이에 따른 소비문화나 유행에 대해서는 2000년대 전후 많은 연구가 이루어져,[41] '모던 걸', '모던 보이'로 대변되는 식민지기 도시 문화의 형성은 이미 상식이 되었다. 근래에는 도시의 경관 또는 이미지가 여가의 일환으로서의 '관광'과 연결되어 어떻게 형성・변모하였는가에 대해 다수의 연구가 이루어지고 있다.[42]

이상에서 간략하게 살펴본 한국학계에서 근대 도시사 연구는 다른 분야에 비해 늦게 본격화되었지만 불과 30여 년의 기간에 양적・질적 두 측면에서 모두 급격하게 성장했다고 하겠다. 이러한 도시사 연구 추세에 대해 "'개발사'에서 '사회사'로" 전환되었다는 최근의 평가는 도시라는 공간의 형성・변화에서 공간 안에서 이루어지는 다양한 삶의 군상과 이들에 의해 이루어진 도시의 변화로 연구자의 관심이 옮겨가고 있음을 압축적으로 보여준다.[43] 또 과거 서울(경성)을 중심으로 이루어지던 도시사의 관심 지역 역시 부산, 인천, 군산, 마산, 평양 등으로 확대되고 있다.

물론 연구 대상이 몇몇 도시에 편중되어 있다는 것은 여전히 도시사 연구의 보완점으로 지적되고 있지만 새로운 연구자의 등장과 사료의 발견에 따라 메꿔질 것으로 기대된다.

3) 근대 도시의 형성과 성장을 어떻게 가르칠까

이상의 사항을 종합해 볼 때 도시사 연구의 성장과 고등학교 교과서의 근대사 서술 분량의 증가에 따라 최근 고등학교 한국사 교과서에는 간략하게나마 일제강점기 도시의 형성과 성장, 그것이 가져온 새로운 문화적 현상과 삶의 모습 변화 및 침략성을 제시하고 있다고 하겠다. 다만 학계의 주요한 관심인 도시 정치 관련 사항은 교과서에서는 수용되지 못하고 있다. 일제강점기를 기본적으로 민족별 차이에 입각한 지배와 저항의 구도에 입각한 교육과정[44]과 이에 입각한 교과서 서술 구도에서 같은 민족(일본인)이어도 식민권력인가 그렇지 않은가에 따라 갈등하기도 하고, 다른 민족이어도(한국인과 일본인 사이에서) 동일한 계층일 경우 연대하기도 했던 도시 정치의 역동성을 교과서에 담기는 어려워 보인다.

도시라는 공간은 국가 또는 민족과 같은 역사 연구에서 주류적인 거대 단위의 축소판이라고도 할 수 있다. 때문에 도시사 교육은 개개인과 멀게 느껴지는 국가, 민족과 같은 추상적 개념에서가 아닌 자신과 가까운 공간을 통해 과거를 좀 더 가깝게 받아들이도록 하는 데에 도움을 줄 수 있을 것이다. 또 도시사 연구는 거대 단위에서 눈에 들어오기 어려운 미시적인 사항들을 발견하여 국가/민족과 같은 거대 담론 중심의 역사서술에 의문을 제기하고, 균열을 낼 수 있는 분야이기도 하다. 이렇게 생각해 보면 한국의 근대 도시에 대한 교과서 서술의 아쉬운 점은 오히려 교사의 역량에 따라 교사의 자율성과 학생들의 활동을 발휘할 수 있는 공간이라고도 하겠다. 교과서에 실리지 않더라도 학계의 연구가 이루어진 도시에서라면 교사에 의해 우리 지역의 역사를 학생에게 전달해 줄 수 있을 것이며, 학계의 연구가 미진한 지역에서라면 학생들이 속한 지역 사회의 현재적 문제의식에서 이른바 역사하기를 위한 좋은 출발점이 될 수 있기 때문이다.

6. 수준별 수업의 실제: 기초-근대 도시의 형성과 발전 -생성형 AI를 활용한 북 큐레이션-

1) 교육과정 분석 및 수업목표 설정

본 수업은 중학교 역사과 2015 개정 교육과정의 성취기준 중 "[9역03-04] 개항 이후 일제 강점기를 거치며 나타난 정치, 경제, 사회, 문화의 변화를 다양한 시각에서 이해한다"는 항목에 근거하여 설계되었다. 이 성취기준은 단순히 식민 지배의 피해와 저항을 학습하는 것을 넘어서, 다양한 사회 구조와 문화적 변동 속에서 인간의 삶이 어떻게 영향을 받았고 대응했는지를 입체적으로 탐구하는 것을 목표로 한다. 특히 일제강점기의 '도시'는 제국의 식민지 통치가 구체적인 공간 속에서 실현된 장소이며, 제국의 권력이 근대화라는 이름으로 사람들의 삶의 공간을 재편하고, 새로운 계층을 형성하며, 민족 간 불균형한 권력 구조를 심화시킨 복합적 공간이었다. 따라서 본 수업에서는 '식민지 도시'를 하나의 역사적 공간이자 사회 구조로 설정하고, 이 공간에서 발생한 정치적, 경제적, 문화적 변화와 인간의 삶의 양태를 심층적으로 살펴보는 것을 목표로 한다.

학생들은 이 수업을 통해 식민지 도시가 단지 지리적 의미를 갖는 것이 아니라, 권력과 통제, 불평등과 저항, 문화와 소비가 복잡하게 얽힌 사회적 공간이라는 사실을 인식하게 된다. 또한 도시 내에서 벌어진 공간 분리, 도시계획, 상하수도 및 위생 정책, 교통 체계, 교육 시설의 배치 등은 단지 행정적 조치에 그치지 않고, 제국이 피식민 사회를 어떻게 바라보았으며 어떻게 통제하려 했는지를 드러내는 중요한 단서로 작용한다. 이러한 도시 구조는 근대적 도시의 모습과 식민지적 지배의 흔적을 동시에 담고 있기 때문에, 학생들은 '근대성'과 '식민성'이 어떻게 충돌하거나 결합했는지를 스스로 탐색하고 토론할 수 있다.

또한 본 수업에서는 북 큐레이션이라는 활동을 통해 역사적 주제를 책이라는 매체와 연결 짓고, 생성형 AI를 도구로 활용하여 창의적인 학습 산출물을 만들어 내는 경험을 제공하고자 한다. 학생들은 식민지 도시의 공간 구조와 삶의 양면성을 탐색한 후, 관련 주제를 가진 책을 선택하여 큐레이션하는 활동을 수행하게 된다. 이때 AI는 책 소개글 작성, 질문 구성, 포스터 제작 등에 있어 학생들의 사고를 확장하는 도구로 활용되며, 학생들은 디지털 리터러시와 함께 역사적 사고력, 창의력, 표현력을 함께 함양하게 된다. 이 수업은 교과서적 지식을 넘어서서 스스로 질문하고 자료를 선택하며 주장을 구성하고 표현하는 과정을 통해 진정한 학습의 주체로 성장하는 계기를 제공한다.

2) 내용 선정

이 수업의 내용은 식민지 도시 연구의 주요 쟁점을 중심으로 구성되었다. 식민지 도시는 단순히 일본 제국주의의 행정적 중심지가 아닌, 식민지 지배의 실천 공간이자 식민과 근대가 복합적으로 교차하는 장이었다. 식민지 도시는 제국이 조선의 공간을 재편하고, 새로운 제국 질서를 시각적으로 드러내며, 피지배민을 감시·통제하는 공간이었다. 동시에 도시화는 조선 사회 내부의 계층 구조를 재편하고, 노동자, 여성, 도시 빈민 등의 새로운 사회적 주체를 형성하며, 다양한 문화적 양상을 생산해 냈다. 이러한 점에서 식민지 도시는 억압과 저항의 이분법에 머무르지 않는 복합성과 모순을 동시에 지닌 공간이었다.

특히 군산, 목포, 경성, 대전, 용산 등 대표적인 식민지 도시들이 어떤 형태로 도시계획 되었고, 일본인과 조선인의 거주지가 어떻게 분리되었는지, 위생 정책이나 교통 시설이 어떻게 차별적으로 적용되었는지를 구체적으로 살펴볼 필요가 있다. 예를 들어, 군산에서는 일본인 거주지는 하천을 경계로 고지대에 위치하여 도시계획의 혜택을 입은 반면, 조선인 거주지는 수해 위험이 높은 저지대에 몰려 있었다. 이는 단순한 환경 차이로 보일 수 있지만, 제국의 도시계획이 '위계적 공간 구조'를 의도적으로 설계하였음을 보여주는 사례이다. 이러한 도시 구조 속에서 조선인들은 피해자이자 생존자였으며, 때로는 협상자이자 실천자로서 다양한 대응을 시도하였다.

본 수업은 이와 같은 식민지 도시의 다면적 특성을 교과서 수준에서 쉽게 이해할 수 있도록 재구성하면서도, 비판적 역사 인식에 기반한 탐구와 표현 활동이 가능하도록 자료와 질문을 조직하였다. 특히 도시 속 인간의 삶에 주목하여 재조일본인, 조선인 상공업자, 도시 빈민, 노동자, 여성, 학생 등 다양한 주체의 경험을 통해 '식민지 도시'라는 공간이 어떻게 상이한 경험을 만들어냈는지를 탐색하게 된다.

도시 구조의 물리적 측면(도로, 하수도, 주거지 분포 등)과 사회적 측면(차별, 갈등, 협력, 저항 등)을 통합적으로 이해할 수 있도록 수업 내용이 구성되었다.

3) 학습자 진단

이 수업의 주 대상은 중학교 3학년 학생들로 설정되어 있다. 이 시기의 학생들은 이미 초등학교 고학년 시기부터 '일제강점기'를 중심으로 한 민족주의적 역사 서사에 익숙하며, 대체로 '일제의 침략과 한국인의 저항'이라는 이분법적 구도에서 벗어나기 어려운 인식을 지닌 경우가 많다. 즉, 역사적 인물과 사건을 선과 악의 구도로 단순하게 분류하는 태도를 보이기 쉬우며, 구조적 원인이나 다층적인 행위자 이해에는 아직 미숙한 면이 존재한다.

또한 학생들은 '도시'라는 개념을 일상적 공간으로는 잘 인식하고 있지만, 역사적으로 변화해 온 도시 공간, 특히 식민지 시기 도시가 지닌 정치적 성격이나 사회적 위계 구조에 대한 이해는 부족한 편이다. '경성', '군산', '목포' 등 식민지 도시의 구체적인 지명조차 낯설어하는 경우가 많으며, 당시 도시 공간이 어떻게 계층과 민족에 따라 분절적으로 형성되었는지에 대해 구체적인 학습 경험이 부족하다. 따라서 본 수업에서는 사전학습 차원에서 '도시란 무엇인가', '근대 도시의 특징은 무엇인가'라는 개념학습을 병행하며, 학생들이 역사적 도시 공간을 개념적으로 이해할 수 있도록 도와야 한다.

그럼에도 불구하고 이 시기의 학생들은 시각자료나 서사 중심의 콘텐츠에 대한 몰입도가 높고, 자신의 관심 주제를 책이나 이야기로 구성해 표현하는 활동에 비교적 높은 호응을 보이는 경향이 있다. 특히 학교 현장에서 북 큐레이션 활동은 학생 개인의 독서 취향을 반영하면서도, 역사적 주제에 대한 자기 해석을 가능하게 하는 장점이 있어 높은 참여를 유도할 수 있다. 최근 생성형 AI를 활용한 글쓰기, 질문 만들기, 디자인 활동에 대한 경험이 늘어남에 따라, 이 수업에서는 AI 도구를 비판적으로 활용하고 이를 통해 자신의 표현 능력을 강화하는 경험을 제공하고자 한다.

학생들 중 일부는 '역사적 배경이 있는 책'을 선택하고 읽는 것 자체에 부담을 느낄 수 있으며, AI를 활용한 활동 또한 처음에는 조작상의 어려움을 느낄 수 있다.

따라서 수업 초반에는 교사의 안내에 따라 간단한 질문 생성, 문장 다듬기, 책 소개글 쓰기 등 단계별 AI 활용 예시를 제공하고, 학생이 AI의 기능을 익히고 스스로 조절해 사용할 수 있도록 피드백을 지속적으로 제공할 필요가 있다. 이와 함께 큐레이션 활동에서는 단지 책의 줄거리 소개에 그치지 않고, 책 속의 인물, 배경, 주제를 '식민지 도시의 구조와 양면성'이라는 역사적 틀 속에 연결하여 해석하고, 그 안에서 비판적 관점을 형성할 수 있도록 지도한다.

종합적으로 본 수업의 학습자 진단은 다음과 같은 특징을 고려하여 구성되었다. 첫째, 기존의 민족주의적 서사에 익숙하지만, 다층적 관점의 역사 서사에 대한 욕구도 공존하는 중학생 수준에 맞는 교육과정을 구성한다. 둘째, 개념 학습과 시각자료를 통해 도시 공간의 역사성을 이해하도록 단계적으로 구성한다. 셋째, AI 활용에 대한 흥미를 학습 동기로 전환하되, 디지털 도구를 수단으로서 비판적으로 활용하는 경험을 제공한다.

넷째, 창의적 표현 활동(북 큐레이션)을 통해 역사적 사실과 오늘날의 삶을 연결하는 학습 경험을 제공한다.

이러한 진단을 바탕으로 수업은 학습자 중심의 탐구 활동, 다양한 시각자료, 디지털 도구 활용, 서사 기반 북 큐레이션 구성으로 유기적으로 설계되며, 학생 개개인이 역사적 이해를 자기화하는 데 초점을 맞추게 된다.

4) 교재 연구

본 수업은 다양한 층위의 교재와 자료를 활용하여 식민지 도시라는 복합적 주제를 효과적으로 탐구할 수 있도록 구성되었다. 주교재는 2015 개정 교육과정에 따른 중학교 『역사』 교과서이며, 보조 교재로는 정상우의 논문 「식민지 도시의 구조와 양면성」, 그 외 학생들의 북 큐레이션 활동에 적합한 청소년용 역사소설, 에세이, 교양서 등이 포함된다. 주교재인 교과서에서는 식민지 시기의 정치적·경제적 변화에 대한 개괄적인 설명이 제공되나, 도시 구조의 양면성과 일상 공간에서 벌어진 구체적인 삶의 변화를 충분히 조망하기에는 한계가 있다. 따라서 이를 보완하기 위해 도시 공간과 인간 경험에 초점을 맞춘 다층적인 자료의 활용이 필요하다.

먼저 시각자료는 수업의 핵심 도구로 활용된다. 예컨대, 경성의 도시 지도, 조선

총독부의 도시계획 문서, 근대 도시 설계 도면, 일제강점기 도로망, 군산과 목포의 도시 사진, 그리고 상하수도 및 도심 배치도를 통해 학생들은 공간의 시각적 분리와 위계 구조를 직접 눈으로 확인할 수 있다. 이 자료들은 학생들로 하여금 도시 공간을 단순한 배경이 아닌 역사적 권력의 실천 장소로 인식하게 해주는 데 기여한다.

또한 텍스트 자료로는 당대인의 일기, 기행문, 행정 문서, 신문 기사 등을 활용하여 도시 거주민의 다양한 목소리를 들려준다. 예를 들어, 일본인 상인의 소비 문화에 대한 기사, 조선인 노동자의 처우 개선 요구서, 도시 빈민가의 위생 상태에 대한 민원 기록 등은 도시 구조의 현실을 구체적으로 체감하게 한다. 이와 같은 자료를 통해 학생들은 '일본인=가해자', '조선인=피해자'라는 도식적 서사를 넘어, 같은 조선인 내부에서도 계층에 따라 다른 삶을 살았고, 일본인 역시 일제 권력에 종속된 다양한 계층이 존재했음을 파악하게 된다.

특히 본 수업은 '북 큐레이션' 활동을 중심으로 구성되기 때문에, 학생들이 직접 책을 선택하고, AI를 활용하여 자신만의 책 소개글을 작성하는 과정이 수업의 핵심이다. 이에 따라 청소년용 도서 목록은 사전에 교사가 주제별로 큐레이션하여 제시하게 된다. 예를 들어, 『경성의 모던 보이』(박태균), 『열세 살의 인천』(김소연), 『시간 가게』(김혜정), 『도시를 걷는 시간』(박범신 외) 등의 책은 도시 공간을 배경으로 다양한 인간군상의 삶을 다루고 있어 학습 목표에 부합한다. 각 책은 식민지 도시의 구조, 계층적 삶의 분화, 근대성과 식민성의 충돌 등 핵심 주제와 연결될 수 있는 내용으로 구성되어 있으며, 학생들은 자신이 선택한 책 속에서 그러한 주제를 능동적으로 추출하고 해석하게 된다.

생성형 AI는 책 소개글의 초안 작성, 책 주제와 관련된 질문 생성, 독서 포스터 문구 제작, 큐레이션 주제 아이디어 제공 등 다양한 방식으로 학습자의 표현 활동을 지원한다. 이를 위해 수업 초반에는 ChatGPT, Bing, 하이퍼클로바 등의 AI 툴 사용법을 간단하게 익히는 시간을 마련하고, 이후에는 학생들이 자율적으로 AI를 탐색하고 활용할 수 있도록 안내한다. 특히 '책 소개글에 담을 수 있는 비판적 관점 만들기', '책의 장면을 도시 구조와 연결 짓는 질문 만들기' 등의 활동을 통해 AI가 단순 반복이 아닌 사고를 자극하는 도구로 기능할 수 있도록 유도한다.

마지막으로 교재는 단지 정보 전달을 위한 매체가 아니라, 학생의 탐구 방향을 확장하고, 자신의 삶과 연결해 질문을 만들어내는 통로로 활용되어야 한다. 이를 위해 교사는 각 교재의 내용과 활동 간의 연결성을 충분히 분석하고, 활동지와 연계된 텍스트 발췌문, 시각 자료, 예시 답안 등을 함께 설계하여 학생의 탐구 흐름을 지원해야 한다.

5) 학습지도안 작성

학 습 지 도 안

학교/반	
교사	
일시	

차 례

Ⅰ. 교재 및 단원명

1. 교재

- 교과서: 중학교 『역사2』
- 저자 및 출판사: 최병택 외, 리베르 출판사

2. 단원명

- 대단원: Ⅲ. 민족의 수난과 항일 독립운동
- 중단원: 2. 일제강점기 사회 · 문화의 변화

이 단원은 일제강점기하 조선 사회가 경험한 다양한 사회 · 문화적 변화를 중심으로 구성되며, 단순히 저항 운동에만 집중하는 것이 아니라 일상생활, 도시 구조, 사회 계층의 변화 등을 통해 역사적 맥락을 다층적으로 이해하는 것을 목표로 한다. 특히 식민지 도시라는 주제는 공간과 권력의 관계, 식민지 근대화 담론, 인간 삶의 조건이라는 측면에서 역사적 분석이 가능한 통로를 제공한다. 따라서 이 단원은 역사학습의 깊이를 확대하고, 학생 스스로 질문을 형성하며 해석을 시도하게 만드는 데 적합하다.

Ⅱ. 단원 설정의 이유

1. 학습자 측면

중학생은 도시 공간에 익숙하지만, 도시의 역사성을 성찰해 본 경험이 거의 없다. 이들은 학교, 아파트, 도로, 공공시설 등을 일상적으로 이용하면서도, 그것이 어떤 역사적 맥락 속에서 형성되었는지를 이해하지 못한 채 살아간다. 본 단원은 바로 이러한 '익숙한 공간을 낯설게 바라보는' 관점을 길러주는 데 효과적이며, 학생의 공간 감수성과 역사적 상상력을 자극한다.

2. 학문적 측면

1) 역사 서사 구조의 전환

기존의 일제강점기 교육은 '침탈-피해-저항'이라는 이분법적 구조로 구성되어 있다. 이 서사는 역사교육 초기에는 필요한 민족정체성 형성에 유효했으나, 21세기 학습자의 복합적 인식 구조를 수용하기에는 한계가 있다. 식민지 도시 수업은 민족 내부의 계층 분화, 공간 권력의 불균형, 일상생활 속 식민성 등을 통해 민족주의 서사의 구조적 한계를 넘어설 수 있는 가능성을 제시한다.

2) 공간과 권력의 연계

도시는 공간이면서도, 권력이 작동하는 구체적 장이다. 특히 병참기지화, 철도 연계형 항만 도시, 일본인 전용 주거지 등은 제국이 어떻게 식민지 주민을 통제하고 감시했는지를 시각적으로 보여준다. 이러한 공간정치학적 접근은 학생들에게 '공간은 권력이다'라는 관점을 익히게 하며, 이후 현재 도시 문제(젠트리피케이션, 개발과 철거, 도시 계획의 정치성 등)를 비판적으로 이해하는 데 도움을 준다.

3. 사회적 측면

최근 사회에서 교육의 유용한 도구로서 급부상하고 있는 생성형 AI는 기존의 정보 검색 중심 학습에서 벗어나, 학습자의 비판적 사고력과 창의적 표현을 유도하는 새로운 도구로 주목받고 있다. 특히 역사 수업에서 AI는 단순 정보 요약이 아니라, 주제별 책 소개글 작성, 북 큐레이션 주제 설정, 발표문 구성, 비판적 질문 생성 등의 과정에서 '생산적 사고 도우미'로 활용될 수 있다. 이는 학생이 AI에 종속되지 않으면서도 도구로서의 기능을 극대화하는 방식이다.

Ⅲ. 단원의 개관

이 단원은 '식민지 도시'라는 개념을 중심으로, 일제 강점기 조선의 근대 도시가 형성되는 과정을 다층적으로 고찰하고, 그 속에 담긴 구조적 불평등과 일상 속 삶의 다면성을 학습자들이 스스로 성찰할 수 있도록 돕기 위해 설계되었다. 특히 도시 공간은 식민지 권력이 자신의 지배 방식을 공간적으로 가시화한 장소였으며, 동시에 일상생활의 무대이자 저항과 협력, 공존과 분리의 양상이 복잡하게 교차하는 장이기도 했다. 본 단원은 이러한 도시 공간이 단순히 '근대화'나 '개발'의 상징으로 제시되는 기존 교과서 서술을 넘어서, 도시의 구조와 기능, 그리고 그 안에서 살아간 다양한 인간군상의 경험을 비판적으로 재구성하려는 시도이다.

학생들은 이 단원에서 '식민지 도시'가 어떻게 형성되었으며, 그 구조가 어떤 이중적 양면성을 갖고 있었는지를 이해하게 된다. 도시 형성의 배경으로는 항구 개항, 철도 부설, 병참 기지화, 행정 중심 도시로의 개편 등 다양한 식민 권력의 정책이 작동했으며, 이러한 변화는 도시 공간을 재편하고 새로운 사회 계층을 출현시키는 계기가 되었다. 도시의 공간은 일본인 중심의 '근대적' 중심지와 조선인 중심의 '주변부'로 구분되며, 이는 위생, 치안, 교통, 주거 조건, 상업 활동 등의 모든 측면에 걸쳐 차별적으로 구성되었다. 이러한 공간적 분리는 단순한 물리적 거리의 문제가 아니라, 식민지 사회가 품고 있었던 권력의 위계와 불균형의 시각적 재현이었다.

더불어 본 단원은 도시 공간에 단지 '식민 권력 대 식민지 피지배자'라는 이분법적 구도만을 제시하지 않는다. 실제 도시 공간 안에서는 일본인과 조선인 사이의 대립뿐 아니라, 계층, 계급, 직업, 젠더에 따라 다양한 주체들이 충돌하고 협력하며 살아갔다는 점에 주목한다. 예를 들어, 전차 부설을 둘러싼 이해관계, 상하수도 공급 문제를 둘러싼 갈등, 경성 부근의 도시계획에 대한 민간 의견 제출 등은 '민족'이라는 단일 범주로는 설명할 수 없는 다양한 갈등의 양상을 보여준다. 이러한 맥락에서 도시 공간은 단순히 식민지 지배의 산물이 아니라, 수많은 삶과 관계가 중첩되어 나타나는 역사적 현장의 집합체로 재해석된다.

학생들이 경험하는 오늘날의 도시 역시 공간적 불평등, 젠트리피케이션, 환경 차별 등 다양한 문제를 안고 있는 만큼, 본 단원은 과거 식민지 도시를 통해 현재의 도시 문제를 비판적으로 성찰할 수 있는 기회를 제공한다. 학생들은 도시 공간이 '자연스럽게' 형성되는 것이 아니라, 권력, 자본, 정치, 사회적 갈등 속에서 구성되고 작동한다는 사실을 인식하게 되며, 이를 통해 공간 읽기 능력과 더불어 역사적 사고력도 기를 수 있다.

특히 이 단원은 생성형 AI를 활용한 북 큐레이션 활동을 중심으로 구성되어 있다는 점에서, 학생들이 단순 지식 암기에서 벗어나 역사적 주제를 창의적으로 재구성하고, 타인과 소통 가능한 서사로 엮어내는 훈련을 할 수 있도록 설계되었다. 책과 역사 수업 내용을 연결하고, AI를 통해 자신의 생각을 구체화하는 과정을 통해 학생들은 학습의 주체로서 참여하게 되며, 이 과정에서 자연스럽게 역사적 상상력, 비판적 사고력, 디지털 활용 능력, 표현력 등을 종합적으로 향상시킬 수 있다.

따라서 본 단원은 단순히 '식민지 도시'라는 과거 주제를 다루는 것이 아니라, 공간과 권력, 사람과 삶의 이야기를 역사적 맥락 속에서 재구성하며, 오늘날 우리 도시와 사회에 대해 비판적으로 사고할 수 있는 시민적 자질을 기르는 교육적 장으로 기능한다. 이 단원에서 다룰 주제들은 단기적으로는 북 큐레이션이라는 프로젝트형 수행평가로 귀결되지만, 궁극적으로는 학생들이 도시 공간과 역사를 읽어내는 새로운 시야를 획득하게 하는 것을 목표로 한다.

Ⅳ. 단원의 학습 목표

1. 지식 · 이해

① 식민지 도시가 제국주의 통치 전략의 공간적 실현이라는 점을 이해할 수 있다.
② 도시 공간은 물리적 구조를 넘어 권력, 위계, 통제, 차별의 구조임을 파악할 수 있다.
③ 공간 속 인간의 삶이 어떻게 구조에 영향을 받고, 그 속에서 주체적으로 대응했는지를 설명할 수 있다.

2. 기능

① 도시 관련 시각자료(지도, 사진, 도면 등)와 1차 사료를 분석할 수 있다.
② 생성형 AI를 활용하여 책 소개글, 북 큐레이션 주제 및 질문, 포스터를 제작할 수 있다.
③ 책 내용을 역사적 맥락과 연결하여 북 큐레이션 발표물로 구성할 수 있다.

3. 가치·태도

① 역사 속 공간 불평등 문제를 현재 사회 문제와 연결해 사고할 수 있다.
② 민족, 계층, 젠더에 따른 경험의 차이를 수용하며 타인의 삶에 공감하는 태도를 지닐 수 있다.
③ 디지털 시대의 시민으로서 AI를 비판적으로 활용할 수 있는 자기조절 능력을 기를 수 있다.

Ⅴ. 단원의 구조(교사의 내용 재구성)

차시	주제	핵심활동	비고
1	식민지 도시란 무엇인가	도시 개념 정리, 도시 구조 시각자료 분석	개념, 시각 자료 중심
2	도시의 구조와 위계	경성, 군산 등의 공간 분리 사례 분석	도시 계획도 및 지도 활용
3	도시 속 인간의 삶	조선인 노동자, 여성, 일본인 거주민의 삶 비교	1차 사료 및 발췌문 분석
4~5	북 큐레이션 구성	책 선택, 생성형 AI 활용 책 소개글 및 질문 작성	발표 준비, 개별 보고서 병행

Ⅵ. 지도상의 유의점

1. 준비

① '도시' 개념을 공학적·발전론적으로 접근하지 않고, 사회사적 맥락에서 '권력 작동의 공간'으로 인식하게 해야 한다.
② '식민지 도시'라는 주제가 민족적 저항을 지우거나 피해서사를 축소하는 것이 아님을 분명히 해야 하며, 새로운 서사구조의 확장이자 보완임을 설명한다.

③ 교사와 학생이 준비해야 하는 학습자료는 아래와 같다.

학습자료	교사	'식민지 도시의 구조와 양면성' 분석 및 정리 자료, 공간 구조 도식도, 계급/직업/인종별 도시 분포도, 질문 유도 카드, 시각자료 PPT, 활동지 모범 답안, 루브릭	학생	활동지(사료 해석, 공간 분석, 인물 조망 시트 포함), 시각자료 자료집, 감상형 질문지, 생성형 AI 질문 프롬프트 카드(선택), 자기평가지

2. 내용

① 학생들이 선택할 책은 사전 목록을 기반으로 하되, 개별 흥미와 수준에 따라 추가 제안도 수용하고, 큐레이션 주제 연결의 가능성을 중심으로 책과 역사적 맥락을 연결하도록 지도한다.

② AI 활용 시 학생들이 질문, 소개글, 해석 등을 'AI가 만든 그대로' 사용하는 일이 없도록, 생성된 결과를 검토·수정·재구성하는 과정에 반드시 참여하도록 지도한다.

3. 마무리

수행평가는 개별 보고서(책 선정 이유, AI 활용 과정 성찰, 역사적 맥락 해석)와 모둠 발표(큐레이션의 창의성, 구성력, 비판적 시각, 표현력)로 나뉘며, 루브릭 기반으로 공정하게 평가된다.

Ⅶ. 교수-학습계획(2차시 블록타임제)

차시	학습주제	학습목표	주요활동	자료 및 도구	교사의 역할	학생의 역할
1	식민지 도시란 무엇인가	식민지 도시의 개념과 형성 배경을 이해한다	도시 개념 정리, 근대 도시 지도 및 사진 분석, 기본 개념 정리	경성, 군산, 목포 지도 및 도시계획 사진, 활동지	개념어 설명, 시각자료 해석 도와주기, 질문 던지기	개념 이해, 질문 탐색, 시각자료 분석 참여
2	도시 구조와 공간 분리	도시의 물리적 구조와 민족/계층 간 공간 분리를 분석한다	도시계획도 분석, 위생 정책과 철도 배치 등 비교, 도시 사례 분류	도시 도면, 행정 문서, 교과서 발췌문	분석 기준 제시, 사례 비교 안내	자료 분석, 도시 사례 정리, 구조 설명 작성
3	도시 속 인간의 삶	다양한 계층과 민족의 삶	사료(노동자, 여성, 일본인	발췌문, 당대 신문 기사, 생	토의 주제 설정, 역사적 맥	역할별 삶 재구성, 공감과

차시	학습주제	학습목표	주요활동	자료 및 도구	교사의 역할	학생의 역할
		을 비교한다	등) 읽기, 인물별 생활사 비교 토의	활사 사료	락 안내	비판의 관점 제시
4~5 차시	**북 큐레이션 구성 및 발표**	**책과 수업 내용을 연결해 북 큐레이션 산출물을 제작한다**	**책 선정, AI 활용 책 소개글 작성, 발표 포스터 기획, 발표**	**청소년 도서, 생성형 AI 도구, 활동지, 큐레이션 포스터 양식**	**AI 활용 지도, 책-역사 연결 점검, 피드백 제공**	**AI와 협력하여 소개글 작성, 주제 설정, 발표 준비**

Ⅷ. 본시 교수-학습 지도안(2차시 블록타임제: 북 큐레이션 구성 및 발표)

단원	대단원	Ⅵ. 근·현대 사회로의 전환	지도 대상	중학교 3학년
	중단원	1. 근대국가 수립을 위한 노력		
국가 교육 과정 성취 기준	[9역13-01] 개항 이후 근대 국가를 건설하기 위한 노력을 파악한다.			
학습 목표	1. 식민지 도시가 근대적 도시로서 갖는 외형과 구조를 분석할 수 있다. 2. 도시 공간에 담긴 권력의 위계와 분리의 논리를 비판적으로 이해할 수 있다. 3. 식민지 도시 속 다양한 인간 군상의 삶을 조망하며, 역사적 공감 능력을 기를 수 있다.			

과정	학습 내용	교수-학습 활동 (교사)	교수-학습 활동 (학생)	시간	자료 및 지도상 유의점
도입	인사	• 수업의 분위기를 친근하게 이끌기 위해 인사와 일상 대화 진행	• 인사 후 수업 준비	10분	북 큐레이션 예시 PPT
	전시 학습	• 식민지 도시 개념 회상퀴즈 및 이미지 제시	• 퀴즈 및 이미지에 반응하며 사고 활성화		
	동기 유발	• "도시를 구성하는 가장 중요한 요소는 무엇인가요?"와 같은 탐구 질문 제시	• 질문에 자신의 경험과 생각을 연결하여 발언		
	학습 목표	• 학습 목표 제시 및 활동 흐름 설명	• 학습 목표 필기		

<table>
<tr><td rowspan="3">전개</td><td>전개
1</td><td>• 학생들이 식민지 도시의 공간 구조에 대한 이해(공간, 권력, 위계)에 초점을 맞추도록 안내
• 경성 도시 지도 시각자료 제시
• 중심/주변 공간, 시설 분포 설명
• 구조와 권력의 연계 탐구 유도</td><td>• 자료 관찰, 공간 시각화 활동지 작성
• 조별 토의로 구조 정리
• 기획된 공간 개념 인식</td><td>25분</td><td>공간
구조
활동지</td></tr>
<tr><td>전개
2</td><td>도시 속 삶의 양면성 탐구(신문기사, 일기, 관찰기 활용)
“우리가 보는 도시는 누구의 시선인가요?”
• 다양한 인물 사료 읽기 및 질문 제시
• 감정이입형 질문 유도
• 칠판 판서로 삶의 키워드 정리</td><td>• 인물별 관점으로 활동지 작성
• 인터뷰문, 편지 작성 등 창작 활동
• 근대성과 폭력성 공존 인식</td><td>15분</td><td>인물별
감정
키워드
시트</td></tr>
<tr><td>전개
3
수행
평가</td><td>• 북 큐레이션 구성 및 키워드 설명
• 도서 목록 소개 및 책 주제 설명
• 큐레이션 기준(키워드) 설정 유도
• 시트 작성법 안내 및 예시 제시
• 발표 순서 안내, 루브릭 기반 평가
• 전체 피드백 제공 및 다양한 시각 정리</td><td>• 키워드 중심 도서 2~3권 선택
• 큐레이션 구성 및 이유 서술
• 조별 공통 주제 정리 및 발표 준비
• 큐레이션 발표 및 질의응답
• 발표 비교 및 자기 성찰
• 피드백 반영 정리</td><td>45분</td><td>도서
목록 및
큐레이
션 시트</td></tr>
<tr><td rowspan="4">마
무
리</td><td>내용
정리</td><td>• 인상 깊은 발표 언급</td><td>• 자기 평가지 작성, 인상 깊은 발표 공유</td><td rowspan="4">5분</td><td rowspan="4"></td></tr>
<tr><td>형성
평가</td><td>• 간단한 o, x 문항을 통해 내용을 평가</td><td>• 학생들은 흥미를 가지고 답변</td></tr>
<tr><td>차시
예고</td><td>• 다음 시간에 배울 내용에 대해 간단하게 설명</td><td>• 다음 시간에 배울 내용을 본시 학습과 관련하여 확인</td></tr>
<tr><td>인사</td><td>• 인사하고 마무리</td><td>• 인사</td></tr>
</table>

Ⅸ. 참고 자료 별첨

1. 개별 수행평가지

주제: 식민지 도시의 구조와 양면성

이름: ____________________ 반/번호: __________

이 보고서는 단순한 줄거리 요약이 아니라, 학생 스스로 이 책을 통해 무엇을 느꼈고, 도시와 역사에 대해 어떤 생각을 하게 되었는지를 보여주는 글입니다. 자신만의 생각과 표현을 담아 써주세요.

1. 선정 도서와 선정 이유

1) 이 책의 제목은 무엇인가요?

2) 왜 이 책을 선택했나요?
(수업에서 배운 '식민지 도시'와 어떤 점에서 연결된다고 생각했나요?)

2. 책 속 공간과 인물 분석

1) 책 속에 등장하는 도시나 공간은 어떤 모습인가요?

2) 그 공간에서 누가 살고 있었고, 어떤 경험을 했나요?

3) 이 책은 식민지 도시의 밝은 면과 어두운 면 중 어떤 모습을 더 보여주나요?

3. 생성형 AI 활용

1) 수업이나 책을 읽고, 생성형 AI에게 어떤 질문을 했나요?
(질문 예시: "이 책의 인물은 도시에서 어떤 차별을 겪었나요?")

2) AI가 도와준 내용 중에서 가장 도움이 된 것은 무엇이었나요?

3) AI와 함께 만든 소개글 또는 핵심 문장을 적어보세요.

4. 활동 과정의 성찰

1) 책을 읽고 보고서를 쓰는 동안 가장 어려웠던 점은 무엇이었나요?

2) 이 활동을 통해 새롭게 배운 점이나 깨달은 점은 무엇인가요?

3) 만약 이 주제(식민지 도시)를 더 확장해서 탐구한다면, 어떤 내용을 더 알아보고 싶나요?

2. 모둠 수행평가지

주제: 식민지 도시의 구조와 양면성

[모둠명]
[참여자(역할/이름)]
발표자:
소개글 작성자:
시각자료 제작자:
생성형 AI 활용 담당자:

1. 선정 도서 정보

1) 책 제목:
2) 지은이 / 출판사:
3) 책을 선택한 이유:
(이 책이 '식민지 도시'라는 주제와 어떻게 연결되나요?)

2. 이 책 속 '도시'는 어떤 모습인가요?

1) 어떤 도시가 등장하나요? (장소 이름 또는 공간의 특징)

2) 이 도시에서 누가 살고 있고, 어떤 일이 벌어지나요?

3) 도시가 불평등하게 작동하거나 차별적인 공간이 된 사례는 무엇인가요?

3. 도시의 양면성 해석하기

1) 이 책에서 도시의 '밝은 면'은 무엇인가요?

2) 이 책에서 도시의 '어두운 면'은 무엇인가요?

3) 이 두 가지 측면을 비교해서, 어떤 점을 더 강조하고 싶나요?

4. 생성형 AI 활용 기록

1) 어떤 질문을 AI에게 했나요?

2) AI의 도움으로 만든 소개글 또는 발표용 질문 예시는 무엇인가요?

3) AI를 활용하면서 새롭게 알게 된 점이나 느낀 점은 무엇인가요?

5. 북 큐레이션 포스터 구성

(예시)
• 책 제목과 표지 이미지
• '식민지 도시'와 연결된 핵심 문장 또는 질문
• 인물의 대사나 장면 설명
• 도시의 구조, 구역, 위계를 나타낸 시각 자료
• 우리 모둠의 메시지: "이 책을 왜 추천하나요?"

6. 발표 마무리

1) 이 책을 통해 우리가 말하고 싶은 것은 무엇인가요?

2) 발표 후, 다른 모둠이 우리에게 어떤 질문을 할 수 있을지 예상해 보세요.

• 예상 질문

• 예상 질문에 대한 답변 준비

3) 발표 후 성찰

• 우리 모둠의 발표를 마친 소감은 어떤가요?

• 다른 모둠의 발표를 들으며 배운 점은 무엇인가요?

6) 수업

수업의 실제적인 운영 방식과 활동 흐름을 수업 계획에 따라 현장에서 실행 가능한 구조를 갖추도록 유의하면서 진행한다. 특히 생성형 AI를 활용한 수업이기 때문에 각 단계에서 AI가 개입할 시점, 학생 주도성과 교사의 피드백 방식 등을 명확히 제시하는 것이 중요하다.

7) 수행평가 시행

본 단원에서의 수행평가는 단순한 학습 결과의 산출을 목적으로 하지 않는다. 오히려 학습의 전 과정에서 학생이 비판적으로 사고하고, 주체적으로 탐구하며, 자신의 이해를 창의적으로 표현해 내는 과정을 평가의 핵심 요소로 삼는다. 특히 '식민지 도시의 구조와 양면성'이라는 주제는 단선적 사실 서술보다는 공간과 권력, 삶과 구조 간의 관계를 입체적으로 해석하는 능력을 요구하기 때문에, 수행평가의 설계 역시 그러한 역사 인식 능력을 측정할 수 있도록 구성되었다.

본 수업의 수행평가는 크게 두 가지 축으로 구성된다. 첫째는 개별 수행평가로서의 북 큐레이션 준비 보고서 작성, 둘째는 모둠별 북 큐레이션 발표이다. 이 두 평가는 상호보완적인 방식으로 이루어지며, 개별 평가를 통해 학습자의 내적 사유와 학습 과정을 살피고, 모둠 평가를 통해 협업 역량과 소통 능력, 표현 능력을 평가한다.

(1) 개별 수행평가: 북 큐레이션 준비 보고서 작성

학생은 자신이 선정한 책이 수업에서 다룬 '식민지 도시의 구조와 양면성'이라는 주제와 어떤 방식으로 연결되는지를 서술한 보고서를 작성한다. 이 보고서에는 다음과 같은 항목이 포함된다.

- 책을 선정한 이유(주제와의 연관성, 도시 공간에 대한 통찰 가능성)
- 책 속 등장인물이나 공간이 식민지 도시의 어떤 양면성을 드러내는지에 대한 분석

- 생성형 AI를 활용하여 어떤 질문을 만들었고, 어떤 형태로 소개글이나 핵심 문장을 작성했는지에 대한 기술
- 활동 과정 중 겪은 고민, 배운 점, 향후 주제 확장의 가능성에 대한 성찰

보고서는 단순한 요약이 아니라 책과 수업 내용을 연결하여 자신의 관점에서 해석하는 능력을 보는 문서로, 학생의 사고력과 글쓰기 역량, 그리고 역사적 위치성에 대한 인식 수준을 진단하는 데 중요한 역할을 한다.

(2) 모둠별 발표 수행평가: 북 큐레이션 발표

학생들은 3~4명으로 구성된 모둠 내에서 책을 중심으로 하나의 주제를 선정하고, 각자 맡은 역할(예: 발표자, 소개글 작성자, 시각자료 제작자, AI 활용 담당자 등)을 수행하여 북 큐레이션 포스터와 발표를 완성한다. 발표는 시청각 자료와 함께 진행되며, 다음의 내용이 반드시 포함되어야 한다.

- 선정 도서의 간략한 소개 및 선정 이유
- 도서와 연결된 '식민지 도시' 개념 설명
- 도시 구조의 불평등, 민족/계층 분리, 공간 내 갈등 양상에 대한 구체적 사례와 해석
- 생성형 AI를 활용한 소개글 또는 질문 예시 및 제작 과정
- 발표를 마친 뒤, 듣는 모둠의 질문에 대한 응답과 성찰

모둠 발표는 단순 정보 전달이 아닌, 타인을 설득할 수 있는 논리적 전개, 시각적 표현력, 주제에 대한 깊은 이해를 요한다. 따라서 발표는 학습자에게 단지 과제 수행이 아닌, 역사적 논점을 구성하고 소통하는 훈련의 장으로 기능하게 된다.

(3) 평가 기준 및 루브릭 구성

수행평가는 다음과 같은 5개 영역을 기준으로 루브릭을 구성하여 채점한다. 각 영역은 4단계 척도(탁월-우수-보통-미흡)로 세분화되며, 정성적 피드백을 병행하여 제공한다.

<table>
<tr><th rowspan="2">평가요소</th><th colspan="4">수행 수준</th><th colspan="2" rowspan="2">배점</th></tr>
<tr><th>5점</th><th>4점</th><th>3점</th><th>2점</th></tr>
<tr><td rowspan="3">1. 주제 이해 및 적용력</td><td rowspan="3">수업에서 학습한 '식민지 도시' 개념을 책과 연관 지어 정확하게 이해하고 응용함.</td><td rowspan="3">'식민지 도시' 개념을 정확하게 이해하고 응용함.</td><td rowspan="3">'식민지 도시'개념을 이해함.</td><td rowspan="3">'식민지 도시' 개념을 이해하지 못함.</td><td rowspan="12">각 평가 요소의 점수를 합산하여 부여함</td><td>20</td></tr>
<tr><td>19</td></tr>
<tr><td>18</td></tr>
<tr><td rowspan="3">2. 비판적 관점과 창의성</td><td rowspan="3">도시 구조의 양면성을 다양한 시각에서 분석하고, 기존 서술에 대한 비판적 관점을 제시함.</td><td rowspan="3">도시 구조의 양면성을 다양한 시각에서 분석함.</td><td rowspan="3">도시 구조의 양면성을 단편적으로 분석함.</td><td rowspan="3">도시 구조의 양면성을 분석하지 못함.</td><td>17</td></tr>
<tr><td>16</td></tr>
<tr><td>15</td></tr>
<tr><td rowspan="3">3. AI 활용 역량</td><td rowspan="3">생성형 AI를 적극 활용하여 사고 확장을 시도하고, 적절한 질문과 문장을 생성해 활용함.</td><td rowspan="3">생성형 AI를 활용하여 사고 확장을 시도하고, 질문을 적절히 활용함.</td><td rowspan="3">생성형 AI를 구체적으로 활용함.</td><td rowspan="3">생성형 AI를 제대로 활용하지 못함.</td><td>14</td></tr>
<tr><td>13</td></tr>
<tr><td>12</td></tr>
<tr><td rowspan="4">4. 표현 및 소통 능력</td><td rowspan="4">자신의 생각을 조리 있게 표현하고, 발표 시 청중과 효과적으로 소통하며, 협력과 조율 등 모둠 구성원으로서 역할을 성실히 수행함.</td><td rowspan="4">자신의 생각을 표현하면서 청중과 소통하고, 모둠 구성원으로서 역할을 성실히 수행함.</td><td rowspan="4">자신의 생각을 표현하고, 모둠 구성원으로서 역할을 수행함.</td><td rowspan="4">자신의 생각을 제대로 표현하지 못함.</td><td>11</td></tr>
<tr><td>10</td></tr>
<tr><td>9</td></tr>
<tr><td>8</td></tr>
<tr><td colspan="6">※ 수행활동에 참여하였지만 수행과제를 미제출(백지활동 제출 포함)한 경우: 기본점수</td><td>7</td></tr>
</table>

(4) 수행평가의 교육적 의의

이러한 수행평가 설계는 단지 평가를 위한 평가를 지양하고, 평가 그 자체가 학습의 연장이자 완성 단계가 되도록 구성된다. 특히 생성형 AI 도구를 통해 학생이 책과 주제를 연결하는 데 필요한 언어적 사고의 도우미로 활용할 수 있게 하며, AI 사용이 단순 정보 검색이 아닌 창의적 글쓰기의 촉매 역할을 하도록 유도한다. 더불어 보고서와 발표의 병행 평가는 학생 개개인의 사유와 공동체적 협업 사이의 균형을 유지하며, 학교 수업 속에서 '역사적 해석자'로서의 학습자 정체성을 강화하는 데 기여할 수 있다.

8) 전체적인 교수 · 학습과정에 대한 피드백 및 계획 수립

'식민지 도시의 구조와 양면성'을 주제로 한 본 수업은 특정 개념이나 사실을 정확히 기억하고 재현하는 능력보다는, 학생이 도시 공간에 내재된 권력의 구조와 그 안에서의 삶의 양태를 어떻게 인식하고 해석하는지를 중심으로 설계되었다. 따라서 교수학습 과정 전반에서의 피드백은 학생의 사고 흐름을 자극하고, 역사적 상상력과 비판적 관점을 형성하며, 자신의 해석을 구성하는 과정 전반을 지원하는 기능으로 계획된다. 특히 '식민지 도시'라는 개념이 학생들에게 익숙한 주제가 아닌 만큼, 교사는 학습자의 초기 직관에서 출발하여 인식의 폭을 점진적으로 확장해 가는 형태의 피드백을 지향해야 한다.

본 단원의 피드백은 수업의 흐름에 따라 다음과 같은 세 시기로 구분하여 이루어진다.

첫째, 수업 도입 단계에서는 학생의 기존 역사 인식, 도시 공간에 대한 직관, '근대성'에 대한 막연한 상상을 확인하고, 이를 확장 가능한 문제의식으로 전환하는 피드백이 필요하다. 이 피드백은 학생의 응답을 단순히 받아들이는 데 그치지 않고, 그 응답에 담긴 전제, 가치 판단, 시선의 방향 등을 질문을 통해 드러냄으로써 사고의 지평을 넓히는 데 목적이 있다. 예컨대, 한 학생이 '근대 도시가 발전된 도시'라고 정의한다면, 교사는 "무엇을 기준으로 발전이라고 생각했는가?", "그 발전이 누구에게 이익이 되었고, 누구에게는 불편을 가져왔는가?"라는 질문을 통해, 도시 개념을 물리적 변화만이 아니라 권력과 위계, 불평등이 포함된 역사적 공간으로 재구성하도록 유도한다. 이 과정에서의 피드백은 '학생 생각 끌어내기'를 넘어, '사고 방향 조정'이라는 적극적 기능을 수행한다.

둘째, 본격적인 수업 활동이 이루어지는 탐구 및 표현 단계에서는, 학생들이 모둠별로 도시 사례를 분석하거나 책을 연결하여 북 큐레이션을 구성하는 과정에서 개별적인 해석이 형성된다. 이 시기의 피드백은 학생이 만든 연결 고리나 사고 흐름의 논리적 완성도를 점검하고, 생략된 시각이나 편향된 해석의 가능성을 비판적으로 되돌아볼 수 있도록 돕는 역할을 수행한다. 예를 들어, 학생이 '군산은 일본인이 많이 살았던 도시'라는 서술을 할 경우, 교사는 "그렇다면 왜 일본인이 특정 지역에 집중되었는지 알아보았는가?", "그 공간적 집중이 조선인 삶에 어떤 영향을 미쳤을까?"라는 질문을 던져, 단순한 정보 나열에서 벗어나 도시 구조와 권력 관계 간의 연관성을 분석할 수 있도록 돕는다. 또한 학생이 생성형 AI를 활용하여 북 큐레이션 소개글을 작성했을 경우, AI가 제안한 문장이 단지 '그럴듯해 보이는 표현'인지, 아니면 자신의 해석을 담아낸 결과물인지 되묻고, 문장의 핵심 주장과 수업 개념 사이의 연계를 함께 검토하는 피드백이 요구된다. 이 시기의 피드백은 학생이 사고의 초안을 형성하고 이를 구체화해 가는 과정을 조력하며, 교사는 질문자이자 공동 구성자의 역할을 수행한다.

셋째, 수업 말미에는 학생들이 작성한 보고서와 발표를 바탕으로, 타인의 시선과 자신의 해석을 비교하고 성찰하는 '표현 이후 피드백'이 필요하다. 이는 학생이 일회성 과제 수행에 그치지 않고, 학습 과정을 되돌아보며 자신의 역사 인식을 한층 정제하는 계기를 제공한다.

이때 교사는 단지 결과물의 완성도를 평가하는 데 머무르지 않고, 학생이 선택한 시선의 강점과 한계를 인식하도록 돕는다. 예컨대, 발표 중 한 학생이 "이 책은 도시의 구조적 차별을 잘 보여준다"고 했다면, 교사는 "그 차별이 단지 제도 때문이었을까? 도시를 경험하는 개인의 위치에 따라 다르게 보일 수 있지 않을까?"라는 질문을 통해, 역사적 행위자의 시각과 다원적 해석의 가능성을 제시해야 한다. 동료 학생들이 남긴 질문이나 코멘트는 피상적 반응을 넘어서, 발표 내용을 되짚고 사고의 다른 방향을 탐색하는 계기가 되도록 구성된다. 교사는 이를 바탕으로 "이 발표는 도시를 물리적 구조로 보았지만, 감정이나 기억의 공간으로 본다면 무엇이 달라질까?"와 같은 확산적 질문을 던져, 학생이 표현 이후에도 사고의 지평을 열어 갈 수 있도록 피드백을 제공한다.

요컨대 본 수업의 피드백은 단순한 오류 교정이나 지식 확인을 넘어서, 다음과 같은 흐름으로 구성된다.

시기	교사의 역할	예시
도입	학생의 직관을 확장하고 문제의식을 형성하도록 유도	"왜 그렇게 생각했나요?" "그 기준은 누구의 입장인가요?"
활동	해석의 논리성, 맥락성, 다각성을 강화	"그 사례에 다른 시각은 없을까요?" "AI의 제안은 학생의 사고와 같나요?"
정리	자기 판단을 성찰하고 대안적 시각을 탐색	"다른 관점에서 보면 무엇이 달라질까요?" "방금 발표에서 빠진 시선은 무엇일까요?"

이러한 세 시기의 피드백 구조는 '사고의 출발-전개-재구성'이라는 학습의 흐름에 맞춰 구성되며, 교사는 판단자가 아닌 질문자·촉진자·동반자로서의 위치에서 학생의 역사 인식을 정교화하는 데 기여하게 된다. 학생은 이 과정을 통해 역사 수업 속에서 자신의 사유가 단단해지고, 스스로를 역사 해석자로 자리매김하는 경험을 하게 된다. 피드백은 그 자체로 수업의 중심이자 학습의 본질이 된다.

교사가 생각하는 본 수업의 의의 및 확장 가능성

본 수업은 단순히 일제강점기의 도시사를 다루는 것을 넘어, 학생들이 역사를 해석하고 구성하는 주체로 성장할 수 있도록 돕는 비판적 역사교육의 실천이다. 특히 '식민지 도시의 구조와 양면성'이라는 주제는 교과서 내에서 흔히 소외되거나 단편적으로 다루어지는 영역임에도 불구하고, 공간과 권력, 삶의 일상이 교차하는 복합적 주제로서, 오늘날 학생들이 살아가는 도시 사회와 깊은 관련성을 지닌다. 본 수업은 이러한 연결고리를 바탕으로 과거의 도시를 비판적으로 읽어내고, 현재의 도시 문제를 재인식하는 데까지 학습의 지평을 확장하고자 한다.

첫째, 이 수업은 공간을 역사적으로 이해하는 능력을 기르는 데 중요한 의미를 가진다. 기존의 역사 교육에서는 사건과 인물 중심의 시간 서사가 강조되는 반면, 본 수업은 '도시'라는 공간 단위를 중심으로 한 역사 이해를 시도함으로써, '장소의 역사성'과 '공간 속 권력의 작동'에 주목하도록 구성되었다. 도시 공간은 단순한 배경이 아니라 권력과 위계, 저항과 생존의 장이라는 점에서, 학생들은 공간을 둘러싼 정치적·사회적 구조를 입체적으로 바라보는 훈련을 하게 된다. 이는 장소와 권력의 관계를 읽는 도시 인문학적 시각을 길러주며, 사회과 교육 전반으로의 확장 가능성을 갖는다.

둘째, 이 수업은 비판적이고 다성적인 역사 인식을 실천하는 데 의의를 둔다. 식민지 도시를 단지 '피해의 공간', '억압의 상징'으로만 보지 않고, 그 안에서 살아간 다양한 사람들—노동자, 여성, 어린이, 일본인 정착민, 빈민 등—의 삶을 통해 역사의 다층성과 다성성을 탐색하도록 한다. 이러한 접근은 민족주의적 영웅 서사에 치우친 역사 서술의 한계를 넘어, 일상의 역사, 비가시화된 존재들의 목소리에 귀를 기울이게 한다. 또한 도시 공간 내에서 민족 간 대립뿐 아니라, 계급, 계층, 성별 간의 복합적인 권력 작동을 분석함으로써 학생들은 다층적인 역사 해석의 중요성을 학습하게 된다.

셋째, 본 수업은 학생 주도형 수업의 모델로서 의의가 있다. 전통적인 교사 중심의 지식 전달에서 벗어나, 학생들이 직접 책을 선정하고, 역사 수업과 연결해 주제를 구성하며, AI 도구의 도움을 받아 자신만의 북 큐레이션을 만들어 발표하는 과정은 학생들을 학습의 주체로 성장시키는 중요한 교육적 경험이 된다. 특히 AI는 학생들의 사유를 보조하고 표현을 확장시키는 도구로서 기능하며, 디지털 문해력과 디지털 시민성 함양이라는 오늘날 교육의 중요한 과제를 실현하는 데 기여한다. 학생들은 AI와 협력하면서도, 생성된 결과를 비판적으로 검토하고 자신의 언어로 재구성하는 훈련을 하게 되며, 이는 단순한 기술 활용을 넘어선 비판적 디지털 리터러시 교육의 모범 사례로 자리매김할 수 있다.

넷째, 이 수업은 역사 수업의 수행평가 혁신이라는 점에서 교육적 실천의 가능성을 보여준다. 북 큐레이션이라는 방식은 학생 개개인의 이해와 관점을 반영할 수 있을 뿐 아니라, 표현의 창의성과 협업적 학습의 결합을 가능하게 한다. 전통적인 서술형 평가나 지필시험 중심의 평가에서 벗어나, '과정 중심'의 수행평가를 통해 학습자의 변화와 성장을 추적할 수 있다는 점은 평가의 본질을 회복하는 의미 있는 시도이다. 이 과정에서 교사는 평가자가 아닌 피드백 제공자, 안내자, 공동 구성자로서의 새로운 역할을 수행하게 되며, 교사와 학생 간의 상호작용이 학습의 본질이자 동력이 되는 수업 문화를 조성할 수 있다.

마지막으로, 이 수업은 타 주제로의 교육적 확장 가능성이 매우 높다. 식민지 도시의 구조와 양면성이라는 주제는 '도시'라는 키워드를 중심으로 하기 때문에, 이후 다른 시대(예: 해방 후 도시의 재편, 산업화기 도시 확장, 오늘날 도시 불평등 등)로 확장할 수 있는 연결고리를 내포하고 있다. 또한 도시뿐 아니라 '학교', '공장', '시장', '국경' 등 다른 공간 주제를 중심으로도 동일한 수업 구조를 적용할 수 있으며, AI 활용 북 큐레이션이라는 형식은 현대사의 다양한 논쟁적 주제(예: 민주화운동, 환경운동, 여성운동 등)에도 효과적으로 접목될 수 있다.

결론적으로 본 수업은 역사의 주제를 재맥락화하고, 학습자의 표현과 상상력을 자극하며, 기술과 비판을 통합하는 미래지향적 역사교육의 실천 모델이라고 할 수 있다. 이는 단순한 '수업안'의 차원을 넘어, 새로운 형태의 역사 수업 문화를 제안하는 교육적 실험이자 도전으로서 그 가치를 가진다.

7. 수준별 수업의 실제: 심화-근대 도시의 형성과 발전 -교육용 애플리케이션을 활용한 독서 토론식 수업-

1) 교육과정 분석 및 수업목표 설정

이 수업은 고등학교 한국사 교육과정의 내용 요소 중 “일제 강점기 조선 사회의 변화와 일상생활”에 해당하는 성취기준을 기반으로 설계되었다. 해당 성취기준은 “일제 강점기 민족 운동과 사회 변화를 이해하고, 그 의의를 설명한다”는 대단원 목표 아래, 도시화・근대화・일상생활의 변화 등을 중심으로 학습자가 한국 근대 도시의 형성과 변모 과정을 종합적으로 이해하도록 유도하고 있다. 이 성취기준은 단지 정치적 저항이나 문화운동에 국한되지 않고, 식민지 사회 속에서 일상과 공간이 어떻게 변화하고 구성되었는지를 파악하는 데 중점을 둔다.

따라서 본 수업은 단순히 도시 발달의 역사적 과정을 나열하거나 식민지 시기의 공간 구조를 기술하는 데 머무르지 않는다. 그보다는 식민지 도시라는 구체적인 공간 속에서 권력, 계층, 민족, 젠더가 어떻게 교차하며 재구성되었는지를 깊이 있게 이해하는 것을 목적으로 한다. 이 과정에서 학습자는 식민지 도시의 물리적 구조뿐 아니라, 그 공간을 살아간 다양한 인간 군상의 목소리를 들으며, 식민지 도시의 이중성—근대성과 식민성의 공존, 개발과 차별의 병존, 공간 속 억압과 저항의 동시성 등을 비판적으로 사유하게 된다.

또한 이 수업은 학생들의 참여도와 사고력, 협업 능력을 동시에 향상시키기 위해, 독서 활동 중심의 수업 방식을 채택하며, 이에 적합한 다양한 교육용 애플리케이션을 통합적으로 활용한다. 예컨대 클래스카드(Classcard)를 통한 개념 정리와 선이해 활동, 패들렛(Padlet)을 활용한 감상 공유 및 주제 정리, 미리캔버스(Miricanvas)를 통한 시각 자료 기반의 발표 준비, AI 기반 토론 요약 앱(예: 토론메이트, 피드백봇)을 활용한 실시간 논점 정리 및 피드백 제공 등이 그것이다. 이로써 학생들은 주어진 독서 활동과 토론 과제를 수동적으로 수행하는 데 그치지 않고, 디지털 도구를 활용하여 학습의 주도권을 갖고 역사적 주제에 접근하게 된다.

이 수업의 최종 목표는 다음과 같다.

첫째, 학습자가 식민지 도시의 형성과 구조, 그 안에 내재된 불평등과 이중성의 실체를 비판적으로 이해할 수 있어야 한다.

둘째, 역사 서술에서 자주 배제되어온 도시 속 다양한 계층의 삶(조선인 빈민, 여성 노동자, 일본인 정착민 등)을 서사화하고, 도시 공간에서 발생한 갈등과 협력의 다층성을 분석할 수 있어야 한다.

셋째, 독서 활동을 통해 한 권의 책을 입체적으로 분석하고, 그 내용을 수업 주제와 연결 지어 자신의 언어로 재구성할 수 있어야 한다.

넷째, 다양한 교육용 애플리케이션을 활용하여 정보와 의견을 시각화하고, 타인과의 협업 속에서 토론과 발표 활동을 수행할 수 있어야 한다.

다섯째, 수업에서 다룬 도시 공간에 대한 비판적 인식을 오늘날 자신이 살아가는 공간에까지 확장해, 현대 사회의 도시 구조, 주거 불평등, 젠트리피케이션 등의 현상을 비판적으로 바라보는 능력을 기를 수 있어야 한다.

이처럼 본 수업은 단순한 역사 지식 전달을 넘어, 학습자가 과거의 도시를 비판적으로 독해하고, 그로부터 현재의 도시 문제를 성찰할 수 있도록 돕는 교육적 기획이다. 역사 교육이 갖는 사회적 역할, 곧 시민의식과 공간 인식, 비판적 사고력의 함양이라는 궁극적 목표를 실현하는 데 본 수업은 충분히 기여할 수 있다.

2) 내용 선정

본 수업에서 선정된 핵심 내용은 '식민지 도시의 구조와 양면성'을 분석한 자료를 기반으로 하여, 식민지기 조선에서 형성된 도시 공간이 단순한 근대화의 결과물이 아니라, 식민 권력의 의도와 구조적 불평등이 중층적으로 작동한 공간이라는 점을 중심으로 구성되었다. 특히 이 도시는 겉으로는 '근대적' 양식을 띠었지만, 그 이면에는 일본인과 조선인 간의 철저한 공간 분리, 계층적 구획, 생활 조건의 차별이 내재되어 있었으며, 이러한 구조적 모순이 도시라는 공간에서 어떻게 구체화되었는지를 다층적으로 탐색하는 것이 본 수업의 내용적 핵심이다.

구체적인 학습 내용은 크게 다섯 개의 주제로 나뉘어 구성된다.

첫째, 도시의 탄생과 재편 과정이다. 본 수업에서는 개항과 병참기지화, 철도망 구축 등의 요인들이 조선의 도시 형성에 어떻게 작용했는지를 고찰하며, 경성, 군산, 목포, 대전, 용산 등 주요 도시의 기능 변화와 공간 구조를 살펴본다. 이 과정에서 도시의 발달이 단순한 자생적 성장이라기보다 식민 권력의 통치 논리, 경제 수탈, 군사 전략에 따라 설계되었음을 강조한다.

둘째, 식민지 도시의 물리적 공간 구조이다. 이 주제에서는 도시 계획도, 위생 행정 지도, 철도 및 도로망 배치 자료를 바탕으로, 일본인 거주지와 조선인 거주지가 어떻게 물리적으로 구획되었고, 위생, 치안, 행정 접근성 면에서 어떤 차별이 작동했는지를 분석한다. 이를 통해 학생들은 도시가 중립적 공간이 아니라, 권력이 시각화된 장소라는 점을 체감하게 된다.

셋째, 도시 공간에서 살아간 다양한 계층과 인간 군상의 삶이다. 식민지 도시는 민족 간 대립의 공간일 뿐 아니라, 다양한 계층과 직업군이 복합적으로 얽힌 공간이기도 했다. 본 수업에서는 조선인 빈민층, 여공, 남성 노동자, 학생, 일본인 거주자, 상인 등 다양한 삶의 방식과 그들이 겪은 일상 속 억압과 적응의 양상을 사료를 통해 추적한다. 이 과정에서 도시라는 공간이 단지 '피해의 공간'이 아닌, 생존과 저항, 협력과 변형의 장이었음을 강조한다.

넷째, 도시 공간에서 발생한 갈등과 교섭의 양면성이다. 본 단원은 민족 중심의 단선적 피해 서사를 넘어, 조선인과 일본인 사이에 존재했던 다양한 유형의 협력, 교류, 갈등 사례를 탐색한다. 전차 운영권 문제, 공동시장 설치 갈등, 경찰서 및 병원 이용권 논란, 공동묘지 부지 설정 문제 등은 단지 지배-피지배 이분법으로 설명하기 어려운 다양한 관계성을 보여주는 사례들이다. 이러한 사례들은 학생들이 도시 공간의 갈등을 다면적으로 이해하고, 그 속에서 역사적 행위자의 입장과 선택을 재구성할 수 있게 한다.

다섯째, 현대 도시 문제로의 확장 가능성이다. 본 수업은 역사적 도시 구조의 분석을 오늘날 한국 사회의 도시 문제—예를 들어 강남과 강북의 교육 격차, 젠트리피케이션, 주거 불평등, 재개발과 철거 문제 등—로 연결 짓는다. 이를 통해 학생들은 역사 학습이 단지 과거를 기억하는 것이 아니라, 현재를 해석하고 미래를 모색하는 활동임을 인식하게 된다.

이러한 내용 선정은 교과서에서 다루는 '근대 도시화'라는 주제를 훨씬 더 입체적으로 접근하게 하며, 단순한 암기식 지식 전달이 아닌, 비판적 이해와 구조적 성찰을 유도하는 데 그 목적이 있다. 특히 독서와 토론을 기반으로 한 수업 구조는 학습자가 자신이 읽은 책 속의 이야기와 수업에서 제시된 역사적 구조를 비교, 연결, 재해석하게 만드는 유기적 학습 구조를 형성한다. 이를 통해 학생들은 단지 '식민지 도시'라는 주제를 아는 것에 그치지 않고, 그것을 말하고, 쓰고, 토론하고, 자신의 언어로 다시 구성하는 활동을 수행하게 된다.

3) 학습자 진단

본 수업의 주요 대상은 고등학교 1~2학년 수준의 학습자로, 기본적인 한국사 개념과 일제 강점기 역사에 대한 사전 지식을 어느 정도 보유하고 있으나, 식민지 도시의 구조적 특성과 그 안에 내재한 불평등성에 대해서는 체계적으로 이해해 본 경험이 부족한 편이다. 이들은 대부분 교과서 중심의 단편적인 지식이나 민족 중심의 이분법적 서사에 익숙하며, 공간과 권력, 삶의 일상이 교차하는 구조적 사고에 대해서는 아직 미숙한 단계에 있다. 그러나 비판적 관점으로 역사를 성찰하고자 하는 태도는 형성되어 있으며, 텍스트 읽기와 디지털 기반 활동에 대한 흥미는 비교적 높은 편이다.

이러한 학습자의 특징을 고려했을 때, 본 수업은 다음과 같은 진단 관점을 바탕으로 설계되었다.

첫째, 학습자는 역사 개념을 서사 구조로 연결하는 데 익숙하나, '공간'이라는 분석 단위로 역사를 읽어내는 데는 다소 생소해한다. 따라서 식민지 도시의 형성과 구조, 그 안의 사회적 관계를 '지도', '도면', '사진' 등의 시각 자료와 함께 제시하여 공간의 역사성을 체감할 수 있게 유도해야 한다. 단순한 시간 서사로부터 공간적 사고로의 전환이 필요한 시점이며, 교사는 이러한 전환을 위해 명확한 안내 질문과 시각적 비교 자료를 제공해야 한다.

둘째, 대부분의 학생들은 '식민지'라는 주제를 접할 때, 자연스럽게 피해자-가해자 구도 또는 저항의 역사로만 접근하는 경향이 있다. 물론 이는 교육적으로 중요한 서사이나, 본 단원은 그 이면에 존재하는 협력, 타협, 혼종성 등의 요소까지 함께 이해하고 성찰하는 역사적 다원성의 인식을 요구한다. 학생들은 이 과정에서 기존의 '단선적 민족주의적 역사인식'에 의문을 갖게 되며, 역사에서 '비판적으로 바라보기'와 '입장 바꾸어 보기'라는 다각적 시각의 중요성을 체득하게 된다.

셋째, 독서 기반 수업에 대한 학생들의 반응은 대체로 긍정적이며, 다양한 장르(역사적 이야기, 역사 기반 소설, 다큐멘터리형 에세이 등)를 접할 기회를 제공하면 높은 몰입도를 보인다. 특히 자신이 직접 읽은 책의 내용을 바탕으로 주제를 해석하고 토론하는 활동은, 학생들이 능동적으로 수업에 참여하는 데 큰 동기를 제공한다. 그러나 독서 후 내용을 정리하고 구조화하는 데는 교사의 단계적 안내와 시각적 도식화(예: 마인드맵, 연표, 비교표 등)가 필요하다.

넷째, 본 수업에 활용될 교육용 애플리케이션에 대해서는 대부분의 학생이 친숙한 편이며, 실제 수업에서도 자발적으로 다양한 디지털 도구를 탐색하고 활용하는 모습을 보인다. 클래스카드(Classcard)를 통해 수업 핵심 개념을 게임처럼 복습하고, 패들렛(Padlet)을 통해 자신의 감상과 주제를 공유하는 활동에 적극적이다. 또한 미리캔버스(Miricanvas)나 피드백봇 등 협업형 앱을 통해 발표 자료를 시각화하고 토론 논점을 정리하는 데 능숙함을 보인다. 다만, AI 기반 글쓰기나 요약 도구의 사용에 있어서는 비판적 활용 능력, 즉 생성된 내용을 검토하고 수정하는 메타인지적 접근이 다소 부족하기 때문에, 이에 대한 사전 교육이 병행되어야 한다.

다섯째, 일부 학습자는 역사적 사료나 도시 구조 도면 등의 '읽기 어려운 자료'에 대해 불안감을 표현하며, 낯선 텍스트를 해석하는 데 있어 교사의 충분한 디딤 질문과 맥락 설명이 요구된다. 예컨대 조선총독부 문서나 식민지 시기 경찰 통계, 도시계획도면 등의 1차 자료를 제공할 경우, 해당 자료가 어떤 맥락에서 생산되었고, 어떤 권력의 관점이 내재되어 있는지를 분명히 제시함으로써 학생들의 해석 능력을 지원해야 한다.

이와 같은 학습자 진단을 바탕으로, 본 수업은 난이도와 흥미 요소를 적절히 조절하며, 역사적 사고력과 디지털 활용 능력, 비판적 시민 의식을 동시에 함양하는 방향으로 설계되었다. 학생들은 수업을 통해 '식민지 도시'를 교과서 속 낯선 용어가 아닌, 과거의 삶과 오늘날 도시 문제를 연결 짓는 실천적 주제로 체감하게 되며, 이를 통해 역사적 상상력과 실천력을 동시에 기를 수 있다.

4) 교재 연구

본 수업은 『고등학교 한국사』 교과서를 중심 텍스트로 삼되, 수업의 주제를 심화하고 학습자의 사고를 확장하기 위해 다양한 보조자료와 실제 사례 기반의 텍스트, 시각 자료, 디지털 애플리케이션 등을 교재로 활용한다. 본 단원이 다루는 '식민지 도시의 구조와 양면성'이라는 주제는 현행 교과서에서 단편적으로 언급되거나 '근대 도시의 형성'이라는 중립적 표현으로 간명하게 서술되는 경우가 많다. 따라서 교사는 교과서의 서술을 비판적으로 분석하고, 그 서술의 한계를 보완할 수 있는 외부 자료를 체계적으로 구성해야 한다.

우선, 주교재인 교과서에서는 경성(서울), 부산, 군산, 대전, 목포 등 주요 식민지 도시의 형성과 기능 변화에 대한 간단한 언급이 있다. 이 중 일부 교과서는 일본인 중심의 상업지구와 조선인 거주지의 공간 분리, 도시 인프라의 차별적 배치(도로, 전차, 병원, 시장 등)에 대한 설명을 포함하고 있으나, 대개는 민족 간 갈등이나 도시 내 권력 구조에 대한 언급이 부족한 실정이다. 따라서 수업에서는 교과서 내용을 비판적으로 검토하면서, 도시 공간이 갖는 정치성과 사회적 위계를 입체적으로 파악하는 관점 전환이 필요하다.

이를 보완하기 위해 가장 핵심적인 보조자료로 활용되는 것은 '식민지 도시의 구조와 양면성'에 대한 정리 자료이다. 이 자료는 식민지 도시가 단순한 개발의 산물이 아니라, 식민 권력의 의도적 통치 장치로서 기획되고 실행된 복합적 공간이라는 점을 이론적·사례적으로 제시하고 있다. 특히 도시가 병참기지로 기능했을 뿐 아니라, 일본인 정착민의 생활환경을 우선 보장하기 위해 계획되었으며, 조선인들은 열악한 주거지에 밀집되었다는 점을 도시계획도와 위생 지도, 상하수도 도면 등을 통해 설명하고 있다. 이러한 구조적 차별은 공간의 문제이자 사회적 권력의 시각화이기도 하며, 교사는 이 점을 토론 활동이나 시각 자료 해석 수업을 통해 명확하게 제시할 수 있다.

이 밖의 보조자료로는 다음과 같은 텍스트와 시각 자료를 활용한다.

- 역사 기반 청소년 소설: 『열세 살의 인천』(김소연), 『경성의 모던보이』(박태균) 등은 식민지 도시의 공간 속에서 성장하는 청소년 또는 민중의 삶을 생생하게

재현한 작품으로, 학생들의 공감과 몰입을 이끌어내기에 적절하다.

- 1차 사료: 경성부 시정보고서, 도시계획안, 철도부설 지도, 조선총독부 발간 통계자료, 당대 신문 기사 등은 학생들이 실증적으로 사료를 해석하고 그 속에서 권력의 시선을 비판적으로 읽어내는 훈련을 할 수 있는 기반이 된다.
- 시각 자료: 도시 공간 분리 지도, 일본인 전용 병원 사진, 조선인 주거지와 상업지 비교 사진, 위생 정책에 따라 시행된 도시 정비 사진 등은 도시 구조의 시각적 불균형을 학생들이 직관적으로 파악할 수 있도록 돕는다.

디지털 도구 역시 교재 연구의 중요한 축을 구성한다. 예를 들어, 패들렛(Padlet)은 독서 중 인상 깊은 문장을 실시간으로 공유하거나, 도시 구조와 관련된 키워드 정리를 시각화할 수 있는 온라인 협업 플랫폼으로 활용된다. 클래스카드(Classcard)는 핵심 개념(예: 병참기지 도시, 공간 분리, 생활 인프라 격차 등)을 반복적으로 학습하고 퀴즈 형식으로 자기 점검을 가능하게 하며, 미리캔버스(Miricanvas)는 북 큐레이션 결과를 시각적으로 구성하거나 도시 공간 비교 포스터를 제작할 때 유용하다. 또한 AI 기반 요약 및 피드백 앱(예: 토론메이트, 피드백봇)은 학생의 글이나 토론 내용을 분석하고 핵심 논점을 정리해 주는 기능을 통해, 자기표현과 피드백 수용의 질을 높여준다.

이러한 교재 구성은 단순히 '읽기 자료' 이상의 기능을 수행한다. 각각의 자료는 도시라는 공간을 다층적으로 해석할 수 있는 창을 열어주며, 학생 개개인이 텍스트와 자료를 바탕으로 자신만의 주제를 구성하고 사고의 경로를 형성할 수 있도록 돕는다. 교사는 이 다양한 자료를 통합하여 하나의 내러티브를 구성하되, 동시에 학생들이 자신만의 목소리로 주제를 재구성할 수 있는 여지를 제공해야 한다. 이를 통해 학습자는 식민지 도시를 단순한 근대화의 공간이 아니라, 억압과 적응, 분리와 교류가 얽힌 복합적 역사 공간으로 재구성할 수 있게 된다.

5) 학습지도안 작성

학 습 지 도 안

학교/반	
교사	
일시	

차 례

Ⅰ. 교재 및 단원명

1. 교재

- 교과서: 고등학교 한국사2
- 저자 및 출판사: 김보림 외, 리베르 출판사

2. 단원명

- 대단원: Ⅰ. 일제 식민통치와 민족운동
- 중단원: 4. 사회·문화의 변동과 대중운동
- 소단원: 1. 도시와 농촌 사회가 변화하다

고등학교 한국사 교과서의 해당 대단원은 주로 정치사나 경제사 중심으로 서술되어 있어, 도시 공간을 하나의 권력 장치로 보고 그 속에서 살아간 다양한 인간 군상의 경험을 분석하는 데에는 한계가 있다. 교과서의 서술은 도시를 일제의 수탈 및 지배의 결과물로 언급하긴 하지만, 그 도시 공간이 어떻게 기획되고, 어떠한 방식으로 공간적 불평등과 위계 구조를 형성했는지를 깊이 있게 다루지 않는다.

따라서 본 단원에서는 교과서의 기본 서술을 참고하되, 교사의 수업설계와 수업 자료 구성에서 이를 비판적으로 보완할 수 있는 보조 자료와 읽기 텍스트를 체계적으로 병행한다. 그 중심에는 '식민지 도시의 구조와 양면성'에 대해 분석한 부교재가 위치한다. 이 자료는 식민지 도시가 단순한 근대화의 상징이 아니라, 식민 권력의 군사적·경제적·행정적 목적을 달성하기 위한 통치 공간이자, 일본인 중심의 근대적 질서를 도시 구조 속에 시각적으로 재현한 결과물임을 이론적이고 실증적으로 밝히고 있다. 특히 병참기지 도시, 철도 도시, 항만 도시로서의 식민지 도시의 기능을 구체적 사례와 도면 분석을 통해 설명하고 있으며, 조선인과 일본인의 거주지가 도시계획 단계에서부터 차별적으로 분리되고 위계화되었다는 점을 강조한다.

이와 함께 학습자의 흥미와 몰입을 유도하고, 역사적 상상력과 감정 이입을 촉진하기 위한 보조 텍스트로서 청소년 대상 역사 기반 소설과 다큐멘터리형 에세이를 병행 활용한다. 예를 들어 김소연의 『열세 살의 인천』은 개항 이후 인천이라는 도시가 식민지 도시로 재편되어 가는 과정 속에서 성장하는 소년의 시선을 중심으로 서사를 전개하고 있어, 도시 공간의 변화가 개인의 삶에 미치는 영향을 정서적으로 체험할 수 있게 해준다. 박태균의 『경성의 모던보이』 역시 경성을 배경으로 한 근대 도시와 식민지 모더니티의 양면성을 보여주며, 도시 공간의 이질성과 계층 분리, 생활문화의 이중성을 자연스럽게 그려낸다.

또한, 본 단원은 고등학생의 수준에서 공간 개념을 시각적으로 파악하고 토론 주제로 연결할 수 있도록 하기 위해, 1차 사료와 시각 자료의 활용을 적극 장려한다. 대표적으로 경성부 도시계획도, 철도망 및 전차 노선도, 조선총독부의 위생행정 지도, 시장과 병원 분포도, 일본인 거주지와 조선인 거주지의 거리 및 밀도 비교 통계 자료 등을 수업 자료로 구성한다. 이러한 자료들은 도시 공간에 스며든 구조적 불평등과 권력 관계를 학생들이 '그림'과 '수치'로 체감하게 해주는 도구가 되며, 단순한 이야기 중심 수업이 아니라 구조 분석적 역사 읽기를 가능하게 한다.

수업 방식의 측면에서, 본 단원은 독서 활동 기반 수업으로 설계되어 있기 때문에 디지털 기반의 교육용 애플리케이션들이 주요 학습 도구로 활용된다.

예를 들어, 패들렛(Padlet)은 학습자가 읽은 책의 인상적인 문장을 공유하거나, 도시 공간 구조와 관련된 주요 키워드를 시각적으로 정리하여 모둠 간에 비교하는 데 활용된다. 클래스카드(Classcard)는 도시 구조, 병참기지화, 공간 분리, 식민지 근대화 등의 핵심 개념을 카드 형식으로 정리하고, 퀴즈를 통해 반복 학습하는 데 효과적이다. 미리캔버스(Miricanvas)는 학습자가 발표 자료, 도시 구조 비교 차트, 북 큐레이션 포스터 등을 시각적으로 디자인하는 데 활용되며, 발표 준비 단계에서 팀 프로젝트의 도구로 유용하게 기능한다. AI 기반 토론 요약 및 피드백 앱(예: 토론메이트, 피드백봇)은 학생들의 발표나 토론 내용을 자동으로 요약하고 핵심 논점을 정리해 주며, 발표 후 피드백을 제공하는 데 사용된다. 이 과정은 학생들의 자기 성찰과 표현력 향상에 기여한다.

마지막으로, 본 단원은 교과서 중심의 수업 구조를 넘어서는 통합형 수업설계를 지향한다. 주 교재와 보조 텍스트, 시각 자료, 디지털 도구를 유기적으로 연결하여, 학습자가 한 주제를 다양한 층위에서 탐색할 수 있도록 구성되어 있다. 교사는 이 다양한 자료를 단원 내에서 하나의 학습 흐름으로 통합하고, 각 도구와 자료의 의미와 기능을 명확히 설명해 줌으로써 학습자의 자료 활용 능력과 주제 해석 능력을 동시에 증진시킬 수 있다.

II. 단원 설정의 이유

1. 학습자 측면

본 단원은 역사 서술의 비판적 읽기와 다성적 관점의 중요성을 학생들에게 실천적으로 제시한다. 기존 교과서의 도시 관련 서술은 대체로 '일제가 식민지 통치를 위해 근대적 도시를 건설하였다'는 인과 구조를 중심으로 서술되며, 도시 안에서 벌어진 다양한 인간 경험이나 계층 간 갈등, 민족 내 차별 문제는 상대적으로 배제되어 있다. 이에 반해 본 단원은 도시 구조 속에서 일어난 권력의 작동, 인간 군상의 다양성, 공간의 의미 변환 등을 복합적으로 탐색함으로써, 학생들이 역사 서술 자체를 비판적으로 읽고 다시 구성하는 경험을 하게 한다. 이는 '교과서는 절대적 진리가 아니다'라는 점을 체감하게 하며, 역사적 사실을 단순히 받아들이는 태도에서 벗어나, '질문하는 역사학습자'로서의 정체성 형성에 기여한다.

2. 학문적 측면

이 단원이 설정된 가장 핵심적인 이유는, 고등학생들이 '식민지 도시'라는 공간적 주제를 통해 역사를 단선적인 시간의 흐름이 아닌 다층적이고 교차적인 권력 관계와 일상의 경험이 담긴 공간 구조로 이해할 수 있도록 돕기 위해서이다. 기존의 고등학교 역사교육은 주로 연대기적 사건 중심으로 구성되어 있으며, 특히 일제 강점기의 경우 독립운동, 문화운동, 경제 수탈 등 대주제 중심의 서술에 집중되어 있다. 그러나 실제로 조선 사회를 구성하고 있었던 많은 사람들의 삶은 일상 공간 속에서 이루어졌으며, 도시라는 공간은 그 삶이 펼쳐졌던 무대이자 동시에 권력이 시각적으로 재현된 장소였다.

따라서 본 단원은 '도시'를 단순한 공간 개념이나 근대화의 결과물로 보는 것이 아니라, 식민 권력이 자신의 지배 질서를 구체화하고 일상에 침투시키는 수단으로서 도시 공간을 어떻게 기획하고 운영하였는지를 분석한다. 특히 병참기지 도시(예: 용산), 철도 중심 도시(예: 대전, 신의주), 항만 중심 도시(예: 군산, 목포) 등은 단지 경제적 기능만이 아니라 군사적, 정치적 통제 기능을 함께 지닌 공간으로 작동하였으며, 이로 인해 일본인과 조선인의 생활 조건은 극단적으로 구분되었다. 이 같은 도시 공간의 위계성과 분리는 단순한 주거지 구획이나 행정 편의의 문제가 아니라, 식민 지배의 논리와 민족 간 위계, 계층적 불평등이 시각적으로 드러나는 지배 장치였다는 점에서 역사적 해석이 필요하다.

마지막으로, 본 단원은 역사교육의 '탈중심화'를 실현하는 교육과정의 한 모델로서의 가치가 있다. 한국 근현대사 교육에서 민족 중심의 영웅 서사, 사건 중심의 연대기적 구성, 국가 중심의 정책 서술이 오랫동안 우위를 점해왔다면, 본 단원은 그 바깥에 위치해 있는 도시 빈민, 여성 노동자, 하층 노동자, 일본인 정착민, 상인, 행정 관료 등 다양한 비주류 행위자들을 조명하고, 그들이 살아간 도시 공간에서의 경험을 중심에 놓는 방식으로 서술 구조를 재구성한다. 이는 학생들로 하여금 역사에서 '주체'를 확장하는 사고 훈련을 제공하며, 단원 구성 자체가 곧 대안적 역사 서사의 실천이 될 수 있도록 설계된다.

3. 사회적 측면

이 단원을 설정한 또 하나의 중요한 이유는, 학생들이 살아가는 현재의 도시 공간과 연결되는 역사적 사고력을 기르기 위해서이다. 오늘날의 청소년은 대부분 도시에서 생활하고 있으며, 주거지, 교통, 교육 자원, 문화 시설 등의 공간 불평등을 자연스럽게 경험하고 있다. 이러한 현실을 설명하는 데 있어서 과거의 식민지 도시 구조는 매우 유의미한 교육적 장치가 된다. 예컨대 '경성'이라는 식민지 도시의 구조를 살펴보며 일본인 중심의 상업·문화 중심지와 조선인 빈민촌 간의 위생 조건, 상하수도 시설, 교통 접근성, 교육 기회 등에 차이가 있었음을 분석하는 활동은, 오늘날 강남과 강북, 신도시와 원도심 간의 격차 문제를 이해하는 데 직접적인 통찰을 제공할 수 있다.

이 단원이 중요하게 설정된 또 다른 이유는, 최근 강조되고 있는 학생 주도형 수업, 프로젝트 기반 학습, 생성형 AI 및 디지털 활용 능력 강화 등의 교육 정책 변화에 부합하기 때문이다. 본 단원은 교사가 강의 중심으로 지식을 전달하는 방식이 아니라, 학생이 책을 읽고, 토론을 통해 자신의 입장을 구성하며, 교육용 애플리케이션과 생성형 AI를 활용하여 정보를 정리하고 발표자료를 제작하는 방식으로 운영된다. 이와 같은 구조는 단지 역사 내용을 '아는 것'을 넘어서, 학생들이 역사적 의미를 구성하고 표현하며, 다른 사람과 협력하여 문제를 해결하는 능력을 기르는 데 중점을 둔다. 또한 이러한 과정에서 생성형 AI는 학생의 질문 구성을 보조하거나, 발표 초안을 정리해주는 역할을 수행하며, AI 도구에 대한 비판적 활용 능력과 메타인지적 사고 역량을 함께 기를 수 있도록 설계된다.

Ⅲ. 단원의 개관

이 단원은 일제 강점기 조선의 도시 형성과 구조를 중심으로, 도시라는 공간에 작동한 식민 권력의 통치 전략과 그에 따라 구성된 인간 군상의 삶을 입체적으로 탐색하는 것을 주요 학습 목표로 한다. 특히 '도시'라는 주제를 통해 학생들은 근대사에 대한 이해를 단순한 정치·경제적 사건의 나열이 아니라, 권력과 공간, 삶과 구조가 교차하는 복합적인 맥락으로 해석하는 시각을 기를 수 있다. 이는 고등학교 역사 교육에서 비교적 소외되었던 도시사적 관점을 학습자 친화적 방식으로 재조명하는 시도이며, 단원 전반에 걸쳐 역사학의 최신 경향과 역사교육의 민주시민적 가치가 통합적으로 녹아 있다.

이 단원에서 '도시'는 단지 공간적 배경이 아니라, '지배와 저항, 권력과 생존, 근대성과 식민성이라는 다양한 역사적 긴장이 구체화된 장(場)'으로 이해된다. 학생들은 경성, 군산, 목포, 대전, 용산 등 주요 식민지 도시의 형성과 기능을 분석하면서, 그것이 어떻게 병참기지 도시, 철도 중심 도시, 항만 도시 등의 목적에 따라 기획되고 작동하였는지를 탐색하게 된다. 이 과정에서 도시가 단지 경제적 효율을 위한 공간이 아니라, 식민 권력이 자신의 질서를 시각적으로, 구조적으로 구현한 공간이라는 사실을 이해하게 된다.

무엇보다도 이 단원은 도시 공간 속에 구획된 다양한 삶의 층위에 주목한다. 조선인과 일본인의 거주지가 철저히 분리되어 있었고, 도시의 인프라—상하수도, 전차, 병원, 학교, 경찰서 등—가 일본인을 중심으로 우선 배치되었으며, 조선인은 계획되지 않은 주변부에 고립된 채 열악한 조건에서 살아가야 했다는 사실은 도시 공간 자체가 권력의 상징이자 차별의 구조물이라는 점을 드러낸다. 학생들은 이를 통해 권력이 제도와 정책뿐 아니라 물리적 공간을 통해서도 작동하며, 공간은 그 자체로 사회적 불평등과 위계가 시각화되는 장이라는 역사적 통찰을 획득할 수 있다.

이 단원은 단지 공간 구조를 분석하는 데 그치지 않고, 그 안에서 살아간 사람들의 삶의 양태와 사회적 갈등, 협력과 교섭의 다층성을 함께 조망하도록 설계되어 있다. 조선인 노동자, 여성 노동자, 빈민층, 일본인 상인, 행정 관료, 경찰 등 다양한 인간 군상이 도시를 구성하고 있었다는 점을 주목하며, 학습자는 이들이 도시 공간에서 겪은 경험을 이해하고, 그 속에서 발생한 다양한 갈등—위생 문제, 치안 문제, 시장 설치, 교통 배치 등—의 사례를 통해 도시 사회의 복합성을 체득하게 된다. 특히 이는 기존 교과서에서 다루지 않는 민족 내부의 계층 갈등, 도시 안 일상에서의 차별과 타협, 민중의 전략적 저항과 생존 같은 요소를 역사 수업의 중요한 내용으로 끌어들이는 역할을 한다.

이 단원에서 중요한 교육적 의도는, 학생들이 이러한 역사적 사례를 단지 과거의 문제로 치부하지 않고, 자신이 살아가는 오늘날의 도시 사회와 연결 지어 사고할 수 있도록 유도하는 것이다. 강남과 강북의 교육격차, 신도시와 구도심의 환경 격차, 주거권 침해와 젠트리피케이션 등의 현대 도시 문제는 식민지 도시 구조와 유사한 메커니즘을 내포하고 있다는 점에서, 본 단원은 역사적 인식과 시민적 성찰을 함께 기를 수 있는 교육적 기반이 된다. 학생들은 수업을 통해 역사 속 도시의 구조를 이해하는 것을 넘어, 현재 도시 공간의 불평등과 그 원인을 분석하는 능력을 함께 성장시킬 수 있다.

또한 이 단원은 책 읽기, 토론, 디지털 도구 활용, 발표 활동을 통합한 융합형 수업으로 구성되어 있어, 기존 강의 중심 수업과 달리 학생들이 능동적으로 수업에 참여하고, 자기 생각을 표현하고, 타인과 협력하여 새로운 서사를 만들어가는 경험을 하게 된다. 이 과정에서 북 큐레이션이나 발표 포스터 구성 등의 활동은 학생들이 역사 정보를 '해석하고 구성하는 능력'을 함양하는 데 효과적이며, 패들렛, 미리캔버스, AI 피드백 앱 등 교육용 애플리케이션은 학생의 표현 능력과 사고 정교화를 지원하는 보조 수단으로 작동한다.

결국 이 단원은, 식민지 도시라는 구체적 주제를 통해 역사적 구조의 작동 방식, 공간과 권력의 관계, 일상의 역사, 서사의 재구성, 현재와의 연결이라는 역사 수업의 핵심 요소를 통합적으로 실현하고자 하는 교육적 실천이며, 교사와 학생이 함께 '질문하는 역사학습자'가 되어가는 과정이라 할 수 있다.

Ⅳ. 단원의 학습 목표

1. 지식 · 이해

① 학생은 일제 강점기 식민지 도시의 형성과 구조적 특성을 설명할 수 있다.

② 병참기지 도시, 철도 도시, 항만 도시 등 다양한 유형의 도시들이 일제의 지배 전략 속에서 어떻게 기획되고 운영되었는지를 구체적 사례를 통해 이해할 수 있다.

③ 일제의 식민지성을 도시와 연결하여 이해할 수 있고, 현재의 도시 형성과 비교할 수 있다.

2. 기능

① 도시 공간의 물리적 구성이 일본인과 조선인 간의 차별적 삶의 조건을 낳았다는 점을 도시계획도, 위생 지도, 통계 자료 등의 시각 자료와 함께 분석할 수 있다.

② 학생은 식민지 도시라는 공간 속에서 발생한 다양한 사회적 관계와 갈등을 다각적으로 해석할 수 있어야 한다. 이를 위해 조선인 빈민, 일본인 상인, 여성 노동자, 도시 행정관료 등 다양한 행위자의 입장을 비교 분석하고, 도시 공간 내에서 발생한 갈등(위생, 치안, 교육, 교통 등)의 사례를 토론을 통해 재구성할 수 있다.

③ 각 도시의 기능적 특성과 도시 정책의 의도를 읽어내는 역사적 해석력을 기를 수 있다.

④ 식민지 도시의 구조가 단지 과거의 유산이 아닌, 현재 우리가 살아가는 도시 구조와도 연결된 문제라는 점을 인식하고, 이를 바탕으로 역사적 상상력과 비판적 사고를 통해 오늘날 도시 불평등 문제를 성찰할 수 있다.

⑤ '도시의 권력화', '공간의 분리', '개발과 배제의 이중성' 등의 개념을 역사적 사례와 함께 비판적으로 이해하고, 자신의 언어로 재구성할 수 있어야 한다.

⑥ 클래스카드나 패들렛, AI 기반 피드백 도구를 활용하여 정보와 사고를 정리하고 표현하는 방법을 익히며, 생성형 AI를 단순 정보 검색이 아닌 사고 확장의 도구로 활용할 수 있다.

⑦ 생성형 AI가 제안한 문장을 비판적으로 검토하고, 그 내용을 자신의 관점에 맞게 수정하거나 재구성하는 활동을 통해 디지털 시대의 비판적 사고력과 디지털 리터러시 역량을 성장시킬 수 있다.

3. 가치 · 태도

① 학생은 읽은 책의 내용을 수업 주제와 연결하여 북 큐레이션을 구성하고, 모둠 활동을 통해 다양한 시각을 조율하며, 패들렛이나 미리캔버스를 활용해 시각자료를 기획하고, 토론 또는 발표 활동에 적극적으로 참여할 수 있다.

② 자신의 입장을 명확한 논리로 표현하고, 타인의 관점을 존중하며 상호 피드백을 주고받는 과정을 통해 협력적 인간으로서의 역사 인식과 소통 역량을 기를 수 있다.

Ⅴ. 단원의 구조(교사의 내용 재구성)

본 단원은 총 5차시로 구성되어 있으며, 고등학생이 '식민지 도시의 구조와 양면성'이라는 주제를 점진적이고 통합적으로 탐색할 수 있도록 순차적 구조를 갖추고 있다. 학습자는 초기 차시에서 도시라는 공간이 지닌 역사적·정치적 의미를 이해하고, 중간 차시에서 구체적인 도시 사례와 인간 군상의 삶을 탐구하며, 마지막 차시에서는 독서 기반 활동과 디지털 도구를 활용한 북 큐레이션 및 토론 발표 활동으로 학습 결과를 표현하게 된다.

각 차시는 다음과 같은 흐름과 기능적 역할을 가진다.

1차시: 도시란 무엇인가 – 근대 도시의 형성과 식민지 도시의 개념 정립

이 차시는 단원의 도입부로서, 학습자가 '도시'를 단지 사람이 많이 모여 사는 공간이 아니라 정치적 기획과 권력이 작동하는 역사적 장소로 이해할 수 있도록 안내하는 단계이다. 근대 도시의 개념, 도시의 발달 배경(교통, 통신, 위생, 행정 중심화), 도시 공간의 기능 변화 등을 개괄한 후, 일제 강점기 도시 형성의 목적(병참기지화, 수탈의 효율화, 통치 중심지 형성)을 비교 분석한다. 이 과정에서는 도시 구조의 도해와 함께 조선총독부 도시계획도, 도로망 변화 지도, 철도 부설 노선도 등의 시각 자료를 해석하며, 학생의 공간-권력 인식을 형성한다.

2차시: 도시 공간의 분리와 불평등 – 일본인과 조선인의 삶의 차이

이 차시는 본 단원의 구조적 핵심으로, 식민지 도시 내 공간 분리가 어떻게 구체적으로 작동했는지를 자료 분석을 통해 파악한다. 일본인 거주지의 우선적 도시 기반시설 확보(도로, 수돗물, 상하수도, 병원, 경찰서 등)와 조선인 거주지의 위생 사각지대화, 주거 밀집화 등의 사례를 지도, 사진, 도시 행정 문서 등으로 시각화한다. 또한 도시의 행정 정책(도시 미화, 정화운동, 상권 배치 등)이 실제로는 일본인의 도시 질서 유지를 위한 목적이었음을 드러내며, 도시가 차별과 배제의 장이었음을 비판적으로 이해하게 한다. 이때 교사는 수동적 피해자 서사에 머물지 않고, 조선인 스스로의 생존 전략(공동체 조직, 자치 노력 등)도 함께 소개한다.

3차시: 도시 속 다양한 인간 군상 – 일상, 충돌, 적응의 역사

이 차시는 도시 공간 속에서 살아간 인간 군상의 삶에 집중한다. 조선인 여성 노동자, 일본인 상인, 행정 관료, 빈민층, 조선인 학생, 신흥 상공인 등 다양한 계층과 정체성의 인물이 도시 안에서 어떤 일상을 영위했는지를 중심으로 토론을 조직한다. 이 과정에서 학생들은 '누가 도시의 주인이었는가?', '도시는 누구를 위해 작동했는가?'와 같은 질문을 중심으로 생활사 사료를 분석한다. 이를 통해 학습자는 도시 공간이 단일한 정체성이나 경험의 장이 아니라, 복수의 서사가 교차하는 장임을 이해하고, 단순한 이분법을 넘는 역사 인식의 틀을 확장하게 된다.

4차시: 북큐레이션 구성 및 독서와 토론 – 도시 속 삶을 말하다

이 차시는 학생 개별 혹은 모둠 단위로 사전에 읽은 책(『열세 살의 인천』, 『경성의 모던보이』, 『시간 가게』 등)을 바탕으로, 도시 공간에서 벌어진 삶과 구조의 문제를 연결 짓는 단계이다. 학생들은 자신이 읽은 책 속의 공간과 인물, 서사 구조를 분석하고, 수업에서 배운 개념과 연결해 '식민지 도시의 양면성'을 주제로 북 큐레이션 초안을 작성한다. 이 과정에서는 생성형 AI를 활용해 소개글 초안을 작성하고, AI가 제시한 문장을 비판적으로 수정하거나 대체함으로써 디지털 활용 역량과 역사 해석 능력을 융합하는 학습 경험을 갖는다.

5차시: 북 큐레이션 발표와 평가 – 나의 역사적 시선을 공유하다

마지막 차시는 학생들이 자신이 구성한 북 큐레이션을 발표하는 시간이다. 발표는 단순 요약이 아니라, "왜 이 책을 식민지 도시 수업에 연결시켰는가?", "이 책이 말하는 도시는 어떤 도시였는가?", "이 도시와 현재 우리가 사는 공간은 어떻게 연결되는가?" 등의 핵심 질문에 대한 응답을 포함해야 한다. 발표 후 피드백은 동료 평가 및 교사의 정성적 피드백으로 구성되며, 학생은 이를 바탕으로 보고서를 보완한다. 발표는 단원의 마무리이자, 학생 스스로가 역사적 시각을 재구성하고 타인과 공유하는 시민적 실천의 장이 된다.

이처럼 본 단원의 구조는 도입 → 개념 정립 → 구조 분석 → 삶의 재구성 → 책과 연결 → 표현 및 성찰이라는 일관된 학습 흐름으로 설계되어 있다. 이를 통해 학생은 점진적으로 역사 개념을 내면화하고, 점차적으로 자신의 관점에서 역사를 재해석하며 표현할 수 있는 능력을 기르게 된다.

Ⅵ. 지도상의 유의점

1. 준비

본 단원은 식민지 도시라는 복합적이고 추상적인 주제를 다루는 만큼, 수업 과정에서 학습자가 역사적 개념을 체계적으로 이해하고, 구체적인 공간 구조 및 인간의 삶과 연결하여 비판적으로 사유할 수 있도록 세심한 지도가 필요하다. 또한 독서, 토론, 디지털 도구 활용 등 다양한 학습 방식이 통합되어 있기 때문에, 교사는 수업 전반에 걸쳐 학습 경로 안내자, 감정 조율자, 표현 촉진자, 비판적 독서 안내자로서의 역할을 유연하게 수행해야 한다. 준비 단계에서 교사와 학생이 준비해야 할 학습자료는 아래와 같다.

학습자료	교사	도서 목록 및 요약본, 북 큐레이션 예시, 공간 구조 도해, 인물별 사료 자료집, 큐레이션 평가 루브릭, 발표 가이드, 활동지 작성 예시	학생	북 큐레이션 설계 활동지, 도서 요약 자료, 키워드 설정 가이드, 발표 준비지, 자기평가지 및 루브릭 요약표

2. 내용

① 도시라는 추상적 개념을 학생의 현실과 연결 지어 체감할 수 있도록 안내한다. 고등학생에게 도시라는 공간을 역사적으로 인식하도록 만드는 일은 결코 단순하지 않다. 일상에서 '도시'는 익숙하고 당연한 배경일 뿐, 그 자체를 분석하거나 성찰의 대상으로 여겨본 경험은 드물다. 따라서 교사는 단원의 초입부에서 학생들이 살아가는 도시 환경을 비판적으로 돌아보는 질문—"당신이 사는 동네는 언제, 어떻게 만들어졌을까?", "왜 어떤 동네엔 학교나 병원이 많고, 어떤 동네엔 거의 없을까?"—을 제기하며, 도시가 중립적인 공간이 아닌 사회 구조와 권력이 투사된 결과물임을 학생 스스로 인식하도록 도와야 한다. 또한 과거의 도시 구조와 현재의 도시 문제(젠트리피케이션, 재개발 갈등, 교통 불균형 등)를 자연스럽게 비교하는 활동을 통해 역사와 현실을 연결하는 사고의 장을 열어주어야 한다.

② 사료와 시각 자료 분석을 통해 '공간의 시각적 불평등'을 감각적으로 이해하도록 한다. 도시 공간의 차별과 위계를 단순히 말로 설명하는 데에는 한계가 있다. 따라서 교사는 경성 도시계획도, 조선총독부 발간의 위생 행정 지도, 전차 노선도, 병원 및 시장 분포도 등 시각 자료를 풍부하게 제시하고, 학생들이 이를 직접 비교, 해석, 재구성하도록 유도해야 한다. 예컨대 "왜 이곳에 전차 노선이 집중되어 있는가?", "이 지역엔 병원이 왜 하나도 없는가?", "도시 외곽에 조선인 거주지가 집중된 이유는 무엇인가?" 등 구체적인 시각 자료 독해 질문을 통해, 학생들이 공간의 정치

성과 권력성을 시각적으로 감지할 수 있는 경험을 제공해야 한다. 이 과정은 교과서에서 배우지 못한 시각 해석 능력과 공간 비판 능력을 함양하는 데 효과적이다.

③ 소위 비주류 행위자(여성, 빈민, 노동자, 일본인 정착민 등)의 삶을 중심에 놓는 수업설계가 필요하다. 대부분의 학생들은 역사 속 도시를 조선총독부, 경성부청, 일본 경찰 등 지배 엘리트 중심의 구조물로 이해하는 경향이 있다. 따라서 본 단원에서는 도시 하층민, 여성 노동자, 일본인 이주민, 조선인 자영업자 등 비가시화된 다양한 행위자의 삶과 경험을 중심에 놓고 수업을 설계해야 한다. 이는 단지 도식적인 민족 대결 구도를 넘어, 공간 안에서 '살아간 사람들'의 시선으로 역사를 재구성하는 과정이며, 학생들로 하여금 입장 바꾸어 보기와 공감적 역사 읽기를 실천하게 한다.

④ 독서와 디지털 활동이 통합되도록 사고 경로를 단계별로 안내한다. 수업에서 제시되는 독서 활동과 AI 기반 표현 활동, 발표 자료 제작 과정은 고등학생에게 높은 수준의 자율성을 요구한다. 교사는 책 속의 어떤 장면이 수업 주제(도시 공간, 구조, 삶, 불평등 등)와 어떻게 연결되는지를 안내하는 질문을 지속적으로 제공해야 하며, 학생이 스스로 책의 장면을 도시 구조 개념과 연결 지을 수 있는 사고 도식을 제공하는 것이 중요하다. 예를 들어, "이 책의 주인공은 어떤 공간에서 살고 있었는가?", "그 공간은 권력에 의해 어떻게 결정된 공간이었는가?", "그 인물의 삶은 도시 구조의 어떤 이면을 보여주는가?" 등의 질문은 독서와 수업 내용을 자연스럽게 접목시키는 데 유용하다.

⑤ 학생들이 AI 활용에 의존하지 않도록 지도한다. 생성형 AI는 본 수업에서 책 소개글 초안 작성이나 핵심 문장 구성, 토론 질문 제시에 활용되지만, 학생들이 이를 단순히 '정답'으로 받아들이지 않도록 지도하는 것이 중요하다. 교사는 AI가 생성한 문장을 함께 검토하며, "이 문장은 문제의 본질을 잘 드러내고 있는가?", "이 문장이 내가 표현하고자 했던 생각을 왜곡하고 있지는 않은가?", "AI의 제안에서 어떤 부분을 고쳐야 내 관점이 더 명확하게 드러날까?" 등 비판적 리터러시 기반 질문을 지속적으로 제시하여, AI를 보조 수단으로 활용하면서도 자기 사고의 중심은 학생 자신에게 있다는 점을 일관되게 상기시켜야 한다.

⑥ 발표 활동은 내용 전달보다 역사적 시선 공유의 장으로 전환되도록 설계한다. 북큐레이션 발표 활동은 단순히 책을 요약하거나 활동 결과물을 나열하는 자리가 아니라, 학생이 구성한 역사적 시선과 문제의식을 타인과 공유하고 피드백을 주고받는 장이어야 한다. 교사는 발표 전에 "발표를 통해 어떤 역사적 메시지를 전달하고 싶은가?", "청중에게 어떤 질문을 던지고 싶은가?" 등을 사전 점검하고, 발표 후에는 피드백 중심의 평가 문화를 조성하여, 학생들이 평가를 '등수 매기기'가 아닌, 자신의 시선을 더 정교하게 다듬기 위한 도구로 인식하도록 해야 한다.

3. 마무리

마지막으로, 학생의 역사적 위치성과 정체성을 성찰하도록 지속적으로 상기시킨다. 학생들이 과거 도시의 차별 구조나 권력 작동 방식을 이해하는 것에 그치지 않고, 현재 자신이 위치한 공간, 지역, 계층, 교육 환경 등을 역사적 맥락에서 되돌아보도록 유도하는 것이 이 단원의 핵심 목적 중 하나이다. 교사는 수업 말미에 "나는 지금 어떤 공간에서 살아가고 있는가?", "내가 경험하고 있는 도시 불평등은 어떤 과거 구조와 닮아 있는가?", "나는 미래에 어떤 도시를 만들고 싶은가?"라는 질문을 던짐으로써, 수업이 과거에 대한 이해를 넘어 미래에 대한 비전과 실천으로 이어질 수 있도록 해야 한다. 이는 학생들이 역사를 공부하는 이유와 의미를 삶의 맥락 속에서 내면화하는 과정이며, 역사학습자로 성장하는 데 필수적인 성찰이다.

Ⅶ. 교수-학습계획(2차시 블록타임제)

차시	학습주제	학습목표	주요활동	자료 및 도구	교사의 역할	학생의 역할
1	식민지 도시의 형성과 배경 이해	도시 형성의 역사적 맥락과 식민지 도시의 개념을 파악한다	경성 · 군산 · 목포 등의 도시형성과정 분석, 병참기지 개념 정리, 도시 구조 영상 시청	도시계획도, 병참기지 지도, 교과서 발췌 자료, 사진 자료, 시각 자료 슬라이드	개념 설명, 시각자료 해석 안내, 질문 제시	도시 개념 정리, 영상 시청, 사료 해석, 질문 탐색
2	도시 공간의 구조와 위계 이해	공간 분리와 불평등의 양상 및 권력의 시각적 구현 방식을 분석한다	일본인/조선인주거구획 비교, 병원/시장 분포도 분석, 지도와 도면 해석 워크시트 작성	위생행정 지도, 철도 노선도, 병원/학교 분포도, 활동지, 고지도 시각화 앱	시각 자료 제공, 해석 기준 안내, 지도 읽기 질문 유도	지도 해석, 공간 불평등 사례 정리, 토의 참여
3	도시 속 삶의 양면성: 인간 군상의 일상	다양한 계층의 도시 속 삶을 비교하고 역사적 행위자의 입장에서 해석한다	여성 노동자, 상인, 학생 등 역할별 사료 읽기, 모둠 토론, 역할별 시선 기록	인물별 생활사 발췌문, 당대 신문 기사, 조선총독부 문서, 역할카드	역할 분담, 토론 안내, 다성적 관점 강조	역할별 삶 재구성, 경험 비교, 다각적 시선 공유
4~5 차시	**독서와 연결한 북 큐레이션 구성**	**책 내용을 도시 구조와 연결하여 북 큐**	**책 분석, 핵심 문장 구성, 생성형 AI로 소**	**청소년 역사 소설, 활동지, 패들렛, 미리**	**AI 활용 안내, 글쓰기 피드백 제공, 표현**	**책 분석, 큐레이션 문장 작성, AI 결과**

차시	학습주제	학습목표	주요활동	자료 및 도구	교사의 역할	학생의 역할
		레이션 초안을 작성하고 피드백을 주고받는다	개글 생성 및 수정, 피드백 공유	캔버스, 생성형 AI	유도	수정, 동료 피드백
	북 큐레이션 발표 및 피드백	도시를 바라보는 자기 시선을 발표하고 동료 및 교사의 피드백을 반영하여 정리한다	발표 준비, 발표 실행, 질문 응답, 피드백 기록 및 반영	큐레이션 발표 포스터, 발표 평가 루브릭, 피드백봇 또는 클래스룸 피드백 기능	발표 평가, 피드백 정리, 학생 발표 연결 맥락 강조	발표 구성, 의견 제시, 피드백 반영하여 자기 평가

Ⅷ. 본시 교수-학습 지도안(2차시 블록타임제: 북 큐레이션 구성 및 발표)

<table>
<tr><td rowspan="2">단원</td><td>대단원</td><td colspan="5">Ⅰ. 일제 식민통치와 민족운동</td></tr>
<tr><td>중단원</td><td colspan="5">4. 사회 · 문화의 변동과 대중운동
1) 도시와 농촌 사회가 변화하다</td></tr>
<tr><td>국가 교육 과정 성취 기준</td><td colspan="6">[10한사2-01-04] 일제의 식민 통치로 인한 사회 및 문화의 변화와 대중운동의 양상을 파악한다.</td></tr>
<tr><td>학습 목표</td><td colspan="6">1. 식민지 도시의 공간 구조와 권력의 관계를 다양한 사료를 통해 분석할 수 있다.
2. 도시 속 인간 군상의 경험을 이해하고 삶의 양면성을 설명할 수 있다.
3. 독서 활동을 바탕으로 식민지 도시를 해석하는 북 큐레이션을 구성하고 발표할 수 있다.</td></tr>
<tr><td rowspan="2">학습 단계</td><td rowspan="2">학습 요소</td><td colspan="2">교수-학습 활동</td><td rowspan="2">시간</td><td rowspan="2" colspan="2">자료 및 지도상 유의점</td></tr>
<tr><td>교사</td><td>학생</td></tr>
<tr><td rowspan="3">도입</td><td>인사</td><td>• 인사를 나눔</td><td>• 인사와 환경 정돈</td><td rowspan="3">10분</td><td rowspan="3" colspan="2">큐레이션 예시 PPT 활용</td></tr>
<tr><td>전시 학습</td><td>• 사전학습에 대한 질문
"당신이 최근 일제강점기에 대해 읽은 책은 무엇인가요?"</td><td>• 교사의 질문에 개인 또는 모둠별로 응답</td></tr>
<tr><td>동기 유발</td><td>• 전차, 경성의 도시 지도, 카페, 학교, 공장 사진 등을 활</td><td>• 제시된 시각자료를 보고 도시의 다면성을 고려하여 아</td></tr>
</table>

		용해 식민지 도시의 다양한 공간을 보여주고, 각 공간의 기능과 상징성에 대해 질문	이디어 메모		
	학습 목표	• 수업의 학습 목표와 오늘 활동의 개요 설명 "오늘은 우리가 직접 '도시'를 읽어내기 위한 북 큐레이션을 구성해 보고, 그 이유를 설명하는 발표를 준비합니다."	• 오늘 학습의 흐름과 평가 방식을 활동지에 정리		
전개	전개 1	• 식민지 도시의 구조적 특징 및 삶의 이중성 탐색 북 큐레이션 키워드 설정 • 경성의 중심/주변 공간 구조 도식화하여 판서 • 계층별 삶을 보여주는 신문 기사, 문학 작품, 일기 발췌 등을 모둠별로 제시 • "도시는 누구의 시선으로 그려졌는가?"라는 질문을 제시하고, 큐레이션 키워드 예시(근대성, 위계, 분리, 통제, 저항, 일상 등) 제공	• 도시 구조와 삶의 사례를 자료를 통해 분석 • 자신이 구성할 큐레이션의 주제와 연결될 핵심 키워드 2~3개를 설정 • 선정된 키워드를 바탕으로 자신만의 시선과 해석 방향을 간단히 정리	20분	키워드 목록지 제공
	전개 2	• 북 큐레이션 설계 및 활동지 작성 안내 • 제공한 도서 목록에 대해 짧은 요약 및 추천 방향 설명 • 각 도서가 어떤 키워드와 연결되는지 간단히 매핑 가이드 제공 • 큐레이션 시트 작성법과 구성 요소(도서명, 키워드, 연결 이유, 대상 독자, 디자인 등) 안내	키워드에 맞춰 23권의 책을 선택하고 활동지에 구성- 도서 간의 공통된 주제, 도시 공간 및 인간 경험과의 연결성 설명 작성- 대상 독자(중학생, 고등학생, 교사 등) 설정 및 큐레이션 디자인 구상	20분	큐레이션 설계 시트지
	전개 3 수행 평가	• 발표 양식 안내 및 예시 제시 • 발표 루브릭 항목(구성의 논리성, 키워드 적절성, 발표의 명료성 등) 설명 • 각 조별 준비 상황을 점검하고 개별 피드백 제공 • 자율 또는 일부 조 발표 진행	• 작성한 큐레이션을 바탕으로 발표 자료 제작 • 역할 분담 후 발표 리허설 진행 • 다른 조 큐레이션을 참조하여 개선점 도출 • 발표를 통해 자신의 큐레이	45분	발표 루브릭, 자기평가지

			션 구성 이유 설명 • 친구들의 발표를 비교 분석하고 발표 노트 작성 • 자기평가지로 자신의 활동 성찰		
마무리	정리	• 루브릭 기반 전체 피드백 제공 및 인상적인 발표 정리 • 오늘 활동의 의의 강조 "도시는 단지 공간이 아니라, 권력과 저항, 삶이 얽힌 이야기입니다"	• 전체 피드백 공유	5분	
	차시 예고	• 다음 시간에 배울 내용에 대해 간단하게 설명	• 다음 시간에 배울 내용을 본시 학습과 관련하여 확인한다.		

Ⅸ. 참고 자료 별첨

1. 개별 수행평가지

주제: 식민지 도시의 구조와 양면성

이름: ____________________ 반/번호: __________

이 활동은 비판적 독서활동을 기반으로, '식민지 도시'라는 개념을 공간, 권력, 계층, 일상, 감시, 근대성 등의 관점에서 입체적으로 해석하고, 독서 내용을 북 큐레이션 형식으로 구성하여 공공적 메시지로 재구성하는 프로젝트입니다. 수행평가의 핵심은 '얼마나 잘 정리했는가'가 아니라, 얼마나 깊이 읽고, 주제와 연결 지었으며, 그 이해를 얼마나 창의적으로 표현했는가에 있습니다.

1. 읽은 책 기본 정보

1) 책 제목 / 저자 / 출판사

2) 이 책을 선택한 이유는 무엇인가요?
(단순한 흥미보다, '식민지 도시'라는 주제와의 연결성을 중심으로 설명할 것)

2. 책 속 '도시'의 구조와 역할 분석

1) 작품 속 도시는 어떤 공간으로 묘사되고 있나요?(장소명, 도시 유형, 주요 공간구조 등)

2) 공간 구조와 계층/민족/성별의 분리 혹은 위계가 어떻게 드러나나요?
(도로, 철도, 구역, 공공시설, 주거지 등 구체적인 사례 중심)

3) 공간이 인물의 삶에 어떤 방식으로 개입하고 있나요?
(감시, 통제, 이동 제한, 생존 전략, 저항 등)

3. 공간의 양면성 분석

1) 이 책이 보여주는 식민지 도시의 '밝은 면'은 무엇인가요?

2) 이 책이 보여주는 식민지 도시의 '어두운 면'은 무엇인가요?

3) 이 양면성 속에서 작가는 무엇을 비판하고 있다고 생각하나요?

4. 수업과의 연결

1) 이 책의 어떤 장면 혹은 구조가 수업에서 배운 식민지 도시의 구조와 기능을 잘 보여 주고 있나요? (예: 도시 구획화, 위생과 통제, 철도 중심의 착취 구조, 경계 설정 등)

2) 이 책을 통해 내가 새롭게 보게 된 '공간의 권력성'은 어떤 점인가요?

5. 독서 활동 성찰과 확장 가능성

1) 이 책을 읽으며 공간, 권력, 시민성, 근대성에 대한 나의 생각은 어떻게 변화했나요?

2) 이 활동을 바탕으로 확장 가능한 주제나 관심 분야는 무엇인가요?
(예: 젠트리피케이션, 감시사회, 도시의 탈식민화, 도시공간 속 젠더 불평등 등)

6. 생성형 AI 활용

1) 수업이나 책을 읽고, 생성형 AI에게 어떤 질문을 했나요?
(질문 예시: "이 책의 인물은 도시에서 어떤 차별을 겪었나요?")

2) AI가 도와준 내용 중에서 가장 도움이 된 것은 무엇이었나요?

3) AI와 함께 만든 소개글 또는 핵심 문장을 적어보세요.

2. 모둠 수행평가지

모둠명:

선정 도서:

발표 주제:

1. 발표 구성

1) 도서의 핵심 내용

2) 도시 속 도시 구조

3) 도시 공간의 양면성 비교

4) 수업과의 연결 지점

5) 독서에서 도출한 비판적 문제의식

6) 우리 모둠의 큐레이션 메시지

2. 북 큐레이션 포스터 구성

1) 핵심 키워드: 도시 / 구조 / 위계 / 감시 / 공간적 차별 / 식민 근대성
2) 시각 구성 요소 예시
- 인물과 도시 공간 간 거리감 혹은 대립을 시각화
- 도시의 양면성을 상징하는 이중적 이미지
- 추천 문장 또는 질문 삽입 (예를 들면, "이 도시에서 누가 주인인가?")

3. 발표 마무리

1) 이 책을 통해 우리가 말하고 싶은 것은 무엇인가요?

2) 수업에서 다룬 '식민지 도시' 개념과 독서 내용을 연결하면서 가장 인상 깊었던 점은 무엇인가요?

3) 이 활동을 통해 어떤 역사적 감수성 또는 시민적 시각을 갖게 되었나요?

6) 수업

본 단원은 '북 큐레이션 활동을 통해 식민지 도시의 구조와 양면성 재구성하기'라는 교사가 재구성한 단원으로서 총 5차시 구성으로 이루어져 있으며, 1~3차시에서는 도시의 개념, 구조, 삶의 구체 사례를 중심으로 이론적 이해와 구조적 시각을 형성하고, 4~5차시에서는 책 읽기와 디지털 도구 활용을 통한 북 큐레이션 발표 활동으로 사고를 표현하는 과정을 실천한다. 차시 간 흐름은 점진적 이해 → 분석적 해석 → 창의적 재구성 → 표현과 성찰로 연결된다.

1차시에서는 식민지 도시가 단지 발전의 결과물이 아니라, 식민 지배 전략의 일환으로 의도적으로 기획된 공간임을 인식하는 데 중점을 둔다.

2차시에서는 그 도시가 어떻게 '공간적으로 위계화'되었는지를 시각 자료를 통해 분석하고, 권력이 도시 공간에 스며든 방식을 이해한다.

3차시에서는 도시를 살아간 다양한 계층과 인간 군상의 목소리를 중심으로 역사 서술의 다중성을 강조하며, 역사적 행위자에 대한 공감적 이해와 비판적 분석 능력을 동시에 기른다.

4차시에서는 이후의 5차시와 블록타임제로 구성하며 4차시에 해당하는 차시에는 읽은 책의 내용을 식민지 도시 주제와 연결하여 북 큐레이션 활동을 수행하며, 생성형 AI를 도구로 활용해 사고를 구체화하고 문장을 구성하는 훈련을 한다. 이 과정에서 학생들은 단지 지식을 나열하는 것이 아니라, 자신의 해석과 관점을 하나의 역사적 메시지로 조직하는 경험을 갖는다.

마지막 5차시에서는 발표 활동을 통해 서로의 시선을 공유하고, 교사와 동료의 피드백을 수용하여 역사적 사고의 정교화와 공동체적 표현 경험을 마무리한다.

7) 수행평가 시행

본 단원에서의 수행평가는 단순한 학습 결과의 산출을 목적으로 하지 않는다. 오히려 학습의 전 과정에서 학생이 비판적으로 사고하고, 주체적으로 탐구하며, 자신의 이해를 창의적으로 표현해내는 과정을 평가의 핵심 요소로 삼는다. 특히 '식민지 도시의 구조와 양면성'이라는 주제는 단선적 사실 서술보다는 공간과 권력, 삶과 구조 간의 관계를 입체적으로 해석하는 능력을 요구하기 때문에, 수행평가의 설계 역시 그러한 역사 인식 능력을 측정할 수 있도록 구성되었다.

본 수업의 수행평가는 크게 두 가지 축으로 구성된다. 첫째는 개별 수행평가로서의 북 큐레이션 준비 보고서 작성, 둘째는 모둠별 북 큐레이션 발표이다. 이 두 평가는 상호보완적인 방식으로 이루어지며, 개별 평가를 통해 학습자의 내적 사유와 학습 과정을 살피고, 모둠 평가를 통해 협업 역량과 소통 능력, 표현 능력을 평가한다.

(1) 개별 수행평가: 북 큐레이션 준비 보고서 작성

학생은 자신이 선정한 책이 수업에서 다룬 '식민지 도시의 구조와 양면성'이라는 주제와 어떤 방식으로 연결되는지를 서술한 보고서를 작성한다. 이 보고서는 학생 개인의 독서와 사고의 깊이를 드러내는 중요한 학습 산출물로서, 다음과 같은 항목을 포함한다.

- 책을 선정한 이유: 주제와의 연관성, 도시 공간에 대한 통찰 가능성
- 책 속 등장인물이나 공간이 식민지 도시의 어떤 양면성을 드러내는지에 대한 분석
- 생성형 AI를 활용하여 어떤 질문을 만들었고, 어떤 형태로 소개글이나 핵심 문장을 작성했는지에 대한 기술
- 활동 과정 중 겪은 고민, 배운 점, 향후 주제 확장의 가능성에 대한 성찰

보고서는 단순한 줄거리 요약이 아니라 책과 수업 내용을 연결하여 자신의 관점에서 역사적 맥락을 해석하는 능력을 보는 문서이다. 따라서 이 평가는 학생의 사고력, 글쓰기 역량, 역사적 위치성에 대한 인식 수준을 진단하는 데 중요한 역할을 한다.

(2) 모둠별 발표 수행평가: 북 큐레이션 발표

학생들은 3~4명으로 구성된 모둠 내에서 책을 중심으로 하나의 주제를 선정하고, 각자 맡은 역할(발표자, 소개글 작성자, 시각자료 제작자, AI 활용 담당자 등)을 수행하여 북 큐레이션 포스터와 발표를 완성한다. 발표는 시청각 자료와 함께 진행

되며, 다음의 내용이 반드시 포함되어야 한다.

- 선정 도서의 간략한 소개 및 선정 이유
- 도서와 연결된 '식민지 도시' 개념 설명
- 도시 구조의 불평등, 민족/계층 분리, 공간 내 갈등 양상에 대한 구체적 사례와 해석
- 생성형 AI를 활용한 소개글 또는 질문 예시 및 제작 과정
- 발표를 마친 뒤, 듣는 모둠의 질문에 대한 응답과 성찰

모둠 발표는 단순 정보 전달이 아닌, 타인을 설득할 수 있는 논리적 전개, 시각적 표현력, 주제에 대한 깊은 이해를 요한다. 발표는 학습자에게 과제 수행을 넘어, 역사적 논점을 구성하고 시민적 소통을 실천하는 훈련의 장으로 기능한다.

(3) 평가 기준 및 루브릭 구성

수행평가는 다음과 같은 5개 핵심 영역을 기준으로 루브릭을 구성하여 평가한다. 각 영역은 4단계 척도(탁월-우수-보통-미흡)로 세분화되며, 수치화된 평가 외에도 개별 피드백을 통해 학습자에게 구체적인 성찰 기회를 제공한다. 평가 요소와 루브릭을 제시하면 다음과 같다.

- 주제 이해 및 해석 능력: 책과 수업 내용을 연결하여 주제를 입체적으로 해석했는가?
- 비판적 사고와 표현력: 도시 구조와 인간 삶의 관계를 비판적으로 사고하고 창의적으로 표현했는가?
- AI 활용과 디지털 문해력: 생성형 AI를 도구로 활용하여 자기 생각을 명료하게 구성했는가?
- 협업 및 소통 역량: 모둠 내 역할 수행과 상호 피드백, 발표 준비에 적극적으로 참여했는가?
- 자기 성찰과 학습 과정 기술: 활동 과정에 대한 성찰과 배움, 고민을 충실하게 서술했는가?

평가요소	수행 수준				배점	
	4점	3점	2점	1점		
1. 주제 이해 및 해석 능력	책과 수업 주제를 깊이 있게 연결하며, 도시 구조와 삶의 양면성을 창의적이고 설득력 있게 해석함	책과 수업 주제를 비교적 잘 연결하고, 도시 개념을 분명히 해석함	책과 수업 주제의 연결이 다소 단편적이며 해석이 다소 피상적임	주제 연결이 불분명하거나 도시 개념에 대한 이해가 부족함	각 평가요소의 점수를 합산하여 부여함	20 19 18
2. 비판적 사고와 표현력	도시 구조와 삶의 관계를 비판적으로 성찰하고, 자신의 관점을 명료하게 표현함	자신의 생각을 비교적 잘 드러내며, 수업 내용을 적용하여 표현함	사고의 깊이나 논리적 구성에서 다소 아쉬움이 있으며 표현이 모호함	비판적 관점이 부족하고, 표현이 단순하거나 재현에 그침		17 16 15
3. AI 활용과 디지털 리터러시	생성형 AI를 비판적으로 활용하여 독창적인 문장을 구성하고 수정함	AI의 도움을 바탕으로 표현을 풍부하게 구성함	AI의 도움은 있었으나, 자기 생각과의 연결이 다소 부족함	AI 사용이 기계적이며, 자기 표현이 거의 반영되지 않음		14 13 12
4. 협업 및 소통 역량(모둠 발표용)	모둠 내 역할을 주도적으로 수행하고, 발표에서 효과적인 소통을 이끎	역할을 충실히 수행하고 발표에 적극적으로 참여함	역할 수행이 다소 미흡하거나 소통이 제한적임	역할 수행이 소극적이며, 협업에 거의 참여하지 않음		11 10 9
5. 자기 성찰 및 학습 과정 기술	활동 과정에서의 고민, 배움, 성장을 깊이 성찰하고 이를 글로 잘 표현함	학습 경험을 비교적 잘 정리하고 성찰을 서술함	활동 내용 중심의 서술에 치우쳐 성찰이 제한적임	활동에 대한 단순한 기술만 있으며 성찰적 요소가 부족함		8 7 6 5
※ 수행활동에 참여하였지만 수행과제를 미제출(백지활동 제출 포함)한 경우: 기본점수						4

(4) 수행평가의 교육적 의의

이러한 수행평가 설계는 단지 결과물을 수집하거나 학습자를 서열화하는 평가 방식을 지양한다. 평가 그 자체가 학습의 연장이자 완성 단계로 작동하도록 구성되었으며, 특히 생성형 AI 도구를 통해 학생이 책과 주제를 연결하는 데 필요한 언어적 사고의 도우미로 활용하도록 지도하였다. AI 사용은 단순한 정보 검색이 아니라 사고의 촉매로 작용하게 하며, 학생이 표현한 글과 발표는 자신의 역사 인식을 사회적으로 소통하는 장으로 기능한다.

또한 개별 보고서와 모둠 발표라는 이중 평가 구조는 학생의 내면적 사고와 공동체 내 상호작용 모두를 평가 대상으로 삼아, 역사적 해석자로서의 학습자 정체성 형성에 실질적인 기여를 한다. 이를 통해 학교 수업 속에서 학생들은 단순한 지식 소비자가 아닌, 역사를 해석하고 구성하는 주체로 성장하게 된다.

8) 전체적인 교수·학습과정에 대한 피드백 및 계획 수립

'식민지 도시의 구조와 양면성'을 주제로 한 심화형 수업은 역사적 사실을 암기하거나 단선적으로 정리하는 학습을 지양하며, 도시 공간에 내재된 권력의 구조와 그 안에서의 삶의 양면성을 구조적으로 분석하고, 이를 비판적으로 해석할 수 있는 능력을 기르는 데 중점을 둔다. 특히 이 수업은 독서 활동과 생성형 AI 활용이라는 이중 구조를 통해, 학생이 주체적으로 사고를 전개하고 자기 표현을 구성해나가는 과정을 중심으로 설계되었기 때문에, 피드백 역시 학습자의 사고 흐름과 해석 과정 전체를 지원하는 방향으로 계획되어야 한다.

피드백은 단지 오류를 교정하거나 정답을 확인하기 위한 절차가 아니라, 학습자 스스로의 해석 능력을 점검하고 재구성하는 도구로 작용해야 한다. 이를 위해 본 수업에서는 피드백의 흐름을 다음의 세 시기로 구분하여 운영한다.

첫째, 수업 초반부에는 학생들이 책을 선정하거나 도시 개념을 떠올리는 과정에서 제기하는 선이해나 직관적 관점을 드러낼 수 있도록 유도하고, 그 기반 위에서 문제의식을 재구성하도록 돕는 피드백이 요구된다. 이 시기의 피드백은 학생의 초기 반응을 수용하되, 그 이면에 있는 전제를 비판적으로 점검하게 하고, 보다 넓은 사고 방향으로 이끄는 것이 핵심이다. 예컨대, 학생이 "이 책은 일제의 도시 개발 정책이 발전적이었다고 느껴진다"고 말할 경우, 교사는 "그 발전이 누구에게 이득이 되었고, 누구에게는 어떤 제약이 되었는가?", "그 공간이 어떤 사람들에게 배제의 공간으로 기능했는가?"라는 질문을 통해, 도시 공간을 정치적·사회적 맥락 속에서 다시 바라보도록 유도해야 한다. 이는 학생의 직관을 출발점으로 삼되, 역사적 인식의 폭을 확장시키는 피드백의 역할을 수행한다.

둘째, 수업 중반에는 학생들이 북 큐레이션 구성, 토론 준비, AI를 활용한 소개글 작성 등을 수행하면서 본격적인 해석과 표현의 과정을 거치게 된다. 이 시기의 피드백은 학습자의 해석이 특정 시각에만 의존하거나, 도시 구조에 대한 개념적 연결이 느슨해지는 지점을 확인하고, 해석의 밀도를 높이는 방향으로 개입하는 것이 바람직하다. 예를 들어, 한 학생이 "경성은 근대적인 건물과 철도 중심의 계획 도시였다"고 설명할 경우, 교사는 "그 도시는 누구를 위해 계획된 것이었나?", "그 공간에서 조선인의 삶은 어떻게 통제되었는가?"라는 질문을 던져, 물리적 구조에 대한 관찰을 권력의 시선과 연결 지을 수 있도록 피드백한다. 또한 AI를 활용한 소개글 작성을 점검할 때, "AI가 만든 문장과 네가 생각한 핵심 문장의 차이는 무엇인가?", "너의 관점이 AI가 제시한 표현 속에 충분히 담겼는가?"와 같은 질문을 통해, AI에 대한 비판적 수용과 자기 표현 능력을 동시에 점검하는 것이 중요하다. 이 시기의 피드백은 학생 스스로 자신의 해석을 정교화하고, 표현을 재구성해가는 과정을 조력하는 형식으로 작동해야 한다.

셋째, 수업의 마지막 단계에서는 북 큐레이션 발표와 보고서 제출이 이루어진다. 이 시점의 피드백은 단지 결과물을 평가하기보다는, 학생이 자신의 해석을 타인의 관점과 비교하고, 그 속에서 인식의 다양성과 보완 가능성을 자각하도록 돕는 역할을 수행해야 한다. 예컨대, 한 학생이 발표에서 "이 도시는 일본인과 조선인이 구획된 구조를 가지고 있었다"고 설명했다면, 교사는 "그 구획이 단순한 공간적 분리가 아니라 어떤 감정과 기억을 낳았는가?", "이 도시를 오늘날의 도시 공간과 비교할 수 있는 지점은 무엇인가?"라는 질문을 통해, 역사적 해석이 현재적 사고로 확장될 수 있도록 유도한다. 학생들은 동료 모둠의 발표를 경청하며 질문을 제기하고, 자신이 놓친 시각이나 접근 방식에 대해 되짚는 기회를 제공받는다. 이때 교사의 피드백은 "이 발표가 제시한 시각과 네가 구성한 시각은 어떻게 다르고, 어떤 점에서 보완될 수 있을까?"와 같은 질문을 중심으로, 해석의 상대성과 재구성 가능성을 경험하게 하는 데 초점을 두어야 한다.

요컨대, 피드백은 지식의 교정이 아닌 인식의 조정과 사고의 확장을 위한 장치로 작동해야 하며, 교사는 판단자의 위치를 넘어 사고의 공동 설계자, 질문의 동반자로 기능해야 한다. 이와 같은 피드백 구조는 학생이 단지 학습 내용을 정리하는 데 그치지 않고, 스스로의 역사적 관점을 형성하고 비판적으로 성찰하는 경험을 가능하게 하며, 수업이 단순한 지식 전달을 넘어 역사적 해석자로서의 시민을 양성하는 과정으로 확장되는 기반이 된다.

[교사가 생각하는 본 수업의 의의 및 확장 가능성]

본 단원은 '식민지 도시의 구조와 양면성'이라는 주제를 통해, 공간과 권력의 관계를 역사적으로 분석하는 비판적 시각을 기르는 수업으로 구성되었다. 단순히 도시의 발전이나 근대화 과정을 다루는 것을 넘어서, 도시가 식민지 권력에 의해 어떻게 기획되었고, 그 공간 속에서 다양한 인간 군상이 어떤 삶을 살아갔는지를 구조적이면서도 인문학적으로 조명하는 것이 핵심이다. 특히 기존 교과서가 충분히 다루지 않았던 도시 내부의 불평등, 위계, 분리, 저항의 흔적을 조명함으로써, 학습자는 한 사회의 공간 구조 속에 내재된 권력과 폭력을 감지하는 민감한 감수성을 기르게 된다.

이 수업은 생성형 AI와 교육용 디지털 도구를 활용함으로써, 학생이 단지 과거를 수동적으로 배우는 존재가 아니라, 과거를 질문하고 해석하며 표현하는 능동적 역사 구성자로 자리매김할 수 있도록 설계되었다. AI는 단순한 정보 제공을 넘어, 학습자가 자기 언어를 찾고 생각을 정리하며 표현을 조직하는 데에 실질적인 보조 수단으로 기능한다. 또한 북 큐레이션 활동이라는 독서 기반 프로젝트는 책과 수업 내용을 연결하고, 개별의 사유를 공적 발표로 전환하는 과정 속에서 학생이 자기 표현력을 확장해 나가는 경험을 가능하게 한다.

이러한 수업은 평가 또한 학습의 일부로 구성되어, 수행평가가 단지 결과물에 대한 점수가 아닌, 사고의 깊이와 표현의 진정성, 학습자 정체성 형성 과정을 함께 평가하도록 설계되었다. 보고서와 발표의 병행은 내면적 성찰과 공동체 협업의 균형을 맞추는 데에 효과적이며, 학생이 역사 속에서 자신을 위치 짓고, 현재와 미래를 연결하는 시야를 기르도록 돕는다.

결과적으로 본 수업은 다음과 같은 교육적 효과를 기대할 수 있다.

첫째, 학생은 도시라는 익숙한 공간을 역사적 비판의 대상으로 바라보는 시각을 기르게 된다.

둘째, 수업 내용을 읽은 책과 연결하면서 자신의 역사적 해석 역량과 표현 능력을 기른다.

셋째, AI 활용 경험을 통해 디지털 리터러시를 비판적으로 이해하고 창의적으로 활용할 수 있다.

넷째, 발표와 피드백 과정을 통해 소통 능력과 협업 역량을 강화하고, 학습 공동체의 일원으로 성장한다.

다섯째, 학생은 자기 삶과 공간을 역사적 시야로 재조명하며, 삶의 문제를 역사적으로 사유하는 태도를 함양한다.

이와 같은 수업 구성은 단일 단원에 그치지 않고, 다양한 역사 수업에서 '공간-권력-삶'의 구조를 분석하는 역사 읽기와 쓰기의 보편적 모델로 확장될 수 있다. 향후 한국사와 세계사를 넘나드는 통합적 역사 수업, 인문 지리 · 문학 · 사회 교과와의 융합 수업에서도 응용 가능한 형식을 제공하며, 교육과정과 수업의 재구성을 위한 실천적 대안으로 기능할 수 있을 것이다.

제1부 한국사 수업 이론

| CHAPTER 01 한국사 수업의 설계 |

[자료]

교육부 고시 제2022-33호 [별책 7] 사회과 교육과정

[도서]

가네 · 브릭스(김남순 역), 『수업의 원리와 설계』, 배영사, 1980.

강현석, 이지은, 유제순, 『백워드 설계의 이론과 실천』, 학지사, 2021.

김인식, 수업설계의 원리와 모형 적용, 교육과학사, 2004.

김정환, 『교육학 개론』, 피와이메이트, 2023.

김태웅 외, 『우리 역사, 어떻게 읽고 생각할까』, 아카넷, 2016, p.8.

김한중, 『수업설계 10모형』, 이페이지, 2019.

김현수 외,『교육과정 및 수업 설계』. 학지사, 2018.

Robert, M. Gagne 외, 송상호 역, 『수업설계의 원리』, 아카데미프레스, 2007.

Michael W. Eysenck · Marc Brysbaert(김태훈 외 역), 『인지심리학의 기초』, 학지사, 2021.

샘 와인버그(정종복 · 박선경 역), 『내 손안에 스마트폰이 있는데 왜 역사르 배워야 할까?』, Humanist, 2020.

온정덕 외, 『교실속으로 간 이해중심교육과정』, 살림터, 2018.

윤영숙, 김영일, 『학습동기와 수업설계』, 교육과학사, 2002.

Wiggins, G., & McTighe, J. (송영림 외 역). 『이해 중심 교육과정 설계(Understanding by Design)』, 교육과학사, 2005.

장상호, 『교육공학의 기초』, 학지사, 2000.

한국교원대학교 초등교육연구소 편, 『구성주의와 교과교육』, 문음사, 2002.

APA Work Group of the American Psychological Association, *Learner-centered psychological principles: A framework for school redesign and reform*, Washington, DC: American Psychological Association, 1997.

[논문]

박선경, 「역사 문해력의 개념과 역사교육과정 적용 - 미국, 영국, 호주 교육과정을 사례로 -」 『역사와 담론』 97, 2021.

______, 「실천적 역사인식으로서 역사 문해력의 성격과 구성요소」 『사회과수업연구』 12-2, 2024.

변경화, 「Edgar Dale의 시청각교육 이론에 관한 연구 : '경험의 원추'를 중심으로」, 이화여자대학교 석사학위논문, 1985.

이동욱, 「'백워드(Backward)' 설계로 매시간 '학생 주도형 토론 수업' 만들기: 교육 철학-평가

계획-교육 내용-수업-기록의 일체화를 통한 상시적인 학생 중심 수업의 구현」, 교육부 역사교원 토론수업역량강화 연수 발표문, 2017.

| CHAPTER 02 한국사 수업의 목표 |

[자료]
교육부 고시 제2015-74호 [별책 7] 사회과 교육과정
교육부 고시 제2022-33호 [별책 7] 사회과 교육과정
교육부, 『교과 세부능력 및 특기사항 기재 도움 자료: 사회교과(군)』, 교육부, 17개 시 · 도교육청, 한국과학창의재단, 2020.
교과목 집중이수제, 어떻게 생각하세요?, 한겨레신문(2012.4.23.기사)

[도서]
강선주 · 최상훈 · 이영효 · 김한종, 『역사교육의 내용과 방법』, 책과함께, 2007.
강현석 · 이지은 · 유제순, 『백워드 설계의 이론과 실천 교실혁명』, 학지사, 2022 표 재구성.
정선영 · 김한종 · 양호환 · 이영효, 『역사교육의 이해, 삼지원』, 2003.
이원순, 『歷史科 敎育』, 한국능력개발원, 1975.
李元淳 · 尹世哲 · 許勝一, 『歷史敎育論』, 삼영사, 1994.

[논문]
김성자, 「2015 개정 교육과정에 제시된 역사과 핵심역량의 문제점과 개선을 위한 제언」『역사와 교육』 22, 2016.
박미송, 「역사 역량의 개념과 역사교육 적용」, 한국교원대학교 대학원 석사학위논문, 2023.
박성익, 「행동적 수업목표 활용에 대한 긍정적-부정적 논의」『한국교육』12-2, 1985.
신혜민, 「社會科 統合論議와 敎育課程 變遷에 따른 歷史敎育 硏究: 제7차, 2007년 개정, 2009개정 교육과정을 중심으로」, 한양대학교 석사학위논문, 2012.
양윤선, 「교수요목기 ~ 2차 교육과정기 중학교 국사교육의 변천」, 이화여자대학교 박사학위논문, 2018.
임선화, 「1970년대 국사교육 강화정책과 그 한계: 제3차 교육과정 국정 국사교과서를 중심으로」, 숙명여자대학교 석사학위논문, 2006.
윤세철 · 최상훈, 「역사의 유용성과 역사교육목표」『역사교육』 87, 2003.
정선영, 「역사교육의 최종 목표와 역사적 통찰력」, 『역사교육』 108, 2008.
鄭筍禮, 「授業에서의 目標의 役割」, 서울교육대학교대학원 석사학위논문, 2001.
차미희, 「중등 국사교육의 내용 변천에 대한 연구: 국사과 독립 시기를 중심으로」, 고려대학교 대학원 박사학위논문, 2006.

[인터넷 사이트]
국가교육과정정보센터(제1차 교육과정~2022 개정 교육과정). https://ncic.re.kr/(2025.3.1.검색)

| CHAPTER 03 한국사 수업의 교재 |

[자료]
김보림 외, 『고등학교 한국사 교과서』 1, 리베르스쿨, 2025.
김보림 외, 『고등학교 한국사 교과서』 2, 리베르스쿨, 2025.
도면희 외, 『고등학교 한국사 교과서』, 비상교육, 2018.
신주백 외, 『고등학교 한국사 교과서』, 씨마스, 2018.
이익주 외, 『고등학교 한국사 교과서』, 리베르스쿨, 2018.
장문석 외, 『고등학교 세계사 교과서』, 금성출판, 2019.
조한경 외, 『고등학교 한국사 교과서』, 해냄에듀, 2025.
최병택 외, 『고등학교 한국사 교과서』, 천재교육, 2018.

경기도 박물관 '오! 경기의 천년 여행' 특별전, 연합뉴스(2017.11.29. 기사).
고종 황제 가족사진 이것이 궁금하다, 동아일보(2004.05.06.기사).
역사저널 그날 노태우 · 전두환의 회고록 전쟁, 한국강사신문(2023.10.29.기사).
일제의 조선인 놋그릇 공출, 조선일보(2018.08.30.기사).
전봉준 장군 재판과정 일본신문 특집보도, 오마이뉴스(2024.12.26.기사).
4월 혁명 삽화, 동아일보(1960.3.16./1960.3.26./1960.4.17./,1960.4.20. 보도).

[도서]
강선주, 『역사교육 새로 보기』, 한울, 2015.
김낙년 편, 『한국의 경제성장 1910-1945』, 서울대학교출판부, 2006.
김보림 외, 2022 개정 『고등학교 한국사 교과서』, 리베르스쿨, 2025.
김보림, 「영화와 역사」 『충북대학교 CI 교과목 및 교재개발 보고서』, 2014.
김태웅 외, 『우리 역사, 어떻게 읽고 생각할까』, 아카넷, 2016.
남정권, 『교육공학의 기초』, 한국학술정보, 2012.
서정일 역, 『문학과 역사』, 예림기획, 2000.
양호환 외, 『역사교육의 이론과 방법』, 삼지원, 2000.
이원순 외, 『역사교육론』, 삼영사, 1980.
정선영 외, 『역사교육의 이해』, 심지원, 2001.
최상훈 외, 『역사교육의 내용과 방법』, 책과 함께, 2011.
최완기, 『역사 학습지도의 원리와 실제』, 느티나무, 1997.
최윤선 외, 『연표를 알면 역사가 쉽다』, 애플비, 2007.
호르스트 슈타인메츠(서정일 역), 『문학과 역사』, 예림기획, 2000.

Danzer, *Source maps and the social studies: Essays,lesson plans and materials from cartographic traditions in western civilization*, The University of lllinois at Chicago World History Project. 1993.
W.H.Burston, *Principles of History Teaching,* London:Methuen Education Ltd, 1972.

[논문]

강선주, 「박물관 활용 역사 수업 방안」 『기전문화연구』 34, 2008,

______, 「역사교육과 박물관 역사 전시의 만남」 『역사교육연구』 16, 2012.

______, 「창의적 체험을 위한 역사적 장소 탐방 수업 방안」 『역사교육논집』 49, 2014.

______, 「유튜브 역사 콘텐츠 스토리텔링의 특징」 『역사교육연구』 43, 2022.

고지훈, 「역사적 사고력 함양을 위한 박물관 교육 내러티브 실행 연구」 한양대학교 박사학위논문, 2018.

구효미, 「역사 수업에서 지도의 활용 방안에 대한 연구」 이화여자대학교 석사학위논문, 2008.

김민수, 「부마 민주 항쟁을 주제로 한 초 · 중등 지역사 교재 계열화 방안」 『역사교육연구』 39, 2021.

김상헌 · 최희수, 「메타버스를 활용한 역사교육콘텐츠 개발 방안」 『한국콘텐츠학회 종합학술대회 논문집』, 2016.

김세윤 · 방지원, 「사료 읽고 질문하며, 깊게 탐구하는 역사수업」 『교육연구』 79, 2017.

김순미,「영화를 활용한 역사 수업의 이론과 실제」,『역사교육논집』 41, 2008.

류재만, 「박물관교육에서 유물 리터러시 학습 방안 모색」 『박물관학보』 36, 2019.

박순준, 「신문 활용을 통한 역사교육」, 『역사와 경계』 89, 2013.

성태규, 「박물관 사회교육의 정치성 문제」 한국대학박물관협회 학술대회, 2000.

송인주, 「초등 사회과교육에 있어서 역사지도 활용 방안」 『사회과교육』 32, 1999.

양재열, 「19세기 미국 정치사와 개량사학」 『계명사학』 17, 2006.

양호환, 「역사교과서의 서술양식과 학생의 역사이해」 『역사교육』 59,1996.

유방란, 「구술사 연구의 방법과 활용」 『한국교육』, 1998.

임기환 · 김옥진, 위의 논문, 「초등 사회과 역사영역 교육과정과 연계한 박물관교육 프로그램 구성 방안: 국립중앙박물관, 국립고궁박물관의 사례를 중심으로」 『한국초등교육』 23, p. 120.

임상범, 「역사교육을 위한 박물관교육의 내러티브적 접근」 『역사교육논집』, 56 2015.

정종복, 「역사영화 비판적 읽기 교수 · 학습방안」 『역사교육연구』 32, 2018.

지연정 · 오영찬, 「모바일 기반 창덕궁 현장체험학습을 위한 역사과 교수 · 학습 방안 개발」 『교과교육학연구』 19, 2015.

최희수, 「체험형 역사 콘텐츠와 한국 고대사」 『한국 고대사 연구』 84, 2016.

한상준, 「역사교육에 있어서의 사료학습의 접근 방안」 『교육연구지』 22, 1980.

허영란 외, 『현황과 방법 구술 · 구술자료 · 구술사』, 국사편찬위원회, 2004.

허수열, 「식민지 근대화론의 쟁점」 『동양학』 41, 2007.

______, 「식민지기 조선인 1인당 소득과 소비에 관한 논의의 검토」 『동북아역사논총』 40, 2015.

황아름,「중등 역사교육 디지털 교과서 활용 및 실제」 총신대학교 석사학위 논문, 2023.

[인터넷 사이트]

국가기록원, 기록으로 보는 지방 자치의 발자취 https://theme.archives.go.k

국가인권위원회, 극심한 진통 끝에 탄생한 국가인권위원회 스무 살의 이야기, https://www.humanrights.go.kr

5 · 18 민주화운동 기록관, 민주화운동 체험존 https://www.518archives.go.kr
에듀넷, 에듀넷 디지털 교과서의 메뉴와 기능 https://dtbook.edunet.net
국립 중앙 박물관, 경천사지 10층 석탑 증강현실 AR 체험,
https://www.museum.go.kr/MUSEUM/contents/M0203060000.do
국립 경주 박물관, 국립 경주 박물관 VR체험관 https://gyeongju.museum.go.kr
스토리보드 댓 홈페이지 https://www.storyboardthat.com)
오토드로우 홈페이지 https://www.autodraw.com

| CHAPTER 04 한국사 수업의 방법 |

[도서]
김규현, 『프로강사가 되는 법』, 지오북스, 2018.
김태웅 외, 『우리 역사, 어떻게 읽고 생각할까』, 아카넷, 2016.
김한종 외, 『역사수업의 원리』, 책과 함께, 2007.
김현섭, 『질문이 살아있는 수업』, 수업디자인연구소, 2015.
리처드 마리우스 외(남경태 역), 『역사 글쓰기, 어떻게 할 것인가』, 휴머니스트, 2010.
박용준, 『챗GPT 역사수업』, 에듀니티, 2024.
양호환 외, 『역사교육의 이론』, 책과 함께, 2009.
우치갑 외, 『비주얼 씽킹 수업』, 디자인펌킨, 2015.
정선영 외, 『역사교육의 이해』, 심지원, 2001.
최상훈 외, 『역사교육의 내용과 방법』, 책과 함께, 2007.
최용규 외, 『사회과 교육과정에서 수업까지』, 교육과학사, 2014.

[논문]
강선주, 「박물관 활용 역사 수업 방안」 『기전문화연구』 34, 2008.
구임주, 「내용 생성을 위한토의 · 토론식 수업 모형 연구」, 전남대학교 교육대학원 석사학위논문, 2010.
김세윤 · 방지원, 「사료 읽고 질문하며, 깊게 탐구하는 역사수업」 『교육연구』 79, 2017.
김형록, 「온라인 역사 수업에 대한 여러 논의와 역사 수업의 효율성 제고 방안」 『역사교육연구』 42, 2022.
박순준, 「신문 활용을 통한 역사교육」 『역사와 경계』 89, 2013.
신현범, 「딥러닝을 활용한 역사 AI 챗봇 개발과 실제 수업에서의 효과성 검증」, 금오공과대학교 교육대학원 석사학위논문, 2022.
오충훈, 「플립 러닝(Flipped Learning)과 비주얼씽킹(Visual Thinking) 기법을 활용한 고등학교 한국사 수업 모형 연구」, 제주대학교 석사학위논문, 2019.
유명현 외 1명, 「VR, AR, MR 기반 학습의 효과에 관한 메타분석」 『교육정보미디어연구』 24-3, 2018.
윤승신, 「초등학교 도서관 북큐레이션활성화 방안 연구」, 대진대학교 대학원 석사학위논문,

2021.
이경희, 「Kagan의 구조중심 협동학습이 학업성취도와 학습태도에 미치는 효과」, 경인교육대학교 교육대학원 석사학위논문, 2003.
이동엽, 「플립드 러닝 교수학습 설계모형 탐구」『디지털 융복합연구』 11-12, 2013.
이승실, 「블렌디드 러닝 기반 '함께 역사하기' 프로젝트 학습 연구」, 이화여자대학교 대학원 박사학위논문, 2010.
이정민 외 1명, 「초, 중등교육에서 플립러닝 연구사례 분석」『디지털정책연구』 14-8 2016.
정민영. 「디지털 기술을 활용한 박물관교육 발전방안 연구」『국립중앙박물관 교육논문집, 2019.
최은혜, 「인물사 학습을 위한 역사일기 쓰기 수업 모형 개발」, 부경대학교 교육대학원 석사학위논문, 2009.
최진호, 「역사교육에서 JigsawIII 모형을 활용한 토론식 수업 방안」, 이화여자대학교 교육대학원 석사학위논문, 2013.
최형지, 「고등학교 극화수업의 적용과역사교육적 효과」, 고려대학교 교육대학원 석사학위논문, 2015.
황준호 외 1명, 「스마트 학습 기반 블렌디드 수업 적용 연구」『정보교육학회논문지』 21-2, 2017.

[인터넷 사이트]
인공지능신문 https://www.aitimes.kr(2025.02.18. 기사).

| CHAPTER 05 한국사 평가의 이론과 실제 |

[자료]
교육부 고시 제2018-162호 [별책 7] 사회과 교육과정.
교육부 고시 제2022-33호 [별책 7] 사회과 교육과정.
김보림 외, 2022 개정 『고등학교 한국사 교과서』, 리베르스쿨.
최병택 외, 2022 개정 『중학교 역사 교과서』, 리베르스쿨.

[도서]
강선주, 『역사교육 새로 보기』, 한울, 2015.
강승호 외, 『현대 교육평가의 이론과 실제』, 양서원, 2003.
권대훈, 『교육평가』, 학지사, 2008.
김재춘 외, 『예비 · 현직 교사를 위한 교육과정과 교육평가』, 교육과학사, 2007.
양호환 외, 『역사교육의 이론과 방법』, 삼지원, 2000.
이원순 외, 『역사교육론』, 삼영사, 1980.
정선영 외, 『역사교육의 이해』, 심지원, 2001.
최상훈 외, 『역사과평가의 이론과 실제』, 책과 함께, 2012.
________, 『역사교육의 내용과 방법』, 책과 함께, 2011.

최완기, 『역사 학습지도의 원리와 실제』, 느티나무, 1997.

[논문]

김미리, 「논술형 수행평가에 나타난 고등학생의 역사탐구 과정」 『청람사학』 제32집, 2020.

박미향, 「독일 역사교육에서의 역사의식과 역량 논의-뤼젠의 역사이론과 FUER모델을 중심으로」, 부산대학교 대학원 박사학위논문, 2022.

박선경, 「역사 문해력의 개념과 역사교육과정 적용-미국, 영국, 호주 교육과정을 사례로-」, 2021.

박진동, 「강원도 지역 중 · 고등학교 역사과 평가 실태조사」 『역사교육연구』 38, 2020.

오정현, 박진동, 「수능 필수 한국사의 평가목표 설정과 적용 방안」 『역사교육』 135, 2015.

유득순, 「'역사다운 질문' 개발을 위한 역사 교과서의 질문 분석과 함의-2015 개정 교육과정 중학교 『역사 ①』의 4단원을 중심으로-」 『역사교육논집』 제82집, 2023.

______, 「국제바칼로레아 디플로마 프로그램 역사 교재의 질문 분석과 시사점」 『역사교육』 164, 2022.

제2부 한국사 수업의 실제

| CHAPTER 01 한국 고 · 중세사 |

[논문]

강종원, 「백제 무왕대의 건축물 조영과 정국 변화」 『백제학보』 26, 2018.

______, 「백제 무왕의 태자 책봉와 왕권 변동」 『백제연구』 54, 2011.

______, 「百濟 沙氏勢力의 中央貴族化와 在地基盤」 『百濟硏究』 45, 2007.

길기태, 「미륵사 창건의 신앙적 성격」 『한국사상사학』 30, 2008.

김병인, 「문벌사회의 전개와 개혁의 모색」 『21세기에 다시 보는 고려시대의 역사』, 혜안, 2018.

김상현, 「백제 무왕대 불교계의 동향과 미륵사」 『한국사학보』 37, 2009.

김수태, 「백제 무왕대의 미륵사 서탑 사리 봉안」 『신라사학보』 16, 2009.

김우택, 「중학교 교과서의 '서경 천도 운동'을 통한 역사적 사고력 신장 교육방안 모색」 『중앙사론』 58, 2023.

김종진, 「무왕설화의 형성과 서동요의 비평적 해석」 『한국문학연구』 27, 2004.

김주성, 「미륵사지 서탑 사리봉안기 출토에 따른 제설의 검토」 『동국사학』 47, 2009.

______, 「백제 무왕의 정국운영」 『대발견 사리장엄, 미륵사의 재조명』, 2012.

______, 「백제 법왕과 무왕의 불교정책」 『마한백제문화』 15, 2001.

남정호, 「백제 무왕의 왕비와 의자왕의 생모에 대한 고찰」 『역사교육론집』 55, 2015.

노중국, 「백제 무왕과 지명법사」 『한국사연구』 107, 1999.

______, 『백제정치사연구』, 일조각, 1988.

문안식, 「의자왕의 친위정변과 국정쇄신」 『東國史學』 47, 2009.

민현구, 「묘청 일파 서경천도론의 허와 실」 『한국사시민강좌』 36, 2005.

박종덕, 「고려 인종대 서경 천도론과 풍수지리 사상」 『역사와세계』 58, 2018.

박현숙, 「百濟 武王의 益山 경영과 彌勒寺」 『한국사학보』 36, 2009.

______, 「익산 미륵사지 출토 〈금제사리봉영기〉 연구의 쟁점과 과제」 『한국고대사연구』 106, 2022.
신종원, 「사리봉안기를 통해 본 『삼국유사』 무왕조의 이해」 『익산 미륵사와 백제-서탑 사리봉안기 출현의 의의』, 일지사, 2011.
양기송, 『백제 무왕설화의 지역문화 콘텐츠화 연구』, 원광대학교 대학원 박사학위논문, 2019.
연민수, 「사비시대 사택씨의 위상과 멸망 이후의 후예씨족」 『한국학』 44-1, 2021.
오택현, 「백제 沙氏의 정치적 위상」 『신라문화』 57, 2020.
______, 「백제 위덕왕의 왕권 강화와 익산」 『중앙사론』 52, 2020.
이내옥, 「미륵사와 서동설화」 『역사학보』 188, 2005.
이도학, 「백제 의자왕대 정치변동에 대한 검토」 『백제문화』 33, 2004.
이용현, 「미륵사탑 건립과 사택씨-사리봉안기를 실마리로 삼아」 『신라사학보』 16, 2009.
이정신, 「서경 천도 운동은 왜 일어나게 되었나」 『내일을 여는 역사』 12, 2002.
장미애, 「백제 미륵 사지 서탑 출토 사리봉안기의 정치적 성격」 『목간과 문자』 25, 2020.
정재윤, 「彌勒寺 舍利奉安記를 통해 본 武王·義慈王代의 政治的 動向」 『韓國史學報』 37, 2009.
조경철, 「백제 익산 미륵사 창건의 신앙적 배경」 『한국사상사학』 32, 2009.
주보돈, 「彌勒寺址 출토 舍利奉安記와 백제의 王妃」 『백제학보』 7, 2012.
홍윤식, 「益山 彌勒寺 창건과 선화공주의 역사적 의미」 『대발견 사리장엄! 彌勒寺의 在照明』, 2009.
한예찬, 「서동 설화의 주체 연구」 『溫知論叢』 28, 2011.
황병익, 「삼국유사 무왕조와 서동요의 의미 고찰」 『고전문학연구』 57, 2020.

| CHAPTER 02 한국 근세사 |

[자료]

교육부 고시 제2022-33호 [별책 7] 사회과 교육과정

[도서]

김성윤, 『조선후기 탕평정치연구』, 지식산업사, 1997.
김용섭, 『조선후기농업사연구 1』, 지식산업사, 1995.
______, 『조선후기농업사연구 2』, 지식산업사, 2007.
김용옥, 『독기학설』, 통나무, 1994.
박광용, 『영조와 정조의 나라』, 푸른역사, 1998.
에드워그 와그너(이훈상·손숙경 역), 『조선왕조 사회의 성취와 귀속』, 일조각, 2007.
역사학회 편, 『실학연구입문』, 일조각, 1973.
유봉학, 『실학과 진경문화』, 신구문화사, 2013.
윤해동, 『근대역사학의 황혼』, 책과함께, 2010.
이경구, 『실학, 우리 안의 오랜 근대』, 푸른역사, 2024.
이병휴. 『조선전기 기호사림파 연구』, 일조각, 1984.

이성무, 『조선초기양반연구』, 일조각, 1980.
______, 『조선양반사회연구』, 일조각, 1995.
이수건, 『영남사림파의 형성』, 영남대출판부, 2007.
이태진, 『(개정판) 조선시대 정치사의 재조명』, 태학사, 2003.
______, 『(증보판) 한국사회사연구』, 지식산업사, 2008.
전우용 외, 『한국학 학술용어』, 한국학중앙연구원출판부, 2020.
정옥자, 『조선후기 조선중화사상연구』, 일지사, 1998.
정요근 외, 『고려에서 조선으로』, 역사비평사, 2019.
천관우, 『근세조선사연구』, 일조각, 1979.
한국고문서학회, 『조선시대 생활사』, 역사비평사, 1996.
____________, 『조선시대 생활사 2』, 역사비평사, 2000.
____________, 『조선시대 생활사 3: 의식주, 살아있는 조선의 풍경』, 역사비평사, 2006.
____________, 『조선시대 생활사 4: 조선의 일상, 법정에 서다』, 역사비평사, 2013.
한영우 외, 『다시, 실학이란 무엇인가』, 푸른역사, 2007.
한영우, 『조선시대 신분사연구』, 집문당, 1997.
______, 『조선전기사회경제연구』, 을유문화사, 1983.
허태용, 『실학이라는 생각』, 신서원, 2025.

[논문]
권내현, 「내재적 발전론과 조선 후기사 인식」 『역사비평』 11, 2015.
______, 「한국사 교과서 조선시대 신분제 서술의 함의와 오류」 『역사교육논집』 81, 2022.
______, 「조선 후기 신분 변동론 그 이후」 『조선시대사학보』 105, 2023.
김경래, 「우리 것에 대한 관심이 고조되다 -실학과 '자주성', 그리고 교과서-」 『역사교육논집』 86, 2024.
김범, 「조선전기 '훈구 · 사림세력' 연구의 재검토」 『한국사학보』 15, 2003.
김성우, 「조선후기의 신분제-해체국면 혹은 변화과정?」 『역사와 현실』 48, 2003.
______, 「연속된 두 시기로서의 16 · 17세기: '조선중기론'의 입장에서」 『내일을 여는 역사』 24, 2006.
김현영. 「'실학' 연구의 반성과 전망」 『한국중세사회 해체기의 제문제 상』, 한울, 1987.
송웅섭, 「중종대 기묘사림의 구성과 출신배경」 『한국사론』 45, 2001.
염정섭, 「조선후기 경영형부농론을 사학사에 내려놓기」 『내일을 여는 역사』 69, 2017.
이헌창, 「한국사 파악에서 내재적 발전론의 문제점」 『한국사시민강좌』 40, 2007.
임성수, 「한국사 교과서의 조선후기 서술과 내재적 발전론」 『역사교육연구』 34, 2019.
정재정, 「조선후기 실학연구의 동향과 '국사' 교과서 서술의 변천」 『역사교육』 39, 1986.
정호훈, 「조선후기 실학 연구의 추이와 성과」 『한국사연구』 184, 2019.
천관우, 「반계유형원연구」 『역사학보』 2, 1952.
______, 「한국실학사상사」 『한국문화사대계 Ⅵ -종교 · 철학사』, 고려대 민족문화연구소, 1970.
한우근, 「이조 실학의 개념에 대하여」 『진단학보』 19, 1958.

[자료]
교육부 고시 제2018-162호 [별책 7] 사회과 교육과정
교육부 고시 제2022-33호 [별책 7] 사회과 교육과정

[도서]
권헌익, 『또 하나의 냉전』, 민음사, 2013.
김동명, 『지배와 저항, 그리고 협력: 식민지 조선에서의 일본 제국주의와 조선인의 정치운동』, 경인문화사, 2006.
김영정 외, 『근대 항구도시 군산의 형성과 변화』, 한울, 2006.
김태웅, 『한국 근대 지방재정 연구 - 지방재정의 개편과 지방행정의 변경』, 아카넷, 2012.
김흥규, 『근대의 특권화를 넘어서』, 창비, 2013.
류승렬, 『뿌리깊은 한국사, 샘이 깊은 이야기7: 현대』, 솔, 2004.
박찬승, 『민족주의의 시대 - 일제하의 한국의 민족주의』, 경인문화사, 2006.
선즈화, 『아시아에서의 냉전』, 소명출판, 2023.
소현숙, 『이혼 법정에 선 식민지 조선 여성들-근대적 이혼제도의 도입과 젠더』, 역사비평사, 2017.
송호근, 『시민의 탄생: 조선의 근대와 공론장의 지각 변동』, 민음사, 2013.
신동원, 『호환 마마 천연두 - 병의 일상 개념사』, 돌베개, 2013.
신명직, 『모던 뽀이, 경성을 거닐다』, 현실문화연구, 2003.
오미일, 『제국의 관문: 개항장 도시의 식민지 근대』, 선인, 2017.
이경구 외, 『한국의 근현대, 개념으로 읽다』, 푸른역사, 2016.
이규수, 『개항장 인천과 재조일본인』, 보고사, 2015.
전성현, 『식민지도시와 철도』, 선인, 2021.
최덕규, 『대한제국 국제관계사 연구(1882~1910)』, 동북아역사재단, 2021.
최혜주 엮음, 『일제의 식민지배와 재조일본인 엘리트』, 어문학사, 2018.
韓國經濟史學會 編, 『韓國史時代區分論』, 乙酉文化史, 1970.
한석정, 『만주모던: 60년대 한국 개발 체제의 기원』, 문학과 지성사, 2016.
허은, 『냉전과 새마을 - 냉전의 연쇄와 분단국가체제』, 창비, 2022.
홍순권, 『근대도시와 지방권력』, 선인, 2010.
3 · 1운동 100주년 기획위원회, 『3 · 1운동 100년』 1~5, 휴머니스트, 2019.

[논문]
강영조, 「근대 부산에서 대정공원 성립 과정과 공간 구성에 관한 연구」 『한국전통조경학회지』 31-2, 2013.
강영조, 「근대 부산에서 벚꽃 명소의 입지적 특징과 성립 시기에 관한 연구」 『한국전통조경학회지』 44-5, 2016.
고바야시 소메이, 「M. L. 오즈본의 포로 교육 경험과 '貫戰史(Trans-War)'로서의 심리전」 『이

화사학연구』 56, 2018.
고윤수, 「1910~30년대 대전의 도시개발과 재조일본인사회」 『도시연구』 28, 2021.
권보드래, 『연애의 시대: 1920년대 초반의 문화와 유행』, 현실문화연구, 2003.
권오영, 『근대이행기의 유림』, 돌베개, 2012; 김윤희, 『근대 동아시아와 한국 자본주의』, 고려대학교 민족문화연구원, 2013.
김경일, 「서울의 소비문화와 신여성: 1920-1930년대를 중심으로」 『서울학연구』 19, 2002.
김광우, 「대한제국시대의 도시계획 - 한성부 도시개조사업」 『향토서울』 50, 1990.
김대중, 「20세기 초 철도 부설과 성곽 훼철에 따른 성곽도시의 공간구조 변화」, 경북대학교 대학원 박사학위논문, 2020.
김동명, 『지배와 협력: 일본제국주의와 식민지 조선에서의 정치참여』, 역사공간, 2018.
김민석, 「갑오개혁 · 대한제국기 지방 제도 개편과 지방자치 논의」, 한양대학교 대학원 박사학위논문, 2023.
김백영, 「러일전쟁 직후 서울의 식민도시화 과정: 비교식민지 도시사적 고찰」 『지방사와 지방문화』 8-2, 2005.
______, 「식민지 도시계획을 둘러싼 식민권력의 균열과 갈등: 1920년대 대경성계획을 중심으로」 『사회와 역사』 67, 2005.
______, 「일제하 서울의 도시위생문제와 공간정치: 상하수도와 우물의 관계를 중심으로」 『史叢』 68, 2009.
______, 「제국의 스펙터클 효과와 식민지 대중의 도시 경험: 1930년대 서울의 백화점과 소비문화」 『사회와역사』 75, 2007.
김봉국, 『냉전과 투쟁 -전후 한국의 세계해석과 의미경쟁』, 선인, 2018.
김봉수, 「서울 용산의 경관변화에 관한 연구 — 조선후기부터 일제 강점기까지」, 서울대학교 대학원 석사학위논문, 2002.
김선정, 「관광안내도로 본 근대 도시 경성」 『한국문화연구』 33, 2017.
김성보, 「21세기에 돌아보는 1945년 한반도의 지정학」 『역사비평』 124, 2018.
김성태, 「경성 문화시설의 입지적 특성과 사회적 기능에 관한 연구」, 서울대학교 대학원 박사학위논문, 2020.
김영미, 「일제시기 도시의 상수도 문제와 공공성」 『사회와역사』 73, 2007.
김윤미, 「1930년대 나진 개황과 항만도시 건설의 군사적 전개」 『인문사회과학연구』 20-4, 2019.
______, 「조선군 임시병참부의 부산 숙영과 지역 변화」 『역사와 경계』 109, 2018.
김윤정, 「1920년대 부협의원 선거 유권자대회와 지역정치의 형성」 『사림』 55, 2016.
______, 「1930년대 함흥부회와 전주부회의 구성과 활동」 『史林』 60, 2017.
김인수, 「냉전과 지식정치-박진환의 Farm Management Analysis(1966)의 성립 사정을 중심으로」 『동북아역사논총』 61, 2018.
김정은, 「유원지의 수용과 공간문화적 변화과정」, 서울대학교 대학원 박사학위논문, 2017.
김제정, 「일제 식민지기 경성지역 전기사업과 부영화운동」, 서울대학교 대학원 석사학위논문, 1999.
______, 「일제 식민지기 경성부 교외 지역의 전차 문제와 지역 운동」 『서울학연구』 29, 2007.
김종식, 「3 · 1운동을 전후한 1910년대 식민지조선을 둘러싼 일본의 정치과정 연구 - 입헌 정우회와 하라 다카시(原敬)를 중심으로」『歷史學報』245, 2020.
김주용,「중국 延邊지역 全羅北道 사람들의 강제이주와 정착」『한국학연구』57, 2020.
김진송,『서울에 딴스홀을 허하라』, 현실문화연구, 1999.
김태웅,「수구 · 개화 이항 대립 틀의 허상 탈피 - 조선후기 시무개혁론의 추이와 변화」『歷史教育』157, 2021.
김흥희,「일제하 나남의 군기지 건설과 군사도시화」『한민족운동사연구』95, 2018.
다나카 류이치,「훈춘 일본인사회와 훈춘사건」『만주연구』31, 2021.
도면회,「근대=자본주의사회 기점으로서의 갑오개혁」『역사와 현실』9, 1993.
류나래,「식민지 군항도시 진해의 위생행정과 지역유력자」『한일관계사연구』72, 2021.
劉元東,「韓國史에 있어서의 近代의 기점」『韓國史時代區分論』, 乙酉文化史, 1970.
李瑄根,「近代化의 起點問題와 1860年代의 한국」『韓國史時代區分論』, 乙酉文化史, 1970.
민회수,「한국 근대『만국공법』인식의 전통적 기원 - '공'과 '공법' 개념을 중심으로」『한국사학보』81, 2020.
박진한,「개항 이후 인천의 장소 인식 변화와 일제강점기 새로운 명소의 등장」『도시연구』18, 2018.
서종진,「일본 제국주의의 '내지연장주의'와 조선총독부의 '문화정치'」『韓國政治外交史論叢』41-2, 2020.
송규진,「일제강점 초기 '식민도시' 대전의 형성과정에 관한 연구: 일본인의 활동을 중심으로」『아세아연구』45-2, 2002.
______,「조선의 '관세문제'와 식민지관세법의 형성」『史學硏究』99, 2010.
송석기,「개항도시 목포와 군산의 구도심 공간 형성과정 비교」『대한건축학회연합논문집』10-2, 2008.
신주백,「1920년의 임시정부 독립전쟁론과 북간도 지역 독립군」『한국민족운동사연구』106, 2021.
______,「봉오동 전투, 청산리 전투 다시 보기」『역사비평』127, 2020.
______,「용산과 일본군 용산기지의 변화(1884~1945)」『서울학연구』29, 2007.
심혜경,「1950년대 말 아시아재단 서울지부의 연구 지원 사례 연구-고황경 · 이만갑 · 이효재 · 이해영의『한국농촌가족의 연구』를 중심으로」『한국학연구』49, 2018.
안진수,「5 · 16군사정변과 아시아재단 사업방향의 전환-1961년 박정희의 샌프란시스코 방문을 중심으로」『한국학연구』54, 2019.
염복규,「1920년대 말 '신도시' 신의주의 차지인운동과 지역 사회」『역사문화연구』76, 2020.
______,「일제말 경성지역의 빈민주거문제와 시가지계획」『역사문제연구』8, 2002.
______,「일제하 인천의 '행락지'로서의 위상의 형성과 변화」『인천학연구』14, 2011.
______,「한국 근대 도시사 연구동향과 과제 — '개발사'에서 '사회사'로」『한국 근대사 연구의 쟁점』, 한국학중앙연구원 출판부, 2023.
염정섭,「한국사 시대구분론의 전개와 과제 - 근세와 근대를 중심으로」『韓國史硏究』195, 2021.
예대열,「'忘却'과 '沸騰'의 공존 - '여순 10 · 19사건' 이후 전남 동부 지역민들의 '기억투쟁' 고찰」『탐라문화』72, 2023.
오미일,「간도의 통로, 근대 회령 지방의 월경과 생활세계」『역사와 세계』51, 2017.

원종혜, 「일제시대 관광지도에 조명된 경성 관광 이미지」 『역사와 경계』 100, 2016.
이규철, 「대한제국기 한성부 도시 공간의 재편」, 서울대학교 대학원 박사학위논문, 2010.
이상훈, 「봉오동 부근 전투 상보를 통해 본 봉오동 전투」 『한국독립운동사연구』 72, 2020.
이선우, 「만주에서 거제도, 그리고 인도까지: 어느 '반공포로'의 생존 기록」 『이화사학연구』 56, 2018.
이아리, 「한국 근대 가사 서비스노동의 형성과 변동」, 서울대학교 대학원 박사학위논문, 2023.
이유진, 「19세기 말~20세기 초 신호적의 자료적 성격에 대한 고찰」 『奎章閣』 61, 2022.
이윤상, 「한국근대사에서 개항의 역사적 위치」 『역사와 현실』 9, 1993.
이정은, 「여순사건과 농지개혁, 그리고 지역의 경험 아울러보기」 『인문학술』 10, 2023.
이태진, 「1896~1904년 서울 도시개조사업의 주체와 지향성」 한국도시연구소 편, 『한국도시론』, 박영사, 1998.
이형식, 「1910년대 일본제국의회 중의원과 조선통치」 『史叢』 82, 2014.
______, 「조슈파 데라우치 마사타케(寺內正毅)와 조선 통치」 『역사와 담론』 91, 2019.
임송자, 「제주 4·3의 진압과정과 선무공작의 전개 양상」 『민족문화연구』 98, 2023.
장동표, 「1860년대 반침략·반봉건운동의 의의」 『역사와 현실』 9, 1993.
전갑생, 「한국전쟁 포로와 사진: '동양공산주의자' 인종 프레임과 폭력성 재현」 『이화사학연구』 56, 2018.
정경운, 「일제강점기 광주의 지역유지 연구」 『국학연구논총』 26, 2020.
정병준, 「중립을 향한 '반공포로'의 투쟁 -한국전쟁기 중립국행 포로 76인의 선택과 정체성」 『이화사학연구』 56, 2018.
정상우, 「중·고교 한국 근현대사, 무엇을 언제 가르쳐야 하는가」 『歷史教育』 152, 2019.
정소영, 「제너럴셔먼호 사건에 대한 영국의 대응」 『인문과학』 88, 2023.
정연태, 『한국 근대와 식민지 근대화 논쟁 - 장기 근대사론을 제기하며』, 푸른역사, 2011.
조 건, 「중일전쟁기 일본군의 중국 공습과 대한민국 임시정부의 苦鬪」 『한국근현대사연구』 95, 2020.
조명근, 「1910~20년대 수원지역 근대관광의 실태」 『한국민족운동사연구』 98, 2019.
______, 「1920~30년대 대구부협의회, 부회 선거와 조선인 당선자」 『대구사학』 129, 2017.
______, 「일제시기 대구부 도시 개발과 부(협의)회의 활동」 『민족문화논총』 71, 2019.
조은경, 「한국광복군총사령부 간부의 회고를 통해 본 한국광복군 인식과 활동: 조경한·채원개·김홍일을 중심으로」 『한국근현대사연구』 95, 2020.
조정민·이수열, 「해운대 관광의 탄생」 『인문연구』 72, 2014.
주동빈, 「평양부(협의)회의 동상이몽과 부영전기 '재사영화'」 『역사학보』 248, 2020.
주진오, 「근대 국민 국가 수립 운동의 발전 - 1894~1898, 근대 국민 국가 수립의 주도권을 둘러싼 대립과 갈등」 『한국근대사 1 - 국민 국가 수립 운동과 좌절』, 푸른역사, 2016.
千寬宇, 「韓國史上의 中世·近代의 界線」 韓國經濟史學會 編, 『韓國史時代區分論』, 乙酉文化史, 1970.
최덕규, 「미국 해군제독 슈펠트와 조미수교」 『軍史』 115, 2020.
______, 「『朝鮮策略』과 고종정부의 북방정책: 러시아 레솝스키 함대의 극동원정(1880-1881)을 중심으로」 『軍史』 108, 2018.

최성환, 「목포의 해항성과 개항장 형성과정의 특징」『한국민족문화』 39, 2011.
______, 「목포항의 일본인과 해상네트워크」『한국학연구』 26, 2012.
한보람, 「19세기 시무개혁 세력의 성장과 개혁론의 성격 - 박규수와 어윤중의 계승 양상을 중심으로」『한국사상사학』 64, 2020.
한봉석, 「미국 대한원조에서 미국대학들(American Universities)의 역할과 그 의미-시라큐스 대학과 오레곤 대학의 사례를 중심으로」『史林』 70, 2019.
한승훈, 「1866년 제너럴 셔먼호 사건과 영국」『韓國史研究』 198, 2023.
______, 「19세기 후반 朝鮮의 對英정책 연구(1874-1895): 조선의 균세정책과 영국의 간섭정책의 관계 정립과 균열」, 고려대학교 대학원 박사학위논문, 2015.
허영란, 「시가지 개조를 둘러싼 지역주민의 식민지 경험 – 안성의 철도 · 시장 · 공원 그리고 지역주민」『역사문제연구』 17, 2007.
허영란, 「일제시기 여수의 도시화 과정과 지역사회의 대응」『대동문화연구』 67, 2009.
홍석률, 「이승만 정권과 4월 혁명」『한국현대사 2 – 경제성장과 민주주의, 그리고 통일의 과제』, 푸른역사, 2018.
홍순권, 「1930년대 부산부회의 의원 선거와 지방 정치세력의 동태」『지방사와 지방문화』 10-1, 2007.
홍정완, 「1950~60년대 한국 정치학계의 미국 정치학 수용 양상-'행태주의' 정치학 수용을 중심으로」『人文科學』 73, 2019.
______, 「1950년대 한국 경제학계의 후진국 개발론 수용」『한국사연구』 182, 2018.
______, 「전후 한국의 사회과학 연구와 근대화 담론의 형성」, 연세대학교 대학원 박사학위논문, 2017.
황선익, 「한국광복군의 병력 증강과 편제 개편」『한국근현대사연구』 95, 2020.

미주

제1부 한국사 수업 이론

| CHAPTER 01 한국사 수업의 설계 |

1) 교육공학용어사전 편찬위원회, 『교육공학용어사전』, 미래미디어, 2005.
2) Dick & Carrey 모형(1996)은 언뜻 보기에 ADDIE 모형과 다른 것 같지만 사실상은 정도만 다르고 보다 세분화되었을 뿐이지 ADDIE의 기본틀을 따르고 있다. 첫 번째 세 가지 요소는 분석 단계를 다음 세 가지 요소는 설계를 다루면서 목표설정, 준거지향 검사개발, 그리고 수업전략개발을 다룬다. 다음 이어지는 개발단계에서는 자료를 선정하거나 개발하는 것이며 그 뒤를 평가단계가 따른다. 평가단계에는 실시단계가 포함되어 있다. 평가도구 개발과 형성평가 및 총합평가의 실행을 전체적인 교수·학습의 한 과정으로 포함하는 것이 특징이다. ADDIE의 발전된 형태로 꼽는 것은 래피드 프로토타이핑(RP: Rapid Prototyping)이 있다.
3) 가네·브릭스(김남순 역), 『수업의 원리와 설계』, 배영사, 1980 참조.
4) 김현수 외,『교육과정 및 수업 설계』. 학지사, 2018 참조.
5) Wiggins, G., & McTighe, J. (송영림 외 역). 『이해 중심 교육과정 설계(Understanding by Design)』, 교육과학사, 2005 참조.
6) 강현석·이지은·유제순, 『백워드 설계의 이론과 실천 교실혁명』, 학지사, 2022 참조.
7) 장상호, 『교육공학의 기초』, 학지사, 2000 참조.
8) 이동욱, 「'백워드(Backward)' 설계로 매시간 '학생 주도형 토론 수업' 만들기: 교육 철학-평가 계획-교육 내용-수업-기록의 일체화를 통한 상시적인 학생 중심 수업의 구현」, 교육부 역사교원 토론수업역량강화 연수 발표문, 2017, p. 6.
9) APA Work Group of the American Psychological Association, Learner-centered psychological principles: A framework for school redesign and reform, Washington, DC: American Psychological Association, 1997.
10) Keller, J. M., *Motivational Design for Learning and Performance: The ARCS Model Approach* Springer, 2010(윤영숙, 김영일, 『학습동기와 수업설계』, 교육과학사, 2002. 재인용)
11) 한국교원대학교 초등교육연구소 편, 『구성주의와 교과교육』, 문음사, 2002.
12) 이후 장기기억과 스키마에 대해서는 Michael W. Eysenck · Marc Brysbaert(김태훈 외 역), 『인지심리학의 기초』, 학지사, 2021. 참조.
13) 박선경, 「역사 문해력의 개념과 역사교육과정 적용 - 미국, 영국, 호주 교육과정을 사례로 -」『역사와 담론』 97, 2021.
14) 박선경, 「실천적 역사인식으로서 역사 문해력의 성격과 구성요소」『사회과수업연구』 12-2, 2024 참조.
15) 김정환, 『교육학 개론』, 피와이메이트, 2023 참조.
16) 변경화, 「Edgar Dale의 시청각교육 이론에 관한 연구: '경험의 원추'를 중심으로」, 이화여자대학교 석사학위논문, 1985 참조.
17) 김태웅 외, 『우리 역사, 어떻게 읽고 생각할까』, 아카넷, 2016, p.8.

| CHAPTER 02 한국사 수업의 목표 |

1) 이원순, 『歷史科 教育』, 한국능력개발원, 1975
2) 李元淳·尹世哲·許勝一, 『歷史教育論』, 삼영사, 1994.
3) 정선영·김한종·양호환·이영효, 『역사교육의 이해』, 삼지원, 2003.

4) 강선주 · 최상훈 · 이영효 · 김한종, 『역사교육의 내용과 방법』, 책과함께, 2007.
5) 윤세철 · 최상훈, 「역사의 유용성과 역사교육목표」『역사교육』 87, 2003.
6) 김한종, 『역사수업의 원리』, 책과함께, 2007, pp. 298-302.
7) 정선영, 「역사교육의 최종 목표와 역사적 통찰력」, 『역사교육』 108, 2008 참조.
8) 국가교육과정정보센터(제1차 교육과정~2022 개정 교육과정). https://ncic.re.kr/(2025.3.1.검색)
9) 제4차 교육과정부터 지도상의 유의점이 지도 및 평가상의 유의점으로 바뀌었다. 이것이 다시 제6차 교육과정 때부터는 방법, 평가 각각 하나의 장으로 구성되어 제시되는 것으로 변화되었다. 제7차 교육과정 이후에서는 방법이 교수 · 학습방법으로 바뀌었다. 2015 교육과정부터는 교수 · 학습방법과 유의사항으로 변화되었다.
10) 국사과나 국사과목의 목표가 따로 제시되지 않고, 사회과의 목표만 제시되는 형태. 국사영역에서 각 학년별 내용에서 각 단원에서 다루어야 할 내용을 목표진술과 함께 제시하고 있다. 예를 들면,
(8) 사림 세력의 집권
사대부 집권 세력의 변화 과정을 통해 조선 사회의 특색을 파악하게 하며, 왜란 · 호란의 극복 과정을 이해하게 함으로써, 국력의 중요성을 인식하도록 한다.
(가) 사림의 진출—훈구파, 사림파, 사화, 성리학의 융성
(나) 붕당 정치—서원, 향약, 붕당
(다) 왜란과 호란—임진왜란, 한산도 대첩, 의병, 병자호란, 북벌론, 통신사
11) 핵심역량에 대한 논문은 박미송, 「역사 역량의 개념과 역사교육 적용」, 한국교원대학교 대학원 석사학위논문, 2023; 김성자, 「2015 개정 교육과정에 제시된 역사과 핵심역량의 문제점과 개선을 위한 제언」『역사와 교육』 22, 2016 참조.
12) 국가교육과정정보센터(제1차 교육과정~2022 개정 교육과정). https://ncic.re.kr/(2025.3.1. 검색)
13) 다만 '역사과 교육과정의 설계' 부분에서 '역사과 교육과정은 역사과의 성격에 기초하여 학생들이 미래 사회를 살아갈 시민으로서 필요한 자질을 갖추도록 설계하였으며, 총론에서 비전으로 제시한 '포용성과 창의성을 갖춘 주도적인 사람'과 연계하여 접근하였다. 자료의 분석 · 해석 과정을 통해 탐구 능력을 기르고 역사 지식을 형성하며, 역사 해석의 다양성과 역사의 논쟁성을 인식하고 타자를 이해하려는 태도를 함양하도록 설정하였다.'라고 하여 '시민으로서 필요한 자질'을 갖추도록 하여 역량보다는 자질 형성을 보다 강조한 것으로 보인다.
14) 교육부 고시 제2015-74호 [별책 7] 사회과 교육과정, 교육부 고시 제2022-33호 [별책 7] 사회과 교육과정 참조
15) 박성익, 「행동적 수업목표 활용에 대한 긍정적-부정적 논의」『한국교육』 12-2, 1985, p. 59.
16) 샘 와인버그(정종복 · 박선경 역), 『내 손안에 스마트폰이 있는데 왜 역사르 배워야 할까?』, Humanist, 2020, p. 120.
17) 교과목 집중이수제, 어떻게 생각하세요?, 한겨레신문(2012.4.23.기사)
18) 강현석 · 이지은 · 유제순, 『백워드 설계의 이론과 실천 교실혁명』, 학지사, 2022. 이해 표 재구성.
19) 교육부, 『교과 세부능력 및 특기사항 기재 도움 자료: 사회교과(군)』, 교육부, 17개 시 · 도교육청, 한국과학창의재단, 2020.
20) 이홍우는 「교육과정 탐구」(1998, p. 43)에서 타일러의 교육과정모형을 목표모형이라고 하고, 이에 대안적인 입장에 있는 브루너의 이론은 내용모형이라고 하였다. 타일러의 이론은 내용을 오직 목표를 달성하는 수단으로서 의미를 가지는 것으로 취급한다는 점에서 목표모형으로 부를 수 있고, 부르너의 이론은 지식의 구조로서의 교육내용을 교육의 핵심적인 관심사로 삼고 있는 점에서 목표모형에 대하여 내용모형으로 부를 수 있다는 것이다.(鄭筍禮, 「授業에서의 目標의 役割」, 서울교육대학교 대학원 석사학위논문, 2001, p. 7)
21) 鄭筍禮, 위의 글, 2001, pp. 23-27.

| CHAPTER 03 한국사 수업의 교재 |

1) 최상훈 외, 『역사교육의 내용과 방법』, 책과 함께, 2011, p. 127.

2) 기존의 역사교육 이론서(정선영 외, 『역사교육의 이해』, 심지원, 2001, pp. 142-143.)에서는 역사 교재의 선정 원리로 ① 학습 목표 달성 여부 ② 학습내용과의 적합성 ③ 난이도의 적절성 ④ 자료의 경제성 ⑤ 자료의 질(Quality) ⑥ 편의성 ⑦ 편향성 ⑧ 학습 환경을 고려한 적합성을 제시하였다.
3) 남정권, 『교육공학의 기초』, 한국학술정보, 2012, p. 143.
4) 한국사 교재는 자료의 종류에 따라 교과서, 사료, 현장이나 박물관 자료, 역사인물, 시사 교재 등으로 분류한다. 교재의 형식에 따라서는 문헌 자료, 지도, 연표, 모형물, 멀티미디어 등으로 나눌 수 있다. 교재가 담고 있는 사물이나 현상에 따라 체험교재, 경험교재, 자료교재 설명교재 등으로 구분하기도 한다. (최상훈, 앞의 책, pp. 131-132.)
5) 대입 학력 고사는 1981년부터 1992년까지 시행되었던 전국 규모의 대학 입학 선발 시험이다.
6) 검인정 교과서의 선정은 단위 학교에서 우선 교과협의회에서 교과서 심의위원회를 꾸려 기논의하고, 최종적으로 학교 운영 위원회의 심의를 거쳐 최종적으로 채택된다.
7) 제7차 교육과정 시기 고등학교 국사 교과서의 단원 편제는 다음과 같다. Ⅰ. 한국사의 바른 이해, Ⅱ. 선사 시대의 문화와 국가의 형성, Ⅲ. 통치 구조와 정치 활동, Ⅳ. 경제 구조와 경제 생활, Ⅴ. 사회 구조와 사회 생활, Ⅵ. 민족 문화의 발달
8) 정선영 외, 앞의 책, p. 147.
9) 양호환, 「역사교과서의 서술양식과 학생의 역사이해」 『역사교육』 59, 1996, p. 19.
10) 정선영 외, 앞의 책, 2001, p. 44.
11) 한상준, 「역사교육에 있어서의 사료학습의 접근 방안」 『교육연구지』 22, 1980, p. 17.
12) 허영란 외, 『현황과 방법 구술 · 구술자료 · 구술사』, 국사편찬위원회, 2004, p. 8.
13) 유방란, 「구술사 연구의 방법과 활용」 『한국교육』 52, 1998, p. 37.
14) 구술 컬렉션, 민주화 운동 기념사업회 오픈 아카이브, https://archives.kdemo.or.kr (2025.03.01.검색)
15) 최상훈 외, 앞의 책, 2011, p. 141.
16) 김세윤 · 방지원, 「사료 읽고 질문하며, 깊게 탐구하는 역사수업」 『교육연구』 79, 2017, p. 139.
17) 김세윤 · 방지원, 위의 글, pp. 2017, pp.118-138.
18) 임기환 · 김옥진, 「초등 사회과 역사영역 교육과정과 연계한 박물관교육 프로그램 구성 방안: 국립중앙박물관, 국립고궁박물관의 사례를 중심으로」 『한국초등교육』 23, 2012, p. 120.
19) 임기환 · 김옥진, 위의 글, pp. 122-123.
20) 4월 혁명 삽화, 동아일보(1960.3.16./1960.3.26./1960.4.17./,1960.4.20. 보도)
21) 고바우 영감 시사 만화, 동아일보 아카이브 https://www.donga.com/archive/newslibrary/view?ymd=19600426
22) 박순준, 「신문 활용을 통한 역사교육」 『역사와 경계』 89, 2013, p. 442.
23) 나이(Russel Blain Nye)는 1960년대 대중문화 연구의 선구자였던 미국의 영문학 교수이다. 그는 '"History and Literature: Branches of the Same Tree"라는 글에서 역사는 과학이기보다는 예술의 영역에 가깝다는 주장을 하였다. 그는 역사가와 소설가의 공통점이 아주 작은 과거의 단서를 바탕으로 과거의 사건에 대해 전달해 주는 것이라 언급하며, 이 과정에서 역사가는 소설가와 마찬가지로 상상력을 동원해야 하며 역사의 서술 과정은 마치 창조적인 행위를 하는 것과 같다고 주장하였다.
24) 호르스트 슈타인메츠(서정일 역), 『문학과 역사』, 예림기획, 2000, p. 13.
25) 최윤선 외, 『연표를 알면 역사가 쉽다』, 애플비, 2007. https://blog.aladin.co.kr/786735143/2008675
26) 경기도 박물관 '오! 경기의 천년 여행' 특별전, 연합뉴스, (2017.11.29. 기사)
27) 장문석 외, 2015 개정 『세계사 교과서』, 금성출판, p. 222.
28) 도면희 외, 2015 개정 『고등학교 한국사』, 비상교육, p. 188.
29) 생성형 AI(Chat GPT)를 이용하여 이순신 연표를 구현하였음.
30) 최상훈 외, 앞의 책, 2011, p. 155.

31) 이익주 외, 『고등학교 한국사 교과서』, 리베르스쿨, 2018, p. 219.
32) 조한경 외, 『고등학교 한국사 교과서』, 해냄에듀, 2025, p. 22.
33) 이익주 외, 2015 개정 『고등학교 한국사 교과서』, 리베르스쿨, p. 307.
34) 1980년대 6 · 29 선언의 사진 출처 : 역사저널 그날 노태우 · 전두환의 회고록 전쟁 , 한국강사신문(2023.10.29.기사), 1990년대 지방 자치제 선거 투표 사진 출처: 국가기록원, 기록으로 보는 지방 자치의 발자취 https://theme.archives.go.k(2025.1.1.검색), 2000년대 국가인권위원회 현판식 사진 출처: 극심한 진통 끝에 탄생한 국가인권위원회 스무 살의 이야기, 국가인권위원회 https://www.humanrights.go.k(2025.1.1.검색)
35) W. H. Burston, *Principles of History Teaching*, London: Methuen Education Ltd, 1972, p. 38.
36) W. H. Burston, 위의 책, 1972, p. 41.
37) W. H. Burston, 위의 책, 1972, p. 37.
38) 양재열, 「19세기 미국 정치사와 개량사학」 『계명사학』 17, 2006, p. 109.
39) 김태웅 외, 『우리 역사, 어떻게 읽고 생각할까』, 아카넷, 2016, p. 179.
40) 김태웅 외, 위의 책, 2016, p. 180.
41) 김태웅 외, 위의 책, 2016, p. 185.
42) 이익주 외, 앞의 책, 2016, p. 135.
43) 일부 고등학교 한국사 교과서(김보림 외, 2022 개정 『고등학교 한국사』2, 리베르스쿨, p. 30.)에는 식민지 근대화론과 식민지 수탈론을 다루는 논쟁 수업 특집을 제시하고 있다. 이 자료에는 식민지 근대화론의 주요 근거로 "1912~1939년 한국의 1인당 소득 증가율은 약 2.3%였다"라는 내용이 포함되었다. 이는 『한국의 경제성장』(김낙년 편, 『한국의 경제성장 1910-1945』, 서울대학교출판부, 2006, p. 300.)에서 "1인당 생산이 매년 2.37%의 속도로 증가하였다"라는 내용을 근거로 하고 있다.
44) 허수열, 「식민지 근대화론의 쟁점」 『동양학』 41, 2007, p. 230.
45) 허수열, 위의 글, 2007, p. 248.
46) 허수열, 「식민지기 조선인 1인당 소득과 소비에 관한 논의의 검토」 『동북아역사논총』 40, 2015, p. 104.
47) 이원순 외, 『역사교육론』, 삼영사, 1980, p. 284.
48) 최상훈 외 3인(앞의 책)은 역사지도의 교육적 기능에 대하여 크게 3가지를 제시하였다. ① 역사적 사실을 지리적으로 파악할 수 있게 해준다. ② 일정한 공간과 관련된 역사 변화를 시간적, 계통적으로 파악하는 데 도움을 줄 수 있다. ③ 한 지도를 통해 여러 역사적 사실들 간 관계를 파악하고 역사 해석을 할 수 있다.(최상훈 외, 앞의 책, 2011, pp. 161-165.)
49) 최병택 외, 『고등학교 한국사 교과서』, 천재교육, 2018, p. 64.
50) 김보림 외, 『고등학교 한국사』1, 리베르스쿨, 2025, p. 31.
51) 김보림 외, 위의 책, p. 121.
52) 구효미, 「역사 수업에서 지도의 활용 방안에 대한 연구」 이화여자대학교 대학원 석사학위논문, 2008, pp. 13-15에서 재인용(원자료는 Rocca, A. M., "Geography in History education: Effective integration strategies and examples," Social Studies Review Vol. 43, 2004.).
53) 최완기, 『역사 학습지도의 원리와 실제』, 느티나무, 1997, p. 18.
54) 댄저(Gerald A. Danzer)는 지도를 활용한 수업이 지향할 바로 연속성과 변동성(Sequence and change), 힘의 크기(Size as power), 분포(Distribution), 이동성(Movement), 역사적 경로(Routes: the pathways of history), 공간적 맥락(Spatial context), 상대적 위치(Relative location)를 제시하였다.(Danzer, "Source maps and the social studies: Essays, lesson plans and materials from cartographic traditions in western civilization," The University of lllinois at Chicago World History Project, 1993, p. 117.)
55) 송인주, 「초등 사회과교육에 있어서 역사지도 활용 방안」 『사회과교육』 32, 1999, p. 127.
56) 고종 황제 가족사진 이것이 궁금하다, 동아일보, (2004.05.06.기사).

57) 2차 동학농민혁명, 전봉준 장군 재판과정 일본신문 특집보도, 오마이뉴스, (2024.12.26.기사).
58) 일제의 조선인 놋그릇 공출, 조선일보, (2018.08.30.기사).
59) 김태웅 외, 앞의 책, 2016, p. 120.
60) 동래부순절도, 한국민족대백과사전 https://encykorea.aks.ac.kr/Article/E0016378 (2025.03.01.검색).
61) 신주백 외, 『고등학교 한국사 교과서』, 씨마스, 2018, p. 288.
62) 김보림, 「영화와 역사」 『충북대학교 CI 교과목 및 교재개발 보고서』, 2014, p.13.
63) 정종복, 「역사영화 비판적 읽기 교수 · 학습방안」 『역사교육연구』 32, 2018, p. 203.
64) 김순미는 역사영화의 학습 효과에 대해 언급하며 다음 사례를 제시하였다. 그는 역사영화를 통해 텍스트 위주로 학습할 때에는 간과했던 인간들의 생각과 상황을 주목할 수 있게 된다고 지적하였다. 영화 〈황산벌〉을 보면 전쟁 전의 백제 의자왕이 백제 귀족들과의 대립 속에서 고민하는 모습, 계백이 전쟁에 임하기 전에 가족을 죽이는 모습, 화랑 관창이 전쟁터에 나가기 전에 심정, 전투에 참여했던 백제 · 신라 군사의 심정 등을 생생하게 볼 수 있음을 강조하였다.(김순미, 「영화를 활용한 역사 수업의 이론과 실제」 『역사교육논집』 41, 2008, p. 10.)
65) 김순미, 위의 글, 2008, p. 10.
66) 이미지 출처 - 한국사 오천년 생존의 길, 한국교육방송공사, https://docuprime.ebs.co.kr(2025.03.01.검색).
67) 이미지 출처 - 한국사傳, KBS, https://vod.kbs.co.kr(2025.03.01.검색).
68) 에듀넷, 에듀넷 디지털 교과서의 메뉴와 기능 https://dtbook.edunet.net(2025.03.01.검색).
69) 황아름, 「중등 역사교육 디지털 교과서 활용 및 실제」 총신대학교 대학원 석사학위논문, 2023, pp. 14-15.
70) 한국학 중앙 연구원 홈페이지(https://mkoha.aks.ac.kr/IndexMain.do).
71) 대한민국 역사박물관 아카이브 외에도 현대사 자료인 경우 KBS 현대사 아카이브 사이트를 참고할 수 있다.(https://archives.kbs.co.kr/)
72) 강선주, 「유튜브 역사 콘텐츠 스토리텔링의 특징」 『역사교육연구』 43, 2022, pp. 283-285.
73) 강선주, 위의 글, 2022, pp. 286-287.
74) 김상헌 · 최희수, 「메타버스를 활용한 역사교육콘텐츠 개발 방안」 『한국콘텐츠학회 종합학술대회 논문집』, 2016, p. 162.
75) 최희수, 「체험형 역사 콘텐츠와 한국 고대사」 『한국 고대사 연구』 84, 2016, p. 215.
76) 국립 경주 박물관, 전시관 가상 체험 https://gyeongju.museum.go.kr(2025.05.01.검색).
77) 국립 경주 박물관, 국립 경주 박물관 VR체험관 https://gyeongju.museum.go.kr(2025.05.01.검색).
78) 5 · 18 민주화운동 기록관, 민주화운동 체험존 https://www.518archives.go.kr(2025.05.01.검색).
79) 국립 중앙 박물관, 경천사지 10층 석탑 증강현실 AR 체험, https://www.museum.go.kr/MUSEUM/contents/M0203060000.do (2025.08.22.검색).
80) 스토리보드 댓 홈페이지(https://www.storyboardthat.com).
81) 오토드로우 홈페이지(https://www.autodraw.com).
82) 지연정 · 오영찬, 「모바일 기반 창덕궁 현장체험학습을 위한 역사과 교수 · 학습 방안 개발」 『교과교육학연구』 19, 2015, p. 632. (제시된 자료에서는 돈화문에 대한 개념 설명, 퀴즈, 수행 미션 등이 담겨 있다.)
83) 강선주, 「창의적 체험을 위한 역사적 장소 탐방 수업 방안」 『역사교육논집』 49, 2014, p. 267.
84) 국립중앙박물관 교육 통합 플랫폼 '모두(MODU)'(https://modu.museum.go.kr).
85) 강선주, 「박물관 활용 역사 수업 방안」 『기전문화연구』 34, 2008, p. 168.
86) 임상범, 「역사교육을 위한 박물관교육의 내러티브적 접근」 『역사교육논집』, 56 2015, p. 168.
87) 강선주, 「역사교육과 박물관 역사 전시의 만남」 『역사교육연구』 16, 2012, pp. 29-30.
88) 성태규, 「박물관 사회교육의 정치성 문제」 한국대학박물관협회 학술대회, 2000, p. 74.

89) 강선주, 앞의 글, 2012, pp. 26-27에서 재인용(원자료는 Marcus, J. Stoddard, W. Woodward, Teaching History with Museums Strategies for K-12 Social Studies, Routledge, 2017, p. 7.)
90) 임상범, 앞의 글, p. 168.
91) 강선주, 『역사교육 새로 보기』, 한울, 2015, p. 313.
92) 류재만, 「박물관교육에서 유물 리터러시 학습 방안 모색」 『박물관학보』 36, 2019, p. 11.
93) 류재만, 위의 글, 2019, p. 11.
94) 고지훈, 「역사적 사고력 함양을 위한 박물관 교육 내러티브 실행 연구」 한양대학교 대학원 박사학위논문, 2018, pp. 62-65.
95) 김민수, 「부마 민주 항쟁을 주제로 한 초·중등 지역사 교재 계열화 방안」 『역사교육연구』 39, 2021, p. 189.
96) 김민수, 위의 글, 2021, p. 181.
97) 김민수, 위의 글, 2021, p. 188.
98) 최상훈 외, 앞의 책, p. 202.
99) 김보림, 앞의 책, 2025, pp. 101-103.

| CHAPTER 04 한국사 수업의 방법 |

1) 정선영 외 3명, 『역사교육의 이해』, 2001, pp. 168-196.
2) 최상훈 외 3명, 『역사교육의 내용과 방법』, 2007, pp. 217-259.
3) 최상훈 외 3명, 위의 책, 2007, pp. 217-222.
4) 최상훈 외 3명, 위의 책, 2007, pp. 222-227.
5) 정선영 외 3명, 앞의 책, 2001, p. 168, 최상훈 외 3명, 위의 책, 2007, p. 218.
6) 김규현, 『프로강사가 되는 법』, 2018, pp. 110-111.
7) 김규현, 위의 책, 2018, p. 84.
8) 김현섭, 『질문이 살아있는 수업』, 2015, p. 79.
9) 김현섭, 위의 책, 2015, pp. 87-88.
10) 김현섭, 위의 책, 2015, pp. 40-41.
11) 김한종, 『역사수업의 원리』, 2007, pp. 117-118.
12) 최상훈 외 3명, 앞의 책, 2007, pp. 227-231.
13) 리처드 마리우스 외 1명, 『역사 글쓰기, 어떻게 할 것인가』, 2010, pp. 32-46.
14) 최상훈 외 3명, 앞의 책, 2007, p. 229.
15) 최은혜, 「인물사 학습을 위한 역사일기 쓰기 수업 모형 개발」, 부경대학교 교육대학원 석사학위논문, 2009, p. 53.
16) 최은혜, 앞의 글, 2009, pp. 53-54.
17) 최형지, 「고등학교 극화수업의 적용과역사교육적 효과」, 고려대학교 교육대학원 석사학위논문, 2015, pp. 45-48.
18) 구임주, 「내용 생성을 위한토의·토론식 수업 모형 연구」, 전남대학교 교육대학원 석사학위논문, 2010, p. 15.
19) 정선영 외 3명, 앞의 책, 2001, pp. 176-177.
20) 최진호, 「역사교육에서 JigsawⅢ 모형을 활용한 토론식 수업 방안」, 이화여자대학교 교육대학원 석사학위논문, 2013, p. 6.
21) 이경희, 「Kagan의 구조중심 협동학습이 학업성취도와 학습태도에 미치는 효과」, 경인교육대학교 교육대학원 석사학위논문, 2003, pp. 13-15.
22) 최용규 외, 『사회과 교육과정에서 수업까지』, 교육과학사, 2014, pp. 338-341.
23) 정선영 외 3명, 앞의 책, 2001, pp. 184-186.
24) 최상훈 외 3명, 앞의 책, 2007, pp. 241-242.

25) 이정민 외 1명, 「초, 중등교육에서 플립러닝 연구사례 분석」, 『한국디지털정책학회 디지털정책연구』 14-8, 2016, p. 21.
26) 이동엽, 「플립드 러닝 교수학습 설계모형 탐구」, 『한국디지털정책학회 디지털 융복합연구』 11-12, 2013, p. 90.
27) 이동엽, 위의 글, 2013, p. 90.
28) 정민영, 「디지털 기술을 활용한 박물관교육 발전방안 연구」, 『국립중앙박물관 교육논문집』, 2019, p. 37.
29) 유명현 외 1명, 「VR, AR, MR 기반 학습의 효과에 관한 메타분석」, 『교육정보미디어연구』 24-3, p. 462.
30) 신현범, 「딥러닝을 활용한 역사 AI 챗봇 개발과 실제 수업에서의 효과성 검증」, 금오공과대학교 교육대학원 석사학위논문, 2022, p. 61.
31) 인공지능신문 https://www.aitimes.kr (2025.02.18. 기사).
32) 박용준, 『챗GPT 역사수업』, 에듀니티, 2024, p. 75.
33) 박용준, 앞의 책, 2024, p. 133, p. 162.
34) 프롬프트 세종대왕 퀴즈 문항 출제, OpenAI Chatgpt. https://chatgpt.com(2025.4.2. 검색)
35) 俞得順, 「ChatGPT가 생성한 역사에 관한 텍스트와 학습자의 반응: 거짓 정보에 대한 학생 인식을 중심으로」 『역사교육』 172, 2024.
36) 박용준, 앞의 글, 2024, p. 220.
37) 김형록, 「온라인 역사 수업에 대한 여러 논의와 역사 수업의 효율성 제고 방안」 『역사교육연구』 42, 2022, p. 79.
38) 황준호 외 1명, 「스마트 학습 기반 블렌디드 수업 적용 연구」 『정보교육학회논문지』 21-2, 2017, p. 185.
39) 윤승신, 「초등학교 도서관 북큐레이션활성화 방안 연구」, 대진대학교 대학원 석사학위논문, 2021, pp. 66-67.
40) 오충훈, 「플립 러닝(Flipped Learning)과 비주얼씽킹(Visual Thinking) 기법을 활용한 고등학교 한국사 수업 모형 연구」, 제주대학교 석사학위논문, 2019, p. 42.
41) 우치갑 외, 『비주얼 씽킹 수업』, 디자인펌킨, 2015, p. 50.
42) 오충훈, 앞의 글, 2019, pp. 43-44.

| CHAPTER 05 한국사 평가의 이론과 실제 |

1) 오정현, 박진동, 「수능 필수 한국사의 평가목표 설정과 적용 방안」, 『역사교육』 135, 2015 참조.
2) 교육부 고시 제2018-162호 [별책 7] 사회과 교육과정, 2022; 교육부 고시 제2022-33호 [별책 7] 사회과 교육과정, 2022.
3) 박미향, 「독일 역사교육에서의 역사의식과 역량 논의-뤼젠의 역사이론과 FUER모델을 중심으로」, 부산대학교 대학원 박사학위논문, 2022; 박선경, 「역사 문해력의 개념과 역사교육과정 적용-미국, 영국, 호주 교육과정을 사례로-」 『역사와 담론』 97, 2021 참조.
4) 양호환 외, 『역사교육의 이론과 방법』, 삼지원, 2000; 최상훈 외, 『역사교육의 내용과 방법』, 책과함께, 2011; 최상훈 외, 『역사과평가의 이론과 실제』, 책과 함께, 2012; 정선영 외, 『역사교육의 이해』, 심지원, 2001; 이원순 외, 『역사교육론』, 삼영사, 1980; 최완기, 『역사 학습지도의 원리와 실제』, 느티나무, 1997; 강선주, 『역사교육 새로 보기』, 한울, 2015; 강승호 외, 『현대 교육평가의 이론과 실제』, 양서원, 2003; 권대훈, 『교육평가』, 학지사, 2008; 김재춘 외, 『예비 · 현직 교사를 위한 교육과정과 교육평가』, 교육과학사, 2007 참조.
5) 최상훈 외, 위의 책, 2012 참조.
6) 유득순, 「'역사다운 질문' 개발을 위한 역사 교과서의 질문 분석과 함의-2015 개정 교육과정 중학교 『역사 ①』의 4단원을 중심으로-」, 『역사교육논집』 제82집, 2023; 유득순, 「국제바칼로레아 디플로마 프로그램 역사 교재의 질문 분석과 시사점」, 『역사교육』 164, 2022 참조.
7) 최상훈 외, 앞의 책, 2012 참조.

8) 교육부 고시 제2022-33호 [별책 7] 사회과 교육과정, 2022.
9) 강승호 외, 『현대 교육평가의 이론과 실제』, 양서원, 2003; 권대훈, 『교육평가』, 학지사, 2008; 김재춘 외, 『예비 · 현직 교사를 위한 교육과정과 교육평가』, 교육과학사, 2007 참조.
10) 김미리, 「논술형 수행평가에 나타난 고등학생의 역사탐구 과정」, 『청람사학』 제32집, 2020; 박진동, 「강원도 지역 중 · 고등학교 역사과 평가 실태조사」, 『역사교육연구』 38, 2020 참조.

제2부 한국사 수업의 실제

| CHAPTER 01 한국 고 · 중세사 |

1) 김정배, 「개요」 『한국사』 4-초기국가 · 고조선 · 부여 · 삼한, 국사편찬위원회, 2002, pp. 1-10.
2) 송호정 · 여호규 · 임기환 · 김창석 · 김종복, 『한국 고대사』 1-고대 국가의 성립과 전개, 푸른역사, 2016, p. 79.
3) 송호정 외, 위의 책, 2016, p. 141.
4) 송호정 외, 위의 책, 2016, p. 179.
5) 동북아역사재단 편, 『발해의 역사와 문화』, 2007, pp. 12-14.
6) 채웅석, 「총설: 고려시대의 사회성격과 역사적 위상」 『21세기에 다시 보는 고려시대의 역사』, 혜안, 2018, pp. 19-21.
7) 박용운, 「고려」 『한국사』 1-총설, 국사편찬위원회, 2002, p. 252.
8) 채웅석, 앞의 책, 2018, p. 21.
9) 박용운, 앞의 책, 2002, pp. 252-253.
10) 채웅석, 앞의 책, 2018, p. 22.
11) 박용운, 앞의 책, 2002, p. 253.
12) 박용운, 위의 책, 2002, pp. 254-255.
13) 박용운, 위의 책, 2002, pp. 256-257.
14) 채웅석, 앞의 책, 2018, pp. 25-27.
15) 한국고대사학회, 『한국 고대사 연구의 새 동향』, 서경문화사, 2007 참조.
16) 박종기, 「정치사의 전개와 고려사회 성격론」 『새로운 한국사 길잡이』 上, 지식산업사, 2008, pp. 198-208.
17) 이진한, 「고려의 지배체제」, 위의 책, 2008, pp. 212-220.
18) 윤용혁, 「고려의 대외관계」, 앞의 책, 2008, pp. 289-290.
19) 김기섭, 「고려의 토지제도와 경제생활」, 앞의 책, 2008, pp. 225-232.
20) 권영국, 「고려시대의 신분제」, 앞의 책, 2008, pp. 238-248.
21) 최상훈, 「역사과 교육과정 개정 작업에 부쳐」 『역사교육연구』 40, 2021, p. 16.
22) 양기송, 『백제 무왕설화의 지역문화 콘텐츠화 연구』, 원광대학교 대학원 박사학위논문, 2019.
23) 박현숙, 「익산 미륵사지 출토 〈금제사리봉영기〉 연구의 쟁점과 과제」 『한국고대사연구』 106, 2022, pp. 6-9 참조.
24) 김주성, 「백제 법왕과 무왕의 불교정책」 『마한백제문화』 15, 2001, pp. 49-53.
25) 노중국, 『백제정치사연구』, 일조각, 1988, pp. 204-205; 노중국, 「백제 무왕과 지명법사」 『한국사연구』 107, 1999; 이내옥, 「미륵사와 서동설화」 『역사학보』 188, 2005, pp. 39-43; 이도학, 「백제 의자왕대 정치변동에 대한 검토」 『백제문화』 33, 2004, pp. 123-124.
26) 주보돈, 「彌勒寺址 출토 舍利奉安記와 백제의 王妃」 『백제학보』 7, 2012, pp. 31-33.
27) 신종원, 「사리봉안기를 통해 본 『삼국유사』 무왕조의 이해」 『익산 미륵사와 백제-서탑 사리봉안기 출현의 의의』, 일지사, 2011; 김상현, 「백제 무왕대 불교계의 동향과 미륵사」 『한국사학보』 37, 2009, pp. 24-26; 김주성, 「미륵사지 서탑 사리봉안기 출토에 따른 제설의 검토」 『동국사학』 47, 2009, pp. 38-40.

28) 조경철, 「백제 익산 미륵사 창건의 신앙적 배경」『한국사상사학』 32, 2009, pp. 29-30; 길기태, 「미륵사 창건의 신앙적 성격」『한국사상사학』 30, 2008, pp. 5-6.
29) 김수태, 「백제 무왕대의 미륵사 서탑 사리 봉안」『신라사학보』 16, 2009, pp. 11-13.
30) 남정호, 「백제 무왕의 왕비와 의자왕의 생모에 대한 고찰」『역사교육론집』 55, 2015.
31) 홍윤식, 「益山 彌勒寺 창건과 선화공주의 역사적 의미」『대발견 사리장엄! 彌勒寺의 在照明』, 2009.
32) 박현숙, 앞의 글, 2022, p. 20.
33) 김상현, 앞의 글, pp. 24-26; 김주성, 앞의 글, 2009, pp. 30-32.
34) 김주성, 앞의 글, 2009, pp. 33-34; 김주성, 「백제 무왕의 정국운영」『대발견 사리장엄, 미륵사의 재조명』, 2012, pp. 32-33.
35) 정재윤, 「彌勒寺 舍利奉安記를 통해 본 武王 · 義慈王代의 政治的 動向」『韓國史學報』 37, 2009, pp. 38-40.
36) 김주성, 앞의 글, 2009, pp. 36-40.
37) 김수태, 앞의 글.
38) 문안식, 「의자왕의 친위정변과 국정쇄신」『東國史學』 47, 2009.
39) 박현숙, 「百濟 武王의 益山 경영과 彌勒寺」『한국사학보』 36, 2009.
40) 이도학, 앞의 글.
41) 이용현, 「미륵사탑 건립과 사택씨-사리봉안기를 실마리로 삼아」『신라사학보』 16, 2009, p. 70.
42) 정재윤, 앞의 글.
43) 노중국, 「泗沘時代의 支配勢力」『百濟政治史研究』, 일조각, 1988, p. 186.
44) 강종원, 「百濟 沙氏勢力의 中央貴族化와 在地基盤」『百濟研究』 45, 2007, pp. 29-33.
45) 오택현, 「백제 沙氏의 정치적 위상」『신라문화』 57, pp. 285-301; 연민수, 「사비시대 사택씨의 위상과 멸망 이후의 후예씨족」『한국학』 44-1, 2021, pp. 215-232.
46) 박현숙, 앞의 글, 2012, p. 25.
47) 박현숙, 위의 글, 2012, pp. 26-27.
48) 이도학, 앞의 글, pp. 264-266.
49) 강종원, 「백제 무왕의 태자 책봉와 왕권 변동」『백제연구』 54, 2011, p. 153.
50) 강종원, 「백제 무왕대의 건축물 조영과 정국 변화」『백제학보』 26, 2018, pp. 160-162.
51) 박현숙, 앞의 글, 2009, pp. 344-348.
52) 박현숙, 앞의 글, 2009, pp. 329-355.
53) 장미애, 「백제 미륵 사지 서탑 출토 사리봉안기의 정치적 성격」『목간과 문자』 25, 2020, pp. 79-103; 오택현, 「백제 위덕왕의 왕권 강화와 익산」『중앙사론』 52, 2020, pp. 5-30.
54) 장미애, 위의 글, pp. 79-103.
55) 박현숙, 앞의 글, 2009, pp. 344-355.
56) 김낙중, 「백제 고고학 연구에서 익산 미륵사지서탑 출토 유물의 의미」『백제문화』 57, 2017, p. 119.
57) 생성형 AI(Chat GPT)를 이용하여 이미지를 구현하였음.
58) 김우택, 「중학교 교과서의 '서경 천도 운동'을 통한 역사적 사고력 신장 교육방안 모색」『중앙사론』 58, 2023, pp. 12-14.
59) 김병인, 「문벌사회의 전개와 개혁의 모색」『21세기에 다시 보는 고려시대의 역사』, 혜안, 2018, p. 67.
60) 이정신, 「서경 천도 운동은 왜 일어나게 되었나」『내일을 여는 역사』 12, 2002, p. 121.
61) 민현구, 「묘청 일파 서경천도론의 허와 실」『한국사시민강좌』 36, 2005, p. 32.
62) 김우택, 앞의 글, 2023, pp. 22-23.
63) 민현구, 「묘청 일파 서경천도론의 허와 실」『한국사시민강좌』 36, 2005, pp. 34-35.
64) 김우택, 앞의 글, 2023, p. 29.
65) 이정신, 앞의 글, 2002, p. 124.

66) 이정신, 「서경 천도 운동은 왜 일어나게 되었나」 『내일을 여는 역사』 12, 2002, pp. 127-128.
67) 김우택, 앞의 글, 2023, p. 30.

| CHAPTER 02 한국 근세사 |

1) 전우용, 「식민사학」 『한국학 학술용어』, 한국학중앙연구원출판부, 2020.
2) 천관우, 『근세조선사연구』, 일조각, 1979.
3) 김용섭, 『조선후기농업사연구 1』, 지식산업사, 1995; 김용섭, 『조선후기농업사연구 2』, 지식산업사, 2007.
4) 한영우, 『조선전기사회경제연구』, 을유문화사, 1983.
5) 이병휴. 『조선전기 기호사림파 연구』, 일조각, 1984; 이수건, 『영남사림파의 형성』, 영남대출판부, 2007; 이태진, 『(증보판) 한국사회사연구』, 지식산업사, 2008.
6) 김성우, 「연속된 두 시기로서의 16 · 17세기: '조선중기론'의 입장에서」 『내일을 여는 역사』 24, 2006.
7) 이태진, 『(개정판) 조선시대 정치사의 재조명』, 태학사, 2003.
8) 정요근 외, 『고려에서 조선으로』, 역사비평사, 2019.
9) 송웅섭, 「중종대 기묘사림의 구성과 출신배경」 『한국사론』 45, 2001; 김범, 「조선전기 '훈구 · 사림세력' 연구의 재검토」 『한국사학보』 15, 2003; 에드워그 와그너(이훈상 · 손숙경 역), 『조선왕조 사회의 성취와 귀속』, 일조각, 2007.
10) 한영우 외, 『다시, 실학이란 무엇인가』, 푸른역사, 2007; 이경구, 『실학, 우리 안의 오랜 근대』, 푸른역사, 2024; 허태용, 『실학이라는 생각』, 신서원, 2025.
11) 이헌창, 「한국사 파악에서 내재적 발전론의 문제점」 『한국사시민강좌』 40, 2007; 윤해동, 『근대 역사학의 황혼』, 책과함께, 2010; 권내현, 「내재적 발전론과 조선 후기사 인식」 『역사비평』 11, 2015; 염정섭, 「조선후기 경영형부농론을 사학사에 내려놓기」 『내일을 여는 역사』 69, 2017; 임성수, 「한국사 교과서의 조선후기 서술과 내재적 발전론」 『역사교육연구』 34, 2019.
12) 김성윤, 『조선후기 탕평정치연구』, 지식산업사, 1997; 박광용, 『영조와 정조의 나라』, 푸른역사, 1998.
13) 정옥자, 『조선후기 조선중화사상연구』, 일지사, 1998.
14) 한국고문서학회, 『조선시대 생활사』, 역사비평사, 1996; 한국고문서학회, 『조선시대 생활사 2』, 역사비평사, 2000; 한국고문서학회, 『조선시대 생활사 3: 의식주, 살아있는 조선의 풍경』, 역사비평사, 2006; 한국고문서학회, 『조선시대 생활사 4: 조선의 일상, 법정에 서다』, 역사비평사, 2013.
15) 천관우, 「반계유형원연구」 『역사학보』 2, 1952.
16) 한우근, 「이조 실학의 개념에 대하여」 『진단학보』 19, 1958.
17) 천관우, 「한국실학사상사」 『한국문화사대계 VI -종교 · 철학사』, 고려대 민족문화연구소, 1970, p. 905.
18) 이우성, 「실학연구서설」 『실학연구입문』, 일조각, 1973.
19) 정재정, 「조선후기 실학연구의 동향과 '국사' 교과서 서술의 변천」 『역사교육』 39, 1986; 김현영, 「'실학' 연구의 반성과 전망」 『한국중세사회 해체기의 제문제 상』, 한울, 1987; 한영우, 「'실학' 연구의 어제와 오늘」 『다시, 실학이란 무엇인가』, 푸른역사, 2007; 정호훈, 「조선후기 실학 연구의 추이와 성과」 『한국사연구』 184, 2019.
20) 김용옥, 『독기학설』, 통나무, 1994.
21) 유봉학, 『실학과 진경문화』, 신구문화사, 2013.
22) 교육부, 『별책 2022 사회과 교육과정』, 교육부, 2022, pp. 94-97.
23) 이성무, 『조선초기양반연구』, 일조각, 1980; 이성무, 『조선양반사회연구』, 일조각, 1995.
24) 한영우, 『조선전기사회경제연구』, 을유문화사, 1983; 한영우, 『조선시대 신분사연구』, 집문당, 1997.
25) 조선 후기의 신분제 동요설에 대해서는 국사편찬위원회에서 간행한 『신편 한국사 34권 조선 후

기의 사회』 가운데, 'Ⅰ. 신분제의 이완과 신분의 변동'에 잘 정리되어 있다.

26) 김성우, 「조선후기의 신분제-해체국면 혹은 변화과정?」『역사와 현실』 48, 2003; 권내현, 「조선후기 신분 변동론 그 이후」『조선시대사학보』 105, 2023.
27) 권내현, 「한국사 교과서 조선시대 신분제 서술의 함의와 오류」『역사교육논집』 81, 2022.
28) 교육부, 『별책 2022 사회과 교육과정』, 교육부, 2022, pp. 94-97.
29) 김보림 외, 『리베르스쿨 고등학교 한국사1』, 2025, p. 73.
30) 교육부 고시 제2022-33호 [별책 7] 사회과 교육과정, 2022, pp. 94-97.
31) 김보림 외, 앞의 책, 2025, p. 73.
32) 매일경제. https://www.mk.co.kr/news/society/5420781

| CHAPTER 03 한국 근 · 현대사 |

1) 송규진, 「조선의 '관세문제'와 식민지관세법의 형성」『史學硏究』 99, 2010, pp. 191-202.
2) 갑오 · 을미개혁의 배경, 주도세력, 경과 등에 대해서는 주진오, 「근대 국민 국가 수립 운동의 발전 – 1894~1898, 근대 국민 국가 수립의 주도권을 둘러싼 대립과 갈등」『한국근대사 1 – 국민국가 수립 운동과 좌절』, 푸른역사, 2016, pp. 141-173.
3) 류승렬, 『뿌리깊은 한국사, 샘이 깊은 이야기7: 현대』, 솔, 2004, p. 107.
4) 홍석률, 「이승만 정권과 4월 혁명」『한국현대사 2 – 경제성장과 민주주의, 그리고 통일의 과제』, 푸른역사, 2018, pp. 68-69.
5) 정상우, 「중 · 고교 한국 근현대사, 무엇을 언제 가르쳐야 하는가」『歷史教育』 152, 2019, p. 162.
6) 한승훈, 「19세기 후반 朝鮮의 對英정책 연구(1874-1895): 조선의 균세정책과 영국의 간섭정책의 관계 정립과 균열」, 고려대학교 대학원 박사학위논문, 2015; 최덕규, 「『朝鮮策略』과 고종정부의 북방정책: 러시아 레솝스키 함대의 극동원정(1880-1881)을 중심으로」『軍史』108, 2018; 최덕규, 「미국 해군제독 슈펠트와 조미수교」『軍史』 115, 2020; 최덕규, 『대한제국 국제관계사 연구(1882~1910)』, 동북아역사재단, 2021; 한승훈, 「1866년 제너럴 셔먼호 사건과 영국」『韓國史硏究』 198, 2023; 정소영, 「제너럴셔먼호 사건에 대한 영국의 대응」『인문과학』 88, 2023.
7) 이형식, 「1910년대 일본제국의회 중의원과 조선통치」『史叢』 82, 2014; 이형식, 「조슈파 데라우치 마사타케(寺內正毅)와 조선 통치」『역사와 담론』 91, 2019; 김종식, 「3 · 1운동을 전후한 1910년대 식민지조선을 둘러싼 일본의 정치과정 연구 – 입헌 정우회와 하라 다카시(原敬)를 중심으로」『歷史學報』 245, 2020; 서종진, 「일본 제국주의의 '내지연장주의'와 조선총독부의 '문화정치'」『韓國政治外交史論叢』 41-2, 2020. 한편 항일/친일의 이분법적 이해가 아닌 저항/협력이라는 방식으로 조선인을 중심으로 하는 연대/대립의 지형에 대한 초기 연구로는 김동명의 연구가 대표적이다.(김동명, 『지배와 저항, 그리고 협력: 식민지 조선에서의 일본 제국주의와 조선인의 정치운동』, 경인문화사, 2006. 또 근래에는 식민지 조선에서의 지방참정 제도와 기관, 이를 위한 선거 등을 분석해 『지배와 협력: 일본제국주의와 식민지 조선에서의 정치참여』(역사공간, 2018.)가 발간되었다. 뿐만 아니라 근래 일제 강점기 지역사 · 도시사 연구의 활성화에 따라 실제 지역사회에서 현실적인 이해관계에 따라 민족 차이로 설명할 수 없는 다양한 전선이 형성되었음이 밝혀지고 있다. 이에 대해서는 후술할 근대 도시사 연구 경향에서 제시한 성과들을 참고하기 바란다.
8) 주요한 것으로는 소현숙, 『이혼 법정에 선 식민지 조선 여성들-근대적 이혼제도의 도입과 젠더』, 역사비평사, 2017; 최혜주 엮음, 『일제의 식민지배와 재조일본인 엘리트』, 어문학사, 2018; 이아리, 「한국 근대 가사 서비스노동의 형성과 변동」, 서울대학교 대학원 박사학위논문, 2023 등이 있다.
9) 한국역사연구회 3 · 1운동 100주년 기획위원회, 『3 · 1운동 100년』 1~5, 휴머니스트, 2019. 5권으로 구성된 이 저작은 3 · 1운동을 둘러싼 제반 양상을 포괄하고 있을 뿐만 아니라 계층 · 젠더 등의 관점에서 3 · 1운동을 접근한다는 점에서 현재까지 3 · 1운동에 대한 종합적 저작이라 하겠다.
10) 신주백, 「봉오동 전투, 청산리 전투 다시 보기」『역사비평』 127, 2020; 신주백, 「1920년의 임시정부 독립전쟁론과 북간도 지역 독립군」『한국민족운동사연구』 106, 2021; 이상훈, 「봉오동 부

근 전투 상보를 통해 본 봉오동 전투」『한국독립운동사연구』 72, 2020; 김주용, 「중국 延邊지역 全羅北道 사람들의 강제이주와 정착」『한국학연구』 57, 2020; 다나카 류이치, 「훈춘 일본인사회와 훈춘사건」『만주연구』 31, 2021; 조건, 「중일전쟁기 일본군의 중국 공습과 대한민국 임시정부의 苦鬪」『한국근현대사연구』 95, 2020; 조은경, 「한국광복군총사령부 간부의 회고를 통해 본 한국광복군 인식과 활동: 조경한 · 채원개 · 김홍일을 중심으로」『한국근현대사연구』 95, 2020; 황선익, 「한국광복군의 병력 증강과 편제 개편」『한국근현대사연구』 95, 2020.

11) 권헌익, 『또 하나의 냉전』, 민음사, 2013; 김봉국, 『냉전과 투쟁 -전후 한국의 세계해석과 의미경쟁』, 선인, 2018; 김성보, 「21세기에 돌아보는 1945년 한반도의 지정학」『역사비평』 124, 2018; 정병준, 「중립을 향한 '반공포로'의 투쟁: 한국전쟁기 중립국행 포로 76인의 선택과 정체성」『이화사학연구』 56, 2018; 이선우, 「만주에서 거제도, 그리고 인도까지: 어느 '반공포로'의 생존 기록」『이화사학연구』 56, 2018; 고바야시 소메이, 「M. L. 오즈본의 포로 교육 경험과 '貫戰史(Trans-War)'로서의 심리전」『이화사학연구』 56, 2018; 전갑생, 「한국전쟁 포로와 사진: '동양 공산주의자' 인종 프레임과 폭력성 재현」『이화사학연구』 56, 2018; 선즈화, 『아시아에서의 냉전』, 소명출판, 2023; 이정은, 「여순사건과 농지개혁, 그리고 지역의 경험 아울러보기」『인문학술』 10, 2023; 임송자, 2023, 「제주 4 · 3의 진압과정과 선무공작의 전개 양상」『민족문화연구』 98, 2023; 예대열, 「'忘却'과 '沸騰'의 공존 - '여순 10 · 19사건' 이후 전남 동부 지역민들의 '기억투쟁' 고찰」『탐라문화』 72, 2023.

12) 홍정완, 「전후 한국의 사회과학 연구와 근대화 담론의 형성」, 연세대학교 대학원 박사학위논문, 2017; 홍정완, 「1950년대 한국 경제학계의 후진국 개발론 수용」『한국사연구』 182, 2018; 심혜경, 「1950년대 말 아시아재단 서울지부의 연구 지원 사례 연구–고황경 · 이만갑 · 이효재 · 이해영의 『한국농촌가족의 연구』를 중심으로」『한국학연구』 49, 2018; 김인수, 「냉전과 지식정치–박진환의 Farm Management Analysis(1966)의 성립 사정을 중심으로」『동북아역사논총』 61, 2018; 안진수, 「5 · 16군사정변과 아시아재단 사업방향의 전환–1961년 박정희의 샌프란시스코 방문을 중심으로」『한국학연구』 54, 2019; 한봉석, 「미국 대한원조에서 미국대학들(American Universities)의 역할과 그 의미–시라큐스 대학과 오레곤 대학의 사례를 중심으로」『史林』 70, 2019; 홍정완, 「1950~60년대 한국 정치학계의 미국 정치학 수용 양상–'행태주의' 정치학 수용을 중심으로」『人文科學』 73, 2019.

13) 김태웅, 『한국 근대 지방재정 연구 - 지방재정의 개편과 지방행정의 변경』, 아카넷, 2012; 권오영, 『근대이행기의 유림』, 돌베개, 2012; 김윤희, 『근대 동아시아와 한국 자본주의』, 고려대학교 민족문화연구원, 2013; 신동원, 『호환 마마 천연두 - 병의 일상 개념사』, 돌베개, 2013; 김흥규, 『근대의 특권화를 넘어서』, 창비, 2013; 송호근, 『시민의 탄생: 조선의 근대와 공론장의 지각 변동』, 민음사, 2013.

14) 한보람, 「19세기 시무개혁 세력의 성장과 개혁론의 성격 - 박규수와 어윤중의 계승 양상을 중심으로」『한국사상사학』 64, 2020; 민회수, 「한국 근대 『만국공법』 인식의 전통적 기원 - '공'과 '공법' 개념을 중심으로」『한국사학보』 81, 2020; 김태웅, 「수구 · 개화 이항 대립 틀의 허상 탈피 - 조선후기 시무개혁론의 추이와 변화」『歷史教育』 157, 2021; 이유진, 「19세기 말~20세기 초 신호적의 자료적 성격에 대한 고찰」『奎章閣』 61, 2022; 김민석, 「갑오개혁 · 대한제국기 지방 제도 개편과 지방자치 논의」, 한양대학교 대학원 박사학위논문, 2023.

15) 한석정, 『만주모던- 60년대 한국 개발 체제의 기원』, 문학과 지성사, 2016; 허은, 『냉전과 새마을 - 냉전의 연쇄와 분단국가체제』, 창비, 2022. 후자의 경우 1945년 이전 만주에서의 경험과 더불어 '냉전'이란 국제질서와 '새마을'로 대변되는 냉전의 변두리인 한국(남한)의 농촌을 연결한다는 점에서 냉전사적 시각 역시 잘 보여준다고 하겠다.

16) 이러한 시도는 한림과학원에서 진행한 개념사 연구에서 많은 성과가 나왔다. '한림개념사총서'로 발간된 10여 권의 연구서는 국가, 주권, 국민, 시민, 민족/민족주의, 노동, 보수 등의 개념의 원의, 한국 사회로의 수용과정, 이후의 의미 변화 등을 고찰했다. 그 외에 한림과학원의 기획으로 한국의 근현대에서 이용후생, 철학, 공화, 민주주의 등의 개념 변화를 간략하게 살펴본 『한국의 근현대, 개념으로 읽다』(이경구 외, 푸른역사, 2016) 참조.

17) 박찬승, 『민족주의의 시대 - 일제하의 한국의 민족주의』, 경인문화사, 2006; 정연태, 『한국 근대

와 식민지 근대화 논쟁 - 장기 근대사론을 제기하며』, 푸른역사, 2011.

18) 교육부 고시 제2018-162호 [별책 7] 사회과 교육과정 '한국사'

19) 韓國經濟史學會 編,『韓國史時代區分論』, 乙酉文化史, 1970.

20) 千寬宇,「韓國史上의 中世·近代의 界線」 韓國經濟史學會 編,『韓國史時代區分論』, 乙酉文化史, 1970, pp. 110-112.

21) 劉元東,「韓國史에 있어서의 近代의 기점」, 위의 책, pp. 143-150.

22) 李瑄根,「近代化의 起點問題와 1860年代의 한국」, 위의 책, pp. 156-179.

23) 장동표,「1860년대 반침략·반봉건운동의 의의」『역사와 현실』 9, 1993, pp. 138-145.

24) 이윤상,「한국근대사에서 개항의 역사적 위치」 위의 책, pp. 150-159.

25) 도면회,「근대=자본주의사회 기점으로서의 갑오개혁」 위의 책, pp. 168-177.

26) 염정섭,「한국사 시대구분론의 전개와 과제 - 근세와 근대를 중심으로」『韓國史硏究』 195, 2021. 이는 역사의 전개는 필연적 법칙에 따라 한 단계에서 다음 단계로 '이행'하는 것이 아니라 한 사회에서 차이점이 분명한 다른 사회로 연속적/불연속적으로 '전환'한다는 시각에 입각한 것이다. 이에 따르면 근대의 기점에 대한 기왕의 논의는 역사의 전개를 '이행'으로 보는 시각에서 근대로의 이행을 당위나 목표, 이상향으로 설정하게 되어 실재했던 '역사의 현장'을 놓치기도 했음을 지적했다. 이와 더불어 조선 후기 이래 사회경제적 발전을 인정하면서도, 중세적 농업체제에서 근대적 농업체제로의 '이행'을 의미하는 내재적 발전론을 넘어서 새로운 농업체제로의 '전환'으로 바라볼 수 있는가에 대한 문제 역시 제기하고 있다.

27) 교육부, "한국사1, 한국사2 교육과정",『별책 2022 사회과 교육과정』, 교육부, 2022.

28) 최근 교육과정에 입각한 고등학교 한국사 교과서의 전시본을 보면 서구 열강의 동북아시아 접근과 청일의 개항, 이양선의 출몰과 양요, 개항의 순으로 서술되어 있다.

29) 교육부 고시 제2022-33호 [별책 7] 사회과 교육과정 '한국사 1, 한국사 2', 2022.

30) 교육부 고시 제2022-33호 [별책 7] 사회과 교육과정 '한국사 1, 한국사 2', 2022. 2022년 개정 한국사 교육과정상 근대 도시의 형성·성장에 대해서는 개항 이후 강점까지를 대상으로 하는 "근대 국가 수립의 노력" 부분의 내용 요소인 "사회·경제 변화와 문화 변동"에서, 또는 일제강점기를 대상으로 하는 "일제 식민 통치와 민족 운동"의 내용 요소인 "사회·문화의 변화와 대중운동"에서 제시할 수 있을 것이다.

31) 1990년대까지 한국 근대 도시사 연구에 대해서는 손정목의 연구 참조.

32) 김광우,「대한제국시대의 도시계획 - 한성부 도시개조사업」『향토서울』 50, 1990; 이태진,「1896~1904년 서울 도시개조사업의 주체와 지향성」 한국도시연구소 편,『한국도시론』, 박영사, 1998.

33) 이규철,「대한제국기 한성부 도시 공간의 재편」, 서울대학교 대학원 박사학위논문, 2010.

34) 김영정 외,『근대 항구도시 군산의 형성과 변화』, 한울, 2006; 송석기,「개항도시 목포와 군산의 구도심 공간 형성과정 비교」『대한건축학회연합논문집』 10-2, 2008; 최성환,「목포의 해항성과 개항장 형성과정의 특징」『한국민족문화』 39, 2011; 최성환,「목포항의 일본인과 해상네트워크」『한국학연구』 26, 2012; 이규수,『개항장 인천과 재조일본인』, 보고사, 2015; 오미일,『제국의 관문: 개항장 도시의 식민지 근대』, 선인, 2017.

35) 송규진,「일제강점 초기 '식민도시' 대전의 형성과정에 관한 연구: 일본인의 활동을 중심으로」『아세아연구』 45-2, 2002; 염복규,「1920년대 말 '신도시' 신의주의 차지인운동과 지역 사회」『역사문화연구』 76, 2020.

36) 전성현,『식민지도시와 철도』, 선인, 2021; 김대중,「20세기 초 철도 부설과 성곽 훼철에 따른 성곽도시의 공간구조 변화」, 경북대학교 대학원 박사학위논문, 2020.

37) 김봉수,「서울 용산의 경관변화에 관한 연구 — 조선후기부터 일제 강점기까지」, 서울대학교 대학원 석사학위논문, 2002; 김백영,「러일전쟁 직후 서울의 식민도시화 과정: 비교식민지 도시사적 고찰」『지방사와 지방문화』 8-2, 2005; 신주백,「용산과 일본군 용산기지의 변화(1884~1945)」『서울학연구』 29, 2007.

38) 오미일,「간도의 통로, 근대 회령 지방의 월경과 생활세계」『역사와 세계』 51, 2017; 김홍희,「일

제하 나남의 군기지 건설과 군사도시화」『한민족운동사연구』 95, 2018; 김윤미, 「조선군 임시병참부의 부산 숙영과 지역 변화」『역사와 경계』 109, 2018; 김윤미, 「1930년대 나진 개황과 항만도시 건설의 군사적 전개」『인문사회과학연구』 20-4, 2019.

39) 김제정, 「일제 식민지기 경성지역 전기사업과 부영화운동」, 서울대학교 대학원 석사학위논문, 1999; 염복규, 「일제말 경성지역의 빈민주거문제와 시가지계획」『역사문제연구』 8, 2002; 김백영, 「식민지 도시계획을 둘러싼 식민권력의 균열과 갈등: 1920년대 대경성계획을 중심으로」『사회와 역사』 67, 2005; 김제정, 「일제 식민지기 경성부 교외 지역의 전차 문제와 지역 운동」『서울학연구』 29, 2007; 김영미, 「일제시기 도시의 상수도 문제와 공공성」『사회와역사』 73, 2007; 김백영, 「일제하 서울의 도시위생문제와 공간정치: 상하수도와 우물의 관계를 중심으로」『史叢』 68, 2009.

40) 홍순권, 「1930년대 부산부회의 의원 선거와 지방 정치세력의 동태」『지방사와 지방문화』 10-1, 2007; 홍순권, 『근대도시와 지방권력』, 선인, 2010; 허영란, 「시가지 개조를 둘러싼 지역주민의 식민지 경험 – 안성의 철도 · 시장 · 공원 그리고 지역주민」『역사문제연구』 17, 2007; 허영란, 「일제시기 여수의 도시화 과정과 지역사회의 대응」『대동문화연구』 67, 2009; 김윤정, 「1920년대 부협의원 선거 유권자대회와 지역정치의 형성」『사림』 55, 2016; 김윤정, 「1930년대 함흥부회와 전주부회의 구성과 활동」『史林』 60, 2017; 조명근, 「1920～30년대 대구부협의회, 부회 선거와 조선인 당선자」『대구사학』 129, 2017; 조명근, 「일제시기 대구부 도시 개발과 부(협의)회의 활동」『민족문화논총』 71, 2019; 주동빈, 「평양부(협의)회의 동상이몽과 부영전기 '재사영화'」『역사학보』 248, 2020; 고윤수, 「1910～30년대 대전의 도시개발과 재조일본인사회」『도시연구』 28, 2021; 정경운, 「일제강점기 광주의 지역유지 연구」『국학연구논총』 26, 2020; 류나래, 「식민지 군항도시 진해의 위생행정과 지역유력자」『한일관계사연구』 72, 2021.

41) 김진송, 『서울에 딴스홀을 허하라』, 현실문화연구, 1999; 김경일, 「서울의 소비문화와 신여성: 1920-1930년대를 중심으로」『서울학연구』 19, 2002; 권보드래, 『연애의 시대: 1920년대 초반의 문화와 유행』, 현실문화연구, 2003; 신명직, 『모던 뽀이, 경성을 거닐다』, 현실문화연구, 2003; 김백영, 「제국의 스펙터클 효과와 식민지 대중의 도시 경험: 1930년대 서울의 백화점과 소비문화」『사회와역사』 75, 2007.

42) 원종혜, 「일제시대 관광지도에 조명된 경성 관광 이미지」『역사와 경계』 100, 2016; 김선정, 「관광안내도로 본 근대 도시 경성」『한국문화연구』 33, 2017; 김정은, 「유원지의 수용과 공간문화적 변화과정」, 서울대학교 대학원 박사학위논문, 2017; 김성태, 「경성 문화시설의 입지적 특성과 사회적 기능에 관한 연구」, 서울대학교 대학원 박사학위논문, 2020; 조정민 · 이수열, 「해운대 관광의 탄생」『인문연구』 72, 2014; 강영조, 「근대 부산에서 대정공원 성립 과정과 공간 구성에 관한 연구」『한국전통조경학회지』 31-2, 2013; 강영조, 「근대 부산에서 벚꽃 명소의 입지적 특징과 성립 시기에 관한 연구」『한국전통조경학회지』 44-5, 2016; 염복규, 「일제하 인천의 '행락지'로서의 위상의 형성과 변화」『인천학연구』 14, 2011; 박진한, 「개항 이후 인천의 장소 인식 변화와 일제강점기 새로운 명소의 등장」『도시연구』 18, 2018; 조성운, 「1910~20년대 수원지역 근대관광의 실태」『한국민족운동사연구』 98, 2019.

43) 염복규, 「한국 근대 도시사 연구동향과 과제 — '개발사'에서 '사회사'로」『한국 근대사 연구의 쟁점』, 한국학중앙연구원 출판부, 2023, pp. 629-630. 이에 따르면 1980년대～2000년까지 20여 년간 불과 40여 편에 불과하던 도시사 관련 연구가 2000년～2021년까지는 540여 편으로 폭발적으로 증가했다고 한다.

44) 2018 개정 사회과 교육과정(한국사)의 경우 일제 강점기를 "일제의 식민지 지배 정책과 경제 구조 변화의 특징을 파악"한 후 "3 · 1운동의 배경과 전개과정, 대한민국 임시 정부 수립의 의미" 및 "3 · 1운동 이후 나타난 국내외 민족 운동의 흐름"을 교육하도록 제시하고 있다. 이는 2022년 개정 한국사1, 한국사2 교육과정도 마찬가지이다. 일제 강점기는 "일제 식민 통치와 민족 운동"의 범주에서 "제국주의 질서와 일제의 식민 통치 정책", "경제 구조의 변화와 경제생활", "민족 운동의 전개와 분화"에 이어 근대 도시와 관련된 "사회 · 문화의 변화와 대중운동"을 제시하고 있다. (교육부 고시 제2018-162호 [별책 7] 사회과 교육과정 '한국사')

찾아보기

인명

내용

『ㄱ』

『ㄴ』

『 ㅅ 』

『ㅊ』

『ㅌ』

『ㅍ』

『ㅎ』

『 기타 』

저자약력

김보림 현재 충북대학교 역사교육과 교수로 재직 중이다. 서울대학교 역사교육과를 졸업한 후 동 대학원에서 석사 및 박사학위를 취득하였다. 용산고등학교에서 기간제 역사 교사, 총신대학교에서 조교수, 콜롬비아 대학교의 한국학연구소에서 객원교수를 지냈다. 대표 저서로는 『역사교육론 입문』(충북대학교 출판부, 2015), 『국민과의 창설과 '국사'교육』(서울대학교 출판문화원, 2023), 『고등학교 한국사』 교과서(공저, 리베르, 2025) 등이 있다. 현재 한국근현대사 속에서 역사교육의 생성과 발전 과정, 사회과에서 역사과 독립의 문제, AI 시대의 역사교육 등에 관심을 갖고 연구하고 있다.

김경래 현재 전북대학교 역사교육과 부교수로 재직 중이다. 서울대학교 국사학과를 졸업한 후 동 대학원에서 석사 및 박사학위를 취득하였다. 인하대학교 HK연구교수, 서울대학교 인문학연구원 선임연구원, 조선시대사학회 편집이사, 한국사상사학회 연구이사를 역임하였다. 대표 저서로는 『대동금석서 연구』(공저, 한국학중앙연구원출판부, 2020), 『중학교 역사 2』 교과서(공저, 리베르, 2025) 등이 있다. 현재 '발전'과 '자주'의 틀에서 벗어난 한국사 교육, 외국인을 대상으로 한 조선시대사 교육 등에 관심을 갖고 연구하고 있다.

윤재운 현재 대구대학교 역사교육과 교수로 재직 중이다. 고려대학교 사학과를 졸업한 후 동 대학원에서 석사 및 박사학위를 취득하였다. 고구려발해학회 편집위원장과 역사교육학회 회장을 역임하였다. 캘리포니아대학교 버클리캠퍼스와 뉴욕주립대학교 빙햄턴캠퍼스 방문학자를 지냈다. 대표저서로는 『교류의 바다 동해』(경인문화사, 2015), 『국제이주입문』(평사리, 2022), 『발해유적총람』 1~3(예지안, 2023) 등이 있다. 현재 다문화와 역사교육, 교육과정 안의 한국고대사와 동아시아 교류 등에 관심을 갖고 연구하고 있다.

정상우 현재 서울과학기술대학교 인문사회교양학부 교수로 재직 중이다. 서울대학교 역사교육과를 졸업한 후 동 대학 국사학과 대학원에서 석사 및 박사학위를 취득하였다. 역사교육연구회 편집위원장을 역임하였다. 대표 저서로는 『조선총독부의 역사 편찬 사업과 조선사편수회(아연동북아 총서 32)』(아연출판부, 2018), 『만선사, 그 형성과 지속(일제 식민사학 비판 총서 3)』(사회평론아카데미, 2022) 등이 있다. 현재 식민주의 역사학이라 통칭되는 근대 일본인 역사가들의 한국사 연구 등에 관심을 갖고 연구하고 있다.

백동호 2002년 처음 교사로 부임하여 현재 부산에 있는 부일외국어고등학교 교사로 재직 중이다. 성균관대학교 역사교육과를 졸업한 후 부산대학교 역사교육과 대학원에서 「영국 대처 정부의 정책과 장기 집권 기반」이란 논문으로 석사학위(2010)를 취득하였다. 대표 저서로는 『수능특강 한국사』(공저, 한국교육방송공사), 『수능완성 세계사』(공저, 한국교육방송공사) 등이 있으며 역사 교과와 관련한 참고서를 다수 집필하였다. 현재 역사 교과서, 역사 교과 평가 등에 관심을 갖고 연구하고 있다.

이동욱 2006년 처음 교사로 부임하여 현재 경기도 수일고등학교 역사 교사로 재직 중이다. 공주대학교 역사교육과를 졸업한 후 한국교원대학교 역사교육과 대학원에서 석사과정을 수료하였다. 경기도 논쟁적 역사수업 연구회 회장을 역임하였다. 대표 저서로는 『고등학교 한국사』 교과서(공저, 금성출판사, 2020), 『동아시아 맞수 열전』(공저, 북멘토, 2022), 『단재의 삶과 사상』 교과서(공저, 이오북스, 2025) 등이 있다. 현재 역사과 교육과정 및 교과서의 대안 서사 구성 문제, 경청 기반 숙의형 토론 수업의 확산 방안 등에 관심을 갖고 연구하고 있다.

장승민 2009년 처음 교사로 부임하여 현재 여산고등학교 역사 교사로 재직 중이다. 전북대학교 역사교육과를 졸업한 후 동 대학원 석사과정을 수료하였다. 특목고, 일반 인문계고, 특성화고 등에서의 다양한 경험을 바탕으로 현재 학교급 특성, 학생 특성에 맞는 한국사 수행평가의 개발, 한국근현대사 교육에 있어서 AI의 활용 방안, 한국사 수업 중 강의식 수업의 숙련도 향상을 위한 수업방법론 체계화 등에 관심을 갖고 연구하고 있다.

다시! 역사교육(한국사 편):
한국사 교재 연구 및 지도법

2025년 9월 25일 1판 1쇄 인쇄
2025년 9월 30일 1판 1쇄 발행

저　자 : 김보림 김경래 윤재운
정상우 백동호 이동욱
장승민

발행인 : 한　정　주
발행처 : 교 육 과 학 사

경기도 파주시 광인사길 71
전화 (031)955-6956~8 / 팩스 (031)955-6037
Home-page : www.kyoyookbook.co.kr
E-mail : kyoyookbook@daum.net
등록 : 1970년 5월 18일 제2-73호

정가 36,000원
ISBN 978-89-254-1944-2